J. Zahn

Fontes Rerum Austriacarum

J. Zahn

Fontes Rerum Austriacarum

ISBN/EAN: 9783742868336

Hergestellt in Europa, USA, Kanada, Australien, Japan

Cover: Foto ©ninafisch / pixelio.de

Manufactured and distributed by brebook publishing software (www.brebook.com)

J. Zahn

Fontes Rerum Austriacarum

FONTES RERUM AUSTRIACARUM.

OESTERREICHISCHE GESCHICHTS-QUELLEN.

HERAUSGEGEBEN

VON DER

HISTORISCHEN COMMISSION

DER

KAISERLICHEN AKADEMIE DER WISSENSCHAFTEN IN WIEN.

ZWEITE ABTHEILUNG.

DIPLOMATARIA ET ACTA.

XXXV. BAND.

SAMMLUNG VON URKUNDEN UND URBAREN ZUR GESCHICHTE DER
EHEMALS FREISINGISCHEN BESITZUNGEN IN ÖSTERREICH.

II. BAND.

WIEN, 1871.

IN COMMISSION BEI KARL GEROLD'S SOHN
BUCHHÄNDLER DER KAIS. AKADEMIE DER WISSENSCHAFTEN.

CODEX DIPLOMATICUS
AUSTRIACO-FRISINGENSIS.

SAMMLUNG
VON

URKUNDEN UND URBAREN ZUR GESCHICHTE
DER EHEMALS FREISINGISCHEN BESITZUNGEN IN
ÖSTERREICH.

HERAUSGEGEBEN
VON
J. ZAHN.

II. BAND.

WIEN, 1871.
IN COMMISSION BEI KARL GEROLD'S SOHN
BUCHHÄNDLER DER KAIS. AKADEMIE DER WISSENSCHAFTEN.

1300, 2. Jänner, Judenburg. *Pfarrer Heinrich von Judenburg trägt dem Vicar Konr. von Welz auf, in der Streitsache um die Pfarre s. Peter a/Kammersberge den Bischof von Lavant für gegebenen Tag nach Judenburg vorzuladen.*

Hainricus rector plebis in Judenburga iudex a sede apostolica delegatus viro discreto domino Chun. vicario plebis in Welcz prope ecclesiam sancti Petri salutem in domino. Noueritis nos litteras sanctissimi in Christo patris et domini Bonifacii papae saluas recepisse per omnia in hec verba:

Folgt nun der Auftrag des Papstes Bonifaz VIII. ddo. 1299, 23. Mai, Anagni (Nr. 427).

Nos igitur mandatum apostolicum volentes exsequi reuerenter vt debemus, vobis auctoritate qua fungimur, precipientes mandamus firmiter et districte sancte obedientie per uirtutem, quatenus reuerendum in Christo patrem et dominum nostrum ... Lauentinum episcopum pro primo, secundo et tercio termino citetis vt feria secunda proxima post octauam Pasce nunc instantis apud Judenburgam legitime coram nobis debeat peremptorie comparere ad procedendum in ipsa causa quantum concesserit ordo iuris. Volumus insuper vt de citacione facta nobis per vestras faciatis litteras plenam fidem. Datum in Judenburga, anno domini M. CCC., quarto nonas Januarii.

Orig., Pgt., anhängendes Sigel sehr stark verletzt, k. Reichsarchiv zu München [1].

---

[1] Es ist noch ein zweites Original vorhanden, welches den zweiten ein wenig abweichenden Auftrag des Papstes vom selben Datum enthält; vgl. No. 428.

430.

1300, 4. Jänner, Frisach. *Propst Helwig von s. Virgil zu Frisach trägt dem Vicar Konr. von Welz auf, in der Streitsache um die Pfarre s. Peter a/Kammersberge den Bischof von Lavant für gegebenen Tag nach Judenburg vorzuladen.*

Helwicus diuina miseracione prepositus ec(clesie sancti Virgilii in) Frisaco iudex a sede apostolica de(legatus viro discreto domino) Chun. vicario plebis in Welz prope ecclesiam sancti (Petri salutem in) domino. Noueritis nos litteras sanctissimi (in Christo patris et domini Bon)ifacii pape saluas recepisse (per omnia in hec uerba):

Folgt nun das Auftragschreiben P. Bonifaz VIII. ddo. 1299, 23. Mai, Anagni (Nr. 427).

Nos igitur man(datum a)postolicum volentes exsequi reuerenter, vobis auctoritate qua fungimur precipiendo mandamus firmiter et districte, quatenus reuerendum in Christo patrem (et dominum nostrum ...) Lauentinum episcopum pro primo, secundo et tercio termino peremptorie scitetis (!) vt feria secunda proxima post octauam Pasche nunc instantis apud Judenburgam co(ram nobis) debeat legitime comparere ad procedendum (in ipsa causa) quantum concesserit via iuris. Volumus insuper et mandamus vt de citacione facta nobis per vestras (faciatis) litteras omnimodo plenam fidem. Datum (in Frisac)o, anno domini M. CCC.; nonis Januarii.

Orig., Pgt., durch viele Löcher lückenhaft, Sigel angehängt gewesen doch ausgerissen, k. Reichsarchiv zu München.

431.

1300, c. 7. Jänner, ... *Abt Konrad und das Kloster zu Seitenstetten verleihen den Töchtern Ortolfs des Flusthart, Bertha und Sweimut, auf ihr Beider Lebtage den Zehend auf dem Burgfeld zu Waidhofen gegen Jahreszins.*

Wir Chunrat von gotes genaden aptt datz Seitensteten vnd div sammenung des selben goteshauses tun chunt allen den di nv sint vnd her nach chunftich werdent, daz wir mit gemainem willen Perhten vnd Sweimäten, Ortolfes des Flusthartes töhtern gelihen haben zir tagen vnd ze ir beider leiben den cehent vf dem Purchvelde ze Waidhoven den Hainrich

Engelschalch von vnserm gotshause het, mit der bescheidenheit,
daz si alle iar vns vnd vnserm goteshaus da von schuln geben
ze cinse an Vnser vrauen tag ze Lihtmesse drizzig phenning
vnd swenne di vorgenanten leibe beide tod geligent, so ist der
vorgenant cehent an aller ir erben vnd nachomen widerred vns
vnd vnserm goteshans ledich. Dar vber hab wir in gegeben
disen prief ze einem vrchünd gevestet mit vnsern insigeln. Des
sint gezevg her Engelschalch der prior vnd her Otto der guster,
her Heinrich von den Winden, Herman der Nevnberger, Alram
der Stiller, Wolfher der Flusthart, Gotfrit sin sun, Ditmar vnd
Heinrich Chöl vnd ander biderb levte. Daz ist geschehen do
von Christes gepürt waren tausent iar vnd driv hundert iar,
nach (!) dem Perhtentage.

  Cop. des 14. Jahrhunderts in Urbar des Klosters Seitenstetten zu
Seitenstetten.

432.

1300, 12. April, Seitenstetten. *Abt K. von Seitenstetten entschuldigt
sich bei seinen Mitrichtern dem Propste von s. Virgil zu Frisach und
dem Pfarrer zu Judenburg wegen seines Nichterscheinens bei der Entscheidung in dem Streite um die Pfarre s. Peter am Kummersberge und
ersucht sie, ohne ihn darin vorzugehen.*

  Honorabilibus viris et dominis suis . . . . preposito ecclesie
sancti Virgilii in Frisaco et . . . plebano plebis in Judenburga
iudicibus a sede apostolica delegatis Ch. diuina permissione
abbas monasterii in Seytesteten iudex a sede apostolica delegatus in ea causa quicquid potest obsequii et honoris. Cum ad
mandatum sanctissimi in Christo patris et domini nostri Bonifacii pape nobis vna vobiscum directum renerendum in Christo
patrem et dominum . . . . venerabilem episcopum Lauentinum
in causa appellationis interposite ex parte honorabilis domini
Hugonis prepositi Ardacensis rectoris ecclesie sancti Petri prope
Weleze peremptorie per dominum . . . (vi)carium in Weleze ordinauerimus citari ut feria sexta proxima post octauam Pasche
in Judenburga legittime compareret ad procedendum prout decerneret ordo iuris, honestati vestre presen(tibus) declaramus
quod aliis nostris et ecclesie nostre negociis legittimis prepediti
examinacioni siue (cogni)cioni cause ipsius, quantum ad instantem nunc terminum commode non possumus interesse nec in-

tendamus ista vice subdelegare alteri vices nostras, quare
vestram requirimus honestatem et monemus quatenus deum
habentes pre oculis et via iuris equo tramite in omnibus ob-
servata in ipsa causa nostri non obstante absencia procedatis.
Datum in Scytesteten anno domini M°. CCC°. feria tercia in
eb(domade) paschali.

Orig., Pgt. an mehreren kleinen Stellen verletzt, angehängtes Sigel ab-
gerissen, k. Reichsarch. zu München.

433.

1300?, 9. Juni, Lack. *Otto von Montpreis gestattet, dass sein After-
lehensmann Nicolaus der Rebtz 7 Huben zu Lueg, die er selbst vom
Bischofe Emch von Freising zu Lehen hatte, an diesen verkaufe.*

Ich Otto von Montpareys vergich allen den die disen
brief anschent oder hörent lesen, daz ich durch pet meines
getriwen diener Nicolaus des Rebtzen von dem Lůge vnd im
zehelfe dem selben Raebtzen erlaubt han ze verchauffen siben
hůben daez dem Lůge, die er von mir ze lehen gehabt hat
vnd ich der manscheft der selben hůben mit andern lehen ze
lehen gich vnd gehabt han von meinem lieben herren dem er-
samen bischof Emchen von Frisingen vnd von seinem gotes-
hause. Dar vber hat der saelbe Raebtz der vorgeschriben siben
hůbe mit sampt dem Lůge an worden vnd verchauffet mit mei-
nem gůten willen dem vorgenanten meinem herren dem bischof
von Frisingen vnd seinem goteshuse mit allem dem daz dar
zů gehört, ze velde vnd ze dorfe, besůcht vnd vnbesůcht. Da
von han ich nach des saelben Raebtzen bet die manschaft der
vorgeschriben siben hůben auf gegeben in des oftegenanten
meines herren bischof Emchen hant vnd verzeich mich alles
des rehtes daz ich nach lehens reht dar an gehabt han oder
möchte gehaben, vnd vergich auch wol daz die saelben siben
hůbe als si der Raebtz verchauffet hat, gen niemen mit meiner
hant verchvmbert sint mit chaevffe, mit gemachte, mit satzzunge
oder mit deheiner slaht gedinge. Daz auch dar an dehein
zeweivel oder dehein chriech fürbaz möge aufgesten, gib ich
disen offen brief versigelten mit meinem insigel ze einem
vrchůnde dar vber mit den geziugen die hernach geschriben
sint, die sint mein herre graf Emch probst ze Werdse, her
Chůnrat von Lok burgraf, her Chůnrat von Pütelpach hof-

maister meins vorgenanten herren von Frisingen, her Heinrich
der hofschriber vnd Johan schriber ze Lok, Ulrich der Chropf
vnd Vlrich sein svn, Perchtolde der Gleinacher mein diener,
Albrcht Osrek chelner ze Lok vnd ander piderb laevte. Der
brief ist gegebn ze Lok da von Christes gebVrt waren zwelf
hundert iar vnd in dem zehen vnd nevnzigistem iar, des nach-
sten Pfintztages vor sant Veites tage.

<small>2 Orig., Pgt., das eine mit noch erhaltenem, doch verletztem Sigel, k.
Reichsarchiv zu München; Meichelbeck II./2, 142, Nr. 223.</small>

434.

1300, 26. August, ... *Pfarrer Heinrich von Judenburg beur-
kundet das Nichtzustandekommen des Gerichtstages vom 25. Aug., in
Sachen des Streites zwischen Pfarrer Hugo von s. Peter a/Kammers-
berge und dem Bischofe von Lavant um genannte Pfarre.*

Nos Heinrichus plebanus plebis in Judemburga index a
sede apostolica delegatus constare cupimus vniuersis quod anno
domini millesimo CCC., feria quinta proxima post Bartholomei
apostoli Alhardus procurator domini Hugonis comparuit legit-
time coram nobis, processurus in causa que uertitur inter reue-
rendum in Christo patrem et dominum . . . venerabilem epis-
copum Lauentinum super ecclesia sancti Petri ex una parte et
ipsum dominum Hugonem predictum ex altera, prout status
causae et negocii qualitas requirebat, sed quia honorabilis do-
minus C. abbas de Seitensteten ipsi termino interesse non pote-
rat, prout se suis litteris excusauit, et discretus vir dominus pre-
positus Sekkoniensis cui prepositus sancti Virgilii in Frisaco
uices suas commiserat, fuisset legittime recusatus et idem pre-
positus publice fuisset confessus, se nolle iurisdicione aliqua
neque posse uti, nos propter absonciam coniudicum nostrorum
non potuimus isto termino procedere soli et illum terminum
propter hoc subductum quantum de iure possumus presentibus
declaramus. Insuper idem Alhardus cum instancia postulauit
ut coniudices nostros habere deberemus commonitos, ut in ipsa
causa procederent una nobiscum, prout de iure foret procedeu-
dum. Insuper quoque Alhardus protestatus coram nobis quod
per eum non stetit nec stat, quominus in ipsa causa canonice
procedatur. In cuius rei testimonium presentes eidem Al. tra-
dididimus nostri sigilli munimine roboratas, testibus infrascriptis

videlicet domino Nicolao vicario sancti Petri, domino Chûnrado
sacerdotibus, Hermanno officiali de Oberweltç, magistro Hertrico scolastico Judenburge, Liebhardo iudice dicti loci, Jacobo
nepote suo et aliis fide dignis. Actum et datum anno predicto,
feria vi. proxima subsequente.

    Orig., Pgt., angehängtes Sigel ausgerissen, k. Reichsarchiv zu München.

435.

c. 1300, c. 11. October, ... *Br. Walchun, Subprior der Dominicaner zu Frisach, quittirt genannten Männern den päpstl. Zehent, welchen dieselben namens Bischof Emchos von Freising im Betrage von 105 Mk. Silbers ihm entrichtet.*

    Nos frater Walchunus supprior domus Predicatorum in
Frisaco cum vniuersis nostris confratribus presentibus pro conuersacione ac deposito a domino Chunczone milite de Welz et
Chunrado notario de Waidhouen et Liebhardo iuuene de Welz
presente iudice domino Engelberto Frisacense, Hermanno dicto
Igne, domino Leone dicto Citerritter ciuibus ciusdem ciuitatis
nomine papalis decime ex parte domini Emchonis venerabilis
episcopi Frisingensis suscepisse centum et quinque marcas puri
et viui argenti omnibus computatis. In cuius rei certitudinem
et confirmacionem nostrum sigillum duximus presentibus apponendum. Datum et susceptum festum Dyonisii proxima feria
tercia subsequente.

    Cod. 191, f. 62', k. Reichsarchiv zu München; Meichelbeck II/2, 141.
Nr. 222.

436.

c. 1300, ..., ... *Abt Engelbert von Admont vidimirt ein Privilegium für seinen Hof zu Waidhofen, das Bischof Emcho von Freising ihm gegeben.*

    Nos Engelbertus dei gratia Admontensis ecclesie abbas
presentibus recognoscimus nos habere litteras domini nostri
Emchonis venerabilis episcopi Frisingensis super exemptione
domus nostre in Weidhouen per omnia in hec verba:

    Folgt nun die Urkunde Bischof Emchos von Freising ddo. 1296, 8. Oct.,
Waidhofen (Nr. 416).

    Orig., Pgt., anhängendes Sigel, k. k. geh. Haus-, Hof- und Staatsarchiv
zu Wien; Font. rer. Austriac. II./1 271, Nr. 103.

437.

1301, 29. Jänner, Luftenberg. *Rech von Luftenberg verkauft an Bischof Emcho von Freising sein Lehen zu Brunn bei Holenburg um 6 Pfund Wiener Pfennige.*

Ich Rech von Luftenberch vergich vnd tůn chvnt allen den die disen brief ansehent oder horent lesen, daz ich meinem lieben herren dem ersamen bischof Emchen von Freisingen vnd seinem goteshaus verchaufet han vnd verchauffe ein lehen datz Prunne niderhalbe Holenburch daz mein lehen gewesen ist von seinen genaden, vnd dar vmbe enphangen han sechs pfunt Wienner pfenninge vnd han im daz selbe lehen auf gegeben an disem brief vnd gesant vnd verzeich mich an dem selben lehen alles des rechtes daz ich vnd alle mein erben daran gehabt haben oder möhten gehaben hinne fur, vnd wer iemen der daz selbe lehen an spraeche, daz ich des gwer vnd versprecher (!) sei nach des landes gewonheit als reht ist vntz daz der selbe mein herre der bischof vnd sein goteshaus ze gantzer gwer chome(n)t. Vnd daz ich daz also staet behalte, gib ich disen offen brief ze einem vrchvnde dar über. Der brief ist gegeben ze Luftenberch da von Christes gebůrt waren drevtzehen hvndert iar vnd da nach in dem ersten iar, des naechsten Svntages vor Vnser frawen tage ze Lichtmesse.

Orig., Pgt., anhängendes Sigel, k. k. geh. Haus-, Hof- und Staatsarchiv zu Wien; Urkundenb. d. Landes o. d. Enns IV. 375, Nr. 406.

438.

1301, 6. Febr., Seitenstetten. *Abt Konrad von Seitenstetten erteilt seinem Mitrichter in dem Streite um die Pfarre v. Peter a/Kammersberge, Pfarrer Heinrich von Judenburg, Aufträge über weiteres Verhalten und Schritte nach dem am 25. Aug. 1300 nicht zu Stande gekommenen Gerichtstage.*

Speciali ac predilecto domino suo H. plebano plebis in Judenburga iudici a sede apostolica delegato Chunradus diuina permissione abbas monasterii in Seitensteten iudex ab eadem sede condelegatus ipsius quicquid potest obsequii et honoris. Cum in causa appellacionis que vertitur inter reuerendum in Christo patrem et dominum . . . . venerabilem episcopum ecclesie Lauentine ex vna et dominum Hugonem rectorem ecclesie sancti Petri prope Weltz super eadem ecclesia ex parte altera, terminus habendus in chrastino beati Bartholomei apostoli trans-

acto proxime ad procedendum apud Judenburgam in eodem
termino quemadmodum iuris ordo exigeret, per nostri absenciam
et excusacionem factam canonice et alias causas legittimas sit
subductus vestram rogamus et hortamur discrecionem omni qua
possumus diligencia et affectu, quatenus cum mandatum sedis
apostolice negligere non sit conueniens neque iustum, ipsas par-
tes ad certum terminum, quem ipsi negocio expedire videritis,
scitetis (!) peremptorie ad procedendum in eadem causa sicut
expostulat ordo iuris, scribentes et inhibentes domino Hert.
preposito Gurcensi quondam vt dicitur iudici a reuerendo in
Christo patre et domino Ch. archiepiscopo ecclesie Saltzbur-
gensis delegato in eadem causa, a cuius audiencia ad sedem
apostolicam per antedictum Hugonem extitit appellacio, ne in
nostre iurisdicionis a sede apostolica nobis concesse super ea-
dem causa appellacionis preiudicium donec merita ipsius cause
fuerint discussa plenius, quicquam attemptare debeat vel eciam
audeat innouare. Petimus insuper vt dominum Helm. prepo-
situm sancti Virgilii in Frisaco iudicem condelegatum nostrum
commonitum vestris litteris habeatis, vt si sua credat interesse
ad scitaciones, inhibiciones et ad alia que via equitatis deside-
rat, vna nobiscum prout de iure faciendum fuerit, procedere non
omittat. Super quibus premissis articulis vobis plenam per pre-
sentes damus et committimus potestatem, iure, iurisdicione nobis
plenius in omnibus aliis reseruatis. In cuius rei testimonium
nostrum sigillum presentibus duximus apponendum. Datum in
Seitensteten, anno domini M. CCC. primo, in chrastino beate
Agathe virginis.

Aus dem Gerichtsacte des Pfarrers Heinrich von Judenburg ddo. 1301,
17. März, Judenburg (Nr. 440.), vgl. diesen.

439.

1301, 5. März, Lack. *Markwart von Billichgrätz u. a. Genannte
stellen sich dem Bischofe Emcho von Freising als Bürgen für Dominik
Rainisch Bürger von Lack.*

Wir Marquarde von Graetz, Volker Nvzperger, Fritze
vnd Levtolde von Lantzawe verichen vnd tůn chvnt allen den
die disen brief ansehent oder hörent lesen, daz wir durch be-
svnder freuntschafte Dominiken des Rainischen burgers von
Lok bůrgen sein worden gegen vnserm herren dem ersamen
bischof Emchen von Frisingen vnd gelobt haben für in vnser

igleicher vmbe fünf vnd zwaintzich march Aglayer pfenninge
mit so getaner ausgenomener beschaidenheit, ob der selbe Ray-
nisch von hinne vntz auf Ostern die schierst choment, vnd von
danne über vier iar auf die selben vrist wir borgen sein, sich
vergäzze alz verre, daz er von dem goteshause von Frisingen
füre oder mit heirat auz des goteshaus gwalt cheret, daz wir
dez vorgnanten gûtes enpfallen sein vnd schuldich worden dem
vorgenanten vnserm herren bischof Emchen oder seinen nach-
men als reht gescholen desselben gûtes vnd svlen in des sel-
ben gûtes verrihten in viertzehen tagen in oder seinen haubt-
man oder seinen schreiber die er danne ze Lok hat, swo wir
daran sawmich waeren, so habent si gwalt vns ze manen an
vnsers herrn des bischofs stat vnd svlen wir danne als wir ge-
lobt haben einvaren se Lok in vierzechen tagen vnd laisten in
rechter geiselschaft als lange vntz daz vnser igleicher des gûtes
verihtet als verre er schuldich ist. Waer auch daz wir alle
oder vnser etlicher sich als verre vergaezze, daz er an vrloube
auz füre, swelichen schaden des vnser vorgeschribener herre naeme
oder sein goteshause, des sein wir im schuldich ab ze tûn vnd sol
er des bechomen von vnserm leibe oder von vnserm gût. Ez ist
auch mit rede auzgenomen, ob wir von herren not oder von chaf-
ter not dez bedwngen wrden daz wir nicht gelaisten mochten,
swenne der chaft not ein ende hat, so sulen wir laisten au ge-
vaerde als vor begrifen ist, vnd an alle übel liste vns an der
porgschaft behalten als ünsern eren wol an stet. Dar vber
daz wir daz staet behalten vnd daran dhain zweinel mvge auf
gesten, geben wir disen brief ze ainem vrehünde versigelten
mit vnsern hangenden insigeln. Der ist gegeben ze Lok da von
Christes gebürt waren zwelf hvndert iar vnd in dem einen
vnd hvndertisten (!) iar, des nachsten Svntags von Mitter vasten.

<small>Orig., Pgt., 3 anhangende verletzte Sigel, k. Reichsarchiv zu München.</small>

440.

1301, 17. März. Judenburg. *Pfarrer Heinrich von Judenburg teilt
dem Propste Hert. von Gurk den mit verschiedenen inserirten Acten
belegten Auftrag mit, in dem Streite des Pfarrers Hugo von s. Peter
a/Kammersberge mit dem Bischofe von Lavant um diese Pfarre keinen
richterlichen Schritt mehr zu unternehmen.*

Magne discrecionis viro domino Hert. honorabili preposito
ecclesie Gurcensis Heinricus plebanus plebis in Judenburga

iudex a sede apostolica delegatus oraciones deuotas in domino
cum promptissimo famulatu. Nouerit vestra beniuoleucia commendanda quod ab honorabili domino Chunrado abbate monasterii in Seitenstcten coniudicc delegato nostro recepimus literas
in hec verba:

<small>Folgt nun der Anlaut des Schreibens Abtes Konrads von Seitenstetten
ddto. 1301, 6. Febr., Seitenstetten (Nr. 438).</small>

Nos igitur preces siue mandatum ipsius domini Chunradi
abbatis prenotati et nichilominus eciam mandatum nobis iniunctum a sede apostolica volentes exequi reuerenter, quemadmodum compellimur ex obedientia et tenemur, vobis auctoritate
ipsius domini Ch. sepe fati nobis in hoc parte commissa et
nostra districte precipimus et precipiendo firmiter inhibemus, ne
iu preiudicium nostre iurisdicionis immo verius sedis apostolice
in causa que vertitur inter reuerendum in Christo patrem et
dominum nostrum .... venerabilem episcopum ecclesie Lauentine super ecclesia sancti Petri prope Oberwelcz ex vna et dominum Hugonem rectorem eiusdem ecclesie ex parte altera,
cum in eadem causa fuerit a vestra audientia per antedictum
dominum Hugonem ad sedem apostolicam apellatum et ipsa
appellacionis causa per sedem ipsam nostre cognicioui et decisioni sit commissa, vestra discrecio quicquam donec merita
ipsius appellacionis per nos discussa sint plenius et decisa debeat uel audeat contra statuta canonum innouare vel eciam
attemptare, cum in eadem causa appellacionis per nos iam dudum sit processum et adhuc procedere intendamus, quemadmodum desiderat via iuris. Et vt vestra benivolencia super premissis non possit vel debeat aliquomodo dubitare, (vobis) apostolice sedis litterarum tenorem saluum per omnia de verbo ad
verbum insertum presentibus duximus tra(nssumendum ......):

<small>Folgt nun der Anlaut des Auftrages Papst Bonifaz VIII. ddo. 1299,
23. Mai. Anguí (Nr. 427.).</small>

Item alius tenor talis est:

<small>Folgt abermals der Anlaut des päpstlichen Auftrages vom gleichen
Datum (Nr. 428).</small>

vt in a .... rescriptorum copiam nec non commissionis nobis sui auctoritate per sepe fatum dominum Ch. (abbatem monasterii in Seiten)ste(ten .... fid)em si per vos requisiti fuerimus, faciemus plenissimam prout decernit ordo iuris.
Scien(dum quod h)onorabili viro domino .... preposito ecclesie

sancti Virgilii in Frisaco coniudici nostro auctoritate nobis ab ipso domino Ch. abbate in Seitensteten iudice delegato concessa in hac parte atque nostra scripsimus et ipsum habuimus commonitum diligenter, vt si sua crederet interesse, ad scitaciones, inhibiciones et ad alia que status cause desiderat, vel per ratihabicionem processuum nostrorum vel per alia iuris amminicula prout consueuit-fieri, procedere non omittat. Datum Judenburge anno domini M. CCC. primo, XVI. kalend. Aprilis.

Aus dem Gerichtsacte des Pfarrers Heinrich von Judenburg vom gl. Datum (Nr. 442), vgl. diesen.

441.

1301, 17. März, Judenburg. *Pfarrer Heinrich von Judenburg teilt seinem Mitrichter in dem Streite um die Pfarre s. Peter a/Kammersberge, dem Propste von s. Virgil zu Frisach die Absage des Abtes Konrad von Seitenstetten betr. seines Erscheinens am Gerichtstage mit.*

Predilecto domino suo .... preposito ecclesie sancti Virgilii in Frisaco iudici a sede apostolica delegato Heinricus plebanus plebis in Judenburga iudex in eadem causa delegatus orationes in domino debitas et deuotas. Noueritis nos litteras domini Chunradi honorabilis abbatis de Seitensteten recepisse per omnia in hunc modum:

Folgt nun das Schreiben des Abtes Konrad von Seitenstetten an Pfarrer Heinrich von Judenburg ddo. 1301, 6. Febr., Seitenstetten (Nr. 438)

Nos igitur auctoritate nobis tradita atque nostra vestram discrecionem monemus et hortamur, quatenus considerata via equitatis ac iusticie et pensatis omnibus circumstanciis negociorum vestra beniuolencia si sua credat interesse, ad inhibiciones nec in nostre iurisdicionis preiudicium attemptetur aliquid, et ad scitaciones nec non ad alia iuris amminicula procedere non omittat. Datum Judenburge anno domini M. CCC. primo, XVI. kal. Aprilis.

Orig., Pgt., anhangendes Sigel in Fragment, k. Reichsarchiv zu München.

442.

1301, 17. März, Judenburg. *Pfarrer Heinrich von Judenburg beurkundet die am genannten Tage in dem Streite zwischen dem Bischofe von Lavant und Pfarrer Hugo von s. Peter am Kammersberge um letztere Pfarre in der Gerichtshandlung geschehenen Schritte.*

Anno domini M. CCC. primo, XVI. kal. Aprilis comparuit coram nobis Heinrico plebano plebis in Judenburga, iudice sede apostolica delegato Alhardus procurator domini Hugonis in causa que vertitur inter reuerendum in Christo patrem et dominum . . . . venerabilem episcopum ecclesie Lauentine super ecclesia sancti Petri prope Oberwelz ex vna et dominum Hugonem rectorem ciusdem ecclesie ex parte altera, exhibens litteras honorabilis domini Chûnradi abbatis in Seitensteten iudicis condelegati nostri per omnia in hec verba:

Folgt nun das Schreiben des Abtes Konrad von Seitenstetten ddo. 1301, 6. Febr., Seitenstetten (Nr. 438).

Nos vero cupientes in negocio ipso procedere secundum viam equitatis, honorabili viro domino Hert. preposito Gurcensis ecclesie direximus nostras litteras in hunc modum:

Folgt nun das Schreiben des Pfarrers an den Propst Hertwich von Gurk ddo. 1301, 17. März, Judenburg (Nr. 440).

Scripsimus eciam honorabili domino preposito sancti Virgilii in Frisaco nostras litteras in hec verba:

Folgt nun An- und längerer Auslaut des Schreibens des Pfarrers an den Propst von s. Virgil zu Frisach vom gl. Datum (Nr. 441).

Insuper idem Alhardus cum instancia maxima petiuit, vt in causa ipsa procedere deberemus. Acta sunt hec Judenburge anno domini M. CCC. primo, XVI. kal. Aprilis.

Orig., Pgt. mit einer grossen Lücke, welche namentlich das 2. Insert beschädiget, ohne Sigelspur, k. Reichsarchiv zu München.

443.

1301, 22. April, Lack. *Rudolf von Schärfenberg reversirt gegen Bischof Emcho von Freising betreffs der ihm übertragenen Pflegen von Preiseck, Klingenfels und Gutenwörth.*

Ich Rûdolf von Schaerfenberch vergich vnd tûn chunt allen den die disen brief ansehent oder horent lesen, daz ich meinem besundern herren herrn Emchen dem ersamen bischof von Frisingen do er mir sein burchgrafschaft vnd sein pflege ze Preysekke, ze Chlingenvels vnd ze Gûtenwerde enpfolhen vnd eingeantwrt hat, hintz meinen triwen geheizzen vnd gelobt han, daz ich im oder seinem nachchomen an alle widerrede vnd an alle gevaerde ze swelicher zeit des iares er si vodert mit seinem brief vnd mit seinem gewizzen boten, widerantwrt mit gûten triwen, vnd waer halt, daz ich die weil oder swer mich angehört deheinerlei schaden enpfienge, dar vmb sol ich

im seiner pflege deheinen weis vor haben, ich sůle im si wider-
antwrten. So geit auch mir mein herre von Frisingen ze pur-
chůte iaerichleich auf die selben veste hvndert mvtte waitzen
vnd chorens seines chasten mazzes ze Preysekke vnd hvndert
mvtt habern des selben mazzes vnd virtail seins weins auf der
March vnd darzů die maevtte ze Gůtenwerde swaz dev vergel-
ten mach. Darzů hat er mir sein ampt enpholhen vnd alles
sein vrbor auf der Marich mit allem dem reht daz dar zů ge-
hőrt, von dem ich mich sol lazzen genv́gen des daz dem amman
von altem reht angehőrt, fúrbaz sol ich niht mûten vnd sol
mich des lazzen genv́gen vnd die veste da von besorgen mit wah-
tern vnd mit torwaerteln als si die nachsten iar verilit sint ge-
wesen, vnd von dem andern, das meinen herren den bischof
angehőrt von seinem vrbor, bin ich im schuldich gantzlichen
seinen gelt in ze bringen vnd volle raittv́nge schaffen ze tůn
von meinem diener dem ich daz ampt enpfilich, von iar ze
iar die weil ich die pflege inne han, vnd der selbe amman
sol als bescheiden sein, daz er daz gůt von iar ze iar triwe-
lich bestift vnd den leuten als bescheidenlich mit geuar daz
sein mein herre dehain entgeltnv́zze habe an seinem gelte.
Ich sol auch von meins herren weinprobst swen er da zů
schaffet, gewarten meines viertails des weins also daz er mei-
nen herren des ersten seines tails sol ausrihten vnd mich dar
nach des meinen weren. Ich sol auch dem weinprobst fleizzich-
leichen beholfen sein daz meins herren wein gantzlichen ein-
braht werde, vnd im vor sein ob im iemant mit gwalt vnd an
reht eines vnd des andern seines rehtes iht wolt enpfv́ren.
Vnd dar v́ber daz mein vorgenanter herre der bischof vnd
sein nachchomen von mir des gewis sei, gib ich im disen ofen
brief versigelten mit meinem hangenden insigel, der ist gegeben
ze Lok da von Christes gebv́rt waren drevtzehenhvndert iar
vnd da nach in dem ersten iar, des naehsten Samtztages vor
sand Georien tage.

Orig., Pgt., angehängtes Sigel abgerissen, k. Reichsarchiv zu München.

444.

1301, 1. Juli, Laek. *Graf Meinhard von Ortenburg vergleicht als
Schiedsrichter Wernher von Lack mit Bischof Emcho von Freising.*

Wir graf Meinhart von Ortenburch verichen und tůn chvnt
allen den die disen brief ansehent oder hőrent lesen, daz wir

durch vnsers lieben diener willen vnd bet hern Wernhers von
Lok zwischen vnserm lieben herren vnd oeheim dem ersamen
bischof Emchen von Frisingen vnd dem selben hern Wernher
vmbe alle die ansprache die der vorgenant her Wernher gegen
im vnd seinem goteshause gehabt hat vntz auf den hevtigen
tach, es sei von hantuesten oder von swelherlei sache er si
gehabt hat, an vmb zwo hantuest die er mit samt seinen brü-
dern hat, der ein ist vmb zehen march geltes die in vnser
vorgenanter herre leihen sol, vnd dev ander vmb etlich leut
die si mit einander tailen sulen, die beide niht in den taidin-
gen sint, also getaidinget haben vnd verrihtet mit einander,
daz der vorgenant vnser herre von Frisingen dem selben herrn
Wernher von besundern genaden ein seiner töhter mit heirat
beraten sol in dem lande ze Chreyen, ob si her Wernher zwi-
schen hinne vnd sant Merteins tach der schierst chomet, ge-
winnen mach von vnsern herren den herczogen von Chaeren-
den, an daz goteshaus ze Frisingen als er gesworen hat mit
ganzem fleizze zů zebringen, mach aber der selbe her Wern-
her ir von in nicht gewinnen in der selben vrist, so sol si der
vorgenant vnser herre auzzer halbe landes oder inner halbe
swo er wil aber beraten nach seinen eren als er waent daz es
seinem goteshause fuget sei vnd seinen genaden wol anste.
Vnd daz dev taidinch beidenthalben als hie aus genomen ist
also staet beleiben vnd vnzerbrochen, geben wir disen ofen
brief ze ainem vrchvnde versigelten mit vnserm insigel vnd
mit herrn Witigen des etzians aus dem Saevntale insigel vnd
auch mit dem vorgenanten herrn Wernheres (insigel). Dar
über vergich auch ich Wernher von Lok daz ich allev dev
vorgeschriben taidinch dev mein herre graf Meinhard zwischen
meinem herren von Frisingen vnd mir getaidingt hat gern vnd
willichleich staet behalten wil im vnd seinem goteshause vnd
allen seinen nachchomen vnd han dar über mein insigel an
disen brief gelegt ze einem vrchvnde als vor geschriben stet.
Diser taidinge sint geziuge graf Emch probst von Wertse, graf
Emch probst von Inichingen, graf Rudolf von Montfort chorherre
von Chvre, graf Haug von Jagberch, her Otte der chaplan,
her Chvnrat von Lok, her Friderich der Helle vnd ander bi-
derbe leut genůch. Der brief ist gegeben vnd sint dev tai-
dinch geschehen ze Lok da von Christes gebvrt waren drev-

zehenhvndert iar vnd da nach in dem ersten iar, an dem ahteden tach Baptisten ze sunnewenten.

Orig., Pgt., 3 anhängende Sigel. k. Reichsarchiv zu München.

445.

(1301), 13. August, Lack.[1] *Bischof Emcho von Freising ersucht den Dechant G. und das Capitel von Innichen, des Bisthums und seine eigenen Unterthanen zu veranlassen, ihr Vieh und ihre Habe vor den anziehenden Kriegsvölkern der Herzoge von Kärnten in Sicherheit zu bringen.*

Emcho dei gratia episcopus Frisingensis. Viris discretis ac in Christo sibi dilectis dominis G. decano totique capitulo ecclesie Inticensis salutem cum affectu semper benevolo et sincero. Quia servitores dominorum et consanguineorum nostrorum illustrium ducum Karinthie ad expedicionem convocati de Karinthia e(t C)arniola sursum ascensuri per Inticam vel eius terminos fortasse transibunt, sinceritatem uniuersitatis vestre requirimus et hortamur, quatenus nostros ac ecclesie vestre Inticensis homines et colonos permoneatis, ut animalia ceterasque res pias de quibus ex tali transitu imminere formidant periculum, ad loca secura perferant et traducant. Datum in Lok, in die beati Ypoliti martiris.

Orig., Pap., aussen aufgedr. Sigel in Fragment, german. Museum zu Nürnberg; Anzeiger f. K. d. deutsch. Vorzeit. 1860, col. 159.

446.

1301, 10. November, Frisach. *Heinrich von Silberberg gibt dem Bischofe Emcho von Freising vier Huben zu Altendorf bei Preiseck in der windischen Mark gegen Empfang von 7 Mk. Silbers auf.*

Ich Hainrich von Silberberch veriech vnd tuen chvnt allen den die diesen brief lesent oder hoerent, daz ich meinem gnaedigen herren bischof Emichen ze Freisingen vnd seinem gotshaus die vier hueb dacz Altdorf in der March bei Breysekk die ich ze lechen het von in, auf han gegeben mit alle diu vnd da zwe gehoert, gesuecht vnd vngesuecht, vnd hat er mich gaentzlich gewert syben march wersilbers als her Otte der iung von Liechtenstayn zwischen den vorgenanten

---

1 Betreffs der Jahrbestimmung vgl. meine Abhandlung in „Mitteilungen d. hist. Vereins f. Krain," 1860, Nr. 1.

minem herren dem bischof vnd mein het geschaiden. Ich vergich auch, daz ich vnd mein erben gelobt haben minem herren von Freising vnd sinem gotshaus das vorgenant guet ze Altdorf ze schermen vor aller ansprach vnd han im dar vber gesetzet ze porgen Oertelein von dem Altenhaus vnd Wülfing seinem (!) sun ob ich vnd mein erben daz vorgenant guet nich verantwurten als ich gelobt han, swelchen schaden er vnd das gotshaus des naem, daz si im den ablegen sölen. Daz auch diu gelüb staet beliben vnd di schidung als an dem brief aus genomen ist, da han ich vber gegeben di hantfest minem herren bischof Emichen, sinen nachomen vnd sinem gotshaus ze Freisingen zeinnem vrehvnne (!) versigelt mit meinem insigel vnd gestaetiget mit den ziugen di daran geschriben sint, her Fridrich Hell, her Ott Pisbeich, her Vlr. der Zuber, herr Chvnr. von dem Stain, Fridreich der Sandawer, Pabel ab dem Schoenperg vnd ander biderb laüt. Der brief ist geschriben vnd diu gelubd getan ze Friesach da von Christes geburt waren ergangen driuzechen hundert iar vnd da nach in dem naechsten iar, an sant Marteins abent.

Orig., Pgt., angehängtes Sigel ausgerissen, k. Reichsarchiv zu München.

447.

1301, 8. December, Laok. *Graf Herman von Ortenburg compromittirt betreffs seiner Forderung weiterer 100 Pfund Wiener Pfennige an Bischof Emcho von Freising als Heimsteuer seiner Frau Agnes geb. von Schaumberg, auf den Ausspruch genanter Schiedsrichter.*

Wir Herman graf von Ortenburch veriehen an disem brief vnd tün chvnt allen den die in sehent oder hörent lesen, daz vns vnser lieber herre vnd öhaim der ersam bischof Emch von Frising hvndert march Aglaier pfenning gewert hat wan wirs enpfangen haben gäntzelich an vnser heistivr (!) fvr hvndert pfvnt Wienner pfenning die er vns vnd vnserr lieben husfrowen Agnesen hern Heinriches tochter von Schowenberch seiner lieben müemen geheizzen hat. Nv vordern wir noch hvndert pfvnt Wienner pfenning an in der er vns nicht engicht in der mazze als er vns sei nicht geheizzen hab, davon haben wir den selben chrieg von vnserm tail an schidelevt gelazzen vnd dar vber haben (wir) genomen hern Heinrich von Schavnberch vnsern lieben sweher vnd herrn Friderich von Stubenberch, so hat der vorgenant vnser herr der bischof den erwåren vnd edelen herren vnsern ôhaim graf Gerharten den tvmbraust von Frising vnd hern Chvnraden von Lok den erbåren ritter (genomen), swaz die vier darvber sagent bi iren triwen vnd ir aid vmb dev andern hvndert pfvnt als vor benent ist, dez sol vns wol genvgen ze gewinne oder ze flust. Vnd daz daz wor sei vnd beleibe als ez vor geschriben stet, geben wir dem vor genanten vnserm herren dem bischof disem (!) brief mit vnserm insigel versigelt. Der brief ist geben ze Lok do von Christes gepvrde ist gewesen tausent iar vnd drev hvndert iar vnd in dem ersten iar, dez nåhsten Fritages nach sanct Nyclaus tag.

¹ Orig., Pgt., anhängendes verletztes Sigel, k. Reichsarchiv zu München.

448.

1302, 1. April, Oberwels. *Bischof Wulfing von Lavant und Alhard, Vertreter des Pfarrers Hugo von s. Peter a/Kammersberge, compromittiren in dem Streite um genannte Pfarre auf den schiedsrichterlichen Spruch bezeichneter Person.*

Nos frater Wluingus miseracione diuina ecclesie Lauentine episcopus pro nobis et ecclesia nostra et ego Alhardus canonicus sancti Andree Frisinge procurator venerabilis domini Hugonis rectoris ecclesie sancti Petri prope Welz, consenciente et volente reuerendo in Christo patre et domino meo Emchone venerabili episcopo ecclesie Frisingensis pro ipso domino meo Hugone presentibus profitemur et constare uolumus uniuersis ad quos peruenerit presens scriptum, quod nos dissensionis materiam iam diu inter nos Wlvingum episcopum ecclesie memorate ex parte una et dominum meum Hugonem super ante dicta ecclesia sancti Petri subortam ex altera pro bono pacis et concordie cupientes penitus amputare honorabiles uiros dominum Helmwicum canonicum et magistrum discipline ecclesie Salzburgensis et magistrum Gerlacum reuerendi in Christo patris et domini nostri Chunradi venerabilis archiepiscopi ecclesie Salzburgensis prothonotarium pro nobis Wlvingo et discretos viros magistrum Gotfridum archydyaconum et Bertholdum de Geboltspach canonicos ecclesie Frisingensis pro domino meo Hugone antedicto tamquam arbitratores seu amicabiles compositores elegimus uoto unanimi in hunc modum, videlicet quod predicti quatuor sub optestatione diuini iudicii dominum habentes pre oculis et uia equitatis in omnibus obseruata de plano et sine strepitu iudiciorum de meritis cause vtriusque partis siue de iure communi, priuilegiis, prescripcionibus re iudicata modo agendi in quocunque iudicio omnibusque aliis processibus, munimentis ac aliis amminiculis quibuscunque per que poterit animus eorum informari, cognoscant, diffiniant et decidant apud Mḗldorf infra festum beati Johannis baptiste proximo affuturum, nisi forsan negocii qualitas terminum exigat ampliorem, cuius siquidem termini prorogacionem siue prorogaciones predicti quatuor moderari poterunt prout ipsis uisum fuerit expedire. Insuper si aliquis articulus siue articuli dubitabilis seu dubitabiles forsitan contingeret suboriri, ex tunc sine iuris iniuria predicti quatuor sine dolo et capcione qualibet assumere habent quintum et ad quancumque partem idem quintus uel plures ex ipsis declinauerint, dictum eorundem quasi pro sentencia inuiolabiliter obseruetur. Quod si forsan omnes predicti cum assumpta sibi persona quinta non possent aut nollent concordare, ex tunc ipsa dubitabilia sub expensis communibus ad doctores Paduanos siue Bononienses per nuncium uel per nuncios legacionis deferantur quorum doctorum dicta ab vtraque parte quasi pro sentencia teneantur. Adiectum est insuper quod quecunque parcium in sua causa succubuerit, alteri parti ad interesse et ad expensas legittimas teneatur. Preterea si aliquem siue aliquos inter predictos quatuor contingeret casualiter inpediri, quod non posset uel possent in ipso loco et ipsius cause cognicioni siue decisioni comodo interesse, vtraque pars nostrum habebit loco absentis siue absencium alium uel alios subrogare, similiter et isti quatuor si quintum post denominacionem factam contingeret inpediri, habebunt alium substituere uice sui. Gaudebit insuper dominus Hugo sepe dictus nomine ecclesie Frisingensis plena et pacifica possessione in ecclesia sancti Petri in omnibus iuribus que ipsi domino Hugoni ante litem motam fuerant obseruata, iure tamen nostro fratris Wlvingi episcopi Lauentini in omnibus obseruato, donec ut premissum est, causa per ante dictos quatuor siue quintum ipsis coadiunctum aut per doctorum declaracionem siue interpretacionem finaliter terminetur. In quorum euidens testimonium presentes litteras nos Wlvingus nomine nostro et ecclesie nostre et nos Emcho ad peticionem Alhardi predicti nomine Hugonis sigilloruiu nostrorum munimine roboramus. Actum et datum in Oberwelz, anno domini M. CCC. II., kalendis Aprilis.

<small>Orig., Pgt., von 2 angehängten Sigeln nur Nr. 1 mehr vorhanden, k. Reichsarchiv zu München.</small>

449.

1302, 29. Mai, Waidhofen a/Ibs. *Konrad Praun verkauft sein Gut zu „Nuvental" dem Bischofe von Emcho von Freising, gegen den Hof zu Freundshausen, den nun derselbe mit von 50 Wiener Pfennigen von ihm lösen soll.*

Ich Chŭnrat Praun vergich vnd tŭn chvnt allen den die disen brief ansehent oder hörent lesen, daz ich mein gŭt ze Nuvental daz mein lehen was von meinem herren bischof Emchen von Frisingen, dem selben meinem herren verchaufet vnd aufgegeben han vmb fŭmzich pfunt Wienner pfenninge, dar vmb er mir gesetzet hat Freundeshausen den hof vnd sw(az) dar zŭ gehört, den er gechaufet hat von Perhtolden dem Pebrarer, also daz er den selbn hof von mir lösen sol vmb die selben fŭmzich pfunt ze den nachsten Osteren ze ausgenter Osterwochen vnd sol ich im in danne ze lösen geben an widerrede. Ist aber daz er danne von mir in niht löset vmb die vorgenanten fŭmzich pfunt, so ist er aber von der selben vrist vntz ŭber ein iar mein saeze als vor. Löset er in danne aber niht, so ist der selb hof mein reht lehen von dem vorgenanten meinem herren vnd dem gotshaus ze Frisingen. Vnd dar vber daz der losunge auf die vorgenanten zil dehein zweivel fŭrbas mŭge auf gesten, gib ich disen brief mit meiner herren graven Haugens von Montfort vnd hern Otten des ivngen von Lichtenstein die ich dar vmb gebeten han, insigel versigelten ze einem vrchŭnde. Der ist gegeben ze Waidhouen da von Christes geburt waren dreuzehenhvndert iar, da nach in dem andern iar, des Eritags vor dem Aufert tach.

<small>Orig., Pgt., 2 anhängende verletzte Sigel, k. k. geh. Haus-, Hof- und Staatsarchiv zu Wien.</small>

450.

1303, 16. Mai, Wien. *Herzog Rudolf von Österreich bestätiget die Verpfändung des grossen und kleinen Zehents zu Raasdorf durch Kalhoch von Ebersdorf an den Juden Lebmann von Wien.*

Wir Rudolf van gotes gnaden herzog van Osterich vnd van Steyr, herre van Chrayn, van der Marich vnd van Porte-

nawe verichen vnd t̆n chvnt allen den di disen brief sehent
oder horent lesen, daz vnser lieber getrewer Chalhoh von Eber-
storf fver vns chom vnd pat vns vleizichleich mit sampt seiner
havsvrowen Margareten vnd Rudolfen vnd Reinprechten sinen
svnen gvten willen vnd mit gesamter hant, daz wir bestetigeten
di satzvng des grozzen vnd des chlainen zehenten dacz Roch-
leinstorf vnd swaz daz (!) zv gehoret, ez sein holden oder swī
ez genant ist, daz er versetzt hat Lebmannen dem Juden van
Wiennen fver anderhalb hvndert phvnt Wienner phenning di
er im gelihen hat. Daz haben wir getan durch ir baider pete
willen vnd haben di selben satzvng lazzen zv gen mit dem
gelvbd vnd mit der beschaidenhait als ir hautvest hat vnd an
ir geschriben stet, vnd sein ovch des selben gvtes rechter
scherme der vorgenanten Juden Lebmans, siner havsvrowen
vnd siner chind noch des landes gewonhait in Osterich vnd
nach satzvng recht. Vnd dar vber ze cinem gezevge geben wir
disen brief versigelt mit vnserm insigel. Der brief ist geben
ze Wienne da van Christes geburd waren drevzehen hvndert
iar, darnach in dem dritten jar, an vnsers herren Avfert tag.

Orig., Pgt., anhangendes verletztes Sigel, landsch. Archiv zu Wien.

451.

1303, 15. Juli, Nürnberg. *König Albrecht I. gewärt den Bürgern von Innichen ein Wochenmarktsrecht.*

Albertus dei gratia Romanorum rex semper augustus.
Vniuersis sacri Romani imperii fidelibus presentes litteras in-
specturis gratiam suam et omne bonum. Ad hoc in specula
regalis fastigii nos a summo rege recognoscimus collocatos, vt
honorificum reipublice statum solicite promouere et subiectorum
imperii commodis importunis (!) intendere liberaliter debeamus.
Nam dum municencie nostre beneplacitis eorum prosperitati
prospicimus, deuocionem ipsorum excitamus ad exhibitionem
promptitudinis et fidei plenioris. Ea propter obsequia grata
sincerumque affectum quibus venerabilis Emcho episcopus Fri-
singensis princeps noster dilectus nobis hactenus adhesit et
feruenter studuit complacere, ad memoriam reuocantes et spe-
rantes, quod idem nobis et imperio gratiora prebere non cesset
obsequia in futurum, eiusdem contemplationem meritorum opido

et opidanis suis in Innichingen fauoris regii plenitudinem impertimur, concedentes eisdem ex habundancia gracie specialis quod in opido memorato ex nunc et in antea forum septimanale ad vsum mercationis cuiuslibet singulis quintis feriis obseruetur ad quod quidem forum euntes et redeuntes cum personis et rebus in nostram et imperii protectionem recipimus specialem et forensium eos gaudere volumus priuilegio libertatum. Nulli ergo omnino' hominum liceat hanc nostrae concessionis infringere paginam aut ei ausu temerario quomodolibet contraire, quod qui secus facere presumpserit, indignationem nostram grauissimam se non dubitet incurrisse. In cuius nostre concessionis indicium euidens et memoriam sempiternam hanc litteram exinde conscribi et maiestatis nostre sigillo iussimus communiri. Datum in Nürnberg, anno domini millesimo trecentesimo tercio, idus (!) Julii, indictione prima, regni vero nostri anno quinto.

Aus gleichzeitiger Copie der Bestätigung König Ferdinands I. ddo. 30. Juni, 1532, k. Reichsarchiv zu München; Notizbl. der k. Akad. d. Wissensch. 1852, p. 129.

452.

1304, 19. August, Oberwels. *Graf Heinrich von Hohenlohe und seine Gemalin Elisabeth zälen Bischof Emicho von Freising von allen Verpflichtungen in Geldforderungen gegen sie los.*

Ich grave Heinreich von Hohenloch vnd Elspet mein havsfraw, grave Ulriches tochter von Haevnburch tůn chvnt allen den die disen brif hôrent, sehent oder lesent, daz wir von vnserm genaedigem vnd liebem herren dem erbaern bischolf Emichen von Freysingen enphangen haben vnd gewert sein gar vnd gaentzlichen schon mit lôtigen silber des er vns schuldichk gewesen ist von taydingen, an heyráten, von gehaizzen, von reht vnd von genaden oder swie ez dar sei chomen do wir sein hantvest vmbe haben gehabt di wir im auch wider geantwurtt haben, wan wir an allen schaden vollichlichen vnd gaentzleichen von im gewert sein, da von sagen wir vnsern gnaedigen herren den vorgenanten bischolf Emichen von Freysingen vnd sein gotshaus vnd die erbaern herren baider phaffen vnd layen di von im vnser pûrgel waren, lavterleychen vnd gaentzleichen an allen var ledichk vmb allez daz dar vnder

vnd darvmb gelobt vnd gehaizzen ist. Daz daz staet vnd vn-
zerbrochen ewichlichen beleybe, geben wir disen brif mit vnser
baider hangenden insigel versigelt ze ainem vrchvnde der war-
hait, vnd dez sint gezivge her Chvnrat der pharrer von Ober-
welcz, her Nyclav pharrer von sant Peter, her Heinreych vnser
chapplan, her Fridreych der Helle burgrave ze Oberwelcz, her
Fridreych der Sandawer, Chvnrat der schreyber der erbaer
burger ze Graetze, Otte der chastner ze Oberwelcz, Reycher
der amman von sant Peter vnd ander erbaer vnd piderbe
laevt. Der brif ist gegeben dacz Oberwelcz do von Christes
geburt ergangen waren tavsent iar, drevhvndert jar, dar nach
in dem vierden iar, dez Mittichen nach Vnser frawen tag der
ereren.

Orig., Pgt., 2 angehängte Sigel ausgerissen, k. Reichsarchiv zu München.

453.

1305, 8. Jänner, Wien. *König Albrecht I. bestätiget und inserirt dem*
Bischofe Emcho von Freising das Privileg König Rudolfs I. für den
Freisinger Hof zu Wien.

Albertus dei gracia Romanorum rex semper augustus.
Vniuersis sacri Romani imperii fidelibus imperpetuum. Constitu-
tus in nostre maiestatis presencia venerabilis Emcho ecclesie
Frisingensis episcopus princeps noster dilectus priuilegium quod-
dam nobis obtulit petens cum instancia ipsum et articulos in
eo contentos auctoritate regia confirmare. Cuius tenor de verbo
ad verbum talis est:

Folgt nun die Urkunde König Rudolfs I, ddo. 1277, 18. Mai, Wien
(Nr. 328).

Nos itaque predicti patris et predecessoris nostri piis acti-
bus immitentes (!) ac deuota et fidelia obsequia memorati epis-
copi nobis et imperio prestita fauorabiliter intuentes, predictum
priuilegium cum omnibus in ipso contentis innouamus, appro-
bamus et presentis scripti patrocinio confirmamus. Nvlli ergo
omnino hominum liceat hanc nostre innouacionis, approbacionis
sev confirmacionis paginam infringere vel eidem ausu temerario
contraire, quod qui facere presumpserit, grauem nostram indig-
nacionem se nouerit incurrisse. In cuius rei testimonium pre-
sentes litteras scribi et sigillo nostre maiestatis iussimus commu-
niri. Datum apud Wiennam, VI. idus Januarii, indictione tercia,

anno domini millesimo, trecentesimo, quinto, (regni) vero nostri anno septimo.

Aus der Bestätigung Herz. Rudolfs ddo. 1305, 12. Jänner, Wien, vgl. Nr. 454; Meichelbeck II./1, 136, Nr. 216.

454.

1305, 12. Jänner, Wien. *Herzog Rudolf von Österreich bestätiget und inserirt dem Bischofe Emcho von Freising die Privilegien der Könige Albrecht und Rudolf betreffs des Freisinger Hofes zu Wien.*

Rvdolfus dei gracia d(ux Austrie) et Stirie, dominus Carniole, Marchie ac Portusnavnis. Vniuersis presencium inspectoribus noticiam rei geste. Ad in . . . . um venerabilis pater et dominus Emcho Frisingensis episcopus a nobis pe(tiit ut) priuilegium quoddam a serenissimo quondam domino et avo nostro karissimo Rvdolfo Romanorum rege diue recordacioni(s ipsi collatu)m et concessum ac postmodum a domino et genitore nostro Alberto R(omanorum) rege confirmatum dignaremur eidem ratificare, innouare et admittere de gracia speciali. Cuius tenor priuilegii per omnia dinoscitur esse talis:

Folgt nun die Bestätigung König Albrechts I. ddo. 1305, 8. Jänner, Wien (Nr. 453) mit dem Inserte der Urkunde König Rudolfs I. ddo. 1277, 18. Mai, Wien (Nr. 328).

Nos igitur diue recordacionis domini Rvdolfi avi nostri et domini Alberti genitoris nostri Romanorum regum illustrium principum vt decet, vestigiis inherentes, prefati domini episcopi precibus et meritis quibus se nobis eius indefessa fidelitas gratum reddidit et acceptam, fauorabiliter inclinati, memoratum priuilegium cum articulis in eo contentis de verbo ad verbum ratificamus, innouamus ac ad(mittimus) per presentes. Nulli ergo omnino hominum liceat hanc nostro innouacionis, approbacionis ac ratificacionis paginam infringere uel eidem ausu temerario contraire, quod qui facere pre(sumpserit, graue)m nostram indignacionem se nouerit incurrisse. In cuius rei testimonium presentes litteras conscribi et sigillo nostro ius(simus com)muniri. Datum apud Wiennam, anno domini (millesimo, trecentesimo), quinto, pridie idus Januarii.

Orig., Pgt. mit 6 grossen Lücken, anhangendes stark verletztes Sigel, k. Reichsarchiv zu München; Meichelbeck II 2, 137, Nr. 217.

455.

1306, 4. Jänner, Gutenwörth. *Teyn, Berengers von ‚Hohenaw' Schwester, reversirt gegen Bischof Emich von Freising betreffs der nach ihres Bruders Tode ihr zur Leibgeding verliehenen Güter zu „Hohenaw."*

Ich Teyn Perengeres swester von Hohenaw vergihe an disem brief vnd tůn chvnt allen den die in sehent oder horent lesen, daz mein genádiger herre her Emch der ersam bischof ze Freising mir durich got vnd von sein selbes genaden vncz an meines leibes ende verlihen hat daz gůt ze Hohenaw, daz im von meines brůder Perengeres tode ledich worden was. Des selben gůtes sint funf hůbe vnd ein burchstal vnd wällde vnd waid vnd ander daz dar zů gehöret. Daz selbe gůt sol ich von meines vorgenanten herren des bischofs genaden haben vncz an meinen tode vnd nah meinem tode so sol daz selbe gůt meinem herren den bischof vnd das gotshaus ze Freising ledikleichen an gevallen an alle wider rede vnd sol dehain mein erbe dehain ansprache vmbe daz selbe gůt nicht haben nah meinem tode vnd sol weder ich, noch dehain mein frevnt, noch dehain man von meinen wegen weder bei mir lebentigen, noch nah meinem tode auf daz selbe burchstal nicht pawen. Vnd daz der tädinch also stät beleiben, dar vmb han ich meinem vorgenanten herren dem bischof von Freising vnd seinem gotshause disen brief gegeben verinsigelt mit der herren insigel die her nah geschriben sint, her Chůnrat der ritter von Lok, her Albreht der ritter von Halbestat, her Růdolf von Scharfenberch vnd her Jacob der Zäppel von Chraynburch die habent alle vier irev insigel nah meiner bet an disen brief gehenget. Der brief ist gegeben vnd ist auch daz geschehen ze Gůtenwerd da man zalt von Christes geburte dreůzehenhundert jar, dar nach in dem sechsten jar, des Eritages vor dem Pericht tage.

Orig., Pgt., 4 anhängende Sigel, k. k. geh. Haus-, Hof- und Staatsarchiv zu Wien.

456.

1306, 8. Jänner, Gutenwörth. *Offo von Landstrass verkauft dem Bischof Emcho von Freising 10 Huben zu Thal in Niederkrain sammt Weingülten zu „Prieglach" und „Gesiez" um 80 Mk. Aglaier Pfennige.*

Ich Offe von Lantstrost vergibe mit disem brief vnd tůn chvnt allen den die yn sehent oder hörent lesen, daz ich mei-

nem genadigen herren herrn Emchen dem ersamen bischof von
Freising vnd seinem gotshaus ze Freisingen verkauft vnd ge-
geben han ze Tal zehen hůben vnd achtzich emmer weyns die
man mir da gebn sol ze perchrehte, vnd ze Prieglach vnd ze
Gesiez zehen hůbe oder mer, vnd swas ich da selben han daz
han ich von meinem herrn dem bischof vnd von seinem gots-
haus ze Freising vntz her ze rehtem lehen gehabet vnd han
es nv alles sampt, walt, forst, waide, akcher, wismat, gepawn
vnd vnerpawn, stok vnd stayn vnd allez daz ich da selben han,
swie daz genant ist, besůcht vnd vnbesůcht, lævt vnd gůt, daz
han ich allez mit ein ander meinem vorgenanten herren dem
bischofe vnd seinem gotshaus ze Freising verchauffet vnd ge-
geben vmb achtzich march Aglayer phenning vnd han der
selben phenning ein genomen achtzehen march vnd sol mein
herr der bischof die überigen zwo vnd sechtzich march Aglayer
phenning geben Gebhart dem Presinger vor sant Gergen tach
der nv schierst chvmpt, vnd ist daz ich daz selbe gůt vmb die
selben achtzich march wider chauffen wil vnd mak von sant
Gergen tak der nv schierst chvmpt, über ein jar, dez sol mir
mein herr der bischof oder sein nachchomen stat tůn vnd sol
mir daz selbe gůt ze rechtem lehen wider leihen yn allen dem
rechte als ich ez von im vnd von seinem gotshaus han gehabt
vncz her, vnd sol auch ich denne die selben achtzich march
meinem vorgenanten herrn dem bischof oder seinen nach-
chomen oder seinem schreiber der denne sein schreiber oder
seyn phleger ze Lok ist, widerantburten ze Lok yn der burch
mit gůter gewizzen. Ist aber daz ich daz selbe gůt vmbe die
vorgenanten achtzich march in der vorgenanten frist nicht
widerchauffe, so schol daz vorgenant, lævt vnd gůt, allez mit
ein ander meinem vorgenanten herren dem bischof vnd dem
gotshaus ze Freisinge von mir vnd von allen meinen erben
ledich seyn vnd sol ym ebichleichen beleiben vnd sol ich we-
der ich noch dehayn meyn erbe dar nach dehayn ansprache
nymmermer gewinnen, doch sol meyn vorgenanter herre der
bischof oder seyn nachchomen nach dem vorgenanten zil so
ym daz gůt gar vervallet, mir geben über die vorgenanten
achtzich march swaz mir Berchtolt von Rautenberch vnd Ott
von Sicherstayn haizzent geben, vnd hiezzen sie mir nichts
nicht geben, so sol meyn herre der bischof vnd das gotshaus
ze Freising ledich sein vnd sol yn dannoch daz gůt beleiben

alz hie vor verschriben ist, vnd sol auch ich vnd meyn erben
des vorgenanten lävt vnd gûtes vberal, ob vil leicht meinen
herren den bischof vnd seine nachchomen vnd daz gotshaus ze
Freising notrede oder ansprache dar vmbe an gêt, seyn gewer
seyn alz eyn man lehenes gewêr ze recht sol sein vnd als dez
lands reht ist. Vnd darvber gibe ich meinem vorgenanten
herren dem bischof vnd dem gotshause ze Freising disen brief
versigelten mit meinem hangendem insigel ze ainer bestatigung
diser sache, vnd bei disem gewerfft ist gewesen vnd sint auch
gezevgen mein herre graf Emch probst ze Wertse, herr Berch-
tolt von Gebolspach probst ze Inichingen, herr Wolfhart von
Röhling chorherren ze Freising vnd her Chŭnrat der ritter von
Lok, her Berchtolt von Raûtenberch vnd Jacob der Zâppel
von Chraynburch vnd Ott von Sicherstayn vnd Dyetrich der
Prenner von Lok vnd ander erber läut. Der brief ist geben
ze Gutenwerde vnd ist auch der selbe gewerfte da geschehen
da man zalt von Christes gebûrte drevzehen hvndert iar, dar
nach yn dem sechsten yar, des Samptztags nah dem Perichttage.

Orig., Pgt., angehängtes Sigel abgerissen. k. Reichsarchiv zu München.

457.

1306, 2. Februar, Lack. *Ritter Konrad von Lack und sein Bruder
Nicolaus der Krainer verkaufen den Bischofe Emcho von Freising 7½
Huben sammt Weingärten zu „Obern Payrischdörf" u. bei Weinberg in
Niederkrain um 50 Mk. Aglaier.*

Ich Chûnrat der ritter von Lok vnd ich Nyclau der Chrai-
ner desselben herrn Chûnrats prûder wir vergehen paide an
disem briefe vnd (tŭn) chunt allen den di yn sehent oder hôrent
lesen, daz wir vnserm genaedigen herren heren Emchen dem
ersamen bischof zu Freising vnd sinem gotshaus auf gegeben
vnde verchauffet haben ze Obern Payrischdörf syben hûbe vnd
ein halbe vnd weingarten di datzŭ gehôrent, vnt ŭberal swaz
zŭ den selben hûben gehôrt, vnd bey dem Weynperge zwo
hûb vnd daz perchreht daz dar zŭ gehôrt, vnd gemainchlichn
alles daz daz zŭ den vorgenanten zehenthalber hûb gehôrt,
swie daz gehaizzen ist, weyngarten, perchreht, walt, aekcher,
waide, wismat, auzvart vnd einvart, erpawen vnd vnerpawen,
stokch vnd stein, besûcht vnd vnbesûcht, swie ez genant ist,
daz zŭ den vorgenanten zehenthalber hûb gehôrt, daz het der

Schürtzer von dem gotshaus ze Freising ze lehen vnd wart von
seinem tôde ledich vnd wart vns vnd vnserm brůder herrn
Wernher verlihen von vnserm vorgenantem herren herrn Em-
chen dem ersamen bischof ze Freising, vnd haben wir vnserm
brůder herrn Wernher sein tail widerlait mit anderm gůte vnd
hat auch er sich seines tailes vnd seines rechtes dar an gar
verczigen vnd ist daz selbe gůt gaenzlichen auf vns zwen geuallen,
vnt haben auch wir daz selbe gůt die vorgenanten zehenthalbe
hůben vnd alles daz daz darzů gehôrt als hie vor geschriben
stet, vnserem vorgenantem herren dem bischof vnd seinem gots-
haus ze Freising ledichleichen auf gegeben vnd verchaufet umb
fůmftzich march Agleyer phenninge vnd sein auch der selben
phenninge gar gewert vnd verrichtet vnd haben auch wir zwen
für vns vnd für alle vnser erben des vorgenanten gůtes über
al vns gaentzleich verzihen. Dar zů haben wir baide für vns
vnd für alle vnser erben gehaizzen vnd gelobt, ob vnseren vor-
genanten herren den bischof oder seinen nachchomen vnd daz
gotshaus ze Freising vmb daz vorgenant gůt oder vmb sein
etsleich tail nôtrede vnd ansprach von vnserem brůder herrn
Wernher oder von anderen lueuten swer di sint, an get, so
schůlen wir oder vnser erben yn vertreten vnd schůlen des
selben gůtes sein oder seiner nachchomen vnd des gotshauses
ze Freising gewer sein als ein man ze recht gewer schol sein
des lehens daz er verchauffet hat. Vnd daz dev red also staet
beleibe, haben wir vnserem vorgenantem herren dem bischof
vnd dem gotshaus ze Freising disem (!) brief gegeben versi-
gelten mit vnserr baider hangenden insigeln. Diser täidinge
sint auch geziuge herr Berchtolt von Gebolspach der erber
probst ze Inechingen, chôrherre ze Freising, maister Albreht
der arzet chorherre ze sand Andre daz Freising, herr Berch-
tolt vom Vmdingen chorher ze sand Veyt daz Freising, Johans
der schreiber ze Lok, Arnolt von Maessenhausen vnsers herrn
hofmarschalch von Freising, Gôtfrid der Anevelt vnsers herren
chamerer von Freising vnd Chrachenuels des vorgenanten vn-
sers herrn diener von Freising vnd ander erber leut. Den tai-
dinch sint geschehen vnd ist auch der brief gegebn ze Lok dů
man zalt von Christes gebwrt dreuzehen hundert iar, dar nach
in dem sechsten iare, an Vnser frawen tage ze Lichtmesse.

Orig.. Pgt., 2 angehängte Sigel ausgerissen, k. Reichsarchiv zu München.

458.

1306, 4. Juni, Freising. *Dechant Gotfrid von Freising überträgt in dem Streite des Chorherrn Emcho von Alzay mit dem Bischofe von Lavant um die Kirche zu s. Peter a'Kammersberge einem gewissen Eberhard, ihn wegen seines Ausbleibens beim Schiedsgerichte zu entschuldigen.*

Nouerint vniuersi, presentium inspectores quod nos Gôtfridus decanus ecclesie Frisingensis in causa que mouetur honorabili viro domino Emchoni de Alzaya canonico eiusdem ecclesie super ecclesia sancti Petri prope Weltz sita per renerendum in Christo patrem dominum . . . venerabilem episcopum ecclesie Lauentine, in qua per eundem dominum Emchonem arbitrator seu amicabilis conpositor fuimus nominatus, discretum virum Eberhardum presencium exhibitorem nostrum constituimus et ordinamus excusatorem seu nuncium per presentes, dantes ei potestatem excusandi et in animam nostram iurandi, quod in loco partibus deputato et in termino prefixo propter infirmitatem seu debilitatem corporalem nullatenus potuimus conparere. Et ut idem excusator noster a satisdacionis onere releuetur, promittimus pro ipso ad cautelam iudicio sisti, iudicatum solui, ratum et gratum habituri quicquid per eum in premissis seu quolibet premissorum fuerit attemptatum. In cuius rei testimonium presentes sibi dedimus nostri sigilli muniumine roboratas. Datum Frisinge, anno domini Millesimo CCC. sexto, in prima vespera Bonifacii.

<small>Orig., Pgt., anhängendes verletztes Sigel, k. Reichsarchiv zu München.</small>

459.

1306, 7. October, Frisach. *Bischof Emcho von Freising und Bischof Wernher von Lavant vereinbaren sich sammt ihren beiden genannten Präsentaten zur die Kirche s. Peter a/Kammersberg betreffs Entscheidung ihres Streites um dieselbe auf ein bezeichnetes Schiedsgericht.*

Nouerint cuncti quos nosse fuerit oportunum, quod nos Emcho dei gracia episcopus ecclesio Frisingensis de consensu capituli nostri pro nobis et ecclesia nostra ex vna, nos quoque Wernherus eadem gracia episcopus ecclesie Lauentine accedente consensu capituli nostri pro nobis et eadem ecclesia nostra ex parte altera suborta inter nos super ecclesia sancti

Petri prope Waelz Salzburgensis dyocesis siue iurepatronatus eiusdem ecclesie iam dudum materia questionis, et ego Em. de Alzaya canonicus ecclesie Frisingensis per reuerendum in Christo patrem dominum Em. venerabilem episcopum Frisingensem ad eandem ecclesiam sancti Petri tunc vacantem reuerendo in Christo patri domino Chvnrado sancte Salzburgensis ecclesie archiepiscopo apostolice sedis legato loci ordinario canonice presentatus, et ego Otto de Safraw per reuerendum in Christo patrem et dominum Wernherum venerabilem episcopum ecclesie Lauentine eidem domino Ch. sancte Salzburgensis ecclesie archiepiscopo ad eandem ecclesiam sancti Petri vacantem similiter presentatus super iure quod nobis presentatis ex presentacionibus huiusmodi acquisitum et nobis predictis presentatoribus in premissis competere videbatur, diligenti deliberacione prehabita in honorabiles et discretos viros dominum Jacobum propositum sancti Bartholomei Freisaci (!), magistrum Arnoldum canonicum sancti Mauricii Auguste, necnon dominum Dietricum de Wolfsaw prepositum Gurnocensem vtriusque iuris professorem quasi pro tercio communiter ab omnibus electum tamquam in arbitratores conpromittendum duximus sub hac forma, quod predicti duo dominus Ja. videlicet prepositus et magister Ar. proxima feria quarta ante instans festum sancti Galli conueniant in Friesaco et receptis et examinatis omnium nostrûm allegacionibus, iuribus, racionibus, muniuentis et probacionibus quibuscunque, obmissis sollempnitatibus ordinis iudiciarii omnes predictas questiones arbitrando diffiniant et decidant, attribuentes in sua decisione quam communiter et in scriptis pronunciare debebunt, vnicuique nostrûm quod ei secundum deum et iusticiam attribuendum viderint, ad quod etiam eos astringi petimus et volumus corporali prius super hoc prestito iuramento, cessante tamen hinc inde condempnacione quarumlibet expensarum. Si vero iidem duo arbitratores in iam dictis termino et loco conuenientes inceptum arbitracionis tractatum vno die cum suis continuacionibus conplere nequiuerint, plenam et liberam potestatem habeant dictum negocium seu tractatum in alium uel alios diem uel dies, terminum uel terminos, vnum uel plures, quotquot et qualiter ipsi negocio expedire viderint, continuandi et eciam prorogandi. Habeant quoquo predicti duo arbitratores in omnibus terminis quos vt premittitur, statuerint, plenam et liberam potestatem procedendi amicabiliter, componendi et arbitrandi tam solempnibus quam priuatis diebus, partis uel parcium absencia non obstante. Si vero negocio penes eosdem duos arbitratores pendente memoratum Ja. prepositum mori vel quocumque casu inpediri contigerit, quominus ipsi negocio interesse ac intendere valeat, ex tunc nos Wernherus episcopus Lauentinus et Ot. de Safraw ab eo presentatus alium idoneum et discretum in locum ipsius substituere tenebimur quam cito potuerimus, absque qualibet captione. Similiter si magister Ar. fuerit inpeditus vel decesserit, nos Emcho episcopus et Em. de Alzaya canonicus ecclesie Frisingensis in locum ipsius tenebimur alium idoneum subrogare. Taliter quoque substitutus uel substituti in ipso suo introitu iurabit uel iurabunt quemadmodum de primo electis arbitratoribus superius est expressum. Simili modo si quemquam substitutum impediri quandovel quocienscumque contingerit (!), pars que illum substituat, alium idoneum sub forma superius annotata subroget loco sui. Si vero predicti duo domini Ja. prepositus et magister Ar. vel eis substituti in vnam formam seu sentenciam vel amica(bilem) composicionem concordare nequiuerint, ex tunc ad tercium terminum et locum quem designandum duxerint, arbitratores tercium dominum Dyetricum videlicet de Wolfsaw ... exponsis communibus parcium euocabunt, iuraturum in primo suo accessu et deinde cum ceteris duobus arbitratoribus seu eis substitutis negocio intenturum, processurum et diffiniturum iuxta formam superius annotatam. Quem si forte quod absit, interim mori vel alias impediri contigerit, assumatur sub forma que superius est expressa. Quicquid vero per memoratos tres arbitratores communiter vel ipsis substitutos vel per duos eorum principales seu substitutos communiter et in scriptis arbitratorie ordinatum, diffinitum et pronunciatum seu alias per formam amicabilis composicionis decretum fuerit, ab omnibus nobis et successoribus nostris sub periculo et amissione cause tociusque iuris cuilibet nostrum in premissis conpetenti et conpetituro in toto et in parte inuiolabiliter obseruetur, ita quod quicunque nostrûm huiusmodi arbitracioni seu diffinicioni in toto vel in parte contraire presumpserit, ipso facto ab omni iure quod sibi in premissis vel quolibet eorum conpetere potuit vel poterit in futurum, se nouerit penitus cecedisse. In quibus et quolibet eorum renunciamus ex certa sciencia restitucioni in integrum, excepcioni doli mali et omni alii iurisbeneficio ordinario et extraordinario quod nobis vel cuilibet nostrum sev nostris successoribus possit aliqualiter in contrarium suffragari. Preterea omnes nos presentatores et presentati prefati predictis duobus dominis Ja. preposito sancti Bar. et magistro Ar. vel substituti(s) sibi et si illi nos concordare nequiuerint, tercio, videlicet domino Dietrico de Wolfsawe vel eius substituto vnacum premissis duobus composicionem inter nos amicabiliter attemptandi plenam et liberam tribuimus potestatem, ita quod propter hanc formam semel vel sepius attemptatam, si totum negocium promissum per eam terminatum non fuerit, prior forma compromissi huiusmodi nec sit nec intelligatur in toto vel in parte aliqualiter renocata. In quorum omnium euidenciam et perpetuam rei memoriam nos presentatores et presentati sepedicti sigilla nostra presentibus litteris ex certa sciencia duximus appendenda. Actum in Frisaco, anno domini M. CCC. VI., nonis Octobris, hoc est feria sexta ante festum sancti Dyonisii.

<small>Orig., Pgt., angehängte Sigel abgerissen, k. Reichsarchiv zu München.</small>

460.

1306, 9. October, s. Andrä im Lavanthale. *Das Capitel von s. Andrä im Lavanthale erklärt seinen Beitritt zu dem Schiedsgerichte und dem Spruche, welchen dasselbe in dem Streite um die Pfarre s. Peter a/Kammersberge fällen würde.*

Vlricus dei gracia prepositus et archidyaconus, H. decanus totumque capitulum sancti Andree in valle Lauentina vniuersis presencium inspectoribus salutem et sinceram in domino caritatem cum noticia subscriptorum. Compromisso facto seu faciendo uel composicioni super ecclesia sancti Petri prope Welz sita, iure patronatus, iure presentandi uel iure quod conpetit honorabili viro domino Ottoni de Sawrawe, capellano reuerendi in Christo patris ac domini nostri Wernheri Lauentini episcopi, uel aliquo predictorum iurium per quascunque personas que sua crediderunt interesse, presentibus ex certa scientia pleno omnium nostrum interueniente consensu cunctisque iuris sollempnitatibus adhibitis consentimus approbando et collaudando, volentes hec uel quodlibet ex eis valere prout de iure melius valere potuerunt et debebunt. In quorum omnium testimonium presentes ipsi domino Ottoni dedimus litteras sigillo nostri capitulo roboratus. Datum in sancto Andrea, anno domini millesimo CCC. sexto, in die sancti Dyonisii.

Orig., Pgt., angehängtes Sigel abgefallen, k. Reichsarchiv zu München.

461.

1307, 5. Februar, Wien. *Herzog Fridrich von Österreich genemiget den Verkauf der grossen und kleinen Zehente zu Billichdorf, Wendling, Parbasdorf, und Rusdorf durch den Juden Lebmann von Wien, dem sie von Kalhoch von Ebersdorf verpfändet waren, an dessen Sohn Rudolf.*

Wir Fridrich von gotes gnaden herzoge von Osterreiche vnd von Steyre, herre ze Chrayen, avf der Marche vnd ze Portenawe tvn chvnt allen den die disen prief lesent oder horent lesen die nv lebend vnd hernach chvnftich sint, das Lebman der Jvde vnd sein havsvrowe vnd seine chint mit vnserm gvten willen vnd gvnst vnd auch mit vnser hant vnd mit vnsers getriwen diener willen vnd gvnst Chalhohes von Eberstorf verchavft habent die zehenten da ze Pilihdorf, da ze Wentlingen vnd da ze Perwolfdorf, paide grozze vnd chlaine, die lehen sint von vnserm herren pischolfe Wernharten von Pazzawe vnd den zehenten da ze Raeheleinstorf paide, grozzen vnd chlainen, der lehen von vns ist vnd die in verstanden waren von dem vorgenanten Chalhohen, die selben zehenten habent sie verchavft vnserm getriwen diener Rvdolfen von Eberstorf des vorgenanten Chalhohes svn vmb drev hvndert phvnt Wienner pfenninge der sie reht vnd redlichen gewert sint, vnd habent avch vns der vorgesprochen Chalhoh von Eberstorf vnd Lebman der Jvde vnd sein havsvrowe vnd seine chint den vorgenanten zehenten da ze Raeheleinsdorf paide, grozzen vnd chlainen, ledichlichen vnd vreilichen vnd vmbetwngenlichen avf gigeben (!) also beschaidenlichen vnserm diener Rvdolfen von Eberstorf vnd seinen erben ze rehtem lehen mit allem dem reht als man lehen leihen sol, ledichlichen vnd vreilichen ze haben vnd allen iren frvmen da mit ze schaffen, verchavffen, versetzzen vnd geben swem siewellen, an allen irresal vnd sein avch wir herzoge Fridrich des vorgesprochen zehenten da ze Raeheleinstorf vnsers diener Rvdolfes von Eberstorf vnd seiner erben rehter gewer vnd scherm fvr alle ansprache als lehens reht ist vnd des landes reht ze Osterreiche. Vnd waud diser chavf vnd dise lehenschaft reht vnd redlichen vor vns vnd avch mit vnser

hant geschehen ist, da von so haben wir geben vnserm diener
Rvdolfen von Ebersdorf vnd seinen erben disen prief ze ainem
sihtigen vrchvnde vnd ze ainem offen gezevge vnd ze ainer
ewigen vestnvnge diser sache versigilten mit vuserm insigil.
Diser prief ist geben ze Wienne do von Christes gebvrt waren
ergangen drevzehen hvndert iar, in dem sibenten iare, dar nah
naehisten Svntages nah Vnser vrowen tage der Lichtmesse.

Orig., Pgt., angehängtes Sigel ausgerissen, landsch. Archiv zu Wien.

462.

1307, 5. Februar, Wien. *Kalhoch von Ebersdorf genehmiget den Verkauf seiner grossen und kleinen Zehente zu Billichsdorf, Wendling, Parbasdorf und Rasdorf durch den Juden Lebman von Wien an seinen (Kalhoch's) Sohn Rudolf um 300 Pfund Wiener Pfennige.*

Ich Chalhoh von Eberstorf chamrer in Osterreiche
vergihe vnd tvn chvnt allen den die disen prief lesent oder
horent lesen, die nv lebent oder hernah chvnftich sint, daz
Lebmanne dem Jvden ze Wienne vnd seiner havsvrowen vnd
seinen chinden von mir verstanden sint die zehenten paide
grozze vnd chlaine da ze Pilchdorf, da ze Wentlingen vnd da
ze Perwolfstorf die lehen sint von vnserm herren pischolf
Wernharten von Pazzawe, vnd der zehente paide grozzer vnd
chlaine da ze Racheleinstorf der lehen ist von vnserm herren
herzogen Fridrichen von Osterreiche, die vorgenanten zehenten
hat Lebman der Jvde vnd sein havsvrowe vnd seine chint mit
mein Chalhohes gvtem willen vnd gvnst vnd aller meiner erben
vnd meins herren hant herzogen Fridriches von Osterreiche
verchavft meinem svne hern Rvdolfen vmb drev hvndert phvnt
Wienner phenninge der si reht vnd redlichen gewert sint, vnd
haben avch wir, ich Chalhoh von Eberstorf vnd Lebman der
Jvde vnd sein havsvrowe vnd seine chint vnserm herren her-
zogen Fridrichen den zehenten da ze Racheleinstorf ledich-
lichen vnd vnbetwngenlichen avf gigeben (!), also beschaiden-
lichen daz er den selben zehenten da ze Racheleinstorf
verlihen hat meinem svne hern Rvdolfen ze rehtem lehen vnd
seinen erben, vnd swanne daz ist daz vnser herre pischolf
Wernhart von Pazzawe her ze Wienne chvmt, so sol ich in
die andern drei zehenten avf geben also beschaidenlichen,

swanne daz ist, daz ich Chalhoh die vorgenanten vier zehenten wider chavffen wil, die sol mir mein svn her Rvdolf oder sein erben, ob er niht enist, an alle wider rede her wider ze chavffen geben bei ainem drittaile oder bei zwain tailen oder gar ieglich drittail vmb hvndert phunt Wienner phenninge. Iz sol avch der chavf geschehen an Vnser vrawen tage der Lichtmesse vnd zv dehainer zeit mer in dem iare, vnd waere daz, des got niht gebe, daz mein svn her Rvdolf vnd sein erben die vorgenanten zehenten vor chafter not niht versparen mohten, so svln sie mit den selben zehenten allen iren fromen schaffen, als iz in wol chome vnd fvege zv allem dem reht als vor an diesem prieve geschriben stet vnd anders niht, vnd gib in dar vber disen prief ze ainem vrchvnde vnd ze ainem gezevge vnd ze ainer vestvnge diser sache versigilten mit meinem insigil vnd mit hern Stephans insigil von Meyssawe vnd mit der dreier prveder insigil hern Hainriches, hern Chvnrades vnd hern Siboten von Potendorf vnd mit meins vetern insigel hern Marchartes von Mistelbach die diser sach gezevg sint, mit ir insigiln vnd ander frvme levte genvch. Diser prief ist geben ze Wienne do von Christes gebvrt waren ergangen drevzehen hvndert jar, in dem sibenten jare dar nah, des naehisten Svntages nah Vnser vrowentage der Lichtmesse.

Orig., Pgt., von 6 angehängten Sigeln nur 1—3 erhalten, landsch. Archiv zu Wien; vgl. Notizenbl. d. k. Akad. zu Wien I. 9.

463.

1307, 5. Februar, Wien. *Rudolf, Kalhoch's Sohn von Ebersdorf, kauft von Lebmann, dem Juden zu Wien, die grossen und Kleinzehente zu Billichsdorf, Wendling, Parbasdorf und Rasdorf, welche sein Vater demselben versetzt hatte, um 800 Pfund Wiener Pfennige.*

Ich Rvdolf hern Chalhohes svn von Eberstorf vergihe vnd tvn chvnt allen den die disen prief lesent oder horent lesen, die nv lebent vnd hernah chvnftich sint, daz ich wider Lebmannen den Jvden ze Wienne vnd wider seine havsvrowen vnd wider seine chint die zehenten da ze Pilihdorf, da ze Wentlingen, da ze Perwolfstorf vnd da ze Racheleinstorf die in verstanden waren von meinem vater dem vorgenanten hern Chalhohen, die vorgenanten zehenten han ich Rvdolf wider sie

gechavft vmb drev hvndert phvnt Wienner phenninge vnd ist
avch der chavf geschehen mit vnsers herren hant herzogen
Fridriches von Osterreiche vnd mit willen vnd gvnst meins
vater hern Chalhohes vnd aller seiner erben, also mit avzgenomner
rede, swanne daz ist daz mein vater her Chalhoh die
vorgesprochen zehenten wider chavffen wil, antweder (!) bei
ainem drittaile oder bei zwain tailen oder gar, die sol ich Rvdolf
oder mein erben, ob ich niht enbin, im hin wider ze
chavffen geben, ieglich drittail der vorgenanten zehenten vmb
hvndert phvnt Wienner pfenninge an alle wider rede. Iz sol
avch der chavf geschehen an Vnser vrowen tage der Lichtmesse
vnd zv dehainer zeit mer in dem iare. Waer aber daz,
des got niht gebe, daz ich Rvdolf vnd mein erben die vorgenanten
zehenten vor ehafter not niht versparen mohten, so
soln wir sie nvr verchavffen nvr zv dem glvbde vnd reht als
vor an disem prieve geschriben stet vnd anders niht, vnd gib
dar vber ich Rvdolf meinem vater hern Chalhohen disen prief
ze ainem vrchvnde vnd ze ainem gezevge diser sache versigilten
mit meinem insigil vnd sint avch des gezevg her Stephan
von Meyssawe, her Hainrich, her Chvnrat vnd her Sibot die
prveder von Potendorf, her Marchart von Mistelbach vnd ander
frvme levt genvch den dise sache wol chvnt ist. Diser prief
ist geben ze Wienne do von Christes gebvrt waren ergangen
drevzehen hvndert jar, in dem sibenten jar dar nah, des naehisten
Svntages nah Vnser vrowen tage der Lichtmesse.

Orig., Pgt., anhängendes Sigel, landsch. Archiv zu Wien.

464.

**1307, 29. Mai — 27. September, s. Peter a/Kammersberg, Freising,
s. Andrä im Lavantthale.** *Propst Dietrich von Gurniz, Propst
Jakob von s. Bartholomä zu Frisach und Dr. Arnold, Chorherr zu s.
Moriz in Augsburg, entscheiden zwischen den Bischöfen Emcho von Freising
und Wernher von Lavant als erwälte Spruchleute über die Zugehörigkeit
der Kirche s. Peter a/Kammersberge, und die Capitel von
Freising und Lavant bestätigen das Urtheil.*

In nomine domini amen. Nos Dietricus prepositus Gurnoçensis,
Jacobus prepositus sancti Bartholomei Frisaci, Arnoldus
doctor decretorum ac canonicus sancti Mauricii Auguste

arbitratores seu amicabiles compositores concorditer assumpti et electi a reuerendo in Christo patre domino Emchone venerabili episcopo ecclesie Frisingensis presentatore de consensu ecclesie sue pro se, ecclesia sua et omnibus successoribus suis et domino Emchone de Alzeya canonico ecclesie Frisingensis ipsius presentato ex parte vna et a reuerendo in Christo patre domino Wernhero venerabili episcopo ecclesie Lauentine presentatore de consensu ecclesie sue pro se, ecclesia sua et omnibus successoribus suis et domino Ottone de Sawrawe presentato eiusdem ex parte altera super lite et controuersia que iam dudum uentilata est et uertitur inter eos super ecclesia sancti Petri prope Welzz Salzburgensis dyocesis et iurepatronatus eiusdem quod sibi quilibet predictorum presentancium conpetere asserebat, et ipsi presentati ex presentacione eorundem ius sibi fore quesitum mutuo altercabant, visis, auditis. intellectis, examinatis et summo digito trutinatis (!) parcium iuribus deliberacione prehabita diligenti, pro bono pacis et concordie ex uirtute, robore et vigore conpromissi predicti, Christi nomine inuocato, in hiis scriptis concorditer et communiter ordinamus, laudamus, arbitramur, diffinimus, dicimus et precipimus, quod reuerendus in Christo pater dominus Wernherus venerabilis episcopus ecclesie Lauentine pro se, ecclesia sua et omnibus successoribus suis et dominus Otto de Sawrawe presentatus ab eodem reuerendo in Christo patri domino Emchoni venerabili episcopo Frisiensis (!) ecclesie et omnibus successoribus suis, nec non domino Emchoni de Alzaya canonico ecclesie memorate faciant finem, remissionem, quietacionem et reputacionem ac pactum de ulterius non petendo super lite et controuersia quam eisdem mouebant occasione ecclesie sancti Petri prope Welez Salzburgensis dyocesis et iurispatronatus eiusdem, cum nullum ius eosdem et quemlibet eorum seu alterum ipsorum inuenerimus in eadem et eodem habuisse communiter uel diuisim, propter quod memoratum dominum nostrum reuerendum in Christo patrem dominum Emchonem venerabilem episcopum ecclesie Frisiensis (!), ecclesiam suam et omnes suos successores et dominum Emchonem de Alzaya canonicum eiusdem ecclesie ab impeticione reuerendi in Christo patris domini Wernheri venerabilis episcopi ecclesie Lauentine et omnium successorum suorum et ecclesie sue, nec non domini Ottonis de Sawrawe duximus absoluendos et absoluimus com-

muniter et concorditer in hiis scriptis, eisdem reuerendo in
Christo patri ac domino, domino Wernhero venerabili episcopo
ecclesie Lauentine, ecclesie sue suisque successoribus et domino
Ottoni de Sawrawe super premissis et quolibet premissorum
perpetuum silencium inponentes. Insuper ex bono et equo
laudamus et arbitramur, diffinimus, ordinamus et precipimus,
quod reuerendus in Christo pater dominus Emeho venerabilis
episcopus ecclesie Frisiensis, ecclesia sua uel successores ipsius
reuerendo in Christo patri domino Wernhero venerabili episcopo
ecclesie Lauentine, ecclesie sue uel successoribus suis ab hodie
usque in annum ad recompensam iuris quod sibi et ecclesie
sue in ecclesia sancti Petri prope Welez et iurepatronatus cre-
debat conpetere, et pro dampnis quocunque modo illatis seu
quolibet alio interesse decem marcarum redditus in parrochia
Redenteyn comparare uel emere teneantur, si quos forte vena-
les infra anni spacium non inuenirent, decem marcarum redi-
tus (!) de dominicalibus suis de consensu capituli sui sitos in
predicta parrochia Redenteyn infra tempus predictum assignent
eidem et ecclesie sue libere et quiete, sub ea condicione quod
quando noluerint, eosdem reditus per equiualentes recuperent
uel per argentum semper pro marca redituum quinque marcas
ponderati argenti ponderis Winnensis computando. Item preci-
pimus et arbitramur quod predicti domini et patres dominus
Emeho venerabilis episcopus Frisiensis et dominus Wernherus
venerabilis episcopus ecclesie Lauentine procurabunt ab hinc
usque ad proximum festum beati Michaelis, quod capitula
corum hanc pronunciacionem, laudum siue arbitrium approbent et
sigillorum eorundem appensione muniant, roborent et confir-
ment. Et hec omnia et singula volumus et precipimus inuio-
labiliter fieri et obseruari sub pena in conpromisso apposita,
videlicet quod pars non obseruans cadat a iure suo et hanc in
singulis capitulis laudi et conpromissi, si contrafactum fuerit,
uolumus conmitti, saluo et reseruato nobis arbitrio et potestate
declarandi, interpretandi et corrigendi, vbicunque et quando-
cunque uisum fuerit expedire super predictis et quolibet pre-
dictorum. Actum apud sanctum Petrum prope Welz, anno
domini M. CCC. septimo, IIII. kalend. Junii. Hanc igitur
pronunciacionem, laudum seu diffinicionem sic prolatam ipsis
partibus seu procuratoribus earundem presentibus intimamus,
nec non omnibus qui sua crediderint interesse, in quorum om-

nium euidenciam nos Dietricus prepositus Gurnoczensis doctor utriusque iuris et Jacobus prepositus sancti Bartholomei Frisaci pro nobis et magistro Arnoldo predicto qui sigillo proprio caruit, sigilla nostra ex certa sciencia rogati per magistrum Arnoldum presentibus duximus appendenda. Actum loco, anno et die prenotatis.

Nos Wernherus dei gracia episcopus ecclesie Lauentine pro nobis et ecclesia nostra et omnibus successoribus nostris et ego Otto de Sawrawe presentatus ipsius et Emcho de Alzaya procurator reuerendi in Christo patris et domini Emchonis venerabilis episcopi ecclesie Frisiensis procuratoris nomine pro ipso, ecclesia sua et omnibus successoribus suis ac pro me ipso ipsius presentato omnes et singuli ex certa sciencia profitemur in hiis scriptis, quod arbitratores seu amicabiles conpositores per nos assumpti seu electi in causa ecclesie sancti Petri prope Welz et iuris patronatus eiusdem, videlicet dominus Dietricus prepositus Gurnoczensis, Jacobus prepositus sancti Bartholomei Frisaci et magister Arnoldus de Augusta formam compromissi sibi per nos traditam in omnibus et per omnia legaliter et integraliter obseruarunt, quare ipsorum pronunciacionem prescriptam approbamus et ex certa sciencia (ipsi) consentimus et presentes sigillorum nostrorum munimine roboramus. Et ego Emcho de Alzaya procuratorio nomine quo supra, promitto quod reuerendus in Christo pater et dominus Emcho venerabilis episcopus ecclesie Frisiensis usque ad proximum festum sancti Mychaelis sigillum suum appendat presentibus in testimonium approbacionis et ratificacionis omnium premissorum. Actum anno, loco et die prenotatis.

Nos Gerhardus prepositus, Gotfridus decanus totumque capitulum ecclesie Frisingensis premisse pronunciani, diffinicioni, arbitracioni et laudo ex certa sciencia consentimus, ipsam approbamus, ratificamus et collaudamus, sigillo nostri capituli presentes legittime roborantes in euidenciam omnium premissorum. Actum Frisinge, anno domini M. CCC. VII., IIII. idus Junii.

Nos Vlricus prepositus et archidyaconus totumque capitulum ecclesie sancti Andree in (ualle) Lauentina premisse pronunciacioni, diffinicioni, arbitracioni et laudo ex certa sciencia consentimus, ipsam approbamus, ratificamus et collaudamus, sigillo nostri capituli presentes legitime roborantes in euidenciam omnium premissorum. Actum in sancto Andrea in (nalle) Lauentina, anno domini M. CCC. VII., V. kalend. Octobris [1].

Orig., Pgt., acht anhängende, meist sehr verletzte Sigel, k. Reichsarchiv zu München.

465.

1307, 27. Juni, Lack. *Ulrich, Meinhart's Sohn von „Hohenaw", reversirt gegen Bischof Emcho von Freising betreffs eines ihm und seinem Bruder verliehenen Gutes zu „Hohenawe".*

Ich Vlreich Meinhartes svn von Hohenaw vergihe an disem brief, daz mein genädiger herre her Emch der ersam bischof von Freising mir ze rechtem lehen verlihen hat daz gůt ze Hohenawe daz Perenger von Hohenawe weilent ze lehen het von dem gotshaus ze Freising, vnd han auch ich meinem vorgenanten herren dem bischof für mich vnd für meinen průder gelobt vnd gehaizzen bei meinen trewen an aines aydes stat, daz weder ich, noch mein průder ab dem selben gůt nicht nemen sulen, die weil fraw Tayn Perengers tochter von Hohenawe lebt, wan dev selbe fraw Tayn dev sol daz selbe gůt haben vnd niezzen an alle wider rede vncz an ir tot, vnd swenne dev selbe fraw Tayn stirbet, da nach sol ich vnd mein průder vns des selben gůtes vnder winnden vnd sollen ez denne ze lehen haben. Vnd daz dev rede also stät beleibe, dar vmbe han ich disen prief gegeben ze ainem vrchvnd vnd ze ainer gehvgenvsse vnd han auch meinen öhaim graven Görgen von Gůtenberch gepeten, daz er sein insigel an disen brief gehenget hat, wan ich selbe ze der zeit aigen insigel nicht het. Ich Geori von Gůtenberch vergihe auch an disem brief, daz ich nah des vorgenanten Vlreichs pet mein insigel an disen brief gehenget han vnd pin auch selbe pei den täidingen gewesen vnd sint auch da pei gewesen mein herre graf Gerhart der tůmbrost ze Freising, her Berchtolt von Gewolspach brobst ze Inichingen, her Wolfhart von Röhling chorherre ze Freising vnd meins herren des bischofs zwen chapplan her Berchtolt vnd her Berchtolt, vnd her Chůnrat von Lok ab dem Turen vnd Berchtolt von Röhling vnd ander erber lávt genůg. Der brief ist gegeben ze Lok da man zalt von Christes gepurte

1 Beide letzten Absätze von verschiedenen Händen.

drevtzehen hvndert jar, dar nah in dem sibenten jar, an dem
Eritag vor sand Peters tag.

<small>Orig., Pgt., anhängendes Sigel, k. k. geh. Haus-, Hof- und Staatsarchiv zu Wien.</small>

466.

1307, 8. Juli, Lack. *Bischof Emcho von Freising vereinbart sich mit Propst Berthold von Innichen betreffs der Theilung der Kinder aus der Ehe Friedrichs von Tessenberg mit einer Freisinger Ministerialin.*

Nos Emcho dei gracia episcopus ecclesie Frisingensis tenore presencium recognoscimus ac constare volumus vniuersis presencia inspecturis, quod ad instanciam Bertoldi de Geholspah prepositi ecclesie Inticensis pro nobis nostrisque successoribus promisimus et promittimus in hiis scriptis, quod si Fridricus filius quondam Fridrici de Tessenberch condicione seruili pertinens ecclesie Inticensi vxorem sibi de familia ecclesie nostre acceperit, pueros quos idem Fridricus ex eadem genuerit vxore, nos uel successores nostri, cum preposito et capitulo Inticensis ecclesie equaliter diuidemus. In cuius rei testimonium presentes litteras eidem Inticensi ecclesie dedimus nostri sigilli munimine roboratas. Datum in Lok, anno domini millesimo CCC. septimo, Sabbato proximo ante festum beate Margarete virginis.

<small>Orig., Pgt., anhängendes, stark beschädigtes Sigel, Stiftsarchiv zu Innichen.</small>

467.

1307, 22. August, Lack. *Burggraf Rentsch von Maunitz (?) beurkundet den Vergleich der Loyatscher mit Bischof Emch von Freising, und unter welchen Bedingungen genannte Leute als Bürgen für Erstere gegen Letzteren eingetreten seien.*

Ich Rentsch burgraf ze Movncz vergich vnd tůn chvnt allen den die disen prief sehent oder hörent lesen, daz ich vnd die Logatscher die her nach geschriben sint an disem prief, gewesen sein bei minem herren dem ersamen bischof Emchen von Frising in siner pŭrg ze Lok vnd haben vmb Meinharten vnd Gosdissen brůder, Dobroschen sůn von Logatsch die in siner vanchnŭsse waren, also getädingt, daz die vorgenanten

Meinhart vnd Gosdissa vmb ir vanchnſzze vnd vmb dev tat
dev in widernaren ist dacz Seyroch, lauterlichen vreunt sint
worden für sich sälben vnd für ir vreunt vnd für ir nachge-
pouren, daz si fvrpaz chain veintschaft, noch chainer lai tat
haben sullen gein des vorgenanten herren leuten oder gůt swie
si genant sein, oder gein sinem gotshus, des habent di vorge-
nanten Meinhart vnd Gosdisse hiutz den hailigen gesworn vnd
gelübde geben in des vorgenanten herren des ersamen bischo-
fen Emchen hant vnd alle die her nach geschriben sint, habent
auch des sälben gesworn vnd gelobt als die vorgenanten M.
vnd G. Dar zů sint' die verschriben Logatscher Sifrit, Mvltz,
Debrost der alt vnd Dobrost der iung, Arnolt, Curman, Tho-
mas, Juri, Mamola, Juri, Janes, Hertwich, Juri, Pegrina, Adam,
Martin vnd Wetschegoy von Mavntz willig pürg worden vnd
habent mit ir aide gelopt swa minem vorgenanten herren von
Frising oder sinem gotshus an sinen leuten oder an sinem gůt
dev vornerschriben gelübde vnd aide zerbrochen wrden mit
chainer lay geuärde, daz danne die vorgenanten pürgen vnner-
schaidenlichen also swas an ainem ab gieng, daz man auf dem
andern haben sol, minem vorgenanten herren bischof Em. im
vnd sinem gotshuse schvldich sind worden zwaier hundert
march Aglaier pfenning ze geben danne in ainem manod für
die weil vnd si genant werdent. Swa aber si des nicht täten
vnd sölher gelübde überfüren, so sullen si trevlos, erlos vnd
rehtlos sein vnd sol der vorgenant bischof Emch oder sein
nachchom vf ir leib vnd ir gůt haben vnd gewärtich vnd ge-
uärich sin vntz im dev zwai hundert march als vor verschri-
ben ist vnd sinem gotshus vollechlichen geuallen. Dar über
nach der vorgenanten pürgen vnd Meinharts vnd Gosdissen
willen vnd pet über dev vorgenanten vnd verschriben täding
vnd gelubde gib ich disen prief mit minem haugenden insigel
ze ainer stätigung vnd ze ainem waren vrchünde aller ding dev
vornerschriben sint vnd dev tädinch sind geschehen dacz Lok
do von Christes gepürte ergangen waren drevzehen hundert
iar, dar nach in dem sibenten iar, des nächsten Eritags vor
sannt Bartholomeus tag.

 Orig., Pgt., anhängendes, schwer lesbares Sigel, k. Reichsarchiv zu
München.

468.

1307, 25. August, Innichen. *Pfarrer Heinrich der jüngere Lucerna von Doblach reversirt gegen Bischof Emcho von Freising betreffs eines auf Lebenszeit ihm verliehenen Viertheilgrundes zu Niederdorf.*

Nouerint presentium inspectores tam posteri quam moderni Christi fideles vniuersi, quod ego Heinricus iunior Lucerna plebanus de Toblach quartale situm in Niderudorf quo(d) ammite (!) mee, videlicet Alheidis et Hedwigis cum filia eius nomine Gebirgis pridem renunciauerunt fidei mee et petendo reuerendum in Christo patrem et dominum venerabilem Emchonem episcopum Frisingensem, vt michi idem quartale pro tempore uite mee conferre dignaretur, quod sua annuit clemencia graciosa. Quapropter ego predictus Heinricus plebanus de Toblach ex nunc pro me et pro omnibus quorum interesse putaretur, eidem renuncio quartali vt post obitum meum absolute, precise et absque omni contradictione ad usus dicte ecclesie Frisingensis reuertatur. Ad huius rei testimonium presentes litteras propria manu scriptas sigillo honorabilis capituli Itycensis duxi consignandas, testibus infrascriptis qui sunt domini Geroldus decanus, Heinricus dictus Lucerna, Geroldus de Brůnnek, Heinricus de Virg, Rudgerus, Heinricus dictus Porger, Marquardus canonici ecclesie memorate, layci uero Albertus filius quondam domini Heydenrici militis, Fridericus filius quondam domini Rûdgeri militis, Rûpertus, Perchtoldus Cholbechk et alii quam plures fide digni. Actum et datum Itycine, anno domini M. CCC. septimo, indictione V., VII. exeunte Augusto.

<small>Orig., Pgt., angehängtes Sigel abgerissen, k. Reichsarchiv zu München.</small>

469.

1307, 24. December, Lack. *Bischof Emcho von Freising genehmiget die Schritte, welche sein Capitel zur Vertheidigung seiner Unterthanen zu Parbian wider das Deutschordenshaus zu Bozen und dessen Uebergriffe unternehmen will.*

Nos Emcho dei gracia episcopus ecclesie Frisingensis omnibus ad quos presentes peruenerint, cupimus esse notum, quod cum dilecti in Christo … prepositus, … decanus totumque capitulum ecclesie nostre Frisingensis sua conquestione nobis demonstrassent, quod commendator et fratres hospitalis in Bozano Tridentine dyocesis pro commendatore et fratribus in Lengenmos eiusdem ordinis et dyocesis quos sue ecclesie subiectos asserunt, Chvnradum de Fontana, Nycolaum et Engelmannum eius fratres colonos possessionum sitarum in monte Perbyan plebis de Vilanders predicte dyocesis, que quidem possessiones ad dictam nostram ecclesiam pertinere dinoscuntur, coram discreto viro domino … abbate sancti Laurencii in Tridento qui se gerit pro iudice sedis apostolice delegato, traxissent in causam et petiuissent, iidem prepositus, decanus et capitulum, vt defensioni earundem suarum possessionum auctoritatem et consensum prestare dignaremur, nos non solum in defendendo sed etiam in agendo eisdem auctoritatem, voluntatem et consensum adhibuimus et presentibus adhibemus, ratum et gratum habituri quicquid per sepedictos prepositum, decanum et capitulum, substitutum vel substitutos ab eisdem fuerit ordinatum. In quorum testimonium presentes dedimus litteras nostri sigilli munimine consignatas. Datum in Lok, anno domini millesimo CCC., septimo in vigilia Natiuitatis domini.

Orig., Pgt., anhängendes, stark verletztes Sigel, k. Reichsarchiv zu München.

470.

1308, 7. Jänner (?), …. *Heugel von Scharfenberg und sein Bruder Albrecht verkaufen an Bischof Emcho von Freising zwei genannte leibeigne Knechte um 12 Mark Aglaier Pfennige.*

Ich Heugel von Scherfenberch vnd Albrecht mein brůder vergehen an disem brief vnd tůn chunt allen den di in sehent, horent oder lesent, daz wir mit gůten willen verchauft haben pyscholf Emchen vnd seinem gotshaus ze Vreysing zwen aigen chnecht Thomasen vnd Peren (!) von sand Chonciau mit ir chinden vm czwelf march Aglayer phenning, also daz wir chain ansprach suln mer haben auf di vor genanten chnecht. Daz disen red stet vnd vnuerbrochen beleib, geben wir disen offen brief mit meinem yngsigel Heugel vnd mit vnsers vetern yngsigel Vlrich von Scherfenberch ze vrchund der warhait. Disen gelubd sint geschehen vnd diser chauf nach Christes geburd

tausent iar, dreuhundert iar vnd darnach in dem achtaeden, an
sand Valanteinstach.

<small>Orig., Pgt., von zwei angehäugten Sigeln Nr. 2 allein sehr schadhaft
vorhanden, k. Reichsarchiv zu München.</small>

471.

1308, 20. Jänner, Radentein. *Bischof Wernher von Lavant und
das Capitel daselbst stehen auf Grund eines schiedsrichterlichen Erkennt-
nisses von ihren Ansprüchen an die Pfarre s. Peter a/Kammersberge an
Bischof Emcho von Freising ab und erklären sich von demselben nach
Laut des Urtheils für entschädiget.*

Nos Wernherus dei gratia episcopus, Vlricus prepositus
totumque capitulum sancti Andree ecclesie Lauentine pro nobis
et ecclesia nostra ac omnibus nostris successoribus tenore pre-
sencium publice profitemur ac constare volumus presentium
inspectoribus vniuersis, quod quia causa seu controuersia que
super ecclesia sancti Petri prope Welcz dyocesis Salczburgensis
et iurepatronatus eiusdem ecclesie sancti Petri inter reuerendum
in Christo patrem dominum Emchonem venerabilem episcopum
ecclesie Frisingensis et eandem suam ecclesiam Frisingensem,
necnon eiusdem domini Emchonis Frisingensis episcopi presen-
tatum, dominum Emchonem videlicet de Alczeia canonicum
ecclesie memorate Frisingensis ex vna, et nos et ecclesiam
nostram Lauentinam et presentatum a nobis predicto Wernhero
episcopo Lauentino, Ottonem videlicet de Savraw ex parte
altera vertebatur, per honorabiles viros dominos Jacobum pre-
positum sancti Bartholomei Frisaci, Dyetricum de Wolfsaw
prepositum ecclesie Gvrnocensis et magistrum Arnoldum doc-
torem decretorum canonicum sancti Mauricii Auguste pro arbi-
tratoribus seu amicabilibus compositoribus ab utraque parte
communiter et concorditer electos est sub anno domini mille-
simo trecentesimo septimo, quarto kalendis Junii apud sanctum
Petrum per formam arbitracionis diffinita, terminata et decisa
penitus sub hoc modo, videlicet quod predictis domino Em-
chone venerabili episcopo et ecclesia sua Frisingensi, nec non
domino Emchoni de Alczeia eiusdem domini Emchonis ecclesie
Frisingensis episcopi presentato a nostra et ecclesie nostre
Lauentine omniumque successorum nostrorum, nec non a pre-

dicti Ottonis de Savraw a nobis predicto Wernhero Lauentino
episcopo presentati impeticione seu instancia in antea absolutis, idem dominus Emcho venerabilis episcopus Frisingensis
ecclesie omnesque successores pro se et ecclesia sua Frisingensi habent et perpetuo habere debent ius patronatus in predicta ecclesia sancti Petri et nichilominus memoratus dominus
Emcho venerabilis episcopus Frisingensis pro se et successoribus suis ac ecclesia Frisingensi nobis et ecclesie nostre Lauentine ab eodem die quo predicta diffinitio seu arbitratoria decisio est promulgata siue facta, vsque ad annum in recompensam
iuris quod nos credebamus ecclesiam Raedentein vel ecclesiam
nostram Lauentinam in eadem ecclesia sancti Petri prope Weltz
et iurepatronatus ipsius habuisse, et pro damnis quocunque
modo illatis seu alio quolibet interesse decem marcarum redditus de suis dominicalibus redditibus in parrochia Raedentein
nobis et ecclesie nostre Lauentine assignare debeat sub hoc
modo, quod quandocunque voluerit, eosdem redditus recuperare
seu reabsoluere valeat cum argento, sic quod quinque marce
ponderati argenti pro qualibet marca reddituum computentur,
prout hec omnia ex forma litterarum per predictos arbitratores
super prenotata arbitratoria diffinicione seu decisione confectarum appercius apparent cuilibet intuienti (!), prefatus dominus
Emcho venerabilis episcopus et capitulum ecclesie Frisingensis
predicte pro se et eadem ecclesia sua per Fridericum dictum
Ellenpech ipsius domini Emchonis Frisingensis ecclesie episcopi
notarium ecclesie sancti Andree Frisinge canonicum ab eisdem
domino Emchone venerabili episcopo et capitulo Frisingensis
ecclesie cum sufficienti et pleno mandato ad hoc procuratorio
nomine deputatum et transmissum et per Fridericum de Sandawe memorati domini Emchonis venerabilis episcopi Frisingensis bvrchgrafium in Rotenvels, nec non per Reicherum eiusdem domini Emchonis Frisingensis episcopi in sancto Petro
officialem domino Nycolao ecclesie in Stacvntz canonico dyocesis Secouiensis nostri, videlicet Wernheri memorati episcopi
Lauentini notario et capellano a nobis predictis Wernhero episcopo et capitulo ecclesie Lauentine procuratorio nomine cum
pleno et sufficienti mandato ad hoc deputato et transmisso vice
ac nomine nostro et ecclesie nostre Lauentine sub anno domini
millesimo trecentesimo octano, quintodecimo kalendas Februarii
decem marcarum redditus de dominicalibus redditibus ipsius

domini Emchonis venerabilis episcopi Frisingensis in parrochia
Raedentein sitis in predicta villa sancti Petri prout debuerunt,
libere et legittime assignarunt, et postquam memoratus dominus
Nykolaus predicte ecclesie in Stacuntz canonicus procurator
noster nomine nostro et ecclesie nostre Lauentine secundum
formam per nos et ecclesiam nostram Lauentinam sibi tradite
potestatis memoratos decem marcarum redditus vt premittitur
assignatos pro nobis et ecclesia nostra Lauentina predicto anno
domini millesimo trecentesimo octauo, quintodecimo kalendis
Februarii acceptauit et sollempni publicacione approbauit, prefatus Fridericus memorati domini venerabilis episcopi Frisingensis notarius predicte ecclesie sancti Andreę Frisinge canonicus secundum formam mandati et potestatis a predictis domino Emchone venerabili episcopo et capitulo prefate ecclesie
Frisingensis procuratorio nomine sibi super hoc traditi vnacum
predicto Friderico de Sandaw ipsius domini Emchonis Frisingensis episcopi burchgrafio in Rotenuels et prefato Reichero
eiusdem domini Emchonis venerabilis episcopi Frisingensis officiali in sancto Petro prenotatum Nykolaum canonicum in Stacuntz
procuratorem nostrum pro nobis et ecclesia nostra Lauentina
in corporalem et quietam et pacificam possessionem earundem
decem marcarum reddituum predicto anno domini millesimo
trecentesimo octauo, quintodecimo kalendas Februarii cum sollempnitate debita inmisit et inductos defendit, forma predicto
pronunciacionis, diffinitionis seu arbitratorie decisionis ab utraque parte in omnibus et per omnia obscruata, sepedictosque
decem marcarum redditus prenotato domino Nykolao nostro
procuratori vice ac nomine nostro ac ecclesie nostre Lauentine
per predictum Fridericum prelibati domini Emchonis Frisingensis episcopi notarium, ipsius et capituli ac ecclesie Frisingensis procuratorem sic vt premittitur, cum plena et pacifica
possessione ordinarie ac rite assignatos prenotati dominus Emcho
venerabilis episcopus et capitulum ecclesie Frisingensis pro se
et ecclesia sua per predictum Fridericum ipsius domini Emchonis Frisingensis episcopi notarium procuratorem eorum a predicto domino Nykolao procuratore nostro a nobis et ab ecclesia
nostra Lauentina sub predicto anno domini millesimo trecentesimo octauo, terciodecimo kalendis Februarii in villa Raedentein recuperauerunt, reabsoluerunt seu redimerunt pro quinquaginta marcis ponderati argenti secundum formam prenotate

pronunciacionis, terminationis seu decisionis per predictos arbitratores facte ab eisdem domino Emchone venerabili episcopo et capitulo ecclesie Frisingensis tradite potestatis, ita videlicet quod pro qualibet marca reddituum sepefati dominus Emcho venerabilis episcopus et capitulum Frisingensis ecclesie sepedicte pro se et ecclesia sua omnibusque successoribus suis domino Nykolao procuratori nostro prelibato pro nobis et ecclesia nostra Lauentina per predictum Fridericum notarium procuratorem eorum dederunt et persoluerunt quinque marcas ponderati argenti ponderis Wiennensis et sic de predictis quinquaginta marcis ponderati argenti quas pro nobis et ecclesia nostra Lauentina recepimus predicto anno millesimo trecentesimo octauo, terciodecimo kalendis Februarii, sumus plene pagati et cum integritate debita expediti, profitentes quod predictus Fridericus notarius sancti Andree Frisinge canonicus sepefatorum domini Emchonis venerabilis episcopi et capituli ecclesie Frisingensis procurator nomine procuratorio generaliter omnia et singula que toti predicto negocio apta et congrua videbantur, ordinauit, seruauit, adimpleuit et plene fecit, forma prenotate diffinitionis, pronuntiationis seu arbitratorie decisionis per sepefatos arbitratores facte et rite ab utraque parte in omnibus et per omnia obseruata. In perhenne igitur testimonium omnium et quorumlibet premissorum sepedictis domino Emchoni venerabili episcopo et capitulo ecclesie Frisingensis ac eidem ecclesie Frisingensi presentes dedimus litteras nostrorum sigillorum robore communitas. Datum in Raedenstein, anno et die prenotatis videlicet millesimo trecentesimo octauo, terciodecimo kalendas Februarii.

Orig., Pgt., 2 angehängte Sigel abgerissen, k. Reichsarchiv zu München.

472.

1308, 17. Februar, Lack. *Niklas von Stein reversirt gegen Bischof Emcho von Freising betreffs des im Thurme zu Lack ihm gewährten Ausitzen.*

Ich Nyclawe von Stain vergich vnd tv̄n chvnt allen den die disen prief sehent oder horent lesen, daz mich mein genädiger herr der ersam bischof Emch von Frising behauset hat datz Lok vf seinen tvren zv̊ hern Chvnrat vnd han ich im

gelobt in aides weis, daz ich alle die weile vnd ich sein dienär
pin, chainen chriekh oder red ansetzen sol an sinen rat, da
von er oder sein gotshuse dhainen chriekh oder schaden nemen
möchte. Ich sol auch meinen vorgenanten herren oder sein
gotshuse bewaren, daz sein leut oder sein gůt icht verpfendet
werden vmb chain mein gült der ich gälten sol. Auch han
ich im gehaizzen, swanne daz wär, daz ich nicht mer sein
diener sein wolde vnd wär, daz ich chain anspruch vnd nach-
raitung vmb chainen meinen dienst haben sol gein dem vorge-
nanten meinem herrn oder gein seinem gotshuse ze Frisingen.
Darüber daz den vorgeschriben meiniv gelŏbde stät vnd vnzer-
brochen beliben, han ich gebeten herrn Wolfhart von Röchlinge
chorherren ze Frising vnd hern Chvnrat von Lok meinen
swager daz si ir insigel alain mit meinem insigel legen an
disen prief. Der prief ist geben vnd disev tädinch sind ge-
schehen datz Lok da man zalt von Christes gebvrt drevzehen-
hvndert iar, dar nah in dem achten iar, XIIII. kal. Martii.

Orig., Pgt., 3 anhängende verletzte Sigel, k. Reichsarchiv zu München.

473.

1308, 20. Februar, Waidhofen. *Otto von Zinsendorf entsagt seinen
Ansprüchen auf die Kinder Friedrichs von Ochsenbach.*

Ich Otte von Cincendorf vergihe vnd tůn chvnt allen den
die disen brief ansehent oder horent lesen, daz ich noch dehain
min erbe dehaines rechten mvgen geiehen noch svln auf Frid-
reiches chint von Ochsenpach der vns mit aigenschaft ange-
höret nvr daz des selben Friderichs chint elliusampt an alle
widerred den ersamen herren minen herren bischof Emchen
von Frisingen, sin nachchomen vnd sin gotshause ledichlichen
an gehörent seit ir můter ein Witzlispergerinne gewesen ist,
die dem selben gotshause von Frisingen ie vnd ie zůgehoret
habent, da von sol ich noch dehain min erbe dehain ansprache
hinnefvr gen den selben Friderichs chinden nimmer mer ge-
sůchen. Vnd daz furbaz dehain zweifel noch chrieg dar vmb
auf mug gesten, gib ich disen brief versigelten mit minem in-
sigel fvr mich vnd fvr alle min erben minem vorgeschriben
herren von Frisingen vnd sinem gotshaus ze einem staeten
vrchvnde. Der brief ist gebn ze Waidhouen do von Christes

geburte warn drevzehen hvndert iar vnd dar nach in dem
ahtoden iar, des Eritags vor sant Mathias tag des zwelfpoten,
vnd ist da bi gewesen vnd sint auch geziuch die ersam herren
graf Gerhart tůmprobst zů Frisingen vnd her Emche von
Altzeie probst zů Wertse, her Heinrich pfarrer zů Entzesdorf
vnd her Hertwich verweser zů Waidhouen, Marquart der
Lůhsnekker von Schonpůhel, Chvnrat der Proter, Wolfhart
von Fribrechtsteten vnd Otte von Witzlinsperge vnd ander
biderbe levte genůge.

<small>Orig., Pgt., anhängendes Sigel in Fragment, k. k. geh. Haus-, Hof- und Staatsarchiv zu Wien.</small>

474.

1308, 25. Februar, ... *Gottfried Fluschart und andere genannte Bürger von Waidhofen stellen sich dem Bischofe Emcho von Freising zu Bürgen für Imbring den Richter im Betrage von 300 Pfund Wiener Pfennigen.*

Wir Gotfrid Fluschart, Heinrich Chôl, Witig, Pitrolf der
Wienner, Chvnrat des Fluschartes aidem, Vlreich Snabel,
Chvnrat des Chvchenmaisters svn, Vrôwein Karle, Heinrich
Schönhals, Dietrich der Zechmaister, Herbort Nachrihter,
Wernhart der Visscher, Hagen in dem Winchel, Otte der Alt-
rihter vnd Chvnrat der Seinchnecht burger zů Waidhouen
verichen vnd tůn chvnt allen den die disen brief an sehent
oder hôrent lesen, daz wir mit rehter borgschaft alle vnver-
schaidenleiche gelobt haben vnd burgen worden sein vnsers
vrevndes Imbringes des rihter hintz vnserm herren graven
Gerharte dem ersamen tůmprobst von Freisingen an vnsers
herren des erbaern fvrsten bischof Emchen stat des selben
gotshauses zů Freisingen vmb drev hvndert phvnt Wienner
phenning vnd vmb zwelf schilling der er im mit rehter raitvng
schvldich worden ist vnd der er in auch wern sol halbes tailes
auf die naechsten Mittevasten vnd des andern tailes auf die
Ostern zehant dar nach, vnd in den selben vristen wern von
tag zo tag an gevaerd als er sin wol schvldich ist mit gůten
triwen. Waer aber daz der selbe Imbrinch sich dar an ver-
gaezze vnd niht auzrihte daz vorgenant gůt auf diu zil als er
gehaizzen hat vnd vns zo borgen dar vmb versatzzet, so sein
wir gebvnden nach dem gelubde vnser porgeschaft alle gmain

ein ze varn dar nach vnd wir gemant werden in rehter laistvng
ein ze varn, hie zu Waidhouen in ain hause da wir hin ge-
vordert werden vnd dar auz niht niht (!) ze chomen vntz Im-
brinch oder wir nach' ie der vrist gewern vnsern herren von
Frisingen sines gûtes gantzlich vnd gar vnd sind dannoch dar
vber gebvnden dem selben vnserm herren an gevaerd ab ze
legen allen den schaden den er sines gûtes nach ie der genan-
ten vrist nimt an Juden oder an Christen. Vnd daz div vor-
geschriben borgschaft von vns also staet beleibe vnd vollefûrt
werde vnserem herren von Frisingen, gebn wir disen brief ver-
insigelten dar vber mit hern Hertweigs vnsers pfarrer ze der
vrist den wir dar vmb alle gebeten habn, insigel ze einem
vrchvnd. Der brief ist gegebn vnd geschriben do von Christes
geburt warn drevzehenhvndert jar vnd dar nach in dem ahtoden
jar, an dem naechsten Svntag vor Vasnach.

Orig., Pgt., anhängendes Sigel, k. k. geh. Haus-, Hof- und Staats-
archiv zu Wien.

475.

1308, 24. April, Wien. *Kalhoch von Ebersdorf verpfändet dem Juden
Lebmann von Wien dritthalb Lehen zu Rasdorf (herzoglicher Lehenschaft)
für 50 Pfund Wiener Pfennige.*

Ich Chalhoh von Eberstorf chamrer in Osterreiche ver-
gihe vnd tvn chvnt allen den die disen prief lesent oder horent
lesen, daz ich mit meiner erben gvtem willen vnd gvnst vnd
mit meins herren hant herzogen Fridriches von Osterreiche
meins rechten lehens des ich von im han, drittchalp lehen die
da ligent da ze Racheleinstorf mit alle dev vnd dar zv geho-
ront, ze velde vnd ze dorf, swie so daz genant ist, die da
dienent aller iaerchlich fivnf mvtte waittzes vnd drittchalp
phvnt Wienner phenninge, die selben drittchalp lehen mit
nvttze, mit al han ich gesatz (!) Lebmanne dem Jvden vnd
seinen erben fvr fivnfzich phvnt Wienner phenninge da von
dem hivtigen tage avf fivnfzehen phvnt phenninge gesvch get,
avf ain ieglich phvnt sechs phenninge alle wochen. So svln
sie die fivnf mvtte waittzes vnd die drittchalp phvnt phenninge
die die vorgenanten drittchalp lehen da ze Racheleinstorf dient
alle jar, nemen alle jar zv gesvche von den fivnf vnd den
dreizzich phvnden phenninge vnd dehainen andern gesvch mer.

Vnd ist daz ich so lange lazze gesvch avf die drittchalbe lehen
gen daz sie niht tivrer ensint, so sol Lebman der Jvde vnd
sein erben fvrbaz mit den vorgenanten drittehalbem (!) lehen
da ze Racheleinstorf allen irn frvmen schaffen als iz in wol
chome vnd fvege, also verre daz sie paide havpgvtes vnd
schaden gar da von gewert werden, vnd swaz in paide havp-
gvtes vnd schaden an den drittehalben lehen abe get, daz svln
sie haben avf mir vnd avf anderm meinem gvte daz ich han
in dem lande ze Osterreiche, vnd bin avch ich Chalhoh der
vorgesprochen drittehalber lehen da ze Racheleinstorf vnd alles
des dar zv gehoret, Lebmannes des Jvden vnd seiner erben
rehter gewer vnd scherm fvr alle ansprache als satzzunge reht
ist vnd des landes reht ze Osterreiche, vnd gib in dar vber
disen prief zv ainem vrchvnde vnd zv ainem gezevge mit
meinem insigil versigilten. Diser prief ist geben ze Wienne
do von Christes gebvrt waren ergangen drevzehen hvndert jar
in dem achten jare, dar nah an sand Jorgen tage.

Orig., Pgt., anhängendes Sigel, landsch. Archiv zu Wien.

476.

1308, 26. Juni, Laok. *Bischof Emcho von Freising verpachtet den Zehent von Drauhofen an Nicolaus den Pregler und Heinrich Sohn Johanns ‚bei dem Tore‘, Bürgern zu Lienz, für Jahreszahlung von 18 Mark Aglaiern.*

Wir Emch von gotes genaden bischof ze Frisingen verie-
hen an disem brief vnd tvn chunt allen den die in sehent oder
hôrent lesen, daz wir nah der hantveste die Johans bei dem
Tôre weilent burger ze Lv̂ncz von vns het v̂ber den zehenden
ze Trahouen, der vnser vnd vnsers gotshaus ist vnd den der
vorgenant Johans von Lv̂ncz vmb einen genanten zins von vns
vnd von v̂nserm gotshaus gehabt hat, Nyclawn dem Pregler
vnd Heinr. des vorgenanten Johans svn, burgern ze Lv̂ncz den
vorgenanten vnsern zehenden ze Trahouen lazzen vnd verlihen
haben ze ir zwain leben, also daz si vns oder vnsern nach-
chomen von dem selben zehenden alle jar ze dienste vnd ze
zins geben sulen an alle widerrede vnd an allen chriech an
sant Merteins tach ahezehen march Agleyer pfenning, vnd die
selben pfenning sol man vns vnd vnserm amptman ze Haber-

berch alle jar an sant Merteins tach antwůrten ze Inchingen
an allen vnsern schaden auf daz vorgenant zil, vnd swelhes
jar si des niht entaeten, so sint die vorgenanten N. vnd H.
von allem dem rehten genallen daz si an dem vorgenantem
zehenden gehabt habent, vnd sol vns vnd vnserm gotshaus der
zehende aller ding an alle ansprach ledich sein vnd sulen wir
oder vnser nahchomen danne vnsern frum da mit schaffen als wir
best chůnnen oder můgen. Ez sulen auch die vorgenant N.
vnd H. burger ze Lůncz vns vnd vnsern nahchomen, swenne
wir ze Lůncz ab oder auf varen, ein nah(t) mit allem vnserm
gesinde chost geben vnd haew vnd fůter an vnsern schaden
vnd des morgens auch ein mal mit allem vuserm gesinde vnd
sulen daz als offt tůn als dichke wir hin oder her varen. Der
verschriben teidinch sint gezevg vnser lieber brůder her Ger-
hart tůmprobst ze Frisingen, Emch probst ze Wertse, Johans
vnd Frid. vnser hofschreiber chorherren vnser stat ze Frisin-
gen dacz sand Andre, C. von Lok vnser ritter, Peter der Swab
vnd Chůnezel von Inchingen vnser diener vnd ander piderber
laeut. Vnd daz der vorgeschriben gewerft stet vnd vnzer-
brochen beleib, geben wir disen brief mit vnsern hangenden
insigeln versigelten ze einem vrchůnde der geben ist ze Lok
do ergangen waren von Christes gebůrt dreuzehenhundert iar,
dar nah in dem ahtenden iar, an der heiligen marterer tag
Johannis et Pauli.

    Notizb. Bisch. Konrads III., f. 40, Domcapitelsbibl. zu München;
Meichelbeck II./2, 140, Nr. 220.

477.

1308, 21. December, Lack. *Leonhart, Frankůts Sohn, leistet dem
Bischofe Emcho von Freising Urfehde wegen erlittener Haft und stellt
Bürgen für sein Verhalten.*

    Ich Lienhart Frankůten svn vergih an disem brief vnd
tvn chvnt allen den di in sehent oder hôrent lesen, daz ich
minem lieben herrn herrn Emchen dem ersam bischof ze Frei-
sing der mich von sinen besvnderen gnaden avz seiner van-
chnvzze ledich lazzen hat, gelaizzen vnd gesworn han, daz ich
wider in vnd wider sein goczhaus ze Freising vnd wider alle
seine laevt vnd gůt nimmer nicht tůn sol vntz an meinen tot

vnd darvmb han ich meinem vorgenanten herren dem bischof vnd dem gotzhaus ze Freising vnuerscheidenloich ze porgen gesaeczt Frankŏten meinen vater, Heinreichen den Leimtaschen minen sweher vnd Geyselprehten von Oberlaybach, also ob ich meinem vorgenanten herren dem bischof vnd seinen laevten oder seinem gŏt, dez got niht enwelle, fvrbaz dheinen schaden tvn, den selben schaden sŏllen im vnd seinem gotzhaus die vorgenanten drei porgen an allen schaden vnuerschaidenlich ab tŏn gaentzlich vnd gar in viertzehen tagen, vnd geschiehet des niht in den selben vierczehen tagen so sŏllen di vorgenanten porgen alle drei, swenne si mit meines herrn des bischofs brief oder mit seines bvrchgraven oder mit seines schreibers ze Lok briefen gemont werden, ze hant ein varen ze Lok vnd sŏllen da laisten in rehter geiselschaft nach porgen gewonheit vnd sŏllen nimmer auz chŏmen vntz daz minen vorgenanten herren bischof Emchen ze Freising vnd sinem gotzhaus aller der schade abgelegt wirt der im von minen wegen geschehen ist. Ich vergih auch, daz ich aller der gŏt vrivnt worden bin di dar an schuldich weren daz ich in meines vorgenanten herrn des bischofs ze Freising vanchnŭzze gewesen bin. Vnd daz daz alles minem vorgenanten herren dem bischof vnd dem goczhaws ze Freising staet vnd vnzebrochen beleibe, dar ŭber gib ich im disen brief versigelten mit der vorgenanter dreier porgen insigeln di ich erbeten han daz si irew insigel an disen brief gelegt habent, wan ich aigens insigels niht enhan. Dar zŏ verichen wir die vorgenanten drei porgen Heinrich der Leimtasche, Frankŏt vnd Geyselpreht von Oberlaybach, daz wir vnverschaidenleichen in allem dem reht vnd gedinge als vor an disen brief begriffen vnd geschriben ist, porgen sein für den genanten Lienharten Frankŏten svn hincz vnserm vorgenanten herrn bischof Emchen vnd dem gotzhaus ze Freising vnd an alles gevärde mit gŏten triwen allez daz gern geleisten wellen daz vor an disem brief begriffen vnd verschriben ist, vnd dar ŭber nach des vorgenanten Frankvtes svn bet haben wir disen brief verinsigelt mit vnsern insigoln. Dor taidinge sint avch gezevge graf Gerhart der tŏmprobst ze Freising, her Wolfhart von Röhling chorherr ze Freising, maister Chvnrat chorherr ze Mospvrch, Johans vnd Fridrich des vorgenanten bischof Emchen von Freising schreiber chorherren daez sand Andre ze Freising, herr Chvnrat der ritter bvrchgraf ze Lok vnd Nyclav von Stayn vnd Anvelt des vorgenanten bischof Emchen marschalch vnd ander erbaer laŷt. Der brief ist gegeben vnd sint dev taidinch geschehen ze Lok da man zalt von Christes gebŷrte drevzchenhvndert iar, darnach in dem achtodem iar, an sand Thomastach vor Weihnahten.

<small>Orig., Pgt., 3 anhängende, sehr verletzte Sigel, k. Reichsarchiv zu München.</small>

478.

1309, 26. Juni, Judenburg. *Fritz und Ulrich, Gebrüder von Saurau, schenken an das Klarisserinnenkloster im Paradeis zu Judenburg Güter und Gülten zu Fristritz an der Katsch, bei Welz und zu Lind für Aufnahme ihrer Schwester Liukard.*

Wir Fritze vnd Vlreich di brûder von Savrowe vergehen offenleich an disem brif vnd tŷn chvnt allen den den diser brif furchvmt, di nv sint vnd noh werdent, daz wir mit aller vnser erben hant vnd gûten willen den erbaeren vnde gaistleichen vrowen swester Diemŷten der aptessinne vnd der samenvnge des conuentes der swester vnd der vrowen sande Chlaren ordens in dem havsse vnd in dem chloster bei Judenburch gelegen an der Mûre ze vnser swester Levkarten, di si ze in enphangen habent, got vnd vnser vrowen sande Marein ze lob, ze eren vnd ze dinst geben, geantŵrtet vnd avfgeben haben vnuersprochenleichen ebichleich ze besiczen vier march geltes, der ist ein hûbe gelegen bi der Chetse ze Venstritz in dem dorf vnd ein hûbe bei Weltz an der Cucrelle vnd datz Linte ein halb phvnt geltes vnd ein march geltes ze Lvbgast an dem perge, vnd haben in daz selbe gût geben vnd geantŵrtet, gesûcht vnd vngesûcht, gebowen vnd vngebowen, mit holtze, mit wayde vnd mit allem dem rechte daz dar zŷ gehôrt vnd alz wir iz her braht haben, vnd sulen wir vnd vnser erben der samenvnge vnd dem conuent der vrowen des selben havses daz gût daz oben genant ist, getrewleich vnd an alle arge liste scherm vnd zer ledigen vor aller ansprach als aygens reht vnd als das lant ze Steyer in gewonhait herbracht hat. Daz daz stete vnd vnzebrochen vnd ewich beleibe von vns vnd vnsern erben, geben wir in darvber ze einem offen vrchvnde vnd ze gezevge der warheit disen offen brif mit vnser beider

hangenden insigeln. Dar vber sint des gezevch her Herbot
von Pfaffendorf, Ortel der Cholbe, Herbot vnd Fritze die
brůder von Lobnich, Hainrich von Stretwich, Philippe der
Wayse, Jacob der richter ze Judenbůrch vnd ander erber leut.
Daz ist geschehen ze Judenbůrch nach Christes gebůrt tavsent
iar drevhvndert iar vnd dar nach in dem nevnten iare, an der
heiligen martrer tage Johannis vnd Pavli.

Orig., Pgt., 2 angehängte Sigel abgerissen, k. Reichsarchiv zu
München.

479.

1309, 3. August, Lack. *Die Gebrüder Heinrich und Weigant von
Massenberg entsagen wider Bischof Emcho von Freising allen ihren An-
sprüchen auf Lehen in der Windischen Mark für 14 Mark Silbers.*

Wir Hainreich vnd Weigant brůder von Maossenberch
verichen an disen brief vnd tůn chvnt allen den di in sehent
oder hörent lesen, daz wir vns aller der ansprach vnd rehte
di wir wanten oder mochten haben an den hůben vnd auf alle
dem daz dar zů gehört, besůht vnd vnbesůht, di in dem Wein-
perg vnd ůberal swa si niden auf der Marih auf des gotshaus
aigen von Freising gelegen sint, vnd di wir ze lehen iahen
von vnserm herren bischof Emchen von Freising vnd von
seinem gotshaus, verezigen haben vnd verezeihen gaenczlich
vnd gar an disem brief fůr vns vnd alle vnser erben vnd
nahchomen also, daz wir vnd alle vnser erben vnd nahchomen
fůrbaz dhain reht, noch dhein ansprache darauf gehaben mugen
vnd dar vmb hat vns vnser vorgenanter herr bischof Emch
von Freising von besundern gnaden gegeben vierzehen march
lötiges silbers Wiennischs gelötes der wir gaenczlich vnd gar
von im gewert sein. Dieser taiding sint zevg graf Gerhart der
tůmbrobst ze Freising, abbt Chvnrat von Weihensteven, maister
Chvnrat chorherr ze Mosburch, her Ott der iung von Liechten-
stayn, Chvnrat burchgraf ze Lok, her Fridreich von Muraw,
Johans vnd Fridereich chorherrn von sand Andre ze Freising
vnsers vorgenanten herrn bischof Emchen von Freising schrei-
ber. Vnd dar ůber ze ainem vrchůnde haben wir vnserm
herrn bischof Emchen vnd dem gotshaus ze Freising gegeben
disen brief versigelten mit vnser baider insigeln, der ist ge-
schriben ze Lok do man von Christes geburtt zalt drevzehen-

hundert iar dar nach in dem nevnten iar, des nähsten Svnntags vor sand Lavrencij tag.

<small>Orig., Pgt., 2 angehängte Sigel ausgerissen, k. Reichsarchiv zu München.</small>

480.

1309, 10. September, Lack. *Rudolf von Schärfenberg und drei andere genannte Herren verzichten gegen Bischof Emcho von Freising auf alle in einer Fehde mit Otto von Landstrass und Anderen erlittenen Schaden.*

Wir Rûd. von Schaerfenberch, Ot von Montparis, Wilhalm vnd Haevgel von Schaerfenberch verichen offenleich vnd tûn chvnt allen den die disen brif schent oder hôrnt lesen, di nv sint vnd her nah geborn werdent, daz wir mit gemainem rat vnd mit gûtem vnd ganczm willen fûr vns selb, fûr alle ûnser erben die wir nv haben oder her nah gewinnen, vnd fûr alle ûnser frevnt oder laevt vnde diener gar vnd gaenczleich verezigen haben vnd verzeihen an disem brif aller der ansprach, rehtes vnd aller der vorderung di vns vor gerihtes oder auzzerhalb gerihtes gevallent, ziment oder beholfen möhten sein, mit swelben sachen oder ansprach daz waer, gegen ûnsern lieben vnd gnaedigem herren dem ersamen bischof Emchen von Freising, gegn sinen nahchomen oder hincz sinem gotshavs ze Freisingen vmb allen den schaden vnd gebresten den wir vnd alle vnser besvnder diener mit brant, mit ravb oder mit swelherlay sachen vnd beswarung vns der widervarn ist vnd enpfangen haben an ûnser laevt oder gût, swie daz geschehen ist in allen den vrlevgn die wir gehabt haben in des vorgenanten ûnsers herren bischof Emchen von Freising vnd in seins gotshavs dienst vnd rettung gegen den edln laevten Offen von Lautstrost, Ortolfen, Greiffen, Friczen vnd Hermann von Raevttenberch, Otten von Sicherstain vnd avch gegn Mainczen von Hopfenbach vnd seinen sûnen vnd mit allen ir helfaern, swie si genant sint, swelherlay schad vns von den allen geschehen ist, dar avf verzeihen wir gar vnd gaenczleich, daz wir fûrbaz dhein ansprach sûllen haben, noh dhain vorderung hincz ûnserm oftgenanten herren bischof Em. ze Frising vnd hincz sinem gotshavs, daz avch wir des vorgenanten schaden vnd aller ansprach dar vmb fûr vns, fûr ûnser erben vnd fûr

ūnser diener verzeihen vnd verzigen haben. Ze ergoczung
ūnsers schaden der avch vns gaenczleich genūgt, hat ūnser
vorgenauter herr bischof Emch mich Wilhalm von Schaerfen-
berch von sinen besvndern gnaden erledigt vmb de march
Agleyer pfenning von den vorgenanten Raevtenbergern di mich
hetn in ir vanchnūzz vnd in ir banden, der selben losvng vnd
ergoczung lazzen wir vns alle genūgen vnd verbinden vns an
disem brif, daz wir, ūnser erben vnd ūnser dienaer vmb alle
ūnser vorgenant schaden dheinerlay rehtes, noh vorderung niht
mer haben sūllen hincz ūnserm oftgenanten herren den bischof
vnd hincz seinem gotshavs ze Freysing. Waer avch, des got
niht enwelle, daz ūnser dheiner oder ūnser frevnt vnd dieuer
vmb den vorgenanten schaden dhein tat gegen ūnserm herren
dem bischof oder gegen sinem gotshavs an griffen oder schaden
taeten, des gebinden wir vns ganczlich vnd gar wider ze tūn
an allen avfschub, taeten wir des niht, so sol mit ūnserm
gūten willen vnd avch mit ūnsrer bet der ersam herr graf
Stephan von Steincznah vnd sein brūder des beholfen sein
ūnserm herren dem bischof vnd sinem gotshavs gegen vns
vnd gegen allen ūnsern helfern daz daz an schaden werd auz
gerihtet, vnd sein avch wir des gebvnden an gevaerd wider
ze tūn vnd ze bezzern vnd sol er dez zū chōmen mit ūnserm
willen an vns vnd an ūnserm gūt, des sūllen wir im niht vor
sein. Vnd dar ūber ze einem vrehūnd vnd ze einer endlichen
statichait ūnserr vorgenanten gelūbd vnd verzeihung geben
wir disen brif mit des vorgenanten edln herrn insigel graf
Stephans von Steincznah mit aller ūnser vier insigeln als wir
an disem brif oben genant sein vnd avch ze einer bezzern
erchantnūzz mit ūnsrer frevnt insigeln F. von Chūngsperch,
Seyfrides des Herwergers vnd Ber. des Frevdenbergers. Der
brif ist geben ze Lok da man zalt von Christs geburtt drev-
zehenhvndert jar, dar nah in dem nevnten jar, des nahsten
Mitichen nah ūnser Froven tach als si wart geborn.

<small>Notizbuch Bisch. Konrads III., f. 48, Domcapitels-Bibliothek zu Mün-
chen; Meichelbeck II/2, 140, Nr. 221.</small>

481.

1309, 12. November, Lack. *Marquart von Billichgräz und Burggraf Konrad von Lack quittiren dem Bischofe Emcho von Freising den Empfang von 100 Mark Agleiern der Entschädigungssumme für Ortolf, Greif, Hermann und Fritz von Reitenburg.*

Wir Marquart von Pillıgraetz vnd Chvnrat burchgraf ze Lok verichen vnd tṽn chvnt allen den di disen brif sehent, oder hôrent lesen, daz wir enpfangen haben vnd gar vnd gaontzlich gewert sein hundert march alter Agleyer pfenning von ṽnserm herren dem ersamen bischof Emchen von Freising der er schuldich waz ze geben auf sand Marteins tach ṽnsern frevnden Ortolfen, Greiffen, Hermann vnd Fritzen von Râutenberch von der verrihtigung dev geschehen ist zwischen im vnd den Râutenbergern vmb hern Wilhalm ledigung von Schaerfenberch vnd vmb andern schaden der in geschehn waz, vnd wan wir des selben gütes vnd auch zwaierhundert march Agleyer der er in noh schuldich ist, bûrgen sein hincz den Raevtenbergern ṽnsers vorgenanten herren von Freising, sagen wir in ledich an ir stat der selben hundert march Agleyer wan wir der gar vnd gaentzlich von iren wegen auf daz erst zil als gesprochen wart, verriht sein. Vnd dar ṽber ze einem vrchṽnde geben wir disen brief mit vnsern hangenden insigeln versigelten, der ist gegebn ze Lok do man zalt von Christes gebûrt drevzehenhundert iar dar nah in dem nevnten iar, des nâhsten tags nah sand Marteins tag.

Orig., Pgt., 2 anhängende Sigel etwas verletzt, k. Reichsarchiv zu München.

482.

1310, 7. März, ... *Der Doge von Venedig schreibt dem Bischofe von Freising (auf dessen Klage),*

,quod facta investigatione illi duo homines de quorum captione apud Caprulas conquestus est, capti ab hominibus de Caprulis non fuerunt neque eorum bona, sed cum aliqui crediderant quod capti essent in alia terra Venetorum de Istria que vocatur Justinopolis, potestati eiusdem terre de hoc statim se scripsisse significat, nam domini ducis cordi est quod mer-

catores undecunque Venecias venientes amicabiliter et secure
habeantur et tractentur.'

<small>Aus L(itterar.) C(ollegii) lib. singular. 80 in Regest bei Minotto: Docum.
ad Forumjulii, Patriarchat. Aquileien. u. s. w. spectantia, 69.</small>

483.

1310, 31. October, Waidhofen. *Bischof Emicho von Freising beurkundet den schiedsrichterlichen Vergleich zwischen dem Abte Otto und dem Kloster zu Seitenstetten einer-, dann dem Pfarrer zu Gössling anderseits betreffs der Kleinzehente genannter Pfarre.*

Nos Emicho dei gratia episcopus ecclesie Frisingensis notum esse volumus presentium inspectoribus vniuersis, quod in presencia nostra extra formam iudicii inter se honorabilis vir dominus Otto venerabilis abbas in Sytansteten pro monasterio suo ab una et plebanus in Gestnich pro sua plebe a parte altera ad invicem disceptantes super minutis decimis in parrochia Gestnich que plebano loci de hiis cederent, annuatim, vtraque pars tamquam in compositores amicabiles compromisit in magistrum Chunradum doctorem decretorum, canonicum ecclesie Mosburgensis et dominum Heinricum militem de Winden, qui intellecta consuetudine utrisque secundum earum asserciones in ipsa plebe scruata circa percepciones decimarum sic communiter statuerunt, quod plebanus qui in Gestnich pro tempore fuerit, loco minutarum decimarum percipiat pacifice pullos, anseres, oua, caseos et fetus animalium, de aliis vero rebus super quibus discordant ad invicem, fabis videlicet, lino, bisis, papauere et ceteris consimilibus pronunciarunt, quod si res huiusmodi in parrochiis vicinis Alhartsperg, Neunhouen et Amsteten inter minutas decimas numerentur, plebanus in Gestnich de rebus ipsis cciam decimas percipiat in futurum, alioquin cum decimis maioribus vel minutis cedant monasterio in hiis locis, ubi ad ipsum maiores noscuntur pertinere. Interim autem, quoadusque coram decano Laureacensi facta fuerit plena fides de rebus supradictis aput parrochias de quibus predictum est, computentur cum decimis maioribus vel minutis, quelibet pars in possessione percepcionis decimarum maiorum vel minorum nullatenus molestetur, sed eas percipiat ut confirmetur. Ad quorum euidenciam nostro sigillo presentes iussimus consig-

nari. Datum in Waidhouen, anno domini M. CCC. X., in
vigilia Omnium sanctorum.

<small>Copie des 14. Jahrh. in Cod. Gundacheri f. 49, Archiv des Klosters
Seitenstetten; Font. rer. Austr. II/33, 144, Nr. 131.</small>

484.

1311, 16. März, Udine. *Patriarch Ottobonus von Aquileia verleiht
die Pfarre s. Martin b/Krainburg dem Mgr. Konrad, Canoniker von
Mosburg und Caplan des Bischofs E. von Freising.*

Ottobonus dei gratia sancte sedis Aquilegensis patriarcha.
Dilecto filio magistro Chunrado decretorum doctori, canonico
Mosburgensi, capellano venerabilis patris domini E. episcopi
Frisingensis salutem et benedictionem in domino. Litterarum
sciëntia, uite ac morum honestas aliaque uirtutum merita que
tibi suffragari noscuntur, nos inducunt ut te prerogatiua specia-
lis gracie prosequamur. Volentes igitur tum ob hoc, tum etiam
obtentu venerabilis patris domini episcopi antedicti nobis super
hoc cum instantia supplicantis, te prosequi fauore benigno,
plebem sancti Martini prope Chrainburch nostre Aquilegensis
diocesis, vacantem per obitum Vlrici de Vildenlok olim ipsius
plebis plebani, tibi duximus cum omnibus iuribus, spiritualibus
et temporalibus ad eam spectantibus de speciali gratia confe-
rendam, te in nostra presentia constitutum inuestientes per
nostrum anulum de eisdem, ac mandantes te in ipsius plebis
et iurium predictorum corporalem possessionem induci, iure
reuerendi patris domini P. de Columpna sancte Romane eccle-
sie cardinalis, si quod sibi in eadem plebe competit semper
saluo. In cuius rei testimonium presentes litteras sigilli nostri
pendentis (!) munitas tibi duximus concedendas. Datum Vtini,
die XVI. Marcii, sub anno natiuitatis domini millesimo trecen-
tesimo XI., nona indictionis.

<small>Kanzleibücher des Melioranza I. f. 31, Museo Civico zu Udine.</small>

485.

1311, 24. August, ... *Rudolf von Eberstorf tritt die Zehente von
Billichsdorf, Wendling, Parbasdorf und Rasdorf, welche er von dem
Juden Lebman von Wien um 300 Pfund Wiener Pfennige gekauft,
an seine Frau Margareth ab.*

Ich Rŭdolf von Eberstorf ver gih vnd tŭn chunt allen
den di disen prief lesent oder hörnt lesen, di nv lebent oder

her nah chunftich sint, daz ich mit meines vater gûtem willen
di zehenten di ich wider Lebman den Juden so Wienne chau-
fet han vmb drev hundert phunt phenning Wienner mvnzze,
grosse oder chlayn, di da ligent datz Pilichdorf vnd datz
Wentlingen vnd datz Perbolczdorf, di lehen sint von meinem
herren pischolf Wernharten von Passaw, vnd di zehent datz
Rohleisdorf di lehen sint von meinem herren hertzog Fride-
richen von Österreich, di vorgenanten vier zehent di han ich
meiner hovsvrowen vrowen Margreten vnd irn chinden mit
allem dem recht geben als ich si gehabt han von meinem
herren dem hertzogen vnd von meinem herren pischolf Wern-
harten von Passaw, also mit ovsgenomner red, ob ich niht
enwer, dez got niht engeb, so schol si di zehent inne haben di
wil si an man beleibet, waer aber daz, daz si einen man
naeme, so schulen si halb ir sein vndz an irn tod, vnd meiner
chinde halb, vnd swanne si niht en ist, so schuln si meiner
chinde gar sein, vnuerzigen meines vatter reht hern Chalhohen
von Eberstorf als vnser paider prief gegen ein ander sagent.
Vnd dar vber durch pezzer sicherhait gib ich ir disen prief
versigelten mit meinem insigel vnd mit meines vatter insigel
dem disev sach wol chunt ist. Diser prief ist geben do von
Christes geburt ergangen warn tavsent iar, drev hvndert iar,
dar nah in dem ainliften iar, an sant Barthlomes tach.

Orig., Pgt., 2 anhängende verletzte Sigel, landsch. Archiv zu Wien.

486.

1311, 14. December, Judenburg. *Bischof Gottfried von Freising
entschädiget Friedrich den „Sandawer" für Schaden, den er im Dienste
Bischof Emcho's erlitten, mit 50 Mark Silbers, welche er ihm auf das
Amt zu Oberwelz anweist.*

Wir Gotfrid von gotes gnaden bischof ze Frising verichen
vnd tûn chvnt allen den di disen brief sehent oder hôrent
lesen, daz wir nach vnsers rates weisvng vnd rat auz geriht
haben Friderich den Sandawer allez des schaden den er en-
pfangen hat in vnsers herren vnd vordern bischof Emchen
dinst in dem vrlevg auf der Windischen March gein den
Rartenbergaern vnd gein des grafen lavten von Gortz, vnd
gehaizzen vnd geben dem selben Sandawer dar vmb fünczich

march Gratzer pfenning, die wir im schaffen an vnser amptlavt
ze Welcz zu gebn vnd ze ausrihten fvnf vnd zwaintzich march
auf send (!) Georgen tach der nv schirst chvmt, vnd di andern
fvnf vnd zwaintzich march dar nach auf sand Michels tag.
Dar vmb hat sich der vorgenant Sandawer vnd alle sein erben
willichleich verzigen allez des schadens den er in dem selben
vrlevg oder von dem selben vrlevg her nach enpfangen hat,
swie daz geschehen ist, daz er dar vmb dhein ansprach gein
vns oder gein vnserm gotshaus fürbaz haben sol. Vnd daz das
also staet beleib, dar vmb geben wir disen brief versigelt mit
vnsrer techmaei insigel, wan wir von dem bistvm noch chain
insigel haben. Der brief ist gebn ze Judenburch da von vu-
sers herren geburt waren trevtzehen hvndert iar, dar nach in
dem ainleftem jar, an dem Ertag nach sand Luceintag.

Orig., Pgt., angehängtes Sigel ausgerissen, k. Reichsarchiv zu München.

487.

1312, 2. März, Waidhofen. *Alheid von Reinsberg beurkundet, dass
sie an die Unterthanen der Burg Randeck, sowie auf die Zehente der
Neubrüche daselbst kein Recht habe, als insoweit ihr Vertrag mit Bischof
Konrad III. von Freising darüber ihr ein solches sichere.*

Ich Alhait hern Engelschalchs säligen hausfraw weilent
von Reinsperch tůn chunt vnd gergich offenlich an disem brief
allen den di in sehent oder hörent lesen daz ich an der man-
schaft der purch ze Randekk vnd swaz dar zů gehört, noch
an dem zehenten in den ge reutern chain recht fürbaz han
wan di weil ich leb ze meinen lebtagen, vnd swenn ich nicht
enpin, so schol di manschaft der purch ze Randekk vnd swaz
dar zů gehört, vnd der zehenten in den ge reuttern di meins
wirtez dem got genad, hern Engelschalchs lehen warden von
dem gotzhaus ze Freising dannen si von alter lehen sint gwesen,
dar vmb ward ich bericht mit meinem herren byschof Chûn-
raten von Freysing vnd auch vmb ander manschaft vnd lehen
di enhalbe der Sliffach sint gelegen auf seinem vrbar vnd in
seinen lůzzen ze Vtmaruelt vnd anderswa, der ich mich gar
vnd gänezlich verzoech gegen meinom herren byschof Chûnraten
vnd seinem goczhaus ze Freysing, vnd tet mir mein herr by-
schof Chûnrat von Freysing di gnad her wider nach seinez

ratez weisum vnd gab mir di manschaft ze Randekk vnd swaz dar zů gehôrt, vnd den zehenten in den ge reuttern ze meinen lebtagen vnd nicht fürbaz, vnd schol noch enmag dar auz nichtez nicht tůn weder mit verchauffen, noch mit versetzzen, noch mit chainer andrer wandlum di dem goczhaus ze Freysing schädleich sei oder ze schaden mûgen chomen, (in) chain weg, als mein brief stend vnd sagent di ich meinem herren byschof Chůnrat vnd seinem goczhaus ze Freysing dar vber geben han, do er mir di gnad tet vmb daz leibgeding der purch vnd der manschaft ze Randek vnd mit dem zehenten in den ge reuttern von seinen gnaden vnd von chainem recht, wan iz waz im vnd seinem goczhaus gänczleich veruallen nach dem rechten. Ich han auch vormals meinem liebem herren byschof Emychen vnd seinem goczhaus ze Freysing einen brief geben, an dem brief vnd an der hantfest ich vergich vnd vergehen han aller täding di ich vormals tan han mit meinem herren byschof Chůnraten vnd auch vmb di gnad di er mir her wider ted ze meinen lebtagen vnd nicht fürbaz mit der manschaft der purch ze Randok vnd daz dar zů gehort vnd mit dem zehenten in den gereuttern, vmb di selben tädinch vnd vmb di selben gnad di mir mein herr byschof Chůnrat ted ze meinen lebtagen, so han ich meinem herren byschof Götfriden vnd seinem goczhaus ze Freysing ze einem vrehůnd disen brief geben versigolt mit meinem insigel. Mir hat auch mein herr byschof Götfrid von Freysing geben von seinen gnaden vierczig pfunt alter Wienner pfenning vnd drey mutt chorns vnd zwai vas weins di ich von im enpfangen han. Dirr brief ist geben ze Waydhouen do man zalt von Christez gepůrt drevezehen hundert iar, dar nach in dem zwelftem iar, dez nächsten Pfincztags vor Mittrer vasten. Da pei ist gewesen her Perchtolt meins herren byschof Götfridez chapplan vnd Götfrid Anuelt vnd Götfrid purchgraf ze Chůnraczheim vnd Marchart der Lůchsenekker vnd Dietel von Randek vnd auch Gůtman.

Orig., Pgt., anhängendes Sigel, k. k. geh. Haus-, Hof- und Staatsarchiv zu Wien.

488.

1312, 28. October, Wien. *Bischof Gottfried von Freising verleiht Meister Heinrich, dem Arzte aus Wiener-Neustadt, ein Haus hinter dem Freisingerhofe zu Wien gegen Jahreszins.*

Wir G. von gotes genaden bischof ze Frisingen veriehen etcet. daz wir vnser haus daz gelegen ist in dem hindern ort vnsers hous ze Wienne vnd ze der einen seiten triffet gen dem graben, gelazzen vnd geantwrt haben dem erbaeren manne meister Heinr. dem artzt von der Newen stat vnd siner havsfrowen frowen Alh. als ez ietzvnt gepawen ist vnd begriffen hat, vnd dar zů in den hindern hof von dem alten cheller nah der leng zehen ellen vnd von der maur die triffet an meister Michels haus entwerihes in den hof zwelf ellen, also daz der selb meister H. vnd sein vorgenantev havsfrow ze ir lebtag daz selb vnser havs mit dem vnd wir vor dar zů benant haben, inne haben vnd niezzen sulen vmb einen genanten zins den si iaerchleich vns vnd vnserm gotshaus da von gebent, zwelf schilling Wienner pfenning, die sulen si geben allev jar ze Weihnachten ein halb pfvnt, ze Pfingsten ein halb pfvnt und ze sant Michels tag ein halbs pfvnt. Ez hat auch der vorgenant meister H. vns gelobt auf daz selb haus vnd die hofstat ze pawen vnd ze mauren xxx phvnt Wienner pfenning, vnd weil er doh der selben pfenning niht zehen pfvnt an gelegt hat, so sol er vnd sein hausfrow geben den alten zins. Swenn auch die selben zwen leib ab gesterbent oder niht ensint, so gevelt daz offt genant haus ledichleich vnd gar wider an vnser gotshaus mit allem dem daz dar auf gepawet ist, vnd swaz fůrbaz an dem haus geschiht von vngelůche, von prant oder von val, daz sol der vorgenant meister H. oder sein hausfrow pezzern vnd wider pringen vor ir selbes gůt. So sulen si auch nah der alten gewonheit, swenn wir oder vnser erbaer ratgeben ze Wienne sein, von dem haus in vnsern hof leihen zwai pette, vnd swenn si den zins als vor begriffen ist, versitzzent vnd niht gebent, so sulen si dulten dar vmb allen den schaden der get nah purchreht in der stat ze Wienne. Auch dient man sehs pfenning von dem vorgenanten zins ze purchreht hintz Georin in dem selben hof allev iar. Datum Wienne M. CCC. XII., in die apostolorum Symonis et Jude.

Cod. 250a, f. 32, Heckenstaller's Frisingensia beim Domcapitel zu München; Meichelbeck II/2, 145. Nr. 229.

489.

1312, 6. November, Gross-Enzersdorf. *Bischof Gottfried von Freising ernennt Reimbrecht von Ebersdorf, seinen Burggrafen und Pfleger zu Gross-Enzersdorf, zum Sachwalter des Freisinger Gutes in Oesterreich vor den Landgerichten.*

Wir Gŏtfrid von gotes genaden bischof ze Frisingen verichen vnd tŭn chunt allen den die disen brief sehent, hŏrent oder lesent, daz wir ŭnserm besundern dienaer Reinprcht von Eberstorf der vnser burchgraf vnd pfleger ist ze Enczestorf, vollen vnd ganczen gewalt gegeben haben vnd geben mit disem brief vns vnd vnser gotshaus laeut vnd gŭt daz wir haben in Österreich ze verantwŭrten vnd ze versprechen vor ŭnserm lieben herren dem edlen herczog Friderich von Österreich vor sinen lantaeidingn, vor sinen hoftaeidingen vnd auch einem iegleichen rihter vnd vor einem iegleichen geriht das gelegen ist in Österreich, an aller der ansprach die vor in an get vns, ŭnser gotshaus laeut oder gŭt, daz er dar an ŭnsrer stat vns gewaltichleich vnd gaenczleich gen einem iegleichem chlager versprechen vnd verantwŭrten mŭg, ze gewinne vnd ze verlŭstt. Wir geben im auch gewalt mit disem brief, daz er an ŭnsrer stat vor dem vorgenanten vnserm herren dem herczogen vnd auch vor einem iegleichen rihter als oben auz genomen ist, vns, vnsern laeuten vnd gŭt daz recht vordern vnd genemen mŭg von einem iegleichen man, swie der genant ist, da wir, vnser gotshaus oder vnser laeut iht hin ze sprechen haben, vnd swaz er für vns an den selben sachen taeidiugt oder tŭt, daz haben wir gern staet vnd vnzerbrochen. Vnd dar ŭber ze einem vrchŭnde geben wir disen offen brief mit vnserm hangendem insigel versigelten, der geben ist ze Enczestorf do man zalt von Christes gebŭrt drevzehenhundert iar dar nah in dem zwelften iar, des Maentags vor sant Merteins tag.

Orig., Pgt., angehängtes Sigel ausgerissen, landsch. Archiv zu Wien.

490.

1312, 9. November, Seitenstetten. *Dechant Albert von Lorch beurkundet in dem Streite zwischen Abt Otto von Seitenstetten und Pfarrer Konrad von Gössling Zeugenaussagen aus Nachbarspfarreien über die Zuzählung des Zehentes von Hülsenfrüchten zu Gross- oder Kleinzehenten.*

Ego Albertus decanus Laureacensis notum facio vniuersis presentes litteras inspecturis, quod cum ex quadam composicione amicabili facta super minutis decimis inter venerabilem patrem dominum Ottonem abbatem in Sytansteten ab vna et discretum virum dominum Chunradum plebanum de Gestnich a parte altera fides coram me fieri deberet, vtrum decime fabarum, pisarum, lini, papaueris et ceterarum similium secundum consuetudinem quatuor parrochialium ecclesiarum, videlicet Amsteten, Aspach, Neunhouen et Alharsperg maioribus uel minoribus connumerentur decimis, sicut hec omnia in litteris felicis recordacionis quondam domini Emichonis Frisingensis episcopi ex hoc confectis plenius continentur, ego prefixo ad hoc ceteris loco et termino et vocatis partibus, cum prefatus plebanus deesset nec aliquis excusaret eundem, recepi a parte domini abbatis predicti productos pro testibus quantum ad ecclesias Aspach, Neunhouen et Alhartsperg rectores earum et cum quolibet eorum fidedignum virum parrochianum eorum, quantum ad ecclesiam de Amsteten tunc vacantem duos fidedignos viros de plebe ipsa, per quorum deposiciones clare patuit in illis parrochiis de consuetudine earum decimis connumerari maioribus decimas fabarum, pisarum, lini, papaueris et generaliter omnium que per aratrum excoluntur, et de talibus percipi ab illis decimas quibus maiores decime exsoluuntur, et de hoc nichilominus multorum tam clericorum, quam laycorum tunc ibidem presencium erat publica vox et fama. Acta sunt hec apud Sytansteten, anno domini M. CCC. XII., Theodori martiris, presentibus dominis Johanne de Hag, Friderico de Aspach, Alexandro de Alhartesperg ecclesiarum plebanis, Hertwico vicario ecclesie de Neunhouen, Heinrico de Horawe et Ottone de Wasen militibus, Rugero de Zaucha, Alramo et Otachero fratribus, Marquardo de Luechsnich, Wolfkero de Wasen, Hermanno Gereverio, Sifrido Hesib, Ditrico de Gleuzze, Eklino de Winden, Ditrico magistro zeche de Waidhouen et Ditrico dicto Romer et aliis pluribus fidedignis. In quorum

omnium testimonium pendenti sigillo meo presentes litteras
communiui.

Aus Vidimus B. Gottfried's von Freising ddo. 1312, 9. December, Waid-
hofen (Nr. 491); Font. rer. Austr. II/33, 154, in Nr. 142.

491.

1312, 9. December, Waidhofen. *Bischof Gottfried von Freising
vidimirt eine Urkunde des Dechants Albert von Lorch, betreffend Zeugen-
schaften hinsichtlich der Natur der Abgaben von Hülsenfrüchten als
Gross- oder Kleinzehente in der Pfarre Gösling.*

Nos Gotfridus dei gratia episcopus ecclesie Frisingensis
scire volumus vniuersos presencium inspectores, quod litteras
honorabilis viri domini decani Laureacensis vidimus et atrecta-
uimus, non abolitas, non concellatas, sed in omni parte inte
gras, per omnia in hec uerba:

Folgt nun Urkunde des Dechants Albert von Lorch ddo. 1312, 9. No-
vember, Seitenstetten (Nr. 490).

In cuius rei testimonium nostrum sigillum duximus pre-
sentibus apponendum. Datum in Waidhouen anno domini M.
CCC. duodecimo, Sabbato post diem beati Nycolai.

Cod. Gundakari (XIV. Jahrh.), fol. 49, Archiv des Klosters Seitenstetten;
Font. rer. Austr. II/33, 154, in Nr. 142.

492.

c. 1312, ..., ... *Bischof Gottfried von Freising verleiht ein Haus
in der Goldschmiedgasse zu Wien, dem Freisingerhofe zunächst, an
Johann, Sohn Jakobs des Chnoflauch, gegen Jahreszins.*

Wir G. etc. verichen etc., daz wir vnser haus ze Wienne,
daz gelegen ist vnder den Goltsmiden vnd daz stozzet vnd
triffet an vnsern hof da selben, gelazzen vnd geantwürt haben
mit allem dem daz von alter vnd reht dar zŭ gehöret, Johan-
sen Jacobs svn des Chnoflauhs in der Goltsmid strazz vnd
frowen Lieben siner hausfrowen vnd auch ir baider chinde des
die selb frow Lieb ietzvnt swanger ist, also daz der selb Joh.,
frow Lieb sein hausfrow vnd ir vorgenantes chint ze ir leb-
tagen daz selb vnser haus inne haben vnd niezzen sulen vmb
einen genant zins den si iaerchleich vns vnd vnserm gotshaus
da von dienen sulen, sehs pfvnt Wienner pfenuing, der sulen

5*

si geben allev jar ze Weihnehten zway pfvnt, ze sant Georin tag zway pfvnt vnd se sant Michels tach zwey pfunt. Ez mvgen auch die vorgenanten laeut oder ir iegleichs swelhes ez tvn wil, zimmern, pawen vnd mauren auf daz selb haus swaz si wellent vnd daz ir frum ist, an schaden vnserm hof, vnd swenn in daz selb haus in ir gewer vnd nvtz geantwürt wirt, swaz danne dar an geschiht von prant, von val oder von ander vngelüche, daz sülen si bezzern von ir selbs gůt vnd als gantz vnd gůt machen als si ez vindent vnd ez ze den zeiten ist als ez in geantwürt wirt. Swenn auch die vorgenant drey leib ab gesterbent oder niht ensint, so geuelt daz oftgenant haus ledichleich vnd gar wider an vnser gotshaus mit allem dem daz si dar auf gepawen habent vnd sülen si ze dem minsten vns vnd vnsern nahchomen daz haus wider antwurten in der gůt vnd wirden als si ez enphahent. So sülen (si) auch nah der alten gewonheit, swenn wir oder vnser erbaer ratgeben ze Wienne sein von dem haus in vnsern hof leihen zway pette, vnd sülen si auch dheinen iren ganch von reht niht haben durch die tür die auz dem selben haus in vnsern hof gat, daz vns die niht geirren mach ob wir einen andern paw da hin legen. Swenn auch si den zins als er vor begriffen ist versaczzen, so sülen si dulten dar vmb allen den schaden der get nah purchreht in der stat ze Wienne swenn man daz vraevelleich versitzzet.

Cod. 250a, f. 32, Heckenstaller's Frisingensia beim Domcapitel zu München; Arch. f. Kunde öst. G.-Quell. XXVII., 275, Nr. 23.

493.

1313, 24. April, Ulmerfeld. *Hartwig von Wasen reversirt gegen Bischof Gottfried von Freising betreffs einiger seiner Frau Christine auf Lebenszeit überlassener Lehen zu ‚Ludweigsöde‘, Toberstetten, Steinkeller, Wolmersdorf u. s. w.*

Ich Haertweich von dem Wasen vergih vnd tůn chunt allen den die disen brief sehent oder hörent lesen, daz mein lieber herre der ersam bischof Götfrid von Frisingen von besundern genaden vnd niht von dheim reht gemacht vnd geantwůrt hat miner hauzfrowen frown Christein dev lehen dev ich han von im vnd von dem gotshaus, also ob si mich vber

lebt, daz si dev haben vnd niezzen sol biz an iren tod, vnd
dar nah so wir baider nimmer sein, so geuallent dev selben
lehen den bischof vnd daz gotzhaus au ze Frisingen an allen
chriech vnd an alle wider red hern Otten mines brůder, siner
erben vnd aller miner freunt vnd andrer miner brůder, wan
si mich ein an gehôrent vnd ich mit in getailt han auf gantz
verzeihnůzz, vnd daz der selben lehen geh̊t̊genvzz sei, benenn
ich si an disem brief, des ersten ze Ludweigs Ôde ein lehen,
ze Tobersteten auf dem perig ein lehen, da selben auf dem
Staincheller ein hof, da selben in dem Vreithof ein lehen, ze
Waldmanstorf ein hůb, in dem Erlach ein lehen, an dem Aigen
in der Zavche ein lehen, an der Hůb ein hůb, auf dem Hvnger-
perig ein hůb vnd auf dem Schônpůhel zway lehen. Dev vor-
genantn gůt sol mein hausfrowe haben ir lebtag, vnd naem si
einen andern wirt nah minen tod vnd gewünn da bei erben,
die sůllen dhein reht haben auf dev offt genanten lehen, wan
si dem gotshaus ledichleich nah vnser baider tod zů gehôrent.
Vnd dar ůber ze einem vrehůnde gib ich disen offen brief ver-
sigelten mit minem insigel vnd ze einer zevchnůzz des erbaern
herren insigel herrn Wolfharts von Rôhlingen des probstes ze
Inchingen, der geben ist ze Vdmarrelt do man zalt von Chri-
stes geburt drevzehenhundert jar, dar nah in dem drevzehen-
dem jar, an sant Georin tag.

<small>Orig., Pgt., 2 anhängende Sigel, k. k. geh. Haus-, Hof- und Staats-
archiv zu Wien.</small>

494.

1313, 25. Juni, Lack. *Konrad von Lack vergleicht sich mit Bischof
Gottfried von Freising betreffs verschiedener streitiger Angelegenheiten,
namentlich wegen der Kirche s. Martin bei Krainburg auf den Spruch
genannter Schiedsrichter.*

Ich Chůnrat von Lok vergih vnd tůn chvnt allen den die
disen brief an sehent oder hôrent lesen, die nv lebent vnd her
nah chůnftig sint, daz ich nah miner besten freunt rat mit ver-
dahtem můt für mich vnd alle mein freunt vnd helfer aller
der misschellung vnd alles des chrieges, der zwischen meinem
lieben herren dem ersamen bischof Gôtfriden von Frisingen,
maister Chůnrats sines obersten schreibers chorherrn da selben,
Gotfrid Anveldes vnd aller siner diener vnd burger ze Lok

einhalben vnd mein, miner freunt vnd helfer anderhalb ennher
ist gewesen, durnaehtichleichen gegangen bin an die erbaeren
herren hern Wolfhart von Röhlingen probst ze Inchingen, hern
Deinharten von Senelt chorherren ze Frisingen vnd an hern
Wernhern minen brûder vnd han si ze gemainen schidlaeuten
genomen, also swaz si vmb alle sache die zwischen vns in
chrieg vnd in vnwillen ennher sint gewesen, sprechen vnd
schaiden, daz ich daz alles willich vnd staet han mit gûten
triwen an geuâr. Die habent geschaiden mit gemainem rat als
her nah geschriben stat, des ersten schaident si, daz ez sol sein
vnd ist ein ewiger sûn vmb alle sache zwischen mein, miner
freunt vnd miner helfer vnd daz aller vnwille, vnmût vnd
frômde ganczleichen dar vmb ab sei vnd hin getan, dar nah
schaident si vmb die chirchen dacz sant Martein bei Chrain-
burch die ich dem vorgenanten maister Chûnrat etleich iar vor
gehabt han, swaz ich dar ab genomen han vnd swaz ich der
zehenten daz hevrig iar verchunnert han, daz sol auch ab sein
vnd hat sich maister Chunrat dar auf aller ding verzigen vnd
sol auch sich maister Chûnrat der selben seiner chirchen wider
vnderwinden mit allem vollen vnd swaz noh vnuerchunnerts da
ist vncz an den hevtigen tach. Ich sol auch maister Chûnraden
auz rihten alle die chrieg vnd ansprach die der patriarch von
Ageley vnd mein herre graf Heinreich von Goertz hincz der
selben chirchen habent, mit gûten triwen an gevâr vnd swaz
im von dem selben in dem weg leit. Dar nah (schai)dent si
vmb den dienst den ich dem gots haus getan han vnd auch
vmb sogetan gehaizze die mein lieber herre bischof Emche
dem got genade, mir gehaizzen hat, daz mein herre bischof
Gotfrid der vorgenant oder (sein nahchomen?) miner tôhter
einer swelih ich bestatt nah sinem rat, geben sol dar nah vnd
man ir einen chon man geit, inner zwayn iarn ze haimsteur
ahezik march Agleyer pfenning. Si schaident auch ze ergetz-
zvng für (mein)e ansprach vnd swaz ich schadens genomen han
in des gotshaus dienst, daz mein herre der bischof von hinn
vncz auf die nachsten weihnachten wal haben sol vmb die
zehen hüben die ich vnd mein erben weilent minem herren
bischof Emchen versetzzet vnd verchauft haben vmb sehtzik
march Agleyer vnd sich dar vmb dem gotshaus ledichleich
veruallen habent, die gelegen sint auf der Marih ze Bayerdorf
vnd auf dem Weinperig, ob er mich da mit begenaden vnd

ergetzen welle oder niht, vnd ist daz er zrat (!) wirt, daz er
die hůben selb behalten wil sinem gotshaus, swa ich danne
ander gůlt vnd ander hůben gewinne oder chauf vmb sehtzik
march Agleyer, die sol er mir geben ze ergetzvng vnd die
hůben die ich chaffe (!), dar vmb ledigen. Si schaident auch
daz mich mein herre der bischof vor sant Marteins tach der
nv schierst chvmt, behausen sol auf Preisek vnd auf Chlingen-
uels vnd sol mir da hin geben allev iar ein zeitleichev burchůt
der er zo rat wirt, vnd sol auch er vnd sein nahchomen mich
da niht vercheren inner sehs iaren, ez sei danne daz ich ez
verdiene daz man mich billeich vercheren sůl. Si schaident
auch vmb zwo sache der ich giche, daz ich vnd mein geslaehte
brief vnd hantuest dar ůber haben von dem gotshaus, daz die
in der schidung niht sint vnd daz dev taiding den selben hant-
uesten vnschedleich sůllen sein, ob daz ist daz wir brief dar
ůber haben, dev erst sache ist swenne des gotshaus laeut vnd
vnser laeut mit heyrat zů ein ander cherent, daz man dev
chinde tailen svl, vnd dev ander sache daz man mir oder
minem gesleht zehen march goltes leihen sol von dem gots-
haus, ob daz ist daz die brief also stent. Vnd daz dev vorge-
schriben taidinch vnd schidung stet vnd vnzerbrochen beleiben
gib ich disen brief versigelten mit mines herren des bischofs
insigel vnd auch mit dem minem vnd hat maister Chuurat ze
ainer vollen bestaetigung sein insigel alsam an disen brief ge-
legt vnd an die hantuest die ich von minem herren dem bischof
han vnd dev taidinch, vnd wir die vorgeschriben schidlaeut
Wolfhart von Röhlingen probst ze Inchingen, Deinhart von
Seuelt chorherre ze Frisingen vnd Wernher von Lok verichen
offenleich, daz wir die selben schidung mit gůtem willen an
vns genomen haben vnd haben auch mit gemainem rat zwi-
schen den vorgeschriben tailen gesprochen vnd verschaiden
von wort ze wort als ez oben an disem brief verschriben vnd
mit taiding begriffen ist, vnd haben vnseren insigel an disev
hantuest gelegt mit willen beider tail ze einem vrchůnde der
selben schidung. Daz ist geschehen vnd der brief ist geben
ze Lok do man zalt von Christes geburt dreuzehenhundert iar,
dar nah in dem drevzehenden iar, nah sant Johannes tach ze
Svnenwenden des naehsten Maentags.

Orig., Pgt., sämmtliche angehängte Sigel abgerissen, Schrift theilweise
durch Lücken verletzt, k. Reichsarchiv zu München.

495.

1313, 23. August, Wien. *Reimbrecht von Ebersdorf weist seine Frau Katharina in deren Morgengabe mit 1800 Pfund Pfennigen auf seine zwei Dörfer Rutzendorf und Wolfpassing.*

Ich Reinnprecht von Eberstorf vergich vnd tvn chvnt allen den die disen prief lesent oder horent lesen, die nv lebent vnd hernach chvnftich sint, daz ich mit meines prveder her Ruedolfes von Eberstorf chamerer in Osterreich gvtem willen vnd gvnst, mit verdachtem mvet vnd mit gesampter hant zv der zeit do ich iz wol getvn mocht, gesatz (!) han meines rechten lehens meiner havsvrowen vron Katreyn fvr die margengab die si mir gegeben hat vnd die ich ir hin wider gegeben han, fvr achzehen hvndert phvnt Wienner phenning die zway dorfer Wolfpaizzing vnd Rvetzzendorf vnd swaz dar zv gehort, also beschaidenleichen, waer daz daz ich her wider nicht enchaem, des got nicht engeb, swenne denne mein prveder her Rvedolf von Eberstorf oder sein erben gebent meiner havsvrowen vron Katreyn achzehen hvndert phvnt Wienner phenning, so sol daz vorgenant gvet alles in von meiner havsvrowen vron Katreyn aller dinch ledich sein. Ich han avch meinem prveder hern Rvedolfen von Eberstorf gelobt mit meinen triwen zehant swenne mich got her wider gesent, daz ich mich mit im nach vnser paider vrevnt rat vereben vnd verrichten sol an alle wider rede vnd an allen chrieg, vnd wand dise sache mit meines prveder gvtem willen geschehen ist, dar vber so gib ich meiner havsvrowen vron Katreyn disen prief zv ainem sichtigen vrchvnde vnd zv ainem waren gezevg diser sache, versigelten mit meinem insigil vnd mit mit meines prveder insigil hern Rvedolfes von Eberstorf der diser sache gezevg ist, mit seinem insigil, vnd sint avch des gezevg her Dietreich von Pilichdorf zv den zeiten hove marschalich, her Chvnrat von Potendorf, her Seibot von Potendorf, her Otte von Zelking, her Marichart von Mistelbach vnd ander frvm levte genvech den dise sach wol chvnt ist. Diser prief ist geben ze Wienne do von Christes gebvrt waren ergangen drevzehen hvndert iar, in dem drevzehenten jare dar nach, an sand Bartholomes abent.

<small>Orig., Pgt., 2 angehängte Sigel ausgerissen, landsch. Archiv zu Wien.</small>

496.

1313, 8. September, Lack. *Greif von Reitenburg, als Vertreter des Grafen Heinrich von Görz, vergleicht sich mit Otto von Liechtenstein, Vertreter Bischof Gottfrieds von Freising, betreffs der Entschädigung einiger genannter Görzer Unterthanen durch den Letzteren.*

Ich Greif von Reutenberch vergich offenleich an disem prief daz ich von meins herrn wegen graf Hainreichs von Gortz mit herrn Otten von Liechtenstain von meines herrn wegen bischolf Gotfrides von Vreising, wan ez vns paidenthalben mit vollem gewalt enphollen wart, verriht, verebent vnd vertaidingt haben vmb den schaden, der meins herrn leuten von Gortz, Merchlein vnd Chûnraten vnd Fridreichen vnd Hainreichen den prûdern von Ige vnd der vrawen von Hophenbach, frawen Sophein des Albrechtes von Hophenbach hausvrawe, vrawen Christein, vrawen Isalden vnt vrawen Elspeten da selben geschehen ist in dem vrleuge daz meines herrn von Vreisinge vorvar bischof Emch auf der March mit mir vnt mit meinem prüdern gehabt hat, also daz mein herre von Vreising den vorgeschriben leuten geben scholt zwô vnd sibenzch march Aglaier der auch er si genzlich gewert hat an allen schaden. Desselben gûts sint gevallen den vorgenanten brûder von Ige zwainzch march, frawen Sophein zwô vnd dreizch march vnt den andern drein witwen di vor genant sint zwainzch march also, daz si sich vmb allen schaden den si genomen habent in dem selbem vrleuge, für sich vnd alle ir erben genczlichen verzigen habent hinz dem oft genanten meinen herren von Vreising vnd hinz seinem gotshaus vnt wir die vor geschriben Merchlein, Chûnrat, Fridereich vnd Hainreich die brûder von Ige vnt auch ich Alber von Hophenbach an meiner hausvrawen stat frowen Sophein vnd wir die vorgenanten witwen Christein, Isald, Elzbeht verichen der vorgenanten taidinch vnt haben auch si willich vnt stet vnt verichen auch daz wir des vorgeschriben gûtes genzleichen gewert sein vnt haben vns verzigen vnt furzeihen vns fur vns vnt fur alle vnser erben aller ansprach vnt (!) den schaden als oben geschriben ist, vnt dar vber geben wir disen brief versigelten mit vnser vrevnde insigel der Reutenberger Ortolfs vnt Greiffen vnt mein Albers von Hophenbach vnt mit vnserm insigel der brûder von Ige. Der prief

ist geben ze Lonk da von Christes geburt ergangen waren
drevzehen hundert iar vnd dar nach in dem drevzehenten iar,
an Vnser vrowen tag als si geborn wart.

<small>Orig., Pgt., 4 anhängende sehr verletzte Sigel, k. Reichsarchiv zu München.</small>

497.

1313, 13. November, Waidhofen. *Hans der Schenk von Ried und Otto von Grafenwörth quittiren Gottfried, dem Freisinger Landrichter von Konradsheim, den Empfang von 30 Pfund Wiener Pfennigen, die ihnen von dem Hofe zu Glatt bei Amstetten (?) gebürten.*

Ich her Jans der schench von Ried vnd Otte von
Grafenwerd verichen an disem briefe vnd tůn chunt allen
den die in schent, hőrent oder lesent, daz vns Gŏtfrid lantrichter ze Chŭnratsheim an bischolf Gotfrides stat von Freisingen geben vnd gebert hat an sand Merteins tach dreizich
phunt newer Wienner phening an dem hofe zu Stade, der vns
dev selben dreizich phunt von dem goczhause ze Freisingen
stund, da wier einen brief vme heten von dem vorgenanten
goczhause, den wir verloren haben. Vnd daz daz vorgenante
gotzhaus ze Freisingen vme daz guet an dem hofe als vorverschriben stet, chain ausprache vnd vordrunge fűrpaz habe,
geben wir dem vorgenanten goczhause disen brief ze vrchunde
mit hern Wernharten des truhsazen von Vzesdorf insigel vnd
Otten von Grauenberd. Gezevg dirr werunge sint her Emch
von Alzay, Heinr. rihter, Heinr. Sahs, Herman Chersperger,
Pitrolf der Wienner vnd ander frume laeut genuech. Daz ist
geschehen ze Waidhouen, dů von Christes gepŭrd ergangen
waren drevzehenhundert jar, dar nach in dem dreizehendem
jar, an sand Briccium (!) tage.

<small>Orig., Pgt., 2 anhängende verletzte Sigel, k. k. geh. Haus-, Hof- und Staatsarchiv zu Wien.</small>

498.

1314, 29. März, Lack. *Bischof Gottfried von Freising verleiht Berthold dem ‚Cholbeck‘, seinem Amtmanne zu Innichen, eine Schwaige zu ‚Alfen‘ im Pusterthale (?).*

Wir Gŏtfrit von gots gnaden bischof ze Frising verichen
offenleich an disem brief, daz wir von besundern gnaden

Berchtolden dem Cholbechen vnserm diener vnd pfleger ze
Inchingen verlihen haben ze rehtem lehen im vnd seinen erben
ein swaig dev gelegen ist datz Alfen auf vnsers gotshauses
aigen die er da selbn gestift hat mit seinem gůt, die selbn
swaig habn wir im vnd seinen erbn verlihen, besůht vnd vn-
besůht, mit allem dem daz dar zů gehört, ze veld vnd ze dorf,
mit holtz vnd mit waid, mit wazzer vnd mit wismat vnd mit
allem dem daz dar zů gehört, gepawn vnd vngepawn, swie ez
dar zů gehört. Er sol auch daz selb gůt inne habn an anderr
vnser vrbor schaden an gevaer. Vnd daz im daz staet beleib
von vns vnd von vnsern nah chomen geben wir im disen brief
versigelten mit vnserm hangendem insigl vnd mit den zevgen
die hernach geschriben sint, die sint maister Chůnrat vnser
oberster schreiber, her Vlr. vnser chaplan, Jacob, Heinr., Eberl
vnd Heinr. vnser schreiber, Albreht weilnt chellner ze Lok vnd
ander genůg. Der brief ist gebn ze Lok da man zalt von
Christes gebůrtt drevzehnhundert iar vnd in dem vierzehn-
dem iar, des naehsten Pfintztags nach Vnser frawentag in der
Ostern.

Orig., Pgt., anhängendes verletztes Sigel, k. Reichsarchiv zu München.

499.

1314, 19. Juni, ... *Konrad und Leonhard Gebrüder die Schilhaer
entsagen wider Bischof Gottfried von Freising gegen Entschädigung von
40 Mark Aglaiern ihren Ansprüchen auf ein gewisses Haus im
Burgraume zu Lack.*

Ich Chůnrat der Schilhaer vnd ich Lienhart des selben
Schilhaers brůder veriehen offenleich an disem brief vnd tůn
chvnt allen den di in sehent oder hörent lesen, daz wir vns
mit vnserm leiben (!) herrn dem ersamen bischof Gôtfriden von
Frising gaentzleichen vnd gar verriht haben vmb allen den
schaden vnd ansprach di wir gegen in vnd seinem gotshavs ze
Frising gehabt haben vnd besvnderleich vmb ain hofstat dev
da ze naehst bei der bůrg ze Lok innerhalb der rinchmavr
leit da daz Volchenhavs avf gestanden ist, vnd ob icht dar
zů gehört hat von paumgaerten oder von gaerten, waz wir dar
avf rehtes oder ansprach gehaben möhten, da sei wir gaenz-
leich vnd gar von gestanden, daz wir dar avf fůrbaz dhain

ansprach svlen haben, vnd dar vmb geit vns vnser vorgenanter
herr vierzich march alter Aglayer, der sol man vns auzrihten
zwainczich march auf sand Marteins tach vnd der andern
zwainczich march dar nach avf die Perchnahten die dar nach
chvmftich werdent, vnd ich Lienhart verich daz man der vor-
genanten vierczich march meinem br v̊der Ch v̊nrat avz rihten
sol vnd dar vber geb wir disen brief versiglten mit vnsers
lieben vrevnts insigel herrn Ch v̊nrats von Lok vnd vnser beder
insigeln, vnd der verrihtigvmb (!) sint zevg der vorgenant herr
Ch v̊nrat von Lok, Jacob der Swan, Dietreich der Rennaer vnd
Albrecht der chelnaer. Daz ist geschehen da man zalt von
Christes gebvrt drevzehenhvndert iar, dar nach in dem vier-
zehenten iar des, nachsten Mitichen nach sant Veits tach.

Orig., Pgt., von 3 angehängten Sigeln nur Nr. 1 und 3 in Fragmenten
vorhanden, k. Reichsarchiv zu München.

500.

1315. 18. Februar, Pettau. *Magister Dietrich von Wolfsau, Propst
zu Gurnitz, und andere Genannte entscheiden als Spruchleute zwischen
Bischof Konrad von Freising und Rudolf von Schärfenberg in deren
Streitigkeiten um Güter, Unterthanen und Dienste.*

Wir meister Dietrich von Wolfsawe probst ze Gurcz (!) vnd
O. von Lichtenstein chamerer in Steyer schidlaeut vnsers herren
des ersamen bischof Chunr. von Frisingen vnd wir Haertneid
von Petawe vnd Fridr. von Leybencz schidlaeut an hern Rud.
tail von Scherfenberch t v̊n chunt allen den die disen brief
sehent oder hörent lesen, daz wir von dem gewalt der vns von
baiden tailen geben ist ze sprechen vnd ze schiden v̊ber alle
chrieg, vordrung, schaden vnd ansprach die zwischen dem
vorgenanten bischof von Frisingen, sinen vordern vnd sinem
gotshous einhalb vnd hern R v̊d. von Scharfenberch, sinen vor-
dern vnd sinen erben anderhalb vnd ir baider laeuten vnd hel-
fern auf gelaufen sint vncz auf hevtigen tag, sprechen vnd
schiden mit rat vnsers herren des ersamen erczbischof Wich.
von Salczburch vnd vnsrer herren bischof Hainr. von Gruk (!)
vnd bischof Fridr. von Sekawe als her nah geschriben ist, ze
dem ersten daz si baid gut frevnt sein vnd aller hazz genczz-
leich ab sei zwischen in, iren helfern vnd dienern, vnd spre-

chen auch daz her Rûd. von Scherfenberch vnserm herren von
Frisingen ledich lazze vnd ledichleich widerantwûrt Gûtenwerd
vnd ander vrbor, laeut vnd gût des er daz gotshous ze Fri-
singen enwert het, vnd aller schade der zwischen in baiden an
laeuten oder an gût geschehen ist da selb oder anderswa, sol
beidenthalb auch gehebt sein. Ez sol auch her Rûd. von
Scharfenberch vnserm herren von Frisingen ze eren vnd ze
pezzerung mit sachzehen mannen in Chrayn vnd auf der Marih
warten vnd dienen von hevt ûber ein jar, ez si dann so (?) daz
in chaft not irre oder siner herren gebot von Salzburch oder
von Österreich. So sol auch vnser herre von Frisingen herrn
Rud. von Scherfenberch, daz er den dienst dester baz volenden
mûg, hundert march alter Greezzer pfenning geben, also ob
der vorgenant vnser herre von Frisingen sinen dienst nemen
wil, so sol er im der pfenning gebunden sein, waer aber daz
er in des dienstes ûberhaben wolt, daz sol im vnser herre von
Frisingen von hevt in zwayn manoden chvnt tûn, vnd geschiht
daz, so sol her Rûd. des dienst ledich sein vnd vnser herre
von Frisingen der pfenning. Vnd daz diser spruch staet vnd
vnzerbrochen beleib, habn wir vorgenant schidlaeut ze vr-
chûnde vnsrev insigel an disen brief gehangen vnd dar zû
vnsers herren des ersamen bischof Wich. von Salzburch vnd
vnser herren bischof H. von Gruk vnd bischof Frid. von
Sekawe habent auch irev insigel dar an gehangen, vnd wan
wir bischof Chunr. von Frisingen vnd Rud. von Scherfen-
berch an die vorgenanten schidlaeut willichleich gegangen
sein vnd vollen gewalt in ze sprechen vnd ze schiden ge-
geben haben ûber alle vnser chrieg, schaden, vorderung vnd
ansprach die zwischen vns bischof C. von Frisingen, vnsern
vordern vnd vnserm gotshous vnd zwischen mir R. von Scher-
fenberch, minen vordern vnd erben vnd zwischen vnser
baider laeuten, helfern vnd dieneren vntz auf heutigen tag
gewesent sint, so loben wir bei vnsern triwen an aydes stat
disen spruch staet vnd vnzerbrochen ze behalten an allen
sinen articheln, vnd dar ûber ze vrchûnd haben wir bischof
C. von Frisingen, wan wir noh niht rehtes insigels haben.
vnsrer bestatigung insigel. Vnd ich R. von Scherfenberch
mein insigel an disen brief gehangen. Diser spurch (!) ist
geschehen vnd diser brief geschriben ze Petaw (anno do-

mini) millesimo CCC. quintodecimo, feria tercia ante Kathedra Petri [1].

<small>Notizbuch Bisch. Konrads III., f. 55, Domcapitels-Bibliothek zu München, Meichelbeck, II./2, 147, Nr. 231.</small>

501.

1315, c. 21. März, ... *Wulfing von Rechberg tritt zwei Genannte seiner Erbfreileute an Bischof Konrad von Freising ab.*

Ich Wŭlfinch von Rechperch vergich vnd tŭn chvnt allen den die disen prief hôrent lesen, daz ich gaentzleich vnd gar mich veriht han mit meinem herrn bischof Chŭnratn von Freising vmb mein erbfreilaevt Jansen vnd seiner brŭder zwen, vnd han dar vmb enphangen aht march Aglayer phenning vnd lob daz pei meinen trewen, daz ich die selben laevt meinem vorgenanten herrn vnd seinem gotshavs verantwurten vnd versprechen sol nach lantsrecht, ob meins brŭder chint oder iemant anders dev selben laevt ansprаech. Dar vber gib ich disen prief versigelten mit meinem hangenden insigel. Daz ist geschehen do von Christes gebvrtt waren drevzehen hvndert iar, dar nach in dem fvnfczehenden iar, in der Osterwochen.

<small>Orig., Pgt., angehängtes Sigel ausgerissen, k. Reichsarchiv zu München.</small>

502.

1315, c. 10. April, ...[2]. *Otto von Liechtenstein meldet dem Bischofe Konrad von Freising, dass der von diesem bei ihm eingeklagte Amtmann Reicher (von s. Peter a/Kammersberg) hinsichtlich der geforderten Zahlung die nöthige Sicherstellung geleistet habe.*

Minem genaedigen herren dem ersamen bischof Chunr. ze Frisingen enbiut ich O. von Lichtenstain chamerer in Steyr

---

<small>1 Am Schlusse steht von selber Hand: ‚Illam litteram querito in Weltza, vbi eam inuenies indubitanter'. 2 Die Zeit des Schreibens ergibt sich aus folgender Ueberschrift desselben: ‚Anno domini millesimo CCC. quintodecimo, feria quinta ante dominicam Jubilate, dominus C. episcopus ex parte domini O. de Lichtenstain recepit litteras subscriptum tenorem per ordinem continentes'.</small>

minen dienst mit allen triwen. Herre, ir enphulht mir an
ewerm brief, daz ich des fleizzich waer, daz euch Reicher der
aumman wert des daz auf im leit vnd daz ewer raitpůch hat,
wolt er dar an saumick sein, so solt ich in benôten. Dar vmb
sol wizzen herre ewer genade, daz er vergewizzet vnd verbürgt
hat auf sant Jôrgen tag xv march silber vnd vii lot, also ob
er die danne iht auzriht, swaz schadens denne vmb ewer gült,
die ir gelten sült in Steyr als ir wizzet, auf euch geud würde,
daz der geuellet hincz sinen bůrgen. Der selb Reicher hat
geantwůrt hern Nikla waitz vii Frieschmetz vnd v scheffel,
rokken xxxviii Frieschmetz vnd v scheffel, haber dcc vnd
lxxxii mutt sant Petrer maz. Swas des ůberigen ist, als
ewer raitpuch hat, daz hat er auch vergewizzet auz ze rihten
auf den vorgenanten sant Jôrgen tag.

Notizb. Bisch. Konrads III., f. 58, Domcapitels-Bibliothek zu Mün-
chen, Arch. f. K. öst. G.-Quell. XXVII., 276, Nr. 24.

503.

1315, 15. Juni, Lack. *Die Gebrüder Wernher und Konrad von Lack
und Konrad, Konrad des Agleiers Sohn, entsagen ihren Ansprüchen
gegen den Bischof von Freising, seit gewisse Dienstleute ihnen über-
geben worden, und bestimmen die Grundsätze betreffs Theilung der
Nachkommenschaft derselben.*

Ich Wernher vnd Chvnrad prueder von Lok vnd ich
Chvnrat hern Chvnrats des Agleigers sun vergehen an disem
prief vnd tůn chvnt fur vns vnd fur vnser erben vnd fur Jek-
lein vnser Wernher vnd Chvnrats pruoder sun vnd fur Jacoben
vnsers vetern erben daz wir gegen vnserm herrn von Freisin-
gen vnd gegen seinem gotshaus furpas chain ansprach haben
noch dehainen chriech vmb Marsen an der Triwei vnd seinem
pruoder vnd vmb Michels drei sune von Veznitz di vns ge-
antburt sint in vnser gebalt von dem vorgenantem vnserm
herrn von Freisingen mit solher beschaidenhait, ob sich ervin-
det, daz dev vorgenanten funf levt oder ir dahainer (!) in des
gotshaus gebalt gechiert hat, daz wir der selben oder des selben
erben mit dem gotshavs tailen schullen, vnd dar vber geb wir
disen prief versigelt mit vnserr aller dreiger hangenten insi-
geln. Daz ist geschehen ze Lok dv man zalt von Christes

gebvrt drevtzehen hvndert iar, dar nach in dem fumftzehentem
iar, an sand Vcides tag.

Orig., Pgt., anhängendes Sigel, k. Reichsarchiv zu München.

504.

1315, 21. November, München. *König Ludwig IV. enthebt Bischof
Konrad von Freising der Verpflichtung, seine Lehen von ihm zu
empfangen, bis der Krieg mit Oesterreich zu Ende sei.*

Wir Lud. von gotes genaden etcet. v(er)iehen etcet. wan
vnser lieber fürst der ersam bischof Chunrat von Frisingen
sein gült vnd sein gůt ein michelteil ligent hat vnder des
hertzogen gewalt von Österreich vnd er an dem selben gůt
grozzen schaden möht wol nemen von dem von Oesterreich,
ob er ze disen zeiten sinev lehen von vns enpfieng, haben wir
in vnd sein gotshaus von besundern genaden besorget vnd
haben in überhebt, daz er sinev lehen ze disen zeiten niht sůl
enpfahen biz der chriech zwischen vns vnd dem von Öster-
reich werde beriht vnd volendet, vnd sůlen in auch dar vmb
in der frist nihtes betwingen oder benöten, vnd haben in auch
die selben frist sinev lehen vnd sinev reht erlaubet. Wir
haben auch den vorgenanten bischof C. in vnser besunder ge-
nade vnd scherm genomen vnd wellen niht, daz im oder sinem
gotshaus iemant iht tů an reht, vnd swer in an reht angriffe,
haben wir im geheizzen in vnd sein gotshaus ze scherm auf
ein reht als verre vnser gewalt ist. Dar über ze einem vr-
chünde geben wir im disen brief versigelten mit vnserm han-
genden insigel. Datum Monaci, (anno domini) millesimo CCC.
quintodecimo, sexta feria ante Katherine, regni nostri anno primo.

Cod. 250a, f. 8, der Heckenstaller'schen Frisingensia beim Domcapitel
zu München, Meichelbeck II/1, 126.

505.

1316, 9. April, Wien. *König Friedrich III. bestätiget dem Bisthume
Freising die Freiheitsbestätigung König Rudolfs für desselben Hof zu Wien.*

Fridericus dei gratia Romanorum rex semper augustus.
Vniuersis sacri Romani imperii fidelibus presentes litteras in-

specturis gratiam suam et omne bonum. Constitutus in nostre maiestatis presentia venerabilis Chunradus ecclesie Frisingensis episcopus princeps noster dilectus priuilegium quoddam nobis obtulit, petens cum instancia idipsum et articulos in eo contentos de benignitate regia confirmari. Cuius tenor de verbo ad verbum talis est:

Folgt nun die Urkunde König Rudolfs ddo. 1277, 18. Mai, Wien (Nr. 328).

Nos igitur clare recordacionis predicti aui et predecessoris nostri piis actibus imitentes (!) ac deuota et fidelia obsequia memorati Chunradi episcopi nobis et imperio prestita fauorabiliter intuentes, predictum priuilegium cum omnibus in ipso contentis auctoritate regia innouamus, approbamus et presentis scripti patrocinio confirmamus. Nulli ergo omnino hominum liceat hanc nostre innouacionis, approbacionis seu confirmacionis paginam infringere vel eidem ausu temerario contraire, quod qui facere presumpserit, grauem nostram indignacionem se nouerit incurrisse. In cuius rei testimonium presentes litteras conscribi et sigillo nostre maiestatis iussimus communiri. Datum apud Wiennam, V. idus Aprilis, anno domini millesimo trecentesimo sextodecimo, regni vero nostri anno secundo.

Orig., Pgt., anhängendes verletztes Sigel, k. Reichsarchiv zu München, Meichelbeck II./2, 154, Nr. 242.

506.

1316, 9. April, Wien. *König Friedrich III. erneuert dem Bischofe Konrad von Freising die Urkunde König Rudolfs, womit dem Bisthume die Gerichtsbarkeit in ‚Heybs' (Umgebung von Ulmerfeld) bestätiget wird.*

Fridericus dei gracia Romanorum rex semper augustus. Vniuersis sacri Romani imperii fidelibus presentes litteras inspecturis graciam suam et omne bonum. Constitutus in nostre maiestatis presencia venerabilis Chunradus ecclesie Frisingensis episcopus princeps noster dilectus priuilegium quoddam nobis obtulit, petens cum instancia idipsum et articulos in eo contentos de benignitate regia confirmari. Cuius tenor de verbo ad verbum talis est:

Folgt nun die Urkunde König Rudolfs ddo. 1277, 18. Mai, Wien (Nr. 332).

Nos igitur clare recordacionis predicti aui et predecessoris nostri piis actibus innitentes ac deuota et fidelia obsequia memorati Chunradi episcopi nobis et imperio prestita fauorabiliter intuentes, predictum priuilegium cum omnibus in ipso contentis auctoritate regia innouamus, approbamus et presentis scripti patrocinio confirmamus. Nulli ergo omnino hominum liceat hanc nostre innouacionis, approbacionis seu confirmacionis paginam infringere uel eidem ausu temerario contraire, quod qui facere presumpserit, grauem nostram indignacionem se no uerit incurrisse. In cuius rei testimonium presentes litteras conscribi et sigillo nostre maiestatis iussimus communiri. Datum Wienne, V. idus Aprilis, anno domini millesimo trecentesimo sextodecimo, regni vero nostri anno secundo.

<small>Orig., Pgt., anhängendes Sigel, k. k. geh. Haus-, Hof- und Staatsarchiv zu Wien.</small>

507.

1316, 13. April, Wien. *König Friedrich III. bestätiget dem Bischofe Konrad von Freising sein Privileg hinsichtlich der Jagdfreiheit in Oesterreich.*

Fridricus dei gracia Romanorum rex semper augustus. Vniuersis sacri Romani imperii fidelibus graciam suam et omne bonum. Constitutus in nostre maiestatis presencia venerabilis Chvnradus Frisingensis episcopus princeps noster dilectus priuilegium quoddam nobis obtulit, petens cum instancia id ipsum et articulos in eo contentos in persona sui de benignitate regia confirmari. Cuius tenor de verbo ad verbum talis est:

<small>Folgt nun Urkunde König Rudolfs ddo. 1281, 21. Juni, Regensburg (Nr. 371).</small>

Nos igitur clare recordacionis predicti domini Rudolfi aui et predecessoris nostri piis actibus innitentes ac deuota et fidelia obsequia memorati Chunradi episcopi nobis et imperio prestita fauorabiliter intuentes, predictum priuilegium cum omnibus in ipso contentis in sui persona auctoritate regia innouamus, approbamus et presentis scripti patrocinio confirmamus. Nulli ergo omnino hominum liceat hanc nostre innouacionis, approbacionis seu confirmacionis paginam infringere vel ei ausu temerario contraire, quod qui facere presumpserit, grauem nostram indignacionem se nouerit incurrisse. In cuius rei testimonium presentes litteras conscribi et sigillo maiestatis nostre iussimus communiri. Datum Wienne, ydus Aprilis, anno domini M. trecentesimo sexto decimo, regni vero nostri anno secundo.

<small>Aus Bestätigung Herzog Albrechts II. ddo. 1357, 3. September, Wien.</small>

508.

1316, 18. April, Wien. *König Friedrich III. bestätiget dem Bischofe Konrad von Freising die Verpfändung des Marktes Aschbach u. s. w.*

Fridericus dei gracia Romanorum rex semper augustus. Vniuersis sacri Romani imperii fidelibus presentes litteras inspecturis salutem cum noticia subscriptorum. Veniens ad nostre maiestatis presenciam venerabilis Cunradus Frisingensis episcopus princeps noster karissimus, nostre excellencie humiliter supplicauit vt sibi quoddam priuilegium per inclite recordacionis dominum Rudolfum Romanorum regem, auum et predecessorem nostrum karissimum sibi et ecclesie sue predicte traditum et concessum de benignitate nostra regia innouare et confirmare dignaremur. Cuius quidem priuilegii tenor talis est:

<small>Folgt nun Urkunde König Rudolfs ddo. 1277, 26. October, Wien (Nr. 351).</small>

Nos vero eiusdem ... episcopi Frisingensis precibus fauorabiliter inclinati, predictum priuilegium cum omnibus in eo contentis innouamus, approbamus et presentis scripti patrocinio confirmamus. In cuius rei euidenciam nostre maiestatis sigillum presentibus duximus appendendum. Datum Wienne, anno domini millesimo trecentesimo sextodecimo, XIIII. kalendas Maii, regni vero nostri anno secundo.

<small>Orig., Pgt., anhängendes Sigel, k. Reichsarchiv zu München; Meichelbeck II./2, 154, Nr. 243.</small>

509.

1316, 18. April, Wien. *König Friedrich III. gründet das Karthäuserkloster Mauerbach und widmet demselben ausser dem vom Wiener Bürger Herbord ‚super columpnam' zurückgekauften Gute in jenem Thale*

‚insuper montem ... dictum Maurcek cum suis metis et vsibus vniuersis ac nemus dictum Wispach cum omnibus suis appendiciis que ad ipsum cognoscuntur quomodolibet pertinere, quod absoluimus a Frisingensi ecclesia pro nemore nostro in Chirchpach permutacionis titulo . . .'

Folgen dann die weiteren Bestiftungen.

‚Datum Wienne, XIIII. kalendas Maii, anno domini millesimo trecentesimo sextodecimo, regni vero nostri Friderici anno secundo'.

Zwei Orig., Pgt., nur bei einem das angehängte Sigel noch erhalten, k. k. geh. Haus-, Hof- und Staatsarchiv zu Wien.

510.

1316, 26. Mai, Frauenburg. *Rudolf von Liechtenstein ermächtiget den Pfarrer H. von Frauenburg zur Veräusserung gewisser nicht näher bezeichneter Güter.*

Ich Rudolf von Lichtenstain vergich mit disem brief vnd tvn chvnt allen den die in sehent oder hôrent lesen, daz ich enpfolhen han dem bescheiden manne hern H. dem pfarrer ze Frawenburch vnd gib im gantzen vnd vollen gewalt mit disem brief ze verchaufen oder ze versetzen an miner stat vnd von minem geschaeft mein aigen vnd mein lehen als vil vnd er des ze rat wirt, ez sey an vrbor, an aigen oder an anderm gût swa ez ist gelegen, vnd han willich vnd staet swaz er da mit tût, baidev mit verchaufen vnd mit versetzen, vnd vertzeih mich da als gaentzleich auf als ich den chauf oder satz selb taet. Dar über gib ich in disen brief versigelten mit minem hangenden insigel, der gegeben ist ze Frawenburch M. CCC. XVI., des nachsten tags nach sant Vrbans tag.

Notizbuch B. Konrads III., f. 62, Domcapitels-Bibliothek zu München, Meichelbeck II./2, 156, Nr. 244.

511.

1316, 9. Juli, Ulmerfeld. *Wolfhart und Albrecht von Frieberstetten verpfänden drei Lehen zu Ulmerfeld dem Bischofe Konrad von Freising um 12 Pfund Wiener Pfennige und gewisse Naturalien.*

Wir Wolfhart vnd Albrecht brûder von Fribreichstetten verichen an disem brief, daz wir drev lehen ze Vdmaruelt der wir ze lehen haben von vnserem gnaedigon herren dem ersamen bischof Chvnraten von Freising vnd da wir im purchreht von dienen, dev inerchleich in seinen chasten süllen dienen virezich meczen rokken vnd virezich meczen habern, gesoczet habn dem vorgnanten vnserm herren vmb zwelf pfunt Wienner pfenning, vmb drev mvtt rokken vnd vmb vier mutt habern Östermazzes, vnd dev vorgenanten drev lehen sol er inne habn vnd niezzen biz wir oder vnser erben si von im lösen vmb die vorgeschriben pfenning vnd auch getraeyde vnd sol dev lösung geschehn auf sant Jacobs tach oder dar nach in aht tagen, vnd swenne wir oder vuser erben lösen auf die vorgesprochen frist, dannoch sol er den nucz von den lehen des selben iares haben vnd nemen. Vnd dar über ze einem vrchúnd, wan wir niht haben aeygenev insigel, haben wir disen brief mit hern Otten von dem Wasen vnd Hermans des Hacsibs insigeln versigelt, der gegebn ist ze Vdmaruelt do man zalt von Christes geburt dreuczehn hvndert iar vnd dar nach in dem sehezehnden iar, des Freytags vor sant Margareten tach.

<small>Orig., Pgt., 2 anhängende verletzte Sigel, k. k. geh. Haus-, Hof- und Staatsarchiv zu Wien.</small>

512.

1316, 8. August, Wien. *Bischof Konrad von Freising weist dem Nonnenkloster zu Randeck den jährlichen Bezug einer Naturalien- und Geldabgabe aus dem Kasten von Ulmerfeld gegen genannte Bedingungen an.*

Wir Chunrat von gots genaden bischof ze Frising verichen mit disem brief, daz wir ze vordrist durch got vnd vmb vnser sele haeil vnd von dehainen andern sachen noch rehten den nunnen ze Randek erchennen vnd gebn wellen ein almosen da bei si got für vns biten, vnd also schaffen wir vnd gehaizzen in ze gebn von vnserm chasten ze Vdmaruelt allev iar einen chaufmut roken vnd zwen chaufmut habern vnd drev pfunt pfenning, vnd habn in daz selbe almosen von besundern gnaden geschaffet ze gebn mit der auzgenomener rede, ob si an vns oder an vnsern nahehomen dehainerlaey vordrung haben wolten oder vns fürbaz treiben oder mfn mit ihtev, so sol dev vorgeschriben genade gaenczlich ab sein vnd wellen

in fürbaz nihtes schuldich sein. Si süllu auch ir samenung
mit dehainer frown hinuefür niht meren. Sweune auch ir einev
ab stirbet oder mer nah der selben minnerung der frowen, sol
man in der vorgeschriben pfründ so vil minuer gebn. Vnd
dar vber ze einem vrehũnd gebn wir disen brief versigelten
mit vnserm hangenden insigel, der gegebn ist ze Wienne do
man zalt von Christes gebũrt dreuczehnhvndert iar vnd da
nach in dem sibenczehnden iar, des Maentags vor sant Lau-
rençen tag.

Orig., Pgt., anhängendes stark verletztes Sigel, k. k. geh. Haus-,
Hof- und Staatsarchiv zu Wien.

513.

1316, 15. August, Ulmerfeld. *Friedrich von (Unter-?) Thal ver-
pfändet seinen Hof daselbst an Bischof Konrad III. von Freising für
10 Pfund Wiener Pfennige und gewisse Naturalien.*

Ich Friderich in dem Tal vergih an disem brief daz ich
minen hof in dem Tal mit alle daz dar zṽ gehöret, besũht
vnd vnbesũht, den ich ze lehen han von minem genaedigen
herren bischof Chũnrat von Frisingen vnd von sinem gotshaus,
verseczzet vnd geantwũrt han dem vorgenanten minen herren
vnd dem gotshaus vmb zehen pfunt pfenning alter Wienner
vnd vmb fünf mutt getraides, drey mũt chorens vnd zwen mũtt
habern die er mir dar auf gelihen hat vnd die ich genczleich
enpfangen han, vnd sol von dem selben hof ich vnd mein
erben dienen im vnd sinen nahchomen zwelf schilling pfenning
alle iar an Vnser frowen tag als si geboren wart, so gewon-
leich ist im ander dienst ze geben, vnd sol ich vnd mein erben
im da von warten als´ von anderm sinem gũt. Auch haben
gewalt ich vnd mein erben den selben hof ze lösen von im
vnd von sinen nahchomen vierzehen tag vor dem vorgenanten
Vnser frowen tag oder vierzehen tag hin nah vmb die vorge-
nanten pfennung vnd getraide, doh swenn ich oder mein
erben niht lösen vierzehen tag vor Vnser frowen tag, so sei
wir im des vorgenaten (!) dienstes schuldich ze geben von dem
selben iar, ob halt wir hin nah in vierzehen tag losten. Dar
ṽber gib ich disen brief für mich vnd für mein erben versi-
gelten mit hern Otten von dem Wasen, Marquarts des Lũhsen-
ekker vnd Hermans des Haeisibs insigeln. Der ist geben ze
Vdmaruelt do man zalt von Christes gebũrde dreuzehenhundert

iar, dar nah in dem sehzehenden iar, an Vnser frowen tag als
si verschied.

Orig., Pgt., 3 anhängende Sigel, k. k. geh. Haus-, Hof- und Staatsarchiv zu Wien.

514.

1316, 27. August, Frauenburg. *Otte Piswich und Otte der jüngere Piswich, dann Chunrat und Otte von Stein verbürgen sich in der Kaufverhandlung zwischen Rudolf von Liechtenstein mit Bischof Konrad von Freising betreffs zwaier Schwaigen zu Hintereck (bei Welz) für Ersteren gegen Letzteren.*

Wir Otte Piswich, Chunrat von dem Stain, Otto der jung Piswich vnd Ott von dem Stain veriehen offenleich mit disem brief vnd tŭn chunt allen den die in sehent oder hŏrent lesen, die nv sint oder chŭnftich werdent, daz wir durch bet vnd mit geschaeft hern Hainreichs des pfarrers von Frawenburch der vnsers edln herren hern Rŭdolfs von Liehtenstein schaffer vnd pfleger ist, bürgel worden sein vnuerscheidenleich des vorgenanten hern Rŭdolfs von Liehtenstein hincz dem ersamen fürsten bischof Chunrat von Frisingen vnd sinem gotshaus vmb den chauf den der vorgenant bischof von Frisingen vnd sein pfleger von Obrnwelcz an siner stat getan habent mit dem vorgenanten vnserm herren hern Rŭdolfen von Liehtenstein vnd an siner stat mit dem pfarrer von F(rawenburch als) mit einem pfleger vnd schaffer der des vollen gewalt hat, vmb zwo swaig dacz Hinterekk, (vmb) den walde vnd vmb zwo alben (die zŭ den swai)gen gehŏrent, die der vorgenant bischof von Frisingen gechauft hat vmb vnsern herren von (Liehtenstein) vmb vier vnd sehczik march (lôtigs silbers daz der) vorgenant vnser herre von Liehtenstein, swenn er schierst ze lande chumt her haime d(em vorgenanten) bischof oder sinen nachchom(en vnd dem gotshause) ze Frisingen in dem nachsten manod so der bischof auch in daz lant chumt vnd er in (beraichen mach, be)staeten vnd mit sein selbs (leib aufgeben sol die v)orgenanten zwo swaig ze Hinterekk vnd swaz dar zŭ gehört, wan daz selb gŭt(e malen von dem) gotshaus ze Frisingen (reht lehen gewesen ist vnser)s herren von Liehtenstein vnd sol auch ŭber den selben chauf vnd gewe(rft geben dem bistum) ze Frisingen sein offen (hantuest daz er für sich vnd) für alle sein erben ewichleich sich dar auf verzeih vnd dem bisch(of vnd dem gotshaus ze) Frisingen von chaufs (wegen in antwürt vnd auf ge)b mit vollem dienst vnd mit gantzem nvtz als er ez vor inne (hat gehabt, wazzer, wald), alben vnd swaz da(r zŭ gehórt, gesůht vnd vn)gesůht. Waer aber daz des vnser vorgenanter herre von Lichtenst(ein niht taet vnd dem bischof) vnd dem gotshaus (ze Frisingen des chaufes, des au)fgeben vnd der bestaetigung als si oben begriffen sint, ab gieng, so loben (wir vnuerschaidenleich mit) disem brief v(nd pinden vns bei vnsern trewen ge)gen dem oftgenanten bischof vnd sinem gotshaus ze Frisingen, swan er od(er sein nahchomen vns vordernt) vnd manet mit sine(m boten oder mit sinem brief), daz wir alle vier nah siner vorderung inner den nachsten vierzehen ta(gen ze Oberweltz in)varen in rehter geisels(cheft vnd laisten vnd) zeren auf vnser selbs schaden als lang vntz dem bischof vnd dem gotshaus ze Frisi(ngen alles daz vol)fürt vnd bestaet wirt daz (oben begriffen vnd be)nant ist an der hantuest. Ez ist auch gehaizzen vnd geredet, ob vnser oftgenanter herre her (Rŭdolf von) Lichtenstein niht enwaer, des niht enwelle [1], so sůlen sein erben dem bischof vnd dem gotshaus ze Frisingen alles daz volfüren vnd bestaeten (daz vns)er vorgenanter herre her Rud. von Lichtenstein getan selb solt haben, taeten si des niht so sein wir dem bischof vnd dem gotshaus ze Frisingen gebunden ze laisten in aller der gewerschaft als oben begriffen ist. Waer auch daz vnser einer stürbe oder offenbar ehaft sache vnser dhein irret, so sol vnser vorgenanter herre von Lichtenstein oder sein erben dem oftgenanten bischof vnd dem gotshaus einen andern bürgel setzzen an des selben stat der als gŭt sei, geschäh des niht, so sein wir die andern drey gebunden ze laisten in aller der aht als vor auz genomen ist vnd begriffen. Dar über ze einem vrchünde geben wir disen brief versigelten mit (n)sern insigeln. Der ist geben ze Frawenburch do man zalt von Christes gebürt dreuzehenhundert iar, dar nah in dem sehtzehenden iar, des Freitags nah sant Bartholomeus tag.

Orig., Pgt., 2 sehr grosse Lücken ausgefault, von 4 angehängten Sigeln nur Nr. 3 und 4 stark verletzt vorhanden, k. Reichsarchiv zu München, ergänzt aus Notizb. des B. Konrads III., b. Domcapitel zu München, f. 62.

[1] Cod. hat richtiger „des got niht well".

515.

1316, 27. August, Frauenburg. *Pfarrer Heinrich von Frauenburg verkauft als Gewaltträger Rudolfs von Liechtenstein dem Bischofe Konrad von Freising 2 Schwaigen am Hintereck (bei Welz) um 64 Mark Silbers.*

Ich Hainreich pharrer ze Fravnburch vergih an disem brief vnd tûn chvnt allen den di in sehent oder hôrent lesen, daz ich von dem gewalt den mir gegeben hat an seinem offen brief der edel man mein lieber herre her Rudolf von Lichtenstein, vnd von seinem gescheft verchauft, geben vnd geantwrt han meinem herren dem ersamen bischof Chvnraten vnd seinem gotshaus ze Freising vmb vir vnd sehzich march lôtiges silbers der auch der vorgenant her Rudolf gar vnd gentzlich gewert ist vnd ich si mit volliger vnd rehter wag an seiner stat enphangen han, zwo swaige ze Hintereck, den walt vnd zwo alben di zu den swaigen gehorent mit alle daz dar zu gehôrt, besûht vnd vnbesûht in allen den eren rehten vnd nutzen als er ez inn gehabt vnd herbraht hat vnd ez ze rehtem lehen gehabt hat von dem vorgenanten bischof Chvnraten vnd seinem gotshaus ze Freising, di jerlich geltent an ches, gült vnd an anderm chlainen dienst dreizehenthalbe march Gretzer phenninge. Di selben lehenschaft an den selben gûten han ich verchauft als vor geschriben ist, dem oft genantem meinem herren bischof Chvnraten vnd seinem gotshaus ze Freising, also daz er vnd sein nachchomen ewichleich dev vorgenanten gût haben vnd niezzen sullen als ander ir vnd des gotshaus aigen gût. Vnd dar vber gib ich disen brief versigelten mit meinem insigel vnd mit der erwern herren insigel maister Albrehts von Ober Weltz vnd hern Meinhartes von Morave, die ireu insigel ze einem bezzern vrchvnd nah meiner fleizziger bet (an) den brif zv̂ dem meinem habent gehangen. Diser brief ist geben ze Fraunburch d(a man) zalt von Christes geburd dreuzehenhundert jar, dar nach in dem sehzehe(ntem j)ar, des Vreitages an sand Augusteins abent.

Orig., Pgt., 3 angehängte Sigel ausgerissen, k. Reichsarchiv zu München; auch im Notizb. B. Konrads III., f. 62, Domcapitel zu München; Meichelbeck II./2, 156, Nr. 246.

516.

1316, 11. September, Ulmerfeld. *Bischof Konrad von Freising kauft von Hertreich von Hinterberg dessen ihm lehenbaren Hof zu Hinterberg und verleiht ihm denselben wieder gegen Jahreszins.*

Wir Ch. von gots gnaden bischof ze Frising verichen mit disem brief, daz wir von Hertreichn von Hintterperg reht vnd redlich gechauft haben sinen hof ze Hintterperg den er von vns ze lehen hat, den selben hof haben wir von im gechauft, besvcht vnd vnbesvht mit alle dev daz dar zv̊ gehört ze dorf vnd ze veld, vmb zwelift pfvnt pfenning alter Wienner, also doh daz er den selben hof pawen vnd inn haben sol vnd sol vns da von dienen alle iar an Vnserer frowen tag in dem herbst ein pfunt pfenning Wienner, vnd ist also getaidingt, ob er den selben hof niht wider chavft oder sein svn von sand Giligen tach der newlich ist gewesn, inner drin iaren vmb dev vorgeschriben zwelf pfunt di er dar vmb enpfangen hat, so svllen wir im hin zv̊ geben nah vier manne rat di gmain laevt sein, swaz vns im di geben haizzent, vnd sol danne der hof vnser vnd vnsers gotshaus sein aigenlich vnd ewiglich an alle anspach sein vnd siner erben. Dar v̊ber geben wir disen brief versigelten mit vnserm insigel der ist geben ze Vdmaruelt da man zalt von Christs geburt XIII hundert iar dar nah in dem XVI. jar, des Samcztages nah Vnsrer frown tag in dem herbst.

Cod. 260a, f. 35, Heckenstaller's Frisingensia beim Domcapitel zu München.

517.

1316, 28. September, Wien. *König Friedrich III. versetzt dem Bischofe Konrad von Freising auf den in dessen Besitze schon befindlichen Pfandgütern zu Aschbach, Plancken, Probstdorf, Urfar und Schönau die landesfürstliche Steuer von 50 Pfund für 800 Pfund Wiener Pfennige.*

Wir Fridrich von gotes genaden Römischer chunig, alle zeit ein merer des reichs verichen vnd tv̊n chvnt allen den die disen brief sehent oder horent lesen, daz wir mit gunst vnd mit gutem willen aller vnsrer lieben brůder verseczet, benant vnd geantwurt haben vnserm lieben fürsten dem ersam bischof

Chunr. vnd sinem gotshaus ze Frisingen auf den merchten,
dörfern vnd vrbaren ze sant Petern in der Aw, ze Astpach,
ze Planchen, ze Probstorf, ze Vruar, ze Schönna vnd swaz dar
zů gehöret, fünfzich pfunt gelts Wienner pfenning die er vnd
sein nahchomen dar ab nemen sülen ze stevr alle iar so ez
post füget, über die dienst vnd nůcz die er vnd daz gotshaus
ze Frisingen von den selben merchten, dörfern vnd vrbar, laeut
vnd gůt anders nement vnd enpfahent iaerchleich von vorder
saczung wegen die der bischof vnd daz gotshaus ze Frisingen
auf allem dem vorgenanten, laeut vnd gůt habent von vnserm
seligen enn weilent chůnich Rudolfen vnd vnserm seligen vater
chunich Alb., swaz der hantuest vnd brief sagent vnd habent
begriffen, die bechrenchen wir niht, noh nemen si niht ab an
dhein soczen oder pfunden mit disem gewerbt, si beleiben stet
vnd gancz als si vor gewesen sint. Dar vmb daz der vorge-
nant bischof Chunrat, sein nahchomen vnd daz gotshaus ze
Frisingen ab der obgeschriben saczung nemen mügen ze stevr
ierchleich die selben fünfzik pfunt mit vnser vnd aller vnser
brüder vnd erben willen vnd gunst, hat er vns gelihen vnd
auch mit rehter zal genczleich verriht aht hundert pfunt Wien-
ner pfenning die wir iczvnt slahen zů allen den svmmen vnd
werungen die im vnd dem gotshaus ze Frisingen in rehter
saczung stent emalen, die oftgenant laeut vnd gůt, mit soge-
taner bescheidenheit, daz wir, vnser brüder vnd vnser erben
der vorgenanten laeut noh gůt vmb die vorder saczung niht
lösen sülen, wir losen dann auch vmb di aht hundert pfunt
Wienner pfenning die er vns iczvnt gelihen hat. Auch wellen
wir vnd verichen, daz ab den oftgenanten laeut vnd gůt die
der bischof vnd daz gotshaus ze Frisingen ze saczung inn
habent, die weil si also sint in ir gewer vnd saczvng, nioman
anders dhein stevr noh vorderung niht nemen sol, wan der
bischof vnd daz gotshaus die selben laeut vnd gůt sol inn
haben vnd niczzen als ander sein vrborlaeut vnd sulen si im
mit vertigung vnd mit anderm dienst berait sein, noh sol si
gen dem bischof oder sinen nahchomen niemant scherm, vncz
daz die selben laeut vnd gůt mit rehter werung erledigt werden,
als die hantuest die dar vmb vor vnd nv geben sint, begriffen
habent. Ez sol auch der bischof oder daz gotshaus ze Frisin-
gen an disem gůt oder an der vordern saczung dheinn abslach
tůn von den fünfzik pfunt pfenning wegen di er ze stevr

nimpt, als wir im geschaft habent, wan die vorgenanten laeut
vnd gůt maistail des gotshaus von Frisingen reht aigen sint
vnd vnser, (vnser) brůder vnd vnser erben lehen von dem
gotshaus, vnd geuicl an der stevr daz vber iht von laeut vnd
von gůt daz von im niht lehen wer, als daz gůt ze sand Peter
in der Aw, swaz der selben stevr dar auf geuellet, die geben
wir im willechleich durch sein dienst vnd geben dar vber disen
brief ze ainem vrchůnde versigelten mit vnserm insigel, der
geben ist ze Wienne des Eritages zehant nah sant Růprehts
tag, do man zalt von Christes gebůrt dreuzehenhundert jar
vnd dar nah in dem schezehendem jar, in dem andern jar
vnsers reichs.

Notizbuch Bisch. Konrads III., f. 33, Domcapitels-Bibliothek zu Mün-
chen; Meichelbeck II./2, 153, Nr. 241.

518.

1316, 3. October, Holenburg. *Wolfger von Wagram vergleicht
sich mit Bischof Konrad von Freising in seinem Zwiste um einen Hof
zu Wagram und dessen Zehente.*

Ich Wolfker von Wagrayn vnd ich Elspet sein hausfraw,
wir verichen baidev mit disem brief allen den di in sehent,
lesent oder hörnt lesen, di nv lebent vnd her nah chv́nftich
sint, daz wir vmb sogtan chrieg vnd misshelung di vnser lieber
herr der ersam bischof Chůnrat von Freising vnd weilent sein
vorvarn gehabt habent von des gotshaus wegen vnd gein v́n-
sern chinden vnd den hof ze Wagrain da wir auf gesezzen
sein, vnd vmb di zehentn di zv̊ dem selben hof gehôrnt von
chorn vnd von wein in der pfarre ze Holnburch den wir von
im vnd dem gotshaus ze lehen haben, baidenthalben mit gůtem
willen also verriht, vertaidingt vnd verschaiden sein, des ersten,
wan wir für vns vnd für v́nser chint der selben sache gaencz-
leich vnd gar an v́nsers herren des vorgenanten bischof Chůn-
rats genad sein gegangen, hat er vns vnd v́nsern chinden ver-
gebn vnd auf vns vnd auf si vereczigen vmb allez daz, daz wir
von dem selben hof vnd swaz dar zv̊ gehórt, ennhor in geno-
men haben. Dar zv̊ von besvndern gnaden hat der vorge-
schriben v́nser herr bischof Chv́nrat vns vnd allen v́nsern
baider chinden, ez sein sv́n oder töhtter, ze rehtem lehen ver-

lihen den vorgenanten hof zc Wagrayn, besvht vnd vnbesvht
mit allem dem daz dar zv̊ gehôrt, ze veld vnd ze dorf vnd
mit samt dem zehent in Holnburger pfarr, als er ê in den hof
gehôrt hat, vnd daz haus in der Wachaw daz wir alsam von
im ze lehen haben, doh hat er auz genomen den weinzehent
v̊beral in der pfarr ze Holnburch der ennher in den selben
hof gehôrt hat vnd dar in genomen ist, wan ze einer rehten
erchantnv̊sse haben wir vns willichlich verzigen fv̊r vns vnd
fv̊r allev vnser baider chint vnd erben vnd haben ledichlich
auf gegeben in v̊nsers vorgenanten herren des bischofs hant
im vnd sinem gotshaus den selben weinzehent, besvht vnd vn-
besvht, als weit vnd als verr er in den hof gehôrt hat, also
daz wir noh dhain v̊nser erb fürbaz immer mer dhainerlay
chrieg noh ansprach dar nah sv̊llen haben noh gewinnen, vnd
wan ich Elspet vnd minev chint niht ze gagen waren, haben
wir vns verzigen vnd auf gegeben den selben weinzehndn be-
svnderlich in v̊nsers herren des bischofs pfleger hant. Swaz
auch hinnfv̊r ackcher ze weingarten werdent, da wir den chorn-
zehnt iezvnt nemen, da ist der weinzehnt fürbaz des bischofs
vnd des gotshaus an allen chriech in dem selben reht, vnd
vmb di genad di v̊nser herr der bischof vns getan hat, han
ich Wolfker mit minen triwen vnd mit hantvesten mich ver-
bunden, daz ich im vnd sinen nahchomen dinen vnd wartten
sol selbander mit harnasch inner landes vnd avzzerhalb landes,
swa er selb hervart vert, von sant Michels tach der nv schv̊rst
chvmt, zehen ganczev iar, vnd swaz er mir hilf vnd gnaden
dar vmb tût, dez sol ich mich lazzen genv̊gen, fürbaz sol ich
niht mv̊ten. Swenne aber mich chaft not des dinstes irret an
gevaerd, so sol er mich nihtes nôten, biz daz chaft not für
chvmt, so bin ich im dinstes danne gebunden als vor, vnd waer
daz ich an chaft not, von v̊bermv̊t, von vnwillen oder von
savmchait der vorgeschribn dînst versaezz, so bin ich im
fv̊nfezik pfvnd Wienner pfenning veruallen vnd di sol er haben
auf allem dem daz ich, min hausfraw vnd minev chint von im
ze lehen haben. Dar v̊ber ze einem vrchv̊nd gib ich disen
brif versigelten mit meinem insigel vnd mit hern Wernharts
des Truhsaeczen von V̇czendorf vnd hern Wernharts von Nvs-
dorf insigeln, dar vnd ich mich, mein hausfrowen vnd minev
chint verbind der vorgeschriben taiding. Der brif ist geben
ze Holnburch da man zalt von Christs geburt drevzehenhvndert

jar, da nah in dem schczehenden jar, des naeczsten (!) Svnntags nah sand Michelstag.

<small>Orig., Pgt., von 3 angehängten Sigeln Nr. 1 und 3 vorhanden, k. k. geh. Haus-, Hof- und Staatsarchiv zu Wien.</small>

519.

1316, 9. November, Waidhofen. *Voelchel von Hag verpfändet dem Bischofe Konrad von Freising seinen Hof zu Elsbach um 30 Pfund Wiener Pfennige.*

Ich Vôlchel von Hag vergih mit disem brief, daz ich geantvrtt vnd gesetzet han meinem gnaedigen herren dem ersam bischof Chûnrat vnd seinem gotshous ze Frising meinen hof ze Elspach den ich ze lehen han von im vnd von dem gotshous, mit allev dev daz dar zû gehôrt, besûht vnd vnbesûht, vmb dreizzich pfunt alter Wienner pfenning, der auch ich gaenczlich gewert bin, vnd sol er vnd sein nahchomen den selben hof inne haben als ander sein vrbor. Swa auch ich oder mein erben den selben hof niht lôsen vmb die vorgenanten pfenning von nu sant Marteins tach inner zwayn iaren, so veruellet sich der hof dem vorgnantem meinem herren vnd dem gotshous ze Frising ledichleich vnd gaenczleich ze rehtem aeigen. Dar vber gib ich disen brief mit hern Otten von dem Wasen vnd mit Marquarts von Lûhsnek meins vetern insigeln versigelten, der geben ist ze Waidhouen do man zalt von Christes gebvrt drevezehnhvndert iar vnd dar nach in dem schczehnden iar, des Erytags vor sant Marteins tach.

<small>Orig., Pgt. von 2 angehängten Sigeln nur Nr. 2 noch vorhanden, k. k. geh. Haus-, Hof- und Staatsarchiv zu Wien.</small>

520.

C. 1316, ..., ... *Graf Heinrich von Görz und Tirol bestätiget dem Bischofe Konrad von Freising die Vereinbarung desselben mit weiland seinem Vater Grafen Albrecht, die Vogtei der Freising. Güter in Tirol betreffend.*

Wir graf Heinrich von Gôrcz vnd von Tyrol, vogt der gotshevser ze Aglev, ze Trient vnd ze Brixen, verichen vnd

tûn chunt allen den di disen brief sehent oder hôrent lesen,
daz weilent vnser lieber vater graf Albrecht dem got gnad, do
er seinev lehen vordert vnd enpfiench auf der hofmarch ze
Iniching von vnserm herren saeligem vnd mag, dem ersamen
bischof Emchen von Frising mit im verriht, verebent vnd ver-
taedingt ward vmb manigerley gebresten vnd beswaerd die er
vnd sein gotshaus vnd andrev gotshevser di dem selben seinem
gotshaus zǔ gehôrent, genomen vnd geliten heten von seinen
rihtern vnd amptlevten an levt vnd an gůt, wagenvert, stewer
vnd mit andrer maniger vordrung vnd laidigung swie dev
gnant was, daz allez geschehen was wider sogtan hantuest di
zwischen weilent bischof Chûnraten von Frising vnd vnserm
lieben vater gemacht vnd geben wurden, den selben gebresten
vnd schaden erchant vnser lieber vater dem bischof vnd dem
gotshaus vnd widerchert im den also, daz er mit seiner hant-
uest di wir gesehen vnd gehôrt haben von wart ze wart, im
div ergeczung tet nah erberer levt rat, daz er von xx march
Pernern di man im geben solt ze vogtreht alle jar nah einer
alten hantuest, X march ablie, also daz fûrbaz vnser vater vnd
sein erben iaerchlich an sant Martoins tag niht mer nemen
sǔllen, nvr x march oder c pfunt chleiner Perner, vnd dar zǔ
fûr sich vnd fûr sein erben gestǔnd er gaenczlich vnd gar von
allen vnrehtn vnd beswaerung die vor geschriben sint, die sein
amptlevt von seinem nam oder von ir selbs mût oder nah der
gewonheit di er sich an genomen het nach hern Heinreichs tod
von Welfsperch, dem vorgeschriben gotshaus getan hetn. Dar
ǔber, wan vnsers vater rihter des vorgenanten gotshaus levten
vnd gůt gar ze swaer waren gewesen, hat er durch lieb vnd
durch besunder frevntschaft des vorgenanten bischof Emchen
im vnd nachomen ewichlich dev selb purde also geringt, daz
von Poydigpruk vncz hincz Affolterpach des bischof burgrauen
oder sein amman oder swem er den gewalt geit an seiner stat,
rihten vnd erchennen sǔllen alle sache vnd chlag di man tût
oder getûn mach des gotshaus levten zo Frising vnd der gots-
hevser di im zǔ gehôrnt, doch hat er auz genomen sogtan
sach vnd geschiht di her nah geschriben ist, daz ist vmb aygen
vnd vmb lehen, totsleg, wunden di mit eysnenn waffen getan
werdent, notnvft junchfrawen vnd weip, nahtschach vnd tivf
da man nah des landes gewonheit den tot mit verdient, raub
vnd offen prant, an den selben sachen sol sein rihter swer

danne rihter ist, ganczen vnd vollen gewalt haben ze rihten,
aber swaz andrer sache vnd chlag ist, di sol des vorgenanten
bischofs burgraf oder amptman dem er seinen gewalt geit,
rihtn vôllichlich als ez oben begriffen ist. Waer aber ob dhein
gast oder ein auzzrer man ze chlagen oder ze sprechen hat
gen des vorgenanten bischofs levten, daz sol sein amman oder
sein burgraf rihten an sogtan sachen di den bischof an gehôrnt,
als vor begriffen ist. Hat aber ein gast oder ein auzzerman
ze sprechen gen den vnsern oder di vnsern gegen in vmb
swelicherlay sache daz ist, daz geriht gehôrt vnser rihter an.
Disev vorgeschriben taedinch, ergeczvng vnd rihtigung, als di
hautuest vor begriffen hat, erchennen wir vnserm herren bischof
Ch. von Frising vnd seinem gotshaus vnd newen vnd bestaetign
di selben hantvest an allen iren pvnden vnd artikeln die vor-
geschriben sint, vnd behaizzen si ze behalten mit rehtn triwen
für vns für vnser erben vnd wellen, daz vnser pfleger, rihter
vnd amptlevt di selb hantvest vnd swaz dar an begriffen ist,
an dheinen sachen vberuaren.

<small>Notizbuch Bischof Konrads III., f. 40, Domcapitels-Bibliothek zu München; Arch. f. Kunde öst. G.-Quell. XXVII., 280, Nr. 32.</small>

521.

1317, 9. Jänner, ... *Kunegunde zu Schindau verpfändet ihren Zehent zu Perbersdorf bei Amstetten dem Bischofe Konrad von Freising für 6 Pfund Wiener Pfennige.*

Ich Cheunegevnt (!) da ze Schintau Chv̓nrates des Volen
hausvrau vergih an disen prief vnd tv̓n chvnt allen den die
(disen) prief an sehent oder hoerent lesen, daz ich meinem
herren bischof Chv̓(n)raten von Vreisinggen han geseczet mei-
nen zach(en)ten den ich von seinen genaden han da ze Per-
weinstorf auf dem hof den Chv̓nrat der Vaerl besaczzen hat,
daz mir Chv̓nrat der amman da ze V̓dmarvelt meines herren
bischof Chv̓nrates phening hat auf den vorgenanten zaehenten
gelihen sechs phvnt Wienner phenninge auf zwai jar vnd schol
losvngge sein an Vnser vrauwen tac ze der Liehtmaesse vnd
schol ich vor genantiv Cheunegeunt da ze Schintau Chv̓nrates
dez Volen hausvrau dienen von dem vorgenantem zach(en)ten
die weil niht geleoset ist, alle jar siwenczachen maeczen chor-

nes vnd siwenczaehen maeczen haweren, vnd dien ich vor genantiv Cheunegeunt niht in meines herrem bischof Chvnrates chasten da ze V̊dmar(v)elt den vor genanten getrait, chorn vnd haweren, so schol man phennigge auf den vor genanten zaehenten slahen ze der Lichtmaesse, so losengge ist, swie chorn vnd hawer danne in den chauffe ist vnd gant hawe, vnd leos ich vorgenantiv Cheunfegevnt den vor genanten (zaehent) niht von Licht maesse euwer zwai jar, so schol ich den saelwen zaehenten meinen herren pischof Ch9nraten an pieten, ist er pei dem lande, ist auer er pei dem lande niht, so schol ich vor genantiv Cheunegevnt den vorgenanten zaehenten meines herren bischofes Ch9nrates amptleut anpieten, geltent si mir den vorgenanten zaehenten, als zeitleich ist, so schol ich des saelwen zaehenten meinem herren bischof Ch9nrat paz gevnnen, danen anderen laeuten, ist auer dez saelwen niht, daz man mir sein niht gelten wil, so schol ich meinen zaehenten dem gaewen, der mir in aller pest gilt. Daz div red stact peleiwe, dez ist gezeue mein herre von Schaffe(r)veld burchgraf da ze V̊dmarvelt vnd Ch9nrat der chastener vnd Ch9nrat der amman da ze V̊dmarvelt vnd ander erwer laeut die pei der red gewaesen sint. Daz div raed staet beleiwe vnd niht verchaered waerd, dar euwer giw ich vor genantiv Cheunegevnt meinen prief mit meines herren insigel von Schaffervelt wan ich saelwe dehain insigil han. Der prief ist gewen do von Chri(s)tes gebeurte waren tasen (!) iar, drivhvndert iar vnd in dem siwent zaehentem iar, des naehsten Svnnetages nach sant Erha(r)tes tac.

Orig., Pgt., anhängendes stark verletztes Sigel, k. k. geh. Haus-, Hof- und Staatsarchiv zu Wien.

522.

1317, 7. April, ... Rudolf von Liechtenstein verkauft an Bischof Konrad von Freising 2 Schwaigen im Hintereck um 64 Mark Silbers.

Ich R&ůdolf von Lichtenstain vergih offenbar mit disem brief allen den die in sehent oder h&ornt lesen, daz ich verchaufet vnd geantvrtt han meinem gnaedigen herren bischof Ch&ůnr. von Frising vnd seinem gotshous vmb sehczik vnd vier march l&otiges silbers Wiennisch gel&otes, der ich gar vnd gaentzlich gewert bin, zwo swaige ze Hinterek da Hans Perwolf vnd Petzman an dem Ofen auf sitzent, mit alle dev vnd dar zů gehőrt, ez sei holtz, wismat, erpaŵn vnd vnerpawn, besůht vnd vnbesůht, swie daz genant ist, in allen den rehten vnd nützen, als ich ez iune gehabt vnd her braht han vnd ez ze rehtem lehen gehabt han von dem vorgenanten herren bischof Chv̊nr. vnd von seinem gotshous ze Frising. Ich han auch die vorgenanten lehnschaft auf den selben gůten meinem vorgenanten herren bischof Chunr. vnd sinem gotshůs auf gebn mit meines brůder hant hern Otten der die selben lehenschaft an vnser baider stat von im vnd von seinem gotshous enpfangen hat, vnd vertzeih mich für mich vnd für mein erben alles des rehten daz ich oder mein erben auf den selben gůten gehabt habn oder gehabn mohten, daz wir fůrbaz dar nach dehain ansprach niht habn süllen. Daz das allez daz vor geschriben ist stæt vnd vntzerbrochen beleibe, gib ich meinem vorgenanten herren bischof Chunr. vnd seinem gotshous disen gegenwertigen brief mit meinem anhangentem insigel. Der ist geschribn nach Christes gebvrt tausent iar, drev hundert iar vnd dar nach in dem sybentzehndem iar, des Pfinczetags nah Ostern.

<small>Notizbuch Bischof Konrads III., f. 61, Domcapitels-Bibliothek zu München; Meichelbeck II./2, 156, Nr. 246 b.</small>

523.

1317, 24. Mai, Silian. *Jakob von Gmünd, Schreiber des Grafen Albrecht von Görz, reversirt gegen Bischof Konrad von Freising wegen eines ihm verliehenen Zehents zu Drauhofen.*

Ich Jacob von Gemv̊nd schreiber mines herren grafen Albrehts von Gőrcz vergihe mit disem brief vnd tv̊n chunt allen den die in sehent oder hőrent lesen, daz mir mein genaediger herre der ersam bischof Chůnrat von Freisingen den zehenten ze Trahouen der sein vnd seins gotshaus ist, lazzen vnd verlihen hat ze mein eines leibe mit allen dem rehten die dar zv̊ gehőrent, besůht vnd vnbesůht, mit der bescheidenheit daz ich den selben zehenten mein lebtag haben vnd niezzen sol vnd sol im vnd sinen nah chomen da von dienen vnd ze zins geben alle jar an sant Merteins tag aht vnd zweinczich march Agleyer pfenning an allen chriech vnd an alle wider rede vnd sol daz dhein geschiht niht irren, vnd den selben zins sol ich im oder sinen amptman ze Inchingen geben vnd antwurten iaerchleich auf die vorgenanten frist an allen sinen schaden. Swelhes iares des niht geschaehe, so bin ich zehant geuallen von minen rehten dev ich het an dem zehenten, vnd ist minen vorgenanten herren dem bischof vnd sinem gotshaus der vorgeschriben zehent aller dinge wider ledich vnd bin im dannoch schuldich des zinses von dem selbe iare gar vnd gentzleich, swes ich in oder sein amptlaevt niht gewert han. Vnd daz er des selbn zinses gewert werde, han ich im ze porgen gesetzzet vnuerscheidenleichen Friderichen den alten rihter von Pûhel, Petern den Chuchenmeister vnd Jacoben Haegenlein den rihter ze Silian die minem vorgenantem herren dem bischof dar vmb geheizzen vnd gelobt habent, vnd swenn der vorgenanten porgen einer niht waer, so sol er ez auf den andern zwein porgen haben. Vnd wir graf Albrecht von Gôrcz verichen daz wir vnser insigel nah des vorgenanten Jacobs vnsers schreibers bet an disen brief haben gehenget der gegeben ist ze Sylian, anno domini millesimo CCC. XVII., des Eritags in der Pfingstwochen.

Notizbuch Bischof Konrads III., f. 54, Archiv für Kunde österr. Gesch.-Quell. XXVII., 87, Nr. 27.

524.

1318, 24. Februar, Lack. *Bischof Konrad von Freising tauscht von Heinrich dem Maevsenrevter ein Viertelgut zu Toblach gegen ein anderes zu Zell ein.*

Wir Chunrat von gots gnaden bischof ze Frising veriehn mit disem brif, daz wir Heinr. dem Maevsenrevter, horn Niclaus brûder von Welfsperch verlihn habn zo rehtem lehen ein virtail dacz Celle daz der Haevsrer ennher gebowen hat daz vnsers gotshovs aygen was, vnd vmb daz selb lehen hat vns der selb Heinr. auf gebn vnd gewehselt ein virtail dacz Toblach, daz Niclaus in dem Winchel in paw gehabt hat daz er ze lehn von vns gehabt hat, vnd hat daz selb virtail vnserm

gotshous genygent. Dar ůber gebn wir etcet. Datum in Lok,
M. CCC. XVIII., die Mathie apostoli¹.

Cod. 250a, f. 40, Heckenstaller's Frisingensia beim Domcapitel zu
München.

525.

1318, 12. Mai, Lack. *Ruger von Billichgrüz und zwei andere Genannte stellen sich dem Bischofe Konrad von Freising als Bürgen für Jaekel von Wippach betreffs Ersatzes der von ihm erlittenen Schäden und behufs seiner Befreiung aus Gefangenhaft.*

Wir Rŭger von Pilhgraetz, Haertel vnd Gŏrg Legspan
von Pilhgraetz verichen gemainchlich mit disem brief allen den
di in schent oder hŏrnt lesen, daz wir willig pŭrgen warden
sein mit einander vnuerschaidenlich hintz ůnserm herren dem
ersamen bischof Chŭnrat ze Freising vmb hundert vnd fŭnftzk
march alter Agleyer pfenning fŭr Jaeklein von Wippach den
wir von vanchnŭzz dar vmb avzgenomen haben von im, avf
sand Johans tag ze Svnwenden der schirst chumt mit sogtanen
taidingen vnd geding, daz sich derselb Jackel mit dem vorgenanten
vnserm herren dem bischof in der selben frist berihten
sol mit minne oder mit dem rehten, nah des bischofs willen
vmb allen den schaden vnd vordrung di er hintz im ze reden
hat vnd dar vmb er in siner vanchnŭzz was. Geschiht des niht
in der frist, so sůllen wir Jåklein an alles gevaerd wider antwrtn
in dev burch ze Lok in dev vanchnŭzz als vor. Gieng
aber dem bischof an dem selben gelůbd ab, also daz sich Jakel
niht wider antwrtet, von swelhen sachen daz geschach, so sein
wir dem bischof veruallen der vorgeschriben hundert vnd fŭnftzk
march vnd sůllen in der rihten vnd wern in siner bŭrg ze Lok
auf di selben frist ze Svnwenden. Taeten wir des niht, so
sůllen wir zehant nah der frist an aufschub vnd an allev manung
mit vnser selbs leib alle drey in varn ze Lok oder ze
Laybach in ein gasthavs, wederhalb der bischof wil, vnd stŭllen
laisten in rehter geiselschaft auf vnser selbs schaden ie der
man mit ainem pfaerft (!) vnd nimmer avz chomen vntz wir
den bischof gaentzlich avzrihten des vorgenanten gŭtes vnd

---

¹ Unterhalb steht noch: ‚Et nota quod prescriptum quartale in Toblach
seruit domino episcopo annuatim x schŏt et i libram parnulorum'.

swaz er sein schaden nimt. Waer avch daz vnser ainer in der
frist niht waer, so sullen im di andern einen als gŭten pŭrgen
setzen an des toten stat, taeten wir des niht, so sullen wir
in dem vordern rehtt laisten vntz ez geschiht. Dar zŭ loben
wir alle vnuerschaidenlich, daz di selben frist auf di wir Jack-
lein avz genomen haben, der bischof vnd alle di sein, laevt
vnd gŭt versichert sol sein von allen Jackleins frevnden oder
swer vmb di tat dhain vnwillen gein dem bischof hat. Waer
aber daz Jaekel oder sein frevnt oder ander ieman von Jäk-
leins wegen oder von sein selbs mvt vmb di schuld di sicher-
hait vber fŭr, daz sol man dem bischof widerchern gantzlich
inner aht tagen nah der tat, geschach des niht, so sein wir
aber gebvnden ze laisten in allem dem vorgeschriben reht als
lang vntz ez im widertan vnd ab gelegt wiert. Vnd ob Jackel
in der frist tod leit, so sein wir dhains gŭts veruallen noh lai-
stens gebunden vmb daz gŭt dar vmb wir Jacklein haben avz-
genomen, doch sein wir dannoh alle vnuerschaidenlich mit
gŭten trewen bŭrgen für vruch vnd vmb chaft svn. Vnd allez
daz dev hautvest oben begriffen hat, daz loben vnd gehaizzen
wir bei vnsern trewen ze behalten vnd ze laisten. Gieng dar
vber dem bischof vnd sinem gotshavs dar an iht ab, daz sol
er haben avf vnserm leib vnd vnserm gŭt. Vber daz alles
geben wir disen brief versigelten mit vnsern hangenten insigeln.
Dev taidinch sint geschehn vnd der brief geben ze Lok an
sand Pangracij tag do man zalt von Christes gebŭrt drevzehen-
hvndert iar, dar nah in dem ahtzehenden iar.

Orig., Pgt., von 3 angehängten Sigeln nur Nr. 2 und 3 verletzt vor-
handen, k. Reichsarchiv zu München.

526.

1318, 12. Mai, Laok. *Rüger von Billichgräz und zwei andere Ge-
nannte verbürgen sich gegen Bischof Konrad von Freising für Jakel
von Wippach.*

Wir Rŭger von Pilhgraetz, Ott von Hertenperch vnd Jörg
Legspan von Pilhgraetz verichen gemainlich mit disem brief
allen den di in sehent oder hŏrnt lesen, daz wir willig pŭrgen
warden sein mit einander vnuerschaidenlich hintz vnserm her-
ren dem ersamen bischof Chvnrat ze Freising vmb hvndert vnd

fvnftzk march alter Aglayer pfenning für Jacklein von Wippach den wir von vanchnůzz dar vmb auz genomen haben von im, auf sand Johans tag ze Svnwenden der schirst chvmt, mit sogtanen taidingen vnd geding, daz sich der selbe Jåkel mit den vorgenanten vnserm herren dem bischof in der selben frist berihten sol mit minne oder mit dem rehten nah dez bischofs willen vmb allen den schaden vnd vorderung di er hincz im ze reden hat vnd dar vmb er in sinner vanchnůzz waz, geschiht dez niht in der frist, so sůllen wir Jacklein an alles gomerd wider antwůrten in dev burch ze Lok in dev vauchnůzz als vor. Gieng aber dem bischof an dem selben gelůbd ab, also daz sich Jackel niht wider antwrtet von swelhen sachen daz geschaeh, so sein wir dem bischof veruallen der vorgeschriben hundert vnd funftzk march vnd sullen in der rihten vnd wern in siner bůrg ze Lok auf di selben frist zev Snwenden, taeten wir dez niht so svlln wir zehant nah der frist an aufschub vnd an allev manung mit vnser selbs leib alle drey in varn ze Lok oder ze Laybach in ein gasthaus, wederhalb der bischof wil, vnd sůln laisten in rehter geiselscheft auf vnser selbs schaden ie der man mit ainem pfaert vnd nimmer auz chomen vncz wir den bischof gaenczlich auzrihten des vorgenanten gvtes vnd swaz er sein schaden nimt. Waer auch daz vnser ainer in der frist niht waer, so sullen im di andern ainen als gůten půrgen setzen an des toten stat, taeten wir dez niht, so sullen wir in dem vordern reht laisten vntz ez geschiht. Dar zv loben wir alle vnuerschaidenlich daz di selben frist auf di wir Jacklein auz genomen haben, der bischof vnd alle di sein, laeut vnd gůt, versichert sol sein vor Jackleins frevnten oder swer vmb di tat dehain vnwillen gein dem bischof hat, waer aber daz Jaekel oder sein frevnt oder ander ieman von Jackleins wegen oder von sein selbs můt vmb di schuld di sicherhait vberfůr, daz sol man dem bischof widerchern ganczlich inner aht tagen nah der tat, geschach dez niht, so sein wir aber gebvnden ze laysten in allem dem vorgeschriben reht als lang vntz ez im widertan vnd abgelegt wiert. Vnd ob Jaekel in der frist tod leit, so sein wir dehains gůts veruallen, noh laistens gebvnden vmb daz gůt dar vmb wir Jacklein haben auz genomen, doh sein wir dannoh alle vnuerschaidenlich mit gůten triwen bůrgen fvr vruch vnd vmb ehaft svn vnd allez daz dev hantuest oben begriffen hat. Daz

loben vnd gehaizzen wir bei vnsern triwen ze behalten vnd
ze laysten, gieng dar vber dem bischof vnd seinem gotshaus
dar an iht ab, daz sol er haben auf vnserm leib vnd vnserm
gŭt. Vber daz alles geben wir disen brief versigelt mit vnsern
hangenden insigeln. Dev taidinch sint geschehen vnd der
brief geben ze Lok an sand Pangracii tag do man zalt von
Christes gebŭrt drevzehenhvndert iar, dar nah in dem ahtze-
henden iar.

Orig., Pgt., 2 anhängende verletzte Sigel, k. Reichsarchiv zu München.

527.

1318, 12. Mai, Lack. *Friedrich Chŭssenpfenninch und andere fünf Genannte verbürgen sich behufs Befreiung Jäkleins von Wippach und des Ersatzes der durch denselben gethanen Schäden dem Bischofe Konrad von Freising.*

Wir Fridreich Chŭssenpfenninch von Wipach, Chŭnrat
von Pilchgretz des selben Chŭssenpfennings aydem, Rŭger von
Wipach, Volker da selben, Berhtolt Giktzer vnd Thomas Lŭger
veriehn gemainchlich mit disem brief allen den die in sehent
oder horent lesen, daz wir willige pŭrgen worden sein mit ein-
ander vnverscheidenlich hintz vnserm herren dem ersamen bi-
schof Chŭnraten ze Frising vmb hvndert march vnd vmb fŭmf-
cich march alter Aglayer pfenning für Jacklein von Wipach
vnsern frevnt den wir von vanchnvsse dar vmbe auz genomen
habn von im, auf sant Johans tag ze Svnwenden der nv schirst
chvmt, mit sogtanen taidingen vnd gedinge, daz sich der selb
Jackel mit dem vor genanten vnserm herren dem bischof in
der selben frist berihten sol mit minne oder mit dem rehten
nah des bischofs willen vmb allen den schaden vnd vordrung,
di er hintz im ze reden hat vnd dar vmb er in siner vanch-
nŭsse was. Geschiht des niht in der frist so sŭlln wir Jack-
lein an allez gevaer wider antvrten in die burch ze Lok vnd
in vanchnusse als vor. Gieng aber dem bischof an dem selben
gelŭbde ab, alsa daz sich Jackel niht wider antvrtet, von swel-
hen sachen daz geschache, so sein wir dem bischof veruallen
der vorgeschribn hvndert vnd fŭmftzich march vnd sŭlln in
der rihten vnd wern in seiner bŭrge ze Lok auf die selben

frist ze Svnewenden, taeten wir des niht, so sůlln wir zehant
nah der frist an aufschub vnd an alle manung mit vnser selbes
leibe alle sehs ein varen ze Lok oder ze Laybach in ein gast-
havs, wederhalb der bischof wil, vnd sulln laisten in rehter
geiselscheft auf vnser selbes schaden ye der man mit einem
pfaerde vnd nimmer auz chomen vntz wir den bischof gantz-
lich auz gerihten des vorgnanten gůtes vnd swas er sein scha-
den nimmt. Waer auch daz vnser einer in der frist niht waer,
so süllen im die andern einen als gůten půrgen setzen an des
toten stat, taeten wir des niht, so sůlln wir in dem vordern
reht laisten vntz ez geschehe. Dar zů lobn wir alle vnuer-
schaidenlich daz die selben frist auf die wir Jaeklein auz ge-
nomen habn, der bischof vnd alle die seinen, levt vnd gůt, ver-
sichert sůlln sein von vns vnd von allen Jackleins frevnten
oder swer vmb die tat dehainen vnwilln gen dem bischof hat,
waer aber daz Jackel oder sein frevnt oder ander ieman von
Jaekleins wegen oder von sein selbes můt vmb die schuld die
sicherhait vber fůr, daz sol man dem bischof widerchern gantz-
lich inner aht tagen nah der tat, gescheh des niht, so sein
wir aber gebunden ze laisten in allem dem vorgeschriben reht
als lang, vntz im widertan vnd ab gelegt wirt. Vnd ob Jaekel
in der frist tot leit so sein wir dehains gůts veruallen, noch
laistens gebvnden vmb daz gůt dar vmb wir Jacklein auz habn
genomen, doch sein wir dannoch alle vnuerschaidenlich mit
gůten trewen půrgen fůr vruch vnd vmb chaft tůn. Vnd allez
daz dev hantuest oben begrifen hat, daz lobn vnd gehaizzen
wir bei vnsern trewen ze behalten vnd ze laisten, gieng dar
vber dem bischof vnd seinem gotshovs dar an iht ab, daz sol
er habn auf vnserm leib vnd auf vnsern gůt. Vber daz allez
gebn wir disen brief versigelten mit vnsern hangenten insigeln,
vnd wan ich Völker niht aigen insigel han, verbint ich mich
der vorgeschribn taiding vnd půrgschaft vnder der andern půr-
gen insigeln. Dev taiding sint geschehn vnd ist der brief ge-
gebn ze Lok an sant Pangratzin tag do man zalt von Christes
gebvrt drevtzehn hvndert iar vnd dar nach in dem ahtzehn-
tem iar.

Orig., Pgt., 4 anhängende, stark verletzte Sigel, k. Reichsarchiv zu
München.

528.

1318, 19. Juni, Lack. *Rueyer von Billichgrätz und zwei andere Genannte vergleichen Bischof Konrad von Freising mit Jakel von Wippach betreffs des Schadens, den Letzterer aus seiner Bürgschaft für die von Lueg u. A. erlitten, und stellen sich zugleich für Jenen als Bürgen.*

Wir Rŭger von Pylichgrätz, Ott von Hertnberch vnd Görg Legspan von Pilchgrätz veriehen gemainchleich mit disem prief allen den di in sehent oder hôrent lesen, daz wir Jacklein von Wippach vertaidingt, verebent vnd verrihtet haben mit vnserem herren dem ersam bischof Chuunrad von Freisingen vmb allen den schadn den der selbe Jackel genomen hat von der porgschaft wegn di er het getan den Lŭgern vnd ander ir helfern für Lŭllen burger ze Lok vnd auch für einen andern des bischofes gebovren der mit dem Lŭllen gevangn was, vnd dar zv̈ vmb sogetan vanchnvsse da der selbe Jaekel einchômen was von des bischofes gesinde, also daz sich Jackel vertzign hat mit gŭtem willen, gäntzleich vnd gar für sich, für seinev chint vnd für alle sein erbn vnd vrevnt alles des schadn den er genomen hat von der vorgeschriben porgschaft vnd vanchnv́sse wegen, es sei an varendem gŭte oder swie er gonant ist, vnd sol er noh dehain erbe oder ander ieman von seinen wegn dehainerlaye ansprache furbaz habn noh gewinnen vmb di selben sache gen dem bischofe vnd dem gotshause ze Freisingn oder swer dem goteshause zv̈ gehôrt, vnd vmb chaft sv́no hat vns Jackel ze porgn gesetzet dem bischof vnd dem gotshavs von der nachestn Sunbentn zehn iar vmb hvndert vnd vmb fv́mech march Aglayer pfenninge, daz ist ie der man vmb fv́mech march, vnd habn wir gelobt vnd lobn mit disem prief, ob Jackel oder sein erbn oder ieman von seinen wegn vmb di sache oder von der ansprache wegn dem vorgenantem bischofe vnd dem gotshause in den selbn zehn iaren dehainer laye schaden taeten an laevt oder an gŭt, mit swelhen dingen daz geschähe, den svlen wir im widerchern vnd ablegn an alles gevâr darnah in einem manod, taeten wir des niht, so sei wir des vorgeschribn gŭtes veruallen ie der man fv́mech march vnd auch des schaden der dem bischof vnd dem gotshovs wideruarn ist, vnd swen der vorgenant vnser herre der bischof, sein nahchomen oder sein burchgraf vnd pfleger ze Lok, wer der ist, vns dar vmb manet mit poten oder mit prieven, so sʋln wir zehant an wider rede alle drei mit vnser selbs leibe ie der man mit einem pfårid (!) ein varen ze Lok in en (!) gasthovs vnd svln laisten in rehter geiselscheft auf vnser selbs schadn vnd nimmer auz chomen vntz wir gántzleich geweren des vor geschribn gûtes dar vmb wir porgen sein, vnd auch swaz schadens dem gotshause geschehn ist vnd als ofte in den vor geschribn zehn iaren dem goteshovs schade geschiht, als ofte sein wir gepvnden den selbn schaden ab zelegn in den vordern gelûbden vnd alle anspruch ab zenemen von Jåkeleins wegn, vnd swenne di zehn iar auz chomen so sol ez ein berihter sache sein vnd ein abegev (!) sʋne fûrbaz immer mer zwischen den bischof vnd Jacklein vnd allen seinen vrevnden. Vnd swelhen vnder vns chaft not irret daz er niht möhte gelaisten swenne er gemant wirt, als denne chaft not fûrchvmt, der sol denne an gevår laisten in den vor geschribn pvnden. Swelher auch vnder vns niht laisten wolde ob es ze schulden chôme, so sint di andern niht dest minner gepvnden ze laisten, vnd ob vnser ainer in der vrist niht waere, so sol Jåkel iner vierzehn tagu einen als gûtn porgen setzen an des toten stat, tâte er des niht, so solen di andern zwen ein varen ze Lok vnd laisten als lange vntz daz ez geschåhe. Vnd daz disev taidinch stâte beleiben gebn wir disen prief versigelte mit vnsern hangenden insigeln. Daz ist geschehn vnd ist der prief gegebn ze Lok do man zalt von Christes gepûrte drevzehenhundert iar vnd in dem ahtzehendem iare, des nåhsten Mântages vor Svnbenden.

Orig., Pgt., anhängendes, ziemlich erhaltenes Sigel, k. Reichsarchiv zu München.

529.

1318, 19. Juni, Lack. *Friedrich Chvssenpfenninch von Wippach und fünf andere Genannte vergleichen unter eigener Bürgschaft zwischen dem Bischofe Konrad von Freising und Jaekel von Wippach.*

Wir Friderich Chvssenpfenninch von Wipach, Chûnrat von Pilchgretz des selben Chvssenpfennings aidem, Rûger vnd Völker von Wipach vnd Thomas Lûger verlehn gemainchlich mit disem brief allen den die in sehent oder hörent lesen, daz wir Jacklein von Wipach vnsern frevnt vertaidingt, verebnt

vnd verrihtet habn mit vnserm herren dem ersamen bischof
Chŭnrat von Frising vmb allen den schaden den der selb
Jaekel genomen hat von der porgschaft wegen di er hat ge-
tan den Lûgern vnd ander ir helfern fûr den Lûllen burger
ze Lok vnd auch fûr einen andern des bischofs gebavrn der
mit dem Lûllen gevangen was, vnd dar zŭ vmb sogetan vanch-
nûsse da der selb Jaekel eyn chomen was von des bischofs
gesinde, also daz sich Jaekel verezigen hat mit gůtem willen
gantzlich vnd gar fûr sich, fûr seiner chint vnd fûr alle sein
erben vnd frevnt alles des schadens den er genomen hat von
der vorgeschribn porgschaft vnd vanchnvsse wegen, ez sei an
varendem gůt oder swie ez genant ist, vnd sol er noch dehain
sein erbe oder ander ŷmen von sinen wegen dehainerlay an-
sprach fůrbaz habn noch gewinnen vmb die selben sache gen
dem bischof vnd dem gotshovs ze Frising oder swer das selb
gotshovs an gehört, vnd vmb chaft sŷn vnd fûr vruch hat vns
Jaekel zo porgen gesetzet dem bischof vnd dem gotshaus von
der nachsten Svnwenden zehen iar vmb hvndert vnd vmb
fŭmftzich march Aglaier pfenning ie dem man vmb fŭmf vnd
zwaintzich march, vnd habn wir gelobt vnd loben mit diesem
brief, ob Jaekel oder sein erben oder ander iemen von seinen
wegn vmb die sache oder von der ansprach wegen dem vor-
genanten bischof vnd dem gotshovs in den selben zehn iaren
dehainerlay schaden taet, an levten oder an gůt, mit swelhen
dingen daz geschache, den sůllen wir im wider cheren an allez
gevär dar nach in einem manode. Taeten wir des niht, so
sein wir des vorgeschriben gůtes veruallen ye der man fůmf
vnd zwaintzich march vnd auch des schadens der dem bischof
vnd dem gotshous wideruaren ist, vnd swenne der vorgenante
vnser herre der bischof sein nahchomen oder sein burgraf vnd
pfleger ze Lok, swer der ist, vns dar vmb manet mit boten
oder mit briefen, so sůlln wir ze hant an wider red alle sehs
mit vnser selbes leibe ie der man mit einem pfaerd eyn varen
ze Lok in ein gasthovs vnd sůlln laisten in rehter geiselscheft
auf vnser selbes schaden vnd nimmer auz chomen vntz wir
gantzlich gewern des vorgeschriben gůtes dar vmb wir porgen
sein, vnd auch swaz schadens dem gotshovs geschehn ist vnd
als oft in den vorgeschriben zehen iaren dem gotshovs schaden
geschiht, als oft sein wir gebvnden den selben schaden ab ze
legen in den vordern gelůbden vnd alle ansprach ab ze nemen

die von Jaekleins wegn dem gotshovs auf gestent, vnd swenne
der zehn iar auz choment, so sol ez ein verrihter sache vnd
ein ewiger sůn sein fúrbaz immer mer zwischen dem bischof
vnd Jaeklein vnd allen seinen frevnden, vnd ob der porgen
einen oder mer phaft not irret daz er niht möht gelaisten
swenne er gemant wirt swenne phaft not für chvmt, der sol
denne an gevâr laisten in den vorgeschriben pünden. Waer
auch daz einer fudor den porgen oder mer niht laisten wolten
swenne ez ze schulden chôme, so sint die andern niht dest
minner gebvnden ze laisten. Vnd ist daz der porgen einer
oder mer in der frist niht sint, so sol Jackel inner virtzehn
tagn einen als gůten setzen ye an des stat der tot leit, taet
er des niht, swelh zwen vnder den porgen danne gemant wer-
dent, die sülln eyn varn ze Lok vnd laisten als lange vntz
ander porgen werden gesetzet an der stat die ab gegangen
sint. Vnd daz disev taydinch stät beleiben, gebn wir den brief
versigelten mit vnsern hangenden insigeln, vnd wan ich Völker
von Wipach vnd ich Chůnrat von Pilchgretz die vorgenanten
niht aygen insigel habn verbinden wir vns der vorgeschribn
tayding vnd gelübd vnder der andern porgen insigel. Daz ist
geschehn vnd ist der brief gebn ze Lok do man zalt von
Christes gebvrt dreutzehn hvndert iar vnd dar nach in dem
ahtzehnden iar, des nachsten Maentags von Svnwenden.

<small>Orig., Pgt., 4 anhängende, stark verletzte Sigel, k. Reichsarchiv zu München.</small>

530.

1318, 19. Juni, Lack. *Jaekel von Wippach vergleicht sich mit Bischof Konrad von Freising betreffs des Schadens, den er durch eine Bürgschaft gegen die von Lueg erlitten.*

Ich Jackel von Wipach vergih mit disem brief allen den
die in sehent oder hôrent lesen, daz ich mich mit lavterm
willen an twangsal vertaidingt, verrihtet vnd verebent han nah
meiner besten frevnde rat mit meinem herren dem ersamen
bischof Chůnrat von Freising vmb allen den schaden den ich
genomen han von der porgschaft wegen die ich getan hiet den
Lůgern vnd andern ir helfern für den Lůllen burger ze Lok
vnd für einen andern meins herren des bischofs gebovrn der
mit dem Lůllen gevangen was, also daz ich mich vertzigen

han vnd vertzeih mit disem brief für mich, für mein erben
vnd für alle mîn frevnde allez des schadens den ich genomen
han an leib oder an gût, swie der genant ist, von der selben
porgschaft vnd auch von der vanchnŝss die mich meins herren
des bischofs gesinde an gelegt hat, vnd sol ich noh dehain
mein erbe oder nyman ander von meinen wegen fûrbaz de-
hainerlay ansprach vmb die sache habn noch gewinnen hintz
dem vorgenanten meinem herren dem bischof vnd dem gots-
hovs ze Frising. Ich bin auch frevnt worden lavterlich aller
der die meiner vanchnûsse schuldich sint, mit worten oder mit
werchen, swie die genant sint, vnd dar ŭber gib ich disen
brief versigelten mit meinem insigel vnd mit der erbern herren
hern Wilhalms von Scharfenberch, hern Reynhers des schenken
von Osterwitz, hern Rûger vnd hern Marquardes von Pilch-
gretz vnd meins frevnts Georin des Legspans insigeln. Der
brief ist gebn ze Lok do man zalt von Christes gebvrt drevt-
zehn hvndert iar vnd dar nah in dem achtzehnden iar, des
nachsten Maentags vor Svnwenden.

<small>Orig., Pgt., 5 anhängende verletzte Sigel. k. Reichsarchiv zu München.</small>

531.

1319, 28. Juni, ... *Ortolf der Cholbe verkauft dem Kloster Paradeis zu Judenburg eine Hube zu Feistritz oberhalb Katsch um 7 Mark Silbers.*

Ich Ortolf der Cholbe vnd vrowe Margrete mein haus-
vrowe vnd alle vnser erben wir vergehen offenleich an disem
prief allen den die in schent oder hoerent lesen, die nu lewent
oder hernach chuenftich sint, daz wir verchouffet haben den
erberen vnd begewen vrowen hintze got der abtessinne vnd der
samenungen allen gemein sande Claren orden dacz Judenburch
ein huewen dacz Feuchstirch (!) oberhalwe Chetze da Fridel
auf sitzet, vmb siben march silber der wir rechte vnd rede-
leich gewert sein. Daz selwe guet hawen wir in gegewen fuer
rechtes aigen als wir ez her pracht hawen, in aigens gewer
vnd daz selwe guet schulle wir den ecbenanten vrowen scher-
men, wir vnd alle vnser erben, als aigens recht ist vnd auch
dez landes recht ze Steir, vnd den selwen scherme schullen
die vorgenanten vrowen hawen auf vns vnd auf allev dev vnd

wir hawen. Wir hawen auch den eebenanten vrowen daz vorgenante guet dacz Feuchstirch gegeben mit allem dem nutze wir ez inne gehabt hawen, swie ez genant ist, vnd hawen auch den vorgenanten seligen vrowen daz gelobt pei vnsern treuwen an aides stat vnuerscheidenleichen, ob daz wer daz man sev an spreche vmb daz vorgenante aigen, swaz sev danne schaden nement den sev pei iren treuwen gesagen muegen, den selwen schaden schulle wir in ab legen an alle wider rede, daz lobe wir in pei vnsern treuwen auch an aides stat vnuerscheidenleichen. Vnd daz diser chauffe vnd diezer gelubde immer ewichleich stete von vns vnd von allen vnsern erben den erberen vorgenanten vrowen fuerpaz werde behalten, dar vber so gewen wir in disen prief mit heren Ruedolfs insigel von Liechtenstain vnd mit herren Herwotes insigel von Pföffendorf vnd mit mein selwes insigel. Dar vber sint dez gezeuge her Ortolf vnd Dietmar vnd Otte von Reiffenstein vnd Herman der richter von Judenburch, Hainreich der chramer, vnd Merchel der chramme vnd Nychlas der chuersner von Judenburch vnd ander erber leute genueche. Diser prief ist gegewen nach Christes gepuert tausent iar, drevhundert iar in dem neuntzehenden iar, an sande Peter vnd Pauls abent.

Orig., Pgt., 3 anhängende Sigel, k. Reichsarchiv zu München.

532.

(1319), 23. August, Rotenfels. *Bischof Konrad von Freising fordert Wulfing von Goldegg auf, die nach dem Tode Friedrichs von Stubenberg dem Bisthume heimgefallene Burg Katsch herauszugeben.*

Wir Chůnr. von gots gnaden bischof ze Frising enbieten dem edeln mann hern Wlfing von Goldek vnsern grůz mit allem lieb. Wir haben vernomen daz ir vnser burch ze Chaetsch dev vns vnd vnserm gotshovs ledich worden ist von weilent hern Fridr. tôde von Stubenberch, inne habt mit levt vnd mit gůt vnd swaz da zů gehôrt. Da von bitten wir vnd manen eu fleizzichlich mit disem brief vnd boten daz ir vns die selben vnser burch ze Chaetsch mit levt vnd mit gůt vnd swaz dar zů gehôrt, ledichlich vnd gaentzlich in anturt (!) vnd schaffet mit ewern pflegern, wan si vnser vnd vnsers gotshous reht aigen ist. Der brief ist geben ze Rotenuels an sant Bartholomeus abent.

<small>Notizbuch Bischof Konrads III., f. 58, Domcapitels-Bibliothek zu München, Archiv f. K. österr. G.-Quell. XXVII., 280, Nr. 31.</small>

533.

1319, 8. November, ... *Bischof Konrad fertiget sein Testament und aus den Geld- und anderen Vorräthen auf seinen Gütern in Oesterreich verschiedene Legate an genannte Kirchen und Personen.*

In nomine domini nostri Jesu Christi amen. Nouerint vniuersi presens scriptum legentes, videntes aut ad quos peruenerit eius tenor, quod ego Chvnradus dei miseracione Frisingensis episcopus dum ad presens extra terram Bawarie disponerem proficisci, intra cordis mei arcana verbum sapientis meditabar quo dicitur, Nichil certius morte et nil incertius hora mortis. Id circo pro salute anime mee et omnium michi attinencium vel ex sangwine aut fideli obsequio, cupiens quedam disponere de rebus mobilibus tempore amministracionis per sollicitudinis et industrie proprie vigilanciam conquisitis et vltra impensa vsque nunc pro comodo ecclesie michi credite in muralibus reformatis et de nouo constructis ac prediis comparatis et emptis, etiam comportatis et fideliter reseruatis iure testamenti et legatorum, vel secundum quod melius valere et subsistere potest, dono, ordino et statuo subscripta. Primo sciendum est quod apud Waidhoven in deposito habeo in camera mea octingenta et triginta sex marcas argenti puri Wiennensis ponderis cuius depositi sunt custodes Chvnradus iudex ibidem et Johannes granator, et in eadem camera similiter in deposito habeo sub predicta clausura octingenta libras Wiennensium veteres, de quo parata pecunia ordino et dono capitulo ecclesie mee kathedralis sexaginta marcas argenti Wiennensis ponderis pro prediis et redditibus comparandis qui in die anniuersarii obitus mei distribuantur inter canonicos presentes in officio defunctorum quod in vigiliis et missa pro me sollempniter fieri debet sicut in anniuersariis episcoporum fieri conswevit, et si ipsum capitulum aut singule persone eiusdem ad alios vsus quoscumque dictam pecuniam conuerterent, eo ipso ad meum cadat successorem. Item ordino et dono de

predicta depositi pecunia eidem capitulo quadraginta marcas
argenti Wiennensis ponderis pro prediis et redditibus compa-
randis qui distribuantur singulis Sabbatinis noctibus inter cano-
nicos presentes qui inter Pascha et Pentecosten in processione
fuerint ad capellam sancti Johannis Baptiste que Sabbato quo-
libet tunc et post vesperas fieri debet cum antiphona Regina
celi letare, et collecta ad hoc pertinente, quam processionem
de koro maiori ad capellam episcopalem a Pasca usque ad
Pentecosten quolibet Sabbato statuo futuris temporibus obser-
uari. Item lego et ordino de eadem pecunia decem marcas
argenti pro redditibus comparandis ad luminaria et pannis seri-
ceis necessariis ad exequias anniuersarii mei et pro solacio
custodum et pulsancium, sicut fit in commemoracionibus epi-
scoporum. Item de eadem pecunia siue deposito lego et or-
dino pro complemento operis capelle sancti Johannis quam
erexi de nouo opere et in qua eligo sepeliri trecentas marcas
argenti Wiennensis ponderis, et si vltra muralia et fenestra
vitrea aliquid supererit, illud ad vsus reddituum canonicorum
eiusdem capelle conuertatur. Item pro quatuor lvminaribus
quatuor altarium eiusdem capelle lego et dono de prefato de-
posito quadraginta marcas puri. Item ad fabricam luminarium,
fenestrarum et aliorum necessariorum eiusdem capelle dono et
ordino sexaginta marcas Wiennensis ponderis de deposito supra-
dicto cuius fabrice prouisor et director erit decanus capelle
qui fuerit pro tempore, constitutus. Item dono et ordino de
eadem pecunia ducentas marcas puri Wiennensis ponderis pro
prediis et redditibus comparandis canonicis et preposito preli-
bate capelle sancti Johannis vltra ea que ipsa capella tenuit
ab antiquo et de nouo sibi donata plebe in Erdingen. Item
lego et ordino capitulo sancti Andree Frisinge viginti marcas
argenti. Item ordino capitulo sancti Viti viginti marcas, item
capitulo Mosburgensi viginti marcas Wiennensis ponderis pro
prediis et redditibus comparandis vt meum anniuersarium per
singulos annos peragant vigiliis et officio defunctorum, et hec
expedicio fiat de deposito prelibato. Notandum quod apud
Sifridum granatorem de Enzestorf habeo in deposito viginti
marcas auri Wiennensis ponderis et plus quam centum marcas
argenti. De his ordino tres marcas auri pro calice fiendo ad
altare publicum beate virginis ecclesie maioris. Item ordino
et dono duas marcas auri pro calice ad capellam sancti

Johannis per me erectum. Item pro redditibus comparandis et
prediis vltra predicta dono et ordino preposito et canonicis
sancti Johannis quinque marcas auri eiusdem ponderis. Item
de predicto auro ex humanitate et elemosina dono et ordino
Dyemûdi matri mee quinque marcas auri Wiennensis ponderis.
Item Heilwigi martertere mee dono tres marcas auri eiusdem
ponderis. Item Hainrico magistro camere duas marcas auri et
decem marcas argenti de deposito proximo. Item de deposito
denariorum apud Waidhouen ordino et statuo per subscriptos
executores diuidi inter seruitores meos secundum merita et
seruicium vniuscuiusque quadringentas libras Wiennensium
veterum, nisi egomet subsequenter aliquibus certa et nume-
rosa (?) legarem vel donarem quibus tunc de illa pecunia
nichil est dandum, sed tantum eidem summe detrahendum.
Cetera omnia siue sint in rebus mobilibus aut se mouentibus
clenodiis, debitis officialium secundum eorum raciones et nouis-
simos recessus, sicut de hiis vbique habentur reuerse et cal-
culi librorum, sint et pertineant ad successorem meum qui ad
vsus ecclesie hec omnia connertat dei misericordia adiuuante.
Volo tamen et statuo, vt si aliqua de premissis, etiam maiorem
partem eorum recupero vel successu temporis ad alios aut
alium actum conuerto . . . (?) quicquid suprascriptum et ordi-
natum est, totum nichilominus de pecunia alia aut apud eosdem
officiales remanente vel alios in Welez, Lok aut alibi vbicum-
que in partibus singulis compleatur, et quod tunc erit vltra
premissa superfluum, transeat ad successorem. Non eciam per
hoc adimo michi potestatem quin presentem ordinacionem et
partes eius possim successu temporis renocare vel ei addere
aut detrahere uel mutare, aut sicut occurrunt tempora, eam ex-
pressius declarare. Super hiis omnibus et singulis fideliter
prosequendis ordino et constituo dilectos meos dominos Otto-
nem decanum, Emchonem de Alzeya et Henricum magistrum
camere canonicos Frisingenses executores et impletores ad
fidem et conscienciam ipsorum, ita quod si omnes simul vel
noluerint aut non potuerint prosequi, duo ex eis nichilominus
prosequantur, vnus vero non per se, nisi duo reliqui decederent
ab hac vita. Facta est hec ordinacio et scripta manu mea
propria anno domini millesimo trecentesimo decimo nono, VI.
idus Nouembris. Item notandum quod ad presens estimo me
habere in Welez circa centum marcas argenti, item apud Lok

circa sexcentas marcas Aquilegensium, item apud iudicem in
Waidhouen circa centum marcas argenti et plus, item apud
granatorem Johannem ibidem circa ducentas marcas argenti,
item in omnibus granariis bladi et vini copiam habundantem.

<small>Orig., Pgt. durch Feuchtigkeit sehr an der Schrift beschädiget und
namentlich gegen Ende nur mehr mit Hilfe einer Copie des 17. Jahrhunderts
a. a. O. beiliegend zu entziffern, angehängtes Sigel ausgerissen. k. Reichs-
archiv zu München; Meichelbeck 11/2, 159, Nr. 249.</small>

534.

1319, 6. December, Waidhofen. *Dietrich von Randeck erneuert
gegen Bischof Konrad von Freising den Revers betreffs der Burg
Randeck, welchen sein Vater weiland Bischof Emcho geleistet hatte.*

Ich Dietrich von Randekk, Wůlfings sáligen sun von
Randekk, tun chunt vnd vergich offenleich an disem brief
allen den (die) in schent oder hörent lesen, daz ich gelobt vnd
verhaissen han vnd gesworen zden haligen (!) fůr mich vnd
fůr all mein erben vnd all mein nach chomen die ich hie zů
pind vnd verpunden han, meinem gnädigem herren bischolf
Chûnrat von Freysing vnd allen sein nach chomen vnd dem
goczhaus ze Freysing als daz ze stât haben (!) vnd ze vol-
fûren vnd zetûn mit dem haus vnd mit der purch ze Randekk
dez sich mein vater sálig Wůlfing hat verpunden gegen mei-
nem herren bischolf Emychen sáligen vnd allen sein nach
chomen vnd gegen dem goczhaus ze Freysing, als sein brief
stat vnd seit den er dar vmb geben hat meinem herren bi-
scholf Emychen sáligen vnd seinen nach chomen vnd dem
goczhaus ze Freysing, vnd bei namen, swenn mir oder chainem
meinem erben daz haus vnd di purch ze Randekk vail wirt,
so schullen wirs nieman ander verchauffen, noch ze chauffen
geben vmb vrbar, noch vmb pfenning, dann meinem herren
bischolf Chûnrat von Freysing oder seinen nach chomen swer
dann bischolf ist, vnd dem goczhaus ze Freysing vnd nieman
andrer, wan daz haus vnd di purch ze Randekk von im vnd
von seinem goczhaus ze Freysing lehen ist. Swo ich oder
chain mein erb icht anders tâten mit dem haus vnd mit der
purch ze Randekk dez got nicht enwell, so ist di purch vnd
daz haus ze Randekk meinem herren bischolf Chûnrat vnd

seinen nach chomen, ob er nicht en ist, vnd dem goczhaus ze
Freysing gar vnd gânczleich verallen, vnd ich vnd mein
erben haben fůrbaz zdem haus vnd zder purch ze Randekk
chain recht mer. Daz ich mich vnd all mein erben dez ver-
punden han dez hie vor geschriben stat an disem brief, als
mein vater sâlig auch tan hat, dar vmb hat mir mein herr bi-
scholf Chûnrat von Freysing zehen pfunt alter Wienner geben
der ich von im gewerd pin, zestevrr an meinem chauff dez
haus vnd der purch ze Randekk di ich chauft han von mei-
nem brůder Wůlfingen. Daz ist geschehen ze Waydhouen vnd
ist da pei gwesen mein herr von Ende tûmprobst ze Freysing
vnd chirchherro ze Waydhouen vnd mein herr von Alczay
chorherr ze Freysing vnd her Dietrich meins herren bischolf
Chûnrat chapplan vnd Anyelt meins herren bischolf Chûnrat
marchschalch vnd Gôtfrid purchgraf ze Chûnraczhaim vnd
Jacob der Speyser. Vnd zu einem wôren vrchund als daz vor
geschriben stat, so han ich diesen brief geben versigelt mei-
nem herren bischolf Chûnrat vnd allen seinen nach chomen
vnd dem goczhaus ze Freysing mit meinem insigel. Dirr brief
ist geben do man zalt von Christez gepurt dreuczehenhundert
iar, dar nach in dem nevnczehenden iar, an sand Nyclaus tag.

Orig., Pgt., anhängendes Sigel, k. k. geh. Haus-, Hof- und Staats-
archiv zu Wien.

535.

1319, 16. December, Bruck a/Mur. *Abt Otto von s. Lambrecht
als apostolisch delegirter Richter befiehlt dem Bischofe Konrad von Frei-
sing, den von ihm zum Pfarrer von Lack eingesetzten Friedrich von
Gloyach als solchen anzuerkennen.*

Reuerendo in Christo patri et domino Chûnrado dei
gracia Frisingensis ecclesie episcopo Otto dei et apostolice
sedis gracia abbas monasterii sancti Lamberti ordinis sancti
Benedicti Salezburgensis dyocesis executor ad infrascripta vna
cum aliis collegis nostris a sede apostolica deputatus salutem
in domino et mandatis nostris immo uerius apostolicis firmiter
obedire. Noueritis nos receptis reuerenter litteris apostolicis a
venerabili viro domino Friderico de Gloyach Colocensis et
Frisacensis ecclesiarum canonico super prouisione sibi facienda
de beneficio ecclesiastico quod ad nostram collacionem, proui-

sionem seu quamuis aliam disposicionem pertinet, impetratis
litteris quoque processus venerabilis viri magistri Petri Fabri
sanctissimi domini pape notarii vnius collegarum nostrorum,
quarum quidem litterarum tenor per honorabilem virum domi-
num Leopoldum de Gloyach canonici (!) Frisacensis procura-
torem domini Friderici predicti vt ipse asserit, ostensus est et
copia vobis facta ad eiusdem procuratoris instanciam et peti-
cionem, ecclesiam parrochialem ad Lok Aquilegiensis dyocesis
tunc de iure et de facto vacantem per mortem prepositi Fri-
singensis dicti de Seueld quam coram nobis infra mensem
legittime acceptauit, sibi presenti loco dicti domini Friderici
absentis auctoritate apostolica nobis commissa contulisse et in-
uestisse de eadem et in corporalem possessionem pariter indu-
xisse, in contradictores et rebelles execucionis et in ecclesiam
predictam in Lok ad cuius possessionem pacificam et quietam
admissus non extitit, interdicti sentencias proferendo ac eciam
nunciando. Vos ergo quem ob reuerenciam vestre dignitatis
nolumus prefata nostra sentencia sic ligari, rogamus, hortamur
in domino et monemus vobisque in virtute sancte obediencie
auctoritate predicta districte precipimus et mandamus, quatenus
infra sex dierum spacium quorum duos pro primo, duos pro
secundo et reliquos duos pro tercio et peremptorio termino ac
monicione canonica prefigimus et eciam assignamus, eundem
dominum Fridericum uel procuratorem suum cuius nomine ad
prefatam ecclesiam in Lok et corporalem possessionem ipsius
ac iurium et pertinenciarum eius infra predictum terminum
recipiatis et eciam admittatis et defendatis inductum, amoto
exinde quolibet detentore quem nos eciam ad cautelam tenore
presencium amonemus et denunciamus amotum, sibique uel suo
procuratore pro ipso de ipsius ecclesie fructibus, redditibus,
prouentibus, iuribus et obuencionibus vniuersis faciatis integre
responderi. Quodsi premissa forte non adimpleueritis uel contra
ea uel aliquid eorum feceritis per nos uel per submissam per-
sonam aut dominum Fridericum super premissis in aliquo im-
pediueritis aut impedientibus ipsum dederitis auxilium et con-
silium uel fauorem publice uel occulte quominus idem dominus
Fridericus sepedictam ecclesiam cum omnibus iuribus et perti-
nenciis suis integre ac pacifice assequatur et pacifice valeat
possidere ac fructibus, redditibus et prouentibus libero cum
integritate percipere, predicta monicione premissa in hiis scrip-

tis ingressum ecclesie interdictum, si vero predictum interdictum per alios sex dies prefatos sex immediate sequentes sustineretis, vos suspendimus de diuinis, verum si prefatas interdicti et suspensionis sentencias per alios sex dies prefatos duodecim immediate sequentes sustinueritis animo indurato, vos propter contemptum huiusmodi predicta monicione premissa in hiis scriptis excommunicacionis sentencia innodamus, absolucione vestri si supra scriptas sentencias nostras uel earum aliquam incurreritis quoquomodo, nobis uel superiori nostro tantummodo reseruata. In cuius rei euidenciam et testimonium presentes scribi fecimus et sigilli nostri munimine roborari. Datum et actum in Prukka, sub anno domini millesimo CCC. XIX., XVII. kalendas Januarii.

Aus der Appellation des Bischofs ddo. 1320, 15. Jänner, Freising (Nr. 538).

536.

1319, 23. December, Oberwelz. *Seifried von Welz verkauft seine Schwaige im Krumpeck bei Welz an Ortolf den Pruderlein von Schladming um 60 Mark Silbers und 10 Ellen Iperer Tuch.*

Ich Seifrid von Welcz heren Offen sun von Winchleren vergich offenleich an disen prief vnd tün chunt allen den die disen prief sehent oder hörent lesen, daz ich mit gütem willen meinner hauswrauen wrauen Elspeten vnd aller meinner erben gunst vnd willen den erberm manne Artolfen dem Pruderlein purger ze Slednich vnd seiner hauswrauen Christein vnd ier payder erben verchauft han meinne swaige die ich ze lehen han von dem erbern gotshaus von Freising deu gelegen ist in dem Chrumpech pei Welcz da Wiertli auf gesezen waz, vnd daz reut der zue gehört, vnd swaz zu der swaig vnd dem reut gehört, haus vnd hof, alwen, wisen vnd holcz, gereut vnd vngereut, gepauen vnd vngepauen, geschuet vnd vngeschuet, mit allem dem recht als ich vnd mein vardern her pracht haben, vmb sechzch march silber lötiges vnd vm zehen ellen tuech von Eiper der ich gar vnd ganczleich mit rehtem gelöt gewert pin, vnd schol ich vnd mein erben dem vorgenanten Artolfen dem Pruederlein vnd allen seinnen erben daz vorgenante guet schermen var aller ansprach als lehens recht ist in dem lant ze Steyer, vnd alle chrieg ze lösen. Tät ich dez niht

swelhen schaden der vorgenante Artolf vnd sein erben da von
nemen von dehainer ansprach, den schol ich vnd mein erben
im vnd seinen erben ganczleich ab tûn vnd schol er vnd sein
erben daz haben auf meinen treuen vnd auf alle deu daz ich
vnd mein erben haben, swa daz gelegen sei. Auch lob ich
daz, ob dez vorgenanten Artolfs Pruederleins nicht wer, des
got nicht welle, so schol ich Chuenraten dem altem Sturer
purger ze Slednich gepunten sein aller der gelub als oben ge-
schriben ist. Daz im daz stet vnd vnzeprochen pelcibe, dar
vber gib ich disen prief versigelt mit meim hangendem insigel
zu vrchund der warhait. Dez sint gezeugen her Nicla pharrer
ze sand Peter, her Herbot von Pfaffendorf, Herman sein prue-
der, Fritz von Teufenpach, Vlreich der Chnolle, Fritz der
Lercher, Chûntzel von Winchleren, Reycher von Scheder,
Peter der Heller, Perthold der Stainhauser (vnd) ander erber
leut genuech. Der prief ist geben nach Christes gepurt vber
dreuzehen hundert iar, dar nach an dem neuntzehentem iar,
daz Oberwelcz, des nesten Suntages vor Weinathen.

Orig., Pgt., angehängtes Sigel abgerissen, k. Reichsarchiv zu München.

537.

1319, 23. December, ... *Friedrich von Teufenbach verbürgt sich Ortolf dem Pruederlein für seinen Vetter Seifried von (Nieder-) Welz hinsichtlich des Verkaufes einer Schwaige im Krumpeck.*

Ich Fritz von Teufenpach vergich offenleich vnd tûn
chunt allen den die disen prief sehent oder hörent lesen daz
ich purge warden pin meins lieben ôhaims Seyfrides von Welcz
herren Offens sun von Winchleren gegen dem erberem manne
Artolfen dem Pruederlein vnd gegen seinner hauswrauen
Christen vnd iren erben vm die swaige in dem Chrumpech da
Wiertel auf gesezen waz vnd vm daz reut daz zu der swaige
gehört, vnd swaz dar zuo gehört, gepaun vnd vngepauen, ge-
schuet vnd vngeschuet, alwen, wisen vnd holcz vnd swie ez
genaut sei, daz er von im chauft hat vm schezich march lôti-
ges silbers (vnd) vm zehen ellen tûch von Eiper des er gar vnd
genczleich gewert ist, also daz der vorgenante Seyfrid daz
selbe gût daz oben geschriben ist, dem vorgantem (!) Artolfen
Prûderlein vnd seinen erben schermen schol vor aller ansprach

als recht ist in dem lant ze Steyer, vnd alle chriege ze lösen schol. Tät er des nicht vnd nem Artolf der Pruderl oder sein erben de haien (!) schaden von chaim chrieg oder von chainer ansprach, so lob ich mit disen prief ze Oberwelcz in ze varen in ein offen leithaus selb ander vnd ze laisten auf meinen schaden als lange vnz daz dem vorgenanten Artolfen dem Pruederlein vnd seinen erben der selbe schad ab gelek (!) werde vnd alle chrieg vnd ansprach werd ze löset. Ich lob auch mit disem prief ob Artolfs des Pruederleins nicht wer, des got nicht wolle, Chünraten dem alten Sturer purger ze Slednich ze laisten all den gelub die oben geschriben sint. Daz in daz stet vnd vnzeprochen peleybe, dar vber gib ich im disen prief versigelt mit meinem hangentem insigel zue ainem vrchünde der warhait. Des sint gezeugen her Niela (pharrer) von sant Peter, Vlreich der Chnolle, Frizel der Lercher, Chünzel von Winchleren, Reycher von Scheder, Perthold der Schueler, Chünrat der Zaner, Jensel an dem March vnd ander erber leut genuech. Der prief ist geben nach Christes gepurt vber tausent iar, dreu hundert iar, dar nach an dem neuntzehentem iar, des nasten Suntages vor Weinachten.

Orig., Pgt., anhängendes, stark verletztes Sigel (mit Legende . . . IDRICI DE NIDERWE[LTZ], k. Reichsarchiv zu München.

538.

1320, 15. Jänner, Freising. *Abt Symon von Weihenstephan und die Pröpste Heinrich von Neustift und Konrad von Indersdorf nehmen den Protest und die Appellation Bischof Konrads von Freising gegen die Einsetzung Friedrichs von Gloyach zum Pfarrer in Lack zu Protokoll.*

In nomine domini amen. Nos Symon diuina permissione abbas in Weyhensteuen, Heinricus prepositus Nouecelle et Chünradus prepositus in Vndestorf dyocesis Frisingensis, ad vniuersorum noticiam quorum interest, deducimus per presentes, quod anno domini millesimo CCC. XX., tercia feria post octauam Epiphanie, nobis conuenientibus et existentibus in castro episcopali Frisinge, fuit lecta infrascripti tenoris cum pendenti sigillo littera in sui prima figura et consistencia coram nobis:

Folgt nun Urkunde ddo. 1319, 16. Dec., Bruck a/M. (Nr. 535).

Quo facto eodem contextu seu continuacione temporis reuerendus in Christo pater dominus noster Chünradus venerabilis episcopus Frisingensis talem protestacionem et consequenter appellacionem coram nobis proposuit per omnia in hec verba:

Coram vobis honorabilibus viris domino Symone abbate in Wihensteuen, Heinrico preposito Nouecelle et Chünrado preposito in V̊ndestorf et pluribus aliis ad hoc specialiter vocatis et rogatis tanquam coram bonis et viris ydoneis nos Chünradus episcopus Frisingensis pro nobis et ecclesia nostra dicimus et proponimus expresse, protestantes quod eadem dicturi et facturi essemus coram venerando viro domino O. abbate monasterii sancti Lamberti ordinis sancti Benedicti Salczburgensis dyocesis, si sui copiam habere possimus, qui se vnacum aliis collegis scribit et nominat executorem deputatum de gracia facta uel fienda discreto viro domino Friderico Gloyacher Coloeensis et Frisacensis ecclesiarum canonico super beneficio curato uel non curato quod ad collacionem seu aliam disposicionem noscitur pertinere. Et primo dicimus et eciam protestamur, quod eundem Fridericum Gloyacher nunquam impediuimus, nec deinceps indebite intendimus impedire, nec impedientem scimus, scilicet (ad) ecclesiam in Lok que sub anno domini M. CCC. XIX. in die beati Francisci vacare cepit, nostro vtentes iure debito tempore honorabilem virum dominum Emchonem de Altzeya ad eam presentauimus qui per patriarcham Aquilegensem loci ordinarium sollempni more extitit institutus, ita quod de acceptacione dicti F. eramus prorsus inscii seu ignari donec post aliquos menses elapsos tandem Sabbato in octaua Epiphanie domini nobis de sua acceptacione innotuit vt supra inserte littere manifestius pandit tenor. Secundo in eo quod nos grauat memoratus dominus Albertus et grauare intendit grauaminibus hic subscriptis et presertim in eo quod cum sit datus vna cum aliis executor, certum est sine aliis tanquam solus hoc explicando habet nullatenus potestatem, nec obstat quod postmodum in tenore .... est subiunctum quod nos uel alter etcet. quia sub condicionis euentu ipsis a principio pro indiuiso tradita est potestas .... donec se prius requirant uel consulant an velint uel nolint college, constat quod antea non est consolidata in vnum potestas et exercicium efficaciter exequendi, et sic factum et preceptum in eo quod quod alias iure et iuste facere possumus et debemus, nos non artat. Item tercio quod in sentencia seu precepto, scilicet quod infra sex dies qui dies a Sabbato Epiphanie numerandi forent, eundem Frid. Gloyacher in possessionem debeamus recipere et admittere et turbato res remouere etc., tanquam in hac parte iniungens et implicans facto, impossibile nos non vrget, maxime propter nimis inconpetens termini seu temporis interuallum et huius rei euidencia se ipsam ostendit, cum inter Frisingam vbi nunc degemus, et locum vbi id fieri precipitur, plus sit quam distancia quatuordecim legalium dictarum et ipse tantum prestiterit terminum sex dierum. Ex hiis uel eorum altero patenter et notorie sencientes nos et ecclesiam nostram irracionabiliter pregrauari et grauatos esse ac in futurum ab ipso grauari posse, coram vobis tanquam si coram ipso essemus presentialiter constituti, ad cautelam in hiis scriptis ad sedem apostolicam appellamus subicientes nos, statum, honores, res et iura et beneficia nostra protectioni sedis eiusdem et apostolos petimus iterum et iterum petimus cum instancia nobis dari et super appellacione huiusmodi vestrum testimonium inuocamus, astringentes nos tantum ad ea que sufficienter appellacionem nostram verificant siue firmant. Protestamus quoque et promittimus quod presentem appellacionem eidem venerando viro domino O. abbati sancti Lamberti insinuabimus, notificabimus ac ipsam ex hiis et aliis illatis et inferendis grauaminibus innouabimus coram ipso aut aliis sicut fuerit oportunum. In premissorum autem euidenciam et cautelam testimonii presentes nostrorum sigillorum signaculis consignamus. Et nos Chûnradus episcopus Frisingensis ob amplius per nos sic interposite appellacionis iudicium, nostrum sigillum appendimus, in id ipsum protestantes cum hoc quod per vim appellacionis per nos facte non intendimus preceptum seu ipsius virtutem facere aliquam que est nulla. Actum et datum Frisinge, anno domini millesimo trecentesimo vicesimo, XVIII. kalendas Februarii.

Orig., Pgt., 4 anhängende, theilweise verletzte Sigel, k. Reichsarchiv zu München.

539.

1320, 20. Jänner, Freising. *Bischof Konrad von Freising überweist seinem Domcapitel eine jährliche Rente von 20 Pfund Wiener Pfennigen aus dem Einkommen der Herrschaft Enzersdorf.*

Nos Chunradus dei gracia episcopus ecclesie Frisingensis tenore presencium profitemur quod secundum formam et tractatus dudum inter nos et capitulum ecclesie nostre super quondam ipsorum officialibus Frisinge ac iuribus eorundem habitos pro compensa huiusmodi singulis annis ipsi capitulo de bonis episcopii in hofmarchia nostra Entzestorf viginti libras denariorum Wiennensium deputauimus, prout in aliis instrumentis apparet, sic quod quicumque apud Entzestorf noster et ecclesie nostre officialis uel granator pro tempore fuerit, de bonis et rebus nostris capitulum memoratum aut nuncium eius certum in festo beati Michahelis de decem libris denariorun Wiennensium nouorum et in subsequenti festo beati Georij de residuis decem libris denariorum veterum teneatur annuo expedire. Et in huius rei testimonium presentes nostri appensione sigilli iussimus roborari. Datum Frisinge, anno domini millesimo trecentesimo vicesimo, XIII. kal. Februarii.

Orig., Pgt., anhängendes, stark verletztes Sigel, k. Reichsarchiv zu München.

540.

1320, 5. April, Ulmerfeld. *Friedrich Fribestetter verkauft seinen dem Bisthume Freising lehenbaren Hof zu Brandstetten bei Neuhofen dem Bischofe Konrad von Freising um 20 Pfund Pfennige und genannte Naturalien.*

Ich Fridreich Fribesteter vergich an disem brief, daz ich meinem genaedign herren bischof Chvuraden von Freisingen verchauft han reht vnd redleich meinen hof ze Prantsteten den ich von im ze lehen han gehabt vnd der iaerleich dienet zwain phunt phening, eins an Vnsern vrowen tag in dem herbst vnd daz ander an sand Marteins tag, also daz er, sein nachchomen vnd daz gotshaus ze Freisingen den selben hof mit alle daz dar zue gehört, besueht vnd vnbesueht, levt vnd guet inne haben vnd ewichleich als ander aygen vrbor niezzen schullen mit dienst, mit stewer vnd mit allen sachen, vnd schol ich vnd mein erben mit dem hof fůrbaz, noch mit levten, noch mit guet vnd swaz dar zů gehôrt, nihtsniht ze schaffen haben vnd verzeich mich dar auf für mich vnd für alle mein erben. Den vorgenanten hof vnd swaz dar zue gehôrt han ich meinem herren vnd dem gotshaus ze Freisingen gaentzleich vnd ledichleich geben vnd verchauft vmb zwainzich phunt Wienner phening vnd vmb syben mvtt getraides, drey roken vnd vier habern, der selben phenning vnd getraydes bin ich gaentzleich gewert, vnd auch vmb ein vaz weins daz ich dar vmb auch enphangen han. Vnd wan ich aygens insigels niht enhan, gib ich disen brief versigelten mit meiner vreunt insigeln Hermans dez Haesibs vnd Volchmars von Hag dar vnder ich mich vnd mein erben verbinde der vorgeschriben sache. Daz ist auch geschehen vnd ist der brief geben ze Vdmaruelt, da man zalt von Christs gebůrd drevzehen hvndert jare, dar nach in dem zwaintzgisten jar, dez naegstem (!) Samztags nach der Osterwochen.

<small>Orig., Pgt., 2 anhängende verletzte Sigel, k. k. geh. Haus-, Hof- und Staatsarchiv zu Wien.</small>

541.

C. 1320, ... *Bischof Konrad von Freising ersucht das Capitel von Innichen, seinem Notar Nicolaus Naegellin eine Präbende zu verleihen.*

Chůnradus dei gracia episcopus Frisingensis. Viris discretis dominis Heinrico decano et capitulo ecclesie Inticensis salutem ex affectu. Postquam Růdgerus notarius noster prebendam et ius canonie quod in ecclesia vestra habere debuit, in presencia prepositi vestri et coram aliis magnis in Frisinga viris dimisit eidemque voluntarie cessit ipsum ius quatenus sui intererat, in personam Nycolai Naegellini notarii nostri quem speciali fauore prosequimur, duximus transferendum, vniuersitatem vestram presentibus adhortantes, quatenus eundem Nycolaum ad prebendam et in locum dicti Růdgeri in vestro consorcio admittatis, licet enim alias postulacionibus nostris prius contradixeritis, tamen peticionem obmittere nolumus vobis in hoc negocio porrigendam. Datum in Neunmarcht, feria secunda ante Georii.

<small>Orig., Pgt., aussen aufgedrücktes gelbes Sigel abgewischt, Stiftsarchiv zu Innichen.</small>

542.

1321, 6. Jänner, Lack. *Bischof Konrad von Freising gestattet, dass Graf Albrecht von Görz die Heimsteuer seiner Gattin Euphemia im Betrage von 500 Mark Schilling auf 50 Mark Gülten Freisingischer Lehen im Sexten u. s. w. anweise.*

Wir Ch. von gots gnaden bischof ze Frising verichen vnd tůn chunt allen den di disen brief sehent oder hôrnt lesen, daz wir durch bet vnd willen der hohen vnd edeln herren vnsrer lieben vnd besunder frevnt grafen Heinr. vnd grafen Alb. vou Görcz vnd von Tyrol vnser gunst vnd willen dar zů gegeben haben vnd geben mit disem brief, daz der vorgenant graf Alb. sein havsfrawn vnd wŭrtinne graevin Ofmeyn von Görcz geweiset vnd beezaigt hat fŭnf hundert march schilling irr haymstivr auf 1 march gelts gelegen in der gegend ze Sylian auf div vrbor vnd gůt die her nach geschriben stent vnd von vnserm gotshous lehen sint, des ersten den hof in der Sexten da Ber. auf siczt, da selb ein hof ze Wazzer, dar nah Ber. in dem Sunntal, in der Planchen ein hof den Diet. pawt, da selben den hof den Stephan pawt, eyn gůt ze Winnpach gelegen daz Ott pawt Fritzlieben (svn?), die mŭl ze Fronholcz etc. specialiter nominata (!). Dev vorgeschriben levt vnd gůt mit allen den rehten als si vnser frevnt der vorgenant graf Albreht inne gehabt hat, haben wir der vorgenanten graevin Offmein bestaetiget also bescheidenlich, daz si ir lebtag die vorgenanten gůt inne haben vnd niezzen sol vnd die selben gůt vnd vrbor die ir ze haymstewer beezaygt sint, niht enpfrônden sol daz die aygenschaft vnd herschaft bey dem gotshous ze Frising beleibe, wan nah ir tode sůllen div gůt vnd lehenschaft an geuallen ir erben die si bey graf Albrecht hat oder noch gewinnet daz svn sint, verfůr aber si an sôlih erbn, so geuallent div vorgenant gůt vnd haimstivr wider an graf Albrecht svn die pillich erben sůllen, den nemen wir ir reht niht da mit ab, also daz auch wir bey vnserm rehten beleiben. Dar ŭber geben wir disen brief etc. Datum in Lok, anno (domini) M. CCC. XXI., in Epiphania domini.

Notizbuch Bischof Konrads III., f. 52, Meichelbeck II./2, 151, Nr. 250.

543.

1321, 8. Jänner, Lack. *Bischof Konrad von Freising gestattet, dass Graf Albrecht von Görz seine Gattin Euphemia in ihrer Morgengabe auf zwei ihm verlehnte Schwaigen bei 'Silian weise.*

Wir Ch. etc. verichen etc. daz der edel herre vnser besundrer frevnt graf Alb. von Görtz vnd von Tyrol mit vnsrer gunst vnd willen sein havsfrawen vnd wirtinne die edeln graeuin Offm. von Görtz ein tayl irr morgengab geweiset hat auf zwo zwaige die graf Alb. von vns ze lehen sol haben vnd (die) gelegen sint in der gegent ze Sylian, eynev auf Kartytsch da Alb. der Espaner auf sitzet, vnd die ander in der Volgraten da Alb. in der Lewen auf siczt. Div vorgnant zway gůt mit samt den levten als si graf Alb. inne gehabt hat, haben wir der vorgnant graevinn Offm. bestaetigt ze ir morgengab daz si da mit schaffen sol swaz ir lieb ist, also auzgenomenlich daz si die vorgnant gůt die vnsers gotshous aygenschaft sint, an vnsern vnd vnsrer nachchomen willen niht fürbaz entpfrönden sol, ez beleib die herrschaft vnd aygenschaft bey vns vnd bey dem gotshous ze Frising. Dar über geben wir etc. Datum in Lok (anno domini) M. CCC. XXI., (in) die sancti Erhardi.

<small>Notizbuch Bischof Konrads III., f. 52, Domcapitels-Bibliothek zu München; Meichelbeck II, '2, 162, Nr. 251.</small>

544.

1321, 24. April. Lack. *Die Gebrüder Konrad und Leonhard Schilher von Lack versetzen an Bischof Konrad von Freising drei Huben zu ‚Nevsaezz' um 24 Mark Aglrier Pfennige.*

Wir Chůnrad Schilher vnd Lienhart (sein) brueder von Lok vergehen vnd tůn chvnt allen den die disen brief sehent oder hörent lesen, daz wir vnserm liebem vnd genaedigen hern bischof Chůnr. von Freising vnd seinem gotshavs versatzt haben drey hůben ze Nevsnezz die vnser lehent sint von dem gotshaus, vmb vier vnd zwaintzech march Agliger (!) phenning, der wir gentzleich gewert sein von hern Johans schreiber ze Lok. Die selben drey hůben schol vnser vorgenanter herr der bischof vnd sein nachchomen mit vnserm vnd aller vnserr erben gůtem willen inne haben vnd niezzen als ander sein vrbor ze

Nevsâzz, besuochtz vnd vnbesnochtz, vntz wir oder vnser erben
die vorgeschribenn drey hŭben reht vnd redleich gelösen. Avch
hat vns vnser vorgenanter herr der bischof die genade getan,
daz wir die selben hŭben gelösen mugen vmb die vorgenanten
vier vnd zwaintzech march Agliger phenning an sand Georn
tag, swelichs jars daz sei, die weil des niht geschiht, so schullen
vnserm vorgenanten herrn dem bischof vnd dem gotshavs die
selben hŭben gentzleich dienen vnd schullen wir damit niht ze
schaffen haben. Vnd dar ŭber ze ainem vrchvnde der warhait
geben wir disen prief versigelten mit vnser baider hangenten
insigel. Der prief ist geben ze Lok dv man zalt von Christ
gewurt dreytzehen hvndert iar, dar nach in dem ainem vnd
zwaintzigistem jar, an sand Georen tag.

<small>Orig., Pgt., 2 anhängende Sigel, k. Reichsarchiv zu München.</small>

545.

1321, 19. August, Wien. *Leopold von Sachsengang verkauft das
(verschollene) Dorf Deindorf bei Gross-Enzersdorf an Reinbrecht von
Ebersdorf um 60 Pfund Wiener Pfennige.*

Ich Levpolt von Sachsengange vnd ich Chvnigunt sein
havsvrowe wir verichen vnd tun chunt allen den die disen
prief lesent oder horent lesen, die nv lebent vnd hernach
chvnftich sint, daz wir mit vnser erben gutem willen vnd gunst
vnd mit gesamter hant zv der zeit do wir ez wol getun moch-
ten vnd mit vnsers lehen herron hant pischolf Chvnrades von
Freysingen vnsers rechten lehen des wir von im haben gehapt,
daz dorf Teymendorf vnd alles daz dar zv gehoret in vrbar, ze
holtz, ze velde vnd ze dorf, ez sei gestift oder vngestiftet, ver-
sucht oder vnversucht, swie so daz genant ist, daz haben wir
allessamt verchavft vnd geben mit allem dem nvtz vnd recht
als wir ez in lehens gewer her pracht haben, vmb sechzich
phvnt Wienner phenninge der wir recht vnd redlichen gewert
sein, dem erbern herren hern Reymprechten von Eberstorf vnd
seiner havsvrowen vron Katreinen vnd allen irn erben ledich-
lichen vnd vreilichen ze haben vnd allen irn frumen da mit
ze schaffen, verchavffen, versetzzen vnd geben swem sie wellen
an allen irresal. Vnd dar vber ze ayner pezzern sicherhait so
setzzen wir vns ich Leopolt von Sachsengange vnd ich Chvni-

gunt sein havsvrowe vnverschaydenlichen hern Reymprechten von Eberstorf vnd seiner havsvrowen vrou Katreinen vnd irn erben vber daz vorgenant gut alles ze rechtem scherme fur alle ansprache als lehens recht ist vnd des landes recht ze Osterreiche, vnd geben in dar vber disen prief zv aynem sichtigen vrchvnde vnd zv aynem offen gezevge vnd zv ayner ewigen vestnvnge diser sache versigilten mit vnserm insigil vnd mit hern Rvdolfes insigil von Eberstorf chamrer in Osterreiche vnd mit meiner vetern insigil Hertneides von Sachsengange vnd seines prvder Rvdolfes die diser sache gezevg sint, mit ir insigiln vnd ander frome levte genvch. Diser prief ist geben ze Wienne do von Christes gebvrt waren ergangen drevzehen hvndert iar, in dem ayn vnd zwentzzigistem iare dar nach, des nachisten Mittichens vor sand Barthelmes tage.

Orig., Pgt., 4 anhängende stark verletzte Sigel, landsch. Archiv zu Wien.

546.

1322, ..., Freising. *Dechant Otto und das Capitel zu Freising ernennen den Propst Friedrich von Schliersee zu ihrem bevollmächtigten Weinpropste für das laufende Jahr und für die capitlischen Güter in Tirol.*

Nos Otto diuina permissione decanus et capitulum ecclesie Frisingensis ad vniuersorum noticiam quorum interest uel intererit, volumus peruenire quod dilectum nostrum concanonicum magistrum Fridricum prepositum Sliersensem per annum nunc presentem nostrum constituimus verum atque legittimum procuratorem, dantes eidem plenam potestatem nostro nomine colligendi redditus prediorum nostrorum sitorum in Montanis tam in vineis, quam in agriculturis aliis quibuscumque, agendi, deffendendi, litem contestandi, interlocutoriam seu locutorias ac diffinitiuam sentenciam audiendi coram quocumque iudice ecclesiastico uel ciuili in quibuslibet causis eisdem nostris prediis ingruentibus, constituendi, destituendi colonos eorundem atque omnia alia faciendi que huiusmodi procuratoribus a lege vel canone sunt concessa, eciam si mandatum exigant speciale. Promittimus etiam sub ypoteka rerum nostra(ru)m ratum et gratum nos habituros quicquid per dictum procuratorem nostrum actum siue ordinatum fuerit in premissis. In cuius rei testimonium et euidenciam pleniorem nostrum sigillum iudiciarium duximus presentibus appendendum. Datum Frisinge, anno domini millesimo CCC. XX. secundo.

<small>Orig., Pgt., anhängendes Sigel in Fragment, k. Reichsarchiv zu München.</small>

.547.

1323, 6. Jänner, Ulmerfeld. *Siegfried Hürnein quittirt dem Freisinger Domherrn Emcho von Alzay die Vergütung seiner im Dienste weiland Bischof Konrads von Freising gehabten Auslagen.*

Ich Seifrid Hůrnein vergih vnd tůn chunt allen den die disen brief sehnt oder hôrnt lesen, daz ich mit dem erbern herren hern Emchen von Alczey chorherren vnd pfleger des gotshaus ze Frising gar vnd ganczlich von seinen wegn an des gotshvˆs stat beriht bin alles des dienstes vnd schadens den ich weilent mı̂nem herren bischof Chůnrat von Freising getan vnd gehabt han, die rays mit im auf varend gen Bayrn, vnd verczeih mich fůrbaz aller ansprach fůr mich vnd fůr alle mein erben vmb die selben sache, vnd dar vmb hat mir der vorgnant her Emch von des gotshvˆs wegn ze disen zeiten vˆber ander gab die ich vormaln enpfangen han, gebn ze ergeczung aht pfunt Wienner pfenning. Dar vˆber gib ich disen brief versigelten mit hern Chůnrats des burgrafen von Sevsenck insigel vnd mit dem meinselbes. Des sint gecziuge der vorgnant her Chůnrat, her Alram der rihter ze Amsteten, Gôtfrid Annelt burgraf ze Vdmaruelt, Gôtfrid rihter von Chůnratshaym, Marquart der Lůhsneker, Perhtold von Nacunhouen vnd ander piderb levt. Der brief ist gebn ze Vdmaruelt, do man zalt von Christes geburt dreuczehn hundert jar vnd dar nach in dem dritten vnd zwainczksten iar, an dem Perhten tag.

<small>Orig., Pgt., von 2 angehängten Sigeln nur Nr. 2 vorhanden, k. k. geh. Haus-, Hof- und Staatsarchiv zu Wien.</small>

548.

1323, 3. Februar, Waidhofen. *Ulrich Schikch quittirt dem Freising. Domherrn Emch von Alzei den Ersatz seines im Dienste weiland Bischof Konrads von Freising erlittenen Schadens.*

Ich Vlreich Schikch vergih vnd tůn chunt allen den die disen brief sehnt oder hórent lesen, daz ich nach der erbern manne Götfrides von (!) Anuelt vnd Marquardes von Lůhsnckk schidung, taiding vnd berihtigung gar vnd gaenczlich von des gotshovs wegen von Freising verriht vnd gewert bin aller meiner dienst vnd schaden die ich weilent meinem herren bischof Chůnraden auf gen Bayrn getan han, vnd verczeih (mich) fůrbaz aller vordrung vnd ansprach fůr mich, fůr alle min erben, frevnt oder diener vnd besunderlich fůr Örtlein der die selbn rays gen Freising mein diener was mit einem armbrust, fůr den selbn ob er daz gotshvs mit dem rehten an spraech, gehaiz ich daz gotshůs ze vertretten vnd ze verantwrten, wolt aber er můt willn vnd anders denne mit dem rehten daz gotshvs pfrengen, daz sol ich vndersten mit leib vnd mit gůt, als verre ich mach. Vnd dar vmbe paidev fůr mein dienst vnd schaden, mein vnd meins vorgnanten diener, swie wir die enpfangen habn in des gotshvs dienst an rossen oder andrer habe, han ich enpfangen von dem erbern herren hern Emchen von Alczey chorherren vnd pfleger des gotshvs ze Frising fůmf vnd zwainczich pfunt Wienner pfenning von des gotshvs wegen an andern meinen solt des ich vor malen von dem bischof beriht wart. Dar vber gib ich disen brief versigelten mit meinem insigel vnd ze bezzerr gewarhait mit der erbern herrn Haertneids des Chvliber vnd hern Chůnrats des burgrauen von Sevsenck insigeln die si durch mein bot an disen brief gehengt habnt. Des sint auch geczevge her Alrman (!) rihter ze Amsteten, die vorgnanten Götfrid Anuelt vnd Marquart Lůhsniker, Perhtolt von Nacnhouen, Chůnrat der rihter von Waidhouen vnd ander erber levt. Der brief ist gebn ze Waidhouen an sand Blasien tag, do man zalt von Christes geburt dreuczehn hundert jar, dar nach in dem dritten vnd zwainczgisten jar.

Orig.. Pgt.. von 3 angehängten Sigeln nur Nr. 2 und 3 verletzt vorhanden, k. k. geh. Haus-, Hof- und Staatsarchiv zu Wien.

549.

1323, 3. Juni, Ulmerfeld. *Otto Windischendorfer verkauft sein Lehen zu Schnotzendorf bei Amstetten an den freisingischen Pfleger und Chorherrn Emicho von Alzei um 10 Pfund alter Wiener Pfennige.*

Ich Ott Windischendorfer mit samt meinen geswistrôden Volchmarn, Weymarn, Johansen, Margreten, Liebgarden vnd Katherein vergihe vnd tůn chunt allen den die disen brief sehent oder hôrnt lesen, daz ich reht vnd redleich mit gůtem willen aller meiner geswistrede verchauffet vnd gegebn han dem ersamen herren hern Emchen von Alczey chorherren vnd pfleger des gotshovs ze Freising an eins bischofs stat mein hůb vnd mein lehen dacz Snoczendorf dev ich von dem gotshovs ze Freising ze lehen han gehabt, vmb zehen pfunt alter Wienner pfenning der ich ganczlich gewert bin, vnd han im dev selben gůt ovf gebn, besůht vnd vnbesůht, mit allem dem daz dar zů gehôrt. Doch hat er mir die genade getan, daz ich oder mein geswistrôd dev selben zway gůt wider chavffen mûgen vmb zehen pfunt pfenning von sant Michels tag der schirst chvmt, inner vier iaren, ye des iares virczehn tag vor sand Michels tag oder virczehn tag hin nach, vnd sol auch ich dev selbn zwai gůt die weil inne habn vnd sol meinem herren dem bischof allev iar an sant Michels tag da von dienen hincz Vdmarnelt ein pfunt newer pfenning an wider rede, vnd ist daz ich oder mein geswistrôd dev vorgenanten zway gůt wider chauffen in den vir iaren, virczehn tag vor sant Michels tag, so sol ich dennoch den vorgenanten dienst an sant Michels tag nah der losung gebn, ist aber daz dev losung nah sant Michels tag geschiht virczehn tag, so ist man dar nah dehains dienstes schuldich. Waer aber daz ich noch mein geswistrôde in den vorgnanten vir iaren niht widerchavften, so habnt sich dev vorgeschriben hůb vnd lehen vervallen meinem herren dem bischof vnd dem gotshovs aigenlich vnd ewichleich, also daz ich noh mein geswistrôd dehain ansprach da nah habn sülln. Vnd dar ŭber gib ich disen brief versigelten mit Marquardes des Lůhsneker, mit Hermans Haesibs vnd mit Chůnrats des Proter insigeln, wan ich selb aigens insigels niht han. Der brief ist gebn ze Vdmarneld, do man zalt von Christes gebvrt dreuczehn

hundert iar, dar nah in dem dritten vnd zwainczgisten iar, an
sant Erasmen tag.

Orig., Pgt., 3 anhängende Sigel, k. k. geh. Haus-, Hof- und Staatsarchiv
zu Wien.

550.

1323, 29. October, Lack. *German der Störenwirt beurkundet in
seinen Forderungen an das Bisthum Freising, aus geleisteten Diensten
und erlittenen Schäden stammend, vollständig befriediget worden zu sein.*

Ich German der Störenwirt vergih offenleich an disem
prief vnd tůn chunt allen den die in sehent oder horent lesen,
daz mich mein lieber herr her Emch von Altzey chorherr vnd
phleger des gotshavs ze Freising schon vnd gentzleich avz ge-
riht hat meines dienstes den (ich) meinem herrn säligem bi-
schof Chvnrad vnd seinem gotshavs ze Freisingen getan han,
vnd auch alles des schaden (den) ich in dem dienst enphangen
han, daz ich noch mein erben furbaz gegen dem gotshavs ze
Freisingen chain anspra(che) noch fordrung dar vmb nimer
haben schullen. Auch offen ich daz, daz ich die ansprach die
Osel gehabt hat (vmb) einen hengst dar auf er tails gege-
hen (!) hat, auch auf mich genomen han, also daz ich daz gots-
ha(vs ze) Freisin(gen) gen Oslein vertreten wil. Daz daz also
stät vnd vnuerbrochen beleibe, gib ich disen offen prief besigelt
(mit m)eins ôheims hern Marquarts von Pilchgratz hangentem
insigel der ez durch mein pet dar an gelegt hat, vnd (auch)
mit meinem hangentem insigel. Der prief ist geben ze Lok
dv von Christes geburt ergangen waren drevzchen hvndert iar
dar nach in dem dritem vnd zwaintzigistem iar, des Samstags
vor aller heiligen tag.

Orig., Pgt., lückenhaft und vermorscht, von 2 angehängten Sigeln nur
Nr. 2 als Fragment vorhanden, k. Reichsarchiv zu München.

551.

1323, 19. November, Oberwelz. *Dechant Otto von Freising und
andere Genannte vergleichen in nicht näher bestimmter Angelegenheit zwischen
dem Burggrafen Friedrich von Oberwelz und den Bürgern daselbst.*

Wir Ott techant, Emch von Alczay pfleger des goczhaus
ze Frising, vnd Ott von Liehtenstayn chamrer in Steyr veriehen
offenlich mit disem brief allen den dy in sehent oder horent

lesen, daz der erber man her Friderich von Welcz an ainem tayl vnd dy purger von Welcz an dem andern tayl alle dy chrieg vnd veintschafft dy zwischen in gewesen sint an vmb Peklein ayn der Ottlin gewunt hat (!!), an vns gesaczt habent vnd vns gelobt habent bey iren trewn stact ze haben swaz wir dar vber sprechen, hab wir di selben chrieg also verriht vnd sprechen daz her Friderich fur sich vnd fur alle sein freunt aller purger von Welcz vnd ouch ouzzer leut dy des gotshaus von Frising sint, gût frevnt sein sol, sullen dy vorgenanten purger vnd ouch ouzzer dy des gotshaus sint, hern Friderich da mit pezzern daz si zwainzich march Friescher pfenning geben sullen vor Vnser frown tag ze der Lie(htmess) der schierst chvmt, da sol man vmb chouffen ein march gult da mit man widem(c ein e)wigcz lieht vor vnsers hern levchnamen in dem goczhaus ze Welcz, sol daz selb lieht herm (Friderich) vnd seiner housfrown frown Jauten ewichlichen prinnen, ir bayder leib ze eren vnd (in ze ewich)lichem hayl. Swaz der pfenning wirt vber dy march gult dy man von den zwaincz(ich march) pfenning chouffet, da sol man gult vmb chouffen dy der pfarrer von Welcz inn hab(en vnd niessen sol vnd so)l, der pfarrer oder ein priester an seiner stat darumb alle wochen ein mess singen (vnd sprech)en in sand Niclos chapell herm Friderich vnd seiner housvrown vrown Jevten sel zoge(tzunge?). Ez sol auch der pfarrer von Welcz herm Friderich vnd frown Jevten bevilt begen s(wenne sou?) ab leib wirt, mit vigily vnd selmess. Daz daz herm Friderich vnd frown Jeuten ewichlich stact beleib, dar vber sol im der pfarrer seinen prief geben mit seinem insigel vnd mit der stat insigel als ez vormal verriht ist zwischen herm Friderichen chneht Berhtolten vnd Vllein vnd Ernsten Paben chneht vnd purger von Welcz vmb ir wunten, also sol ez noch stact beliben. Ich Friderich von Welcz burgraf daselb vnd wir dy gemayn purger von Welcz verichen mit disem prief daz wir gern allez daz stact haben wellen daz dy obgenanten herrn gesprochen habent als der prief sayt, haben dar vber vnserev insigel mit sampt der vorgenanten herrn insigel an disem prief gelegt. Daz ist geschehen ze Welcz an sand Elspeten tag, do man zalt von Christes gepurd drevtzehenhundert jar, dar nach in dem dryn vnd zwainczigistem iar.

<small>Orig., Pgt., sämmtliche Sigel abgerissen. k. Reichsarchiv zu München.</small>

552.

1324, 7. Jänner (?), Wien. *Ulrich der Jüngere von Perneck quittirt dem freising. Domherrn Emch von Alzei die Vergütung seines im Dienste weiland Bischof Konrads von Freising erlittenen Schadens.*

Ich Ůlreich der iung von Pernckk vergich offenbar an disem brief vnd tůn chunt allen den di in sehent oder hŏrnt lesent (!), daz ich gůtleich vnd liebleich beriht pin von schidung der erbern herren hern Otten von Lichtenstein chamrer in Steyr vnd hern Raeinprehtes von Eberstorf vmb allev vŏdrung vnd ansprach die ich gegen dem gotshůs ze Freysing gehabt han vmb meinen dienst, den ich bischof Chůnrat ze Freysing dem got genad, gen Bayren getan het, vnd dar vber habnt mir die ersamen herren her Ott der techant vnd Emch von Alczey phleger des gotshůss ze Freysing gegebn fůmf vnd zwainzich phunt Wienner phenning der ich gar vnd ganczleich beriht vnd gewert pin, vnd dar ůber gib ich disen brief ze einem vrchůnd versigelten mit des vorgenanten hern Raeinprehts von Eberstorf insigl, wan ich aigns insigls niht enhan. Daz ist geschehen ze Wienen, da man zalt von Christes gepůrt tausent jar, drevhundert jar vnd vier vnd zwainzich jar, an sand Valenteins tag.

<small>Orig., Pgt., anhangendes verletztes Sigel, k. k. geh. Haus-, Hof- und Staatsarchiv zu Wien.</small>

553.

1324, 24. Februar, Ulmerfeld. *Friedrich von Linden reversirt gegen das Bisthum Freising betreffs des auf fünf Jahre ihm überlassenen Hofes zu Gstad bei Amstetten.*

Ich Friderich von Lintach vergih mit disem brif, daz mir di ersamen hern her Otte der techant vnd her Emch von Alczay pfleger des gotshous ze Frisingen yn geantůrt vnd gelazzen habent den hoff dacz Stad daz ich den von des gotshous wegen verwesen vnd verdienen sol, mit sŏlher bescheidenheit wan si mir iczý ze samen gelihen habent auz dem chasten ze Vdmaruelt dreyzich meczen rokken vnd fůmfczich meczen habern chastenmaz des mih Pernhart der chastner ze Vdmaruelt periht hat, da von ich iaerchleich dienen sol hin vmb ze

iar vnd niht an dem iare daz nv nehst chûmftig ist, in den
chasten ze Vdmaruelt fümf vnd dreyzich meczen rokken vnd
vîrczich meczen habern lantmaz, vnd dar zv chleinen dienst
zwaey hûnner vnd ayer vnd den selben chleinen dînst sol ich
hin vmb ze Ôstern die ze nehst nah disen Ôstern choment,
dienen vnd den grôzzen dînst dar nach ze sand Mychels tag
der nah den selben Ostern chûmftig ist. Mir habent auch mein
vorgenanten hern den vorgeschriben hoff enpfolhen div nehsten
fümf iar nah ein ander daz ich ierchleichen da von dienen
sol den dienst der oben geschriben stet, nach den fümf iaren
hat mein herre der bischof von Frisingen vnd daz gotshous
gûten gewalt vnd reht den selben hoff ze Stad ze lazzen vnd
ze enpfelhen mîr oder einem anderm, swî seinen genaden wol
geuellet vnd in gût dunchet, also daz ich vnd mein erben
dheins rechtes dar ûf niht iehen. Swenn ich von dem hoff
gesten, ez sei inner den fümf iaren oder darnach, so sol ich
gen Vdmaruelt in den chasten wider anturten als vil chorens
vnd habern als mîr ze samen dar ûf gelihen ist, als hie vor-
geschriben stet. Daz in daz staet beleib gib ich disen offen
brif für mih vnd für alle mein erben mit Marquardes des
Lûchsnekker vnd Hermans des Hesibs vnd mit Otten vnd
Nyclaus der Chamrer di beide mein vettern sint, insigeln wol
versigelten ze einem vrchûnd diser sache. Daz ist auch ge-
schehen ze Vdmaruelt, do von Christes gepürd ergangen waren
dreyzehen hundert iar, darnach in dem vir vnd zwayneczigistem
iare, an sand Mathyas abent.

Orig., Pgt., von 3 angehängten Sigeln nur Nr. 1 und 2 verletzt vor-
handen, k. k. geh. Haus-, Hof- und Staatsarchiv zu Wien.

554.

1324, 21. Juni, ... *Alram von Reikersdorf, Richter zu Amstetten,
als Gewaltträger Alheits von Frieberstetten, seiner Mündel, verkauft
deren Gut zu Frieberstetten dem Bisthume Freising um 50 Pfund aller
Wiener Pfennige.*

Ich Alram von Reykerstorf richter ze Amsteten vergih
an disem brif vnd tûn chunt allen den die in an sehent oder
hôrnt lesen, daz ich mit gütlichen willen iunchfrawn Alheiten
Fridreichs des Fribrechsteter tochter die ich inne han, vnd

nach rat vnd wol verdachtem mût aller irrer friund verchouffet vnd hin geben han alles daz gût daz si gehabt hat ze Fribrechsteten, pesûcht vnd vmbesûcht (!), von ires vorgenanten vater Fridreichs vnd irrer mûtter Gerdrauten wegen, des gotshous amptleuten von Freising vmb fûmfczich pfunt alter Winner pfenning der mich Pernhart der chastner von Vdmaruelt gaenczlich gewert hat von des gotshous wegen von Freising, vnd hat auch die vorgnante iunchfrawe Alheit daz selbe gût aûf geben den amptleuten ledichleichen vncz an einen chûmpftigen bischof, swenn der zv dem lande chumt so sol si im daz gût aûf geben als vol recht sein aigenhafts gût vnd sol auch fûrbaz dhein ansprach darnach haben. Vnd daz daz staet beleib, gib ich disen offen brif mit meinem insigel vnd ze einer pezzeren gewarheit mit des erbern mannes hern Wernhartes von Schaffernelt insigel versigelten. Des sint auch geczeug Götfrid der landrihter von Chûnratsheym, Marquard der Lûchsnekker, Hermann der Hesib, Pernhard der chastner, Otto der Taeuschehnan, Chûnrad der Taeutter purger ze Amsteten vnd ander erber leute genûg. Daz ist auch geschehen do man zalt von Christes gepûrd dreuczehen hundert jar, darnach in dem virden vnd zwainzigistem jare, des naehsten Pfincztags vor sant Johannes tag des taeuffer.

Orig., Pgt., 2 anhängende verletzte Sigel, k. k. geh. Haus-, Hof- und Staatsarchiv zu Wien.

555.

1324, 9. August, Waidhofen. *Konrad Gûtman, Richter zu Holenburg, gibt dem Propste Emich von Alzei zu Würthee einen Schuldschein über 40 Pfund Wiener Pfennige.*

Ich Chûnrat Gûtman rihter ze Holenburch vergih vnd tûn chunt allen den die disen brief sehent oder hörnt lesen, daz mir mein lieber herre her Emch von Altzey probst ze Werdse gelihen hat virtzich pfunt alter Wienner pfenning die ich mit gantzer zal von im enpfangen han vnd gehaizz im die selben virtzich pfunt wider ze gelten vnd ze weren swenn er si an mich vordert, er selbe oder mit seinem offeun brief, so sol ich im der selben pfenning rihten inner virtzehen tagn. Swa ich in dar an savmet vnd swelhen schaden er des naem an Juden oder an Christen, den sol ich im ab tûn, vnd setz

im dar vmb zv mir ze porgen Gôtfriden den landrihter ze
Chvnratshacim der auch mit samt mir selbschol ist vmb daz
vorgenant gût vnd mit mir dar vmb gehaizzen hat, vnd ze
einem vrchvnd gebn wir paide disen brief versigelten mit
vnser baider insigeln. Daz ist geschehn ze Waydhouen,
do man zalt von Christes gebvrt dreutzehn hvndert jar vnd
dar nah in dem virden vnd zwaintzgisten iar, an sand Lav-
reutzin abent.

<small>Orig., Pgt., 2 anhängende Sigel, k. k. geh. Haus-, Hof- und Staats-
archiv zu Wien.</small>

556.

1324, 8. November, Avignon. *Papst Johann XXII. ernennt den
Albert Griessemberger zum Pfarrer zu Waidhofen.*

Johannes episcopus seruus seruorum dei. Dilecto filio Al-
berto dicto Griessemberger rectori parrochialis ecclesie in
Waidhouen Patauiensis diocesis salutem et apostolicam bene-
dictionem. Sedis apostolice prouidencia circumspecta perso-
narum qualitatem considerans, illas non immerito munificentia
sue liberalitatis attolit quibus ad id propria merita fidedigno-
rum adiuta testimoniis conspicit laudabiliter suffragari. Cum
itaque parrochialis ecclesia in Waidhouen Patauiensis diocesis
per liberam resignationem dilecti filii Alberti de Enna Brixi-
nensis (diocesis) tunc Frisingensis electi, olim ipsius ecclesie
rectoris in manibus dilecti filii nostri Arnoldi sancti Eustachii
diaconi cardinalis apud sedem predictam sponte factam et ab
eodem cardinali de mandato nostro sibi super hoc facto oraculo
uiue uocis admissam apud eandem sedem uacare noscatur ad-
presens nullusque de illa preter nos hac uice disponere possit,
pro eo quod nos diu ante uacationem huiusmodi omnes parro-
chiales ecclesias ceteraque beneficia ecclesiastica tunc apud
dictam sedem quocunque modo uacantia et imposterum uaca-
tura collationi et dispositioni nostre specialiter reseruantes,
decreuimus extunc irritum et inane si secus super hiis a quo-
quam quauis auctoritate scienter uel ignoranter contingeret
attemptari, nos uolentes tibi tuorum meritorum obtentu super
quibus apud nos fidedignorum testimonio commendaris, gratiam
facere specialem, predictam parrochialem ecclesiam sic uacan-
tem cum omnibus iuribus et pertinentiis suis apostolica tibi

auctoritate conferimus et de illa etiam prouidemus, decernentes prout est, irritum et inane si secus super hiis a quoquam quauis auctoritate scienter uel ignoranter attemptatum forsan est hactenus uel imposterum contingeret attemptari, non obstantibus si aliqui super prouisionibus sibi faciendis de parrochialibus ecclesiis uel aliis beneficiis ecclesiasticis in dicta diocesi speciales uel in illis partibus generales dicte sedis uel legatorum eius litteras impetrarint, eciam si per eas ad inhibicionem, reseruationem et decretum uel alias quomodolibet sit processum, quibus omnibus in assecucione dicte parrochialis ecclesie te uolumus anteferri, sed nullum per hoc eis quoad assecucionem aliorum (!) ecclesiarum et beneficiorum preiudicium generari, seu si venerabili fratri nostro . . . episcopo Patauiensi uel quibusuis aliis communiter uel diuisim ab eadem sit sede indultum quod ad receptionem uel prouisionem alicuius minime teneantur et ad id compelli non possint, quodque de ecclesiis aut aliis beneficiis ecclesiasticis, ad eorum collationem, prouisionem seu quamuis aliam dispositionem coniunctim uel separatim spectantibus nulli ualeat prouideri per litteras apostolicas non facientes plenam et expressam ac de uerbo ad uerbum de indulto huiusmodi mentionem, et qualibet alia dicte sedis indulgentia generali uel speciali cuiuscunque tenoris existat, per quam presentibus non expressam uel totaliter non insertam effectus huiusmodi nostre gracie impediri ualeat quomodolibet uel differri, et de qua cuiusque toto tenore habenda sit in nostris litteris mentio specialis, seu quod in ecclesia Beronensi Constantiensis diocesis sub expectatione uacature prebende in canonicum es receptus et quod beneficium ecclesiasticum cum cura uel sine cura ad collationem uel presentationem dilectarum in Christo filiarum . . . abbatisse et capituli secularis ecclesie Segoniensis dicte Constantiensis diocesis communiter uel diuisim pertinens per earum certi tenoris litteras te asseris expectare, quas litteras et omnem earum effectum prout sunt, irritas decernimus et inanes et nullius deinceps penitus existere uolumus roboris uel momenti. Nulli ergo omnino hominum liceat hanc paginam nostre collationis, prouisionis, constitutionis et uoluntatis infringere uel ei ausu temerario contraire, siquis autem hoc attemptare presumpserit, indignationem omnipotentis dei et beatorum Petri et Pauli apostolorum eius se nouerit incur-

surum. Datum Auinionis, VI. idus Nouembris, pontificatus
nostri anno nono.

E. de Valle. A. Raynaldi.

Orig., Pgt., anhängende Bulle, k. k. geh. Haus-, Hof- und Staatsarchiv
zu Wien.

557.

1324, 8. November, Avignon. *Papst Johann XXII. ertheilt den
Äbten von Admont und Seitenstetten, dann seinem Capellan Johann
Pfefferhard den Auftrag, den von ihm zum Pfarrer zu Waidhofen
bestellten Albert Griessemberger daselbst einzuführen.*

Johannes episcopus seruus seruorum dei. Dilectis filiis …
in Agmundia et … in Sitesteten Patauiensis diocesis monasteriorum abbatibus ac magistro Johanni Pfefferhardi canonico
Constantiensi capellano nostro salutem et apostolicam benedictionem. Sedis apostolice prouidentia circumspecta personarum
qualitatem considerans, illas non immerito munificentia sue liberalitatis attollit quibus ad id propria merita fidedignorum adiuta
testimoniis conspicit laudabiliter suffragari. Cum itaque parrochialis ecclesia in Waidhouen Patauiensis diocesis per liberam
resignationem dilecti filii Alberti de Enna Brixinensis (diocesis)
tunc Frisingensis electi, olim ipsius ecclesie rectoris in manibus
dilecti filii nostri Arnaldi sancti Eustachii diaconi cardinalis
apud sedem predictam sponte factam et ab eodem cardinali
de mandato nostro sibi super hoc facto oraculo uiue uocis admissam apud eandem sedem uacare tunc nosceretur nullusque
de illa preter nos ea uice disponere potuerit, pro eo quod nos
diu ante uacationem huiusmodi omnes parrochiales ecclesias
ceteraque beneficia ecclesiastica tunc apud dictam sedem quocunque modo uacantia et imposterum uacatura collationi et
dispositioni nostre specialiter reseruantes, decreuimus ex tunc
irritum et inane si secus super hiis a quoquam quauis auctoritate scienter uel ignoranter contingeret attemptari, nos uolentes
dilecto filio Alberto dicto Griessemberger rectori parrochialis
ecclesie predicte, suorum meritorum obtentu super quibus apud
nos fidedignorum testimonio commendatur, graciam facere specialem, predictam parrochialem ecclesiam sic uacantem cum
omnibus iuribus et pertinentiis suis apostolica eidem Alberto
auctoritate contulimus et de illa etiam prouidimus, decernentes

prout erat, irritum et inane si secus super hiis a quoquam quauis auctoritate scienter uel ignoranter attemptatum, forsan esset hactenus uel imposterum contingeret attemptari, non obstantibus si aliqui super prouisionibus sibi faciendis de parrochialibus ecclesiis uel aliis beneficiis ecclesiasticis in dicta diocesi speciales uel in illis partibus generales dicte sedis uel legatorum eius litteras impetrarint, etiam si per eas ad inhibitionem, reseruationem et decretum uel alias quomodolibet sit processum, quibus omnibus in assecutione dicte parrochialis ecclesie predictum Albertum uoluimus anteferri, sed nullum per hoc eis quo ad assecutionem aliorum (!) ecclesiarum et beneficiorum preiudicium generari seu si venerabili patri nostro ... episcopo Patauiensi uel quibusuis aliis communiter uel diuisim ab eadem sit sede indultum, quod ad receptionem uel prouisionem alicuius minime teneantur et ad id compelli non possint, quodque de ecclesiis aut aliis beneficiis ecclesiasticis ad eorum collationem, prouisionem seu quamuis aliam dispositionem coniunctim uel separatim spectantibus nulli ualeat prouideri per litteras apostolicas non facientes plenam et expressam ac de uerbo ad uerbum de indulto huiusmodi mentionem et qualibet alia dicte sedis indulgentia generali uel speciali cuiuscunque tenoris existat, per quam nostris litteris non expressam uel totaliter non insertam effectus huiusmodi nostre gracie impediri ualeat quomodolibet uel differri, et de qua cuiusque toto tenore habenda sit in eisdem nostris litteris mentio specialis, seu quod prefatus Albertus in ecclesia Beronensi Constantiensis diocesis sub expectatione uacature prebende in canonicum est receptus et quod beneficium ecclesiasticum cum cura uel sine cura ad collationem uel presentationem dilectarum in Christo filiarum ... abbatisse et capituli secularis ecclesie Segoniensis dicte Constantiensis diocesis communiter uel diuisim pertinens per earum certi tenoris litteras dictus Albertus se asserit expectare, quas litteras et omnem earum effectum prout sunt, irritas decreuimus et inanes et nullius deinceps penitus existere uoluimus roboris uel momenti. Quocirca discretioni uestre per apostolica scripta mandamus, quatenus uos uel duo aut unus uestrum per uos uel per alium seu alios eundem Albertum uel procuratorem suum eius nomine in corporalem possessionem dicte parrochialis ecclesie in Waidhouen, iurium et pertinentiarum eiusdem inducatis auctoritate nostra et defendatis in-

ductum amoto ab ea quolibet detentore facientes sibi de ipsius
ecclesie fructibus, redditibus, prouentibus, iuribus et obuentio-
nibus uniuersis integre responderi, non obstantibus omnibus
supradictis seu si prefato episcopo uel quibusuis aliis commu-
niter uel diuisim ab eadem sit sede indultum quod interdici,
suspendi uel excommunicari non possint per litteras apostolicas
non facientes plenam et expressam ac de uerbo ad uerbum de
indulto huiusmodi mentionem, contradictores auctoritate nostra
appellatione postposita compescendo. Datum Auinionis, VI. idus
Nouembris, pontificatus nostri anno nono.

E. de Valle. A. Raynaldi.

<small>Orig., Pgt., anhängende Bulle, k. k. geh. Haus-, Hof- und Staatsarchiv zu Wien.</small>

558.

1324, 14. December, Avignon. *Johann Pfefferhard, Chorherr von Constanz und päpstlicher Caplan, beauftragt unter Insertion der. betreffenden Bullen den Bischof . . . von Passau, den vom Papste zum Pfarrer zu Waidhofen bestellten Albert gen. Griessemberger in seine Pfarre einführen zu lassen.*

Reuerendo in Christo patri domino . . . dei gracia epi-
scopo Patauiensi et omnibus aliis et singulis quorum interest
uel intererit et quos infrascriptum negotium tangit uel tangere
poterit quomodolibet infuturum, Johannes Pfefferhardi canonicus
ecclesie Constantiensis domini pape capellanus, executor ad
infrascripta una cum infrascriptis collegis nostris a sede apo-
stolica deputatus salutem in domino et mandatis apostolicis fir-
miter obedire. Litteras sanctissimi patris et domini nostri do-
mini Johannis diuina prouidentia pape xxii. presentatas nobis
coram notario et testibus infrascriptis pro parte discreti viri
Alberti dicti Griessemberger rectoris parrochialis ecclesie in
Waidhouen Patauiensis diocesis, unam cum filis sericis et aliam
cum filo canapis et ueris bullis plumbeis ipsius domini pape
bullatas, non uitiatas, non cancellatas, sed omni uitio et suspic-
tione (!) carentes nos recepisse noueritis quarum litterarum,
illius uidelicet cum filis sericis tenor sic incipit:

<small>Folgt nun die Bulle ddo. 1324, 8. Nov., Avignon (Nr. 556), die Verleihung der Pfarre Waidhofen an Albert gen. Griessemberger betreffend.</small>

Item tenor alterius, uidelicet cum filo canapis tenor sic incipit:

Folgt nun ein Auszug des päpstlichen Auftrages ddo. 1324, 8. Nov., Avignon (Nr. 557), an die Aebte von Admont und Seitenstetten, betreffend die Einführung des oben bestellten Pfarrers.

Quibus quidem litteris receptis, uisis et diligenter inspectis ipsas coram nobis legi fecimus per notarium memoratum et pro parte dicti Alberti fuit nobis humiliter supplicatum, ut ad executionem predicti mandati apostolici procedere deberemus iuxta traditam seu directam a sede apostolica nobis formam. Nos igitur Johannes executor prefatus, uolentes ad instantiam ipsius mandatum apostolicum supradictum nobis in hac parte directum reuerenter exequi ut tenemur, eundem Albertum in corporalem possessionem eiusdem parrochialis ecclesie in Waidhouen, in quantum et prout ex forma dictarum litterarum apostolicarum possumus, inducimus et discretum virum Nicolaum Alaniliene (?) eius nomine per nostrum birretum de dicta ecclesia presentialiter inuestimus ac eundem Albertum uel procuratorem suum predictum eius nomine in huiusmodi corporalem possessionem ipsius ecclesie iuriumque et pertinentiarum ipsius decernimus personaliter inducendum, amouentes et amoueri decernentes exinde quemlibet detentorem, monemus quoque tenore presentium pro primo, secundo et tercio peremptorie generaliter omnes et singulos supradictos et alios quorum interest uel intererit, cuiuscunque status, gradus, ordinis uel conditionis existant et quos presens negotium tangit aut tangere poterit quomodolibet infuturum, uobisque et uestrum cuilibet in uirtute sancte obedientie auctoritate qua fungimur, et sub excommunicationis pena districte precipiendo mandamus, quatinus infra sex dierum spatium a presentatione seu denunciatione presentium uobis facta immediate sequentes, quorum duos pro primo, duos pro secundo et reliquos duos uobis uniuersis et singulis pro tertio et peremptorio termino ac monicione canonica assignamus, eundem Albertum uel procuratorem suum eius nomine in rectorem predicte ecclesie in Waidhouen sibi per dictum dominum papam collate recipiatis et etiam admittatis ipsumque permittatis pacifica illius iurium et pertinentiarum eius possessione gaudere ac eidem Alberto uel dicto eius procuratori pro eo de ipsius ecclesie fructibus, redditibus, prouentibus, iuribus et obuentionibus uniuersis, prout ad uos et uestrum quemlibet communiter uel diuisim pertinet, integre respondere faciatis, nec eidem Alberto quominus predictam ecclesiam cum omnibus iuribus et pertinentiis suis integre ac pacifice assequatur et pacifice ualeat possidere, impedimentum aliquod prestetis per uos uel alium seu alios publice uel occulte, nec impedientibus ipsum Albertum super premissis in aliquo aut impedientibus ipsum dantes scienter auxilium, consilium uel fauorem, nisi infra predictum terminum a die scientie computandum a contradictione, rebellione, impedimento, turbatione, auxilio, consilio et fauore huiusmodi omnino destiteritis et mandatis nostris immo uerius apostolicis in hac parte cum effectu non parueritis, exnunc prout extunc in hiis scriptis singulariter in singulos canonica monitione premissa excommunicacionis sententiam promulgamus. Vobis uero domine episcope, quem ob reuerentiam uestre dignitatis nolumus prefatis nostris sententiis sic ligari si contra premissa uel aliquod premissorum feceritis publice uel occulte, exnunc prout extunc prefata monitione premissa ingressum ecclesie interdicimus in hiis scriptis, si uero predictum interdictum per alios sex dies prefatos sex immediate sequentes substinueritis in non reuocando quod contra premissa feceritis, vos eadem monicione premissa in hiis scriptis suspendimus a diuinis, verum si prefatas interdicti et suspensionis sententias per alios sex dies prefatos xii immediate sequentes substinueritis quod absit, animo indurato, eadem monitione premissa in hiis scriptis, quia crescente contumacia crescere debet et pena, vos exnunc prout extunc excommunicationis sententia in(n)odamus, absolucione omnium et singulorum qui suprascriptas et infrascriptas nostras sententias uel earum aliquam incurrerint, quoquomodo nobis et superiori nostro tantummodo reseruata. Prefatas quoque litteras apostolicas et hunc nostrum processum uolumus penes eundem Albertum uel procuratorem suum remanere et non per uos uel uestrum aliquem aut quemuis alium extraneum contra ipsius Alberti uel eius procuratoris noluntatem quomodolibet detineri, contrarium uero facientes prefatis sententiis per nos latis ipso facto prefata canonica monitione premissa nolumus subiacere. Mandamus tamen eidem Alberto et procuratori suo ut uobis, si petieritis, faciant uestris tamen sumptibus, copiam de premissis. Ceterum cum ad executionem huiusmodi ulterius faciendam non possimus quo ad presens inibi personaliter interesse,

aliis in Romana curia negotiis prepediti, venerabilibus viris
dominis . . . decano et . . . thesaurario Ardacensi ac . . .
plebano in Wienna diocesis Patauiensis ecclesiarum, quibus et
eorum cuilibet insolidum super executione predicti mandati
apostolici et nostri tenore presentium committimus uices nostras
donec eas ad nos duxerimus reuocandas, eis et singulis eorum
auctoritate qua fungimur in hac parte sub excommunicationis
pena quam exnunc predicta monitione premissa in eos et
eorum quemlibet ferimus in hiis scriptis, si ea que eis in hac
parte committimus, neglexerint aut contempserint contumaciter
adimplere, districte precipiendo mandantes, quatinus ipsi uel
eorum alter qui a predicto Alberto uel eius procuratore fuerit
requisitus, ad dictam parrochialem ecclesiam in Waidhouen
personaliter accedentes et predictas litteras apostolicas et hunc
nostrum processum et omnia et singula in eis contenta ad illo-
rum quorum interest uel intererit, in predicta ecclesia et alibi
prout expediens fuerit, notitiam deducentes et eundem Albertum
uel procuratorem suum eius nomine in corporalem possessionem
eiusdem ecclesie ac vniuersorum iurium et pertinentiarum eius
auctoritate nostra immo potius apostolica inducant et defendant
inductum, amoto ab ea quolibet detentore quem nos exnunc
etiam ammouemus et denunciamus amotum, sibique faciant uel
eidem procuratori pro eo de ipsius ecclesie fructibus, redditi-
bus, prouentibus, iuribus et obuentionibus uniuersis plene et
integre responderi, et nichilominus omnia et singula nobis in
hac parte commissa prout et quando expediens fuerit, plenarie
exequatur, ita tamen quod in preiudicium dicti Alberti nichil
ualeat attemptare, nec circa suprascriptas sententias per nos
latas absoluendo uel suspendendo aliquid immutare, et si con-
tingat nos in aliquo super premissis procedere, non intendimus
propter hoc commissionem predictam in aliquo reuocare, nisi
de reuocacione huiusmodi specialis et expressa mentio habea-
tur. Per processum autem huiusmodi nolumus, nec intendimus
nostris preiudicare collegis quominus ipsi uel eorum alter, ser-
uato tamen hoc nostro processu, possint in huiusmodi negotio
procedere prout ipsis uel eorum alteri uisum fuerit expedire.
In quorum omnium testimonium et predicti Alberti cautelam
presens instrumentum publicum seu processum per notarium
infrascriptum scribi et publicari mandauimus et nostri sigilli
appensione muniri. Datum et actum Auinionis in hospicio

habitationis nostre sub anno natiuitatis domini millesimo trecentesimo vicesimo quarto, iudictione septima, die quartadecima mensis Decembris, pontificatus dicti domini Johannis pape xxii. anno nono, presentibus discretis viris Conrado rectore ecclesie sancti Johannis in Essigen et Werhnero (!) de Mittelhus clerico ac Conrado dicto Weggschic (? — it?) Augustensis, Basiliensis et Constantiensis diocesum testibus ad premissa uocatis specialiter et rogatis.

Et ego Petrus Nicolai de Fractis clericus Gaietanensis diocesis, publicus apostolica et imperiali auctoritate notarius presentationi predictarum litterarum apostolicarum et omnibus aliis et singulis supradictis per prefatum dominum executorem factis, prolatis et habitis una cum predictis testibus anno, indictione, die, mense et pontificatu predictis presens interfui et ea omnia et singula de mandato et auctoritate sepedicti domini executoris scripsi et in hanc publicam formam redegi meoque signo consueto signaui rogatus (S. N.).

<small>Orig., Pgt., anhängendes verletztes Sigel, k. k. geh. Haus-, Hof- und Staatsarchiv zu Wien.</small>

559.

1325, 2. Februar, Ulmerfeld. *Friedrich in (Unter-?) Thal versetzt seinen Hof daselbst, den er bereits für 10 Pfund Wiener Pfennige an Bischof Konrad III. von Freising verpfändet hatte, neuerdings für weitere 36 Pfund an dessen Amtleute von Ulmerfeld.*

Ich Friderich in dem Tal vergih vnd tůn chunt allen den die disen brief sehent oder hôrnt lesen, daz ich mit aller meiner chinde gütlichem willen vnd gunst aůf meinen hof in dem Tal den ich auch vormalen versaezt han meinem hern bischof Chůnraden dem got genade, für zehen pfunt Wienner pfenninge vnd für fůmf mut getraides, drei rokken vnd zwen habern, von den amptleuten ze Vdmaruelt genomen vnd outlehent han sechs vnd dreizzich pfunt alter Winner pfenning der mih Pernhart gar gewert hat, vnd doch mit sogtaner beschaidenheit daz ich den selben hof vir iar inne haben sol vnd allev iar da von dienen gen Vdmaruelt in die chamer an sand Georin tag vierzehen schilling alter Winner pfenning an den dienst der vormalen dar aůf gelegt ist, ze nevn pfenning in dem herwest. Swo ich den vorgenanten dienst versaezze, so sol man mich dar vmb nöten als ander meins hern vrbors leut. Ich sol auch die weille den vorgenanten meinen hof nindert hin vailen, noch an dheiner stat verchumern, vnd swen sich die vir iar vergent so sol mir mein herre der bischof oder sein amptleut her zů geben nach der vir manne rat vnd wisung die wir dar zů genomen haben die auch hie benenet sint, Götfrides des lantrihter von Chůnratsheim vnd Wolfhartes von Fribrechsteten die meinem hern genomen sint, vnd Marquardes von Lůchsnek vnd Chunrats des Pratter die ich mir dar zů genomen han. Waer aber daz sich die niht gesamnen möchten, so süllen si einen gemainen man nemen vnd swas der da mit denn tůt, des sol ich mih genügen, vnd wan ich nicht aigens insigels han, ze vrchůnd diser sache gib ich disen brif versigelten mit Götfrides von (!) Aneuelt des purggrauen ze Vdmaruelt, mit Marquardes von Lůchsnek vnd mit Hermannes des Hesibs insigelen dev si durch mein bet an disen brief gelegt habent der geben ist ze Vdmaruelt, do man zalt von Christes gepůrd drevzehen hundert iar vnd dar nach in dem fümften vnd zwaintzikistem iare, an Vnser frawntag zder Liechtmisse.

Orig., Pgt., 3 anhängende Sigel, k. k. geh. Haus-, Hof- und Staatsarchiv zu Wien.

560.

1325, 7. August, Oberwelz. *Ulrich Grůber, Bürger zu Judenburg, gibt dem Bischofe Konrad von Freising seine freieigene Schwaige im Hintereck auf und nimmt sie von ihm wieder zu Lehen.*

Ich Vlrich Grůber burger von Judenburg vergih vnd tůn chunt allen den die disen brif sehent oder hörnt lesen, daz ich willichlichen vnd mit verdahten můt meinem gnaedigen herren dem ersamen hern Chunr. von Chlingenberch erwelten vnd bestaeten bischof ze Frisingen in sein hant, im vnd seinem gotshous ouf gegeben han ein swaig daez Hinderek dev vor mein rehtez aigen ist gewesen, vnd han dar nach die selb swaig von minem vorgenanten hern enpfangen ze rehtem lehen, also daz ich vnd alle mein erben, sůn vnd töchter, die ez ze recht erben süllen hinnan für, daz selbe gůt nah lehens reht enpfahen vnd inne haben süln von minem hern dem bischof vnd dem gotshous ze Frisingen, vnd dar über gib ich disen brief mit minem hangenden insigel versigelten. Des sint ouch getziugen die erbern hern graff Levtolt von Schovnberch probst ze Ardacher, her Emche von Alczai probst ze Werdse, her Nyclaus priester schaffer ze Welcz, her Albrecht von Chlingenberch, her Herman von Lybenuels, her Friderich von Weltz ritter vnd Vlrich Silberchnoll, Peter Heller vud Reicher Chrael burger ze Welcz vnd ander piderb levt genůg. Daz beschach ze Welcz, do man zalt von Christes gebůrd drevtzehenhundert iar vnd dar nach in dem fůmften vnd czwainczigisten iar, an sand Affren tag.

Orig., Pgt., anhängendes, ziemlich abgeplattetes Sigel, k. Reichsarchiv zu München.

561.

1325, 5. September, Ebersdorf. *Weikart, Heinrich und Gottfried von Hirschstetten Gebrüder verkaufen Natural- und Geldgülten auf einem Lehen zu Deindorf an Reimbrecht von Ebersdorf um 22 Pfund Wiener Pfennige.*

Ich Weichart vnd Hainreich vnd ich Götfrit di průder von Hertstetten wir vergehen vnd tvn chunt allen den di disen prief lesent oder hörnt lesen, di nv lebent oder her nach chunftich sint, daz wir mit verdachtem můt vnd mit zeitigem rat vnd mit gesampter hant vnd ze den zeiten do wir iz wol getvn mochten, vnd mit aller vnserr erben gůtem willen vnd gunst verchauft haben vnsers rechten lehens dreyzzich metzzen waitzzes di da ligent datz Teymendorf ovf ainem lehen der dreyzzich phenning leichter ist danne prehwaitz, vnd ovf dem selben lehen ain phunt phenning geltes vnd da selben sechs schilling Wienner phenning geltes vnd allez daz weiset daz dar zv gehört, dem erbern herren vnserm herren hern Reymprechten von Eberstorf oberistem chamerer in Osterreich vnd seiner hovsvrowen vrowen Kathreyn vnd allen ir paider erben ze versetzzen, ze verchauffen vnd ze geben swem si wellent, vnd allen irn frumen da mit schaffen als iz in wol chom vnd fůg, vmb zwai vnd zwaintzzich phunt Wienner phenning der wir recht vnd redleich sein gewert, vnd loben ovch dem vorgenanten hern Reymprechten vnd seiner hovsvrowen vrowen Kathreyn vnd allen ir paider erben vber daz vorgenant gůt rechten scherm als dez landes recht ist in Osterreich, fvr alle anspruch. Vnd dar vber so geben wir dem vorgenanten vnserm herren hern Reymprechten vnd seiner hovsvrowen vrowen

Kathreyn vnd allen ir paider erben disen prief ze ainem sichtigen vrchund vnd ze ainem waren gezevg diser sach versigelten mit vnsern insigeln. Dez sint gezevg Dietreich von Stadlawe, Hekcho von Asparn, Pilgreim Reymprechtes svn ovf dem Gang datz Eberstorf ze den zeiten purkgraue datz Entzestorf, Vlreich der Ryedmarcher ze den zeiten purgraf datz Portz vnd ander frvm levtte genûch den disev sach wol chunt ist. Diser prief ist geben datz Eberstorf da von Christes geburt ergangen warn drevzchen hundert jar, dar nach in dem fvmf vnd zwaintzzigistem jar, an dem Phinztag nach sant Gilgen tach.

<small>Orig., Pgt., 3 anhängende, stark verletzte Sigel, landsch. Archiv zu Wien.</small>

562.

1325, 4. November, Waldhofen. *Karl der Rech von Luftenberg verzichtet auf alle Ansprüche an die seitens seiner Frau Christina von ihrem ersten Gatten ihm zugebrachten Güter zu ‚Ludwigesöde', Toberstetten, Steinkeller u. s. w.*

Ich Carl der Rech von Lûffenberch vergihe offenlich an disem prief vnd tûn kunt allen den die in ansehent oder hôrent lesen, daz ich mich gen meinem gnädigen herren hern Chûnrad von Clingenberch erweltém vnd bestättem bischof ze Frisingen vnd gen seinem goczhause ze Frisingen der nach geschribenne lehen, leute vnd gûter vnd swaz darzŭ gehört, ze velde vnd ze dorfe, gepawen oder vngepawen, gänczlich vnd gar verzihe vnd verzigen han, vnd ausser mich der selben gûter vnd levte dŭ mich anchomen sint von frawen Cristein weilent meiner wirtenne vnd dŭ si von irem vordern wirte hern Hârtweig sälig dem Wasner mit gemächte ze ainem leiptinge anchomen waren, vnd erkenne daz ich darzŭ dehainen fûg, wech oder vordrunge nach rehte solt noch maht gehaben, vnd sint dŭ selben gûter benant, des ersten ze Ludwiges öde nin lehen, ze Tobersteten auf dem perig ein lehen, da selben auf dem Staincheller ein hof, da selben in dem Freythofe ain lehen, ze Waldemansdorf ain hûbe, in dem Erlach ein lehen, an dem Aigen in der Zauche ain lehen, an der Hûbe ain hûbe, auf dem Hungersberge ain hûbe vnd auf dem Schönenpühel zwai lehen, vnd darzŭ von gnaden vnd durch dienst die ich

im vnd seinem goczhause immer gern tůn wil, vnd ouch
darumb ob ich dehain reht gehebt hetti (!) ze den vorgenan-
ten gütern vnd levten, git er mir fůnf vnd drissig phunt
Wienner phenninge der ich auch gánczlich von im vnd sinem
goczhuse ze Frisingen gewert pin. Vnd daz ich oder ieman
fúrbaz von minen wegen an den vorgeschribenne levten vnd
gůtern dů in vnd sein goczhaus ze Frisingen mit allem reht
angehörent, irre, beswáre oder bekrenche, darumb ze ainem
vrkůnde der warhait vnd bedåhtnůsse gib ich im vnd sinem
goczhause disem (!) prief versigelt mit minem vnd mit mins
lieben herren hern Johans von Capelle, hern Hainrichs von
Rötenberg vnd der beschaidenne ritter hern Hårtnits des Kůl-
wers vnd hern Alrans (!) des rihters von Amsteten insigel di
darau hangent, die åch baide herre Hårtnit vnd herre Alran
der selben sache vnd berihtunge mitter vnd taidinger sint ge-
wesen. Wir Johans von Capelle, Hainrich von Rötenberg,
Hårtnit der Kůlwer vnd Alran der rihter von Amsteten durch
lieb vnd bete des erbern ritters hern Carln des Rchen vergehen
wir, daz wir vnserv insigel haben gelait an disem prief zů
ainer merer sicherhait vnd vrkunde als hie vor geschriben
stat. Daz beschach vnd wart dirre brief geben ze Waidhouen
do man zalt von gotes gebůrte drůczehenhundert jar, darnach
in dem fůnf vnd zwainczigosten jar, an dem Måntage nach
Aller hailigen tach.

Orig., Pgt., 5 anhängende, meist verletzte Sigel, k. k. geh. Haus-,
Hof- und Staatsarchiv zu Wien.

563.

1326, 8. Jänner, Oberwelz. *Ortolf Pruederl, Bürger zu Schlad-
ming, verkauft dem Pfleger Nyklas von Oberwelz seine Schwaige im
Krumpeck daselbst um 48 Mark Silbers.*

Ich Artolf Pruederl purger zu Sledmig vergih offenleichen
an disem prief vnd tuen chunt allen den di in horend oder
sehent lesen, daz ich mit wol verdahten muet vnd mit guetem
willen mein vnd meiner hausvrauwen vnd aller meiner erben
verchawft han dem erbern manne hern Nyclan von Welcz
amptman vnd phleger zu Welcz vm zwairmin funfzech march
silwers gewegens Wienis gewigs des er mich mit rehter wage

gar vnd genczleichen gewert vnd verriht hat, ein swaig deu
gelegen ist in dem Chrumpek ob Oberwelcz da auf gesezzen
ist Hertli Wolfleins sun pei dem Valtar, vnd tar (!) zue ein
reut vnd swaz zu der swaig vnd zu dem reut gehörd, swie
daz genant sei, haus vnd hof, holcz, acher vnd wismat, auz-
vart vnd waide, stoch vnd stain, gesuecht vnd vngeschuecht (!),
gepaun vnd vngepaun, mit allen den eren, rchten vnd nuzen
als ich cz her pracht han vnd chauft han von Seifriden hern
Offen sun von Winchleren vnd allen sein erben, vnd han daz
selbe guet aufgeben meim liebem herren hern Chunrat dem
ersam pischolf von Vreising der daz guet zereht leihen schol,
vnd sol daz vorgenante guet zu scherben vnd zu versprechen
vor aller ansprach vnd ze uertreten an aller stad als rcht vnd
gewonhaid ist in dem lande zu Steyger (!) dem vorgenanten
hern Nyclan amptman zu Welcz oder swem er daz gued ver-
chauft. Taet ich des niht, swelhen saden (!) der saelwe her
Nycla oder swer von im daz vorgenant gued chacuft vnd da
von chain schaden naem, den schol ich im vnd alle mein erben
abtuen vnd schullen den haben auf mir vnd tacz (!) mein
treuwen vnd auf alleu deu vnd ich han swa daz sei gelegen,
vnd schol ich dacz Oberwelcz in ein offenz kasthaus (!) varen
vnd laisten auf mein schaden nach inligens raeht als lange
vncz in der schade werd ab gelaet. Vnd taz im daz ganz vnd
vnzebrochen peleibt, daruber gib ich im disen prief zu
vrchun (!) der warhait der versigelt ist mit meim anhan-
gentem insigel. Dez sind gezeugen her Fridreich purgraue
zu Welcz, Velreich der Silberchnolle, Eberli am Marcht,
Perchtolt der Schueler, Ruepli der sneider, Ottel der Sturer,
Chunrat der Tanzer, Ottel der Sworzel vnd ander erber
leut gunueg (!). Der prief ist geben dacz Welcz nach
Christes gewurd vber dreuzchen hundert iar, dar nach in
dem segs vnd zwainchisten iar, des naesten Mitcchens nach
Perhten tag.

<small>Orig., Pgt., angehängtes Sigel abgerissen, k. Reichsarchiv zu München.</small>

564.

1326, 8. Jänner, ... *Ortolf der Pruederl von Schladming sandet Bischof Konrad von Freising eine Schwaige am Krumpeck bei Welz auf, welche er au den freising. Pfleger Nikolaus von Welz um 48 Mark Silbers verkauft hatte.*

Meim lieben vnd genaedigen herren heren Chvnrad dem ersam vnd lobsam fursten pyscholf zu Vreysing enpeud ich Artolf der Pruederl purger zu Sledmig mein dienst mit ganczen treuwen. Here, mit disem prief sent ich eu vnd verzeih mich vnd gib eu auf von mir vnd von meiner hausvrauwen vnd von allen mein erben die swaig vnd taz (!) reut vnd swaz dar zue gehoerd, gesuecht vnd vngesuecht, vnd swie ez genant sei vnd als ichz von euwerm voruadern pyscholf Chûnr. dem got genad, vnd euwerm godshaus enphangen han ze rehtem lehen vnd als ich daz saelwe (!) gued cheuft (!) han mit allen den eren, rehten vnd nuzzen von Seifriden hern Offen sun von Winchleren vnd allen seinen erben, vnd ist taz vorgenant guet vnd vrbar gelegen in dem Chrumpek ob Weltz vnd sizzed dar auf Hertli Wolfleins sun pei dem Valtar, vnd gib eu daz also auf, daz ir ez pehalted euwerm gotshaus ze nuzzen vnd zu eren ob ir welt, oder daz guet leihed swem ez her Nycla euwer diener vnd amptman vnd phleger zu Weltz verchauft, wand er von mir die selben swaig vnd taz gued chauft hat vm zwair min funczch (!) march silwer gewegens mit allen sachen, des er mich gar vnd genzleichen mit raehter wag gewert vnd verriht hat. Der prief ist geben nach Christes gepurde dreuzehenhundert iar, dar nach in dem segs vnd zwainzchistem iar, des Mittichens nah Perhten tag.

Orig., Pgt., angehängtes Sigel abgerissen, k. Reichsarchiv zu München.

565.

1326, 17. März, Waidhofen. *Bischof Konrad von Freising überlässt seinem ,Gevatter' Gotfrid von ,Ancueld' das Schloss Allersdorf bei Amstetten in Satz mit Belastung von 80 Pfund Wiener Pfennigen.*

Wir Chûnrat von gotes gnaden bischof ze Frising verichn vnd tûn chunt allen den die disen brief an sehent oder hôrnt

lesen, daz wir durch der dienst willen die vnser lieber genatter
Götfrid von Aneueld enne her vnsern voruarn saeligen getan
hat vnd noch hinnan für vns vnd vnserm gotshvs ze Frising
tůn sol, im, siner wirtinne frołn Alheiden vnd allen sinen
erben versetzet vnd yn geantvrtt habn vnser hovs ze Alstorf
daz gelegn ist by Amsteten vnd daz weilent vnser voruar
saelig bischof Chůnrad chovfte von dem Schafferuelder, daz
selbe hovs Alstorf mit samt gůtern die dar zů gechovfet wurden
von dem Schafferuelder, besůht vnd vnbesůht, habn wir im
versetzet vmb ahtzig pfunt Wienner pfenning, also daz er,
Gotfrid von Aneueld, sein hovsfrow vnd sine erben daz hovs
vnd die gůter als vorgeschribn stat so lange inne habn vnd
niezzen süllen vntz er von vns oder von vnserm nahchomen
der selben ahtzig pfunt pfenning gantzlich gewert vnd beriht
werde. Swenne daz beschiht, so ist daz hovs ze Alstorf mit
samt den gůtern als si gechovfet sint von dem Schafferuelder,
vns vnd vnserm gotshus wider ledich. Vnd dar ůber ze ainem
vrchunde gebn wir disen brief besigelten mit vnser bestätigung
insigel die wir von vnserm hailign vatter dem pabst habn,
wan wir vnsers newen insigels noh niht bey vns habn. Ditz
ist beschehn vnd ist der brief gebn ze Waidhouen do man
zalt von Christes geburtt dreutzehn hundert iar vnd dar nah
in dem sehsten vnd zwaintzgisten iar, an sant Gerdruden tag.

Orig., Pgt., angehängtes Sigel ausgerissen, k. Reichsarchiv zu München; Meichelbeck II/2, 165, Nr. 254.

566.

1326, 24. Juni, Lack. *Hermann von Schwangau reversirt gegen Bischof Konrad von Freising betreffs der ihm verliehenen Burghut von Haberberg.*

Ich Herman von Swangev tůn chunt allen den die disen
brief ansehent oder hörent lesen, vnd vergih offenlich an disem
selben brief, daz ich mich han lazzen gnůgen von minem herren
bischof Chůnrat ze Frisingen an der burchůte die man Perh-
tolde dem Colweggen ze rehter burchůte ze Haberberch gege-
ben hat, vnd sol mit mins herren ampte vnd mit sinem chasten
niht ze schaffenn han, er empfelhe mirs danne sunderbar. Ich
vergihe auch, daz ich minem herren gelobt han minen brief

ze gebenne hie zwischent sant Jacobs tag der nv nåhst wirt, an dem ich mich verbinde mit minem aide, ob ich dehainen schaden in des gotshaus von Frisingen dienst nim ald in mins herren der denn bischof ist, daz ich vnd min erben vnd enhain min diener den selben schaden vf der vorgeschribenn burch ze Haberberch niht haben suln, noch ime oder sinen nachomen darumb niht vorhaben suln noch versperren. Swa aber ich dehainen schaden nåm oder min erben in des gotshaus dienst, daz sol an mines herren des bischofes, swer dann bischof ist, gnaden stan, waz er mir oder minen erben da für ergeczung tůn welle vnd swaz er mir oder minen erben da für ergeczung von gnaden tůt, der sol mich oder min erben begnůgen. Ich lob auch, ob ich niht enwår, daz min erben oder min diener die vorgenanten burch ze Haberberch minem herren bischof Cůnrat vnd dem gotshause ze Frisingen wider antwůrt swenn er oder daz capitel ze Frisingen oder sin nahchomen die burch mit ir briefen oder mit ir gewissen boten wider vorderent, vnd gib in darumb ze tröster hern Hainrichen von Rötenberch, hern Hainrichen von Walse, hern Vlrichen den jungen von Walse minen öhaim vnd minen sweher hern Coln von Flahsperch die mit samt mir irv insigel an den brief den ich minem herren dem bischof geben sol, legen suln. Vnd ze ainem offenn vrchund vnd ståtegung aller der dinge so hie vor geschriben ist, so geb ich minem herren dem vorgenanten bischof Cůnrat vnd sinem gotshaus ze Frisingen disen brief besigelt mit minem vnd des vorgeschribenne (!) mines swehers insigel. Diz beschach vnd ist dirre brief geben ze Lok do man zalt von gotes geburt drützchenhundert iar, darnach in dem schs vnd zwainczigosten iar, an dem Samstag vor sant Vrbans tage.

Orig., Pgt., 2 anhängende Sigel, k. k. geh. Haus-, Hof- und Staatsarchiv zu Wien.

567.

1326, 28. Juni. . . . . *Wulfing von Randeck und zwei andere Genannte stellen sich dem freising. Pfleger zu Ulmerfeld, Heinrich von Rotenberg, zu Bürgen für ihren Verwandten Otto von Randeck und im Betrage von 40 Pfund alter Wiener Pfennige.*

Ich Wlfinch von Ranndekk, Otte Hafner vnd Wolfhart der Sprinczenpech verichen offenlichen vnd tůn chunt mit

disem briefe allen den die in sehent oder hörnt lesen, daz wir
vnsern lieben vnd getrewn freund Otten den Ranndekker von
dem erbern herren hern Hainreichen von Rötenberch pfleger
vnd verbeser zden zeiten ze Vdmaruelt vmb sůmlich vmfůg
vnd vmbeschaidenhait die er wider in an des gotshous leuten
von Frisingen pegangen het vnd getan, vmb virczich pfunt
alter Winner pfenning von sand Peters vnd sand Pauls tag
der nu ist, ůber zehen iar haben auz genomen vnuerschaiden-
lichen, swas im an vnser ainem ab gieng daz sol er auf dem
andern haben, vnd auch mit sogtaner beschaidenhait, wan wir
vns paidenthalb dar zuo genomen haben die erbern leute hern
Wernharden von Schafferuelt, hern Alramen von Amsteten vnd
Chůnratten den Pratter, swnn daz wâr, daz der vorgnante Ott
vnser frevnd gegen dem vorgeschribn hern Hainreich von
Rötenberch oder seinem nahchomen an des gotshous leuten
oder swie ez genannt sei, in den zehen iaren sich mit vnfůg
vnd vnbeschaidenhait vergázze, als verre daz in die drey die
dar zuo paidenthalp genomen sint oder auz den dreyn zwn
schuldich sagen mügen, so sein wir im oder seinem nahchomen
vnd dem gotshous von Freisingen der vorgnanten virczich
pfunt veruallen, vnd wâr auch, daz in den vorgeschriben zehen
iaren der dreyer ainer oder zwn die wir baidenthalp dar ůber
genomen habn vnd auch penant sint, stůrben, so sol man ie
an ains stat ayn andern der als gůt ist, wider dar ůber nemen.
Vnd daz im daz stât vnd vnczerprochen von vns beleib, so
habn wir im disen offen brief gebn ze ainem vrchunde diser
sache mit Wlfings von Raundekk hangendem insigel versigel-
ten, der geben ist do von gots gepůrd ergangen waren dreu-
zehenhundert iar vnd darnach in dem sechsvndczwainczigisten
iare, an sand Peters vnd sand Pauls abent.

Orig., Pgt., anhängendes Sigel, k. k. geh. Haus-, Hof- und Staatsarchiv
zu Wien.

568.

1326, 5. Juli, Waidhofen. *Heinrich von „Wintholcz" reversirt gegen
das Bisthum Freising betreffs des am „Pulnberg" ihm und seiner Frau
Adelheid auf Lebenszeit verliehenen Hofes.*

Allen den die disen brief ansehent oder hörnt lesen, chund
ich Hainrich von Wintholcz vnd vergih offenlich an disem

prief, daz ich vnd Adelhait (!) min housfrowe den hof an dem
Půlnberg da der Schlater vf saz, der hof do ledig wart von
Stegraifsbach, den selben hof sol ich vnd min wirtenn Adelhait han vnd niessen die wil wir. leben, ze vnserm lebtagen,
vnd sweders vnser abgat vnd stirbet, so sol daz ander den
selben hof han vnd niezzen die wil ez lebt. Swenn wir ouch
baidiu niht ensien vnd ersterben, so sol der selb hof an dem
Půlnberg vnd swaz dar zů gehört, ledich sin dem gotshaus vnd
dem bistum ze Frisingen vnd sol ouch den selben hof ledigen
vnd vnuerchummerten vnd lern vinden, vnd vergih an disem
brief daz ich vnd min wirtenn Adelhait kain reht an dem vorgenanten hof haben, wan die wil wir leben zů vnser baider
lebtagen, vnd ze ainem offenne vrchund gib ich disen brief
besigelt mit minem insigel. Ich han ouch gebeten den erbern
ritter herrn Alram rihter ze Amsteten der genannt ist von
Reyggersdorf, vnd Herman Håsip von Vdmaruelt daz si baid
irů insigel an disen brief henchen. Ich Alram der rihter von
Amsteten vnd Herman Håsip von Vdmaruelt vergehen baid
daz wir durch b(et) des vorgenanten Hainrich Wintholcz aller
der dinge so hie vor geschriben sint, vnserů insigel haben gehencht an disem brief, der ist geben ze Waidhouen do man
zalt von Christes geburt dreutzehenhundert iar vnd in dem
sehs vnd zwainczigosten iar, darnach am dem Samstage nach
sant Vlrichs tag.

<small>Orig., Pgt., 2 anhängende Insigel, das 3. abgefallen, k. Reichsarchiv zu München.</small>

569.

1326, 23. September, Waidhofen. *Hugo und Rudolf von Schärfenberg vergleichen sich mit Bischof Konrad von Freising wegen erlittenen Schadens auf Ersatz desselben mit 160 Mark Aglaier Pfennigen.*

Wir Haug vnd Růdolf von Scharpfenberch tůn chunt
allen den die disen brief ansehent oder hörnt lesen, vnd veriehen offenlich an disem selben brief, daz wir baid gar vnd
gåenczlich beriht sin vmb allen den schaden vnd vorderung die
wir hatten vnd gehaben mohten, ez wär hauptgůt oder schade,
gen dem erwirdigem herren bischof Chůnrat ze Frisingen vnd
gen sinem gotshause, daz wir dez schaden vnd der vorderung

mit im vnd sinem gotshause beriht sin lieplich vnd gütlich vmb
sehczig vnd hundert march Aglayer pfenning swaz wir schaden
vnd vorderung hatten gen im vnd sinem gotshause ze Frisin-
gen vncz vf disen hovtichen tach, vnd verzihen vns alles des
rehten daz wir gen im vnd sinem goczhause hatten vnd geha-
ben mohten von des genanten schaden vnd vorderung wegen,
haben aber wir dehain vordrung an daz gotshaus ze Frisingen
vmb aigen oder vmb lehen oder vmb levt, der vordrung ver-
czihen wir vns niht an disem brief, aller andrer vordrung, ez
si schade oder ansprach oder gůt, des haben wir vns allez
verczigen gånczlich vnd gar. Vnd daz daz also ståt vnd vn-
czerbrochen belibe, so geben wir im vnd sinem gotshause disen
brief besigelten mit vnsern baider hangenten insigeln, der wart
geben ze Waidhouen do man zalt von gots geburte drůczehen-
hundert jar, darnach in dem sehs vnd zwainczigostem jar, an
dem Ergtag nach sant Matheus tach des zwelfboten.

Orig., Pgt., 2 anhängende Sigel, k. k. geh. Haus-, Hof- und Staats-
archiv zu Wien.

570.

1326, 27. September, Waidhofen. *Hugo und Rudolf von Schärfen-
berg quittiren dem Bischofe Konrad von Freising den Empfang von
40 Mark aus dem ihnen zugesagten Schadenersatze von 160 Mark
Aglaier Pfennigen.*

Wir Haug vnd Růdolf von Scharpfenberch verichen offen-
lich an disem brief, daz wir vierczig march Aglayer pfenning
gar vnd gånczlich gewert sien an den sehtzig vnd hundert
marchen Aglayer die vns der erwirdig herre bischof Chůnrat
von Frisingen vnd sin gotshaus schuldig ist von dem schaden
vnd von der ansprach die wir an in vnd an sin gotshaus ze
Frisingen hetten. Vnd ze ainem vrchund dirr werschaft geben
wir im vnd dem gotshus ze Frisingen disen brief besigelten
mit vnsern baider hangenten insigeln, der ist geben ze Waid-
houen do man zalt von gots geburt drůczehenhundert jar, dar-
nach in dem sehs vnd zwainczigosten iar, an dem Samstage
vor sant Michels tag.

Orig., Pgt., 2 anhängende Sigel, k. k. geh. Haus-, Hof- und Staats-
archiv zu Wien.

571.

1327, 26. Jänner, Graz. *Bischof Konrad von Freising zählt Reinbrecht von Ebersdorf seiner Pflichten als Pfleger der Burg Gross-Enzersdorf los, wenn er dieselbe an Heinrich, oder Friedrich, oder Reinbrecht von Wallsee übergäbe.*

Wir Chûnrat von gots gnaden bischof ze Frisingen verichen offenlich an disem brief, swenn herr Reinpreht von Eberstorf vnser vnd vnsers gotshus vest ze Enczesdorf geantwurt vnd ingit hern Hainrich ald hern Friderich ald hern Reinpreht von Walse ald ir gewizzen boten ald ir ainem vnder den drin gebrûdern, swenn er daz getût vmb die vorgenanten vest ze Enczestorf geantwurt vnd in git, so sagen wir in ledig aller der gelubde die er vns vnd vnserm gotshaus hat getan vmb die vor geschribenn vest ze Enczestorf, vnd ze ainem vrchund geben wir disen brief besigelt mit vnsern hangentem insigel der ist geben ze Graetz do man zalt von gots geburt druczehenhundert iar, darnach in dem siben vnd zwainczigisten iar, an dem nähsten Mântag vor Vnser frowen tach ze der Liehtmesse.

Orig., Pgt., angehängtes Sigel ausgerissen, landsch. Archiv zu Wien.

572.

1327, 7. Februar, Waidhofen. *Wulfing von Randeck gibt dem Bischofe Konrad von Freising die ihm verliehene Burg zu Randeck auf.*

Ich Wûlfing von Randekk tûn chunt vnd vergich offenleich an disem brief allen den di in sehent oder hörent lesen, daz ich oft chom für meinen herren bischolf Chûnrat mit meiner gesweyen mit meins brûder Dietrichs sâligen wirtinn vnd mit ir chinden di mich pöten daz ich daz haus vnd di purch ze Randekk mein tail auf gaeb meinem herren bischolf Chûnrat daz ich meinem brûder Dietrich saeligen het verchauft, dez wolt mein herr bischolf Chûnrat nicht af (!) nemen von mir vnd daz er in cz gelihen hiet vnd sprach zu mir vnd zu in ze drin molen, chom wir zu im, er wolt daz haus vnd di purch von mir nicht auf nemen, wan daz ers seinem goczhaus wolt behalten vnd wolt cz in nicht leihen, daz si sich

dez bedâchten mit iren freunden, also schieden wir zwier von
im. Zedem dritten mol chomen wir wider fůr in vnd wolt
mich dez mein geswey meins brůder Dietrichs säligen haus-
fraw vnd irev chint nicht erlassen noch vberheben, ichs (!)
gaeb ims also auf vnd wolt ins nicht leihen, also gab ich mei-
nem herren bischolf Chůnrat von Froysing daz haus vnd di
purch ze Randekk gar vnd gånczleichen mit meinem verdach-
tem muete auf vnd verzeh mich als rechtez dar an in sein
hant daz ich dar an het oder gehaben mocht, vnd wolt mich
dez mein geswey meins brůder säligen hausfraw vnd irev chint
nicht erlassen noch vber hefen (!), ich gaeb ims also auf als
vor geschriben stat. Do sprach mein herr bischolf Chůnrat zu
mir vnd zu meiner gesweyen vnd zu ir chinden, ir hant vn-
recht tan vnd habent euch nicht weislich bedacht vnd beraten
daz ir Wůlfing habent gehaissen di purch vnd daz haus also
auf geben, daz ir ins nicht liesent dragen vnd inne han, vnd
sprach mein herr zu in, sterben wir so' mugent ir daz haus
vnd di purch vnd swez ez werd ist, gar vnd gaenczleich ver-
liesen. So sprich ich Wůlfing pei meinen triwen, daz ez also
gevaren vnd geschehen ist als da vor stat geschriben an disem
brief. Vnd zu einem vrchund vnd worhait aller der ding als
da vor geschriben stat, han ich disen brief geben versigelt mit
meinem insigel. Daz ist geschehen ze Waydhouen do man
zalt von Christes gepurt dreuczehenhundert iar, dar nach in
dem siben vnd zwainczgistem iar, dez nächsten Samcztags nach
Vnsern frawn tag ze Liechtmisse ze der cherczweich.

Orig., Pgt., anhängendes Sigel, k. k. geh. Haus-, Hof- und Staatsarchiv
zu Wien.

573.

1327, 18. April, Ulmerfeld. *Friedrich von (Unter-?) Thal verkauft
seinen Hof und seine Mühle daselbst dem Bischofe Konrad von Freising
um 82 Pfund Wiener Pfennige.*

Allen den die disen brief sehent oder hörent lesen, kůnd
ich Fridrich im Tal vnd vergihe offenlich an disem selben
brieue, daz ich verkauft han meynen hof in dem Tal mit allem
rehte vnd dar zů gehört, gesůcht vnd vngesůcht, vnd mit der
můl so dar zů höret, der hof vnd dů můl meyn reht lehen
waz von dem goczhause ze Frisingen, meynem herren bischof

Chŭnrat ze Frisingen vnd seynem goczhause ze Frisingen vmb
zwai vnd ahzig phunt Wiener phenninge der selber zwaier
vnd ahzig phunde ich von dem vorgenandem minem herren
bischof Chŭnrat vnd sinem goczhause gar vnd ganczlich gewert
bin, vnd sv̊ han angelait vnd in meynen nvcz gekeret. Ich
vergih auch, daz ich minem herren dem vorgesprochen bischof
Chv̊nrat vnd seynem goczhause ze Frisingen den hof vnd die
mv̊l vnd swaz dar zv̊ gehôrt, gesv̊cht oder vngesv̊cht, auf geben
han als ich dur (!) reht solde, vnd zainem offenen vrkŭnde
vnd stâtekait dez selben kaufes vnd aller der dinge so da vor
geschriben stat, so gib ich minem herren bischof Ch. vnd sey-
nem goczhause ze Frisingen disen brief besigelten mit her
Alrams insigel von Raytkerstorf dez rihters vom (!) Amsteten,
Marquarcz dez Lv̊hsteneggers, Gôtfridez von Chv̊nraczhain (!),
Hermans Haebsig dez ammans von Vdemaruelt vnd Chŭnratz
dez Braters von Rayhistorf insigeln. Wir her Alram, Marquart
der Lv̊hstenegger, Gôtfrit von Chv̊nraczhain, Herman Hebsib
vnd Cŭnrat der Brater die vorgenanten dur bëte Fridrichs im
Tal vnd zainem offener (!) vrkv̊nde vnd warhait aller der dinge
so da vor geschriben sint, da bey wir warent alle mit sament
vnd vil ander biderbe lŭte, hencken vnserv̊ insigel an disen
brief, wan Fridrich aigen insigel niht enhat. Diz beschach
vnd wart der brief geben ze Vdemaruelt do man zalte von
gotez geburte drizehenhvndert iar vnd dar nah in dem
zwainzigosten vnd sibenden jare, an dem Samstage vor sant
Gerien tag.

    Orig., Pgt., von 5 angehängten Sigeln Nr. 3 abgerissen, die andern
theilweise verletzt vorhanden, k. k. geh. Haus-, Hof- und Staatsarchiv zu Wien.

574.

1327, 5. Juni, Steier. *Herzog Otto von Österreich nimmt die bischöfl.
freisingischen Güter und Unterthanen in seinen Landen in seinen Schutz,
nachdem Bischof Konrad mit ihm ein Bündniss wider seine Feinde
abgeschlossen.*

    Wir Otte von gots gnaden herczog ze Osterrich vnd ze
Styr, herre ze Chrayn, auf der March vnd ze Portnawe verie-
hen offenlich mit disem brief vnd tun chunt allen den die in
anschent, lesent oder horent lesen, daz wir den erwirdigen

herren hern Chunraden den bischof von Freysing, sein gotshaus, sein leut vnd sein gut die in vnsern landen gesezzen vnd gelegen sind, in vnser besunder frevntschaft, gnad vnd scherm genomen haben willichlichen vnd lieplich, also ob man im, seinem gotshaus, seinen levten oder seinem gut ioman dhainen gewalt, laid oder vngemach tet oder tun wolt, daz wir im, seinen leuten vnd seinem gut des vor sullen sein vnd dar zu beholffen sullen sein mit leib vnd mit gut. Vnt hat auch der selb bischof Chunrat von Freysingen gelubt ze helffen vnd ze dienen in vnsern landen wider aller menichlich an wider den stůl ze Rom vnd Romischez reich vnd wider den erczbischof von Salczburch in sein selbs chost auf vnser gnad, bedorfen wir aber seins diensts auzzerlands, dar vmb sullen wir im geben vnd tun nach rat daz er den dienst erczevgen mug. Vnd dar vber zu einem vrchund geben wir im disen brief versigelten mit vnserm insigel. Der brief ist geben ze Styr, des Freytags in der Pfingstwochen, do man zalt von Christes geburt drevzehenhundert iar, dar nach in dem syben vnd zwainczigstem jar.

<small>Orig. Pgt., anhängendes Sigel, k. k. geh. Haus-, Hof- und Staatsarchiv zu Wien.</small>

575.

1327, 21. Juni, Waidhofen. *Die Gebrüder Otto und Friedrich von Liexing verkaufen ihren Besitz zu Berging bei Amstetten an Bischof Konrad von Freising um 31 Pfund Wiener Pfennige.*

Ich Otte vnd Friderich brüder von Lůhsenek verichen offenlich an disem brief vnd tůn chunt allen den di in schent oder hőrnt lesen, daz wir habn gebn vnd verchavfet reht vnd redlich alles daz gůt daz wir ze Pergarn hetten ze lehen von dem gotshus ze Frising, vmb ains vnd dreizzich phunt Wienner phenning vnserm erwirdigen herren bischof Chůaraden vnd sinem gotshus ze Frising, der selben ains vnd dreizzich phunt wir gar vnd gänczlich gewert sein von vnsern herren bischof Chůnrat vnd seinem gotshus ze Freising. Wir verichen ovch, daz wir die gůter ze Pergarn auf habn gebn vnserm vorguanten herren bischof Chůnraden vnd seinem gotshus vnd wir mit den selben gůtern niht me ze schaffen habn. Dev selben gůter geltent iärchlich vĩrezik meczen chorn vnd vĩrezich meczen habern vnd zwo gens vnd sehs hůnr. Bey disem chauf ist gewesen her Emch von Alczey probst ze Werdse, her Alram von Reicherstorf vnd Marquart der Lůhsneker vnser vetter vnd Jacob der Speiser von Waidhouen vnd Ott der amman ze Waidhouen vnd Bernhart der chastner von Vdmaruelt vnd Růtlieb von Engelbäming vnd ander erber levt vil, vnd ze ainem vrchůnd dises chaufes gebn wir disen brief besigelten mit vnser baider insigel. Ich Alram von Reicherstorf vnd ich Marquard von Lůhsnek verichen, daz wir bey disem chauf sein gewesen vnd durch bet Otten vnd Friedrichs des Lůhsneker so henken wir vnserev insigel an disen brief ze ainem vrkvnde dises chovfes. Diser brief wart geben ze Waidhouen do man zalt von Christes geburt drevzehnhundert iar vnd dar nah in dem syben vnd zwainczigsten iar, des Svntags vor sant Johans tag ze Sunewend.

<small>Orig., Pgt., 4 anhängende Sigel, k. k. geh. Haus-, Hof- und Staatsarchiv zu Wien.</small>

576.

1327, 25. Juni, Graz. *Rudolf von Schürfenberg compromittirt in seiner Angelegenheit, betreffend die Burg Preiseck, auf das Erkenntniss seiner Gegner in derselben Sache, Bischof Konrads von Freising und Ulrichs von Wallsee.*

Ich Růdolf von Scherffenberch vergich mit disem prief vnt tůn chunt allen den die in sehent, hörent, lesent, daz ich mich vmb die sache vnt ich wider meinen herren pischof Chůnrat von Freysing vnt wider meinen vreunt hern Vlrich von Waltsse getan han an der veste ze Preysekk, genczlich vnt enzichlich an sev gesaczt han, also waz der vorgenante mein herre pischof Chůnrat von Freysing vnt mein vreunt her Vlrich von Waltsse dar vber sprechent daz ich dar vmb tůn sol, des schol ich in vollechlich vnt willich sein ze tůn, des verpint ich mich gegen in mit vrchunt dicz priefs den ich in geben han ze einem vrchunt der warhait versigelt mit meinem insigel. Der prief ist geben ze Grecz, da man zält von Christes gepurde drevzchenhundert jar vnt dar nach in dem siben vnt zwainzgistem jar, des nahsten Phincztags nach sand Johans tage ze Sunbenten.

<small>Orig., Pgt., anhängendes Sigel, k. k. geh. Haus-, Hof- und Staatsarchiv zu Wien.</small>

577.

(1327?), c. 20. August, Waidhofen. *Bischof Konrad von Freising verspricht dem Capitel von Innichen, die Vereinigung der Pfarren daselbst, dann zu Toblach, Niderndorf und Silian mit dem genannten Stifte, wenn die Genehmigung seitens des Bisthums Brixen erfolgt sei, bewilligen zu wollen.*

Ch. dei gracia Frisingensis ecclesie episcopus. Honorabilibus in Christo canonicis de capitulo ecclesie Inticensis Brixinensis dyocesis amicis suis dilectis salutem et sinceram in domino caritatem. Recepta legacione peticionis vestre nobis exhibite per honorabilem virum dominum Marquardum ecclesie vestre decanum, videlicet de applicacione capelle ville Inticensis mense vestro et de quatuor ecclesiis parrochialibus, videlicet Sylian, Intica, Toblaco et Niderndorf conferendis tantummodo canonicis predicte ecclesie Inticensis, necnon de domo nostra episcopali in Intica vnienda et applicanda vobis et vestris vsibus, scire vos cupimus quod premissa omnia et singula ad nutum vestrum expedienda et peragenda nos habebitis satis beniuolos loco et tempore oportunis, et quia premissa preter consensum capituli nostri ac consensum venerabilis domini episcopi et capituli Brixinensis bono modo consummari non poterunt, oportet vt super hiis primitus requirantur. Verum constare vobis credimus quod nondum venimus nec venire potuimus ad sedem nostram, ad quam cum primo deuenerimus, consensum capituli nostri requirere intendimus super predictis vestris peticionibus et si deo placuerit obtinere effectumque peticionum vestrarum in quantum debemus et possumus adimplere, ita tamen quod semper sit salua domus supradicta inhabitacioni episcopi Frisingensis et suorum familiarium quamdiu in loco moram duxerit faciendam, contradictione qualibet non obstante. Ad hec volumus et hanc specialem graciam vobis facimus, vt si retardante forte accessu nostro ad sedem nostram medio tempore consensum predicti capituli nostri obtinere poteritis, parati esse volumus peticionem vestram super predictis tribus articulis ad votum vestrum liberaliter adimplere. Datum Waidehouen, die Jouis infra octauam Assumpcionis beate Marie virginis gloriose.

Orig., Pgt., aussen aufgedrücktes Sigel grösstentheils abgewischt, Stiftsarchiv zu Innichen.

578.

1327, 17. September, Innsbruck. *König Heinrich von Böhmen u. s. w. vidimirt dem Bischofe Konrad von Freising den Vogteivertrag betreffs des freising. Gutes zu Innichen, welchen Graf Albrecht von Görz ehmals mit Bischof Emcho abgeschlossen.*

Nos Heinricus dei gracia Bohemie et Polonie rex, Karinthie dux, Tyrolis et Goricie comes, Aquilegensis, Tridentine et Brixinensis ecclesiarum aduocatus profitemur et vniuersis presencium inspectoribus declaramus, quod priuilegium clare memorie Alberti senioris comitis Goricie patrui nostri dilecti suo vero pendente sigillo sigillatum, non abolitum nec cancellatum, non rasum, nec in aliqua sui parte viciatum sed integrum et illesum vidimus et audiuimus de verbo ad verbum et transcribi (!) ac exemplari fecimus fideliter per omnia in hec verba:

Folgt nun der Vertrag des Grafen Albrecht von Görz und Tirol mit Bischof Emcho von Freising ddo. 1285, 18. October, Innichen (Nr. 392).

In quorum premissorum omnium veritatem et certitudinem presentes dedimus nostri pendentis sigilli munimine consignatas. Datum in Inspruka, anno domini millesimo trecentesimo vicesimo septimo, die XVII. Septembris, indictione decima.

Orig., Pgt., angehängtes Sigel ausgerissen, k. Reichsarchiv zu München; Meichelbeck II. 2, 165, Nr. 255.

579.

1327, 18. September, Innsbruck. *König Heinrich von Böhmen benachrichtiget Nikolaus von Welsberg und den Richter Ulrich daselbst von seiner Vereinbarung mit Bischof Konrad von Freising betreffs der Vogtei auf dessen Gütern zu Innichen und befiehlt ihnen derselben nachzuleben.*

Wir Hainr. von gots genaden chŭnich ze Pehaym vnd ze Polan, herzog ze Chernden vnd graf ze Tyrol enbieten vnserm getrewen Nykol. von Welsperch vnd Vlr. dem richter da selben aller huld vnd alles gŭt. Ir sŭlt wizzen daz wir di hantfest gesehen vnd gehôret haben di der alt graf Alb. von Görcz vnser vetter geben hat, wi er sich mit weilent pischolf

Emchen von Freisingen veraynet vnd bericht hat vmb seins
gotshůs leut vnd gůt vnd vmb ander gotshůser di zů seinem
gotshůs ze Freysingen gehörent, der hantfest abschrift wir vor
gesehen vnd gehört haben. Da von gebiten wir ev vestich-
leich vnd wollen, swi di selbe hantfest sto, daz ir nach dem
dez selben gotshoses von Freysingen vnd sand Andres vnd
Inichinger leut vnd gůt an allen dingen behaltet vnd wider di
hantfest yn chain lait noch beswerunge tůt. Der brif ist geben
ze Inspruk nach Christes gewrt drevzehen hvndert iar vnd da
nach in dem siben vnd zwainzigistem iar des Freytages vor
sand Matheus tach des ewangelist.

Orig., Pgt., unterer Theil mit angehängtem Sigel abgerissen, Stiftsarchiv
zu Innichen.

580.

(**1328**). **25. Februar, Brixen.** *Bischof Albert von Brixen ersucht*
Bischof Konrad von Freising, die Einverleibung der Pfarren von Ini-
chen, Toblach, Niderndorf und Silian in das Stift Innichen zu
genehmigen.

Reuerendo in Christo patri domino Chunrado venerabili
episcopo ecclesie Frisingensis Albertus dei et apostolice sedis
gracia episcopus Brixinensis sinceram in domino caritatem.
Quoniam parrochialis ecclesia in Intica mense Inticensis capi-
tuli applicetur, quoque tres parrochie, videlicet Silian, Toblacum
et Niderndorf quas ab antiquis retroactis temporibus tantum
canonici Inticenses tenere ac regere consueuerunt, nulli alteri
decetero cum vacabunt, preter quam dictis canonicis conferantur,
nostrum nos noueritis ad id consensum liberum prestitisse.
Dum tamen super eo cum et vos negocium respicere videatur
huiusmodi, vestra scripta autentica primitus videamus, quare
circumspectionem vestram rogamus attente quatenus tam salubre
negocium in quo cultus diuinus augetur, liberaliter admittentes
auctoritatem vestram ad hoc donare et consensum vestrum et
omnia alia que per vos in dicto negocio fieri debent dignemini
fauorabiliter adhibere. Datum Brixine, feria sexta ante Domini-
cam Reminiscere.

Orig., Pgt., aussen aufgedrücktes Sigel grösstentheils abgewischt, Stifts-
archiv zu Innichen.

581.

(1328), 28. Februar, Brixen. *Das Capitel von Brixen ersucht Bischof Konrad von Freising, die Einverleibung der Pfarren von Innichen, Toblach, Niderndorf und Silian in das Stift Innichen zu genehmigen.*

Reucrendo in Christo patri ac domino suo karissimo domino Chunrado venerabili Frisingensis ecclesie episcopo Fridericus vices gerens decani totumque capitulum ecclesie Brixinensis reuerenciam (tam debitam) quam condignam. Quoniam parrochialis ecclesia in Intica mense Inticensis capituli applicetur et tres alie parrochie, videlicet Silian, Toblacum et Niderndorf quas ab antiquis retroactis temporibus tantum canonici Inticenses tenere, possidere et regere, sicut a pluribus audiuimus, consueuerunt, nulli alteri decetero cum vacabunt, preter quam dictis canonicis conferantur, ad hoc nostrum nos noueritis consensum adhibituros, dum tamen prius vestra interueniat auctoritas et consensus. Quare dominacionem vestram rogamus attento precibus affectiuis, quatenus tam salubre negocium in quo cultus diuinus augetur, liberaliter admittatis, auctoritatem et consensum vestrum ad hoc concedatis et omnia alia que in dicto negocio per nos fieri debent, pure propter deum graciosius admittatis. Datum Brixie, III. kalendas Marcii.

Orig., Pgt., aussen aufgedrücktes Sigel abgewischt, Stiftsarchiv zu Innichen.

582.

1328, 4. März, Wasserburg. *Konrad der Schreiber (am Sigel „von Wasserburg"), Bürger zu München, kauft von dem Domcapitel zu Freising ein Leibgedinge von 30 Mark Veroneser Pfennigen, zahlbar aus den Renten von Layen, für sein, seiner Hausfrau und zweier Kinder Leben um 400 Pfund Münchener Pfennige.*

In gots namen amen. Wir Chûnrat der Schreiber purger ze Wazzerburch, Dymût mein hausfraw, Elsbeth vnd Chûnrat vnsereu chinder verichen vnd tûn chunt allen den die disen brief sent, hörent oder lesent, daz wir von vnsern herren den chorherren vnd allem dem capitel von dem tûm ze Freysing chauft haben vmb vier hundert pfunt Muncher pfenning zû

vnser aller vier leb zu einem rechten leibgeding dreizzich
march Perner geltz Meraner münz di ze der zeit gib vnd gaeb
sint, vnd die selben dreizzich march schol man vns oder vnsern
boten all iar geben an sant Marteins tach vnuerzogenleichen
von irm gût auf Layan in dem gepirg vnd von allen dem daz
dar zu gehôrt, vnd schullen wir auch an dem selben gût weder
von stift, noch von chainerlai ding anders chain recht haben,
wann daz wir den vor geschriben gelt schullen in nemen vntz
an vnsern tôd. Wenn wir auch nimer sein so hat chain vnser
erb chain recht mer an dem vor geschriben gelt, wann er
schol dann ledich sein vnsern vor genanten herren von Frey-
sing vnd irm goczhaus gar vnd gaentzleichen an all widerred.
Ist aber daz vns chain abganch oder gebrest geschiht an dem
vor geschriben gelt von welicher lai sach daz waer, den schul-
lent si vns ab tûn vnd wider legen von allen dem daz si in
dem gepirg vnd hie aussen habent, als lang vnd als verr biz
wir hauptgütz vnd schadens gar vnd gaentzleichen gewert
werden in allen den rechten vnd vnser hantfest saget, di wir
von den vor geschriben chorherren von Freysing vnd von dem
capitel inne haben. Dar über haben wir in geben ze einem
vrchûnd disen gagen (!) brief versigelt mit meinem dez vor-
genanten Chunratz dez Schreibers insigel der geben ist ze
Wazzerburch do man zalt von Christes gepurt dreuzehenhun-
dert iar, dar nach in dem acht vnd zwayntzigisten iar, dez
Freitages nach sant Walburgen tach.

Orig., Pgt., anhängendes verletztes Sigel, k. Reichsarchiv zu München.

583.

1328, 13. März, Waidhofen. *Friedrich Tannpech verkauft seinen Hof zu Perbersdorf bei Amstetten an Bischof Konrad von Freising um 80 Pfund Wiener Pfennige.*

Ich Fridreich Tannpech vergihe vnd tuon chunt offenlich
allen den die disen brief sehent oder hôrnt lesen, daz ich mit
verdahtem muot vnd mit willen vnd gunst meiner wirtinne
Agnesen vnd aller meiner erben den hof ze Perwestorf der
mein lehen ist von dem gotshaus ze Freisingen, besuocht vnd
vnbesuoht, mit allem dem daz dar zuo gehôrt, verchouft vnd
geben han meinem herren dem ersamen bischof Chûnrat von

Froisingen vnd seinem gotshous vmb achtzich pfunt Winner
pfenning, des selben guotes vnd der pfenning ich ietzŭ enpfan-
gen vnd in genomen han virtzich pfunt pfenning, also ist daz
ich von Östern die schierst choment, da nach inner vier
jaren meinem vorgenantem herren bischof Chŭnrat vnd seinem
gotshous dev virtzich pfunt pfenning wider gibe vnd vergilte,
so beleib ich, mein housfrow oder mein erben bey dem hof
ze Perwestorf als vor, ist aber daz ich oder mein housfrow
oder mein erben den vorge(s)chriben hof ze Perwestorf inner
den vir jaren als vorgeschriben ist, niht wider choufen n(oh)
wider lösen vmb virczich pfunt, so sol mein herre bischof
Chunrat, sein nahchom oder sei(n) gotshous mir, meiner hous-
frown oder meinen erben virczich pfunt pfenning geben zuo
den vorgeschriben virczich pfunden daz vns denne also ach-
czich pfunt geuallent fŭr den hof, vnd so daz beschiht so ist
der hof ze Perwestorf rehtez aigen gancz vnd gar vnsers herren
des bischofs vnd des gotshaus ze Frisingen vnd seines nah-
chomen als ander sein vrbor, vnd verczeihen vns fŭrbaz aller
ansprach vnd reht dar aůf, ich, mein hausfrow vnd alle mein
erben. Ich sol auch in den vorgeschriben vir jaren die weil
ich den hof inne han, ob ich in niht wider löse, noh wider
chaufe als oben geschriben stat, ye des iares dienen in den
chasten ze Vdmaruelt ainen mutt rokken vnd ainen mutt ha-
bern vnd dar zů ain halb pfunt newer pfenning ze rehter
dienst zeit. Dar ůber ze ainem vrchůnd so gib ich disen brif
versigelten mit mein selbes insigel vnd dar zuo mit der erbern
manne insigel die her nah geschriben stant, daz ist her Alram
von Reicherstorf, Herman Hăsib vnd Chunrat Prater, die durh
mein vnd durh meiner hausfrown Agnesen het irev insigel an
disen brief habent gehengt vnd auch dises chaufes geczeug
sint. Dirre brif ist geb(en) ze Waidhouen, do von gots gepurd
ergangen warn dreuzenhundert jare vnd darnah in dem ăcht
vnd zwainczigistem jare, des Sunntages ze Mitter vasten.

Orig., Pgt. mit 2 kleinen Lücken, 4 anhängende stark verletzte Sigel.
k. k. geh. Haus-, Hof- und Staatsarchiv zu Wien.

584.

1328, 24. April, ... *Friedrich Hueber und sein Bruder Ludwig verkaufen ihr Lehen zu Hueb bei Amstetten (?) an Bischof Konrad von Freising um 28 Pfund Wiener Pfennige.*

Ich Fridreich der Hůber vnd Ludweich sein brůder veriegen offenleich fŭr vns vnd fŭr alle vnser erben an disem brief vnd tůn chunt allen den die in hôrent oder sechent lesen, daz wir mit gůtem willen vnd nach rat vnser friůnt verchauft vnd hin geben haben vnser lechen daz wir haben gehabt ze lechen von vnserem genedigem herren dem bischof Chůnrat von Freising vnd von seinem gotshaus ze Frising, vnd ein zechent an des Otakers lechen, clain vnd grozzen, daz da haizet an der Hůb, besůcht vnd vnbesůch (!), mit alle diu daz dar zů gehôrt, dem vorgeschriben herren bischof Chůnrat von Freising vnd seinem gotshaus ewichleich vnd ledichleichen an alle vnser ansproch vm xxviii pfhunt Wiener pfhenig der wir gar vnd genczleich gewert vnd vericht sein von dem offt genanten vnserem herren vnd von seinem chastner Pernhart ze Vdmaruelt. Vnd dar ŭber zů einem vrchund vnd zů einer steten sicherhait gib ich Fridreich vnd Ludweich mein brůder disen prief versidelt (!) mit der erberen leut insidel Hermans des Heusib vnd Chunrats des Praters insidel die euriu (!) insidel durch vnser pet habent gelegt han (!), wan wir aigener insidel nicht haben, vnd ist der brief geben vnd diu werum (!) geschen, do man zalt von Christes gepurt tausent jar, driuhundert jar, in dem achtvndzwainzigstem jar, an sant Georgen tag.

Orig., Pgt., von 2 angehängten Sigeln nur Nr. 1 noch vorhanden, k. k. geh. Haus-, Hof- und Staatsarchiv zu Wien.

585.

1328, 27. April, ... *Bischof Konrad von Freising und das Capitel daselbst genehmigen die Einverleibung der Pfarren von Innichen, Toblach, Niderndorf und Silian in das Stift Innichen und überlassen demselben auch ein Haus neben demselben.*

Chůnradus dei gracia episcopus ecclesie Frisingensis. Omnibus presentes litteras inspecturis salutem cum noticia subscriptorum. Nouerint vniuersi tam presentes quam posteri quos nosce fuerit oportunum, quod de nostro nostrique capituli Frisingensis procedit consensu et voluntate expressa, ut perrochialis (!) ecclesia in Intica Brixinensis dyocesis cuius ius patronatus nobis episcopo predicto pertinere dinoscitur et pertinuit nostris predecessoribus ab antiquo, cum omnibus suis decimis, prouentibus et obuencionibus quibuscumque eidem ecclesie attinentibus mense et vsibus honorabilium virorum prepositi, decani atque capituli Inticensis ecclesie pure et simpliciter propter deum augmentumque diuini cultus et pro releuamine defectuum quem paciuntur in victualibus idem prepositus et capitulum, necnon pro salute animarum nostrarum auctoritate venerabilis patris ac domini Alberti dei gracia Brixinensis ecclesie episcopi loci ordinarii liberaliter applicetur, ita tamen quod ipsi prepositus et capitulum predictam ecclesiam regere debeant spiritualiter et temporaliter cum primo vacauerit, et possidere quemadmodum sibi et animarum suarum saluti videbitur expedire. Insuper predictis preposito et capitulo Inticensi ad imitacionem recolende memorie reuerendorum patrum et dominorum episcoporum Frisingensium predecessorum nostrorum hanc graciam de consensu capituli nostri prefati fecimus specialem, promittentes pro nobis nostrisque successoribus vniuersis consensu predicti nostri capituli accedente, quod ex nunc in antea parrochiales ecclesias, videlicet Siliacum, Toblacum et Niderndorf ipsi ecclesie Inticensi satis vicinas cum omnibus iuribus sibi pertinentibus, quociens et quandocumque vacauerint, non aliis personis quam canonicis prefate Inticensis ecclesie conferamus ac ad illos tantummodo canonicos Iuticensis ecclesie presentemus. Promisimus eciam prefatis preposito et capitulo de consensu sepefati capituli nostri quod nos et nostros successores astringimus vniuersos, vt domum nostram episcopalem sitam prope monasterium sancti Candidi in Intica cum orto prope eandem domum sito ex nunc in antea tantummodo vni canonicorum sepedicte ecclesie actu sacerdoti inhabitandam et tenendam locemus et concedamus ad nostre beneplacitum voluntatis, saluo tamen nobis et nostris successoribus vniuersis vt cum fuerimus in Iutica hofmarchia nostra, quod nos et nostri familiares inhabitare debeamus eandem domum quamdiv in loco fuerimus, contradiccione' qualibet predicti capituli Inticensis uel canonici ipsam domum inhabitantis et aliorum quorumlibet non obstante. Et ut predicta salubris gracia et concessio seu promissio firma perpetuo maneat et illesa presentes dedimus ipsi preposito et capitulo Inticensi nostro et prefati capituli nostri sigillis pendentibus roboratas. Nos Otto decanus et capitulum ecclesie Frisingensis predictis omnibus et singulis nostrum consensum expressum profitemur presentibus accessisse, promittentes quod nulli nostro futuro episcopo obedienciam faciemus, nisi se astriuxerit ad obseruacionem omnium premissorum rite et racionabiliter peractorum. In ipsius nostri consensus euidenciam nostrum sigillum vnacum appensione sigilli prelibati domini nostri episcopi duximus appendendum. Datum anno domini millesimo CCC. vicesimo octauo, V. kal. Maii, indictione XI.

Orig., Pgt., 2 anhängende, zum Theile verletzte Sigel, Stiftsarchiv zu Innichen. — Zu München, Reichsarchiv, vidimirte Copie von c. 1500, Pap.

586

1328, 8. Juni, Innichen. *Dekan Markwart und das Capitel von Innichen nehmen Bischof Konrad von Freising in ihre Gebete auf und versprechen, nach seinem Tode dessen Jahrestag zu feiern.*

In nomine domini amen. Nos Marquardus miseracione diuina decanus totumque capitulum ecclesie Intycensis presentibus confitemur et ad vniuersorum noticiam cupimus peruenire, quod nos propter multimodam graciam ac diuersas promociones per reuerendum in Christo patrem ac dominum nostrum karissimum, dominum Chûnradum venerabilem episcopum Frisingensem predicte nostre ecclesie Intycensi ac dicto nostro capitulo exhibitas et impensas sui memoriam in nostris oracionibus habere volumus pro tempore vite sue quam pater celestis longeuam faciat in presenti et felicem, beatam ac perpetuam in futuro, post mortem vero ipsius anniuersarium diem sui obitus missis, vigiliis ceterisque deuotis et humilibus nostris obsecracionibus volumus, immo et firmiter promittimus semel in anno, tamen annuatim perpetuo deuotissime peragendum, addita quolibet anno vna libra Veronensium paruulorum quam in suo anniuersario scolaribus ac pauperibus ob sue animo salutem volumus elargiri. In cuius rei euidenciam perpetuam ac munimen presentes nostri capituli pendenti sigillo duximus consignandus. Scriptum et actum in choro Inticensi, anno domini

millesimo trecentesimo vigesimo octauo, in vesperis Primi et
Feliciani martirum beatorum.

<small>Orig., Pgt., anhängendes Sigel, k. k. geh. Haus-, Hof- und Staatsarchiv zu Wien.</small>

587.

1328, 3. Juli, Brixen. *Bischof Albert und das Capitel von Brixen geben dem Stifte Innichen die erfolgte Genehmigung des Bisthums Freising betreffs Einverleibung der Pfarren von Innichen, Toblach, Niderndorf und Silian in das genannte Stift bekannt.*

Albertus dei et apostolice sedis gracia episcopus Brixinensis. Honorabilibus viris ac dilectis in Christo ... preposito, ... decano totique capitulo ecclesie Inticensis salutem et sinceram in domino caritatem. Cum cultum diuini nominis et que ad cultus eiusdem decorem spectare videntur, plantare et fouere ex officii nostri debito teneamur, itaque matura et prouida deliberacione pensantes quod in dicta ecclesia vestra prebendarum redditus sunt adeo tenues et exiles, quod diuinorum obsequiis sic commode vt affectatis, intendere non potestis, vobis humiliter hoc petentibus vt eo vos possitis liberalius in diuinis officiis exercere, de consensu et capituli nostri donacionem et graciam de parrochialibus ecclesiis in Intica, Siliaco, Toblaco et Niderndorf nostre diocesis per reuerendum in Christo patrem dominum Chunradum venerabilem episcopum ecclesie Frisingensis consensu tocius capituli sui plenius accedente, quarum iuspatronatus memorato domino Frisingensi episcopo dinoscebatur longis retroactis ac ociarum dictarum donacionis et gracie temporibus pertinere, in subsidium dictarum prebendarum vestrarum mense et vtilitatibus ac vsibus vestris factas ratas et gratas habentes omni iure, modo, forma et causa quibus melius de iure et de facto valere potest, approbamus et auctoritate presencium confirmamus secundum tenorem et formam in litteris super eadem donacione et gracia prelibata confectis expressam quarum tenor per omnia noscitur esse talis.

<small>Folgt nun die Urkunde Bischof Konrad von Freising ddo. 1328, 27. April, ... (Nr. 585).</small>

Prouiso tamen quod cura animarum in dicta ecclesia Inticensi minime negligatur, quoque in illa talis a vobis instituatur vicarius nobis et nostris successoribus presentandus cui tantum de prouentibus dicte ecclesie relinquatur quod hospitalitatem tenere, necnon de iuribus episcopalibus valeat respondere ac alia possit onera incumbencia supportare. Vt autem donacio et gracia suprascripte et hec nostra confirmacio de consensu dicti capituli nostri facta omnibus patefiat et robur obtineat debita firmitatis, nec vlla super eo questio uel dubietas oriatur, presentes litteras exinde scribi et sigillorum, videlicet nostri et dicti capituli appensionibus fecimus communiri. Nos quoque Fridericus vices gerentes decani totumque capitulum ecclesie Brixinensis predicte sigillum capituli nostri in premissorum euidenciam ex certa sciencia duximus presentibus appendendum. Datum Brixine, anno domini millesimo CCC. XX. octaua, III. die mensis Julii.

Orig., Pgt., 2 anhängende stark verletzte Sigel, Stiftsarchiv zu Innichen.

588.

1329, 6. Jänner, Ulmerfeld. *Friedrich der Tanpech entsagt betreffs seines an Bischof Konrad von Freising verkauften Hofes zu Perbersdorf bei Amstetten allen Ansprüchen.*

Ich Fridreich der Tanpech vnd mein hausfraw Agnes tůn chunt vnd verichen allen den die disen brief sehent oder hôrent lesen, daz wir vnsern hof ze Porweinstorf den wir ze lehen habn von dem gotshause ze Freising, habn verchouffet vnd ze chauffen gebn dem erwirdigen vnserm genadigen herren b(ischo)f Chûnrat von Frising vnd seinem gotshuse ze Frising von dem wir den vorgenanten hof ze lehen ge(habt) haben, vm achzich pfhunt pfhenig Wienner der wir gar vnd gaenczleich von dem vorgenantem vnserm herren bischof Chûnrat gewert sein vnd von seinem gotshaeus an beraiten pfhenig. Wir verichen auch bayden (daz) wir den vorgenanten hof ze Perwinstorf habn auf gebn, wi(r) vnd vnserev chinder dem hoftgenan(ten) herren bischof Chûnrat ze Frisingen vnd seinem gotshaeuse (vnd) haben vns an dem hof aller rechte verczigen wir vnd vnser erben, also daz wir noch dhain vnser erbe an (dem) obgeschriben hof dhain recht, noch anspracho nimmer mer sullen gewinnen. Der taeiding vnd des chaufes sint zeugen her Alram von Reikerstorf, Chûnrat der Prater, Herman der Haeusib, Chûnrat von Púchaw, Rûmhart vnd Chûnrat brûder die Hager vnd ander erber laeut genůg. Daz daz allez vnserm genädigen herren bischof Chûnrat vnd seinem gotshaeus ze Frising stet vnd vnzerbrochen belibe, geben wir im disen brief besigelt mit meinem insigel, Fridreichs des Tanpeckhen vnd mit hern Walthers insigl purgrauen ze Chûnratshaim, hern Chûnrats sun des purgrauen ze Seusenek, mit Chûnrats insigel des Praters mit Hermans insigel des Haeusibs vnd mit Chûnrats insigel von Pûchaw vnd mit meins brûder insigel Vlreich des Tanpeckhen. Ich Walther purgraf ze Chûnratshaim, Chûnrat Prater, Herman Heusib, Chûnrat von Pûchaw vnd Vlreich der Tanpeckh verichen daz wir durch Fridreichs des Tanpeckhen pet vnd durch seiner hausfrawn pet frawn Agnesen vnd auch daz wir pei dem chauff gewesen sein, vnserev insigel an disen brief gelait habn zů ainem vrchůnde der worhait. Der brief ist geben ze Vdmaruelt da von Christes gepurtte woren dreuzehen hundert jar vnd dar nach in dem newen vnd zwainzigistem jar, an dem Perchten tag.

Orig., Pgt. an 3 Stellen lückenhaft, von 6 angehängten Sigel Nr. 1, 3—6 verletzt vorhanden, Nr. 2 abgerissen, k. k. geh. Haus-, Hof- und Staatsarchiv zu Wien.

589.

1329, 24. Februar, Waidhofen. *Salmon von Gaisstechen verkauft eine Gülte von 6 Schilling Wiener Pfennigen auf seinem Hofe zu Gaisstechen an Bischof Konrad von Freising um 10 Pfund gleicher Münze.*

Ich Salmon von Gaizstechen verich offenleich an disem brief vnd tůn chunt allen den die in sechent, lesent oder horent lesen, daz ich mit gůtem willen vnd nach rat verchauft han meinem genedigen herren bischof Chûnrat von Freising vnd seinem gotshaus ze Freising sechs schiling gelts newer Wiener pfhenig alle jar ze dienen von meinem hof ze Gaizstechen auf Vnser frawn tag in dem herbst als ander sein vrbar dient, vm zechen pfhunt pfhenig der ich Salmon gar vnd ganczleich gewert pin mit peraiten pfhenig von dem vor geschriben meinem herren bischof Chûnrat von Freising. Ez ist auch tedingt vm die vor geschriben zechen pfhunt pfenig, vnd swen ich oder mein erben die sechs schiling gelts wellen (wi)der chaufen, daz sol geschen auf sant Georgen tag, vnd swen ich oder mein erben daz tůn, so ist mein vor geschriben

hof ze Gaizstechen ledich gar vnd gantzleich vm die sechs
schiling gelts als vor gescriben stat. Vnd dar v̓ber ze einem
vrchu̇nd vnd ze einer steten sicherhait so gib ich Salmon disen
brief versidelt mit her Walters insidel von Chunratshaim vnd
mit Hermans des Haeusibs insidel vnd mit Chu̇nrat des Praters
insidel vnd mit Chu̇nrats von Pu̇chav̓ insidel, wan ich selb
aigens insidels nicht han. Ich her Walter von Chunratshaim
vnd ich Herman der Haeusib vnd ich Ch. der Prater vnd ich
Ch. von Pu̇chav̓ verichen alle sant offenleich, daz wir durch
Salmons pet vnserev insidel haben gehencht an disen brief vnd
daz wir pei dem chauff gewessen sein vnd pei allen den teding
di vor gescriben stent, vnd ist der chauf geschen ze Waid-
houen vnd der brief geben do man zalt von Christes gepurt
driu̇zechen hundert jar vnd dar nach in dem newn vnd zwain-
zigistem jar, an sant Mathias tag des zwelfpoten.

Orig., Pgt., 4 anhängende verletzte Sigel, k. k. geh. Haus-, Hof- und
Staatsarchiv zu Wien.

590.

1329, 25. März, Waidhofen. *Konrad der Huber verkauft sein
Lehen, das ,Räklins'-Lehen genannt, an Bischof Konrad von Freising
um 15 Pfund Wiener Pfennige.*

Ich Chu̇nrad der Hu̇ber vnd Brid mein hausvrov̓ verichen
offenlich an disem brief, daz wir habn ze chauffen gebn vnser
lehen daz da haizzet an dem Râklins lehen, vnserm gnâdigen
herren dem erwirdigen bischof Chunrat ze Frising vnd sinem
gotshuse vmb funftzehen pfunt Wienner pfenning vnd sin der
selben funftzehen pfunt gar vnd gântzlich gewert von im vnd
von sinem gotshuse vnd habn im vnd sinem gotshuse daz selb
lehen vf gebn vnd habn vns dar an vertzigen aller rehte. Daz
vorgenante lehen ich Chunrat der Hu̇ber halbez chaufte von
Albrechten von Fridbresteten, daz ander tail des lehens gab
mir mein swiger zv̓ miner hausvrowen Briden ir tochter, der
baider tail des lehens habn wir im vnd sinem gotshuse ze
chauffen gebn vnd habn vns sin verczigen als vor geschriben
stat. Daz vnserm vorgenanten herren bischof Chunrat ze Fri-
sing vnd sinem gotshuse daz also stât belibe vnd vnczebrochen,
gebn wir im disen brief besigelten mit hern Marcharts insigel
von Lu̇chsenekke, mit hern Wernharts insigel von Schaffen-

velt (!), mit Chunrats insigel des Praters vnd mit Hermans
insigel des Häevsibs. Ich Marchart von Lůchsenekke, Wern-
hart von Schaffenuelt, Chunrat der Prater, Herman der Häwsib
verichen, daz wir durch pet Chůnrats des Hůbers vnd siner
hausvrowen vrowen Briden disen brief habn versigelt mit vnt-
sern insigeln zů einem ǐrchunde der worhait. Der brief is
gobn ze Waidohouen, do von Christes gebůrtte worn drevtzehen
hundert jar vnd dar nach in dem newn vnd zwainczkisten
iar, an Vnser vrowen tag in der Vasten der da häizzet An-
nunciacio.

<small>Orig., Pgt., 4 anhängende verletzte Sigel, k. k. geh. Haus-, Hof- und Staatsarchiv zu Wien.</small>

591.

1329, 7. April. Ulmerfeld. *Otto Teufel von Trautmannsberg versetzt sein Lehen daselbst an Bischof Konrad von Freising um 10 Pfund Wiener Pfennige.*

Allen den die disen brief an sechent, lesent oder hôrent
lesen, chůnd ich Ott der Tevfel von Trautmansperg vnd fraw
Halhait (!) mein hausfraw, daz wir vnser lechen do wir auf
siczen ze Trautmausperg, daz wir ze lechen haben von vnserm
genadigen herren bischof Chůnrat von Freising vnd von seinem
gotshaus ze Freising, haben versetzt dem ewirdigen (!) herren
bischof Chůnrat vnd seinem gotshaus ze Freising vm zechen
pfhunt Wienner pfhenig die er vns gelichen hat auf daz vor-
genant lechen, der selben zechen pfhunde wir von im vnd von
seinem gotshaus gar vnd gaentzleich gewert sein an weraten (!)
pfhenig, vnd swo wir ald vnser erben ald Růmhart ald Chůn-
rad ald Laurentz die Hager vnser vorgescribenz lechen ze
Trautmausperg nicht wider losten vm die vorgenanten zehen
pfunt von dem naechsten sant Georgen tag vber vier jar, so
daz selbe lehen veruallen ist ewichleich vnserm herren von
Freising vnd seinem gotshaus, vnd haben fůrbaz wir vnd alle
vnser erben chain recht, noch ansproch zů dem lehen. Wir
sůlen auch alle jar ze Vnser frawen tag ze dienst zeit fůmp (!)
schiling newer pfhenig diennen von dem selben lehen ald (!)
die weil daz lehen nicht erloest ist als vor gescriben stat, vm
dev zehen pfhunt. Daz diz alez sant (!) daz vor gescriben
stat, gantz vnd stet vnd vntzerbrochen weleib, so geben wir

im disen brief versidelt mit her Alrams insidel von Reikerstorf
vnd mit her Marquarts insidel von Lûchsenek vnd mit her
Wernharts insidel von Schauernelt vnd mit Hermans des Haeu-
sibs insidel vnd mit Chûnrats des Praters insidel im vnd seinem
gotshaus ze Freising. Ich Alram von Reikerstorf vnd ich Mar-
quart von Lûchsenek vnd ich Wernhart von Schauerueld vnd
ich Herman der Haeusib vnd ich Chûnrat der Prater verieben
durch petto Otten des Tevfels vnd Adelhait seiner hausfrawen
haben vnserev insidel gehencht an disen brief ze einer worhait
vnd ze einer steung (!) aller der ding die vor gescriben stent
an disem brief. Dir brief ist geben ze Vdmaruelt do man
zalt von Christes gepurt drevzehenhundert jar vnd dar nach
in dem newnvndzwainzigstem jar, des Freitags noch Mitter
vasten.

Orig., Pgt., 5 anhängende verletzte Sigel, k. k. geh. Haus-, Hof- und
Staatsarchiv zu Wien.

592.

1329, 8. April, Seitenstetten. *Emch von Alzei, Propst von Wörth-
see, und andere genannte Männer sprechen als Schiedsrichter zwischen
Bischof Konrad von Freising und Berthold von Losenstein, namentlich
wegen des von freisingischen Unterthanen an Konrad dem Zauchinger
verübten Todtschlages.*

Wir Emch von Altzay probst ze Werdse, Fridrich von
Walse, Chunrad der purgraf von Sewsenekke, Rûger von
Zauche vnd Alram von Rikkerstorf tûn chunt vnd verieben
allen den die disen brief sehent oder hôrent lesen, daz wir
gemainlich alle fûmf habn verschaiden vnd verrihtet vnsern
herren bischof Chunraden von Frising vnd hern Berchtold von
Losenstain vmb alle die sache die si mit einander ze schaffen
vnd ze handeln heten ald ir diner, vmb swelich sache daz was,
an vmb vischwaide, an ligent gût, an lehen vnd an bûrgschaft,
dar vmb habn wir nihts geschaiden noh berihtet, noch ward
auch dar vmb nihtes an vns gesetzet, vmb ander sache vnd
vorderung die si gen einander heten, dar vmb habn wir sû (!)
berihtet vncz vf den hevtigen tag, daz baidenthalb allev vor-
derung ab sol sin. Wir habn auch verrihtet vnd vertaidingt
Chûnrats sâligen chinder des Zauchingers, sin brûder vnd ander
sin frevnde vmb den tôdeslag Chûnrats sâligen des Zauhingers

vnd vmb alle vintschaft dev si heten gen des vorgenanden bischof Chûnrats dinern, gen sinen burgern ald gen andern sinen luten vnd sint dar vmb aller der frevnde worden, der vinte si dar vmb worn vnd gen den si vintschaft heten, vnd habnt daz gelobt bi ir triwen an aides stat. Chûnrats des Zauhingers sâligen brûder vnd sin sun hant auch verhaizzen vnd verlobt bi ir triwen, swenne Chunrats sâligen chinder zv ir tagen choment, daz sû mit inen schaffen sûllen, daz sû auch frevnde werden vmb ir vater vnd vmb alle vintschaft. Si hant auch verhaizzen vnd gelobt bi ir triwen, swenne Chûnrats sâligen brûder Pilgrim wider ze lande chome, daz si schaffen sûllen, daz er auch frevnde werde vmb alle vintschaft als auch si worden sint, wolde er des niht tûn, so sûllen si im vnbeholfen sin noch zv̊ legn. Wir habn auch verschaiden, daz vnser herre der obgeschriben bischof Chûnrad sol gebn Chûnrats sâligen chinden des Zauhingers sechs vnd drizzig pfunt alter Wienner daz ir aines beraten werde, die pfenning er in auch hat vergwisset vnd gût gemachet da wir alle fûmf bi worn. Daz habn wir allez verschaiden vnd berihtet alle fûmf vnzerworfenlich, wan si vns baidenthalb ze schiedlûten vnd gemainen lûten dar zv̊ namen, mit ir gûtlichem willen. Daz daz allez daz hie vorgeschriben stat, gantz, stât vnd vntzebrochen belibe, dar vmb habn wir disen brief besigelt mit vnsern insigeln. Der brief ist gebn ze Sitansteten, do von Christes gebûrtte worn drevtzehen hundert jar vnd dar nach in dem newn vnd zwainczkisten jar, des nâchsten Samtztages vor dem Suntag so man singet Judica.

<small>Orig., Pgt., 5 anhängende verletzte Sigel, k. k. geh. Haus-, Hof- und Staatsarchiv zu Wien.</small>

593.

1329, 6. Mai, Ulmerfeld. *Otto Teufel von Trautmannsberg verkauft sein Lehen daselbst an Bischof Konrad von Freising um 24 Pfund Wiener Pfenninge.*

Allen den die disen brief sehent oder hôrent lesen, chûnde ich Ott der Tewuel vnd Albait min hausvrowe daz wir habn verchouffet vnd gebn vnserm gnâdigen herren bischof Chunrad ze Frising vnd sinem gotshûse vnser lehen datz Trautmansperg daz wir von im vnd sinem gotshûse ze lehen heten, vnd habn im vnd sinem gotshůse daz selb lehen vf gebn vnd swaz dar zů gehőrt, besůcht vnd vnbesůcht, swo ez gelegn ist, vnd habn von im vnd von sinem gotshůse vmb daz vorgenante lehen enpfangen vier vnd zwaintzk pfunt Wienner vnd sin der gar vnd gănczlich von im vnd von sinem gotshůse ze Frising gewert vnd habn vns verczigen aller der rechten dev wir hetten ald haben mőchten zů dem vorgeschribenn lehen ze Trawtmansperg, vnd süllen nimmer mer dhain ansprache noch vorderung dar zů gewinnen. Wan ich Ott der Tewuel niht aygens insigels han, so habn ich vnd min hausvrowe geboten hern Alramen von Rikestorf, hern Wernharten von Schaffenvelt, Chunraten den Prater, Hermannen den Hewsib vnd Chunraten von Půchawn daz si irev insigel zů einem vrchůnde der worhait über allev dinch dev hie vorgeschriben stant, henchen an disen prief. Ich Alram von Rickerstorf ritter, Wernhart von Schaffenvelt, Chůnrat der Prater, Herman der Hewsib vnd Chůnrad von Půchaw verichen, daz wir durch pet Otten des Tewuels vnd siner havsvrown Alhaiten vnserev insigel an disen brief gehenget haben zů einem vrchůnde der worhait. Der brief ist geben ze Vdemaruelt do von Christes gebůrtt worn drevczehen hundert jar vnd dar nach jn dem newn vnd zwainczkisten jar, an dem nâchsten Samtztag nach sant Philippes vnd sant Jacobs tag.

* Orig., Pgt., Sigel Nr. 1 abgerissen, die anderen 4 verletzt vorhanden, k. k. geh. Haus-, Hof- und Staatsarchiv zu Wien.

594.

1330, 9. April, Waidhofen. *Bernhard der Gesenczer, Richter zu Amstetten, und sein Bruder Konrad verkaufen ihre Veste Peitenstein zu innen angeführten Bedingungen an Bischof Konrad von Freising.*

Allen den die disen brief an sehent oder hőrent lesen, chůnn ich Pernhart der Gesenczer richter ze Amsteten vnd ich Chůnrat sein brůder vnd vergihe offenlich an disem brief, daz wir dem erwirdigem herren byschof Chůnrat von Freysing vnd seinem goczhaus haben verchauft vnd ze chauffen geben vnsern sedel vnd vnser veste ze Peytenstain mit allem dem recht vnd geding als wirs her Chůnraten dem purchgrafen von

Seûsenck heten geben, mit dem paŵhof der zů der veste vnd
zů dem sedel gehört vnd von alter gehört hat, die vnser payder
recht aygen sint (dev wir im auch vnd seinem goczhaus haben
geben für recht aygen, vnd schullen dez auch sein vnd sein
goczhaus gewern sein für aygen an allen steten da er vnd
sein goczhaus sein nôtûrftig sint, vnd schullen ins vnd seinem
goczhaus schirmen für recht aygen daz haus ze Peytenstain
vnd den paŵhof vnd swaz dar zů gehört vnd von alter gehört
hat von holcze, von velde, von wismad vnd von wayde, mit
wazzer vnd mit wazzerflûzzen, besuecht vnd vnbesuecht, als
ez dem purchgrafen von Seusenck ward auz gezaigt enhalbe
dez pachez in dem selb geding vnd chauf, als wirs dem purch-
grafen heten hin lassen vnd geben, also haben auch wirs vn-
serm herren byschof Chûnrat von Freysing vnd seinem gocz-
haus geben vmb zwainczig vnd dreyhundert pfvnt Wienner
pfenning, also heten auch wirs dem purchgrafen geben vnd
verchauft vnd nicht anders. Nu geit vns vnser herr der
byschof von Freysing dreisig pfunt mer, di selben dreisig
pfunt hat er vnd sein goczhaus vns iczunt gar vnd gänczlich
gewert mit beraiten pfenning. So schol er vns geben vor sant
Görgen tag der nv schirst chumt, hundert pfunt dar vmb er
vns hat pûrgen geben vnd verseczt, dar nach schol er vns
geben auf den nächsten sant Johans tag zwainczig pfunt.
Swenn er vns auch der zwainczig vnd hundert pfunt gewert,
so sint die pûrgen ledig von vns di er vns dar vmb het geben
vnd verseczt. Dar nach schol er vns geben auf den nächsten
sant Marteins tag oder in vierczehen tagen nach sant Marteins
tag zway hundert pfunt pfenning, vnd swo er oder sein gocz-
haus oder sein nach chomen ob er enwär, vns nicht werte der
zwayer hundert pfunt ze sant Marteins tag oder in vierczehen
tagen dar nach, swaz er vns denn pfenning vor hat geben oder
gewert an den vierdhalb hundert pfunden, die schullen alle ab
sein vnd verlorn vnd schullen wir mit vnsrer pûrge vnd mit
vnserm hof vnser dinch schaffen swaz wir wellen. Swo aber
er oder sein goczhaus, ob er enwär, vns der zwayer hundert
pfunt weret als vor geschriben stat, so schullen wir im oder
seinem goczhaus, ob er enwär, die veste ze Peytenstain vnd
den paŵhof antwurten vnd in geben an allen fürzug vnd wider-
red vnd haben daz gesworen zden haligen (!). Wir haben auch

alle drey gesworen zden haligen, ich vnd Chûnrat vnd Haug
mein brûder, allez daz ze tûn vnd zefolfûren als hin nach
geschriben stat, an alle fûrzug vnd widerred. Swenn wir der
zwayer hundert pfunt gewert werden, so schullen wir, ich vnd
Chûnrat mein brûder, vnserm herren von Freysing vnd seinem
goczhaus alle die brief geben versigelt mit vnsrer payder in-
sigel vnd mit andrer vnsrer brûder insigel aller der er vnd
sein goczhaus durfen vnd nôtûrftig sint, vber die veste ze
Peytenstain vnd vber den pawhof vnd swaz dar zû gehôrt vnd
von alter gehôrt hat, besuechez vnd vnbesuechez. Ander vnser
brûder schullen sich auch an dem brief verezeihen aller der
recht die si haunt oder gehaben mûgen an der veste ze Peyten-
stain vnd an dem pawhof vnd swaz dar zû gehôrt oder von
alter gehôrt hat. Wir schullen auch die werschaft enpfahen
ze Amsteten in dem marchte an geuärd vnd an alle widerred
ze allen zilen. Wir schullen auch ze ie dem zil vnser gagen
brief geben vmb die werschaft swaz man vns denn wert. Ich
Chûnrat der Gesenezer vergich auch offenlich an disem brief,
daz ich vnd mein herr byschof Chûnrat von Freysing vber
ain chomen sein vmb mein hueb die da haisset an dem
Chirchweg, vnd swaz zû der hueb gehôrt vnd von alter dar
zû gehôrt hat, besuecht vnd vnbesuecht, daz haben wir pai-
denthalben geseczet auf hern Marquard von Lûchseneck ritter
vnd auf Pernhart meinen brûder, richter ze Amstêten, vnd auf
Herman den Häwsib, vnd swaz mir die dar vmb haissent geben
meinen herren von Freysing, dez schol mich genûgen vnd schol
mich der selben pfenning weren vierezehen tag nach sant Mar-
teins tag der nu schirst chumt, vnd hôrent mich die pfenning
alain an, an meinen brûder Pernharten vnd schol ich die wer-
schaft vnd die pfenning nemen ze Amsteten an geuärd vnd
han im auch die hueb für aygen geben vnd schol auch der
hueb sein vnd seins goczhaus gwer sein an aller stat swo er
sein bedarf, vnd schirm für aygen nach recht. Daz wir dez
allez gepunden sein zetûn vnd zeuolfûren vnd zelaisten als vor
geschriben stet an disem brief vnserm vorgenantem herren
byschof Chûnrat von Freysing vnd seinem goczhaus, dar vmb
geben wir im disen brief ze ainem vrchunde versigelt mit
vnsrer payder insigel vnd mit Haugen vnsers brûder insigel.
Der brief ist geben ze Waydhouen, do man zalt von Christez

gepurt dreuczehenhundert iar vnd dar nach in dem dreisigistem iar, an dem nächsten Mäntag nach dem Östertag.

<small>Orig., Pgt., 3 anhängende Sigel, k. k. geh. Haus-, Hof- und Staatsarchiv zu Wien.</small>

595.

1330, 23. Mai, Wien. *Bischof Konrad von Freising schliesst nach Beilegung früherer Feindseligkeiten mit den Herzogen Albrecht und Otto von Österreich ein Bündniss gegen deren Frinde und vergleicht sich auch mit ihnen betreffs seiner Pfandgüter zu s. Peter in der Au u. s. w.*

Wir Chunrat von gots gnaden bischolf ze Freysing verichen offenlich mit disem brief vnd tvn chunt allen die in ansehent, lesent oder horent lesen, daz wir daz wol erchennen daz vnser voruordern von pischolf Emchen seligen zeiten vncz her von der gehaim vnd frevntschaft wegen die si gehabt habent hincz der herschaft von Osterrich vnd von Steyr, grozzen frumen vnd nucz enphangen habent an dem gût daz dem goczhous ze Freysing zû gehört also daz daz selbe gût von der selben herschaft bevridet vnd beschirmet ist, vnd niht alain daz gût vnder ir herschaft gelegen, daz halt anderswa gelegen ist, daz hat bezzern fride vnd scherm gehabt von irn wegen. Ouz der selben gehaym vnd frivntschaft sein wir chomen vnd haben des grozzen schaden enphangen an vnsers gotshouses gût des vns do vil enphrömdet ist, vnd do von allermaist daz si hincz vnserm gût verhenget habent vnd irn scherm do von gezogen. Daz selbe haben wir bedacht vnd nicht alain die flust die wir nv enphangen haben, wir haben halt chunftigen schaden besorget vnd betrahtet der vns vnd vnserm goczhous von der vröinde wegen ouf stvnde die wir gehabt haben zv der egenanten herschaft, wand vnser gotshous an irn scherm niht beleiben moht, vnd haben ein ganczev rihtigung getan mit vnsern genedigen lieben herren vnd frivnden den hochgebornen fursten herczog Albrechten vnd herczog Otten ze Österrich vnd ze Steyr, also daz wir mit dinst, mit frevntschaft vnd mit rechter gehaim bei in ewichlichen beleiben wellen vnd vergezzen allez des schadens der vns vnd vnserm goczhous von vnserm herren seligen chunig Friderichen vnd von in vnd ouch von iern amptleuten widervarn vnd geschehen ist, vnd loben in ouch mit vnsern vesten di in ir land gelegen

sind, zv warten vnd sullen in nach vnsern triwen dienen vnd
geholffen sein an allez geuerd in dem land ze Österrich vnd
an den gemerkchen des selben landes wider aller menchlich
an wider den stůl ze Röm vnd daz riche vnd den erczbischolf
von Salczbůrch, vnd daz wir daz reych auzgenomen haben, do
mit mayn wir niht hern Ludwigen von Payern der sich chaiser
nennet, gegen dem wellen wir in gern geholffen sein. Ouh
erchenne wir wol, daz sich daz gůt daz zv der vest gehöret
dacz sand Peter in der Awen dev vnsers goczhaus sacz vnd
phand gewesen ist gegen den egenanten herren vnd iern vor-
dern, nv recht ab gedient hat vnd dorumb lazzen wir die vör-
genanten vest dacz sand Peter in der Awen vnd daz gůt daz
darzů gehoret den vorgenanten fursten gar vnd genczlich ledig
vnd lôs, also daz ez vnsrer vöruordern selen icht ze schaden
chom, vnd daz wir dester pezzer gehaim vnd frivntschaft ge-
haben mvgen hincz den vörgenanten vnsern genedigen lieben
herren vnd frivnden, haben wir mit in getaydingt vmb die
gůter ze Aspach, den marcht ze Probstdorf, ze Schönna, zv
Vruar vnd swaz darzů gehort, zehent vnd vogttey, die vnsern
vöruordern vnd vnserm goczhous von iern vordern ze rehten
phanden verschriben sind vnd die wir wol an ab dienen inne
gehaben möhten mit dem rehten wand si von vns vnd von
vnserm goczhous lehen sint, daz haben wir ablazzen also, daz
wir vnd vnser goczhous die selben gůter inne haben sullen
vnd niezzen als ander vnser gůt vnd als wir ir her haben ge-
nozzen zwainczig jar für dise zeit, daz si sich abdienen in der
frist vnd nach den selben iaren so sullen di selben gůter
ledichlich vnd an allen chrieg vnd losung den egenanten
fůrsten herczog Albr. vnd herczog Otten vnd ir erben vnd ir
nahchomen hin wider geuallen. Ouch loben wir in, daz wir
in allev di prief die wir haben vber di vörgenanten vest vnd
gůter vnd vber alle sáczę die vnser goczhous von in gehabt
hat in Österrich, widergeben vnd antwůrten sullen so wir
schierist mugen an allez geuerde, vnd sullen si daz haben
hincz vnsern triwen. Wer aber daz wir die selben prief niht
gehaben vnd widergeben mohten, so sullen si doch furbaz tod
sein vnd niht chraft haben vnd sullen weder vns, noch vnsern
nahchomen, noch vnserm goczhous ze frum, noch in furbaz ze
schaden chomen. Vnd des zv einem offen frchunde vnd sicher-

bait geben wir vnsern vorgenanten herren disen brief versigelt mit vnserm insigel, der geben ist ze Wienne, do man zalt von Christes gebürde dreuczehenhundert iar, darnach in dem dreizzigistem iar, an Mitichen vor dem heiligen Phingstag.

Orig., Pgt., anhängendes Sigel. k. k. geh. Haus-, Hof- und Staatsarchiv zu Wien.

596.

1330, 27. Mai, Holenburg. *Wolfger und Heinrich, Söhne Wolfgers des Wirthes zu Wagram bei Holenburg, reversiren gegen das Bisthum Freising betreffs ihrer Holzrechte in den Auen bei Holenburg.*

Ich Wolfger vnd ich Hainreich, hern Wolfgeres svn des wirtes ze Wograin verichn fur vns vnd fur vnser geswistreid vnd vnser erbn ze Wograin des houes, daz wir auz den owen vnd auz den werden ze Holnburch niht mer holtzes nemen vnd vodern schullen dann zv drin lehen gehoret, wann vns daz der vorster mit der gemain geit des schol vns genugen vnd dhainen chrig da von machen vnd schullen allen vnser herren leuten vnd ir gut vnschadhaft sein, daz gehaizzen mit vnsern trevn. Wir verichn auch, swann vns vnser herr von Frising vmb ainen dienst vodert oder sein pfleger iner acht jaren, daz im vnser ainer dann berait wesn zu dienen mit harnasch in dem land ze Osterrich an all widerred vnd gebn im des disen brief versigten (!) mit vnsern insigeln. Der brif ist gegebn ze Holnburch, do man von Christes gepurd zalt dreuzehn hvndert iar, dar nah in dem dreizkistem iar, an dem heiligen Pfingest tag.

Orig., Pgt., 2 anhängende verletzte Sigel. k. k. geh. Haus-, Hof- und Staatsarchiv zu Wien.

597.

1330, 27. Mai, Holenburg. *Wolfker und Heinrich, Söhne Wulfkers von Wagram, beurkunden ihren Vergleich mit Bischof Konrad von Freising und stellen demselben für den ihm zahlbaren Betrag von 45 Pfund alter Wiener Pfennige mehrere Bürgen.*

Ich Wolfger vnd ich Hainreich sein pruder, hern Wolfgers svn von Wogram des wirtes, verichn offenlich an dism brif, daz wir mit vnserm herren von Frisingen bischof Chvnraten bericht sein vmb di ansprach vnd daz gelub daz er gen vns vnd vnsern geswistriden gehabt hat, also beschaidenlich daz wir im geben schullen fvmfvndvirczk pfunt alter Winner pfenning der wir in halber weren vnd richten schullen ze Weihnachten vnd halber pfenning des Svnntags so man vier tag genastet hat, vnd seczen im da für ze purgeln vnser lieb frevnt hern Ditreichn von Egendorf, hern Ortlibn den Teusenperger, Lebn vnd Chvnter (!) di druchsaeczen von Vezestorf, vnd ze swelchm genanten tag wir im der vorgnanten pfening niht werten, so schullen di egenanten purgel dacz Holnburch in varen do man si haizzet, vnd laisten auf vns als gewonhait ist ie der man selb ander mit zwain pferften (!) als lang vncz er gericht wirdet, vnd schullen di purgel leisten an alln iren schaden. Des gebn wir disn brif versiglten mit vnsern insigeln. Der brif ist gegebn ze Holnburch do man zalt von Christi gepurd dreuzehn hvndert iar, dar nah in dem dreizkistem iar, an dem heiligen Pfingest tag vnsers herren Jesu Christi.

<small>Orig., Pgt., 2 anhängende verletzte Sigel. k. k. geh. Haus-, Hof- und Staatsarchiv zu Wien.</small>

598.

1330, 15. Juni, ... *Wulfing von Randeck verkauft an Bischof Konrad von Freising mehrere Güter zu Hof, Schliefau und Witzelsberg bei Neuhofen und Randeck um 30 Pfund Wiener Pfennige auf Widerkauf.*

Ich Wlfinch von Randek vergich mit disem brief für mich vnd für min erben vnd tün chunt allen den die in sehent oder hörent lesen, daz ich reht vnd redlich verchauft han vnd geben meinem lieben herren dem ersamen bischof ze Freising vnd seinem gotshaus dev gût dev her nach geschriben sint, dev ich in rehter lehens gewer von im vnd von dem gotshaus ze Freising vor her gehabt han, zway lehen an dem Hof dev geltent bäidev virezehen schilling Wienner pfenning auf sant Georin tach vnd auf sant Michels tag, zway lehen in der Sliffach geltent bedev sechs schilling auf di selben frist, ain lehen in dem Wiczleinspache giltet ein phunt, vnd swaz chläins dienstes von den gütern gehört, dev selben vorgeschriben gût vnd lehen mit allem dem daz dar zû gehört, besûcht vnd vnbesûcht, swie ez dar zû gehört, han ich im vnd seinem gotshaus verchauft vnd gebn vmb drizzich phunt alter Wienner phenning der ich gänczlich berilıt vnd gewert bin vnd sol er vnd sein gotshaus dev vorgeschriben gût habn vnd niezzen als ander sein vrbar vnd sein laût. Doch hat mir mein herre dev besundern gnade getan, daz ich vnd min erben gewalt vnd reht habn süllen dev selben gût wider ze chouffen von sand Jacobs tach der nu schirst chumt, inner drein iarn vmb dev vorgeschriben dreizzich phunt, widerchauffen wir aber nicht in der selben frist, so süllen dev vorgenanten gût des bischofs vnd des gotshaus aigenlich vnd ewichlichen sin vnd sol ich noch dhäin min erbe fürbaz nimmer mer châin ansprache dar nach habn noch gewinnen. Vnd dar vmb ze einem vrchûnde gib ich im disen brief versigelt mit minem hangendem insigel vnd ze einer vollern geworhait vnd vrchûnde han ich gebetn hern Rûdolf vnd hern Seifrit die Zinczendorfer, daz si irev insigel zû dem minem habent gelegt an den brief. Der brief ist gebn do man zalt von Christes geburtt dreuczehen hundert jar vnd dar nach in dem drizzigisten jar, an sant Veits tag.

Orig., Pgt., 3 anhängende Sigel, k. k. geh. Haus-, Hof- und Staatsarchiv zu Wien.

599.

1330, 29. Juni, Waidhofen. *Otto Seifrid und Rudolf von Zinzendorf versprechen dem Bischofe Konrad von Freising, einen gewissen Hof nur der Frau zu Randeck, die ihn jetzt besitzt, und ihren Kindern zu verleihen.*

Ich Ott von Zinczendorf vnd Syfrid vnd Rûdolf von Zinczendorf tûn chunt allen den (die) disen brief sehent oder hôrent lesen, daz wir dem erwirdign herren bischof Chûnrat von Frising verhaizzen vnd gelobt haben mit gûten triwen, daz wir den hof den dev vrow ze Randekk vnd ir chinde von vns ze lehen habnt, nyman anderm leyhen süllen, denne der selbn vrowen vnd ir chinden ob si da pei beleibn wellent, vnd nyman ander, swie der ald die genennet vnd gehaizzen sint, süllen wir den vorgenanten hof leyhen. Vnd daz wir des alles gepunden sin ze laisten vnd ze volfûren, dar vmb gebn wir dem vorgenanten herren bischof Chûnrat disen brief versigelten mit vnsern anhangenten insigeln. Der brief ist gebn ze Waidhouen, do von Christes gepürtt worn dreuczehen hun-

dert jar vnd dar nach in dem drizzigisten iar, an sant Peters
vnd sant Pauls tag.

Orig., Pgt., 3 anhängende Sigel, k. k. geh. Haus-, Hof- und Staats-
archiv zu Wien.

600.

1330, 28. Juli, ... *Friedrich Guotchint, freising. Kastner zu Gross-
Enzersdorf, verkauft dem Bischofe Konrad von Freising seinen Wein-
garten zu Grinzing um 83 Mark Silbers.*

Ich Fridreich Guotchint der chastner ze Enczestorf ver-
gich offenleich allen den di disen brief sehent oder hörent
lesen, daz ich recht vnd redleich vnd mit verdachtem mvot
vnd mit dem willen Hainreichz meinez brvoder meinem lieben
herren bischof Chunraden ze Freising vnd seinem goczhavz
den weingarten ze Grinczing der vns von Wisenten vnserm
brvoder dem got genad, an gevallen ist, avf gegeben han im
vnd seinem goczhavz ze frvm ze verchavfen oder ze verseczen
oder swi er im tvon wil, vmb drei vnd achezig march silberz,
ie zwen vnd sibenzig Pehaimischer pfenning fvr ain march,
vnd dez selben vorgenanten gvocz pin ich gewert, also daz
ez mir ab geslagen ist an dem gvot dez ich meinem vorge-
nanten herren bischof Chunraden schvldig pin worden mit
rechter raitvm, vnd han avch Hainreichen meinem brvoder
seinen halben tail an dem vorgeschriben weingarten schon vnd
hilfleich verricht, daz er noch chain sein erben dhain ansprach
mer dar avf gehaben mögen, vnd ze einem vrchvnt diser sach
gib ich im disen brief versigelt mit meinem hangenten insigel.
Der brief ist gegeben do von Christez geburt woren ergangen
drevzehen hvndert jar vnd dar nach in dem dreizzigisten iar,
dez naechsten Sameztag nach sand Jacobz tag.

Orig., Pgt., anhängendes verletztes Sigel, k. k. geh. Haus-, Hof- und
Staatsarchiv zu Wien.

601.

1330, 1. August, Holenburg. *Albrecht Sam verkauft seiner Stief-
kinder Haus zu Holenburg dem Bischofe Konrad von Freising um
68 Pfund Wiener Pfennige.*

Ich Alb. der Sam vergih an disem brief vnd tvn chvnt
allen den die in lesent oder horent lesen, daz ich han ver-

chouft vnd hin gegebn dem erbern herren bischof Chvnrat vnd sinem gotshus ze Freysing miner stiefchind haus ze Holnburch vnd di schewr vnd di hofstat di dar zv gehornt, besüht vnd vnbesucht, mit alle dem reht vnd der zv gehöret, vnd han im vnd sinem gotshus daz hvs vnd di schewr vnd di hofstet verchouft vnd gegebn vmb an zwai sibentzk pfunt Winner pfenning vnd han daz getan durch pezzrvng miner chind willen vnd durch ir nûtz ze füdrung, wan iz duncht mich vnd all ir frevnt daz iz pezzer vnd nvtzer dann wirs niht verchouft hieten, vnd swas ich getan han mit dem verchouffen des hvses, daz han ich getan mit rat miner chind frevnt, mit ir gvnst vnd mit ir willen minen chinden vnd miner hausvrowen ze pezzrung vnd ze nvtzz. Ich pin auch gepunden meinem herren von Freysingen, seinem gotshus vnd sinen nahchomen vntz an di zeit vnd weil daz mine chind zv ir tagen choment, so schol ich schaffn, daz mine stifchind vnd mein hausvrow daz vorgnant haus vnd schewr vnd hofstat, besuht vnd vnbesüht, mit alle den rehten di dor zv gehörnt auf gebn vnd sich des verzeichen als des landes reht ist vnd gewonhait, vnd schvllen auch dar über ir brief gebn meinem herren von Freysingen vnd seinem gotshus oder swer dann bischof ist ze Freysingen, als si nôtdurftich sind zv einem vrchvnn (!) mit ir aygen insigeln versiglt. Alle di weil des niht geschehn ist von minen chinden vnd von miner hausvrowen daz hie vor geschribn stat, so pin ich vnd mein erben gepunden minem herren von Freysingen vnd sinem gotshvs alles des hie vor geschribn stat vmb daz havs vnd vmb di schewr vnd vmb di hofstet ze versprechen vnd ze verantwurten vnd ze schermen an alle den steten vnd er vnd sin gotshavs des notdurftich sind. Wan auch ich di an zwai sibentzk pfunt mit miner chind frevnt willen vnd rat inne wil habn vntz daz mein chind vnd mein hausvrow daz volfürent daz hie vor geschribn stet, der vber zv einem vrchvnn gib ich disen brif meinem herren vnd sinem gotshvs versiglten mit meinem insigel. Der brif ist gegebn ze Holnburch do man zalt von Christi gepürd drevtzehn hvndert jar, dar nah in dem dreizkistem iar, an der (!) nasten Mitichen nah sand Jacobs tag der (!) zwelfpoten.

Orig., Pgt., anhängendes Sigel, k. k. geh. Haus-, Hof- und Staatsarchiv zu Wien.

602.

1330, 24. September, Oberwolz. *Seifrid von Welz verkauft seinen Hof zu Winklern an Bischof Konrad von Freising um 30 Mark Silbers.*

Allen den die disen brief sehent oder hŏrent lesen, chunde ich Sifrid hern Offen sâligen sun von Welcz vnd vergich offenlich daz ich gebn vnd verchouffet han mit meiner housvrawen vnd meiner erbn gûtlichem willen minem erwirdign herren bischof Chûnrat von Frising, sinen nachchomen vnd sinem gotshuse minen hof ze Winchelern rehte vnd redlich mit allen rehten die dar (zv̊) gehŏrnt vnd von alter gehŏrt habnt, besůcht vnd vnbesůcht, als ich in inne han gehabt sit meius vater tôd, an den pavngarten, wan den han ich emaln da von verchouffet, vmb dr(izzich) march gewegens silbers vnd pin auch der drizzich march gar vnd gänczleich gewert vnd sol ich vnd (all) min (erbn) sin, seiner nachchomen vnd sines gotshuses rehte gewer sin desselben hofs vnd swaz dar zv̊ gehŏrt vnd von alter gehŏrt hat, an allen gerihten vnd an allen stetn da er sin bedarf vnd sin gotshuse, vnd sol denselben hof vnd swaz dar zv̊ gehŏrt vnd von alter gehŏrt hat, im vnd sinem gotshuse ledig (vnd) rihtig machen vor aller mändlich vnd han im vnd sinem gotshuse den vorgenanten hof vf gebn mit (all)en rehten als mir in mein vater lie, wan der hof vnd swaz darzue gehŏrt von im vnd sinem (got)shuse (ze lehe)n ist, vnd ze einer merer sicherhait han ich im vnd sinem gotshuse minen ôhaim Fritzen von Te(uffen)pach zů mir geben ze pûrgen vnd ze gewuern swo in ald (!) sin gotshuse dhain chrieg ald anspracho an gieng vmb den oftegenanten hof daz er im vnd sinem gotshuse des gepunden ist abzelegn vnd vz ze rihten vnd vnschadhaft machen, vnd ze einem vrehûnde gib ich im vnd sinem gotshuse vnd auch sinen nachchomen disen prief versigelt mit minem insigel. Ich Fritz von Teuffenpach vergich alles des daz hie vorgeschriben stat, daz ich des gepunden pin zelaisten vnd volfûren minem herren bischof Chûnrat von Frisingen, sinen nachchomen vnd sinem gotshuse vnd swo ich des niht tûn, da sol sich mein herre von Frising vf alle mein gût habn vntz ich im vnd sinem gotshuse allez daz volfuer daz hie geschribn stat, vnd darumb durch Sifrits pet willen ze einem vrehunde hench ich mein insigel an disen prief. Der prief ist gebn ze Weltz do von Christes gepûrt worn drevezehen hundert iar vnd dar nach in dem drizzigisten iar, an sant Rûprechts (tag) in dem herbest.

Orig., Pgt. mit mehreren Lücken, die hier im Texte ausgefüllt, 2 angehängte Sigel abgerissen, k. Reichsarchiv zu München.

603.

1330, 3. November, Ibbs. *Der Stadtrath von Ibbs beurkundet, dass Ruprecht Smerbauch daselbst sein Haus in der oberen Stadt an Bischof Konrad von Freising verkauft habe.*

Wir der rat vnd di ge mayn purger von Ybs verichen offenleich an disem brief vnd tvn chvnt allen den di in schent oder hôrent lezen, daz Ruprecht der Smerbauch mit wolverdachtem mŧt vnd mit gvtem willen seiner havsfrowen vern Matzen vnd aller irr erben ze der tzeit, do er iz wol getvn macht, durch rechte leipnar vnd notichait wand er iz nicht lenger versparn noch vertziehen macht daz ein ofnev gewizzen ist, sein haus in der obern stat daz da ze purchrecht alle iar an sant Michels tag dient nvr tzwelf new Wyenner pfenneng (!) vnd tzwen snyter in dem snyt oder pfenneng da vûr als man sev gewinnen mag, der gehôren drey pfenneng dez selben dienstez an hern Symonen den alden richter vnd daz vbrig allez dienst daz benant ist, gehôrt an den pfarrer ze Ybs vf den alter, mit alle dem daz darzv gehôrt, besuchtez vnd vnbesuchtez, vnd mit vier chravtgaerten vnd mit vier plantzpevnten vnd mit dem gaertlein daz var dem havs vf der Tvnaŵ leit, dem edlen vursten vnserm herren byschof Chvnraten von Freysing verchauft hat vm ein gelt dez er gar vnd gaentzleich berichtet ist an Juden vnd an Christen, vnd hat auch daz selb havs mitsamt seiner havsfrowen vnd mit seinen erben recht vnd redleich auf ge gebn dem vorgenanten byschof vnd seinen amptlaevten an seiner stat di sein chauflaevt sint gowezen vor den purgern an der stat, do er iz ze recht auf gebn solt. Dez selbn chauffez vnd der sache sey wir alle ge tzeug vnd süll auch wir alle daz havs schermen vnserm herren dem egenanten byschof vnd seinen nachomen jar vnt tag als purchrechtez vnd dez landez recht ist, vnd waz ym daran ab gieng, daz sol er habn vf vns allen vnd auf der stat, vnd darvber geb wir ym disen offenn brief versiglt mit vnserm hangenden insigl der ge gebn ist dorz (!) Ybs noch Christez gepurd vber drevtzehen hvndert jar vnd dar nach in dreyskystem jar, dez Samstagez nach Aller heyligen tag.

<small>Orig., Pgt., anhängendes verletztes Sigel, k. k. geh. Haus-, Hof- und Staatsarchiv zu Wien.</small>

604.

1331, 6. Jänner, ... *Albrecht der Sam quittirt Ruger Druchsecz, Richter zu Holenburg, den Empfang von 68 Pfund Wiener Pfenniyen für das Haus seiner Stiefkinder, das er Bischof Konrad von Freising verkauft hatte.*

Ich Alb. der Sam vergich offenleich an disem brief, daz mir Ruger der Druchsecz richter ze Holnburch gegebn hat gûter werung vnd ganeze richtigung Wienner pfenning zwai mi(n) sibenczk pfunt fur daz haus daz Gvtmans chind weilen richter ze Holnburch gewesen ist di daz nah rat vnd mit gvnst mein vnd ander irer frevnt verchouft vnd gegebn habnt dem wirdigin herren bischof Chvnrat ze Freysing vnd sinem gotshaus vmb di vor gnanten pfenning, der mich Rugern (!) ze rechten tagen als mir gehaizzen ward, vollichlich vnd gaenczlich gericht vnd geweret hat. Der brief ist gegebn der werung zv einem vrchund mit meinem insigel versiglt, do man von Christi gepurd zalt drevzehen hvndert iar, dar nah in dem ains vnd dreizkistem iar, an dem tag der Epyphancy.

<small>Orig., Pgt., anhängendes verletztes Sigel, k. k. geh. Haus-, Hof- und Staatsarchiv zu Wien.</small>

605.

1331, 12. März, Judenburg. *Seifrid von Welz verkauft an Niklas den Weniger Bürger zu Judenburg zwei Güter im Krumpeck bei Welz und in der Sölk um 41 Mark Silbers.*

Ich Seyfrid von Welcz vnd all mein erben verichen offenlichen mit disem brife vnd tûn chunt allen den den er furchumt, di in sehent, hôrent oder lesent, die nv lebent vnd her nah geborn werdent, daz wir mit woluerdahtem mûte vnd ze den zeiten do wir ez wol getûn mohten, dem ersamen manne Nyklau dem Weniger purger ze Judenburch, vrowen Kathrein

seiner hausfrowen vnd allen iren erben verchauft vnd aufgebn
haben mit der herren hant da si vnser lehen von sint, zway
gût, ain swayg gelegen an dem Chrumpekk ob Welcz da Sig-
hart auf sicz, vnd ain sůchung in der Selich an der alben mit
alle dev vnd dar zů gehört, gesůcht vnd vngesůcht, gebowen
vnd vngebowen, an holcz, waid vnd an achern, an wazzer,
an in vart vnd an auz uart vnd mit allen dem rehten als wirs
vnd vnser vordern in nucz vnd in gewer her haben bracht,
vmbe ain vnd vierczich march silber gewegens Wienner ge-
wihtes der wir gar vnd gentzlich gewert sein, vnd sol ich vnd
all mein erben Nyclan dem vorgenanten, seiner hausfrowen
vnd allen sein erben di obn genanten lehen vnd allez daz der
zů gehört, getreulichen schermen vor aller ansprach nah lehens
reht vnd als daz lant Steyr mit alter gewonhait her hat bracht.
Tůn wir des niht vnd daz in di vorgesprochen gůt mit bezzerm
reht wurden anbehabt, swelhen schaden si des nement, Nycla
der oftgenant sein hausfrow vnd sein erben den si bey ir selbs
aide mugen gesagen an all ander bewerung, den sullen wir in
abtůn gentzlichen an alle chlag vnd taidinch vnd sulen den
haben auf vns vnd auf alle dev vnd wir haben, vnd get in
des an vns icht ab, daz sulen si haben auf vnsern ôhaim
Fritzen von Teuffenpach den wir in ze vnser selber vnuer-
schaidenlichen ze purgel dar vmbe haben gesacz vnd mit
gůtlichem willen an als geuerde (der) in dar vmb gelubt hat
mit sein trewen. Auch vergih ich Fritz von Teufenpach der
purgelschaft vnd der gelubde vmb dem scherm als vorgeschriben
stet. Daz daz stet vnd vnzebrochen belibe geben wir in disen
brif ze ainem offem vrchunde vnd ze gezeuge der warhait ver-
sigelt mit vnser paider anhangunden insigeln vnd sint des ge-
zeuch dar vber Fritz der lantrichter, Wulfinch der Welczer,
Dietrich der amptman, Chůnrat von Pederdorf, Weigant der
Fulziech, Vlrich der Silberchnolle, Reicher der Chroli, Jans
der Truller, Jacob der sneyder, Jans Perman vnd ander erber
leut mer. Der brif ist geben ze Judenburch vnd ist geschehen
do man zalt von Christes gebůrt tausent iar, dreyhundert iar
vnd dar nah in dem ain vnd dreizzigisten iare, an sand Gre-
gorygen tage des heiligen pabstes vnd lerer.

Orig., Pgt., 2 angehängte Sigel abgerissen, k. Reichsarchiv zu München.

606.

1331, 5. December, Innsbruck. *König Heinrich von Böhmen u. s. w. sichert dem Domcapitel von Freising zu, dass in seinen Landen (Tirol) keiner dessen Unterthanen ohne dessen (des Domcapitels) Willen der Gutsherrschaft entzogen werden solle.*

Wir Heinrich von gots gnaden chunig ze Behaim vnd ze Polan, hertzog in Cherndcn vnd graf ze Tyrol, veriehen mit disem prief, daz wir an gesehen haben die twanchsal vnd beschedigunge die di chorherren von Freysingen an ir gelt vnd guten oft vnpillich leident vnd haben in von sundern gnaden vnd ze vorderist durch dez rechten willen die gnade getan, daz in vnserer herschaft dh(ain) paŵman der ir gut pawet, dez selben gütes weder gar noch einen tayl, swi daz gut gnant sei, nicht ane an ir hant mug noch sol werden in dheiner hand weis, weder mit verchauffen, noch mit versetzen, ze zilon, noch ze jarn, vnd swa daz (immer) beschehen oder noch beschache, wellen wir daz daz weder chraft noch mach(t habe) vnd gepieten allen vnsern richtern vnd amptlewten den diser prief bezeigt (wirt, d)az si die vorgenanten chorherren von der gnad schermen vnd behalten vnd ins nieman vberuarn lazzen werden. Mit vrchunde diezes priefs der ist (gebe)n ze Insprug do man zalt von Christs gepurt driuzchen hundert (iar), dar nach in dem ain vnd dreizzigistn, iar des Phincztags vor sand Nyclaws.

Orig., Pgt. durch Feuchtigkeit mehrfach verletzt, angehängtes Sigel ausgerissen, k. Reichsarchiv zu München.

607.

1332, 3. Februar, Udine. *Die Gubernatoren des Patriarchates von Aquileia, Peter und Dekan Wilhelm, verkünden, dass sie den Stillstand des Processes zwischen den Unterthanen des Patriarchates und des Bisthumes Freising zu Bischoflack verlängerten.*

Nouerint uniuersi presentes litteras inspecturi, quod nos Petrus de Galliata legum doctor, sacrista ecclesie de Burlacio Castrensis diocesis, apostolice sedis nuncius et Guillelmus decanus Aquilegensis decretorum doctor, conseruatores et gubernatores ecclesie Aquilegensis treugas olim factas per bone memorie venerabilem patrem dominum Paganum patriarcham Aquilegensem cum capitaneo, communi et hominibus de Lok ceterisque servitoribus et subjectis ecclesie Frisingensis usque ad festum Purificationis beate Marie proxime preteritum sub eisdem forma et pactis per nos ac uniuersos seruitores et subditos nostros et ecclesie Aquilegensis prorogamus et facimus eisdem ... capitaneo, communi et hominibus de Lok ac ceteris scruitoribus et subjectis ecclesie Frisingensis a die hodierno usque ad festum sancti Georgii proxime venturum per totam diem et noctem duraturas, quas quidem treugas usque ad dictum terminum nostro et prefato nomine promittimus inviolabiliter observare. In cuius rei testimonium presentes fieri iussimus (et) nostris sigillis communiri. Datum Utini, III. Februarii, anno dominice natiuitatis M. CCC. XXX. III., indictione prima.

Abschrift des 18. Jhrh. in Cod. dipl. Lirutti, Nr. 844, in d. Sammlung des Prof. Pirona zu Udine.

608.

1332, 24. Juni, Waidhofen. *Georg Talinger verkauft aus seinem Hofe zu „Shawrberch" (bei Ulmerfeld, Schauberg?) ein Pfund Gülte um 10 Pfd. neuer Wiener Pfennige für Jahresdienst.*

Ich Georig Talinger vnd ich Liebgart sein hausvraw wir verichen offenbar mit disem brief für vns vnd für alle vnser erben allen den di in sehent, lesent oder horent lesen, di nv lebent vnd her nach chvnftig sint, daz wir mit tzeitigem rat vnser vrevnde vnd mit wol bedohtem mvet ze den zeiten do wir ez wol gət͡ṅ mohten, haben verchaufft vnd reht vnd redleich hin geben auz vnserm hof der glegen ist ze Shawrberch vnd auz allem dem daz da tzʒ gehort, ze velde vnd ze dorff, bestift vnd vnbestift, besuht vnd vnbesuht, wie ez benant ist, ayn pfunt gelts newr Wienner pfenning vnserm gnaedigen herren bishof Chvnrat ze Freysing vnd seinem gotshaůs da vnser vorbenanter hof lehen von ist, vmb tzehen pfunt der vor gesprochenn Wienner pfenning der wir gantz vnd gar verriht vnd gwert sein von dem erbern manne hern Chvnrat von Grſ̈ninge ze den tzeiten des e benanten bishof Chvnrats shaffer, also beshaydenleich daz wir oder vnser erben oder swer den

selben hof inne hat, alle di weil vnd wir in niht wider chauffen
sullen, da von dienen alle jar ayn halb pfunt der vor benauten
Wienner pfenning an sant Michahels tag vnd daz ander halb
pfunt an sant Mertten tag ze hant da 'nach in daz ampt ze
Vdmaeruelt, taeten wir dez niht, also daz di czwen czyns vnd
dienst niht gedient burden ze den vor geshribenn taegen, vnd
erluffen daz dritte zil, so sein wir gevallen vnd gestanden von
allem vnserm rehten daz wir heten an dem selben hof ze Shawr-
berch, laevtterleich vnd ledichleich an alle wider rede, also daz
vnser oft benanter herr bishof Chvnrat vnd sein gotshaus ze
Freysing allen irn frumen shaffen mugen mit dem selben hof
ze Shawrberch als mit andern aygenn des selben gotshaus ze
Freysing, vnd haben auch wir, ich Georig Talinger vnd ich
Liebhart sein hausvraw oder vnser payder erben den gwalt daz
e gesprochen pfunt gelts her wider ze chauffen vmb ezehen
pfunt der vor gesprochenn Wienner pfenning swanne wir wellen,
ane daz iar hewr, inner vierczehen tagen vor sant Jacobs tag
oder inner vierczehen tagen hin nach, vnd mugen auch weder
wir selb noch vnser erben den selben hof weder versetzen, noch
andern weys verchumbern, wir chauffen in danne wider als vor
geshriben ist. Vnd daz di red alle staet vnd vnczebrochen
beleib furbaz wand wir selb niht aygner insigel haben, geben
wir disen brief ze eynem vrchunde diser sache besigelten mit
des edlen mannes insigel Johannis von Mulberch ze den tzeiten
purkraf ze Vdmaervelt vnd mit der erbern laevt insigeln di
her nach geshriben sint, Hermannes des Haesib, Chvnrats des
Prater vnd Vlreichs des Prukpekchen ze den zeiten rihter ze
Waidhofen, vnd verjehen auch wir, ich Johans von Mulberch
ze den tzeiten purkgraf ze Vdmaeruelt vnd ich Herman Haesib
vnd ich Chunrat der Prater vnd Vlreich Prukpekch ze den
tzeiten rihter ze Waidhofen di vorgnanten, daz wir durch Geo-
rigen des Talinger vnd Liebgarten seiner hausvrawn pet willen
vnser insigel ze eynem geczevg diser sache haben an disen
brief gehangen. Der brief ist geben ze Waidhofen nach Christs
geburtt drevezehen hundert jar in dem andern vnd dreizzig-
sten jar, da nach an sant Johans gotstauffer tag ze Svnnen-
benten.

Orig., Pgt., 4 anhängende verletzte Sigel, k. k. geh. Haus-, Hof- und
Staatsarchiv zu Wien.

609.

1332, 23. Sept., Freideck. *Ludwig von Zelking verkauft dem Bischofe Konrad von Freising seine Vogtei zu „Aychach" mit Lehen zu „Hagaw" und Weinzierl um 8 Pfund Wiener Pfennige.*

Ich Lûdwig von Zelcing ritter tûn chunt vnd vergich offenleich an disem brief allen den di in sehent oder horent lesen, daz ich mein vogtey ze Aychach vnd von ainem lehen ze Weinzůrl vnd auch von ainem lehen ze Hagaw̌ di zů der vogtay ze Aychach gehôrent, di ich von rechter alter erbschaft ze lehen han gehabt vnd her han pracht von dem bischolf vnd von dem goczhaus ze Freysing, daz ich di selben vogtey ze Aychach han verchauft vnd ze chauffen geben meinem herren bischoff Chûnrat vnd seinem goczhaus ze Freysing mit allen den rechten, besuecht vnd vnbesuecht, so zu der vogty (!) von alter gehört hat, vber laût vnd vber gût, vnd han im di selben vogtey ze Aychach auf geben vnd seinem goczhaus ze Freysing vnd han mich verzigen fůr mich vnd all mein erben aller der recht so ich vnd mein heten oder mochten gehan an der vor genanten vogtay ze Aychach, vnd han dar vmb enpfangen von meinem herren bischolf Chûnrat vnd von seinem goczhaus ze Freysing acht pfunt Wienner pfenning vnd pin auch der selben acht pfunt pfenning von im vnd von seinem goczhaus ze Freysing gar vnd ganczleich gewert, vnd han di selben acht pfunt in meinem vnd meiner erben nůcz chert vnd geben vnd han si an die lösun (!) geben meiner gůter di ich her Chûnrat dem purchgrafen von Safsenek het verseczt. Vnd zu einem woren vrchůnd aller der ding als da vor geschriben stat an disem brief, so gib ich meinem herren bischolf Chûnrat vnd seinem goczhaus ze Freysing disen brief versigelt mit meinem insigel fůr mich vnd fůr all mein erben. Dirr brief ist geben ze Fretdekk, do man zalt von Christes gepurt drevczehenhundert iar, dar nach in dem zwai vnd dreisgistem iar, an der nächsten Mitwochen vor sant Michels tag.

Orig., Pgt., anhängendes verletztes Sigel (mit Legende ZALKIGN). k. k. geh. Haus-, Hof- und Staatsarchiv zu Wien.

610.

1332, 4. November, Wien. *Rudolf der Mocz verkauft seine Müle ob Waidhofen und Liegenschaften jenseits der Ibs dem Bischofe Konrad von Freising um 40 Pfund alter Wiener Pfennige.*

Ich Ruedolf der Mocz vnd ich Gedraut sein hausvraw mit allen meinen erben vergich offenleich an disem prief vnd tůn chvnt allen den di in sehent oder horent lesen, daz ich mit wol verdachtem můt ze der czeit du ich iz wol getůn mocht, für mich vnd für alle mein erben vnd mit aller meiner erben gůten willen han verchauft vnd ze chauffen han geben reht vnd redleich meinem lieben herren bischof Chůnraden von Freysing vnd seinem gotsthaus (!) mein můl vnd daz haus vnd den garten di czu der můl gehorent vnd von alter gehört hant, besůht vnd vnbesůht, di gelegen ist ze Waidhouen ob der stat auf der Tóbersnich ob der Praentleins můl, di mein reht půrchreht ist von dem gotsthaus ze Freysing, vnd mein wisen di da leit endhalb der Ybs in dem Vbenpach, di mein reht půrchreht ist von meinem herren von Pazzaw ierleich vmb zwelif phenning, di paide můl vnd wisen vnd swaz dar zů gehört, han ich meinem herren bischof Chůnraden vnd seinem gotsthaus ze Freysing verchauft vnd ze chauffen geben vmb vierczich phunt alter Winner pfenning der ich von im vnd von seinem gotsthaus gar vnd genczleich gewert pin, vnd di selben phenning han ich vergolten vnd geben, do ich gelten scholt do grozzer schade auf mich gieng, an Juden vnd an Christen, vnd schol auch ich vnd mein aydem Nycla der Styller der vorgenanten můl vnd wisen rechter schiermer sein für alle ansprach als landes vnd půrchrehtes reht ist in Österreich, vnd swaz er oder sein gotsthaus ze Freysing des schaden naomen oder enphiengen, daz schol er haben auf vnz vnd auf allem dem gůt vnd wir haben in dem lande ze Osterreich, vncz an di czeit daz wir in vnd sein gotsthaus vnschadhaftich mahhen (!) vnd von allem schaden pringen. Doch hat mir mein herre bischof Chůnrat di genade getan vnd meinen erben, ob ich en pin, di můl vnd di wisen wider mugen gechauffen vmb vierczich phvnt alter Winner phenning ze hinnen dem naesten sand Johans tage ze Svnnewenten der nv schier ist chvmpt, vnd daz

ich vnd mein aydem Nycla der Styller allez dez gebvnden sein
ze tůn vnd ze vol fůren vnd auz ze richten alz hie vor ge-
schriben stat an disem prief, dar vmb haben wir vnserm her-
ren vnd seinem gotshaus disen prief geben versigelt mit vnsern
paider insigel. Der prief ist geben ze Winn, du man zalt von
Christes gepuerd driuczehen hvndert jar vnd darnach in dem
zway vnd dreizgisten jare, an der naesten Mitwochen nach Aller
hayligen tage.

<small>Orig., Pgt., 2 anhängende verletzte Sigel, k. k. geh. Haus-, Hof-
und Staatsarchiv zu Wien.</small>

611.

1332, 10. November, Wien. *Fridrich Gůtchint, Kastner zu Gross-
Enzersdorf, verkauft an Bischof Konrad von Freising seine Wein-
gärten zu Perchtoldsdorf um 90 Pfund Wiener Pfennige.*

Allen den die disen brief an sehent oder hörent lesen,
kůnd ich Fridreich Gůtchint chastner ze Enczestorf vnd ver-
gich offenlich an disem brief für mich vnd für mein hausfrawen
Alhåiden vnd für alle mein erben, daz ich meinem herren
byschof Chůnraden von Freysing vnd seinem gotshaus ze Frey-
sing han geben vnd verchauffet vnd ze chauffen geben mein wein-
garten die da ligent ze Perichterstorf, der ain weingart leit an
dem Haspan, die andern zwen weingarten ligent an dem Herczo-
gen perig, der vierd weingartt leit ze Engelschalchstorf in dem
Perbelstal den ich halben chauft vmb den pharrer von Enczes-
torf vnd seins brůder chint, vnd den andern halben tåil des
selben weingarten chauft ich vmb dem Tåufel, die vier wein-
garten han ich im vnd seinem gotshaus verchauffet vnd ze
chauffen geben gar vnd gånczlich, besůcht vnd vnbesůcht, mit
allen rehten die dar zů gehört, vmb neunczich phunt Wienner
phenning der selben neunczich phunt ich von meinem vorge-
nanten herren byschof Chůnraden von Frising vnd von sinem
gotshaus gar vnd gånczlich gewert bin, vnd verzich mich aller
der reht dev ich dar an hett oder haben möcht an den vor-
genanten vier weingarten für mich vnd für alle mein erben,
vnd ze einem vrchůnde han ich im vnd seinem gotshaus disen
brief geben versigelt mit meinem insigel. Der brief ist geben
ze Wyenn, do man zalt von Christes geburts dreuczehen hun-

dert iar vnd dar nach in dem zway vnd drissigisten iar, an
sand Marteins abent.

Orig., Pgt., anhängendes verletztes Sigel, k. k. geh. Haus-, Hof- und
Staatsarchiv zu Wien.

612.

1332, 19. December, Waidhofen. *Bürger Wisent von Aschbach verkauft dem Bischofe Konrad von Freising sein Lehen zu Abetzdorf bei Aschbach um 17 Pfund Wiener Pfennige.*

Allen den die disen brief sehent oder horent lesen, chund
ich Wisent purger ze Aspach vnd vergich offenleich an disem
brief, daz ich han verchauft vnd ze chauffen geben meinem
lieben herren bischolf Chûnraden von Freysing vnd seinem
goczhaus ze Freysing mein lehen daz ich ze Abolstorf het da
der Hungerperger auf siczet, mit allen den rechten so dar zû
gehôrt vnd von alter gehôrt hat, besuecht vnd vnbesuecht, daz
selb lehen mein recht lehen waz von meinem herren bischolf
Chûnraden ze Freysing vnd seinem goczhaus ze Freysing, daz
lehen ich meinem herren von Freysing vnd seinem goczhaus
auf han geben vnd han mich aller der recht an dem lehen
verzigen di ich het oder gehaben möcht, für mich selb vnd
für mein hausfrawn vnd für all vnser erben, vnd han dar vmb
enpfangen von meinem herren bischolf Chûnraden von Freysing vnd von seinem goczhaus sibenczehen pfunt Wienner pfenning vnd pin der selben sibenczehen pfunt von meinem herren
bischolf Chûnraden vnd von seinem goczhaus gar vnd gancz
gewerd. Vnd zu einem waren vrchund aller ding als da vor
geschriben stat, so han ich im disen brief geben versigelt wan
ich aygens insigel nicht enhan, mit Chûnrades Pûchaw
vnsers richters insigel ze Aspach. Diz sint zeug di pei dem
chauff gwesen sint, Hauk der Gesiczer, Pernger der Vidorfer,
Vlreich Prukpech richter ze Waydhouen, Herman Haesib,
Chunrat Pûchaw vnser richter ze Aspach. Ich Chunrat Pûchaw
richter ze Aspach, durch pet Wisentez purger ze Aspach wan
er aigens insigels nicht enhet, han ich mein insigel gehench (?)
an disem brief zû einem vrchund aller der ding als da vor
geschriben stat. Dirr brief ist gegeben ze Waydhouen, do man
zalt von Christez gepurt dreuczehen hundert iar, dar nach in

dem zwai vnd dreisgistem iar, an dem nåchsten Sameztag vor
sant Thomans tag dez zwelif poten ze Weichnåchten.

<small>Orig., Pgt., anhängendes Sigel, k. k. geh. Haus-, Hof- und Staatsarchiv zu Wien.</small>

613.

1333, 7. Jänner, Waidhofen. *Bischof Konrad von Freising setzt die Art und Weise fest, in welcher etwaige Schaden, die Herdegen von Pettau im Dienste des Bisthumes erlitt, festgestellt und gedeckt werden sollten.*

Wir Chvnrat von gots gnaden byschof ze Frising vergehen
vnd tvn chvnt allen den die disen brief an sehent oder hôrnt
lesen, daz wir haben genent vnd genomen hern Emchen von
Altziä chorhern ze Frising vnd brobst ze Werdse vnd hern
Otten von Liechtenstain chamerar in Ståir, die (!) baid haben
wir genomen vnd genent von vnsern wegen vnd von vnsers
gotzhauzz wegen oder vnserr nachchomen ob wir enwaren, ob
her Herdegen von Pettaw oder sein erben ob er enwår, oder
sein diener ze schaden chämen oder enphiengen von vnsern
wegen vnd von vnsers gotzhauzz wegen den schaden wir vnd
vnser gotzhauzz im billeich solten ablegen, den sûllen wir vnd
vnser gotzhauzz oder vnser nachchomen ob wir enwåren, ge-
punden sein ztvn vntzvolfvrn (!) nach der zwaier rat die wir
dar vber genent haben von vns vnd vnsers gotzhauzz wegen,
vnd auch nach der zwaier rat die her Herdegen von Pettaw
dar vber genent vnd geben hat, die alle vier dar vber sûllen
sprechen bei ir trewen vnd bei ir eren, vnd swaz si sprechent
bey ir trewen vnd bei ir eren daz wir vnd vnser gotshauzz
oder vnser nachchomen ob wir enwärn, im sûllen tvn vmb die
vodrvng vnd vmb den schaden ob er chäinen schaden nimt
oder enphächt von vns vnd vnsers gotzhauzz wegen oder in
vnsers gotzhauzz dienst, den schaden sûllen wir vud vnser
gotshauzz oder vnser nachchomen ob wir enwärn, im oder seinen
erben ob er enwår, ablegen vnd widerchern alz die vier haissent
bei ir trewen vnd bei ir eren, vnd sûllen wir vnd vnser gotz-
hauzz oder vnser nachchomen ob wir enwårn, daz tvn vnd vol-
fûern im oder seinen erben ob er enwår, nach der vier spruche
dar nach in den nåchsten vier monaiten. Wår auch, daz vns
vnd vnserm gotzhauzz oder vnsern nachchomen ob wir enwärn,
oder hern Herdegen ainer oder zwen der vorgenanten schidläut
abgiengen, so sûllen wir vnd auch her Herdegen åinen oder

zwen an ir stat nemen, die allez daz volfvrn daz vor geschriben stat. Der brief ist geben ze Waydhouen do man zalt von gots gepurt dreutzehen hvndert jar dar nach in dem drei vnd dreizgistem jar, dez nåchsten Phintztag nach den Perchtentag.

Orig., Pgt., anhängendes Sigel, k. k. geh. Haus-, Hof- und Staatsarchiv zu Wien.

614.

1333. 22. Jänner, Wien. *Bischof Konrad von Freising setzt die Form fest, unter welcher etwaige Schadloshaltungsansprüche Reinprechts von Ebersdorf aus seiner Pflege von Gross-Enzersdorf ausgetragen werden sollen.*

Wir Chvnrat von gots gnaden byschof ze Frising vergehen vnd tvn chvnt allen den die disen brief ansehent oder hôrnt lesen, ob daz wär daz her Rânprecht von Eberstorf, dem wir vnser vesten, vnser laeut vnd vnser gût ze Enzenstorf enphollen haben auf sein triwe, chainen schaden näm von vnsers gotshauz wegen vnd in vnsers gotshauzz dinst von Frising, er ald sein erben den wir, vnser gotzhauss vnd vnser nachchomen im pilleich ab legen sullen, dez selben schaden sol er vnd sein erben hintz vnser vnd vnser gotshauz vnd vnserr nachchomen ergetzung wartent sein, also daz wir oder vnser nachchomen vns zwen erber man nemen, vnd er oder sein erben in auch zwen erber man nemen vnd swaz die sprechent vber den selben schaden, des sullen wir ald vnser gotshauz ald vnser nachchomen im vnd seinen erben rechten dar nach in vier moneyten fûr daz der spruch getan wirt, vnd sol auch in vnd sein erben vnd sein diener des genûgen. Vnd daz im vnd seinen erben daz stät beleib von vns, von vnserm gotshauz vnd von vnsern nachchomen, darvmb geben wir im vnd seinen erben disen prief versigelten mit vnserm insigel. Der brief ist geben ze Wienn do man zalt von gotes geburte dreuczehen hvndert jar, dar nach in dem drey vnd dreizigistem jar, dez nachsten Vreytags vor sant Pauls tag als er bechert wart.

Orig., Pgt., anhängendes Sigel, landsch. Archiv zu Wien.

615.

1333, 4. April, Waidhofen. *Otto von Zinzendorf tritt sein Viertteil an dem Hofe vor der Burg Randeck dem Bischofe Konrad von Freising für 6 Pfund Wiener Pfennige ab.*

Ich Ott von Zinzendorf ritter tůn chunt vnd vergich offenlich an disem brief allen den die in sehent vnd hörent lesen, daz ich den hof daz vierde tail der min lehen ist gewesen von dem bischof ze Frisingen vnd von sinem gotshouse, den selben hof Wulfinch von Randekk vnd Ditrich sälig sin brůder von mir ze lehen hetten, daz viertail an dem selben hof vnd den hof halben ze lehen habnt von Sifriden vnd Rudolfen minen vettern von Zinczendorf vnd daz viertail an dem selben hof auch ze lehen hetten von hern Otten dem Travner, nv han ich mein viertail an dem hof daz von mir lehen was, der hof ze nachist leit vor der purch vnd vor dem house ze Randekk minem herren bischof Chůnrat von Freysingen vnd sinem gotshouse ouf geben ledichlich vnd han mich des hofs gar vnd gänczlich verczigen vnd swaz zů dem hof gehört vnd von alter gehört hat, besůcht vnd vnbesůcht, für mich vnd für alle min erben vnd han dar vmb eupfangen von minem vorgenanten herren bischof Chůnrat von Frisingen vnd von sinem gotshouse sechs pfunt Wienner pfenning vnd pin der selben sechs pfunt gar vnd gänczlich gewert. Vnd ze ainen ſrchůnde han ich minem vorgenanten herren bischof Chůnrat vnd sinem gotshouse disen brief geben versigelten mit minem insigel. Der ist gebn ze Waidhouen do von Christes gepůrtt woren drivczehen hundert jar vnd dar nach in dem driv vnd drizzigisten jar an dem heilign Oster tag.

Orig., Pgt., anhängendes Sigel, k. k. geh. Haus-, Hof- und Staatsarchiv zu Wien.

616.

1333, 5. April, Waidhofen. *Bernhart Jesentzer, Richter zu Amsteten und sein Bruder Konrad verkaufen dem Bischofe Konrad von Freising ihre freieigene Veste Peilenstein mit dem Hofe daselbst um 350 Pfund Wiener Pfennige.*

Allen den die disen brief ansehent oder horent lesen chvnde ich Pernhart ze den zeiten richter ze Amsteten vnd

Chûnrat Jesentzer[1] bruder vnd vergehen offenlichen an disem
brief, daz wir beid haben verchauft vnd ze chauffen geben
dem erwirdigen hern byschof Chŷnraden ze Frisingen vnd sei-
nem gotshaus ze Frisingen vnser veste ze Peytenstain vnd den
paŵhof der dar zŷ gehôrt der vor der veste leit, die vnser
beyder recht aygen sind, vnd haben auch ins vnd seinem gots-
haus geben vnd verchauft fur rechtes aygen vnd schullen wir
vnd alle vnser erben sein fvr rechtes aygen wer sein vnd sul-
len ins fvr rechtes aygen schirmen swo er oder sein gotshaus
dez bodarf oder notturftig ist, nach dez landez ze Österich recht
vnd gewonhait, vnd swo wir dez oder vnser erben nicht entä-
ten, dez sol er sich vnd sein gotshaus haben auf alle dem gŷt
daz wir beid ze Österich in dem lande haben, an alle wider
rede mit vnserm gŷten willen. Wir haben im auch vnd seinem
gotshaus die vorgenanten veste ze Peytenstain vnd den paŵhof
verchauft vnd ze chauffen geben mit allen den rechten die dar
zŷ gehôrnt vnd von alter dar zŷ gehôrt habent, an wälden, an
holtz, an velden, an wayde, an wismat, mit wazzer, mit wazzerfluz-
zen, mit wasen, mit zwâi (!), besŷcht vnd vnbesŷcht, disent halb
dez paches, als ez hern Chŷnraden dem pvrgrauen von Seusencke
word (!) auz gezeiget, do wir mit im vnd er mit vns in einem
chauffe woren (!) vmb die vorgenanten veste vnd paŵhof, vnser
veste ze Peytenstain vnd vnsern paŵhof die wir vnserm hern
byschof Chŷnraden ze Freysingen vnd seinem gotshaus haben
verchauft vnd ze chauffen geben vmb vierdhalb hvndert pfunt
Wienner phenning. Der selben vierdhalb hvndert pfunt sein
wir gewert von im vnd von seinem gotshaus gar vnd gäntzli-
chen vnd sagen in vnd sein gotshaus vmb die selben vierdhalb
hvndert pfunt gar vnd gantzlichen ledig wan wir der selben
phenning gar gewert sein. Vnd ze ainem vrchvnde haben wir
im vnd seinem gotshaus disen brief geben versigelten mit vn-
sern insigeln vnd mit Heinreichs vnd Haugens vnd Härtelz
vnserr brŷder insigel. Ich Heinreich vnd Hauge vnd Härtel
gebrŷder Gesentzer durch vnserr brŷder bet Pernhartez vnd
Chŷnrades haben wir vnserev insigel ze einem vrchvnde ge-
hengt an disen brief vnd vergehen auch an disem brief, daz

---

[1] Auf den 4 Sigeln lautet der Name dreimal „Genize" und nur einmal
„Gesencz."

wir chain recht haben, lutzel noch vil, an der veste ze Peytenstain, noch an dem pa͡whof, noch an dem lehen an dem chirchwege daz vnser brůder Chŭnrat auch verchauft hat vnd ze chauffen hat geben vnserm hern byschof Chŭnraten ze Frisingen vnd seinem gotshaus ze Frisingen auch für recht aygen. Diser brief ist geben ze Waydhouen, do man zalt von Christes gepurtte dreutzehen hvndert jar, dar nach in dem drey vnd dreissigistem jar, an dem nåchsten Måntag nach dem håiligen tag ze Ostern.

<small>Orig., Pgt., 4 wolerhaltene anhångende Sigel, k. k. geh. Haus-, Hof- und Staatsarchiv zu Wien.</small>

617.

1333, 21. April, Ober-Welz. *Ulrich der Chnolle, Bürger zu Ober-Welz, verkauft sein Haus daselbst sammt Zubehör an Bischof Konrad von Freising um 52 Mark Silbers.*

Ich V̊lrich der Chnolle burger ze Welcz, fra͡w Kathrine mein hausfrawe, Kathrine mein tohter, Chŭnigunt mein tohter vnd V̊lrich mein sun vergehen offenlich an disen brief für vns vnd für alle vnser erben, daz wir vnser haus ze Welcz verchauft habn vnd ze chauffen gebn vnserm herren byschof Chŭnraden von Freysing vnd seinem goczhaus reht vnd redlich mit allem dem so dar zů gehört vnd von alter her gehört hat, vnd den garten vnd die zwo hofstet die da z͡v gehörnt, die hinden an minen garten vnd a(n) meinen pavmgarten stozzent, besůcht vnd vnbesůcht, vnd dev hofstat mit dem pachouen vnd dev stuben, dev zů dem pachouen gehört, deu vor dem vorgenantem meinem haus ze nåhst gelegen ist, vnd han dar vmb enphangen von meinem herren zwo vnd fünfzich march gewegens silbers der ich von im vnd von seinem goczhaus an beraitem gůt gar vnd gånczlich gewert bin; ich vnd mein erben, vnd verzeihen vns, ich vnd mein erben vnd mein vorgenant hausfrawe alles des rehten so wir hetten oder han mohten an dem vorgenanten haus vnd an garten vnd an hofsteten gar vnd gånczlich, vnd ze vrchůnde habn ich vnd mein hausfraw vnd mein vorgenanten erben gebn disen brief vnserm vorgenanten herren byschof Chůnraten vnd seinem gotshaus versigelt mit meinem insigel vnd mit hern Emchen von Alczåy chorherren

ze Freysing vnd prost ze Werthse insigel vnd mit der stat ze
Welcz insigel. Ich Emch von Alczáy chorherre ze Freysing
vnd prost ze Werthse vergihe, daz ich durch Vlr. des Chnollen,
frowen Kathreinen seiner hausfrawen vnd seiner vorgenanten
erben fleizzigev bet mein insigel gelegt han ze vrchůnde an
disem brief. Ich Berchtolt der richter vnd wir dev gemain der
burger der stat ze Weltz vergehen offenlich an disem brief
daz wir vnsrer stat insigel durch het Vlr. des Chnollen burger
ze Welcz, frawen Kathrinen seiner hausfrawen vnd seiner vor-
genanten erben ze einem vrchůnd gelegt habn an disen brief.
Ditz ist beschehen vnd ist der brief gebn ze Welcz do man
zalt von Christes geburtt drevczehn hundert iar vnd dar nach
in dem drey vnd drizzigisten (!) iar, an dem Mitiken vor sand
Georij tag.

    Orig., Pgt., 3 anhängende, mehr oder minder verletztes Sigel (Nr 1.
Fragment, Nr. 2 spitzoval, im Mittelfeld einthürmige Kirche über Wellen,
Leg. „EMCH ... PREPOSITI. WERDENSIS," Nr. 3 rund, im Mittelfelde
geschloss. Stadtthor mit 2 Thürmen, dazwischen gekrönter Mohrenkopf,
Leg. „....... S·DE·WELTZ"), k. Reichsarchiv zu München; Meichelbeck II/2
168, Nr. 259.

618.

1333, 2L Mai, Waidhofen. *Gundaker der Chôl, Bürger zu Waidhofen,
verkauft an Bischof Konrad von Freising seinen Zehent auf dem
Hofe zu „Schowerperg" bei Wolmersdorf, den er von demselben zu Lehen
besass, um 67 Pfund alter Wiener Pfennige.*

Allen den die disen brief sehent oder hôrent lesen, chůnde
ich Gundacker der Chôl purger ze Waidhouen, vnd vergich
offenlich für mich vnd für alle mein erben, daz ich dem er-
wirdign herren bischof Chůnraden vnd sinem gotshouse ze Fri-
singen han verchouffet vnd ze chouffen gebn minem (!) zehen-
den den ich het ouf dem hof ze Schowerperg, den selben
zehenden ich ze lehen het von minem von minem vorgenanten
herren bischof Chůnraden vnd von sinem gotshause ze Frisin-
gen, den zehenden ich im han gebn vnd verchouffet vmb
sechczk vnd siben pfunt alter Wienner pfenninge vnd pin ouch
der selben pfenninge von im vnd von sinem gotshouse ze Fri-
singen gar vnd gäntzlich gewert vnd han im vnd sinem ege-
nanten gotshouse den zehenden vf gebn den ich het vf dem

vorgenanten hof ze Schowerperg, der ze nächst leit ob Wolmanstorf, vnd han mich vertzign für mich vnd für alle mein erbn aller der rehten die wir an dem oftgenanten zehenden hetten ald haben möchten, vnd sol ich vnd alle mein erbn des zehenden nach des lants reht wer sin. Vnd zů einem vrchůnde gib ich minem vorgenanten herren bischof Chůnraden vnd sinem gotshouse disen brief versigelten mit Hainreichs des Saxen richter ze Waidhouen vnd mit Vlreiches des Prukpeckhen vnd mit meins vettern Fridreichs des Chöls insigeln die si durch meiner pet willen an disen brief gehencht habnt, won (!) ich selb niht aygens insigels het. Ich Hainreich der Sahs richter ze Waidhouen vnd ich Vlreich der Prukpeckh vnd ich Fridreich der Chöl purger ze Waidhouen verichen, daz wir durch Gundackers des Chöls pet willen haben vnscriv insigel an disen brief gehencht zů einem vrchůnde aller der sache die vorgeschriben stat. Der brief ist gebn ze Waidhouen do von Christes gepůrtt worn drůtzehen hundert iar vnd dar nach in dem driv vnd drizzigisten iar, des nächsten Fritags vor Pfingsten.

<small>Orig., Pgt., 3 anhängende ziemlich wohlerhaltene Sigel, k. k. geh. Haus-, Hof- und Staatsarchiv zu Wien.</small>

619.

1333, 27. Mai, Waidhofen. *Ludwig von Zelking verkauft Anger und Wiese (ohne nähere Ortsangabe) an Bischof Konrad von Freising um 29 Pfd. Wiener Pfennige.*

Allen den die disen brief ansehent oder hörnt lesen, chvnde ich Lůdweich von Zelging herren Lůdweichs saligen sun von Zelging vnd vergich offenlich an disem brief fvr mich vnd fur meinen brůder herren Heinreich chirchherren (!) ze sand Laurentzen vnd fur alle mein erben, daz ich meinem herren byschof Chůnraden von Friesingen vnd sein gotshaus ze Frisingen han verchauft vnd ze chaufen geben recht vnd redlaich den anger vnd die wis die mein vater salig her Ludweich chauft von Wolfharten dem Rietmocher, besůcht vnd vnbesůcht, mit allen rechten swas von alter dar zů gehört hat, vmb an ains dreizich pfunt alter Wienner phenning der selben phenning ich vnd her Heinreich mein brůder von im vnd von seinem gotshaus ze Frisingen gar vnd gantzlich sein gewert.

Ich vnd mein erben sullen dez angers vnd der wis sein vnd
seines gotshaus ze Frisingen recht gewer vnd schirmer sein,
swo er sein oder sein gotshaus bedarf vnd notturftich ist, nach
dez landez ze Österich recht vnd gewonhait vnd verzåich mich
an dem anger vnd an der wis für mich, vnd fur meinen brûder
herren Heinreichen chircherren ze sand Laurenczen vnd fur
alle mein erben aller der rechte so wir heten vnd gehaben
mochten an dem vorgenanten anger vnd an der wis, vnd ze
ainem worn (!) vrchvnde han ich im vnd sein gotshaus ze
Frising disen brief (geben) versigelt mit meinem insigel. Dirr
brief ist geben ze Waydhouen do man zalt von Christes ge-
burte dreuczehen hvndert jar, dar nach in dem drei vnd dreizzi-
gistem iar, dez nachsten Phincztags in der Phingsten.

Orig., Pgt., anhängendes Sigel, k. k. geh. Haus-, Hof- und Staatsarchiv
zu Wien.

620.

1333, 28. Juni, Waidhofen. *Konrad der Yesentzer verkauft sein
Lehen nächst der Burg Peitenstein an Bischof Konrad von Freising
um 64 Pfund Wiener Pfennige.*

Allen den die disen brief an sehent, lesent alder hôrent
lesen, kvnd ich Chûnrat der Yesentzer vnt vergih offenlich
mit disem brief, das ich han verkauft vnd ze kaufen gegeben
mayn (!) lehen das da layt ze Paitenstain vnd ze nâhst an die
purg ze Paytenstain stosset, mit allen den rehten so dar zû
gehört vnd von alter der (!) zû gehört hat, besûcht vnd vnbe-
sûcht, mit der mul vnd mit den gerautern, mit holtz, mit velt
vnt mit wismat, das lehen mayn reht aygen ist, vnd swas dar
zû gehört han ich verkauft vnt ze kaufen ge geben dem e
wirdigen (!) herren byschof Chûnrat ze Fraysingen vnd seinem
gotshaus vmb vier vnd sehtzig phunt alter Wiener phennig vnd
bin auch der selben vier vnt sehtzig phunt von im vnd say-
nem gotzhaus gar vnt gântzlaich beriht vnd gewert. Daz selb
lehen vnd swas dar zû gehört, han ich dem vorgenanten herren
byschof Cûnrat von Fraysingen vnd saynem goczhaus fur aigen
verkauft vnd ze kaufen gegeben vnt schol sain auch fur aygen
wer sayn vnd schol ims vnd saynem gotzhaus schirmen swa
er sin alder sain gotzhaus bedarf, nach des landes ze Öster-

rich rcht, ich vnd alle mayn erben, won (!) das selb lehen
vnd swas dar zů gehört, main svnderbar vnd allain ist vnd
hant min průder damit niht zo schaffen, vnd ward mir ze tail
do ich vnd mayn průder mit ain ander taillent, vnd gab vns
das selb lehen her Alram von Raycherstorf vmb ain ander gůt.
Vnt ze ainem offen vrkvnd aller der ding so da vor geschri-
ben st(an)t, han ich dem vorgenanten byschof Chůnrat ze Fray-
singen vnd saynem gotzhaus disen brief (geben) versigelt mit
minem insigel. Pay disem kauf ist gewesen her Margwart von
Lůhsneg, Pernhart mein průder ze den zayten rihter ze Am-
steten, Chůnrat Půch ze den zaiten purgraf ze Chůnratzhain (!)
vnt Herman Häsib von Vdmeruelt. Dirre brief ist gegeben ze
Waydhouen do von Christes gepurt ergangen warent drutzehen
hvndert jar, dar nach in dem dru vnd trisgosten jar, an dem
nähsten Mántag nach sant Johans tag ze Svnwenden dem (!)
man sprich (!) der taufers.

Orig., Pgt., anhängendes ziemlich erhaltenes Sigel, k. k. geh. Haus-,
Hof- und Staatsarchiv zu Wien.

621.

1333, 29. Juni, Waidhofen. *Elisabeth, Gattin Wulfings des Häuslers
und ihre Schwester Christine die Trônlerin entsagen gegen Bischof Kon-
rad von Freising ihrem Rechte auf 2 Theile des Viertels vom Hofe
zu Randeck.*

Allen den die disen brief an sehent, lesent alder hôrent,
kvndent wir vro Elsbet hern Wlfings des Hâuslers haus-
urow vnd Cristin die Trônlerin vro Elsbethen swôster hern
Otten sälgen des Trauners tôhteran (!) vnd vergehent offen-
lich an disem brief, das wir du zwai tayl des vierden dails
an dem hot ze Randeg der manschaft das wir ze lehen hetent
vnd vnser lehen was von dem e wirden (!) herren byschof
Chůnraten ze Fraysingen vnd dem gotshaus ze Fraysingen,
die manschaft vnd das lehen habint wir auf gegeben dem e
wirdigen herren byschof Chůnraten von Fraysingen vnt sainem
gotzhaus vnt habint vns des lehens vnt der manschaft so wir
dar an hetent alder gehaben mohtent, gar vnd gântzlaich ver-
zigen vnd auf gegeben dem vor genanten herren byschof Chůn-
raten von Fraysingen vnd saynem gotzhaus durch die liebi (!)
vnd durch die freuntschaft die vns der vorgenante byschof

Chûnrat von Fraysingen vnd sain gotzhaus haint ertzaigt vnd
getan. Vnt ze ainem offen vrkvnt der vor geschribnen war-
hait habint wir im vnd sinem gotzhaus disen brief (gegeben)
versigelt mit hern Wlfings des Hâuslers mines wirtes der mayn
rehter vogt ist, insigel won (!) ich vnd mayn swôster Cristin
die Trônlerin niht aigner insigel habint. Ich Wlfing der Hâusler
durch bet vro Elsbethen mayner hausurowen vnd Cristinen der
Trônlerinen ir swôster han ich mayn insigel gehenkt an disen
brief, won ich selb auch da pay bin gewesen, da sû die man-
schaft vnd das lehen auf gabent als vor geschriben stat, minem
herren dem e wirdigen fursten byschof Chûnraten ze Fraysin-
gen vnd saynem gotzhaus. Da pay ist auch gewesen Rûdolf
von Zintzendorf, Wlfing von Randeg, Haug der Yesentzer, der
Aysuogel, Mainli der rihter vnd der Stainwenter. Dirre brief
ist gegeben ze Waydhouen do von Cristes gepurt ergangen
warent drutzehen hvndert jar, dar nach in dem drav vnd dris-
gostem iar, an sant Peters vnd sant Pawels tag der hailigen
zwelfbotten.

Orig., Pgt., anhängendes Sigel, k. k. geh. Haus-, Hof- und Staatsarchiv
zu Wien.

622.

1333, 7. September, Wien. *Der Pelzhändler Konrad, Bürger zu
Wien quittirt Bischof Konrad von Freising die Tilgung einer Schuld,
für welche er für denselben gegen genannte Männer gebürgt hatte.*

Ich Chûnrat der wiltwercher [1] purger ze Wienn, tûn chunt
vnd vergihe offenlich an disem brief allen den die in sehent
oder hôrent lesen, daz ich gar vnd gánczlich gewert pin der
pfenninge, der mir mein herre bischof Chûnrat von Frising
suldig was, dar vmb mir her Vlreich von Friding vnd her
Hainreich von Hovnburch gehaizzen hetten für in ze laisten
ze Wienn in der stat, die sag ich paid dar vmb gar vnd gûntz-
lich ledig wan ich gar vnd gántzlich gewert pin von minem
vorgenannten herren bischof Chunraden von Frising der pfen-
ninge dar vmb si mir hetten verhaizzen vnd gelobt. Dar vmb
ze einem vrchûnde gib ich disen brief versigelten mit meinem

---

[1] Am Sigel „pellifex."

insigel. Der brief ist gebn ze Wienn do von Christes gepůrtt woru drützehen hundert iar vnd dar nach in dem driv vnd drissigisten jar, an vnser Vrowen abent ze herbest.

<small>Orig., Pgt., mit anhängendem Sigel, k. k. geh. Haus-, Hof- und Staatsarchiv zu Wien.</small>

623.

1333, 21. September, Wien. *Fridrich, Sohn weil. Gotfrids von Konradsheim, vergleicht sich mit Bischof Konrad von Freising betreffs der Ansprüche, welche Letzterer an den Nachlass benannten Gotfrids und dieser wieder an den Bischof erhoben.*

Allen den die disen brief ansehent oder horent lesen, chvnde ich Fridreich Götfridez saligen svn von Chůnratzhaim vnd vergich offenlich an disem brief, daz ich mich verricht han mit meinem herren byschof Chůnraten von Freising vnd mit sein gotzhaus vmb alle die vordrunge vnd ansprache die mein herre ze Frising vnd sein gotzhaus het gen meim vatter saligen vnd vmb alle die vordrung vnd ansprache die mein vatter salig het an meinen herren ze Frising vnd sein gotshaus, swie die sache vnd die vordrung baidenthalb wären genent oder geheizzen vnd bei namen, vmb die gůter vnd vmb die lehen die her nach geschriben stent. Daz ward also verschaiden vnd ausgricht vmb die gůter vnd vmb die lehen vnd vmb die höf vnd ward ouch mein vatter der selben pfenning vmb die höf vnd vmb die gůter vnd vmb die lehen nicht gewert. Nv bin ich der pfenning vmb dise gůter die her nach geschriben stent, von meinem herren ze Frising vnd seinem gotshaus gar vnd gantzlich gewert vnd verricht vnd han die pfenning gar vnd gäntzlich enphangen vnd han im vnd seinem gotzhaus die höf vnd die lehen vnd die gůter gar vnd gantzlich auf geben vnd han mich ir gen im vnd gen sein gotshaus vertzigen für mich vnd für alle mein erben vnd han furbaz dar zů dhain reht noch ansprache, ich noch mein erben. Daz ist der Chamerhof, der hof an der Chlaus vnd dez Weizzen lehen vnd daz lehen Vndern holtz daz Wernharts chaufrecht ist, vnd das Vronwizlehen vnd den hof am Griesse der Fridreichs chaufreht ist, vnd der widem der da gehört gen Chůnratszhaim, von dem man allev iar der chirchen ein pfunt pfenning geit. Disev vorgeschribu gůter ligent alle vmb Waydhouen vnd dient ouch alle in den kasten gen Waydhouen vnd daz lehen daz mein vatter salig chauft vmb Rutzsperg den alten amman von Vdmaruelt vnd dient in meinz herren chamer iärchlich dreizig pfennig, vnd daz lehen vnd den garten vnd den akher den der Wetzenrab het die mein vatter salig chauft vmb den chastner von Weydhouen, vnd den hof ze Putrisperg (?) vnd die wys auf dem Luft vnd die höf vnd die lehen ligent ze Vdmaruelt in dem gricht, vnd der hof der daz (!) haizzet vnderm Holtz, der selbe hof ligt bey Aspach den mein vater lost von dem Höngler von Aspach, vnd die zehent häuser der einz leit in dem Obern V̊benbach, vnd daz an der zehenthaus daz da leit bey Chůnratzhaim auf dem Grazmanseke. Dise vorgeschribn höf vnd lehen vnd gůtter der han ich mich gar vnd gantzlich verzigen fur mich vnd fur alle mein erben gen meinem herren ze Frising vnd sein gotshaus vnd han furbaz dar zů chain reht vnd han diz allez getan vnd volfürt mit herren Weycharts von Toppel vnd hern V̊lreichs des Topplär seinz brůderz vnd mit meinez swehers Peters dez Ebrassinger vnd Chůnrats dez Zauchinger meinz swestermans rat, gunst vnd gůtem willen vnd sint ouch da bey gewesen. Ez ist ouch getädingt zwischen meinem herren vnd seinem gotshaus vnd mir, daz alle die brief die mein vatter salig het oder gehaben mocht von allen byschofen ze Frising oder von dem gotshaus ze Frising, die brief sullen alsamt tod sein vnd ab vnd sullen mir vnd allen meinen erben vnhilflich sein ze chainen dingen vnd daz si vns furbaz nicht sullen helfen, noch gůt mügen gesein gegen chain byschof, noch gen dem gotzhaus ze Frising. Swaz ouch mein herre der byschof ze Frising brief het von meinem vatter saligen oder sein gotzhaus ze Frising, die brief sullen furbaz tod vnd ab sin, also daz si mir vnd meinen erben furbaz dhain schad sein. Vnd ze einem offen vrchvnde so han ich der vorgenant Fridreich Götfridez saligen svn von Chůnratshaim meinem herren byschof Chůnr. ze Frising und seinem gotzhaus disen brief geben versigelten mit meinem insigel, vnd ze einer merern sicherhait vnd bezůgnuzze im vnd seinem gotzhaus ze Frising so bit ich vnd han gebeten herren Weycharten von Toppel vnd hern V̊lreichen seinn brůder vnd meinen swcher Petren den Ebrazsinger vnd Wernharten den Schafferuelder vnd Chůnraten von Zouching meiner swester man, daz si ir sigel legen an disen brief. Wir Waychart von Toppel

vnd her Vlreich mein bruder vnd Peter der Ebergassinger vnd
Wernhart von Schafferuelt vnd Chvnrat von Zouching durch bet
vnd lieb Fridreichs Götfridez saligen svn von Chvnratzhaim
hengen wir vnsrev insigel zv dem seinen an disen brief. Diser
brief ist geben ze Wienn do man zalt von Christez geburtt
drevzehen hvndert iar, dar nach in dem drey vnd dreizigistem
jar, an sant Matheus tag dez zelf (!) poten vnd ewangelisten.

  Orig., Pgt., 5 anhängende Sigel und aussen Sigel aufgedrückt, k. k. geh.
Haus-, Hof- und Staatsarchiv zu Wien.

624.

1333, 4. October, Wien. *Bischof Albrecht von Passau und sechs
andere genannte geistliche und weltliche Herren versichern Bischof Konrad von Freising betreffs der Festigkeit seiner Vergleiche mit den Herzogen Albrecht und Otto von Oesterreich.*

Wir Albr. von gotes gnaden bischof ze Pazzow vnd wir
Heinr. von gotes gnaden bischof ze Lauent vnd wir graf Vlr.
von Phannberch marschall in Osterreich vnd wir Albr. vnd
Hanns von Chunring vnd Hainr. pharrer ze Wienne chorherre
ze Freysing vnd ze Pazzow vnd ich Vlreich von Pergow hofmaister ze den zeiten meines herren herczog Albr. in Osterreich vnd in Steyr veriehen vnd tun chunt offenlich mit disem
brief, daz wir troster sein worden vnd trosten den erwirdigen
herren bischof Chunr. von Freysing vnd sin gotshaus durch
vnserer herren bet willen herczog Albr. vnd herczog Otten in
Osterreich, daz im vnd seinem gotshaus allez daz stet beleibe
vnd vnezebrochen werde darumb er vnd sein gotshaus vnserer vorgenanten herren der herczogen ze Osterreich brief hat.
Vnd zu ainem offenn vrchund geben wir im vnd seinem gotshaus disen brief versigelten mit vnsern anhangunden insigeln,
der ze Wienne gegeben ist do man zalt von gotes gepurde
tausent dreu hundert iar vnd darnach in dem dreu vnd dreizzigisten iar, des nahsten Montages nach sand Michels tag.

  Orig. Pgt., 7 anhängende sämmtlich stark verletzte Sigel, k. Reichsarchiv zu München; Meichelbeck II./2, 168, Nr. 260.

625.

1333, 4. November, Waidhofen. *Bernhart der Gesniczer Richter zu Amstetten und sein Bruder Konrad vereinbaren sich mit Bischof Konrad von Freising betreffs der Bezahlung des Kaufschillings für ihre Veste Peitenstein, wofür ihnen derselbe 400 Goldgulden und 50 Pfund Passauer Pfennige verpfändete.*

Ich Pernhart der Gesniczer richter ze Amsteten vnd ich Chûnrat der Gesniczer brûder verichen offenlich an disem brief, daz vns der erwirdige herr byschof Chûnrad von Freysing hat geben vnd geantwurt vierhundert guldein Florentiner vnd fünfczig pfunt Pazzawer[2] pfenning an den neunczk vnd hundert pfunden, di er vns schol noch an dem chauffe ze Peitenstain,[3] der vns scholt han gewert vierczehen tag nach sant Marteins tag der nu schirst chumt. Het er dez nicht getan, so wärn die pfenning vns veruallen di er het geben vnd gewert vormals an dem selbem chauffe ze Peytenstain.[4] Nu ist daz veruallen gar vnd gänczlich ab vnd schol im vnd seinem goczhaus chain veruallen ze schaden chomen an der veste ze Peytenstain,[5] noch an den pfenning di er vns vormols (!) hat geben vnd gewert an dem chauffe, wan wir schullen gewert werden der neunczk vnd hundert pfunde die er vns noch schol an dem chauffe von den vier hundert guldein vnd von fünfczig pfunden Pazzawern[6] vierczehen tag nach sant Marteins tag mûgen[7] wir ez nicht lenger verzichen,[8] vnd schullen wir Vlr. dem Prukkpechen seinem chastner ze Vtmaruelt[9] chunt tůn daz er da pey sei, da man die guldeinen verchauffe vnd swenn wir gewert werden neunczk vnd hundert pfunt Wienner pfenning[10] ob man die guldein dar vmb nicht verchauffent wirt vnd die Pazzawer pfenning vnd wir an daz gwert werden der neunczk vnd hundert pfunt Wienner pfenning, dar vmb er vns di vierhundert guldein vnd die funfczig pfunt Pazzawer het

---

Es befindet sich noch ein zweites Orig. Pgt. im k. Reichsarchive zu München, worin folgende Abweichungen von sprachlichem oder wesentlichem Belange: [1] Omsteten · [2] Wienner — [3] Powtenstain — [4] wie 3 — [5] wie vor — [6] wie 2 — [7] mögen — [8] für ziehen — [9] Vdemaruelt — [10] Von da ab lautend: „swaz denn der vberigen pfennige wirt, die sullen wir im vnd sinem chastner wider geben vnd wider antwurten gar vnd gänczlich, vnd zů ainem ŝrehůnde" u. s. w.

verseczt vnd ein geantwurt, di vierhundert guldein vnd die
funfczig pfunt Pazzawer pfenning schullen wir vnserm herren
von Freysing oder Vlr. den Prukpechen sainem chastner ze
Vtmaruelt wider geben vnd antwurten an allen furzug vnd
widerred. Vnd zu ainem vrchunde haben wir im disen brief
geben versigelt mit vnsern baiden insigeln. Der brief ist geben
ze Waidhouen do von Christez gepurt worn (!) dreuczehen-
hundert iar, darnach in dem drev vnd dreissigistem iar, dez
nächsten Pfincztags nach Aller heiligen tag.

<small>Orig., Pgt., 2 anhängende Sigel, k. k. geh. Haus-, Hof- und Staats-
archiv zu Wien.</small>

626.

1333, 11. November, Wien. *Die Herzoge Albrecht und Otto von
Oesterreich verpfänden Reinbrecht von Ebersdorf für seine Forderung
an sie aus den Kriegsdiensten gegen Böhmen im Betrage von 60 Pfund
Wiener Pfennigen ihren Zehent zu Wittau.*

Wir Albrecht vnd Ott von gots gnaden herczogen ze
Osterreich vnd ze Styr verichen vnd tůn kunt offenlich mit
disem brief, daz wir vnserm getriwen lieben Reinprechten von
Eberstorf chamrer in Osterreich vmb seinen dinst so er vns
des vordern jares gen Behem getan hat, gelten sullen vnd
schuldig sein sechczig phund phenning Wienner vnd seczen
im dorumb einen zehent der gelegen ist ze Witow den Leu-
polt von Sachsengang von vnserm lieben enen chvnig Rudolfen
selig vor ze lehen gehabt hat vnd den vns der selb Leupolt
ze vrömden handen pracht hat, also daz er vnd sein eriben
den selben zehent mit allen nuczen vnd rechten so darzů ge-
hőret, in phandes weis an abslag als lang innehaben vnd niezzen
sullen vncz daz wir, vnser erben oder nachchomen von im
oder von seinen erben den selben zehent vmb daz vorgeschri-
ben gůt gar vnd genczlich ledigen vnd lösen. Vnd des ze einem
offenn vrchund geben wir im disen brief besigelt mit vnsern
insigeln, der geben ist ze Wienne an sand Nyclas tag, do man
von Christes gebůrt zalt tausent drevhundert jar, dornach in
dem drey vnd drizzigistem jar.

<small>Orig., Pgt., 2 anhängende theilweise verletzte Sigel, landsch. Archiv
zu Wien.</small>

627.

1334, 22. Jänner, Wien. *Hans und Leutold von Kuenring reversiren gegen Bischof Konrads von Freising betreffs der ihnen verliehenen Pflege der Burg zu Gross-Enzersdorf.*

Wir Hans vnd Levtold von Chŭnringen verichen offenlich an disem brief allen den die in sehent, lesent oder hôrent lesen, daz wir gelobt haben mit vnsern trewen dem erwirdigen herren bischof Chŭnraten von Frisingen mit siner veste ze Entzesdorf die er vns enpfolhen hat ze warten die weil er lebt, vnd nyemann anders. Vns sol auch der purchŭt genŭgn die er hern Rânprechten von Ebersdorf vor hat gebn ze Entzesdorf zv̊ der hŭb die er vns an dinst hat lazzen ze ainem pov̊. Wir sŭllen ouch mit sinem chasten, mit gerihten vnd mit lavt vnd mit gŭt niht ze schaffen haben, danne daz wir lavt vnd gŭt schirmen sullen mit trewen als er vns ez enpfolhen hat. Nâmen ouch wir dhainen schaden von der behousung wegn den er vns pillich ab sol legn, den sŭllen wir an in vordern vnd sol vns dar nach in einem moneid vmb den selben schaden tŭn nach sinen gnaden swaz er gern vns tŭt, vnd sol vns des genŭgn von im vnd von sinem gotshouse. Enpfahen ouch wir dhainen schaden nach sinem tôde von der pfleg wegn bei einem andern bischof oder die weil ez an einen bischof stat, den selben schaden sŭllen wir vordern an sinen nachchomen vnd swenne der selb zv̊ dem lande chomt, der sol zwen man nemen vnd wir zwen, vnd swaz vns die haizzent daz man vns tŭ vmb den selben schaden, des sol vns genŭgn vnd sol vns des der selb bischof vzrihten in einem moneid. Wir sŭllen ouch dhainen chrieg an hefn, noch an griffen an vnsers herren bischof Chŭnrats wizzen vnd haizzen. Swenn ouch der selb vnser herre bischof Chŭnrat niht ist, so sŭllen wir mit der veste ze Entzesdorf warten vnd gehorsam sein seinem nachchomen den der bischof von Salzburch bestâtet oder dem daz bistum gebn wirt von dem stŭl ze Rom. Vnd daz allez daz stât beleib vnd vnzebrochen daz vor geschriben stet, geb wir dem vorgenanten vnserm herren bischof Chŭnraten von Frisingen vnd sinem gotshouse disen brief versigelten mit vnsern anhangenden insigeln. Der brief ist gebn ze Wienn, do von

Christes gepůrtt worn drivtzehen hundert iar vnd dar nach in dem vier und drizzigisten iar, an sant Vincencii tag.

Orig., Pgt., 2 anhängende Sigel; k. k. geh. Haus-, Hof- und Staatsarchiv zu Wien.

628.

1334, 3. März, ... *Johann der Cholbek vergleicht sich mit seinem Vetter Andreas von Haberberg betreffs (dessen Vaters) Nachlass und Erbteil.*

Chunt sei getan allen Christen leuten die nu sint oder noch chunftich werdent, die disen prief sehent oder hôrent lesen, daz ich Johans Berchtolden des Cholweken sun han gehabt ain chriech vnd ain ausprach hinz meim ohaim Andren Hainrichen sun von Haberberch vmb erbtail von vater vnd von můter gůt. Der chriech vnd auch die selbe ansprache ist gar vnd genzleich vmb alle erbschaft vnd vmb alle chriege verricht die wir mit einander gehapt haben mit meins lieben vater Berchtolden des Cholbeken hant vnd mit seim gůten gunst vnd mit seim willen vnd mit sein worte vnd ander vnser gůten freunt vnd herren rat, also daz ich vnd mein ohaim Andre mit enander getailt haben zwen hofe die gelegen sint ze Niderndorf an dem perge, ainer haizzet der Tater vnd ainer der Vnderstainer, vnd daz zins gůt ze Inichingen daz lehen sint von dem gotshause von Freisingen, daz ain gilt zwen vnd funfzich pfenning, daz ander ain pfunt Perner, vnd ain wise gelegen in dem Sechsten, vnd sol ich Johans noch chain mein erben ewechleich chain ansprache nicht habn vmb chain erbschaft hincz Andren, noch hincz chain seim erben, vmb vater noch vmb můter gůt, noch vmb chainr laye sache wan swaz mit rechten toden an erbschaft mochte auf mich geuallen nach landes recht. Ez ist auch ze wizzen, ob daz geschehe des got nicht enwelle, daz ich vorgenant Perchtolt der Cholbeke oder ich vorgenanter Johans sein sun ane leipleich erben sturben, ich Perchtolt vor meinem sune oder ich Johans vor meinem vater, so schaffen wir vnd wellen doch, daz Andre vnd sein erben, sune vnd tochter vnser rechte erben sein vber allez vnser gůt daz recht erben sullent oder mugent erben, vnd also vergihe ich Andre, ob daz auch geschehe daz ich an leipleich erben verdurbe des mich got vberheue, daz denne der vorgenant Perchtolt der Cholbeke vnd Johans sein sun vnd ir erben, sune vnd tochter, mein

recht erben sein vber allez mein gût, also rechte erben erben
sullent oder mugent. Vnd daz dem also sei, darumb han ich vorgenanter Johans dem vorgenanten Andre geben disen prief vnd
han gepeten den erbern richter hern Jacob von sant Michelspurch vnd den ofte genanten Perchtolt den Cholbeke mein vater,
daz si ir paider insigel dar an gehenget habent zû ain vrchund
der warhait. Dez sint geziuge her Albrecht von sant Lamprechtzperg, her Otte der Fulein, Heinrich hern Ebleins sun,
Paul der Preve, Chunrad Nykeleins sun von Mauren vnd ander
erber leut. Daz ist geschehen da man zalt nach Christes gepurt dreuzehen hundert iar vnd dar nach in dem vir vnd dreizigisten iare, des Pfincztages vor Mitter vasten.

Orig., Pgt., 2 anhängende Sigel abgerissen; k. Reichsarchiv zu München.

629.

1334, 7. März, Dürrnstein. *Hans und Leutold von Kuenring überlassen an Bischof Konrad von Freising ihren jährl. Bezug von 5 Eimern Weins aus den freising. Weingärten in der Wachau gegen Abtretung zweier Häuser und Hofstätten zu Weisskirchen.*

Ich Hans vnd ich Lûtolt von Chûnringen geprûder vergehent offentlich an disem prief fûr vns vnd fûr alle vnser
erben vnt tûnt chunt allen den die disen brief sehent alder
hôrent lesen, das wir die fûnf aymer weins die man vns alle
iar von alter hat gegeben von des bystûms von Freysingen
weinwahs die das selbe bystûm hat in der Wachow, da von
man vns die fûnf aimer hat gegeben alle iar ze holtzwein, die
selben funf aymer habent wir ab gelassen ewechlich vnd
habint (!) vns der fûnf aymer gegen dem gotzhaus von Freisingen verzigen gar vnt gántzleich fûr uns vnd fûr alle vnser
erben ze einer widerlegvng vnt ze einer ergetzvng der zwaiger
hûser vnt der hofstet ze der Weizzen chirchen, da Hainrich
der Wintter vnd Vlreich der chramer auf sazzen die des gotzhaus von Freysingen reht aygen vnd vrbar sint gewesen, vnd
dientent dem gotzhaus von Freysingen alle iar vierdhalben
schilling Wiener phennig ze rehtem dienst, die hofstet vns vnser
herre byschof Chûnrat von Freysingen hat gegeben vnd gelazzen
ze einem markt vnt du selben heuser wir ab prechen hiessent

vnt sullen auch dŷ selben haûser Hainrich dem Wintter und
Vlreich dem chramer gelten vnd ablegen. Wir vergehent auch
an disem prief fůr vns vnd fůr alle vnser erben, das vnser
vorgenanter herre byschof Chûnrat von Freysingen vnd swer
sein amman in der Wachaw ist, vnd alle sein holden die er in
der Wachaw hat, alle dŷ reht sullen haben in vnsern hôltzern
holtz ze nemen als si vor habent gehabt vnd genomen, vnt
sond (!) auch haben vnd niessen vs (!) vnsern wayden alle die
wayd die sei vor genossen vnd gehebt hand an allen den stetten
als sŭ si da her von alter gehebt hand vnd auch von alter also
da her chomen ist, vnt sullen das holtz vnt die wayd ewec-
lichen haben vnd nemen vnd niessen von vns vnd von allen
vnseran (!) erben, vnt dar vmb gebint wir disen brief versigelten
vnsern vorgenanten herren byschof Chûnraten von Freysingen
vnt seinem gotzhaus ze einem offen vrchvnde versigelten mit
vnser baider insigel. Dirre prief ist gegeben ze Tyerenstain
do man zalt von Christes gepurt drŷtzehen hvndert jar vnt dar
nach in dem vier vnt drisigosten iar, an dem nähsten Mândag
nach Mitter vasten.

Orig., Pgt., 2 anhängende Sigel; k. k. geh. Haus-, Hof- u. Staatsarchiv
zu Wien.

630.

1334, 17. März, Waidhofen. *Fridrich von Zaglau reversirt gegen Bischof Konrad von Freising betreffs des ihm und seinem genannten Genossen verliehenen Hofes zu Gstatt (bei Amstetten).*

Allen den die disen prief an sehent oder hörent lesen
kvnd ich Friderich von Zagelawe vnd ich Rûdeger vs dem
Tal vnd verichen offentlich an disem selben prieue fůr vns vnd
alle vnser erben vnd nachkomen, daz wir den hof ze Stade
enphangen haben von vnserm herren dem pischof Cûnrat ze
Frisingen vnd von sinem gotzhause ze Frisingen vmb den alten
dienst den wir ellŷ iar da von geben son (!), daz sint vierzig
metzen kornes vnd fünftzig metzen habern vnd hundert ayer
vnd zwa (!) hvnr. Wir son (!) auch von dem selben houe ander
dienste tůn als ander sine holden von iro (!) lehen tûnt. Swenne
auch wir baide ald vnser aintwedere von dem houe varn wolten
vnd schaiden, so son wir mit rehter schidunge von dem houe

varn vnd schaiden vnd haben wir, noch enkayn vnser erbe vnd
nahkome auf den vorgenanten hof niht ze sprechenne, noh ze
vordrenne kayn reht dar auffe, weder lützel noch vil. Wir
verzihen vns auch für vns vnd alle vnser erben vnd nahkomen
aller der rehte vnd anspracho vnd vordrunge so wir gehaben
möhtin auf den vorgesprochen houe ald gen vnserm herren
dem bischof von Frisingen vnd gen sinem gotzhause vnd gen
sinen nahkomen, für daz so wir von dem houe varen vnd ge-
schaiden wir baide ald sweder vnser deruou vert vnd schaidet.
Vnd daz wir vnd alle vnser erben vnd nahkomen allez dez
gebunden sind ze tünne vnd ze volfürenne vnd stâte ze habenne
daz da vor geschriben stat an disem brieue, dar vmbe haben
wir vnserm herren den bischof Chûnrat, sinem gotzhause vnd
sinen nahkomen disen prief geben versigelt mit her Wernhartz
insigel dez Schaffenuelders, wan wir aigener insigel niht enhaben,
vnd daz vnser herre der bischof Chûnrat vnd sin gotzhaus vnd
sin nahkomen disses allez sicher sin vnd in stâte vnd vnzer-
brochen belibe von vns vnd allen vnsern erben vnd nahkomen,
dar vmbe haben wir ime vnd sinem gotzhause vnd sinen nah-
komen ze trôstern vnd pûrgeln geben vnd gesetzet hern Wern-
hart von Schaffenuelt, Wolfhart den Rietmacher, Fridrichen
den Wetzraben, Chûnraden von Waltmanstorf, Hainrichen Offen-
hals, Chûnraden in Miesperg, Otten in Tal, Petern in Obern-
leiten, Otten in Bûtzenrût vnd Hainreichen Grashay, daz ime
vnd sinem gotzhause vnd sinen nahkomen allez daz stâte vnd
vnzerbrochen belibe, als vor an disem prieue geschriben ist.
Ich Wernhart von Schaffenueld dur bete Fridrichs von Zagelawe
vnd Rûdegers im Tal vnd aller der pûrgeln vnd trôster so da
vor geschriben stant an disem prieue vnd auch fur mich selben,
wan ich mines herren von Frisingen vnd sinez gotshausez vnd
siner nahkomen purgel vnd trôster pin aller der dinge so an
disem prieue vor geschriben stant, vnd wan ich ez allez selbe
getâgdinget han, so han ich min insigel gehenket an disen prief
ze ainem stâten vrkûnde der dinge so da vor an disem prieue
geschriben sint. Der prief wart geben ze Waidchouen do man
zalte von gotez gebûrte drû zehen hvndert iar vnd dar nah in
dem vierden und drissigosten iare, dez nahsten Phincztags vor
Palmosteran (!).

<small>Orig., Pgt., anhängendes Sigel; k. k. geh. Haus-, Hof- u. Staatsarchiv zu Wien.</small>

631.

1334, 15. Apr., Oberwelz. *Wulfing und Konrad von Mitterdorf vergleichen sich mit Bischof Konrad von Freising betreffs des Holzschlages, den derselbe in Krumpeck hatte vornemen lassen.*

Ich Wlfing von Mitterdorf vnd Chûnrat sein prûder, hern Chûnratz sâligen sun von Winklern vergehent offenlich an disem prief das wir gar vnt gäntzleich beriht sigint (!) mit vnserm herren pyschof Chûnrat von Freysingen vnd mit seinem gotzhaus vmb das holtz das er hies nider schlachen vnd abhowen in dem Chrumpeken, vnt sullen furpasss an in noch an sein gotzhaus dechain vordervng noch ansprach haben vmb das vorgenant holtz. Vnt ze ainem offen vrchvnd habend wir vnsern vorgenanten herren byschof Chûnrat von Freysingen vnd seinem gotzhaus disen brief gegeben versigelten mit vnseran (!) insigeln. Dirre prief ist ist gegeben ze Weltz do man zalt von Christes gepurt drutzehen hvndert jar, dar nach in dem vier vnd dreisigesten jar, des nähsten Vreitages nach Tyburcij et Valeriani.

Orig., Perg., von 2 angehängten Sigeln nur Nr. 1 (mit Legende S. WLFING (D)E WELTZ) vorhanden, k. Reichsarchiv zu München.

632.

1334, 17. April, Oberwelz. *Nikolaus der Weniger, Bürger zu Judenburg, verkauft seine von Seifrid von Welz erworbene Schwaige im Krumpeck an Bischof Konrad von Freising um 40 Mk. Silbers.*

Ich Nicla der Weniger burger ze Judenburch tûn kunt vnd vergih offenlich an disem brieue, daz ich die swaige die ich gekauft hatte vmbe Seyfriden herrn Offen säligen sun von Winchlarn vmbe vierzig march silber, div swaige gelegen ist in dem Crumpecken, auf der swaige der Laiter gesessen waz weylent vnd auf der selben swaige nv sitzet Otte, div selbe swaige lehen ist von minem herren von Frisingen vnd von sinem gotzhause, die selben swaige han ich minem herrn bischof Chûnrat ze Frisingen vnd sinem gotzhause verkauft vnd ze kaufenne geben mit allen den rehten so dar zue gehörent vnd von alter gehoeret haut, besûcht vnd vnbesûcht, vmb vierzig march gewegens silbers, der vierzig march mich min herre

bischof Chûnrat vnd sin goczhaus gar vnd ganzlich gewert hat
vnd verrihtet. Ich verziho mich auch für mich vnd alle min
erben aller der rehte so ich hatte ald gehan mag an der vor-
genanten swaige, vnd ze ainem vrkunde aller der dinge so da
vor geschriben sint, so gib ich vnd han gegeben dem vorge-
nantem minem herren dem bischofe vnd sinem goczhause disen
brief versigelt mit minem hangenden insigel. Der brief ist
geben ze Welcz do man zalte von gotez gebûrte drûzehen hun-
dert iar vnd dar nach in dem vierden vnd drissigesten iare,
an dem nähsten Sunentage vor sant Jerien (!) tag.

<small>Orig., Perg.; angehängtes Sigel abgerissen; k. Reichsarchiv zu München.</small>

633.

1334, 18. April, Oberwelz. *Wulfing von Mitterndorf vergleicht sich mit Bischof Konrad IV. von Freising betreffs Holzschäden in Krumpeck bei Oberwelz.*

Ich Wulfing von Mitterdorf herren Chûnraten saligen sun
von Winchlern tûn chunt vnd vergich offenlich an disem brief
für mich vnd für all mein erben, das ich meinem herren by-
schof Chunrat ze Frising vnd seinem goczhaus han gelobt vnd
verhaizzen, daz ich im vnd seinem goczhaus ze Frising Chûn-
rat meinem brûder den Welczer sol ab nemen vmb das holtz
das im mein herr byschof Chunrat hiez howen vnd sein leut
hiez ab slohen in dem Chrumbech, vmb daz selbe holcz sol
ich meinen herren byschof Chunrat vnd sein gotshaus vertreten
vnd gäntzlich ablegen gen meinem brüder Chûnrat, swo ich dez
niht entûn, swelhen schaden mein herr von Frising ald sein
gotshaus enphahent ald nement, swie si dez ze schaden choment,
den schaden sol ich vnd mein erben meinem herren byschof
Chûnrat vnd seinem gotshaus ze Frising ab legen vnd vnschad-
haft mochen gar vnd gäntzleich, an allen fürczog vnd wider-
rede vnd an all chlag vnd an allev gricht. Ich han mich ouch
verzigen fur mich vnd fur all mein erben des schaden der mir
geschach in dem selben holtz von meim herren dem byschof
Chûnrat von Frising vnd seinen leuten, dez selben schaden
han ich mich gar vnd gänczleich verczigen gen meinem herren
byschof Chûnrat von Frising vnd seim gotshaus. Daz ich dez
allez gebunden sei vnd ze tûn vnd ze volfüren vnd stät vnd

vnzebrochen beleib, dar vmb han ich disen brief ze ainem
vrchunde geben versigelt mit meinem insigel. Dirr brief ist
geben ze Welcz do man zalt von Christes geburtt dreutzehen
hundert iar vnd darnach in dem vier vnd dreissigisten iar, dez
nachsten Montags vor sant Görgen tag.

<small>Orig., Pgt., anhängendes Sigel, k. Reichsarchiv zu Innsbruck.</small>

634.

1334, 18. April, Oberwelz. *Wulfing von Mitterndorf verpflichtet sich
gegen Bischof Konrad von Freising an seinem Hause zu Feistritz
nicht anders zu bauen, als dieser es ihm (in bezeichneter Weise) erlaubte.*

Ich Wůlfinch von Mitterdorf hern Chůnr. såligen sun von
Winchlern tůn chunt vnd vergihe offenleich an disem brieue
für mich vnd alle mein erben, daz ich noch dehain mein erb
ze Fevstritz nicht pawen fůrbaz sůllen, dann alz mein herr der
bischof Chůnrat von Freisingen erloubet hat von gemewer noh
von graben. Er hat mir erloubet ze mawern ob der erd zwelf
schůch hoch von stainen vnd daz ich dar auf mag seczen ain
gadem von holcz vnd swaz ich von andern herren zelehen han,
da dev aigenschaft nicht meins herren des bischofs von Frei-
singen, noch seines gotshauses ze Freisingen ist, da sol ich
auf pawen swaz ich wil, da sol mich mein herr der vorgenant
bischof Chůnrat von Freisingen nicht an engen, vnd sol daz
ander gemewer alles abprechen vncz an zwelf schůch hoch ob
der erde. Vnd ze ainem offenn vrchůnde han ich meinem
herren bischof Chunr. von Freisingen vnd seinem gotshause
disen brief geben versigelt mit meinem insigel für mich und
für alle mein erben. Diser brief ist geben ze Welcz do von
Christes gepůrt ergangen waren drevtzehen hundert iar, dar
nach in dem vier vnd dreizzigistem jar, des nåhsten Måntags
vor sant Görgen tag.

<small>Orig., Perg., anhängendes Sigel in Bruchstück, k. Reichsarchiv zu
München. — Mittheilungen d. hist. Vereins f. Steiermark. XI. 85, Nr. 1.</small>

635.

1334, 25. Mai, Wien. *Bischof Albert von Passau vergleicht sich in dem Streite mit Bischof Konrad von Freising um gewisse Zehente zu Randeck auf den Ausspruch eines genannten Schiedsgerichtes.*

Nos Albertus dei gratia Patauiensis episcopus ad vniuersorum notitiam deducimus per presentes, quod super dissensione seu controuersia que super decimis in Randegg inter reuerendum patrem dominum Chunradum episcopum Frisingensem ex parte vna et nos ex altera iam dudum est ventilata, taliter inter nos amicabiliter duximus concordandum, videlicet quod idem dominus Frisingensis in nobilem virum Johannem de Chunring et Pilgrimum de Prannstorf officialem curie nostre infra Anasum, nos vero in fideles nostros Alramum de Reycherstorf et Bernhardum de Jesnitz tamquam in arbitros et arbitratores seu amicabiles compositores simpliciter et de plano compromisimus, videlicet quod ipsi in festo natiuitatis beati Johannis baptiste proxime affuturo in Amsteten conueniant et litteras seu instrumenta vel priuilegia vtriusque partis si que producta fuerint, audire et diligenter discutere debeant et antiquiores vicinos seu circumsedentes iuxta predia decimarum predictarum audire ac sub iuramentis eorum scrutari et quidcumque scrutatione huiusmodi et litterarum predictarum auditione et discussione premissis arbitrati fuerint, hoc absque contradictione qualibet ab vtraque parte gratum et ratum debebit obseruari. Si tamen arbitros predictos in promulgacione arbitrii huiusmodi discordes inueniri contingeret, tunc validus miles Ortliebus Zendel magister curie nostre superarbiter esse debebit, et cui parti idem adherebit, illius arbitrium firmum et stabile manere debebit et a nobis ac successoribus nostris inuiolabiliter perpetuo obseruari. Verum si aliquem ex compromissariis antedictis aliquo legittimo impedimento preoccupari contingat quod die predicta ad locum prelibatum fortassis venire non valeat, tunc competenti interuallo ante diem promissam parti aduerse hoc insinuare debebit et alium diem breuem prefingere in qua omnia et singula antescripta absque longiori protractatione finaliter compleantur. Premissa omnia et singula firmiter et inuiolabiliter obseruare bona fide promittimus harum testimonio litterarum sigilli nostri appensione munitarum. Actum et datum Wienne, Vrbani pape, anno domini millesimo CCCXXX.quarto.

<small>Orig., Pgt., anhängendes gebrochenes Sigel; k. k. geh. Haus-, Hof- und Staatsarchiv zu Wien.</small>

636.

1334, 30. Mai, Wagram b/Holenburg. *Heinrich und Hartwig, Söhne Manharts von Wagram, verkaufen ihre freisingisch-lehenbaren Gründe zu Ried an Bischof Konrad von Freising um 30 Pfd. Wiener Pfennige und auf Widerkauf.*

Ich Heinreich vnd Hartweich Mânhartz saligen svn von Wagrain. tŭn chvnt vnd vergehen offenlichen an disem brief, daz wir haben verchauft vnd ze chauffen haben geben vnserm lieben herren byschof Chûnraden von Freising vnd seinem gotshaus aller die gûter vnd daz gût die wir hetten ze Riede in dem dorfe, besûcht vnd vnbesûcht, mit ellen (!) rehten so dar zŭ gehort vnd von olter (!) gehort habent, die selben gûter vnd gût wir von vnserm herren von Frising vnd von sein gotshaus ze lehen haben gehabt, die gûter wir im vnd seinem gotshaus ze Frising haben verchauft vnd ze chauffen haben geben vmb dreizig pfunt alter Wienner pfenning, der selben pfenning wir von im vnd von seinem gotshaus gantzlich vnd gar gewert sein an beraiten pfenningen. Wir haben auch die selben gûter vnd gût also verchauft vnd ze chauffen geben vnserm herren von Frising vnd seinem gotshaus, daz wir die selben gûter sullen wider chauffen von dem nachsten vaschange der nv schierist chvmt dar nach vber drev iar vmb dreizig pfunt alter Wienner pfenninge, möchten wir dez selben niht getŭn, so sol vnser herre von Frisinge ainen man nemen vnd wir auch ainen nemen, swas vns die mer haizzent geben, daz sol nam (!) vns geben in ainem monet für der spruch geschicht. Vnd ze ainem vrchunde haben wir im vnd seinem gotzhaus ze Frising disen brief versigelt mit vnsern insigeln ze einer stâtigunge aller der dinge die vor an disem brief geschriben stant. Diser brief ist geben ze Wagrain do man zâlt von Christes geburtt drevtzehen hvndert iar, dar nach in dem vier vnd dreizigistem iar, dez nachsten Mântags nach sant Vrbans tag.

<small>Orig., Perg., 2 anhängende Sigel; k. k. geh. Haus-, Hof- und Staatsarchiv zu Wien.</small>

637.

1334, 24. Juni, Ulmerfeld. *Georg und Erhart, Söhne Volchmars von Hag, verkaufen ihr Gut zu Öd Freisinger Lehenschaft an Bischof Konrad von Freising um 27 Pfd. Pfennige.*

Allen den die disen brief an sehent oder hôrnt lesen chvnden wir Georg vnd Erhart prueder, Volchmars seligen svn von Hag vnd verichen offenlich an disem brief, daz wir haben verchauft vnd ze chauffen geben vnser lehen an der Öd daz vnsers vater vnd vnser lehen ist gewesen von dem gotshaus ze Freisingen, das selb lehen heten wir ze chauffen geben vnserm steffater Albrechten dem Faevchsner, da wolt ims vnser herre der bischof niht leihen, vnd alle di phenning di er vns dar an geben het, die hat im vnser vôrgenanter herre bischof Chûnrat von Freisingen geben vnd widercheret vnd allen den den ers gelten scholt, vud auch den ers schuef an seinen lesten zeiten vnd auch seinen rehten erben, also das er sev vnd vns der phenning vmb daz egenant lehen an der Öd vnd swaz dar zů von alter gehört hat, besuehts vnd vnbesuchts, mit holtz, mit veld, mit wismad, mit mŮl vnd wie ez gehaizzen daz von alter zů dem lehen gehört hat ald noch gehört, daz haben wier im vnd seinem gotshaus ze Freisingen alles verchauft vnd ze chauffen geben vnd aufgeben vnd haben vns dar an aller rehten verzigen di wier dar an heten vnd gehaben mohten, gar vnd gaeutzleich, wan er vnd sein gotshaus ze Freisingen habent vns vnd sev der siben vnd zwaintzig phunt phenning gar vnd gaeutzleich geweret, dar vmb wier daz lehen ze chauffen gaben vnserm vorgenanten herren dem bischof von Freisingen vnd seinem gotshaus mit Wlfings des Faevchsneres vnsers steffaters prueders rat vnd willen vnd mit Hermans des Hesibs vnd Chûnrats des Prater vnd Rŭmharts des Hager vnd mit ander vnser naegsten vreund rat vnd willen die pei dem chauffe sind gewesen. Vnd zů einem offen vrehund vnd stetigung haben wier im, seinem gotshaus ze Freisingen disen brief geben versigelten mit Hermans des Hesibs vnd Chûnrats des Prater insigeln, wan wier selber aygner insigeln niht haben. So verichen auch wir, ich Herman der Hesib vnd Chûnrat der Prater, daz wier durch pet der egenanten prueder Georges vnd Erhartz zů vrehund vnd gezeug aller vor verschriben sache, wan wier auch bei dem chauff sein gewesen vnd ander erberig levt ier vreunde. Diser brief ist auch geben ze Vdmaruclt des iares dv man zalt von Christs gepûrd drevtzehen hundert jar vnd in dem vier vnd dreizgistem jar, an sand Johans tag ze Svnnbenden.

Orig., Pgt., 2 anhängende verletzte Sigel; k. k. geh. Haus-, Hof- und Staatsarchiv zu Wien.

638.

1334, 25. Juli, Wien. *Fridrich der Straycher, Goldschmid zu Wien, reversirt gegen Bischof Konrad von Freising betreffs seines Dienstes von dem ihm verliehenen Hause in der Goldschmidgasse.*

Ich Fridreich der Straycher goltsmid ze Wienne vnd ich Margret sein hausvrowe wir veriehen vnd tvn chunt allen den die disen prief lesent oder horent lesen, die nu lebent vnd hernach chvnftich sint, daz wir vnd vnser erben ledichlichen alle iar dienen schvllen dem erwirdigen herren pischolf Chvnraten von Freisinge ynd seinem goteshaus vnd allen seinen nachchomen sechs phunt Wienner phenninge geltes ewiges pvrchrechtes von vnserem haus das da leit vnder den Goltsmitten ze naechst vnserm hause vnd stozzet an den tvmprobsthofe, zv drin zeiten in dem iar, zway phunt an sand Michels tage, zway phunt ze Weihennachten vnd zway phunt an sand Georgen tage, mit allem dem rechten als man ander pvrchrechte dient in der stat ze Wienne, oder swer daz selbe haus nach vns besitzzet, vnd swanne daz ist daz der vorgenante vnser herre pischolf Chvnrat von Freisinge selber hie ze Wienne ist in seinem hoffe oder sein nachchvmen, daz wir im mit zwayn petten worten (!) schvllen in allem dem rechten als ez von alter her chomen ist. Ez schol auch ain vensterliecht gen dvrch seines gipels mawer in vnseren hoffe, als er daz auch ausgenomen hat, vnd dchain vensterliecht mer. Vnd dvrch pezzer sicherhait so setzzen wir vns, ich vorgenanter Fridreich der Straycher vnd ich Margret sein hausvrowe vnuerschaidenlichen mit sampt vnsern erben dem egenanten vnserm genaedigen herre (!) pischolf Chvnraten von Freisinge vnd seinem goteshause vnd allen seinen nachchvmen vber die vorgenanten sechs phunt geltes auff dem egenanten haus ze rechten geweren vnd scherm fvr alle an sprache als ewiges pvrchrochtes recht ist vnd der stat recht ze Wienne. Vnd daz die rede fvrbaz also staete sei vnd vnzebrochen beleibe, dar vber so geben wir im disen prief zv einem offen vrchvnde vnd zv einem waren gezevge vnd zv einer ewigen vestenvnge versigelten mit vnserm insigel vnd mit der erbern pvrger insigeln hern Hermans dez Snaetzleins zv den zeiten pvrgermaister ze Wienne vnd hern Chvnrates dez wiltwᵉrchers die diser sache gezevge sint mit iren insigeln vnd ander erber levte genvoch. Diser prief ist geben ze Wienne nach Christes gepvrt drevtzehen hvndert jar, dar nach in dem vier vnd dreizzigistem iar, an sand Jacobs tage.

Orig., Perg., 3 anhängende Sigel; k. k. geh. Haus-, Hof- und Staatsarchiv zu Wien.

639.

1334, 29. Aug., Waidhofen. *Hermann der Fliezinger reversirt gegen Bischof Konrad von Freising über seine Lehen und Zehente zu „Chågellumpf" und Euratsfeld nicht ohne dessen Einwilligung verfügen zu wollen.*

Ich Herman der Fliezinger vergich offenlich an disem brief, daz ich meinem erwirdigem herren byschof Chŭnraten ze Freysing verhaissen vnd gelobt han pei meinen trewen vnd pei meinen eren fŭr mich vnd fŭr mein erben, daz ich noch mein erben nichznicht schŭllen tŭn noch wandeln mit den lehen die mir mein gnådiger herr byschof Chŭnrat ze Freysing hat verlihen, die da gelegen sint ze Chŭgellumpf vnd ze Eyratzuelt, vnd auch mit dem zehenten der da selb gelegen ist vnd auch anderswa, weder mit verseczen noch mit verchauffen noch auch chain ander wandlum da mit tŭn, ez sei dann sein gŭt wille vnd gunst da pei, vnd swenn vnser herr byschof Chŭnrat wil vnd ez an vns vodert, so schullen wir im vnd seinem goczhaus ze Freysing die selben lehen ze chauffen geben vnd die selben zehenten vmb vierczig pfunt alter Wienner pfenning an alle wider red vnd fŭrzug. Vnd zŭ ainem vrchunde han ich meinem herren byschof Chŭnrat vnd seinem goczhaus ze Freysing disen brief geben versigelt mit meinem insigel. Der brief ist geben ze Waydhouen do man zalt von Christez gepurt drevczehen hundert iar, dar nach in dem vier vnd dreisigistem

iar, dez nåchsten Mântags nach sant Bartholomeus tag dez
zwelif poten.

<small>Orig., Pgt., anhängendes Sigel in Bruchstück, k. k. geh. Haus-, Hof-
und Staatsarchiv zu Wien.</small>

640.

1334, 12. September, Oberwelz. *Berenger der Viehdorfer quittirt
dem Bischofe Konrad von Freising den Empfang von 10 Mark
Silbers für ein Pferd, das er Ulrich dem Schreiber Bürger zu Constanz
abgelassen hatte.*

Ich Perenger der Vichdorfer vergich offenleich mit disem
prief, das mich mein gnâdiger herre pyschof Chûnrat von Frey-
singen gewert hat zehen mark silbers gar vnd gântzleich dar
vmb ich Vlreich dem Schreiber purger ze Chostentz mein ros
verchauft vnd ze chaufen gab vnd wan ich aigens insigel niht
enhab, so han ich im ze ainem offen vrchvnd disen prief
gegeben versigelt mit her Emchen von Altzay chorherren ze
Freysingen vnd probst ze Wertse vnd mit Gôtfritz von Anfeltz
insigeln. Wir Emch von Altzay chorher ze Freysingen vnd
probst ze Wertse vnd Gôtfrit Anfelt vergehent, das wir dur
pet Perngers des Vichdorfers vnsere insigel habint gehenkt an
disen prief ze ainem vrchvnd der vorgeschribnen werschaft.
Dirre prief ist gegeben ze Weltz do von Christes gepurt er-
gangen warent drützehen iar, dar nach in dem vier vnt drisgo-
sten iar, des nåhsten Mândags nach vnser Vrôwen tag ze herbst.

<small>Orig., Pgt., 2 anhängende verletzte Sigel, k. k. geh. Haus-, Hof- und
Staatsarchiv zu Wien.</small>

641.

1334, 21. September, Ober-Welz. *Jans und Ortl des Cholben Söhne
von Judenburg verkaufen an Bischof Konrad von Freising ihr Gut
zu Feistritz am „Ort" gelegen um 11½ Mark Silbers.*

Ich Jans vnd ich Orttl des Cholben svn von Judenburch
vnd vnser erben wir vergehen offenleich mit disem prief vnd
tuen chvnt allen den die in sehent oder horent lesen, das wir
mit wol verdachtem muet vnd ze den czeiten da wir es wol

getuen mochten, ain guet das gelegen ist ze Veustricz am Ort
da Chuenrad auf gesessen ist, dem erwirdigen fursten bischo-
ues Chuenraten ze Frising, seinem goteshaus vnd sein nach-
chomen verchauft habn vm zwelifthalb march silber, ye czwair
myn sibenczig grosser Pehaymisch phenning vur ain march
silber, der wir genczleich vnd gar gewert sein, vnd haben in
das guet gebn gesuecht vnd vngesuecht, gepawen vnd vnge-
pawen, leut vnd guet, mit allen den rechten vnd dar zue ge-
horen vnd wir es vnd vnser vordern in nucz vnd in gewer
her habn pracht, vnd schullen in das vor genant guet peschermen vor aller ansprach als lehens recht ist in dem land ze
Steyr, tet wir des nicht, swelhen schaden des der vorgenant
vurste bischoue Chuenrad, sein goteshaus oder sein nach cho-
men nemen wie der schad genant sey den er oder sein gotes-
haus oder sein nach chomen ir ainer pey seinen trewen mag
gesagen an allev ander pewerung, den schulle wir in genez-
leich vnd gar ab tuen an allev chlag vnd tayding vnd schullen
das habn auf vns vnd auf alle dev vnd wir habn, das lubn
wir in pey vnsern trewen an gever. Das im das stet vnd
vnczeprochen peleib, dar vm geb wir im disem (!) offen prief
versigelten mit vnser payder anhangenten insigel ze aim vrchund
der warhait. Der prief ist gebn ze Welcz nach Christes ge-
purt dreuczehen hvndert jar vnd dar nach in dem vier vnd
dreissigistem jar, an sant Mathei tag ze herebst.

Orig., Pgt., 2 angehängte Sigel ausgerissen, k. Reichsarchiv zu Mün-
chen; Meichelbeck II/2 169, Nr. 261.

642.

1334, 5. December, ... *Georg von Vilanders Richter zu Gufidaun
beurkundet alle Stücke, welche er dem freising. Maier zu Laien und
Anderen zur Deckung benannter Geldpflichten verkaufen habe lassen.*

Ich Geori von Villanders bei den zeiten rihter ze Guf-
davn tv̆n chvnt allen den die disen prief ansehent oder horent
lesen, daz ich Nyckel meinem diener zu Layan, meiner heren
maier von Freysingen verchauft han zwai fůder wein vnd ain
drister haew von der stovr wegen die mein herre von Tyrol
hat haizzen auf legen in dem geriht ze Gufdavn daz zwelf phunt
Perner praht, auf die zwů hůben ze Perbian, der ainev haizzet

Ober Aychach vnd die andern Witdran vnd Nider Aychach, vnd die selben zwů hůben gehōrent auch mit vogtay vnd mit allen sachen in daz geriht ze Gufdavn. So vergihe ich vorgenanter Geori mer, daz ich dem vorgenanten Nyckel dem maier auch verchauft han ainen mayden von der halben hůben ze Witdran vnd von der halben hůben ze Nider-Aychach für meines herren zins von Chernde. Ich vergihe auch vorgenanter Geori mer, daz ich dem egenanten Nyckel aber verchauft han zwai rinder für die cuppell vnd weihennecht phenning von Witdran vnd Nider Aychach. Ich vorgenanter Geori vergihe auch mer, daz ich Vlrichen dem Chraechsner ze Ober Aychach hiez verchauffen ain rind fur sein weihennecht phennig, dar auz ward ich niht gar gewert, vnd vmb die ůbertevr hat mir der egenant Nyckel geanturt ain vern wein die han ich im auch verchauft. Vnd dar vmb gib ich vorgenanter Geori dem egenanten Nyckel vnd allen seinen erben disen prief versigelten mit meinem aufgetruckten insigel ze ainem vrchůnd der warhait. Daz geschach da man zalt von Christes gepurt drevzehen hvndert iar dar nach in dem vier vnd dreizigesten iar, an sant Nyclaus aubent.

Orig., Pgt., verletzt, aussen aufgedrucktes stark abgebröckeltes Sigel, k. Reichsarchiv zu München.

643.

1334, ..., ... *Graf Ulrich von Pfannberg quittirt dem Bischofe Konrad von Freising den Empfang genannter Gelder für die Unterhandlung mit den Herzogen von Österreich und der Burghuten von Gross-Enzersdorf, Konradsheim und Randeck.*

Wir graf Vlreich von Phannenberg marschalch in Österrich vergehen offenlich an disem brief, daz vns der erber herre byschof Chůnrat von Freysing vnd sein gotshus habnt gewert der hundert march silbers dev er vns verhiez vnd lobt ze gebn, do er mit vnsern herren hertzogen Albrechten vnd hertzogen Otten von Österrich beriht wart. Er hat vns auch gewert vnserr purchůt die er lobt ze gebn von Entzestorf, von Chůnratshaim vnd von Randek, der purchůt vnd der hundert march sein wir gar vnd gantzlich gewert von im vnd von seinem gotshus. Dar ůber ze einem vrchunde gebn wir im vnd seinem gotshuse disen brief versigelt mit vnserm insigel. Der brief ist gebn do man zalt von Christes geburt drützehn hundert iar vnd dar nach in dem vier vnd drissigisten iar.

<small>Orig., Pgt., anhängendes Sigel, k. k. geh. Haus-, Hof- und Staatsarchiv zu Wien.</small>

644.

1335, 4. Jänner, Amstetten. *Seifrid von Zinsendorf beurkundet seinen schiedsrichterlichen Austrag mit Bischof Konrad von Freising vornemlich wegen des halben Hofes unterhalb der Burg Randeck.*

Allen den die disen brief an sehent oder hörent lesen, kůnd ich Syfrit von Zinzendorf vnd vergih offenlich an disem selben prieue für mich vnd alle min erben, daz mich die erwirdigen lůte her Emch von Alzay tůmherre ze Frisingen vnd probst ze Wertse, her Friderich der Ilseler, her Chůnrat der purchgraue von Sysenecke, her Weyghart der Pernawer vnd Chůnrat der Swab von Amsteten gar vnd gänzlich hant verricht mit minem herren Chůnrat von gotez gnaden dem bischoffe ze Frisingen vnd mit sinem goczhause vmb alle sache vnd vmb alle ansprach vnd vordrunge die ich hatte ald gehaben mohte gen ime ald gen sinem goczhause ze Frisingen, der ansprache vnd der vordrunge verzihe ich mich vnd han mich ir verczigen mit disem brieue gar vnd gänzlich für mich vnd für alle min erben. Ich bin auch mit minem herren dem vorgenanten bischof Chůnrat vnd mit sinem goczhause ze Frisingen berihtet vmb die manschaft vnd vmbe die lehenschaft dez halben houes der vnder der burg ze Randeke lit, der min vnd Růdolfs mins brůders reht lehen waz von dem bistum vnd von dem goczhause ze Frisingen, vnd den selben halben hof Otte, Vlin, Lůtwin, Michel vnd Nicla gebrůder, Dietrichs sůne von Randecke dem got gnade, von mir vnd von Růdolf minem brůder ze lehen hatten, dez selben halben houes lehenschaft mit rehtem taile an mich geuiel von Růdolf minem brůder, also daz der selbe halbe hof von mir lehen waz vnd hatten in die vorgeschriben gebrůder von mir ze lehen, die selben gebrůdere Otte, Vlin, Lůtwin, Michel vnd Nicla gaben mir den halben hof auf vnd baten mich, daz ich die lehenschaft vnd die manschaft dez halben houes auf gebe minem herren dem vorgeschriben bischof

Chůnrat vnd sinem goczhause ze ze Frisingen, daz han ich
getan vnd han mich verzigen .vnd verzibe mich mit disem
brieue für mich vnd alle min erben der lehenschaft vnd der
manschaft dez selben halben houes der vnder der burg ze
Randeck lit, gar vnd ganzlich an mines herren hant dez vor-
geschriben bischofs ze Frisingen. Dar vmbe hant mir ver-
schaiden her Emch von Alzai, her Friderich der Hẏseler, her
Chůnrat der purkgraue von Sẏsenecke, her Weyckart der Per-
nawer vnd Ch. der Swab von Amsteten die vnser paider schid-
lûte vnd rihter warent, vier vnd zwainzig phunt Wiener phen-
ning der ich von minem herren dem vorgenanten pischoffe vnd
von sinem goczhause gar vnd ganzlich gewert vnd perihtet
pin. Ich vergih auch offenlich, daz ich minem herren dem
pischoffe vnd sinem goczhause ze Frisingen den selben halben
hof schirmen sol, als reht vnd gewonlich ist in dem lande ze
Österrich. Vnd ze ainem vrkůnde daz diz allez stâte vnd
vnzerbrochen belibe daz da vor geschriben ist, so han ich
minem herren dem bischof Chunrat vnd sinem goczhause disen
brief geben versigelt mit minem vnd mit der vorgeschribenen
schidelûten vnd rihtern hangenden insigeln. Wir Emch von
Alzay tůmherre ze Frisingen vnd probst ze Wertse, Friderich
der Hẏseler, Ch. der purkgraue von Sẏsenecke, Weyghart der
Pernawer vnd Chůnrat der Swab von Amstetten, die vor be-
nemten (!) schidelûte vnd rihterre dur pete dez vor geschriben
Sifridez von Zinzendorf vnd zainem offen vrkẏnde vnd veste-
nunge aller der dinge so da vor geschriben sint, wan wir dero
schidlûte vnd rihter warent, so han wir vnseren insigel ge-
henckét an disen brief zẏ Sifridez insigel dez Zinzendorf(er).
Dis beschah vnd ist der prief geben ze Amstetten, do man
zalte von Cristez gebůrte drizehen hundert jar vnd dar nah in
dem fünf vnd drissigosten jare, an der nåhsten Mitich vor dem
Perentage (?).[1]

Orig., Pgt., 6 anhängende Sigel, k. k. geh. Haus-, Hof- und Staats-
archiv zu Wien.

[1] Das Wort kann nicht anders als Peren — oder Paren — gelesen werden,
Parentag wäre die Assumptio b. Marie virg. (15. Aug.), Perentag wol
gleich Perhentag (6. Jän.), als welcher er hier beibehalten wurde.

645.

1335, 20. Februar, Avignon. *Papst Benedict XII, befiehlt dem Abte von Lilienfeld, die Streitsache des Stiftes Seitenstetten mit dem Bisthume Freising, eine Liegenschaft und mehrere Zehente betr., zu untersuchen und zu entscheiden.*

Benedictus episcopus seruus seruorum dei. Dilecto filio ... abbati monasterii Campililiorum Patauiensis diocesis salutem et apostolicum benedictionem. Sua nobis dilecti filii ... abbas et conuentus monasterii in Seytensteten ordinis sancti Benedicti Patauiensis diocesis petitione monstrarunt, quod licet quoddam predium et perceptio quarundam tam ueterum quam noualium decimarum in dicta diocesi consistentium ad ipsos abbatem et conuentum de antiqua et approbata et hactenus pacifice obseruata consuetudine pertinere noscatur, et tam iidem abbas et conuentus essent quam predecessores eorum fuissent in pacifica possessione uel quasi dicti predii ac iuris percipiendi dictas decimas a tempore cuius contrarii memoria non existit, tamen venerabilis frater noster ... episcopus Frisingensis in dicta diocesi moram trahens, falso asserens predium et perceptionem huiusmodi ad se pertinere et quod ipsi abbas et conuentus illa indebite detinebant, eosdem abbatem et conuentum super hiis coram ... decano ecclesie Salzburgensis cui venerabilis frater noster ... archiepiscopus Salzeburgensis loci metropolitanus de facto causam huiusmodi auctoritate metropolitica ad instantiam dicti episcopi audiendam commiserat et fine debito terminandam, fecit ad iudicium euocari. Ex parte uero dictorum abbatis et conuentus fuit coram eodem decano excipiendo propositum, cum huiusmodi cause cognitio ad eundem archiepiscopum per appellationem uel alio modo legitimo deuoluta non esset ipsique abbas et conuentus subditi venerabilis fratris nostri ... episcopi Patauiensis immediati existerent coram quo parati erant legitime stare iuri, dictus archiepiscopus eidem decano causam ipsam de iure nequiuerat commisisse ipsique abbas et conuentus respondere episcopo super premissis coram eo minime tenebantur et ad id compelli non poterant nec debebant, et quia prefatus decanus eos super hoc audire contra iusticiam recusauit, ipsos in expensis coram eo in huiusmodi causa factis nequiter condempnando, pro parte dictorum abbatis et conuentus sentientium ex hiis indebite se grauari, fuit ad sedem apostolicam appellatum. Quocirca discretioni tue per apostolica scripta mandamus, quatinus uocatis qui fuerint euocandi, et auditis hinc inde propositis quod canonicum fuerit, appellatione remota decernas, faciens quod decreueris, auctoritate nostra firmiter obseruari. Testes autem qui fuerint nominati, si se gratia, odio, uel timore subtraxerint, per censuram ecclesiasticam appellatione cessante compellas ueritati testimonium perhibere. Datum Auinionis, X. kal. Martii, pontificatus nostri anno primo.

Orig. Pgt., anhängende Bulle, Archiv des Kloster Seitenstetten; Fontes rer. Austr. II/33, 193, Nr. 180.

646.

1335, 24. Februar, Waidhofen. *Berenger von Viehdorf quittirt dem Bischofe Konrad von Freising den Ersatz alles für ihn (im Kriegsdienste) erlittenen Schadens.*

Ich Pernger der Vidorfer tůn kunt vnd vergich offenbar an disem brief allen den die in schent oder hörent lesen, daz mich mein herre byschof Chůnrat von Frising hat geriht vnd gewert gar vnd gäntzlich als mins dienst vnd des schaden vnd aller vordrung vnd ansprache die ich het oder möcht habn an in oder an sein gotshus vnd an sein nahkomen, wa (!) von daz was vnd sein mocht, des bin ich gäntzlich vz geriht und gewert vnd sol fürbaz chain ansprach habn an in, noch hincz seinem gotshus. Vnd ze ainem vrchunde han ich im vnd seinem gotshus disen brief gebn versigelt mit meinem insigel vnd mit Wernharts insigel von Scharferveld. Ich Wernhart von Scharfervelt vergich, daz ich durch bet Perngers von Vidorf min insigel han ze vrchůnd gehenget an disen brief aller der ding die hie vor geschriben stant zů Perngers insigel. Der brief ist gebn ze Waidhouen, do man zalt von Christes geburtt druezhen hundert iar vnd dar nach in dem fůmf vnd drissigisten iar, an sand Mathias tag.

Orig., Pgt., 2 anhängende Sigel, k. k. geh. Haus-, Hof- und Staatsarchiv zu Wien.

647.

1335, 7. März, Waidhofen. *Hugo der „Yesentzer" quittirt dem Bischofe Konrad von Freising den Ersatz alles Schadens, welchen er (im Kriegsdienste) für ihn gelitten.*

Ich Haug der Yesentzer tůn chvnt vnd vergih offenleich an disem brief allen den die in an sehent, lesent alder hôrent lesen, das mich mein herre pyschof Chůnrat von Freysingen hat geriht vnd gewert gar vnd gåntzleich als meins dienstes vnt des schadens vnd aller vordrvng vnd ansprache die ich het alder moht gehaben an in oder an sein gotzhaus vnd an sein nachkomen, wa von das was vnd sein moht, des bin ich gåntzlich vz geriht vnt gewert vnd schol fůrbas chain ansprach haben an in, noch an sein gotzhaus. Vnt ze ainem offen vrchvnd han ich meinem vorgenanten herren vnd seinem gotzhaus disen prief gegeben versigelt mit meinem insigel. Dirre brief ist gegeben ze Waydhouen, do man zalt von Christes gepůrt drůtzehen hvndert jar, dar nach in dem fvnf vnt drisgosten jar, des nåhsten Eritags vor sant Gregorien tag des hailgen lerers.

Orig., Pgt., anhängendes verletztes Sigel, k. k. geh. Haus-, Hof- und Staatsarchiv zu Wien.

648.

1335, 17. März, ..., *Markwart und Erchenbrecht von Mistelbach Gebr. widerlegen ihrem Vetter Reinbrecht von Ebersdorf gewisse Zehente mit anderen zu Wittau, Markgrafen-Neusidel und Gross-Enzersdorf.*

Ich Marichart vnd Erchenprecht die bruder von Mistelbach verichen offenbar an disem priefe, daz wir dem erbern herren vnserm vetern hern Reinprechten von Eberstorf obristem chamrer in Osterich wider cher vnd wider legen schullen die zwen zehent, ein ze Schrikche vnd ein ze Perstorf da er taile mit vns an het, die selbm zehent schulle wir im wider legen auz den drin zehenten mit neun lehenten (!?) zehents der ainer leit ze Witaw vnd ainer ze Nevsidel vnd der dritte ze Entzeinstorf, vnd schol die wider legunge geschehen nach vnser muter tot. Wer aber daz wir es furfueren, ee vnser

muter sturbe des got nicht engeb, dennoch schol er die wider
legung auf den vorgenantten zehenten haben, vnd geben im
vnd sein erben dar vber disen prief versigelt mit vnsern insi-
geln zv einem warn gezevge diser sache. Der prief ist geben
nach Christi geburt tausent jar, dar nach in dem fümf vnd
dreizkistem jar, an sant Getrauten tag.

<small>Orig., Pgt., 2 anhängende Sigel, landsch. Archiv zu Wien.</small>

649.

1335, 4. April, ..., *Zimmermann Heinrich der Widersacz verpflich-
tet sich dem Bischofe Konrad von Freising die Sägemühle zu Oberwelz
in gewissen Baulichkeiten für 30 Pfund Wiener Pfennige herzustellen.*

Ich maister Hainrich der Widersacz zimmerman uon Gro-
sten uergih an disem briefe, daz ich mit meinem genaedigen
herren byescholf Chûnraden zu Frising uber ain pin chomen,
daz ich im schol machen vnd beraiten die sage zu Weltz vnd
schol die dechen mit ainem dache vnd schol im alle die laden
sneiden die er bedarf zu drein stuben oben vnd untten, vnd
schol im die stuben beraitten vnd furrieren vnd die laden alle
velczen in die stuben, vnd schol im ain chammer furrieren vnd
puden vnd auch die laden velczen. Die laden an drein stuben
vnd an der chammer schullen allesamt dreiger uinger dich sein
zum minsten. Ich schol auch ain want an die chammer machen
vnd aineu an der stuben, dieselben laden an der ain stuben
vnd an der chammer dieselben laden schullen ainer span
dich sein. Ich schol auch die drey stuben vnd die chammer
oben mit schezladen beraitten vnd machen mit chlain riem.
Ich schol auch ain poden machen vnd die traeme legen vncz
an die chemnatten. Der poden wirt vnten als deu in der stube
stat vncz an die chemnatten. So schol ich im danne den an-
dern poden machen als deu obreu stube vnd vor der stuben
ist vncz an die chemnatten, daz wirt der ander poden. So schol
ich im danne ain poden machen vber vnd vber, als daz neuwe
haus vnd deu mawr wirt gent von aim art vncz an daz ander.
So schol ich meinem herren daz selbe haus vnd die chemnaten
vber zimmern vnd beraitten aller dinge vnd auch latten als
man ez techen schol vnd schol ez mein herre dechen vnd zie-
gel auf legen an mein schaden. Allez daz hie vorgeschriben
stat, daz pin ich meinem herren gepunden zu volfueren vnd ze

machen vnd ze peraitten vnd zwo stiegen darzue. Dar umbe
hat er mir dreizzich phunt Wienner phenning geben vnd daz
alte holcz an dem haus daz ich da wird abprechen, vnd schol
im daz allez machen vnd berait geben zwischen hint (!) vnd
sant Merteins tag vnd zu ainem vrchunde gib ich meinem
herren disen brief versigelten mit Perhtoldes des rihtaer zu
Welcz insigel wand ich aigens insigel niht enhan, vnd (er)
durch meiner pet willen dar an had gelegt. Dirr brief ist
geben da man zalt uon Christes geburde dreuzehen hundert
iar vnd dar nach in dem fumf vnd dreizichistem iare, des nae-
sten Eritages vor Pluem ostern.

<small>Orig., Pgt., mit anssen aufgedr. beschädigtem Sigel, k. Reichsarchiv zu
München, Mittheilungen des histor. Vereins f. Steiermark XI 86, No. 2.</small>

650.

1335, 22. Juni, Judenburg. *Äbtissin Margareth und der Convent
des Klosters Paradeis zu Judenburg verkaufen an Bischof Konrad
von Freising ihre Hube zu Feistriz bei s. Peter a/Kammersberge um
10 Mark Silbers.*

Ich Margret abtissinn des chlosters ze Judenburch sant
Claren ordens vnd wir der conuent gemainlich des selben chlo-
sters veriehen offenleich an disem brieue, daz wir haben ver-
choufet vnd ze choufenn geben dem erwirdigen herren bischof
Chůnraten von Freisingen vnd seinem gotshause die hůbe die
wir hieten ze Fevstritz in dem dorfe ligend da der Chayser
auf gesezzen waz, dieselben hůb vns gaben her Fridreich vnd
Vlreich von Savrow zu ir swester, die hůb haben wir dem vor-
genantem herren bischof Chůnraten vnd seinem gotshause ze
choufenn geben vmb zehen march silbers, derselben zehen
march sein wir von im vnd von seinem gotshause gar vnd
genczleich gewert vnd verczeihen vns für (vn)s selb vnd für
vnser nachchomen aller der recht dev wir haben oder gehaben
mô(chten a)n derselben hůb. Vnd dar vber ze ainem vrchůnd
haben wir dem vorgenanten (herren bysc)hof Chůnrad vnd sei-
nem gotshause disen brief geben versigelt mit vnserm anhan-
gendem (insigel). Dirr brief ist geben ze Judenburch do man
zalt (von Chr)istes gebůrt drevtzehen hundert iar vnd dar

nach in dem fünf vnd dreizzigistem jar(e, an Pfin)cztag vorsant Johans tag gots tauffers.

Orig., Pgt., mit mehreren kleinen Lücken, die hier ergänzt sind, angehängtes Sigel abgerissen, k. Reichsarchiv zu München.

651.

1335, 3. Juli, Amstetten. *Fridrich, weil. Gotfrids Sohn von Konradsheim, überlässt 3 Lehen zu Ulmerfeld, die er von dem Bisthume Freising besitzt, mehreren genannten Leuten zu Kaufrecht.*

Ich Fridreich Gotfrides svn von Chvnratzhaim vergich mit disem brief offenleich vnd tůn kunt allen den die in sehent oder hornt losen, daz ich mit wol verdahtem mvet vnd mit gůtleichem willen vnd nach rat meins swagers Chvnratz des Zauchinger vnd andrer meiner besten vreunde die drev lehen die da ligent ze Vdmaruelt, di mich an sind gevallen von meinem saeligen vater vnd die ich ze lehen han (von) meinem herren dem bischof von Freisingen vnd von seinem gotshaus, die han ich geliben Otten Haintzleins aydem des vlaeschacher vnd Dyetlein auf dem Puhel vnd Fridlein dem Raechwein vnd Otten dem Vaschang vnd Hainreichen dem Schelsen purgern ze Vdmaruelt ze rehtem chaufreht als ander des bistums laevt reht habent, also daz si mir oder meinen erben oder swer ez von meinen wegen inne hat, alle iar an Vnsern vrawen tag ze dienst zeit da von dienen schullen von iesleichem gantzem lehen fumf schilling newer Wienner pfenning, vnd dar vmb habent si mir vnd meinen vreunden geben neundhalb phunt phenning also beschaidenleich, swen ich oder Chvnrat der Zauchinger oder vnser erben oder an swen ez (!) von vnser wegen angeviellon, die egenanten nevndhalb phenning mugen gehaben vnd ins widergeben, so schullen si von iern vorgenanten rehten sten an widerred. Wier verhaizzen auch in, daz in das von vns ausgenömchleich behalten schol sein von vns vnd vnsern erben oder an swen si chaemen, daz si von iesleichem gantzem lehen geben schullen ze anlait nuer fvmf vnd sibentzig phenning vnd ze ablait auch als vil, swem si iere reht ze chaufen gaeben oder an ier erben geviellen oden an swen si von ieren waegen chômen, an alle vnser ierrsal vnd widerred, vnd daz wiers fürbaz nicht hocher treiben schullen. Môhten wir auch di vorgenanten lehen niht mit einander losen vmb di nevndhalb phunt phenning als vor verschriben stet, so haben wir gewalt, iesleichs besunderleich ze lösen dar nach als ez gevellet an den phenning, an alle ier widerred. Vnd daz daz also staet beleib, dar vber geben wier in disen offen brief mit mein Fridreichs vnd mit mein Chvnratz des Zauchinger insigeln besigelten ze einem Vrchund aller vor verschriben sache, Der auch zeugen sind Wernhart der Schafferuelder, Herman der Haesib, Chvnrat Svnthaim vnd Vlreich der Prukpech vnd ander erbar laeut genueg. Der brief ist geben ze Amsteten des iares dv von Christs gepůrd waren ergangen drevzehen hvndert iar vnd in dem fumf vnd dreizgistem iar, des Môntags an sand Vlreichs abent.

<small>Orig., Pgt., 2 anhängende Sigel, k. k. geh. Haus-, Hof- und Staatsarchiv zu Wien.</small>

652.

1335, 7. Juli, Oberwelz. Zimmermann Heinrich Widersacz verpflichtet sich gegen Bischof Konrad von Freising, demselben gewisse Bauten zu Oberwelz in bezeichneter Weise herzustellen.

Ich maister Hainrich Widersacz der zimberman vergihe offenleich an disem brief, daz ich von meinem gnädigen herren bischof Chůnr. von Freisingen bestanden han daz mavrwerch ze Welz daz er da hat angeuangen, daz schol ich im gäntzleich machen vnd volbringen mit mavren, mit venstern, mit tůren vnd mit torn vnd mit gehowenn stainen, mit bôdmen, mit estreichen vnd mit allen den gedingen alz er ez hat auzgetzaiget vnd fůrgeben maister Seyfriden dem mavrer vnd ouch mir. Des werdens drey gemawrte stuben, zwo gemawrte chamern vnd ain grozzes můshaus von meins herren chemnaten ŭber vnd ŭber vnd ain chlaines můshaus zwischen der důrntz vnd der alten chemnaten. In daz paw alles sampt werdent fůnf vnd zwainczik gehowenev venster, dev sol ich ouch gar beraiten. Ich sol ouch das rovchhaus an der nidern stuben vnd daz rovchhaus an der stuben auf der nidern stuben vnd daz rovchhaus an meins herren chamer auf derselben stuben dev drey rovchhaus sol ich allev machen vnd beraiten vnd sol sev allev drev in ain rovchhaus fůren. So sol ich dann an dem mûshause daz rovchhaus machen vnd daz rovchhaus an der chlainen stuben vnd sol dev zwai rovchhaus in ain rovchhaus fûren. So sol ich dann die priuet machen an dem orte gegen dem schûchster vnd sol die mawr von der erd auf fûren sechs eln hoch vnd sol die mavr sinwel machen an der priuet vnd sol die mavr haizzen betzevnen vnd bewerfen mit marter vntz oben auz. Vnd ze ainem vrchûnd daz ich allez daz schûlle laisten vnd volfûren daz hie vor geschriben stet, han ich meinem vorgenanten herren von Freisingen disen brief geben mit Berchtolts des richters von Weltz anhangendem insigel versigelt daz er nach meiner bette an disen brief gehangen hat, wan ich aigens insigels nicht han. Ich Berchtold richter ze Welcz vergihe an disem brieue, daz ich durch maister Hainreichs des Widersatzes bette mein insigel an disen brief gehangen han ze ainem vrchûnd aller der dinge die hie vor geschriben stent, wan er aigens insigels nicht hat. Dirr brief ist geben ze Weltz do man zalt von Christes gebûrt drevtzehen hundert iar vnd dar nach in dem fûnf vnd dreizzigistem iar, an dem Freitag nach sant Vlreichs tag.

Orig., Perg., angehängtes Sigel abgerissen; k. Reichsarchiv zu München. Mittheilungen des hist. Vereins f. Steiermark XI. 88, No. 3.

653.

1335, 14. Aug., in der Burg zu Wien. *Bischof Konrad von Freising und Abt Dietrich und der Convent von Seitenstetten compromittiren in ihrem Streite um Neureutzehente von Gössling, einen Geldbezug aus der Pfarre Holenstein, das Bachlehen in der Pfarre Biberbach und ein Haus zu Waidhofen auf den Ausspruch eines genannten Schiedsgerichtes.*

Nouerint vniuersi presentes litteras inspecturi, quod nos Chûnradus dei gracia episcopus ecclesie Frisingensis ex vna et venerabiles ac religiosi viri Dyetricus abbas totusque conuentus monasterii in Scytensteten ordinis sancti Benedicti Patauiensis dyocesis ex parte altera voluntarie et ex certa sciencia de omni lite, questione et controversia que inter nos supradictos occasione noualium decimarum ecclesie in Gestnich, necnon vnius libre denariorum Wiennensium occasione cuiusdam pensionis ecclesie in Holnstein et cuiusdam feodi vulgariter dicti an dem Pach siti in parrochia Piberpach et pro parte domus site in ciuitate Waidhouen vertitur seu verti posset, pro nobis, ecclesia et monasterio predictis concorditer conpromisimus et consensimus in venerabilem patrem et dominum, dominum Laurencium Gurtzensis ecclesie episcopum et in honorabiles viros dominum Emchonem de Alczoia prepositum Werdensem et magistrum Hainricum canonicum Frisacensem et plebanum in Greytzenzteten electos et assumptos a nobis tamquam veros arbitros, commissarios sev arbitratores, laudatores sev amicabiles conpositores dantes, eis et concedentes plenam et liberam potestatem vt possint simul super premissis de plano sine strepitu et figura iudicii examinare, cognoscere, partes ad audiendum sentenciam sev preceptum vel ad alia citare, diem ad pronunciandum vel ad alia prefingere et prefixam prorogare, partem contumacem mulhtare (!), ita quod quicquid per illos tres arbitros sev arbitratores in prescriptes et infrascriptis fuerit concorditer factum et ordinatum, super eo possint ipsi et valeant auctoritate presentis conpromissi pronunciare, diffinire, arbitrari et prout ipsis expedire videbitur, terminare, ordine iuris seruato vel non seruato, diebus feriatis vel non feriatis, in scriptis vel sine scriptis et alias, qualitercumque et quandocumque, prout melias ipsis videbitur expedire, vtraque parte presente vel earum altera absente, dum tamen citata fuerit, et quod vnus pro se et sociis possit pronunciare et sentenciam legere consequenter. Conpromisimus etiam pro nobis, ecclesia et monasterio predictis per sollempnem stipulacionem stare, parere et obedire dicto laudo, pene, arbitrio et pronunciationi preceptis et terminacioni per eos faciendis et mox eis prolatis emulgare et approbare et in nullo contrauenire quacunque racione, causa sev modo, de iure vel de facto, per nos vel interpositas personas, quod si contra laudum, arbitrium sev pronunciacionem vel aliqua premissorum aliquis ex nobis conpromissariis de iure vel de facto faceremus vel veniremus per nos vel interpositas personas vt est predictum, promisimus sollempniter nobis inuicem et prefatis arbitris, quod pars arbitrium, laudum sev pronunciacionem in totum vel in partem non seruans, parti seruanti dabit et soluet pene nomine ducentas libras denariorum Wiennensium infra spacium duorum mensium a tempore violati compromissi, laudi sev arbitrii conputandum, ac nichilominus reficere et resarcire omnia dampna, expensas et interesse que vel quas fecit sev faciet, super quo suo stari volumus sacramento cui sine aliis probacionibus fidem plenam nobis placuit adhibere. Que omnia et singula promisimus sub pena premissa et ypoteka nostrarum rerum fideliter adimplere et obseruare. In cuius rei testimonium presentes appensionibus nostrorum sigillorum videlicet episcopi, abbatis et conuentus predictorum fecimus communiri, et quia capitulum Frisingense in rebellione est sedis apostolice et nostra episcopi memorati propter quod ipsius assensum habere nequimus, ideoque auctoritate et sigillo reuerendi in Christo patris et domini, domini Friderici sancte Saltzburgensis ecclesie archiepiscopi apostolice sedis legati metropolitani nostri presens conpromissum pet(i)mus roborari. Actum et datum anno domini millesimo trecentesimo tricesimo quinto, in castro Wienne, in vigilia Assumpcionis Virginis gloriose.

Nos vero Fridericus archiepiscopus supradictus apostolice sedis legatus ad votiuam parcium dictarum instanciam prefatum conpromissum in omnibus suis capitulis sicut prouide actum et conpromissum est, confirmamus et sigilli nostri munimine communimus. Actum et datum anno predicto, XIII. kalendas Octobris.[1]

<small>Orig., Pgt., 4 anhängende Sigel, k. k. geh. Haus-, Hof- und Staatsarchiv zu Wien; ebenso auch mit 4 anhängenden Sigeln im Archive des Klosters Seitenstetten; Fontes rer. Austr. II/33, 196, Nr. 183.</small>

654.

1335, 17. Aug., Wien. *Bischof Lorenz von Gurk, Probst Emcho von Wörthsee und Canonicus Heinrich von Frisach Pfarrer zu Greizstetten sprechen als Schiedleute zu Recht in dem Streite zwischen Bischof Konrad von Freising und Abt Dietrich von Seitenstetten betr. der Neubruchzehente in der Pfarre Gössling, eines Geldbezuges aus der Pfarre Holenstein u. s. w.*

In nomine Christi amen. Nos Lauroncius dei gracia Gurczensis ecclesie episcopus, Emcho de Altzeia prepositus Werdensis Saltzburgensis dyocesis et Hainricus canonicus Frysacensis et plebanus in Greytzensteten Saltzburgensis et Patauiensis dyoceseum, arbitri, arbitratores seu amicabiles compositores in causis que inter reuerendum in Christo patrem dominum Chunradum Frisingensem episcopum et eandem ecclesiam Frisingensem ex vna parte ac venerabilem patrem dominum Dyetricum abbatem et conuentum monasterii in Seytensteten ordinis

---

[1] Diese Unterschrift von anderer Hand.

sancti Benedicti dicte Patauiensis dyocesis idemque monasterium
ex altera uertitur super decimis noualium parrochie in Gestnich
eiusdem dyocesis et super pensione sev censu unius libre red-
dituum Wiennensium moncte quam dictus dominus episcopus
a dictis abbate et conuentu atque monasterio petebat nomine
parrochialis ecclesie in Holnstein similiter eiusdem dyocesis, et
super quodam predio sito in parrochia Pyberbach dicto wlgariter
an dem Pache in quo nunc residet Dyetricus, ac super parte
domus quam habent et possident abbas, conuentus et monaste-
rium prodicti in ciuitate Waidhouen, quam quidem partem dice-
bat dominus Frisingensis prefatus cccidisse in commissum
occasione census sev canonis non soluti, a dictis partibus com-
muniter electi, auditis hinc inde propositis, diligenti tractatu et
deliberacione premissis sententialiter et diffinitiue pronunciamus,
laudamus, arbitramur, statuimus et ordinamus, quod abbas et
conuentus et monasterium antedicti decimas omnes predicte
parrochie in Gestnich antiquas et nouas, de cultis et colendis,
presentes et futuras libere, absque inpeticione, inquietacione et
perturbacione qualibet dicti domini episcopi Frisingensis et suc-
cessorum suorum ac rectorum ecclesie in Gestnich sev cuius-
cumque eorumdem vice vel nomine perpetuo debeant retinere,
ita quod monasterium Scytestcten et eius abbates sev officiales
quicumque in locando, colligendo, ducendo, triturando, repo-
nendo et conseruando easdem decimas presentes et futuras, tam
in bonis sev prediis ecclesie Frisingensis quam alibi non im-
pediantur quomodolibet, directe vel indirecte, quominus vtilitatem
et commoditatem suam ac monasterium libere possint facere de
eisdem, absque tamen offensa et iniuria dolosa vel maliciosa
hominum et prediorum dicte ecclesie Frisingensis. Porro, vt rector
ecclesie in Gestnich decencius valeat sustentari, ac nichilominus
pro bono pacis et concordie arbitramur, laudamus et diffinimus,
ut abbas et conuentus sev monasterium prefati solvant quinqua-
ginta libras Wiennensium veterum in duobus terminis infra-
scriptis, videlicet in festo Epiphanie libras viginti quinque et
in festo Pentecostes inmediate sequenti libras viginti quinque,
eademque pecunia assignetur ex parte abbatis et conuentus et
deponatur aput honorabilem virum dominum Emchonem de
Alczeia et ibidem conseruetur, donec ecclesie in Gestnich ex
ea certi redditus qui ipsi ecclesie et eius rectoribus perpetuo
remaneant, comparentur. Pro pensione vero sev censu unius

libre que petebatur nomine ecclesie in Holnstein, arbitramur et
diffinimus, ut abbas, conuentus et monasterium in loco predicto
assignent et deponant libras quindecim prefate monete in duo-
bus terminis antedictis, videlicet medietatem in uno et medie-
tatem in reliquo, ita quod pro eis ipsi ecclesie in Holnstein
vnius libre redditus comparentur per eandem ecclesiam et rec-
tores eius perpetuo possidendi. Item predium supradictum an
dem Pache in quo Dyetericus residet, cum omni iure quo idem
Dyetericus ipsum nunc possidet, arbitrantes adiudicamus dicto
domino episcopo et ecclesie Frisingensi, sic tamen quod in aliis
bonis sev prediis prefato predio immediate vel mediate adia-
centibus que nunc abbas et monasterium paciffice et quiete
possident, dictus dominus Frisingensis et eius successores nullum
ius sibi vindicent vel usurpent. Arbitramur etiam, laudamus
et diffinimus, vt pars illa domus monasterii sita in Waidhouen
de qua fuit questio, absque inquietacione et exaccione quacum-
que deinceps remaneat ipsi monasterio in Seytensteten in ea
libertate qua fuit et est, reliqua pars maior domus eiusdem
coterum, vt inter eos omnis controuersie materia suffocetur, ar-
bitramur, laudamus et diffinimus, ut omnis accio, questio sev
impeticio quam alterutra parcium predictarum habuit vel habere
posset in futurum contra alteram super pensionibus, censibus,
canonibus vel decimis non solutis vel aliis quibuscumque occa-
sione premissorum, sopite sint penitus et sepulte. Actum et
datum anno domini millesimo trecentesimo tricesimo quinto, in
octaua beati Laurencii martiris, in castro Wienne, coram magni-
ficis principibus dominis Alberto et Ottone ducibus Austrie,
Styrie et Karinthie et presentibus venerabili in Christo patre
et domino Nycolao Constantiensis ecclesie episcopo, domino
Heinrico plebano ad sanctum Stephanum in Wienna et domino
Nycolao plebano in Marchpurga, Hermanno comite de Orten-
burch et Vlrico comite de Phannenberg et nobilibus viris Jo-
hanne de Capella, Vlrico, Eberhardo et Friderico de Walse et
aliis pluribus fidedignis et honestis. In cuius rei testimonium
presentes litteras appensionibus nostrorum sigillorum duximus
roborandas.

Orig., Pgt., 3 anhängende, ziemlich erhaltene Sigel, Archiv des Klosters
Seitenstetten; Font. rer. Austr. II./33, 198, Nr. 184.

655.

1335, 17. Nov., Wagram b/Holenburg. *Heinrich und Hartwig, Söhne weil. Mainharts von Wagram, verkaufen an Bischof Konrad von Freising ihr demselben lehnbares Gut zu Ried um 40 Pfd. Wiener Pfennige.*

Wir Hainreich vnd Hertweich geprůder Menhartes sǎligen un von Wagrain vergehen offenleich mit disem prief, daz wir it gůtem willen vnd mit verdachtem můt vnd nach vnser eunt rat vnserm herren dem erbern fursten pyschof Chůnraten Freysing vnd seinem gotzhaus ze Freysing haben ze chaufen ben vnd verchauft als vnser gůt ze Ried daz wir da heten, rsůcht vnd vnuersůcht, daz selb gůt vnser recht lehen was n vnserm vorgenantem herren vnd seinem gotzhaus ze Frey- g, daz haben wir im vnd seinem gotzhaus auf gegeben vnd ben vns sein gar vnd gǎntzleich verzigen vnd swas dar zů hört vnd von alder dar zů gehört hat, versůcht vnd vnuer- cht. Wir sein auch von vnserm herren von Freysing vnd n seinem gotzhaus gewert gar vnd gǎntzlich der selben vier- g phunt Wienner phenning dar vmb wir im vnd seinem tzhaus daz vargenant gůt ze Ried verchauften vnd ze chaufen ben, vnd schůllen des selben gůtz des vargenanten herren l seins gotzhaus schirm vnd gewer sein nach des landes ht ze Oestereich. Vnd ze einem offen frehund geben wir erm vorgenanten herren vnd seinem gotzhaus disen prief rsigelt mit vnsern insigeln. Diser prief ist gegeben ze Wagrain, man zalt von Christes gepůrd dreutzehen hundert jar, dar ch in dem fumf vnd dreysgisten jar, dez nachsten Freytages ch sand Martins tag.

Orig., Pgt., anhängendes Sigel, k. k. geh. Haus-, Hof- und Staats- iv zu Wien.

656.

1335, 25. Nov., Waidhofen. *Markwart am Schachen verkauft dem ischofe Konrad von Freising eine Hofstätte und Acker (zu Waidhofen) um 2½ Pfd. Pfennige.*

Ich Marquart an dem Schachen vergich vnd tůn chunt offenlich an disem brief fur mich vnd fur all mein erben, das

16*

ich meinem herren byschof Chŭnraten von Frising vnd seim gotshaus han verchauft vnd ze chauffen geben dez Zåschår (?) hofstat vnd die ächer die ze nåchst stozzent an der Witiging åcher vnd an Fridreichs dez Kőls acher purger ze Waidhouen, die hofstat vnd die ächer rehts purchreht sint vnd hans ouch verchauft für purchreht vnd gebent an sant Görgen tag drey phenning der pharr ze Waidhouen vnd in meinz herren chamår von Freising ainen phenning an sant Michels tag. Wo ich aiugens (!) insigels niht enhan, so han ich gebeten Wernharten den richter ze Waidhouen vnd die purger gemainlichen der stat ze Waidhouen daz si ire insigel baidenthalben an disen brief hengen ze ainem vrchunde dez chouffes vnd der werschaft die vnser herren (!) von Frising hat gewert Marquarten an dem Schachen. Der phenning ist drithalb pfunt gewesen dar vmb er die hofstat vnd die ächer hat chauft, der selben phenning hat er Marquarten gar vnd gäntzlich gewert, daz ist vns chunt vnd gewizzen vnd durch bet Marquartez an dem Schachen, won er aygens insigels niht enhat, so haben wir vnsrev insigel ze ainem vrchunde gehengt an disen brief. Dirr brief ist geben ze Waidhouen, do man zalt von Christes geburtt dreutzehen hundert iar, dar nach in dem fumf vnd dreissigistem iar, an sant Katreinen tag.

Orig., Pgt., 2 anhängende Sigel, k. k. geh. Haus-, Hof- und Staatsarchiv zu Wien.

657.

1335, 16. Dec., Wien. *Weikard von Doppel, Hofrichter zu Niederösterreich, spricht im Hoftaiding zu Recht für Bischof Konrad von Freising gegen Alber von Zelking betreffs gewisser von Letzterem angemasster Gülten zu Priel und Euratsfeld.*

Ich Weichart von Toppel ze den zeiten hofrichter in Osterreich tůn chunt offenlich mit disem brief, daz für mich chôm der erwirdig herr bichsolf (!) Chůnrat von Freysing vnd chlagt in einem rechtem hoftaydinch hintz hern Albern von Celking vmb vier můt chőrns vnd vmb vier mütt habern vnd vmb funfthalb phunt phening die er im genomen hiet ab seinem gůt, vnd het dar vmb so lang gechlagt daz er im seinen hof in dem Průl vnder Celking vnd drev lehen ze Yroltzueld an

der Erla vnd sein mûl auf der Stainwant dar vmb vrônt. Da
nam ez her Alber von Celking ze rechten tegen auz der vrôn
vnd nah der vrôn, auf daz nechst hoftaydinch da chôm her
Alber von Celking niht für recht, daz er daz verantwrt hiet.
Da bat der bichsolf mit vorsprechen vragen waz recht wer, da
ward im da ertailt vnd veruolgt mit vrag vnd mit vrtail von
erbern lantherren, seid her Alber von Celking daz vorgenant
gût nah der vrôn niht verantwrt hiet, ich sold sein den bichsolf
gewaltich machen vnd an die gewer setzzen. Daz han ich
getan, also daz er daselbe (!) gût innehaben sol alz lang, vntz
das er des egeschriben gûtes daz im her Alber von Celking
ab seinem gût genomen hat, gar vnd gentzlich gewert vnd ver-
richtet werde. Mit vrchund diez briefs der ist geben ze Wienn
nach Christes gepûrd tausent drevhundert jar, in dem funf vnd
dreizgistem iar, dez samptztages nach sand Lucein tag.

Orig. Pgt., anhängendes Sigel in Fragment, k. k. geh. Haus-, Hof- und
Staatsarchiv zu Wien.

658.

1336, 6. März, Oberwelz. *Seydel Bürger von Murau und Petrer
Bürger zu Neumarkt quittiren Bischof Konrad von Freising den Empfang
von 30 Mk. Silbers seiner Schuld an sie.*

Ich Seydel purger ze Muraw vnd ich Petrer purger zu
dem Nevenmarkt wir verichen offenleich mit disem prief vnd
tûn chunt allen den die in sehen oder hôrent lesen, daz wir
von dem erwirdigen fürsten bischolf Chunraden ze Freisingen
gewert vnd gericht sein dreizik mark silbers gar vnd gaentz-
leich die er vns gelten scholt, also beschaidenleichen daz wir,
noch vnser hausfrawen, noch vnser erben nimmer mer dehain
eischen, noch dehain vordern, noch dehain ansprach gen dem
vorgenanten fürsten, noch gen dehainem seinem nachkomen,
noch gen dem gotshaus ze Freisingen haben schullen noch
enmügen vmb daz vorgenant silber. Daz in das stet vnd vn-
zebrochen beleibe, darum geb wir in disen offen prief zu ainem
vrchûnd der warhait versigelt mit meinem des egenanten Sey-
dels aigen anhangendem insigel, darvnder ich vorgenanter Petrer
mich verpinde alle der gelübde di da vorgeschriben sint, wand
ich aigens insigels nicht enhan. Der prief ist geben ze Weltz

nach Christes geburt dreuzehen hundert iar, dar nach in dem sechs vnd dreizegistem iar, des nahten Mitachens vor Letare.

Orig., Pgt., angehängendes Sigel im Bruchstück, k. Reichsarchiv zu München.

659.

1336, 18. Mai, Waidhofen. *Richter Wernhart und eine Zal genannter Bürger von Waidhofen verpflichten sich gegen Bischof Konrad von Freising betreffs pünctlicher Rückzalung von 20 Pfd. Pfennigen, welche sie von ihm, resp. dem Pfarrer von Gössling für die Bedürfnisse der Stadt entlehnt hatten.*

Ich Wernhart richter ze Waidhouen vnd Ott in der Gazzen vnd Hainrich der Sibenphunter vnd Dietrich sin aydem vnd Vlrich der Grabner, Hainrich an der Stieg, Ortel der Graf, Welfel der Hornler, Chvnrat dez sporer aydem vor dem Tor, Chvnrat Schartuer, Hagen in dem Winchel, Chvnrat der alt Tufel, Mert in dez Valhans huz, Herman pei der Chirchen, Rûdel Gemlich, der Selig Vlrich, Fridrich der schulmaister, Fridrich der ledrer an dem Griezz, Ottl dez Sagsen aydem purger ze Waidhouen verichen all gemaindlich an disem brief, daz wir haben gelobt vnd verhaizzen all vnuerscheidenlich vnserm erwirdigen herren von gotes gnaden bischolf Chvnraten von Frising vnd sinem nach chomen, ob er enwer vnd swelher pharrer ze Gestnik ist, vmb czwainczig phunt phenning di wir auf sant Merteins tag der schierist chumpt, sullen weren vnd geben vnd widerlegen an dy stat vnd in der gwalt da wir di czwainczik phunt phenning haben entlehent vnd genomen zu vnserr stat notdurft. Gebe wir di nicht wider auf sant Marteins tag an allen furczug vnd wider red, swenne vns denn vnser herr bischolf Chvnrat haizzt manen ald hin noch chomen (!), ob er enwer ald swer pharrer ze Gestnik ist, so sullen wir all gemaindlich in dew Newestat ze Waidhouen varen in ain huz da man vns in zaiget, vnd sullen da in laisten recht wi er scheft vnd nimmer dar auz chomen ê daz wir dy czwainczig phunt vergelten vnd geben vnd widerlegen in der gwalt von denen wir dy czwainczig phunt haben genomen vnd entlehent, vnd swaz an vnser ainem ab gat, dez sol man sich auf di andern han vnuerscheidenlich. Wann wir aygener insigel nicht haben, so haben wir Wernharten vnsern statrichter

geboten, daz er sein insigel hat gehenchet an disen brief (!)
fur sich selben vnd fur vns andern ze ainem vrchund als dez
an disem brief hie vor geschriben stat, daz wir dez als syen
gepunden vnd zelaisten vnd zeuolfueren an all wider red vnd
furezug. Ich Wernhart richter ze Waidhouen durich bet miner
purger di an disem brief stant, vnd auch fur mich selb han
ich mein insigel gelait vnd gehenchz (!) an disen brief zu ainem
vrchund als dez an disem brief stat geschriben. Diser brief
ist gegeben ze Waidhouen, do man zalt von Christes gepuerd
drewezehen hundert iar, dar nach im sechs vnd drizzigistem
iar, an dem hailigen abent ze Phingsten.

Orig., Pgt., anhängendes Sigel, k. k. geh. Haus-, Hof- und Staatsarchiv zu Wien.

660.

1336, 18. Mai, Waidhofen. *Bischof Konrad von Freising quittirt dem Kloster Seitenstetten den Empfang der schiedsrichterlich ihm zugesprochenen Summe von 65 Pfd. Wien. Pfennigen, welche er den Kirchen zu Opponitz und Holenstein zu widmen beabsichtiget.*

Wir Chunrat von gots gnaden byschoff ze Freising verrichen offenleich an disem brief vnd tuen chunt allen den die in an sehent, lesent oder hörent lesen, daz vns die erbern herren abt Ditreich vnd sein samnung ze Seydensteten gar vnd gäntzleich verricht vnd gewert habent fünf vnd sechtzig pfunt pfenning Wiännär münzz eze rechten tägen, als vns die erbern herren pischoff Larentz von Gurk vnd her Emych von Altzai vnd maister Hainreich pfarrär ze Gretzensteten geschaiden habent als vnser prief gegen ein ander sagent. Wir haben auch di selben pfenning gelegt mit einer güten gewizzen hintz den erbern drin mann, hern Stephann pfarrär eze Oppotnitz vnd Dietreichen dem alten zechmaister vnd Wernhard dem Hubekker ezv den ezeiten richter ze Waidhouen als lang vntz man di selben pfenning ze nutz vnd wol der chirchen eze Gestnikch funfezig pfunt an leg vnd der chirchen eze Holenstain funfezehen pfunt. Vnd dar vber ezv einem offen vrchund gewen wir in disen prief versigelt mit vnserm insigel vnd mit der erbern drin mann insigel den di selben pfenning eze behalten sind geben. Der prief ist gewen eze Waidhouen do man

czalt von Cristes gepůrd drevczehen hundert iar vnd dar nach
in dem sechs vnd dreizzigistem iar, an dem Pfingst abent.

<small>Aus Cod. abb. Gundakari (XIV. Jhrh.) f. 93, Archiv des Klosters Seitenstetten; Fontes rer. Austr. II./33, 201, Nr. 186.</small>

661.

1337, 10. Jänner, Oberwelz. *Ulrich von Walsee, Landeshauptmann in Steiermark, vergleicht die Gerichtsstreitigkeiten betreffend Stadt und Umgebung von Oberwelz zwischen Bischof Konrad von Freising und Rudolf von Liechtenstein.*

Ich Vlreich von Walsse haůptman in Steyer vergih mit
disem prief allen den di in sehent, hörent oder lesent, daz
mein gnediger herr pischolf Chůnrat von Freysing an aim tail
vnd mein lieber swager her Růdolf von Lyechtenstain chamrer
in Steyer an dem andern tail an mich .gelazzen habent
vnd gesaczt mit ganczem willen vnd ainung alle di chrieg di
sev mit ein ander gehabt habent vm irev gericht dacz Welcz
in der stat vnd aůf dem vrbar vnd in den lantgerichten, waz
ich dar vber spriche, daz sev gaenczleich daz staet haben
wellent vnd schůllen. Nu han ich ze dem ersten gesprochen
nach gůter eruarnůss, ob ain schedleich man in der stat geuangen
wirt auf daz leben da sibon vber sagen schůllen, da
sol meins herren statrichter von Freysing di fůmf hören in der
stat vnd meins swager hern Růdolfs lantrichter di zwen in der
selben stat, da mit sol man den schedleichen man fůern da
hin er gehört. Wirt dann meins swager von Lyechtenstain
lantrichter ains schedleichen mannes inne aůf dem vrbar, den
sol er vordern an meins herren von Freysing amptman, der
sol im den antwůrtten ab dem gůt als er mit gůrtel vm vangan
ist. Waer aber daz, daz der lantrichter daz besarget an
geuaerde, daz im der schedleich man di weil enkieng e daz
der amptman im den antwůrtt, so schol der lantrichter den
schedleichen man aůf dem gůt beseczen vnd bestellen vncz
der amptman chôm vnd im den man antwůrtt ab dem gůt
an schaden, wolt der amptman des nicht entuen, so hat der
lantrichter gwalt in selb ze vahen den schedleichen man vnd
mit dem gůt nicht ze schaffen. Solt denn ain man auf der
vrbar aim icht gelten, da sol man vordern ain recht vm an

den amptman daz er schaff di gůlt ze gelten, ob der man
denne der gůlt laůgent, so sol der amptman den chlager ain
recht tuen, tact er des nicht vnd wolt daz dem chlager ver-
ziehen, so hat der lantrichter denne daz recht dar vm ze tuen
vnd vor nicht. Ich han aůch gesprochen daz meins herren
amptman von Freysing richten sol hincz mein herron leuten
von Freysing vm plevat, vm ccze, vm treit vnd vm gůlt, vm
aigen vnd vm erb an als vil, ob meins herren von Freysing
amptman den chlagern daz recht verziehen wolt vm die selben
sache mit geverde, so hat ez der lantrichter denne ze richten
vnd e nicht. Ich han aůch gesprochen, swenn meins swager
lantrichter von Lyechtenstain ain lantgericht haben wil, so sol
er meins herren leuten von Freysing darzů gepieten pei der
půezz an geuaerde als es von alter her chomen ist, vnd schul-
len sev aůch darzů chomen. Auch schůllen meins herren
leut von Freysing an di dingstet chomen swenn der lant-
richter ůber ainn schedleichen man richten wil. So han ich
auch gesprochen, ob der lantrichter meins herren von Frey-
sing leut zeicht daz sev in ain puezz schůllen, vnd laůgent
sev im der, so schůllen sev für daz gericht chomen an di ding-
stet vnd mugen sev sich des bereden mit ir ayd, so sind sev
ledich dar vm. Ich han aůch gesprochen, swaz swertzuchen
geschicht aůf des gotshaůss aigen von des gotshaůss leuten,
daz sol der amman richten vnd di půezz da von nemen, ge-
schach ez aber von aůzzern leuten di des gotshaůss nicht en-
sind, aůf des gotshaůss aygen, so sol ez der lantrichter richten
vnd di puezz nemen. Geschicht ez denne von des gotshaůss
leuten vnd von aůzzern leuten aůf des gotshaůss aygen in dem
lantgericht, so sol der amptman von des gotshaůss leuten nemen
di puezz vnd der lantrichter von den aůzzern leuten. Geschicht
aber ain swertzuchen von des gotshaůss leuten auf aim andern
aygen, daz des gotshaůss nicht enist in dem landgericht, so sol
der lantrichter di puezz von in nemen vnd der amptman nicht.
Darnach han ich aůch gesprochen, daz mein herre von Frey-
sing in der stat ze Welcz hat allev recht als verre vnd di
stat mit der rinchmavr vm vangen ist, vnd aůzzerhalben auf
der pruken da si vleischpench ligent, di selben puezz sind des
statrichter oder swer meins herren von Freysing stat ampt inn
hat, denne vm den tod nicht, da sol sein statrichter di fůmf
vm hören vnd swenn er di gehört, so sol er aůfsten vnd sol

meins swager von Lyechtenstain lantrichter an di selbe stat siczen vnd sol di zwen auch da hören. Daz der spruch als oben beschriben stet an disem prief vnzebrochen beleibe zwischen mein ebenantem herren dem erwirdigen pischolf Chůnrat von Freysing vnd mein lieben swager herm Růdolfen von Lyechtenstain, dar vber gib ich oft genanter Vlreich von Walsse ze einem vrchůnde disen prief mit des ersamen meins lyeben herren des ebenanten pischolf Chůnrats von Freising vnd mit meins lieben ôhaims hern Otten von Lyechtenstain chamrer in Steyer vnd mit mein selbs vnd mit meiner lieben swaeger hern Růdolfs von Lyechtenstain chamrer in Steyer vnd Herdegens von Pettaw marschalch in Steyer anhangunden insigeln versigelt di diser sach vnd des spruches zeugen sind. Der prief ist geben ze Obern Welcz nach Christs gepůrde dreuczehen hundert jar, darnach in dem siben vnd dreizzigistem jare, des Phinczta͑gs nach dem Prehen tage.

Orig., Pgt., 5 anhängende wohlerhaltene Sigel, steiermärk. Landesarchiv zu Graz.

662.

1337, 23. April, Innichen. *Heinrich der Rötel, freising. Amtmann und Burggraf zu Haberberg, verleiht nach Aufsandung Berchtolds des Kneuschen Eidams ein Vierteilsviertel an Diemut des Niclas Hausfrau als Zinslehen.*

Ich Hainreich der Rôtel purkgraf ze Haberberch vnd amptman zu den ezeiten meins genaedigen herren byschof Chůnrat ze Freisingen vergich offenleich vnd tůn chůnt allen den die disen brief schent oder hôrent lesen, daz mir Perchtolt des Kneuschen aydem auf geben hat ain vyertail auz ainem vyertail mit allem dem recht alz er ez inne gehabt hat, vnd han ich das vargenant vyertail auz ainem viertail Dyemůten verlihen Niclas hausvrauwen mit allem dem recht als ez di hofmarch ze Inichingen her bracht hat vnd also als man cynslchen leihen sol, daz sy gewonleichen cyns da von geben sol alle iar inerleich in meins herren chasten von Freysingen auf Haberberch. Darvber gib ich der vorgenanten Dymůten disen offen brief mit meinem an hangunden insigl ze ainer vrchund der warhait. Der sache sint geczeuge her Dyetreich der Haberberger chôrherre ze Innichingen vnd her Vlreich ab dem Taessenberch chôrherre ze Innich(ingen) vnd Andree Pheffer-

stoch vnd Pertel der sneyder vnd Merchel der Geyger an dem
Perge vnd Pertel dises briefes schreyber vnd ander erber leut
genueg. Ditz ist geschehen ze Innichingen in Pertleyns des
sneyder haũs do man zalt nach Christes geburt driwcehen hvn-
dert iar vnd dar nach in dem siben vnd dreizzigisten iare, an
sand Georii abent.

Orig., Pgt., angehängtes Sigel abgerissen, k. Reichsarchiv zu München.

663.

1337, 27. Juni, Wien. *Die Herzoge Albrecht und Otto von Öster-
reich verleihen dem Orte Ulmerfeld einen Wochenmarkt.*

Wir Albrecht vnd Ott von gots gnaden hertzogen ze
Osterreich, ze Steyr vnd ze Kernden, herren ze Chrain, auf
der Marich vnd ze Portenaw, grafen ze Habspürch, ze Chi-
bůrch vnd lantgrafen ze Elsazzen verichen vnd tůn chunt of-
fenlich mit disem brief, daz wir dürch des erwirdigen bischof
Chůnrats von Freysingen vnsers lieben vreunts vnd dürch sei-
nes gotshauses willen ze Freysing vnd dürch die getrewen
dinst die er vns vnd sein gotshaus getan habent vnd noch
alle tag tůnt, vnd auch dürch die lieb vnd vreuntschaft vnd
trewe die wir zu im vnd zu seinem vorgenanten gotshaus haben
geben vnd erlaubet haben für vns vnd für vnser nachchomen
im vnd seinem gotshaus ewichlich einen marcht ze haben ze
Vdmerueld vnd der alle wochen an dem Vreytag da sein sol
mit aller wandlung vnd sůchung als auf andern merchten, vnd
haben den da bestet mit vnsern willen vnd mit vnserr gunst
vnd haben auch dem selben marchte alle die recht geben die
ander merchte habent in vnserm lant ze Osterreich. Vnd des
ze vrchund geben wir disen brief versigelten mit vnsern
insigeln. Der ist geben ze Wienne an Vreytag vor sand Peter
vnd sand Pauls tag nach Christes gepurd dreutzehenhundert
jar dar nach in dem syben vnd dreizigistem iar.

Orig., Pgt., von 2 anhängenden Sigeln, Nr. 1 nur in kleinen Fragmen-
ten, Nr. 2 vollständig erhalten, k. Reichsarchiv zu München; Meichelbeck
II/I, 146.

664.

1337, 8. Juli, Waidhofen. *Weygel von Neuburg der Neudecker, entsagt allen Ansprüchen an das Bisthum Freising, welche er aus erlittenen Schäden von den Zeiten Bischof Konrads III. her noch an dasselbe zu stellen hatte.*

Ich Weygel von Newenburch der Neydekker meiner herren von Walsse diener ze Ens vergihe offenleich an disem prief vnd tûn chunt allen den die in ansehent oder hôrent lesen, daz ich alles des schaden den ich genomen han an rozzen oder an anderen sachen in meins sâligen herren byschof Chûnrates von Freysingen vnd seines gotshauses dienst, vnd ouch aller der gabe die er mir geben solt für meinen dienst vnd für all ansprach, gar vnd gäntzleich verricht vnd gewert bin von seinem nachchomen meinem erwirdigen herren byschof Chûnraten von Freysingen, vnd gelob bei meinem trewen daz ich ze dehainem bischof von Freysingen noch ze demselben gotshaus vmb dehainen schaden oder dienst oder gabe fürbaz nimmer mer dehain ansprach sol gehaben. Vnd dar vber ze ainem vrchûnd gib ich meinem vorgenanten herren bischof Chûnraten von Freisingen vnd seinem gotshaus disen brief versigelt mit meinem anhangendem insigel. Der brief ist geben ze Waydhouen do man zalt von Christes gebûrt drevtzehen hundert jar vnd dar nah in dem siben vnd dreizzigstem jar, an dem nahsten Eritag nach sant Vlreichs tag.

Orig., Pgt., anhängendes Sigel, k. k. geh. Haus-, Hof- und Staatsarchiv zu Wien.

665.

1337, 18. Juli, Ulmerfeld. *Bischof Konrad von Freising verleiht Chundlein der Tochter Otakars von Miesbach den Bezug des Zehents vom Graswinkler-Lehen am Miesberg auf Lebenszeit.*

Wir Chûnrat von gots gnaden bischof ze Freisingen veriehen mit disem brief offenlich vnd tûn kunt allen den die in sehent oder horent lesen, daz wir mit vnserm guetem willen die genad getan haben Chûndlein Otachers seligen tahter von Miesperg vnd haben ez geweiset auf den zehent auf Hainreichs des Grazwinchler lehen ze Miesperg daz ez ab dem selben lehen den meraren zehent niezzen schol vnd inne haben ze

seinen lebtagen vnd niht fürbaz, vnd waer daz wir ald vnser
nachomen im sechs phunt phenning gaben, so schol ez von
dem egenanten zehent gesten vnd dar auf nimmer mer dhain
reht iehen noch haben hintz vns noch hintz vnserm gotshaus
ze Freisingen noch hintz demselben lehen vnd zehenten, wan
vns daz selb lehen vnd zehent gantzleich veruallen was vnd
ledichleich von egenantem Chundlein vater vnd ierer geswi-
sterod, also daz si dhain reht dar auf hat noch enhet, an daz
wir im daz von sundern genaden getan haben das ez den
vorgenanten merarn zehenten niezzen schol ze seinen lebtagen
vnd niht furbaz. Dar vber ze einem vrchund geben wir dem
egenanten Chundlen disen offen brief mit vnserm hangunden
insigel besigelten. Der brief ist geben ze Vdmaruelt des iars
du man zalt von Christs gepürd dreuzehen hundert iar vnd
in dem siben vnd dreizgistem iar, des Freitags vor sand
Jacobs tag.

<small>Orig., Pgt., anhängendes Sigel. k. k. geh. Haus-, Hof- und Staatsarchiv zu Wien.</small>

666.

1337, 22. Juli, Wien. *Jans der Greyffe, Bürger zu Wien, verkauft das Dorf Gablitz mit seinem Eigen und Rechte daselbs an Herzog Otto von Österreich um 500 Pfund Wiener Pfennige.*

Ich Jans der Greyffe pei Vnser vrowen auf der Stetten
ze Wienne vnd ich Anna sein hausvrowe wir veriehen vnd
tvn chunt allen den die disen prief lesent oder horent lesen,
die nv lebent vnd her nach chvnftich sint, daz wir mit alle
vnserr erben guten willen vnd gunst mit verdachtem mvte vnd
mit gesampter hant nach vnserr pesten vreunde rat zv der zeit
do wir ez wol getun mochten, vnd auch mit vnsers lehenherren
handen des erwirdigen fursten pyscholf Chunrats von Vreysin-
gen recht vnd redelichen verchauft haben vnsers rechten erbe-
gutes daz dorff Gaebelicz vnd den hoff vnd alles daz gut daz
wir dacz Gebelicz gehabt haben, sybenthalb phunt phenninge
dienstes vnd weysod sechs vnd vierczzich hvner die man dient
ze Vaschang, vnd sechs vnd dreizzich chaese die man dient
ze Phingesten, daz alles gerait ist fur acht phunt geltes auf
behausten holden vnd pawes zv zwayn phlugen vnd dreiczehen
leiten holcz vnd wysemat, daz man achtet auf zwai hundert

fuder, aynen weyr vnd aynen pavmgarten des drev joch sint, vnd ayn mvle vnd halber zehente der von dem pawen in den hoff gehoret, vnd allez daz dar zv gehoret ze holcz, ze velde vnd ze dorffe, ez sei gestift vnd vngestift, versucht vnd vnuersucht, swie so daz genant ist, daz haben wir allez verchauft vnd geben mit allem dem nuczze vnd rechte als ez von alten dingen her chomen ist vnd auch als ez mein vater her Greyffe gehabt hat vnd wir ez vnuersprochenlichen in lehens gewer her pracht haben, vmb fvmf hundert phunt Wienner phenninge der wir gar vnd genczlichen verricht vnd gewert sein, vnserm gnaedigen herren dem edeln vnd dem hochgebornen fursten herczzog Otten in Osterrich, in Steyr vnd in Chernden vnd seinen erben furbaz ledechlichen vnd vreilichen zehaben vnd allen iren frumen da mit ze schaffen, verchauffen, verseczzen vnd geben swem sev wellen als in daz aller peste chom vnd fuege an allen irresal, vnd durch pezzer sicherhait so seczzen wir vns, ich vorgenanter Jans der Greyffe vnd ich Anna sein hausvrowe vnuerschaidenlichen mit sampt vnsern erben dem egenanten vnserm herren herczog Otten in Osterrich vnd seinen erben vber daz vorgenante dorffe Gaebelicz vnd vber alles daz gut daz wir da gehabt haben, swie so daz genant ist, als vor geschriben stet, ze rechten gewern vnd scherm fur alle ansprache als lehens recht ist vnd des landes recht ze Osterrich, vnd swaz im furbaz mit rechte abe get, ob er dechainen chrieg oder ansprache dar an gewune, daz schullen wir im auzrichten an alles geverde vnd schol daz haben vnuerschaidenlichen auff vns vnd auff allem vnserm gut daz wir haben in dem lande ze Osterrich, wir sein lebentig oder tod. Vnd daz der chauf vnd dise rede furbaz also stacte sei vnd vnczebrochen belibe, dar vber so geben wir im disen prief ze ainem offen vrchunde vnd ze ainem waren gezeuge vnd ze ayner ewigen vestnunge versigilten mit vnserm insigel vnd mit des vorgenanten vnsers lehenherren des erwirdigen fursten insigel pyscholf Chunrats von Vreysingen vnd mit der erbern herren vnd ritter insigel hern Albers des Cherbekchen, hern Jansen des Taler herczog Otten hoffemarschalch, hern Hagens von Spilberch vnser vrowen der herczoginne hoffemaister, her Symons des richter ze Newenburch, hern Christans des sluzzeler von Newenburch vnd hern Reynharts des Zavnruder zv den zeiten Juden richter ze Wienne die diser sache gezevge sint.

mit iren insigeln, vnd ander erber leute genuch den die sache wol chunt ist. Diser prief ist geben ze Wienne nach Christes geburt dreuczehenhundert iar, dar nach in dem syben vnd dreizzigistem iar, an sand Marie Magdelen tage.

Orig., Pgt., 8 anhängende Sigel, k. k. geh. Haus-, Hof- und Staatsarchiv zu Wien.

667.

1337, 22. August, Waidhofen. *Seyfrid der Hürnein tritt genannte Güter zu und bei Atzelsdorf an Bischof Konrad von Freising ab und nimmt sie von demselben wieder zu Lehen.*

Ich Seyfrid der Hürnein vergihe offenlich an disem brief vnd tůn chunt allen den die in ansehent oder hörent lesen, daz ich mit wol verdahtem mǔt ze den zeiten do ich ez wol getůn mocht, durch besunder liebe vnd andaht die ich han zů Vnser vrowen vnd zů irem gotshaus ze Freisingen, des Weisen aigen, Stephans aigen auf dem Snayntz, der Poschinn aigen, Gotschalkches aigen in der Grůb, die hofmarch auf dem Pühel vnd des smydes aigen datz Ätzleinstorf dev rechtes aigen sint vnd dev ich gechoufet han vmb mein aigen gůt für mich selb, für mein hausfrowen vnd für alle vnser paider erben, han auf geben meinem erwirdigen herren bischof Chůnraten von Freisingen vnd seinem gotshaus ze Freisingen, also daz er vnd sein nach chomen dev vorgenanten güter ewikchleich süllen leihen, vnd han ouch ich dev selben güter vnd ouch daz aigen auf dem Pühel ze Ätzleinstorf daz ich vnd mein vordern von dem gotshaus ze Freisingen e maln ze lehen haben gehabt, mir vnd Adelhaiten meiner hausfrowen vnd allen vnser paider chinden dev wir nu haben oder noch mit ain ander gewinnen, von meinem egenanten herren bischof Chůnraten von Freisingen vnd von seinem gotshaus empfangen ze rechtem lehen. Vnd dar über ze ainem vrchünd gib ich in disen brief versigelt mit meinem anhangendem insigel. Der brief ist geben ze Waidhouen do man zalt von Christes gebůrt drevtzehen hundert jar vnd dar nach in dem siben vnd dreizzigistem jar, an dem nahsten Freitag vor sant Barthlomeus tag.

Orig., Pgt., anhängendes verletztes Sigel, k. k. geh. Haus-, Hof- und Staatsarchiv zu Wien.

668.

1337, 26. September, Ulmerfeld. *Kunigund, Heinrichs des Durren Guttin, verpfändet ihren Hof zu „Wildental" an Bischof Konrad von Freising um 6 Pfund Wiener Pfennige.*

Ich Chunigunt Hermans dez Hâsibs tochter, Hainreichs dez Durren husfrawe vergich offenlich an disem brief, daz ich meinen hof ze Wildental der mein lehen ist von meinem herren von Freising vnd von seinem goczhuz, den selben hof han ich meinem herren von Frising vnd seinem goczhuz verseczt mit Hainreichs meins wirtes willen vnd gunst vmb sechs phunt phenning dy er mir dar auf gelihen hat vnd dy ich von im enphangen han an beraiten phenningen, vnd sol mir nichtes nicht ab slahen swaz er dez hofs genieczzen mach vnd swaz zu dem hof gehôrt, besuecht vnd vnbesuecht. Vnd zu ainem vrchund han ich disen brief geben versigelt mit Hermans meins vater insigel vnd mit Chûnrats dez Prôter insigel. Ich Herman Hâsib lantrichter meins herren von Frising durich pet meiner tochter Chunigunten vnd ich Chûnrat der Brôter durich bet frawen Chunigunten Hermans tochter haben wir baid vnsrew insigel gehenchet an disen brief zu ainem vrchund vmb den vorgenanten phantschatz. Diser brief ist geben ze Vdmaruelt, do man zalt von Christes gebûrd drewczehen hundert jar vnd dar nach in dem siben vnd dreizzigisten jar, dez nasten Freytags nach sand Matheus tag dez czwelif poten vnd ewangelisten.

Orig., Pgt., 2 anhängende verletzte Sigel, k. k. geh. Haus-, Hof- und Staatsarchiv zu Wien.

669.

1337, 27. September, Ulmerfeld. *Gerdrud, Witwe Otto's von Handelsberg, reversirt gegen Bischof Konrad von Freising betreffs zweier ihr auf Lebenszeit überlassenen Lehen am Handelsberg.*

Allen den di disen brief an sechent oder hôrent lesen chund ich Gedraut Otten seligen hausvraw von Henleinsperg vnd vergich offenleich mit disem brief, daz mir mein herre byschof Chûnrat von Freising di gnad getan vmb di zway lechen ze Henleinsperg di im vnd seinem gotshaus ledich

waren warden vnd auch noch ledich sint von Otten meim
wiert seligen, gar vnd gentzleich an den selben zwayn lechen
chain recht het vnd noch nicht enhan, an daz mir mein herre
byschoff Chûnrat von Freising von seinen gnaden di zway
lechen hat lazzen zu meinen lebtagen vnd nicht furbaz wan
di weil ich leb, vnd sol noch enmag mit den zwayn lechen
nichcznicht tûn mit chainerslacht sache daz dem gotshaus
schedleich sey, swie di sache gehaizen oder genant ist di dem
gotshaus ze schaden mochten chomen an den zwayn vorge-
nanten lechen, wan daz di zway lechen ledichleich sullen ge-
vallen an daz gotshaus ze Freising an alle chrieg vnd wider-
red, wan di zwai lechen sint hietzunt dem gotshaus veruallen
vnd han ich chain recht dar zû wan daz ich di zway lechen
haben vnd niezen schol zû meinen lebtagen vnd nicht furbaz,
vnd sol vnd enmag nichcz nicht tûn mit den zwayn lechen
daz dem gotshaus schedleich sey oder ze schaden mug chomen.
Taet aber ich ichts icht dez got enwelle, mit den zwayn lechen
oder mit twederm lechen daz dem gotshaus schedleich wer
oder ze schaden chomen mocht, daz schol chain chraft haben
gegen nieman. Ich schol auch alle iar von den selben zwayn
lechen geben ze diust in den chasten ze Vdmervelt an sand
Merteins tach ain metzzen chôrn vnd ain metzzen habern alz
ander sein vrbar, wan di zway lechen auch vrbar sint, wan
daz ich di zway lechen haben vnd niezzen schol zû mein leb-
tagen vnd nicht furbaz. Dez sint zeug her Marchbart (!) der
Luezeneker ritter, her Chûnrat der Zauchinger ritter, Chûnrat
der Schewerbech, Herman der Hesib, Chûnrat der Prater,
Ruemhart vnd Chûnrat di Hager brûder, Vlreich der Pruk-
pech chastner ze Vdmaruelt, Chûnrat Pûchaw, Chûnrat Sunt-
haim vnd Fridreich der Sneider, vnd zû ainem vrchund daz
ditz alles war vnd stet vnd vnzebrochen beleib, dar vmb han
ich meinem herren bischof Chûnrat ze Freising vnd seinem
gotshaus disen brief geben besigelten mit hern Marchbarts dez
Luezeneker insigel vnd mit hern Chûnrats von Zauch insigel,
mit Chûnrat Pûchaws insigel, mit Chunrat Sunthaims insigel,
mit Hermans Hesib insigel, mit Chunrats dez Prater insigel,
mit Chunrats des Hager insigel, vnd mit Vlreichs dez Pruk-
pechen chastner ze Vdmaruelt insigel wan ich aygens insigel
nicht enhab, di alle da bey gewesen sint du mir mein herren (!)
der byschof von Freising di gnad tet zû meinen lebtagen vnd

ich mich auch verzech vnd auf gab allev di recht di ich het
oder haben mocht an den vôrgenanten lechen, der han ich
mich all verzigen vnd auch auf geben in meins herren byschof
Chûnrats hant von Freising vnd seins gotshaus. Ich March-
bart der Luczneker ritter vnd ich Chûnrat der Zauchinger
ritter vnd ich Chûnrat Púchaw vnd ich Chûnrat Sunthaim vnd
ich Herman Hesib vnd ich Chûnrat der Prater vnd ich Chûn-
rat der Hager vnd Vlreich der Prukpech vergehen, daz wir
durch vleizig pet der vôrgenanten vrawen Gedrauten vnser
insigel gelegt haben an disen prief zu vrchund aller vôrge-
schribner sache. Der brief ist geben zu Vdmaruelt, du man
zalt von Christs geburd dreuzehen hundert iar, dar nach in
dem siben vnd dreizichsten iar, dez nasten Samstages vôr sand
Michels tach.

<small>Orig., Pgt., von 8 angehängten Sigeln Nr. 3 und 5 abgefallen, k. k.
geh. Haus-, Hof- und Staatsarchiv zu Wien.</small>

670.

1338, 29. März, ... *Nicolaus der Leynein, Bürger zu Znaim, mit
anderen Genannten zusammen verkauft seinen Weingarten am Aigelsperg
zu Klosterneuburg an Bischof Konrad von Freising um 65 Pfund
Wiener Pfennige.*

Ich Niclos der Leynein burger datz Znoim vnd ich Chlar
sein hausvraw, ich Herman sein brueder vnd ich Elsbeth sein
hausvraw, ich Niclos der Hûtreitter vnd ich Katrey sein haus-
vraw wir veriehen offenlich an disem prief alle (!) den die in
sehent, losent oder horent lesen, die nu lebent oder her nach
chunftich sind, fur vns vnd fur all vnser erben, daz wir nach
zeitigem rat vnsrer pesten vrevnt, mit gûnst vnd guetem willn
aller vnsrer erben mit gesampter hant zv den zeiten do wir
iz wol getûn mochten, vnsern weingarten ze Nevnburch der
gelegen ist an dem Aigelsperch ze nest Heinreich dem Pûrgel,
des drev viertail sind, do von man alle iar dienet dem gotz-
hauss ze Nevnburch nevn viertail weins ze perchrecht vnd ze
drin tayding in dem jar ze ie dem tayding drey helbling, ze
voitrecht verchoufet haben recht vnd reddlich (!) mit alle dem
recht vnd wir in haben her bracht, dem erwirdigen herren
bischolf Chunrat ze Vreising, sein nach chomen vnd seinem

gotshaus ze Vreising vmb fůmf vnd sechzik phunt Wienner phenning der wir von in gar vnd gentzlich gewert sein. Wir haben auch den weingarten auf geben in vnsers perchmaister Petreins des Vreisinger hant ze den zeiten des gotshaus hofmaister ze Nevnburch chlosterhalb der in verlihen hat dem vorgenanten herren bischolf Chunrat ze Vreising, seinem gotshaus vnd seinen nachchomen, vnd verzeichen auch vns aller der recht vnd ansprach die wir oder vnser erben an dem ogenanten weingarten gehaben mūgen oder gehabt haben, also daz der oftgenant herr bischolf Chunrat von Vreising, sein gotshaus vnd sein nach chomen den selben weingarten ze rechtem perchrecht haben suln oder irn frům da mit schaffen, versetzen, verchoufen vnd geben swem seu wellen, an alln chrieg vnd irsal, als perchrechtz recht ist. Auch haben wir gelobt bey vnsern trewn, daz wir dez selben weingarten des vorgeschriben herren von Vreising vnd seins gotshauss recht gewern vnd scherm suln sein fur all ansprach nach des landes recht ze Osterrich, teten wir des nicht, swelchen schaden sev des naemen den sev bey irn trewen gesagen mugen, den suln wir in gentzlich ablegen an alle wider red vnd suln sev daz haben auf vns vnd auf allem dem daz wir haben. Vnd dar vber ze ainem vrchůnde haben wir die vorgenanten, ich Niclos der Leynein vnd ich Herman sein bruceder vnd ich Niclos der Hůtreitter sein geswey dem ogenanten bischolf Chůnrat, seinem gotshaus vnd seinen nachchomen ze Vreising disen brief geben versigelt mit vnsern anhangunten insigeln vnd mit vnsers vorgenanten perchmaister Petreins des Vreisinger insigel vnd mit hern Symons des stat richter ze Nevnburch anhangundem insigel die diser sach gezeug sind mit ir insigeln. Dar zv sind gezeug her Christan der sluzler, her Anthonij chapplan auf dem Challnperig, Wernhart vnder den Lavben, Chůnrat der Schifer, Leupolt von Aw, Ortolf der hofmaister vnd ander erber leut genůg den die sach wol chůnt ist. Der prief ist geben do man zalt von Christes gebůrd dreutzehen hundert iar, dar nach in dem necht vnd dreizigistem iar, des Suntages nach Mitterr vasten.

Orig., Pgt., 5 anhängende Sigel, k. k. geh. Haus-, Hof- und Staatsarchiv zu Wien.

671.

1338, 4. April, Klosterneuburg. *Konrad der Pürgel, Bürger zu Klosterneuburg, verkauft Haus, Hofstätte und Weingarten daselbst in der Wienergasse an Bischof Konrad von Freising um 70 Pfund Pfennige Wiener Münze.*

Ich Chůnrat der Pűrgel burger ze Newenburch chlosterhalb vnd ich Wendel sein hausfrow wir verichen offenleich au disem brief fůr vns vnd fůr alle vnser erben vnd tůn chunt allen den die in anschent oder hőrent lesen, daz wir nach zeitigem rat vnsrer pesten frevnden mit gunst vnd gůtem willen aller vnsrer erben vnd mit gesamenter hant ze den zeiten do wir ez wol getůn mochten, vnser haus vnd hofstat dev in der Wienner gazzen gelegen sint ze nähst bei Levpolten dem Schönherren, vnd den weingarten der der an stozzet des ain halb jevch ist, mit sampt der hofstat da von man allev jar dem gotshaus ze Newenburch dient ze purchrecht achtodhalben pfenning an sant Georgen tag vnd ainen halben pfenning ze vogtrecht an sant Marcus tag, verchouft haben recht vnd redleich mit allem dem recht vnd wir ez haben her bracht vnd inne gehabt, dem erwirdigen herren bischof Chůnrat ze Freisingen, seinen nach chomen vnd seinem gotshaus ze Freisingen vmb sibentzig pfunt pfenning Wienner műnze der wir von im gar vnd gäntzlich gewert sein. Wir haben ouch daz haus, die hofstat vnd den weingarten dar an aufgeben in vnsers perchmaisters Peters des Freisinger hant ze den zeiten hofmaisters des gotshauses ze Newenburch chlosterhalb der ez verlihen hat dem vorgenanten herren bischof Chůnrat ze Freising, seinem gotshaus vnd seinen nach chomen, vnd vertzeihen ouch vns mit disem brief aller der recht vnd anspruch die wir oder vnser erben an dem egenanten hause, hofstat vnd weingarten gehaben mügen oder gehabt haben, also daz der oftgenant herr bischof Chůnrat von Freisingen, sein gotshaus vnd sein nachchomen daz selb haus, hofstat vnd weingarten ze rechtem purchrecht haben süllen vnd irn frum da mit schaffen, versetzen, verchoufen vnd geben swem sev wellen, an allen chrieg vnd irrsal alz purchrechts recht ist. Auch haben wir gelobt bei vnsern trewen, daz wir des selben hauses, hofstat vnd weingarten des vorgeschriben herren von Freisingen vnd seines gotshauses rechte gewern vnd scherm süllen sein für alle an-

sprach nach des landes recht ze Österreich, tâten wir des
nicht, swelhen schaden sev des nâmen den sev bei ir trewen
gesagen möchten, den süllen wir in gântzleich ablegen an alle
wider red vnd süllen sev daz haben auf vns vnd auf allem
dem daz wir haben. Vnd dar über ze ainem vrchünd haben
wir dem egenanten bischof Chůnrat, seinem gotshaus vnd seinen
nachchomen ze Freisingen disen brief geben versigelt mit vn-
sers vorgenanten perchmaisters Peters des Freisinger vnd mit
hern Symons des stat richter ze Newenburch insigeln dev sev
durch vnser bette an disen brief gehangen habent, wan wir
aigner insigel nicht haben. Ich Peter Freisinger hofmaister
vnd ich Symon richter ze Newenburch verichen an disem
brief, daz wir durch des vorgenanten Chůnrats des Pürgels
vnd Wendeln seiner hausfrowen bette vnserev insigel an disen
brief gehangen haben ze ainem vrchünd der vorgeschribenn
sache. Dar zů sint getzevg herr Christan der slůzzeler, her
Anthoni chapplan auf dem Challenperg, Wernhart vnder den
Lovben, Chůnrat der Schiver, Levpolt von Aw, Ortolf der
hofmaister vnd ander erber levt genůg. Der brief ist geben ze
Newenburch do man zalt von Christes gebürt drevtzehen hun-
dert jar vnd dar nach in dem acht vnd dreizzigistem jar, an
dem nahsten Samztag vor dem Palmtag.

Orig., Pgt., 2 anhängende verletzte Sigel, k. k. geh. Haus-, Hof- und Staatsarchiv zu Wien.

672.

1338, 28. April, Waidhofen. *Otto der Stengelawer gibt dem Bischofe Konrad von Freising einen Schuldbrief über 25 Pfund Wiener Pfennige und stellt ihm dafür eine Zahl genannter Bürgen.*

Ich Ott der Stengelawer vergich offenleich an disem
prief vnd tůn chunt allen den die in an sehent oder horent
lesen, daz ich meinem genedigen herren byschof Chůnrat zo
Freising reht vnd redleich gelten sol fümf vnd zwainzich phunt
alter Wiener phenning vnd han ich meinem herren für die
selben phennig zů mir vnuerschaidenleich ze rehten geltern
vnd ze porgen gesaczt Gerlein den Taurer, Dietrichen den
Weizen, Wernhart den Hönkler des abbts von Seytasteten (!)
holden vnd Hainreich von Gütenfurt, Otten den Letenwager,
Weichart auf dem Ek, Chůnrat auf dem Ort, Chůnrat auf der

Grůb, Perchtolt auf der Laeznich, also swaz meinem herren
an ainem ab ge, daz selb sol er habn auf dem andern. Ich
Ot oder mein vorgenant porgen sůllen die vorgescribn fůmf
vnd zwainzich phunt phennig halb geben vnd weren nu an
sant Jacobs tag der schierst chumt, an alle wider rede vnd
die andern driůtzehenhalb phunt phennig die sol ich geben vnd
waeren meinem offt genanten herren von Freising gar vnd
gaenczleich un sant Marteins tag der dar nach schierst chumpt,
on alle wider rede vnd fůrzuch, vnd tât ich des niht oder
mein vorgenant porgen, daz ich meinem herren von Freising
die egescriben fůmf vnd zwainch (!) phunt phennig nicht gâb
noch wert gar vnd gantzleich ze den taegen die vorgescriben
stent vnd als egescriben ist, so sol mich mein herre von Frei-
sing oder sein amptlaeut vnd mein porgen die vorgescriben
stent, für die offt genanten phennig nötten vnd phenden mit
vnserm gůten willen on alz reht vnd on ellev reht on aller
stat swo si mügen oder swie si mügen, als lang vnd als vil
hůntz (!) daz ich oder mein porgen mein genedigen herren
der offt genanten phennig gar vnd gaentzleich verrihten vnd
gewern als vor gescriben stat. Ze einem offen vrchůnd aller
der sache vnd taeding die vor gescribn stet, so gib ich Ot
der Stengelawer vnd alle mein porgen als si mit namen an
disem prief stent, meinem herren von Freising disen prief ver-
sigelt mit Chůnrats von Půchaw vnd mit Wernharts des Hů-
bek (!) stat rihter ze Waidhouen insigel, wann ich noch mein
porgen aygener insigel nicht enhaben, ze ainer woren zeuchnůs
aller vor gescriben sache, si habent auch irev insigel durch
mein vnd meiner porgen pet willen ze zeugnůs an geleit. Ich
Chůnrat (von) Půchaw vnd ich Wernhart der Hubeker verge-
hen offenleich an disem prief, daz wir durch pet willen Otten
des Stengelawers vnd aller seiner vorgescriben porgen ze einer
woren zeuchnůs alles des daz vor gescribn stat, vnserev insi-
gel an disen prief haben gelait. Der prief ist gebn ze Waid-
houen do man zalt von Christes gepurt driůzehen hundert jar
vnd dar noch in dem acht vnd dreizigistem jor, an dem nach-
sten Ertag vor sant Philips vnd sant Jacobs tag.

Orig., Pgt., 2 anhängende theilweise schadhafte Sigel, k. k. geh. Haus-,
Hof- und Staatsarchiv zu Wien.

673.

1338, 25. Mai, Wien. *Rapoto der Rôsman, Bürger zu Ybs, verkauft dem Bischofe Konrad von Freising einen Weingarten zu Spitz um 23 Pfund alter Wiener Pfennige.*

Ich Rapot der Rôsman purger ze Ybs vergich offenleich mit disem brief fur mich vnd fur mein hausvrowen Alhaiten vnd fur alle vnser erben, daz ich recht vnd redleich verchauft han vnd ze choufen geben han dem erwîrdigen herren bischof Chunrat von Freising vnd seinem gothaus (!) mein weingarten der gelegen ist ze Spicz, vnd an ainem tail stôzt an des vôrgenanten herren weingarten den er chauft hat vmb Hainreichen den Sachsen purger ze Waidhouen, vnd sint vôrmals di zwen weingarten ain waingart gewesen, vnd han im den selben weingarten ze choufen geben vmb drev vnd zwainczich phunt alter Wienner phenning der ich gar vnd genczleich gewert pin, wand er di selben phenning nach meiner pet geben hat Schevblein dem Juden von Ybs. Ich schol auch dem egenanten herren bischof Chunrat von Freising, seinen nachchomen vnd seinem gotshous den vôrgenanten weingarten schermen nach perchrechts recht vnd dez landes recht ze Österreich. Pey disem chouf ist gewesen her Hainreich meins herren chapplan von Freising, her Chûnrat von Grûning sein schaffer, chorherr ze Mosburch, her Chûnrat von Zauch, her Ludweich von Rôtenstain ritter vnd Gotfrid von Anueld, vnd zu ainem vrchund diezes choufes han ich im vnd seinen gotshaus disen brief geben versigelt (mit) meim insigel vnd mit der vôrgenanten herren insigeln di irev insigel habent gehencht vnd gelait zu meim insigel an disen brief durch mein vleizigev pet. Ich Hainreich chapplan meins erwîrdigen herren bischof Chunrats von Freising vnd ich Chûnrat sein schaffer vnd ich Chûnrat von Zauch vnd ich Ludweich von Rôtenstain ritter vnd ich Gotfrid von Anueld durch pet Rapots des Rôsmans haben wir vnsrev insigel gehencht vnd gelait an disen brief ze Rapots insigel des Rôsmans zu ainer offen gezeuchnuzz des choufes. Dîrre brief ist geben ze Wienn, do man zalt von Christs geburd dreuzechen hundert iar, dar nach in dem aecht vnd dreizigistem iar, an sand Vrbans tach.

Orig., Pgt., von 6 angehängten Sigeln Nr. 4 abgefallen, die anderen ziemlich wohlerhalten, k. k. geh. Haus-, Hof- und Staatsarchiv zu Wien.

674.

1338, 25. November, Ulmerfeld. *Konrad der Chelner von Umberg verkauft seine Hube zu 'Wenigen' (Ober-, Unter-?) Umberg dem Bischofe Konrad von Freising zu Diensten für das Spital zu Ulmerfeld um 16 Pfund Wiener Pfennige.*

Ich Chûnrat der Chelner ze V̊genperg vnd ich Kathrey die Chelnerin vergiehen mit disem brief vnd tûn kunt allen den die in sehent ald horent lesen, daz wir mit wol verdahtem muet vnd mit gûtleichen willen aller vnserr erben vnd vreunt vnser hueb ze Wenigen V̊genperg die wir ze rehtem lehen gehabt haben von vnserm gnedigen herren bischof von Freisingen vnd von seinem gotshaus, daz haben wir reht vnd redleich ze chauffen geben vnd verchauft vnserm egenanten gnedigen herren bischof Chunraten vnd seiner nevstift dem spital ze Vdmaruelt mit allen rehten vnd nutzen, besuehten vnd vnbesuehten, ze velden, ze holtz oder wie ez genant sei, als wiers enher gehabt haben, vnd verzeihen vns aller rehten dar auf die wier habt (!) haben oder gehaben möhten, an das wier chaufreht dar auf haben daz vns der egenanten (!) herre bischof Chunrat von seinen gnaden dar auf gelihen hat, also daz wier dem vôrgenantem spital ze Vdmaruelt ze rehtem dienst alle iar da von dienen schullen wier oder swem wier daz geben, zwaintzig metzen rokken vnd zwaintzig metzen habern chastmazz vnd mit allen sachen dem selben spital vnd seinen phlegern ze warten mit gelt, mit vngelt, als ander des selben spitals levt. Sust alle vnser rehten die wier dar auf heten vnd gehaben möhten, die haben wier verchauft vnd ze chauffen geben vnserm obgenanten gnedigen herren bischof Chunraten von Freisingen vnd seinem spital ze Vdmaruelt ledichleich vmb sechezehen phunt alter Wienner phenning der wier von im vnd von seins spitals ze Vdmaruelt phleger Vlreichen dem Prukpechen gaentzleich gewert sein vnd bezalt mit beraiten phenning, vnd seind wier aygen insigel niht haben, geben wier dem vôrgenanten vnserm herren bischof Chunraten von Freisingen vnd seinem spital ze Vdmaruelt disen offen brief mit hern Marquards des Luesnicher ritter vnd mit Hermans des Hesibs vnd mit Chunrats des Hager mit diser dreyer hangunden insigeln besigelten ze vrchund vnd ze zevgen aller

vor verschriben sache. Ditz ist geschehen ze Vdmaruelt vnd
ist der brief geben des iares, do von Christs gepurd ergangen
waren dreuczehen hundert iare vnd in dem aht vnd dreizgi-
stem iar, an sand Kathreyn tag.

Orig., Pgt., von 3 angehängten Sigeln nur Nr. 2 ziemlich, Nr. 1 schlecht
erhalten, Nr. 3 fehlt, k. k. geh. Haus-, Hof- und Staatsarchiv zu Wien.

675.

1338, 17. December, Steier. *Konrad Sunthaim und seine genannten
Verwandten verkaufen dem Bischofe Konrad von Freising für dessen
neuerrichtetes Spital zu Ulmerfeld Liegenschaften und Gülten zu Frai-
ningau und Flinsbach um 60 Pfund alter Wiener Pfennige.*

Ich Chûnrat Svnthaim vnd Osanna mein hausfrawe hern
Hertneids des Chûlbers tochter, vergehen offenleich an disem
brief für vns vnd für vnser erbn vnd tûn chunt allen den die
in an schent oder hôrent lesen, daz wir mit wol verdachtem
mût vnd mit gesamenter hant ze der zeit do wir ez wol getûn
mochten, noch vnser freûnd rat vnd mit gûtem willn Helenen
Hainreichs des Schiken hausfrawen dev auch des vor genanten
hern Hertneids des Chûlber tochter ist, vnd Hertleins irs brû-
der svn hern Otten des Chûlber svn von Sacchsen, vnd mit
gunst vnd willen vnser erben vnd auch ir erben recht vnd
redleich verchaeuft vnd ze chaufen geben dem ewirdigen (!)
vnserm genedigen herren byschof Chûnraten von Freising vnd
seinem newn spital ze Vdmaruelt daz er gestift vnd gemacht
hat, vnsers rechten erbaygens den hof ze Frânigev dar auf
Ludweich vnd Niclav ze der zeit sint gesezen, der alle iar gilt
ze Vnser fraẇn tag ze dienst zeit ein mut waitz vnd ein mut
gersten vnd zechen metzen habern Melker mazze, ie für ein
mutt dreizzich metzen, vnd do selbn ein hofstat do auf Adel-
hait Ortleins witib ze der (zeit) gesezzen ist, dev ze dienst
zeit gilt drei schilling Wienner phennig vnd ze Weinnachten
fûmfzechen châs der sol igleicher vier phennig wert sein, vnd
ein hofstat dar auf Leupolt ze der zeit gesezzen was, dev gilt
alle iar ze dienst zeit fûmf vnd sybenczg Wienner phennig,
vnd ein hofstat dar auf Vlreich an dem Orte ze der zeit ge-
sezzen ist dev gilt alle iar ze dienst zeit fûmf vnd vierzich
phennig, vnd allez daz purchrecht daz wir datz Frângew ge-

habt habn daz alle iar gilt sechs schilling vnd sibenzechn
phennig Wienner muns ze sant Michels tag, vnd auch vnsern
hof ze Flinspach dar auf Vlreich der mayr ze der zeit gesez-
zen was, der dient alle jar ze sant Pölten tag syben schilling
vnd aein vnd zwainzich newr Wienner phennig, vnd mit namen
allez daz wir gehabt habn ze Fränigew vnd ze Flinspach, daz
zů den vor genanten houen vnd hofsteten vnd purchrechten
gehöret mit allem dem rechten daz dar zů gehört vnd von
alter dar zů gehört hat, als wir ez inne gehabt habn gesůcht
vnd vngesůcht, gebaẁn vnd vngebaẁn, ze holcz vnd ze veld,
ez sein åker, garten, owen, wazzer, wismat, waide, swo ez
gelegen ist vnd swie ez genant ist, vmb sechzich phunt alter
Wienner phennig der wir von im vnd von dem spital gar vnd
gåntzleich gewert sein, vnd verzeichen vns mit disem brief
freileich, lauterleichen vnd ledichleich aller der ansprach vnd
aller der rechten die wir vnd vnser erbn an den selbn gůtern
gehabt habn oder gehabn mügen, im oder her nach also daz
daz vor genat (!) spital dev selbn gůter ewichleichen sol be-
siczen vnd niezzen vnd inne habn mit allem rechten als wir
sev habn gehabt an allen chrieg. Wir gelobn auch für vns vnd
für vnser erben vnd für vnser freunt dem spital die egenanten
gůter ze verantwurten vnd ze schirmen vor aller ansproch (!)
noch des landes recht ze Österreich, täten wir des nicht, swel-
chen schaden des daz vor genant spital näm mit chrieg, mit
tåding, mit naechraeisen oder von swelchen sachen ez sei, den
des spitals phleger pei sein trewen gesagen möcht, den sůlln
wir im gar vnd gaentzleich ablegen an alle wider rede, daz
gelobn wir im bei vnsern trewen vnd sol daz selb spital den
selbn schaden habn auf vns vnd auf vnsern erbn vnd auf allem
dem daz wir habn an allen steten, wir sein lemtich oder todt.
Vnd dar über ze ainem vrchůnd habn wir dem vorgescribn
spital disen brief geben versigelt mit mein Chůnrat Svnthaims
anhangendem insigel daz ich an disen brief gehangen han, für
mich vnd für mein egenanten (!) hausfrawen dar vnder si
vergicht vnd sich bindet aller der gelübd die vor gescribn stent.
Ich Hainreich Schikch vnd Helen mein hausfrawe hern Hert-
neids des Chůlber tochter vnd ich Hertel der selbn Helen
brůder sun hern Otten des Chůlber von Saechsen, vergehn
offenleich an disem brief für vns vnd für alle vnser erbn, daz
wir vnsern willn vnd gantzev gvnst geben habn zů den vorge-

nanten gůtern ze verchaufen vnd verzeichen vns an disem
brief aller vordrung vnd an sproch vnd aller der rechten die
wir oder vnser erbn gehabn mügen oder her noch gewinen
möchten (in) dehainen weg zů den vor genanten gůtern, vnd
dar über ze einem vrchůnd han in Hainreich der Schikch für
mich vnd für mein hausfrawn Helenen mein insigel an disen
prief gehangen zů des vorgenanten Synthaims insigel dar vnder
wir vergehen vnd vns binden alles des daz vorgescriben stat,
vnd ich Härtel der vorgenant Chůlber vergich vnd binde mich
an disem brief alles des daz vor geschribn stat vnder meins
ôhaims hern Vlreichs von Grůnburch insigel daz er zv den
vor genanten insigeln an disen brief gehangen hat nach mei-
ner bette, wann ich aygens insigels nicht enhan. Ich Vlreich
von Grůnburch vergich an disem prief, daz ich durch des ege-
nanten Härtleins meins ôhaims bette willn mein insigel an disen
prief gehangen han ze einem vrchůnd der vor geschribenn
dinge, wann er aygens insigels nicht hat. Des sint gezevg her
Hainreich von Honburch, her Vlreich von Friding, her Mar-
quart Prevhauen, her Ot der Schek, her Chůnrat der Zauchin-
ger, Chůnrat (von) Půchaw vnd ander erber laeut genůg. Diser
brief ist gebn ze Steyr, do man zalt von Christes gepurt drev-
zehen hundert iar vnd dar nach in dem acht vnd dreizigistem
iar, an dem naechsten Phincztag noch sant Lucein tag.

Orig., Pgt., 3 anhängende Sigel, k. k. geh. Haus-, Hof- und Staats-
archiv zu Wien.

676.

1338, 18. December, Waldhofen. *Bischof Konrad von Freising
und Reinbrecht von Wallsee vergleichen sich, gewisse ihrer Streitigkeiten,
betreffend Güter zu Ennsbach und Mauer, auf ein nächstes Hofgericht
zum Austrag zu verschieben.*

Wir Chůnrat von gotes gnaden byschof ze Freising vnd
ich Raeinprecht von Walsse vergehen paide an disem prief,
daz wir ein ander über ain sein chomen vmb die chlag die
mein herre von Freising gegen mir het tan in dem hoftaeding
ze Wienn vmb etleichen gůter vnd zechenthaeuser vnd auch
meineu gůter gefrönt het in dem Entzspach vnd auch ze Mau-
ren, di selbn gůter ich auz der frön han genomen mit dem
rechten vnd sold si ze dem naechsten taeding verantwurten

vnd ein recht dar vmb tûn vor dem hoftaeding daz nu schierst chumpt. Nu sei wir paide ύber ain chomen mit ein ander, daz wir die selbn chlag vnd antwurt habn auf geschoben vnd lazen gestanden mit vnser paider gûtleichen willn vnez auf daz naechst hoftaedinch daz ze Wienn wirt vor sant Michels tag der nv schierst chumpt, so sol vnser ietweder stan in allem dem rechten als er ioczvnt stat, vnd sol vnserm entwederm der auf schup noch der auf slach chain schade sein an seinem rechten vnd sol vnser entweder die chlag gegen dem andern treiben noch sûchen noch fûrsprechen noch verantwurten vor dem hoftaeding noch anderswwo, vntz auf daz naechst hoftaedinch daz ze Wienn wirt vor sant Michels tag der nv schierst chumpt. Swer anders taete gegen dem andern dann als vor geschribn stat, daz sol chain chraft habn, noch sol dem andern chain schade sein an seinen rechten. Ze ainem vrchünd gebn wir paide disen prief versigelt mit vnsern insigeln der geben ist ze Waidhouen do man zalt von Christes gepurt driüzechen hundert iar vnd dar noch in dem acht vnd dreizigistem iar, des naechsten Vreitags vor sant Thomas tag das zwelf poten.

2 Orig., Pgt., 2 anhängende Sigel, k. k. geh. Haus-, Hof- und Staatsarchiv; Notizenbl. d. k. Akad. 1854, 103, Nr. 36.

677.

1339, 24. April, Waidhofen. *Jans und Leutolt, Gebrüder von Kuenring, quittiren dem Bischofe Konrad von Freising den Empfang der ihnen zustehenden Burghutsgebühren für Gross-Enzersdorf und Ulmerfeld.*

Ich Jans vnd Leutolt brûder von Chûnnring, obrist schenchen in Osterreich vergiechen vnd tûn chunt offenlich mit disem brief, daz wir gar vnd genezleich gewert sein von vnserm herren bischof Chûnrat ze Freising vnd von seinem gotshous der pûrchhûten di er vns hat verhaizen vnd gelobt ze geben do er vns behaust gen Enezzesdorf vnd gen Vdmaruelt, vnd sullen wir furbaz chain vôrdrung, noch ansprach haben von der pûrchhûte wegen gen im noch gen sein nachchomen noch gen seinem gotshous, wand wir sein der pûrchhût von im gar vnd genezleich verricht vnd gewert. Vnd zû einem vrchund hab wir im, seinen nachchomen vnd seinem gotshous

disen brief geben versigelt mit vnsern anhangenden insigeln.
Der brief ist geben ze Waidhouen do man zalt von Christes
geburd dreuczechen hundert iar, dar nach in dem dreizigistem
iar, an sand Jorgen tach.

    Orig., Pgt., von 2 augehängten Sigeln nur mehr Nr. 1 vorhanden. k. k.
geh. Haus-, Hof- und Staatsarchiv zu Wien.

678.

1330, 14. August, Amstetten. *Reimprecht von Wallsee und zwölf
andere genannte Herren entscheiden in dem Streite zwischen Bischof
Konrad von Freising und Konrad dem Zauchinger betreffs Errichtung
einer Wehre an der Mühle zu Amstetten.*

Ich Reinbrecht von Walsse vnd Ott von Chornsbach,
Marquart von Lůchsenek, Alram von Reikerstorf, Fridreich
Fleischezzer, Weichart von Pernow, Walther purchgraf ze Sev-
senek vnd Wernhart von Scharffenueld, Berchtolt Schefolt,
Herman Håsib, Chůnrat Prater, Chůnrat von Půchow vnd
Chůnrat Tůnter von Amstetten wir offenn all an disem brief,
daz vnser gnådiger herr bischof Chůnrat von Frisingen vnd
herr Chůnrat der Zovhinger ainen chrieg mit ain ander hieten
vmb ainen wůrslag der můl ze Amstetten vnd den selben chrieg
gaben sev vns vnuerschaidenlich paidenthalb auz der hant alz
wir hie genant sein. Do schieden wir, daz vier vmbsåczen
solten chomen auf daz wazzer vnd solten schowen, möchten
die mülner die wůr geslahen auf den alten grunt, daz solten
sev tůn an irrung, möch des nicht gesein, wa sev denn gesla-
hen möchten auf des gotshauses aigen von Frisingen, daz sol-
ten sev tůn vnd swenne dev wůr denn berait werde, so sol
vnser herr von Frisingen zwen man nemen vnd herr Chůnrat
der Zovhinger zwen vnd süllen die auf die wůr chomen vnd
schowen waz schaden dev wůr vnserm herren von Frisingen
vnd seinem gotshaus tů an seinem aigen, dar nach süllen sev
ainen zins auf die wůr legen den man dem gotshaus von Fri-
singen ewikchlich da von geben sol. Möhten aber sich die
vier man nicht gesamen, so süllen sev ainen gamainen vber
man nemen vnd swaz der sprichet, daz sol ståt sein. Ez offent
auch vnser herr von Frisingen, die műle solten dem gotshaus
drey schilling pfenning ze wůr zins geben allev jar vnd wår

im der zins versezzen wol vierczig jar, do sprach herr Chûnrat der Zovhinger, sev wâren sein recht lehen von dem gotshaus ze Frisingen. Dar vber haben wir gesprochen, daz vnser herr von Frisingen hern Chûnraten sol tag geben für sein man vnd mag er in dann ermauen alz recht ist, daz sev sein recht lehen sint, des geniezze, mag er des nicht, des engelte. Ez sol ouch aller schade die von der sache chomen mûgen, gântzlich ab sein. Vnd dar vber ze ainem vrchûnd haben wir alle dreitzehen disen brief versigelt mit vnsern anhangenden insigeln. Daz ist geschehen vnd ist der brief geschriben ze Amstetten, do man zalt von Christes gebûrt drevtzehen hundert jar vnd dar nach in dem nevn vnd dreizzigisten jar, an Vnser vrowen abend ze der Schidung.

<small>Orig., Pgt., 13 anhängende mehr minder wohlerhaltene Sigel, k. k. geh. Haus-, Hof- und Staatsarchiv zu Wien.</small>

679.

1339, 14. August, ... *Heinrich der Rötel, Pfleger zu Innichen, verleiht ein Viertheil daselbst an Kuntz, Weigleins Sohn, als Zinslehen.*

Allen den die disen brief an sehent oder hôrent lesen chunde ich Hainr. der Rôtel, phleger des erenwirdigen herren byschof Chûnrats ze Freysing vnd amptman zû den selben zeiten zû Haberberch vnd des vrbars ze Iniching vnd vergich offenleich mit disem brief, daz ich verleich vnd han verlihen dem beschaiden manne Chûntzen hern Weygleyns svn dem got genad, zû ainem rechten cynslehen ain vyertayl daz gelegen ist dacz Iniching, besûcht vnd vnpeschût (!), mit allen den rechten die dar czû gehôrent vnd nûczen von recht oder von gewonhait, daz vor gehabt hat der egenant Weygel vnd sein wyrtin fraw Gattrey des egenanten Chûnrats vater vnd mûter, vnd han im daz vorgenant vyertail genczleich verlihen vnd also, daz er jaerichleich geben sol den cyns der da von gehôrt als von andern vyertailn auf der hofmarch ze Iniching in meins vorgenanten herren chasten ze Haberberch wer denne amptman ist, vnd wand ich vollen gewalt han ze peseczen vnd entseczen daz gût vnd ander gût die des gotshavs sind von Freysing. Vnd daz im daz staet vnd vnczebrochen peleib, dar vber gib ich im disen offen brief mit meinem anhangundem insygel zû ainem vrchund der warhait. Der sache sint geczeuge her Berchtolt der Porger chorherre ze Iniching vnd her Ŭlr. ab Taessenperch der auch chörherre da ist, vnd her Chûnr. der Speczingerin svn vnd der erber man Berchtolt Cholbech vnd Gebhart chamrer, Ûlr. der Posch vnd Pertel der schreiber vnd Veydel der Geud vnd Nykla der zolner vnd ander erber leut. Dicz ist geschehen do man zalt von Christes gepurd ergangen warn taûsent vnd driw hundert iar vnd darnach in dem neun vnd dreizzigisten jar, an Vnser vrauwen abent Assumpcionis.

Orig., Pgt., angehängtes Sigel abgefallen, Stiftsarchiv zu Iunichen.

680.

1339, 17. September, Waidhofen. *Ritter Konrad der Zauchinger verkauft dem Bischofe Konrad von Freising die Höfe am Schachen und am Schörkhof Freisinger Lehenschaft um 84 Pfund Pfennige.*

Ich Chûnrat der Zovhinger ritter vnd Offmey mein hausfrow veriehen offenlich an disem brief für vns vnd für alle vnser erben vnd tûn chunt allen den die in ansehent oder hörent lesen, daz wir vnserm gnâdigen herren bischof Chûnraten von Freisingen haben ze choufen geben vnser höf vnd lehen dev hie nach geschriben stent, dev wir ze lehen haben gehabt von im vnd von seinem gotshaus ze Frisingen, mit allen den rechten vnd nützen die dar zû gehörent, gesûcht vnd vngesûcht, ze holtz vnd ze velde, swa sev gelegen sint vnd swie sev genant sint, des ersten den hof an dem Schachen da von man allev jar gedienet hat in vnsers vorgenanten herren chamer sechczig newer pfenning ze Vnser vrowen tag ze dienst zeit vnd drey metzen habern ze marchfûter vmb zwai vnd viertzig pfunt Wienner pfenning, vnd den hof an dem Scherkhof vnd ain lehen da bei daz dar zû gehöret, da von man allev jar gedient hat in vnsers vorgenanten herren chamer sechs schilling newer pfenning ze Vnsrer vrowen tag ze dienst zeit vnd fûnf metzen habern ze marchfûter allev jar, vmb zwai vnd viertzig pfunt Wienner pfennig. Der vorgenanten pfenning aller sampt der ist vier vnd achtzig pfunt, der sein wir gar vnd gäntzlich von im verrichtet vnd gewert vnd vertzeihen wir vns mit disem brief für vns vnd für alle vnser erben aller der

recht vnd ansprach dev wir oder dehain vnser erb an den
vorgenanten lehen vnd höven gehabt haben oder dehainen
weg (!) fúrbaz gehaben mûgen. Wir geloben ouch im vnd
seinem gotshaus vnd seinen nach chomen die vorgeschribenn
hôf vnd lehen vnd alles daz dar zů gehôrt, ze schirmen vor
aller ansprach nach des landes recht ze Österreich vnd sůllen
ir gewer sein nach dem rechten, täten wir des nicht, swelhen
schaden er oder sein gotshaus oder sein nahchomen des nâmen
mit recht den sev bei irn trewen gesagen mûgen, den sůllen
wir in gantzlich ablegen an alle widerred, daz geloben wir in
bei vnsern trewen vnd sůllen sev daz haben auf vns vnd auf
allem dem daz wir haben, wir sein lebentig oder tod. Vnd dar
+ber ze ainem vrchúnd haben wir im vnd seinem gotshaus vnd
seinen nachchomen disen brief geben versigelt mit mein Chûn-
rats des Zouhinger vnd mit Wernharts des Scharffenuelder
meins swagers anhangenden insigeln der diser sache getzevg
ist, mit seinem insigel. Ich Wernhart der Scharffenuelder
vergih an disem brief, daz ich durch bette meins vorgenanten
swagers hern Chûnrats des Zovhinger vnd meiner mûmen Off-
meyn seiner hausfrowen mein insigel zů dem seinen an disen
brief han gehangen ze ainer getzevgnûsse der vorgeschribenn
sache. Dar zů sint getzevg herr Ludwig von Rotenstain ritter,
herr Pernhart der Jesentzer ritter, Haug sein brůder, Herman
Eysenhouen, Ott Fluschart vnd ander piderb levt genûg. Daz
ist geschehen vnd ist der brief geben ze Waidhouen, do man
zalt von Christs gebûrt drevtzehen hundert jar vnd dar nach
in dem nevn vnd dreizzigisten jar, an sant Lamprechts tag.

Orig., Pgt., 2 anhängende Sigel. theilweise verletzt, k. k. geh. Haus-,
Hof- und Staatsarchiv zu Wien.

681.

1339, 16. October, Waidhofen. *Otto der „Paenz" verkauft seine
2 Lehen zu Kuglau dem Bischofe Konrad von Freising um 75 Pfund
Wiener Pfennige.*

Ich Ott der Paenz verich offenlich an disem brief fûr
mich vnd fûr mein hausfrawn vnd fûr alle mein erbn vnd tůn
chunt allen den die in an sehent, lesent oder hôrent lesen, daz
ich recht vnd redlich ze den zeiten do ich ez wol getůn moch-
ten (!), meinev zwai lehen ze Chogelloch mit alle dev vnd dar
zů gehôrt oder gehôrt hat, besůcht oder vnbesůcht, ze veld

vnd ze dorf verchauft han vnd ze chaufen han gebn meinem
herren byschof Chůnraten von Frising vnd sinem gotshaus ze
Frising vmb fůmf vnd sybentzig phunt phenig Wiener mûns
der selben phenig ich vnd mein erbn von meinem vorgenanten
herren vnd von sinem gotshaus ze Frising gar vnd gânczlich
verriht vnd gewert sin (!), auf den selben zwain lehen ze
Chogelloch Dietmar ist geseczen auf ainem vnd Dyetrich sâlig
hausfraw Adhelhait auf dem andern lehen ze den ziten. Ich
han mich auch der vorgescriben lehen verzigen vnd auf gebn
für mich vnd für mein erben gar vnd ganczlich meinem ege-
nanten herren byschof Chůnraten von Frising vnd sinem gots-
haus für alle ansproch vnd vordrum die ich oder mein erbn
zů dem offt genanten lehen heten oder gehaben mohten, als
ainer der sinev lehen verchauft oder verchauft hat. Ich vnd
min erben sűllen auch der vorgescriben lehen scherm vnd
gewer sein an aller stat swo oder swenn sin meinem herren
von Frising vnd sinem gotshaus ze Frising not ist oder not
geschit (!), als reht lehens reht ist in dem lande ze Österrich,
für alle ansproch vnd sol ich oder mein erbn daz tůn an allen
chrieg, tât aber ich oder mein erbn des nicht, swelhen schaden
des mein herre von Frising oder sin gotshans ze Frising nâm
den er oder sein chastner ze Waidhouen der ze den ziten ist,
gesagen oder bestâten mag pei sin trewen vnd pei sin eren,
den selben schaden sol ich oder mein erben meinem herren
von Frising vnd sinem gotshaus ze Frising gar vnd gantzlich
auz rihten vnd ab tůn vnd sůllen si daz haben auf aller der
hab die wir habn in dem land ze Österrich ich vnd mein
erben. Vnd daz meinem oft genanten herren vnd sinem gots-
haus ze Frising allez daz stât vnd gancz vnd vnzerbrochen
belib daz vor gescriben stat, dar ůber ze einem vrchund gib
ich disen brief versigelt mit meinem insigel vnd mit hern
Chůnrats vnd Hainreichs der Zauchinger brůder insigel vnd
mit Jansen des Panzen meins vetern vnd mit Hermans Eysen-
houen insigel die si durch meiner bet willen ze einer zevch-
nůs an disen brief habent gelegt. Der brief ist gebn ze Waid-
houen, do man zalt von Christes gepurt drevzehen hundert
jar vnd dar nach in dem newn vnd drizigistem jar, an sant
Galen tag.

Orig., Pgt., von 4 angehängten Sigeln Nr. 4 ausgefallen, k. k. geh.
Haus-, Hof- und Staatsarchiv zu Wien.

682.

1339, 12. November, Seitenstetten. *Markwart der Preuhauen verpfändet dem Bischofe Konrad von Freising seine Lehen in Zogelsbach in der Pfarre Gresten um 130 Pfund Wiener Pfennige.*

Ich Marchart der Prefhauen vnd ich Margret sein hoůsuroůwe vnd ꝟnser paider erben verichen an disem prief vnd tůn chunt allen den die in schent oder hörent lesen, daz wir versatzt haben ꝟnsereꝟ gueter im Czokelspach die da gelegen sint in Ybsitzaer luzzen in Gröstner pharr, der mit der zal sint vier vnd czwǎintzich gueter die ꝟnser lehen sint von ꝟnserm herren dem apt vnd dem götshoůs ze Seidensteten, ꝟnserm genaedigen herren bischof Chůnraten von Freysing vnd seinem götshoůs mit des ersamen herren apt Ditmars vnd des conuents cze Seidenstetten gůtleichem willen vmb hůndert phunt vnd dreizich phunt Wiennaer phenning der wir gar vnd gaentzleich verriht vnd gewert sein, also beschaidenleich daz ꝟnser vorgenanter herr apt Dietmar oder sein nachchomen vnd daz gotshous cze Seidensteten die vörgenanten gueter lösen schullen von dem Weihnaht tag der schirist chomt, vber ayn iar von dem egeschriben ꝟnserm herren bischof Chůnraten von Freising oder von seinem nach chomen vnd von seinem götshoůs vmb die vor geschriben hůndert phunt vnd dreizich phunt Wienner phenning vnd schullen auch sy die selben gueter in nutz vnd in gwer haben mit allem den nutzen die dar czů gehörent, besucht vnd ꝟnbesucht swie die genant sint, von dem Weihnaht tag der schirist chůmt, vber vier iar. Wir schullen ouch dev vorgeschriben gueter von ꝟnserm vorgenanten herren apt Ditmaren oder von seinem nach chömen vnd von dem götshoůs cze Seidensteten in den vier iaren alle iar lösen an dem Weihnaht tag an allez geuaer, geschaehe die lösung in den vier iaren niht, so schol ꝟns der vorgenant ꝟnser herr apt Ditmar oder sein nach chöm vnd daz götshoůs cze Seidensteten czu den hůndert phunten vnd dreizich phunten Wienner phenning geben fꝟnftzich phunt Wiennaer phenning vnd schullen die vorgeschriben gueter vnserm vorgeschriben apt Ditmaren oder seinem nach chömen vnd dem götshoůs cze Seitensteten fůrbaz ledichleich veruallen sein mit ꝟnserm gůtleichem willen an all ausprach vnd (schůllen sie) allen frumen da mit schaffen swie in geuallet, als mit andern frem aigen gůt. Wir schullen ouch der vorgenanten gueter ſnsers vôrgenanten herren apt Ditmars oder seins nachchomen vnd des vor geschriben gôtshoûs cze Seidensteten gwer sein fûr all ansprach nach landes reht cze Osterreich vnd schullen ouch die selben gueter ledigen an aller stat swo sy haft habent, an allen íren schaden vnd schullen sy daz haben auf aller vnserr hab. Waer aber daz ſnser herr bischof Chunrat von Freysing oder sein nachchomen vnd sein gôtshous ſns oder ſnsern herren apt Ditmaren oder seinem nachchomen vnd seinem gôtzhoûs cze Seidensteten die vôrgenanten gueter niht wolt geben cze lôsen als doch sein prief sagent, swie sich daz fûget von ſngnaden oder von gwalt, vmb der selben sache rihtigung schullen wir paidenthalb vnuerschaidenleichen mit ein ander arbaitten an allez geuaer ísleicher tail mit seiner chost als uerre wir mugen, vnd schol ouch ſns ſnser vorgeschriben herr apt Ditmar oder sein nachchômen vnd daz gôtshoûs cze Seidensteten niht mer gepunden sein. Wir verichen ouch mit disem prief daz wir vnserm vorgenanten herren apt Ditmaren vnd seinem gôtshous cze Seidensteten czu einem sichern ſrchûnde diser sache in geantwûrt haben ſnsern prief den wir von dem gôtshoûs cze Seidensteten vber der vorgenanter gueter lehenschaft haben gehabt, also beschaidenleich swanne wir von in die oftgenanten gûeter lôsen vmb deſ vorgenanten phenning zden tagen als vôrgeschriben ist, so schullen sy ſns die egenanten gueter vnd ouch ſusern prief gantwûrten an all irrung vnd an all wider red, taeten sy des niht, swelchen schaden wir des naemen, den schullen sy ſns ab tûn. Daz daz allez staet vnd ſntzebrochen beleib, dar vber czû einem waren ſrchunde diser sache geben wir dem vorgenanten ſnserm herren apt Ditmaren vnd dem conuentt ze Seidensteten disen prief versigelten mit meinem vorgenanten Marcharts des Preſhauen anhangûndem insigel vnd mit Chûnrats von Synthaim czden czeiten purchgrauen cze Steir vnd mit Chûnrats von Pûchaûw czden zeiten pûrchgrauen cze Chûnratshaim anhangunden insigeln die cze eczeûgen diser sache írev insigel an disen prief habent geben. Daz ist geschehen vnd der prief geben cze Seidensteten an dem nachsten Freitag nach sand Martins tag, do man von Christes gepûrde czalt dreſzehen hûndert iar, dar nach in dem neſn vnd dreizgisten iar.

Orig., Pgt., 3 anhängende Sigel. Archiv des Klosters Seitenstetten: Font. rer. Austr. II/33, 210, Nr. 194.

683.

1340, 6. Februar, ... *Berchtolt Schefelt verspricht dem Bischofe Konrad von Freising, den Hof zu 'Sperchsteten' einzuantworten.*

Ich Perichtold Schefelt vnd mein eriben vergechen mit disem brif vnd tun chunt allen den die in horent, sechent oder lesent, daz wir mit vnsern triwen gelubt vnd verhaizzen haben dem ernwirdigen fursten vnserm genedigen herren pyscholf Chunraten ze Freising daz im vnd sein gotzhaus vnser genedig herren her Reinprecht vnd her Fridereich von Walse aus richten sullen zwischen hinn vnd Mitteruasten den hof ze Sperchsteten der von dem herzogen lechen ist, vnd waz dar zv gehort, also daz iem vnd seim gotzhaus der herzog von Osterreich den selben hof steten sol vnd sein gunst vnd will darzv geben sol dez chauffes als sein brif sagt. Teten dez vnser egenant herren nicht her Reinprecht vnd her Friderich von Walse, swenn vns denn vnser egenanter herr pyscholf Chunrat oder sein nachchumen vadern, so sull wir dar nach iner acht tagen laysten hincz Waidhouen mit aim chnecht vnd mit zwain pferiten in ein erber gasthaus vnd nicht aus chomen vntzt vnserm vorgenantem herren pischolf Chunraten vnd seinen nachchumen der egenant hof gantz vnd gar aus gericht wirt vnd bestet von dem herzogen. Vnd dar vber ze einem vrchunt geben wir im disen brif gesigelten mit vnserm anhanguntem insigel. Daz ist geschehen nach Christes gepurd vber dreuzehen hundert iar, dar nach in dem virczkistem iar, an sand Dorothee tag.

Orig., Pgt., anhängendes Sigel zerbrochen, k. k. geh. Haus-, Hof- und Staatsarchiv zu Wien; Notizbl. d. kais. Akad. 1854, 106, Nr. 43.

684.

1340, 26. Februar, ... *Heinrich der Aglayer verpfändet seinen Hof, 'im Aglayaech' genannt, bei Friessenberg in der Pfarre Biberbach gelegen, dem Bischofe Konrad von Freising um 10 Pfund alter Wiener Pfennige zu Dienste des neuen Spitals zu Ulmerfeld.*

Ich Hainreich der Aglayer tůn chunt vnd vergich offenleich an disem prief, daz ich mein hof der da haizzt im Aglayaech vnd gelegen ist in Pyberpekher pharr nachn bey dem Frŷsnperg, der mein rechts in aygn ist von der herschaft ze Steyr, han versetzt mit aller meiner erben gûtem willen ze den zeitn da ichs wol tûn macht vnd mit des erwirdign meins herrn bischolf Chunrats von Freysing hant vnd gunst vnd willen der ze den zeitn Steyr inne het vnd purgraf vnd pfleger da was, dem spital ze Vdmeruelt vmb zechn phunt alter Wienner phening ze ein rechten gwertn pfant vnd pin auch ich vorgnanter Heinreich der Aglayer der zechen phunt phenning gancz vnd gar gwert vnd han auch dar nach den selbn hof von dem spital bestanden jaerleich vmb einen halbn mutt chorns vnd vmb ein halbn mutt habern rechter lant mazze. Ich sol auch dem mutt paidorlay traycz dem spital ze Vdmeruelt dienen vnd gebn alle jar an sand Michels tag an allen fûrczog vnd wider red vnd pin auch ir rechter hold auf dem hof. Ich han auch dem spital ze Vdmeruelt gelobt vnd verhaizzn die zechn phunt phening wider ze gebn vnd den hof dar vmb ze lösen von in von sand Georgn tag der schirst chumt vber ein jar, taet ich des nicht oder mein erbn ob ich nicht wer, so sol vnd mag daz spital ze Vdmeruelt mit dem hof seinen frûm schaffn swi ez mag, ze versetzn oder ze verchauffn da mit si der zechn phunt phening bechômen mûgn. Daz daz alles staet vnd vnzebrochn beleib, dar vber han ich dem spital disen prief gebn versigelt mit meins gnaedign herrn bischolf Chunrats von Freysing insigel der ze den zeitn dacz Steyer purgraf vnd pfleger was, vnd mit Pilgreims des Tŷminger anhangunden insigel. Wir Chûnrat von gots gnaden bischolf ze Freysing durch pett Hainreichs des Aglayer vnd seiner erbn habn vnser insigl gelet an disen prief vnd ist di wandlung vnd saczung geschechn mit vnser hant vnd mit vnserm gûtm willen. Ich Pilgreim von Tŷming han auch mein insigel gelet an disen prief durch pett Hainreich des Aglayer vnd seiner erbn. Der prief ist gebn da man zalt von Christs gebûrt drevtzehn hundert iar, dar nach in dem vierczigistem jar, des nachsten Sampstag nach sant Mathias.

Orig., Pgt., von 2 anhängenden Sigeln nur das erste wohlerhalten, k. k. geh. Haus-, Hof- und Staatsarchiv zu Wien.

685.

1340, 25. Februar, Waidhofen. *Heinrich Schneider, Richter zu Waidhofen, verkauft den Pfarren Hollenstein und Gössling zwei Zehenthäuser in den Pfarren Biberbach und Alhartsberg um 9 Pfund alter Wiener Pfennige.*

Ich Hainreich Sneider ze den zeiten richter ze Waidhouen vergich offenlich an disem brief, daz ich han verchouft vnd ze choufen geben den zwain pfarren ze Holnstain vnd ze Gestnich mein zechenthous daz da gelegen ist an dem Friesenperg in Piberpecher pfarr dacz Wolfgern am Hof. Ich han ouch den zwain pfarren ze choufen geben ein halbs zechenthous daz da gelegen ist in Alhartsperger pfarr dacz Hainreich am Chasten, vnd han den pfarren paiden dev zechenthous verchouft vnd ze choufen geben vmb nevn pfunt alter Wienner pfenning der ich gar vnd genczlich gewert pin von den paiden pfarren, vnd han ouch dev selben zechenthous meinem herren dem abt ze Seidensteten vnd seinem gotshous ouf geben von dem ich dev zechenthous ze lechen het vnd von dem sy von alter lechen sint gewesen, vnd han mich der zechenthous gar vnd genczlich verczigen, vnd zu ainem vrchund han ich den vor genanten zwain pfarren disen prief geben versigelt mit meinem anhangundem insigel. Der brief ist geben ze Waidhofen do man zalt von Christes geburt dreuzechen hundert iar, dar nach in dem vierczchistem iar, an sand Mathie tag des zwolf poten.

Orig., Pgt., anhängendes Sigel, k. k. geh. Haus-, Hof- und Staatsarchiv zu Wien; Font. rer. Austr. II/33, 213, Nr. 196.

686.

1340, 12. Juni, Lack. *Priorin Agnes und der Convent zu Michelstetten verpflichten sich betreffs der gottesdienstlichen Leistungen für das Legat von 20 Mark Silbers, welche ihnen Bischof Konrad von Freising vermacht hatte.*

In nomine domini amen. Nouerint vniuersi presentes et posteri ad perpetuam rei memoriam, quod nos soror Agnes dicta priorissa ordinis sanctimonialium in Michelsteten et conuentus noster recepimus integraliter et complete per manum discreti viri Jacobi dicti Speyser ciuis in Lok viginti marcas argenti ponderati facientes denariorum Aquilegensium marcas triginta quatuor a reuerentissimo in Christo patre nostro domino Chunrado colende memorie quondam episcopo Frisingensi nobis et nostro monasterio legatas et ordinatas per irreuocabile et legitimum testamentum in sua vltima voluntate quas in vsum nostri monasterii conuertere tenebimur redditus annuos comparando, nos ad pacta subscripta iugiter obligantes, vt videlicet in diebus sui anniuersarii, scilicet tribus diebus diem Palmarum immediate sequentibus vigilias et missas pro defunctis in remedium sue anime agere debeamus et in eisdem diebus in refectorio conuentus consolabitur in suis prebendalibus secundum estimacionem reddituum predictorum, sequenti vero die, scilicet feria quinta id est in Cena domini panes ad mensuram sex Australium metretarum ad distribuendum pauperibus superuenientibus et elemosinam recipere volentibus pistabuntur ad laudem dei et remedium anime domini episcopi supradicti. Insuper singulis septimanis per totum annum missa vna pro defunctis cum vigiliis defunctorum pro eodem celebrabitur sicut in ordine fieri consweuit. Singulis eciam Sabbatis per anni circulum antiphona Salue regina cum collecta ad laudem beatissime virginis Marie deuote et sollempniter post completorium cantabitur in conuentu. Si vero predicta iuxta formam premissam non fierent, viginti marcas predictas propinquioribus heredibus prefati domini episcopi nos promittimus soluturos. Vt autem omnia prescripta per nos nobisque succedentes perpetualiter ac salubriter obseruentur presentem cartam cum appensione sigillorum nostrorum scilicet priorisse et conuentus voluimus roborari. Actum et datum in Lok, anno domini millesimo tricentesimo quadragesimo, die XII. mensis Junii.

Orig., Pgt., 2 angehängte Sigel ausgerissen, k. Reichsarchiv zu München[1].

---

[1] Eine ganz gleichlautende Urkunde (mutatis mutandis) stellen über denselben Betrag unterm 9. Juni am selben Orte Abt Johann von Viktring und der Convent daselbst aus. — Orig., Pgt., wie oben. Dies Letztere bei Meichelbeck II/2, 169, Nr. 262.

687.

c. 1340, 6. December, München. *Kaiser Ludwig ersucht die Gräfin von Görz auf die Grafen von Görz zu wirken, dass sie Bischof Ludwig von Freising an seinen Gütern in ihren Gebieten nicht beirren.*

Von vns dem keiser. Liebe mům. Wir biten dich vleizzichlichen vnd ernstlichen, daz du vnser lieb ôheim Albr., Meinh. vnd Heinr. Grafen ze Gôrcz dar an wisest vnd si bitest, daz si Lud. von Kamerstein den eletten ze Frisingen niht hindern noch irren an des gotzhus ze Frisingen guten (!) vnd waz si der inne haben, daz si im die ledig lazzen wan wir sinen vnd sines goczhuss nucz vnd frum gern sehen vnd getrawn dir wol, du lazzest in vnser geniezzen vnd du furderst in an sinen sachen wann er die an dich bring, du tůst du vns sogtan lieb an der wir dir besunderlichen ze danchen haben. Geben ze München an sand Niclaus tag.

Orig., Pgt., aussen Aufschrift 'Vnser lieben mumen . . . der grefinn von Gôrcz', aussen aufgedrückten Sigel abgewischt, k. k. Statthaltereiarchiv zu Innsbruck (Sign. Pestarchiv, Urk. I./402).

688.

1342, 17. Februar, ... *Abt Leopold und der Convent von Lilienfeld stiften mit genannten Einkünften für den bei ihnen begrabenen Bischof Konrad von Freising ein ewiges Licht vnd einen Jahrtag in ihrer Kirche.*

Nos frater Leupoldus dictus abbas et conuentus monasterii Campililiorum notum facimus presencium inspectoribus vniuersis quod animo deliberato et communi omnium beneplacente conniuencia ob remedium ac salubrem memoriam anime reuerendi patris et domini karissimi domini Chunradi ecclesie Frisingensis venerabilis episcopi nobiscum sepulti, ne beneficiorum ipsius videamur inmemores et ingrati, de redditibus nostri monasterii segregauimus duodecim solidos denariorum annalium reddituum ex quibus de curia in dem Stocheich (!) iuxta Hainueld quinque solidi et de alia curia vbi Woph residet, quinque solidi et de area auf der Stetten sexaginta denarii in beati Martini festo annis singulis seruiuntur, eosque nostro

custodi quicunque fuerit, assignantes, ita tamen ut idem custos
dictos redditus solummodo colligat sed in ipsis bonis et hominibus nullam in aliquo debeat sibi iurisdictionem penitus vsurpare, prescriptum remedium taliter declarando quod antedictus
noster custos de vno talento predictorum reddituum debet habere
vnam perseuerantem die et nocte lampadem perpetuo et ardentem que lampas coniuncta est lampadi ordinis summi altaris,
ita quod si eadem ordinis lampas nocturno tempore ad chori
medium propter fratrum presenciam translata fuerit, episcopalis
tamen lampas iugiter et immobilis ardeat suo loco. Qui eciam
custos in die anniuersaria prefati patris sedecim candelas iuxta
sepulchrum eius incensas ad missam et vigilias ordinabit, quatenus per hoc ipsius nobiscum recencior habeatur (memoria).
Insuper antefatus custos de medio talento reddituum residuo
perpetuum lampadis lumen nocturnum altari beate Margarethe
virginis ordinabit et nichilominus duo talenta cere prefato altari
in eiusdem virginis festo sepositis excusacionibus omnibus annis
singulis ministrabit. Vt autem hec omnia et singula perpetuo
maneant inconuulsa, nostra sigilla videlicet abbatis et conuentus
presentibus sunt appensa. Datum anno millesimo trecentesimo
XL. secundo, in Dominica Inuocauit.

Cod. 871 (XV.), Olim. Österr. 78, p. 163, Nr. 177, k. k. geh. Haus-,
Hof- und Staatsarchiv zu Wien.

689.

1342, 9. Juli, Waidhofen. *Canonicus Pitrolf von Passau, freising.
Generalvikar, gibt dem Kloster Seitenstetten Sicherstellung für eine
Schuldurkunde über 28 Pfund Wiener Pfennige, welche im Archive von
Konradsheim nicht gefunden werden konnte und deren unentgeltliche
Rückgabe Bischof Konrad von Freising testamentarisch verfügt hatte.*

Ego Pittrolfus canonicus Pataniensis necnon ecclesie Frisingensis in spiritualibus et temporalibus vicarius generalis
publice profiteor per presentes, quod strenuus vir dominus Johannes de Chlingberch quando michi dominium in Waidhofen
et castrum in Chunratshaim cum omnibus priuilegiis ecclesie
Frisingensis ibidem reseruatis restituit, me rogauit quatenus
instrumentum religiosorum virorum dominorum abbatis et conuentus in Scytesteten pro viginti octo libris denariorum Wiennensium olim pie recordationis domino Chunrado Frisingensi

episcopo obligatum ipsis restituerem, quia hoc ipsum eo testante idem episcopus in sua vltima voluntate ipsis mandauerit designari. Verum cum ego inter omnia priuilegia in Chunratshaim et alibi deposita predictum instrumentum non repererim, nolens tamen quod predicti abbas et conuentus per hoc in antea si reperiri posset, preiudicium sustiuerent, ipsos ex nunc pronuncio de solucione predictorum denariorum ex certa sciencia absolutos, dans eis presentes litteras sigillo vicarie mee signatas in testimonium super eo. Datum in Waidhofen, anno domini millesimo, trecentesimo, quadragesimo, secundo, VII. idus Julii.

<small>Orig., Pgt., anhängendes Sigel, Archiv des Klosters Seitenstetten; Font. rer. Austr. II./33, 217, Nr. 200.</small>

690.

1343, Anfangs Juni, Ober-Welz. *Wulfing von Welz reversirt gegen die bischöflichen Beamten zu Ober-Welz betreffs der ihm gestatteten Befestigung seines Hauses zu Feistriz.*

Ich Wulfinch von Weltz vergich offenlich an disem brif daz mir di erbern herren her Pitrolf vicari ze Freising vnd her Vlr. von dem Graben purgraf ze Weltz von gnaden erlaubt habent, daz ich auf meinem haus ze Fevstritz vngedacht erchker auzgeschiezzen mug von der sarig wegen die ich han auf der Tanner veintschaft di si gen mir habent, vnd verpind mich mit disem brif swenn ich der sargen entladen wiert, daz ich di selben erchker wider abnemen sol swann ein pyscholf von (Freising) oder sev mir daz gepietent. Vnd darüber gib ich disen brif versigelt (mit meim) anhangentem insigel. Datum in Weltz anno domini M. CCC. XLIII., feria quarta (!) p(ost Pente)ecosten (?).

<small>Orig., Pgt., anhängendes Sigel in Fragment, die Urkunde namentlich gegen Ende sehr zerfressen, k. Reichsarchiv zu München; Mittheilungen des histor. Vereins für Steiermark XI. 89.</small>

691.

1344, 17. Juli, ... *Friedrich der Straicher, Goldschmied und Bürger zu Wien, quittirt dem Domcapitel von Freising den Empfang eines Restes von 118 Gulden für Anfertigung eines Kreuzes über Auftrag weiland Bischof Konrads IV. von Freising.*

Ich Fridreich der Straicher goltsmid vnd purger ze Wyenn vergich offenlich an disem brief allen den di in sehent oder horent lesen, daz ich reht vnd redlich gewert pin alles des, des man mir schuldikch beliben ist an dem chreutz daz ich Vnser vrawen hintz Freysing gemacht han als mein seliger herre her Chunrat von Chlingenwerch bischof ze Freysing an seinen lesten zeiten mit mir schůf, vnd daz selb chreutz choest an vier guldeine vingerl di er auch dar zu schůf und di auch also gantzew dar in in di dyadem verworicht sind, in einem ist ein rubin, in dem andern ein palays, in dem dritten ein saphir, in dem vierden ein topasion, dreu hundert guldein vnd achtzehen guldein, der selben gab mir der e genant mein seliger herre pischof Chunrat von Freysing ztwai (!) hundert guldein, der andern hundert und achtzehen guldein hat mich gewert gar vnd gentzlich von des capitels wegen ze Freysing der erber herre her Emich von Altzay chorherre ze Freysing, also daz ich gar vnd gentzlich gewert pin alles des des man mir schuldich beliben ist an dem chreutz. Ich han auch daz selb chreutz geantwurt dem vorgenanten herren hern Emichen von Altzay als mein herren vnd daz capitel ze Freysing mit mir an irem brief geschaffet habent, vnd mit dem chreutz han auch ich im geantwurt drev vingerl di auch zu dem chreutz geschaffet wurden, di mochten sich dar zu nicht gefugen, daz si dar in verboricht waeren. Vn(d) dar vmb daz ich gar vnd gentzlich gewert sey alles des des man mir von dem chreutz schuldikch beliben ist, gib ich dem capitel ze Freysing disen brief versigelt mit meinem insigel. Der brief ist geben do man zalt von Christs gepůrt dreutzehen hundert jar vnd dar nach in dem vier vnd viertzigistem jar, an sand Alexii tag.

Orig., Pgt., anhängendes Sigel abgefallen, k. k. geh. Haus-, Hof- und Staatsarchiv zu Wien.

692.

1344, 30. November, Wien. *Chol von Saldenhofen testirt für den Fall seines kinderlosen Abganges über all sein Eigen- und Lehensgut zu Gunsten seiner beiden Oheime Eberhart und Heinrich von Wallsee, Hauptleute zu Drosendorf.*

Ich Chol von Seldenhofen vergich vnd tůn chunt allen den die disen brief lesent oder horent lesen, die nu lebent vnd her nach chunftig sint, daz ich meinen zwain ôhaim hern Eberharten vnd hern Hainreichen baiden brudern von Walsse zů den zeiten hauptleuten ze Drozendorf vnd allen irn erben baide, sunen vnd tochtern mit wol verdachtem můt nach meiner besten freunt rat zů der zeit do ich ez wol getůn mocht, recht und redleichen nach meinem tode geben han allez mein gůt daz aygen ist, daz ist daz haus ze Seldenhofen mit alle die vnd dar zů gehôrt, ze velde vnd ze dorffe oder swie so daz genant ist oder swo anderswo mein gůt gelegen ist daz aygen ist. Dar zů han ich auch den selben meinen zwain ôhaim vnd irn erben recht vnd redleichen auch nach meinem tode bestet vnd gemacht mit meiner lehen herren handen allev meine verlechentev gůt, daz ist mein gůt ze Altenhofen mit alle die vnd daz zů gehôrt, swie so daz genant ist ôder swo daz gelegen ist, vnd daz ze lehen ist von dem pischolf von Freysinge, vnd allez mein gůt gelegen in der Zirknitz vnd in der Peydigretz auch mit alle die vnd dar zů gehôrt, swo daz gelegen ist oder swie daz genant ist vnd daz ze lehen ist von meinen herren den hertzogen von Österreich, vnd allez mein gůt gelegen in der Grenach vnd in der Reifnich mit alle die vnd dar zů gehôrt oder swo daz gelegen ist, vnd den zehent gelegen auf dem Remsnich daz ze lehen ist von dem apt von sande Pauls, also mit auzgenomer rede, ist daz ich egenanter Chol an leiberben abgen des got nicht engebe, so schullen danne die vorgenanten mein zwen ôhaim her Eberhart vnd her Hainreich von Walsse vnd all ir erben die vorgeschriben gůt bayde, aygen vnd lehen mit alle dev vnd dar zů gehôrt, swie so daz genant ist, nach meinem tode ledichleichen vnd vreyleichen ze haben vnd allen irn frumen da mit ze schaffen, verchauffen, versetzen, geben swem si wellen, als in beste chome vnd fuge an allen irsal, also daz danne furbaz gen in noch gen allen irn nachomen vmb die vörgeschriben gŭt weder mein erben noch ander yemant dehain anspracb noch voderunge nimmermer gehaben schullen, wenich noch vil. Daz dise sache mit dem vorgeschriben rechten nach meinem tode also stet sey vnd vntzebrochen beleibe, dar vber gib ich disen brief meinen zwain ohaim hern Eberharten vnd hern Hainreichen baiden brŭdern von Walsse vnd allen irn erben svnen vnd tochtern, ze ainem offen vrchunde versigilt mit meinem insigil vnd auch mit der edeln herren insigeln meiner freunt hern Jansen von Chlingwerch, hern Hainreichs von Chlingwerch seins svns, hern Reinprechts, hern Fridreichs baider bruder von Walssee von Ens, Hern Eberharts von Walsse zŭ den zeiten hauptman obe der Ens die alle diser sache gezeug sint mit irn insigeln. Der brief ist geben ze Wienne nach Christs geburde dreuczehn hundert iar, dar nach in dem vir vnd virtzigistem iar, an sande Andres tagt.

Orig., Pgt., von 5 angehängten Sigeln nur 1—3 mehr minder stark verletzt vorhanden, k. k. geh. Haus-, Hof- und Staatsarchiv zu Wien.

693.

1346, 3. Jänner, ... *Berthold der Cholbech verträgt sich mit dem Capitel von Freising betreffs seiner Entschädigungsansprüche aus der Pflege von Haberberg.*

Ich Perchtolt der Cholbech veriech für mich vnd für all mein erben offenleich mit disem brief allen den di in sehent oder hörent lesen, daz ich gar vnd gantzleich verricht, vertaydingt vnd verschayden pin auf ein gancz end mit dem erbärgen herren dem techant vnd mit dem capitel ze Freysing vmb allen den schaden den ich genomen han von der phleg wegen ze Haberberch vnd swo ich in genomen han von bistŭms vnd capitel-wegen, also daz ich noch dhain mein erb fŭrbas hintz dem bistŭm vnd capitel dhain anspracb nimmermer haben sullen vnd swas ich oder mein erben vrchŭnd oder brif von in vmb den selben schaden haben, daz di fŭrbas all tot sein. Dar ůber ze ainem vrchŭnd gib (ich) in disen brif versigelten mit meinem anhangenten insigel vnd mit der erbärgen laeŭt insigel her Fridreichs dez Sallendorfaers, her Fridreichs dez Hagaers, Haugen dez Muschelridaers vnd Weinmars dez Pfaf-

leins di dar an hangent an schaden vnd di der selben sach
taydinger vnd schiedlaut sint gewesen. Daz ist geschehen do
man zalt von Kristes purt dreuzehen hundert iar, dar nach in
den segs vnd virezigisten iar, dez Montags nach dem Ewen-
beich tage.

<small>Orig., Pgt., von 5 angehängten Sigeln nur 3 noch vorhanden, k. Reichs-
archiv zu München.</small>

694.

1347, 11. November, Lack. *Hermann von Reitenburg quittirt dem
Pfleger des Bisthums Freising, Heinrich von Königswiesen, den Empfang
einer Entschädigungssumme von 16 Mark Aglaier Pfennigen.*

Ich Herman von Reutenberch vergih vnt tůn chunt mit
disem prief daz mich der ersam man her Hainreich von Chů-
nigswisen, phleger des gotshaus ze Freising gewert vnd beriht
hat der sechezehn march Aglayer phenning die mir geschaiden
vnd gesproch (!) wurden für meinen schaden an der rihtigung
die czwischen dem gotshaus ze Freising aynhalb vnd meiner
vettern von Reuttenberch vnd mein anderhalb geschehn ist
hewer ze Laybach. Dar vber gib ich disen brief ze vrchůnd
versigelten mit meinem anhangenden insigel, der ist geben an
sand Mertens tag do man zalt nach Christs gebůrt dreuczehn
hundert iar, dar nach in dem sibenden vnd virezigisten iar, ze
Lok in der stat.

<small>Orig., Pgt., anhängendes Sigel, k. Reichsarchiv zu München.</small>

695.

1348, 16. October, ... *Bischof Albrecht von Freising weist den
Eisenarbeitern an der Selzach eine gewisse Bodenstrecke im Thale dieses
Flusses für ihre Gewerke an.*

Wir Albrecht von gottes gnaden bischof zu Freysing
thuen kund mit diesen brief dass wier den ehrbaren leuten
den eyssnern wie die genant sind und allen ihren erben geben
haben das erdreich in dem thale zu Selzach was des ist inder-
halben ¹ des tinlein ² niederhalben der brugkhen zunächst bei

<small>1 G. liest „in der Halben" u. s. w.   2 G. verbessert in Nota 8 diesen
unverständlichen Ausdruck in „türlein".</small>

der niedrigsten schmidten die Zschab und Andre sein gesell
inne gehabt, also dass si das genannte erdreich von dem tin-
lein enhalb des wassers und auch sie disshalb inne haben vnd
nutzen sollend was in der eben ist, vncz [1] für die aller oberst
schmied, ausgenomen einen aker der gelegen ist bei dem wasser
des Zschasen sag der zu den zweyen huben zu Zeyerfeld ge-
hört, und haben wir Zschasen vnd Muron seinen gesellen und
ihren erben geben in der Dassnitz das erdreich zu ihren
schmidten und auf dem nächsten furt des wassers zu thall,
auch soll fürbass in derselben eben niemand gemain haben
dann die eyssner vnd ir erben unverzigen der durchfahrt vnd
strass die da ist, und was sie in demselben holz niederschla-
gend, vermögen si dasselb füren vnd raumen, das sollen sie
nutzen vnd niessen mit unserm guten willen. Darüber geben
wir ihn und ihren erben diesen offenen brief zu einer stättig-
keit für uns vnd unser nachkomen versiegelt mit unsern an-
hangenden insigel, der geben ist nach Christi geburt dreyzehn-
hundert jar und in dem acht und vierzigsten jar, an sanct
Gallen tag.

<small>Ohne Angabe der Quelle offenbar aus sehr später Abschrift und nicht
ohne Fehler abgedruckt v. Globočnik: Gesch. v. Eisnern, Mittheilungen d.
hist. Vereins f. Krain, 1867, Nr. 1, 8.</small>

696.

1348, 11. November, ... *Weikhardt von Neuburg entsagt gegen-
über dem Bisthume Freising allen seinen Ansprüchen.*

Ich Weygel von Neunburch, mein hausvraw vnd all mein
erben vergehen offenbar an disem brief vnd tuen chunt allen
den die in sehent oder hôrent lesen, das wier vns gänczleich
vnd gar bericht haben mit dem erbern herren hern Hainreichen
von Chunigswisen ze den zeyten phleger des goczhauss ze
Freysing vmb all ansprach vnd vôdrung die wier hincz dem
goczhaus ze Freysing gehabt haben, an als vil, ob wier ainen
chunftigen herren von gnaden ichtes ermonen mugen, ob des
nicht geschäch dannoch sag wier das vorgenant goczhaus ze
Freysing oder wer sein phleger ist der egenanten ansprach

<small>1 G. liest irrig ,und'.</small>

vnd vôdrung ledig vnd lôs gânczleich vnd gar, mit vrchund diez offen briefs den wier in dar vber geben besigelten mit mein Weygleins anhangundem insigel fur mich vnd fur all mein erben. Der brief ist geben do man zalt von Christes gebuerd dreyzehen hvndert jar, dar nach in dem acht vnd vierczigistem jar, an sand Marteins tag.

<small>Orig., Pgt., anhängenden Sigel stark abgewischt, k. k. geh. Haus-, Hof- und Staatsarchiv zu Wien.</small>

697.

1349, 10. Jänner, ... *Konrad von Vilanders, Burggraf und Pfleger zu Haberberg, überträgt zwangsweise dem Zimmermanne Peulein von Toblach die durch die Post erledigte „Chreucztal"-Hube auf Innichenberg.*

Ich Chûnrat von Vilanders zů den zeiten purchgraff vnd phleger auf Haberberch vergihe an disem prieff allen den die in sehent oder horent lesen, daz ich hab gehaizzen ausrůffen vnd chunden auf der hofmarch zů Inichingen drev maenod, ob yemant wold pau besten von dem gotzhaus von Freysingen, vnd besante die naehsten erben die zů der hůben geborten die da leit ob Inichingen an dem perge vnd haizzet daz Chreucztal vnd fragt sey, ob siz wolden besten vnd ob siz verbesen möchten, do wolden si ir nicht vnd mochtens auch nicht verwesen vnd gaben mirz auf ledechleich als ain gůt daz dem gotzhaus ledick waz worden do goczgewalt waz vnd der leut sterb. Do tet ich als ain phleger an dez gotzhaus stat vnd wold die hůb nicht ode lazzen ligen vnd bat vnd benot Peulein den zymmer man von Toblach wan er daz gotzhaus angehört, daz er die hůb bestůnd vnd han ich im die vorgenant hůb die da haizzet Kreucztal hin gelazzen vnd verlihen fůr ain lediges gůt als dem goczhaus ledick waz worden mit allen den rechten vnd nuczen die dar zů gehörent, besůcht vnd vnbesůcht, gepawens vnd vngepauens. Ich vergihe auch vorgenanter Chûnrat, daz ich dem Paculein dem egenanten die vorgenante hůbe han verlihen mit aim saemleichen gedinge, daz er mit dem schergen ambt nicht sol zo schaffen haben, chlein noch groz, vnd sol von der hůben dem schergen geben sein zins den er im durch recht geben sol vnd sol auch dem purchgraffen auf Haberberch geben allen den zins, der da von ge-

hört von recht oder von alter gewonhait vnd sol auch da von
tůn allen den dienst der da von gehört, swie der genant ist.
Daz im daz staete beleib, gib ich im disen offen brieff versi-
gelt mit meinem anhangunden insygel zů ainer vrchunde der
warhait. Der sache sint geczeugen Chůnrat Francken aydem,
Hainreich der Sluderpacher, Vlreich der Vyertaler, Růle des
Keysers aydem, Nickel von Biczmans hůben vnd ander erber
leut genůg. Daz ist geschehen nach Christ gepurt tausent iar,
dreu hundert iar, dar nach in dem nevn vnd vierzigisten iare,
an sand Pauls tage nach Weynachten.

<small>Orig., Pgt., anhängendes stark verletztes Sigel, Reichsarchiv zu München.</small>

698.

1349, 1. Februar, ... *Friedrich der Phauselt verkauft an Meister
Heinrich von Königswiesen, Pfleger des Bisthums Freising, genannte
Güter zu Wolmersdorf bei Ulmerfeld, Sonnleiten, Ramelöd und Reit bei
Randeck und Obernholtz bei Waidhofen um 92 Pfund Wiener Pfennige.*

Ich Fridreich der Phantzelt vnd ich Jeut sein hausurô
wir vergehen vnd tůn chunt allen den die disen brief lesent
oder hôrent lesen, die uv lebent vnd hernach chůnftich sint,
daz wir mit vnser erben gůtem willen vnd gunst, mit verdach-
tem můt vnd mit gesampter hant zů der zeit do wir es wol
getůn mochten, verchauft han vnsers rechten lehens daz wir
ze lehen gehabt haben von dem bystům ze Freysing daz gůt
daz hernach geschriben stet, des ersten drithalb lehen gelegen
ze Walmanstorf in Vlmervelder gericht vnd drev zehent haůser
auch gelegen in Vlmervelder gericht, ains ze Sunnleyten, dez (!)
ander ze Ramel ôd vnd daz dritt im Raůt, vnd ein lehen ge-
legen ze dem Obernholtz in Chůnratshaimer gericht, vnd allez
daz daz zů den vorgenanten gůtern gehôret, ze veld vnd ze
dorf, ez sey gestift oder vngestift, versůcht oder vnversůcht,
swie so daz genant ist, daz vorgenant gůt alles alz ez vor
an disem brief geschriben stet, haben wir recht vnd redlichen
verchauft vnd geben, mit alle den nůtzen vnd rechten alz wir
es in lehens gewer her pracht haben vnd alz iz auch von alter
her chômen ist, vmb zway vnd neuntzich phunt Wienner phen-
nig der wir gar vnd gäntzlich gewert sein, dem erbern herren
maister Hainreichen von Chůnigswisen zů den zeiten phleger

vnd verweser des pystums gut ze Freysing der auch daz vorgenant gut allez gechauft hat dem gotshause ze Freysing, vnd sein auch wir, ich Fridreich der Phantzolt vnd ich Jeut sein hausurô vnd vnser erben vnuerschaidenlich des obgenanten gûtes alles alz es vorbenant ist, des gotshauses ze Freysing recht gewern vnd scherm für alle ansprach alz lehens recht ist vnd des landes recht ze Österreich. Wâr aber daz dem gotshaus ze Freysing an dem oftgenanten gut allen icht chrieg oder ansprach geschâch mit recht, swaz die dez schaden nement an dez gotshauses stat die des gotshauses ze Freysinger (!) vnd phleger sint, daz sûln wir in alles aus richten, ab legen vnd wider chern an allen irn schaden v(nd s)ûln auch si daz haben auf vns vnd auf allem vnserm gût daz wir haben in dem lande ze Österreich, w(ir s)ein lebentich oder tode. Vnd daz diser chauf fûrbas also stact vnd vnzerbrochen beleib, dar vmb so (ge)ben wir in disen brief zv̊ einem warn vrchûnde vnd zû einer ewigen vestnung diser sache versigilten mit vnserm insigil vnd mit des erbern herren insigil hern Hainreichs dez Zelkkinger von Schônckk zv̊ den zeiten purgraf ze Vlmaruelde vnd mit Larentzs insigil des Hager die diser sache gezeug sint mit irn insigiln. Diser brief ist geben nach Christes gebûrde dreuczehen hundert iar, dar nach in dem neun vnd vierczigisten iar, an Vnser vrov̊n abent ze der Liechtmizze.

<small>Orig., Pgt. mit 3 kleinen Lücken, 3 anhängende verletzte Sigel, k. k. geh. Haus-, Hof- und Staatsarchiv zu Wien.</small>

699.

1349, 24. April, Wien. *Konrad von Ebersdorf verpfändet seinem Vetter Peter von Ebersdorf für ein Darleihen von 210 Pfund Wiener Pfennigen seinen Zehent auf 15 Ganzlehen zu Rasdorf im Marchfelde für die Zeit von 10 Jahren.*

Ich Chvnrat von Eberstorf vnd ich Peters sein hausurov̊ vnd vnser erben wir veriehen vnd tûn chunt allen den die disen brief lesent oder hôrent lesen, die nv lebent vnd hernach chunftich sind, daz wir vnuerschaidenleich gelten sûln meinem vetern Petrein von Eberstorf vnd seiner hausurowen vron Reichgarten vnd irn erben zway hundert phunt vnd zehen phunt Wienner phenninge die si vns berait durch treẘ vnd

durch freuntschaft willen ze fudrunge gelihen habent, vnd haben
in da für gesaczt ze rechter saczung nach des landes recht ze
Österreich mit vnser erben güten willen vnd gunst, mit ver-
dachtem můt vnd mit gesampter hant zv der zeit do wir iz
wol getůn mochten, vnd mit vnsers lehen herren hant des
hochgeborn fürsten herczog Albrechtes in Osterreich, in Styr
vnd in Chernden vnsers rechten lehens daz wir von im ze
lehen haben allen vnsern zehent gelegen ze Kaechlstorf auf
fumfczehen ganczen lehen, baydev grozzen vnd chlainen, ze
velde vnd ze dorf, ez sey gestift oder vngestift, versůcht oder
vnuersůcht, swie so daz genant ist, also mit auz genomener
rede, daz si den selben zehent allen sůln in nvcz vnd in gewer
inne haben vnd niezzen vnd nůczen vnd in nemen vnd vezzen
ze geleicher weis alz wir selber an allen ab slage, alz saczung
recht ist vnd des landes recht ze Osterreich, von dem heutigen
tage zehen gantzev iar nach ein ander mit allem dem nvcz
vnd rechten alz wir den selben zehent inne gehabt haben, vnd
suln auch wir den obgenanten zehent in den vorgenanten zehen
iaren von in nicht wider lösen vnd sůln in auch ander niement
für vns lösen lazzen an allen chrieg, vnd swenne die zehen
iar denne auz chôment, so sůln wir denne fürbaz den vorge-
nanten zehent losen swelhes iares wir mvgen oder wellen, vmb
zway hundert phunt vnd vmb zehen phunt Wienner phennig
nvr alle iar an sand Michels tag vnd ze dehainer zeit mer im
iar an alle wider rede. Waer aber daz wir denne den selben
zehent nicht gelôsen môchten vnd in verchauffen wellen, so
suln wir in denne des ersten an pieten den vorgenanten Petrein
von Eberstorf vnd sein hausurowen vron Reichgarten vnd ir
erben, ob si in chauffen wellent vnd suln auch si denne ir
nachsten freunt ainen nemen vnd wir ainen vnser nachsten
freunt vnd swaz die zwen denne bey irn trewen an geuaer
gesprechen mvgent, daz der egenant zehent tewr sey denne
zway hundert phunt vnd zehen phunt Wienner phennige, daz
suln si vns her zv geben vnd sol auch denne der selbe zehent
vmb die vorgenanten phennig alle ir rechtes chaufgůt sein vnd
suln da mit furbaz ledichleichen vnd vreileichen allen irn
frumen schaffen, verchauffen, verseczen vnd geben swem si
wellent an allen irsal, vnd swenne si auch den obgenanten
sacz nicht lenger haben wellen noch enmvgent, ez sey in den
zehen iaren oder nach den zehen iaren, so sůln si in denne

mit vnserm gûten willen verseczen swem si wellent vmb alz
vil phenninge als er in von vns stet vnd in dem rechten alz
vor verschriben, vnd sein auch wir des vorgenanten zehendes
ir recht gewern vnd scherm für alle anspruch als lehens recht
ist vnd auch des landes recht ze Osterreich, in allem dem
rechten alz vor geschriben stet. Waer aber daz in mit recht
an dem selben sacz icht ab gieng, daz suln si haben auf vns
vnd auf allen vnserm gût daz wir haben in dem lande ze
Osterreich, wir sein lebentich oder tode, vnd geben in dar vber
disen brief ze einem warn vrchûnde diser sach versigilt mit
vnserm insigil vnd mit hern Albers insigil von Rauchensteine
vnd mit hern Vlreichs insigil von Pergaw die diser sach gezeug
sind mit irn insigiln. Diser brief ist geben ze Wienne nach
Christes gebûrde dreyczehen hundert iar, dar nach in dem
nevn vnd vierczgisten iar, an sand Jôrigen tage.

<small>Orig., Pgt., von 3 angehängten Sigeln Nr. 1 und 3 verletzt erhalten,
landsch. Archiv zu Wien.</small>

700.

1349, 9. Mai, Lack. *Nikolaus von Gerlachstein beurkundet seine Abfertigung wegen erlittenen Schadens durch den freising. Amtmann Nikolaus zu Lack und ebenso auch die Ersatzleistung für gleiche Ansprüche an Andere.*

Ich Nyclaw von Gerlochstayn vergih des offenleih mit
disem priff, daz ich mit voller czal enphangen han vnd auch
ze rehter zeyt ahtodhalb vnd dreyzzich march Agleyer phenning von Niclavn dem schreiber vnd amman ze Lok die er mir
geben hat von des gotshous gût von Freysing vnd auch von
meiner herren geschäft hern Wlreihs von Walse vnd hern
Hainreichs von Chûnigswisen phleger des egenanten gotshous,
an den hundert marchen die ich mir pestätigt han für den
schaden den ich vnd Nikel der Revtenberger mein svn vnd
vnser levt genomen haben ouf der March von des gotshous
levten von Freysing noch pey mayster Pytrolfs zeiten der dŵ
phleger was, do ich Reutenberger mit dem gotshous chrigt.
Auch hat der egnant Nyclaw der schreiber von den hundert
marchen geben hern Herman dem Chûmer drithalb vnd sechczich march Aglayer phenning mit meinem gûten willen für
den schaden, der im vnd seinen levten von mir, von meinem

svn vnd von vnsern levten geschehen ist, wand im die phenning gesprochen wurden von erbern levten mit vnsrer gunst vnd gûten willen, da von sag ich egnanter Nyclaw fûr mich vnd fûr Nikelein meinn svn vnd fûr allen vnser erben das gotshous von Freysing gânczleih ledich vmb das vorgnant gût alle des gotshous hauptlevt, phleger, amptlevt die es inne habent vnd hernah inne gewinnent vnd swaz zv̊ dem gotshous gehôrt, levt vnd gût, gesûht vnd vngesûht, daz wir noh nyemand ander vmb das egnant gût kegn in vordrung noh ansprah fûrpaz niht haben mûgen noh schûllen vmb erchen noh vmb schaden mit chlag noh mit ansprah vor wertleihem noh vor gaystleihem gerihtt, wand wir gânczleih gewert vnd berihtt sein nah vnserm willen. Geschâhe dar v̊ber dem egenanten gotshous oder den seinen an levten oder an gûttern oder swaz dar zv̊ gehôrt, vordrung, gepresten oder ansprah wie sih daz fuege oder swie der genant wâr, den schullen wir in oder vnser erben gelten vnd ablegen an alle widerred vnd an allez vercziehen vnd schullen sev auch vertreten vnd verantwurtten swa si des pedûrffen vnd schûllent daz alles gesûchen vnd haben ouf vns, ouf vnsern trewen, ouf vnsern erben vnd ouf alle dev vnd wir haben vnuerschidenleih, vnd ob wir sev niht wêren vnd volfûren wolten als vor verschriben ist, so schol sev der hauptman in dem lande ze Chrain weren vnd rihten von aller vnser hab wa wir die haben, mit vuserm gûten willen. Auch vergih ich vorgenanter Nyclav der Reutenberger vnd lob daz pey meinen trewen die vorgeschriben gelûbde, rihtigund (!) vnd werung swie si penant sint, gânczleih stât ze haben vnd ze pehalten dem egenanten gotshous vnd allen den seinen oder swaz dar zv̊ gehôrt, ich vnd alle mein erben, wand es alles mit meim gûten willen geschehen vnd verschriben ist. Dar v̊ber zv̊ ainer ganczen stâtichait aller der vorgenanten sache geben wir payde ich Nyclaw von Gerlochstayn vnd ich Nikel der Revtenberger disen offen prief versigelt mit vnsern anhangenden insigeln der geben ist ze Lok do man zalt nah Christes gepûrd drevczehn hundert iar vnd in dem nevnten vnd virczichisten iar, des nâhsten Samztags nah sand Florians tag.

Orig., Pgt., 2 anhängende Sigel, k. Reichsarchiv zu München.

701.

1351, 18. Juni, ... *Heinrich von Salla (?), ehemals Richter zu Waidhofen, erklärt die Urkunde, womit ihm Bischof Albrecht von Freising betreffs des Gerichtes zu Waidhofen ausgestellt, als verloren für ungiltig.*

Ich Hainrich von Salle weylent richter ze Waydhouen vergich offenlich an disem prief allen den die in sehent, hörent oder lesent, wanne der prief vnd hantueste den ich het von minem herren pischof Albrechten von Freysingen vmb daz gerichte ze Waydhouen, verlorn ist, gelobe ich bi minen trewen vnd han dar nach zů den hayligen gesworn, ist daz daz der selbe prief funden wrde vnd an daz licht kům, daz der selbe prief dehain kraft noch maht sol haben vnd sol freylichen tode sein, vnd were daz daz der selbe prief funden wrde vnd an daz licht kům, so sol ich in bi dem vorgenanten ayd minem vorgenanten herren ... von Freysingen oder sinen amptluten oder dyenern antwrten an allez verziehen vnd an allez geuerde. Vnd dez ze vrkunde gib ich mit wolbedahtem mut vnd da ich ledich vnd vngeuangen was, disen prief versigelten mit minem insigel daz dar an hanget. Dez sint gezivg her Chůnrat von Avrach lantrihter, Albreht vnd Michahel die Prater, Ötlin Schorn vnd ander erber lůt genůg. Daz geschah do man zalt von Christs gebürth drivzehenhundert jar vnd dar nach in dem aim vnd fůmfzigsten jar, an dem Sampstag vor sant Johans tag zů den Sůnwenden.

Orig., Pgt., anhängendes Sigel, k. k. geh. Haus-, Hof- und Staatsarchiv zu Wien.

702.

1351, 18. Juni, ... *Heinrich von Salla (?), ehemals Richter zu Waidhofen, vergleicht sich betreffs einiger Streitigkeiten in Verrechnungssachen mit Bischof Albrecht von Freising.*

Ich Hainrich von Salle weilent richter ze Waydhouen vergich offenleich an disem brief vnd tůn chunt allen den die disen brief sechent, lesent oder horent, daz vmb die sach vnd auch etleich schuld die ich meinem herren pyscholf Albrechten von Freysing verraitten sold, vnd dar vmb der selb mein herr von Freysing vnd sein amptlaut mich gefangen heten, mit dem vorgenanten meinem herren vnd seinen amptlauten ver-

richt pin vnd verraittet han gar vnd gaenczleich an allen
sachen vnd stuchen die si mit mir vnd ich mit in zu schaffen
heten, vnd sein freuntleich vnd liehploich (!) mit ein ander
verricht also beschaydenleich, daz ich noch mein freunt dhain
fei(n)tschaft dar vmb tragen schullen noch haben gegen meins
vorgenanten herren von Freysing ampleuten vnd dyener in
allem weg, vnd han in dez mein trew gegeben vnd dar nach
zu den heyligen geswaren einen gestalten ayd für mich v(n)d
für all mein freund an allez gefär, vnd wer daz daz ich daz
über für vnd mich in der vorgenanten sach vorgåzz, ez wer
mit worten oder mit werchen, in welchem weg daz geschäch,
so sol ich auf der stat an alle vrtail vnd an alle widerred leibs
vnd gûtz veruallen sein dem vorgenanten meinem herren von
Freysing vnd seinem amptlaeten (!) vnd dynaeren an all genad.
Der vorgeschriben sach gib ich disen brief zu einem vrchunde
der warchait vnder Chûnratz von Awrach zden zeiten lant-
richter anhangunden in sygel vnd mit meinem vnd mit Al-
brechts dez Prater anhangunden insygel. Ich Chûnrat von
Awrach zden zeiten lantrichter vnd ich Albrecht Prater ver-
gechen daz wir durch Hainreichs dez vorgenanten Saller pet
willen vnsrew insygel haben gehengt an disen brief. Dicz ist
geschechen vnd der brief geben do man zalt von Christi ge-
pûrd dreutzechen hundert jar, dar nach in dem ain vnd fumf-
czigesten jar, dez Samztags von Sunibenden.

Orig., Pgt., 3 anhängende verletzte Sigel, k. k. geh. Haus-, Hof- und Staatsarchiv zu Wien.

703.

1351, 15. Juli, Freising. *Herzog Albrecht von Österreich bestätiget dem Domcapitel zu Freising die Mauthfreiheits-Privilegien der Könige Albrecht und Rudolf für Oesterreich.*

Albertus dei gratia dux Austrie, Styrie, Karinthie, domi-
nus Carniole, Marchie ac Portusnaonis, comes in Habspurch
et Kyburch, lantgrauius Alsacie dominusque Phirretarum omni-
bus in perpetuum. Constituti in presentia nostra venerabiles et
discreti viri . . . capitulum et canonici ecclesie Frisingensis
nobis humiliter supplicarunt, vt litteras quas ei diue recorda-
cionis dominus et genitor noster carissimus dominus Albertus
rex Romanorum semper augustus quando dux erat, tradidit et

concessit, ipsis innouare, ratificare et approbare de speciali
gracia dignaremur. Ipsarum uero litterarum tenor et continentia de uerbo ad uerbum per omnia sic secuntur:

Folgt nun die Bestätigung Herzog Albrechts ddo. 1289, 16. April, Wien (Nr. 400). mit dem Inserte König Rudolfs ddo. 1280, 18. Oct., Brod (Nr. 368).

Nos igitur eorundem capituli et canonicum prefate ecclesie Frisingensis tam racionabilibus supplicacionibus fauorabiliter annuentes, predictas ei litteras et omnia ac singula in eisdem contenta innouamus, ratificamus et tenore presencium approbamus, volentes ut contra predictas litteras a nemine molestentur aliquatenus vel graventur. Datum Frisinge, XV. die Julii, anno domini millesimo trecentesimo quinquagesimo primo.

Orig., Pgt., anhängendes Sigel, k. Reichsarchiv zu München.

704.

1352, 23. März, Oberwelz. *Bischof Albrecht von Freising verleiht dem Ulrich von Stubenberg die Burg Katsch mit allem Zubehör.*

Wir Albreht von gottes genaden pyschof ze Frysingen verichen offenlichen mit disem brief vnd tůn kunt den die in ansehent oder hőrent lesen, daz wir dem vesten ritter hern Vlrichen von Stubemberg vnd sinen erben reht vnd redlichen ze ainem rehten lehen verlihen haben die vest Kätsch mit aller zůgehőrd vnd verlihen in si och mit vrkůnd ditz briefs der geben ist ze Welz versigelten mit vnserm anhangendem insigel, do man zalt von Christes gebůrt driuzehenhundert iar vnd in dem zway vnd funfzigsten iar, an dem Samstag vor dem Palmtag, VI. idus Aprilis[1].

Orig., Pgt., angehängtes Sigel abgerissen, steiermärk. Landesarchiv zu Graz.

---

[1] Der Palmsonntag fällt auf den 24. März und stimmt also nicht mit dem Beidatum nach römischem Kalender. Das Wort „zway" steht offenbar auf einem früher geschriebenen und so corrigirten und könnte Letzteres nur „ain" oder „vier" sein, allein auch dann passt das genannte Beidatum nicht.

705.

1352, 19. Juni, Avignon. *Papst Clemens IV. gestattet die Einbeziehung der Einkünfte der Pfarre zu Lack in die bischöfliche Mensa von Freising.*

Clemens episcopus seruus seruorum dei. Dilecto filio Alberto electo Frisingensi salutem et apostolicam benedictionem. Meritis tue deuotionis quam ad nos et Romanam ecclesiam geris, inducimur ut petitionibus tuis in hiis maxime que tuas et ecclesie tue oportunitates respiciunt, fauorabiliter annuamus. Sane petitio pro parte tua exhibita continebat, quod propter diutinam absentiam bone memorie Johannis episcopi Frisingensis predecessoris tui non ualentis in sua Frisingensi ecclesia ob temporis tunc currentis malitiam residere, ecclesia ipsa per nonnullos tirannos illarum partium in suis bonis et iuribus multipliciter oppressa magnisque debitorum oneribus pregrauata ac ipsius edificia diruta et collapsa existunt et insuper redditus mense tue episcopalis Frisingensis propter maximam mortalitatis pestem que in illis partibus uiguit, sunt adeo diminuti, quod predicta debita soluere ac edificia reformare et alia tibi incumbentia onera supportare non posses, nisi tibi super hiis per apostolice sedis gratiam de benignitate solita consulatur. Quare nobis humiliter supplicasti, ut pro reparatione edificiorum ac solutione debitorum huiusmodi parrochialem ecclesiam in Lok Aquilegiensis diocesis ad presentationem . . . episcopi Frisingensis qui est pro tempore, pertinentem tibi et mense tue predicte annectere et unire perpetuo dignaremur. Nos itaque tuis et ipsius ecclesie tue cupientes necessitatibus prouidere, tuis in hac parte supplicationibus incliuati predictam parrochialem ecclesiam cum omnibus iuribus et pertinentiis suis tibi et mense tue episcopali predicte auctoritate apostolica in perpetuum annectimus et unimus, ita quod cedente uel decedente rectore qui nunc est, ipsius ecclesie uel alias eo ipsam ecclesiam quomodolibet dimittente, liceat tibi auctoritate propria per te uel alium seu alios possessionem corporalem ipsius ecclesie libere apprehendere ac licite retinere diocesani loci et cuiuscunque alterius licentia minime requisita, reseruata tamen primitus et assignata per loci ordinarium de ipsius ecclesie redditibus et prouentibus perpetuo vicario inibi domino seruituro in eadem ecclesia canonice instituendo congrua portione ex qua idem vicarius ualeat commode sustentari, episcopalia iura soluere aliaque sibi incumbentia onera supportare, non obstantibus si aliqui super prouisionibus sibi faciendis de huiusmodi ecclesiis uel aliis beneficiis ecclesiasticis in illis partibus speciales uel generales apostolice sedis uel legatorum eius litteras impetrarint, etiam si per eas ad inhibitionem, reseruationem et decretum alias quomodolibet sit processum, quas litteras et processus habitos per easdem ad prefatam parrochialem ecclesiam uolumus non extendi, sed nullum per hoc eis que ad assecutionem ecclesiarum et beneficiorum aliorum preiuditium generari seu quibuscunque priuilegiis, indulgentiis et litteris apostolicis generalibus uel specialibus quorumcunque tenorum existunt, per que presentibus non expressa uel totaliter non inserta effectus earum impediri ualeat quomodolibet uel differri, et de quibus quorumque totis tenoribus de verbo ad verbum habenda sit in nostris litteris mentio specialis, nos enim irritum decernimus et inane si secus super hiis a quoquam quauis auctoritate scienter uel ignoranter contigerit attemptari. Nulli ergo omnino hominum liceat hanc paginam nostre annexionis, unionis et constitutionis infringere uel ei ausu temerario contraire, siquis autem hoc attemptare presumpserit indignationem omnipotentis dei et beatorum Petri et Pauli apostolorum eius se nouerit incursurum. Datum Auinionis, XIII. kalendas Julii, pontificatus nostri anno decimo.

<small>Orig., Pgt., anhängende Bleibulle, k. Reichsarchiv zu München.</small>

706.

1352, 10. November, ... *Propst Jakob von Schliersee, Weinpropst des Domcapitels von Freising für dessen Tiroler Güter, verleiht dem Nikolaus von Vilanders einen Weingartenantheil in der „Mulgreie" zu Barbian bei Bozen für Ewigzins.*

Ich Jacob der Naenhofer chorherre ze Freysingen vnd probst ze Slyers vnd auch zů den zeiten gewaltiger weinprobst in dem Gepirge vergiho offenleichen an disem priefe, daz ich mit vollem gewalt an meiner herren stat von Freysingen hin verlihen vnd gelazzen han recht vnd redleichen ewichleichen vnd durchschleihtz für ain frey lediges gůt von maenichleichen ain stukhe weingarten daz in der Mulgreye ze Perbian gelegen

ist vnd das vormalen Pauls von Eysakh inne gehabt hat, daz
saelbe vorgeschriben stukhe weingarten besûcht vnd vnbesûcht
vnd mit allen den rechten vnd nützzen die dar zû gehôrent,
also han ich daz vorgeschriben stukhe weingarten nu hin ver-
lihen vnd gelazzen Nyklein von Vilanders von Pardell vnd
allen seinen erben, mit ainem sogetanen gedinge daz si iaerich-
leichen meinen vorgenanten herren von Freysingen da von
zinsen vnd dienen sûllent ain ừrn weins Potzner mazz vnd
anders niht vnd also sol in der vorgeschriben zinss vnd dienst
ewichleichen nimmermer gehohert noch gemert werden mit
dehainen sachen. Vnd zû ainem vrchünde der warhait han ich
vorgenanter Jacob als ain weinprobst mit vollem gewalt an
meiner vorgenanten herren stat von Freysingen mein aygen
insigel an disen prief gehencht. Daz ist geschehen da man zalt
von Christes gepurt dreuzehen hundert iar vnd dar nach in
dem zway vnd fümfczigisten iare, an sand Marteins abant (!).

Orig., Pgt., durch Schnitte ungiltig gemacht, anhängendes Sigel, k.
Reichsarchiv zu München.

707.

1352, 13. December, Wien. *Nikolaus, freising. Pfleger und Amtmann
zu Lack, reversirt gegen Bischof Albrecht von Freising betreffs eines
ihm zu Lehen gegebenen Thurmes in der Ringmauer zu Lack.*

Ich Nyclas phleger vnd amptman ze Lok vergich offen-
lichen mit disem brief für mich vnd miniv chind, ich Margret
sin husfrow vergih mit sampt in für mich vnd für vnser baider
leiberben, daz wir vnserm genädigen herren pyschof Albreht
ze Frisingen vnd sinen nachomen mit dem gemaurten turn an
der rinchmaur ze Lok den er vns ze rehtem lehen verlihen
alz vnser brief sagent die er vns dar vmb geben hat, warten
sullen trewlichen an gewerd vnd zwen knëht mit armbrosten
dar vf han wenn si sin notdurftig sind, vnd ensûlln den selben
turn verkouffen noch in dhain wis verchümeron an vnserr
vorgenanten herrschaft willen vnd gunst. Wer och daz wir mit
so vnredlichen vnd mit vnbillichen sachen wider di herschaft
und daz gotzhus ze Frysingen vnd di stat ze Lok gemainklich
täten da mit man billich lehen verliern sol, vnd wenn wir dez
mit der warhait vnd mit erber lüten vberwunden wrden, so sol
der egenant turn der vorgeschriben herschaft vnd gotzhus ledig

vnd veruallen sin. Auch süllen wir in di nidern vest ze Lok
mit aller zůgehôrd oder wer si von vnsern wegen inn hat, dar
vf er vns aht iar behuset hat alz vnser brief sagent die er vns
dar vmb geben hat, nah den selben aht iuren wider antwrten
an allez verziehen, wen er vns dez ermant oder vodert mit
sinen offen brifen oder sinen nachomen di in dez stůls ze Rome
genaden weren oder dem mereren tail dez capitels ze Frysin-
gen ob dhain pyschof wer, vnd daz behalten mit der vorge-
nanten vest haben wir gesworn zen hailgen (!). Vns sol och
vnser vorgenante herrschaft in den egenanten aht jaren niht
enthusen von der vorgenanten nidern vest ze Lok, ez wer och
dan daz wir so vnredlichen vnd vnbillich sach wider si täten,
da mit man billich hausung verliern vnd verwirken sol, so sol
di egenant hausung ab sein. Vnd daz daz alles stât vnd vn-
zerbrochen belibe, geben wir disen offen brif versigelt mit
mins vorgenant Nyclas insigel daz dar an hanget. Dar vnder
verbind ich mich di vorgenant Margret war ze halten vnd ze
laisten allez daz da vorgeschriben stat. Geben ze Wienn do
man zalt von Christz gebûrt driutzehenhundert iar vnd in dem
zway vnd fümftzigosten iar, an sant Lucien tage.

  Orig., Pgt., angehängtes Sigel abgerissen, k. Reichsarchiv zu Mün-
chen; der Gegenbrief vom gleichen Tage im Arch. d. hist. Vereines f. Krain,
s. dessen Mittheilungen VII., 43.

708.

1353, 24. November, Reutlingen (?). *Bischof Albrecht von Freising
sendet an Friedrich von Wallsee den Hermann Rancz wegen der Ver-
pfändung von Traismauer mit ihm zu unterhandeln.*

  Wir Albreht von gottes gnaden bischof ze Frisingen em-
bieten vnserm lieben ôhan (!) Fridrich von Walse von Ens
vnsern friuntlichen grůz. Wir senden zů dir Herman Ranczen
vnsers lieben brůder graf Hugen diener der dir disen brief
antwrt, swaz der mit dir rede vmb die phantschaft Trasenmur
mit aller zůgehôrd, da gelob im vmb vnd tů ez, wan wir
grafen Hugen vnserm brůder daz verhaizzen haben, swaz der
selb Rancz mit der selben phantschaft handelt, schafft vnd tůt,
daz wir daz selb stet süllen haben. Dez ze vrkůnd senden wir
dir disen brief versigelt mit vnserm anhangendem insigel der

geben ist ze Rûtlingen, do man zalt von Christes gebûrt driuzehenhundert iar vnd dar nach in dem dritten vnd fünczigosten iar, an sant Katherinen abent.

<small>Orig., Pgt., anhängendes Sigel, k. k. geh. Haus-, Hof- und Staatsarchiv zu Wien; Notizenbl. d. kais. Akad. 1854, 317, Nr. 73.</small>

709.

1354, 15. März, Wien. *Bischof Albrecht von Freising verkauft an Prior Johann und das Karthäuserkloster zu Mauerbach den sogenannten ‚Chalhochsperg' am Mauerbach um 60 Pfund Wiener Pfennige.*

Wir Albrecht von gotes genaden byschof ze Freysingen veriehen offenlich mit disem brief allen den die in an sehent oder hôrent lesen, daz wir mit den ersamen gaistlichen laeûten brûder Johansen zden zeiten prior vnd mit dem conuent dez gotzhaus ze Mavrbach recht vnd redlich ŧber ain chomen sein vmb den perg der da gehaizzen ist Chalhochsperg, der da gelegen ist bei dem spital ze Maurbach, dar an ainhalb gestozzen ist der grab zwischen dem spital bis in den Mavrbach vnd nach dem Mavrbach ze tal bis an den Schûtwûrfel vnd auf wertz bis an Gaeblitzer march, also daz wir in den obgenanten perg recht vnd redlich verchauft haben mit allen den eren, rechten vnd nützzen die dar zû gehôrent, alz ver die obgenanten march sagont, mit holtzz vnd mit wismat vmb sechtzzig pfunt Wienner phenning der si vnz gar vnd guntz bericht vnd gewert habent, vnd sûllen wir noch vnser nachkomen fûrbas an dem obgenanten perg dhain ansprach ewichlich haben noch gewinnen. Vnd dar ŧber ze vrchûnd geben wir in disen offen brief für vnz selb vnd für all vnser nachkomen mit vnsern anhangenden insigel besigelten, der geben ist ze Wienn an Samcztag nach sant Gregôrien tag, nach Christes geburt dreuzehen hundert jar, dar nach in dem vier vnd fünftzzgisten jar.

<small>Orig., Pgt., anhängendes gebrochenes Sigel, k. k. geh. Haus-, Hof- und Staatsarchiv zu Wien.</small>

710.

1354, 16. März, Wien. *Bischof Albrecht von Freising verpflichtet sich und sein Bisthum, das Kloster Mauerbach im Besitze des demselben verkauften Berges, genannt ‚Chalhochsperg‘, auf angegebene Weise zu sichern.*

Wir Albrecht von gotes genaden byschof ze Freysingen verïehen offenlich mit disem brief allen den die in an schent oder hörent lesen, daz wir vnz mit vnsern trewn, mit wol verdachtem můt, an allez geuerde verlůbt vnd gepunden haben gegen dem ersam geystlichen lacůten průder Johansen zden zeiten prior ze Aller heiligen tal ze Maurbach dez ordens von Chartus vnd gegen dem conuent gemain dez selben chlosters vmb den perch gelegen ze Mavrbach der da haizzet der Chalochsperg, der vnser rechtz aigen gewesen ist vnd den wir in mit samt der aigenschaft ze chauffen haben geben vmb sechtzzig pfunt Wienner phenning, der si vnz gantz vnd gar verricht vnd gewert habent, alz der chaufbrief sagt den si von vnz dar über habent, allso daz wir in den selben chauf dez egenanten porgs mit aigenschaft mit alle mit vnsers capitels insigel ze Freysingen ze einem rechten chaufgůt besteten, verschreiben vnd aus richten sůllen so wir aller schierst mugen, an allez geuerde alz doz landes recht ist in Österrich. Waer aber, daz wir vorgenanter Albrecht inner der zeit mit dem leben ab giengen dez got nicht geb, ee daz in der egenant chauf mit vnsers capitels insigel bestett wurde in dem rechten alz vor benant ist, so sůllen si dann fürbas allez daz gůt daz zů vnserm bystům ze Freysingen gehört vnd daz in dem land ze Österrich leit, ez sei erbgůt oder varunt gůt, an allez fürbot vnd an all chlag vnd auch an allez recht vollen gewalt vnd recht haben dar vmb ze nötten vnd ze phenden, alz ver daz in der chauf dez egenanten pergs mit aigenschaft mit alle mit dez capitels insigel ze Freysingen gantz vnd gar bestett, verschriben vnd aus gericht werde in allem dem rechten alz vorgeschriben stet, an allen iren schaden. Möcht aber dez alles nicht gesein, so sůllen wir oder vnser nachkomen den oftgenanten . . . dem prior vnd dem conuent ze Mavrbach wider cheren vnd wider antwrten die vorgeschriben sechtzzig pfunt phenning, vnd swenn wir daz getan haben, so sein wir in fürbas nichtz mer gebunden vnd sol der chaufbrief vnd allev

andreu handlung die sich dar vmb zwischen vnser ergangen
hat, fürbas chain chraft mer haben,, vnd sol in dez vnser
genediger herr hertzzog Albrecht in Österrich oder sein nach-
komen geholfen sein, vnd sol auch dez ir schern sein vor aller
ansprach alz wir in dez selber gepeten haben. Vnd dar über
ze vrchünde geben wir in disen brief mit vnserm anhangenden
insigel besigelten der geben ist ze Wienn an dem nechsten
Svnntag vor Mitteruasten nach Christes geburt dreuzehen hun-
dert jar, dar nach in dem vier vnd fünftzzigisten jar.

Orig., Pgt, anhängendes Sigel in Fragment, k. k. geh. Haus-, Hof-
und Staatsarchiv zu Wien.

711.

1354, 9. Juni, Waidhofen. *Bischof Albrecht von Freising bestätiget
genannten Eisenarbeitern den Werkbetrieb auf fünf Schmieden im Selzach-
thale gegen bestimmten Zins und unterstellt sie der Gerichtsbarkeit des
bischöfl. Schreibers zu Lack.*

Wir Albrecht von gottes gnaden bischofe ze Freising
veryehen und bekenen öffentlich mit dem brief, dass wir an-
(ge)sehen haben die getreuen dienste die uns die eyssner
meister Jacomo, Bartho(l)me Zschab, Muron Silvester, Monfio-
din und Jacob sein bruder gethan habend und fürbass thun
sollen und mögen, davon verleihen und bestätigen wir ihn und
ihren erben mit diesem brief fünf schmidten, dass sie einen
innen machen und wirken sollen mit denen rechten als sie
untzher kumen sind, und die gelegen sind in unserm thal zu
Selzach, also dass sie uns oder wer unser schreiber ist zu Lack
auf der nieder burgkh jahrlich in unser kamer dienen und
geben sollen unuerschiedentlichen io [1] zu den quatembern
anderthalb markh Agler pfenning und zehen pfenning, das
bringt mit einander sechs markh pfenning und vierzig pfenning
an die [2] dienst und gehorsam, die sie uns und unsern amt-
leuten zu thun schuldig. Auch sol hinz [3] in niemand recht
thuen noch verhören dann unser schreiber auf der ehegenanten
burkh zu Laak, und an dem sie unrecht habend, da sol er sie

---

1 G. liest irrig ‚wie'. 2 G. liest ‚der', das Orig. muss aber ‚dew'
haben, welchem in dieser neuen Fassung der Abschrift ‚die' entspricht. 3 G.
hat irrig ‚hiez'.

vmb pessern¹ und anders niemand, wan es auch vormalen also
herkumen ist. Und darüber zu urkund geben wier ihn und
ihren erben diesen brief versiegelt mit unsern anhangenden
insigel der geben ist zu Waidhouen da man zählt von Christi
geburt dreuzehnhundert jar und darnach in dem vierten und
fünfzigsten jar, an dem nächsten Montag nach ausgehen der
Pfingstwochen.

<small>Ohne Angabe der Quelle, offenbar aus sehr später Abschrift und nicht
ohne Fehler abgedruckt v. Globocnik: Gesch. von Eisnern, Mittheilungen des
hist. Vereines f. Krain, 1867, 8, Nr. 2.</small>

712.

1355, 24. Februar, Waidhofen. *Bischof Albrecht von Freising gestattet den Bürgern von Waidhofen ein Niederlagshaus für Kaufmannswaaren zu errichten.*

Wir Albrecht von gottes genadn pyschof ze Frysingen
veriehen vnd bekennen offenlich mit disem brief, daz wir vnsern purgern ze Waydhouen durch notdurft der stat vollen
gewalt habn gegebn, ir kaufhaus ze pawend vnd ze pezzern
vnd alle wandlung der kaufschätze die dar inne wär oder darkeme, bestellet mug werden wie die genant sey, daz si derselben sullen geniezzen ewcklich nach rehtem reht als si maist
mũgen. Daz gebiettn wir ernstlich vnd wellen, swaz och die
geschworn vnserr stat daselben dar über viudent vnd setzent
nach iren trewen, dez sullen in die gemaind der purger gehorsam sin, wan man ez vmb ander niht angevangen hat, nur
ze pezzerung der stat oder wa man sin notdürftig ist, vnd wer
dez wider wär, den sullen vnser rihter vnd die geschworen
vnserr stat ze Waydhouen dar vmb pezzern vnd pfenden an
allez reht. Vnd daz in daz stät vnd vnczerbrochen belib, dar
vber so gebn wir in für vns vnd für vnser nachkomen disen
brief mit vnserm anhangenden insigl verinsiglten. Geben ze
Waydhouen in dem jar do man zalt von Crists geburt driczehenhundert jar, dar nach in dem fünf vnd fünfczigostn jar,
an sant Mathyastag des zwelfboten.

<small>Orig., Pgt., anhängendes Sigel, Stadtarchiv zu Waidhofen; Chmel:
Geschichtsforsch. I., 2, Nr. 1; Jahrb. f. L.-Kunde v. N.-Ö. I., 101, Nr. 37.</small>

1 G. hat „umbpessern‘; das „vmb‘ gehört zu „da‘.

713.

1355, 12. März, ... *Friedrich von Wallsee von Enns reversirt gegen Bischof Albrecht von Freising betreffs der ihm verliehenen Pflege von Burg und Landgericht Ulmerfeld.*

Ich Fridrich von Walse von Ens vergich vnd bekenn offenlich mit disem brief fůr mich vnd alle mein erben, daz mir der erwirdig fúrst min gnediger herr pyschof Albrcht ze Frysingen min vesti (!) Vdmeruelt vnd daz lantgriht da selben eingeantwrt vnd empholhen hat mit dem purgsâzz als her nach geschriben stat, daz ist daz man mir alle iar ab dem kasten geben sol sehs mutt korns vnd zehen mutt habern allez der mindern mazz, dar zů sol ich han den mayrhof der in dem margt ze Vdmeruelt gelegen ist vnd dar zů sol man mir jârlich geben ain vas Wachowers vnd driu vas Holenburger wins, vier schwin allez an geuerd, vnd hundert kâs. Es sol och dieselb purchůt jârlich anheben an sant Georgen tag vnd hin vmb weren von dem selben tag ain ganczes jar vnd sol ich dieselben vesti vnd daz lantgriht mit lůten vnd gůten di dar zů gehôrent, besorgen vnd behůten mit ainem minem erbern diener, er si ritter oder kneht, da mit si wol besorget sien, vnd sol ich noch dehain mein diener der von minen wegen da siczet vber die vorgeschriben purchůt vnd lantgriht nischnit (!) mer ze vordern noch ze schaffen han, weder mit luten noch mit gůten, wan daz ich si getriulich versprechen vnd friden sol als min aigenlich gůt. Man sol och wizzen, daz alle todschleg die geschehent in dem vorgenanten lautgriht, in minez vorgenanten herren pischof Albrechts kamer sůllen gehôren, an allain daz ain lautrihter da von nemen sol sehs schilling Wienner phenning vnd nit mer, vnd daz übrig sol er ainem bischof triulich inbringen. Es sol och die vorgenant vesti Vdmeruelt minez vorgenanten herren bischof Albrechts ze Frisingen vnd siner nachkomen offens hus sin gen allermenclich. Sweun ich och minem vorgenanten herren bischof Albrehten ze Frisingen oder sinem nachkomen der von dem stůl ze Rome vnd pabst pischof ze Frysingen bestet wrde, fúrbaz ze purggranen nit fúgte, swenn er mich dann mit sinem brief ermant, so sol ich im zehant vnd vnverzogenlich die vorgenant vesti, lantgriht vnd mayerhof wider in antwrten vnd ledig lazzen,

doch also daz man mich der purchût rihten sol die sich dann
ergangen het. Vnd ze ainem offenn vrkůnd allez dez hie vor
geschriben stat, gib ich für mich vnd alle min erben disen
brief versiget mit minem anhangden insigel, der geben ist do
von Cristes gebůrt waren driuzehenhundert jar vnd darnach in
dem fûnf vnd fûnfczigistem jar, an sant Gregôrgen tag dez
hailigen babsts.

<small>Orig., Pgt., anhängendes Sigel, k. k. geh. Haus-, Hof- und Staats-
archiv zu Wien; Notizenbl. d. kais. Akad. 1854, 318, Nr. 77.</small>

714.

(1355, 16. November, Gemona.) *Patriarch Nicolaus von Aquileia
ernennt den Priester Nicolaus Cantzler über Vorschlag des Pfarrers
Hilprand Hak von Bischoflack zum ständigen Vicar der Filiale Selzach.*

Nicolaus dei gratia sancte sedis Aquilegensis patriarcha.
Dilecto nobis in Christo Nicolao dicto Cantzler presbitero
nostre Aquilegensis diocesis salutem in domino. Pro parte
dilecti in Christo Hilprandi Hak plebani plebis in Lok nostre
diocesis est nobis humiliter supplicatum, vt cum te suum con-
stituerit nouum vicarium sue filialis ecclesie in Seltzack, prop-
ter com(m)oditatem plebesanorum suorum quorum multi propter
nimiam distantiam loci in extremis laborantes absque confes-
sione, sacra com(m)unione et extrema vnctione et infantes sine
sancto baptismo sepius decedebant, certis tibi limitibus depu-
tatis infra quos debeas diuina celebrare ac sacramenta eccle-
siastica ministrare, prout in eius litteris plenius continetur, ac
super hoc confirmatione habita reuerendi in Christo patris do-
mini Alberti dei gratia episcopi Frisingensis memorate plebis
patroni, vt animus tuus tanto feruentius accendatur ad ea que
ipsis plebano ac plebi et filiali ecclesie vtilia sunt, quanto
honoratus in illis perspexeris statum tuum fore stabile atque
firmum, te in vicariatu iamdicto quo ad spiritualia perpetuare
benigniter dignaremur. Nos itaque ipsius plebani supplicationi-
bus inclinati habitoque respectu ad predicta, necnon ad tue
merita probitatis super quibus apud nos tibi laudabile testimo-
nium perhibetur, te in vicariatu antedicto cum perceptione eo-
rumque tibi pro substentatione sunt per memoratum plebanum
deputata tenore presentium auctoritate ordinaria quod ad spiri-

tualia et eo que ad nos spectant perpetuamus, saluis semper
et reseruatis dicto plebano iuribus contuetis, ita tamen quod te
cedente etc. ut supra. In quorum omnium testimonium etc. ut
supra. Datum ut supra.

<small>Kanzleibücher des Gubertinus de Novate, II. (4. Abthlg.) f. 35, Museo
Civico zu Udine.</small>

715.

1355, 16. November, Gemona. *Patriarch Nicolaus von Aquileia
ernennt den Heinrich von Mülhausen auf Präsentation Bischofs Albert
von Freising zum Vicar zu Bischoflack.*

Nicolaus dei gratia sancte sedis Aquilegensis patriarcha.
Dilecto nobis in Christo Henrico de Mülhusen clerico Moguntine
diocesis salutem in domino. Pro parte reuerendi in Christo
patris domini Alberti dei gratia episcopi Frisingensis a nobis
est nouiter postulatum, vt cum ipso tamquam patronus plebis
in Lok nostre Aquilegensis diocesis ad preces et requisitionem
dilecti in Christo Hilprandi Hak plebani plebis eiusdem te
tamquam ydoneum et sufficientem suo et successorum suorum
nomine perpetuum vicarium confirmauerit memorate plebis in
Lok, certis tibi redditibus pro substentatione deputatis, non
obstante si dicta plebes seu ecclesia in Lok est mense ipsius
domini episcopi per sedem apostolicam incorporata alias uel
unita, dictam perpetuationem dignaremur auctoritate ordinaria
in spiritualibus confirmare. Nos uero attendentes tue merita
probitatis super quibus tibi laudabile testimonium perhibetur,
ac uolentes etiam dictorum domini episcopi ac plebani uotis
satisfacere in hac parte vtque tuus animus tanto feruentius
accendatur ad ea que ipsis plebano et plebi vtilia sunt, quanto
honoratus in illis perspexeris statum tuum esse stabile atque
firmum, perpetuationem de te ut prefertur, in dicto vicariatu
factam gratam habentes ipsam in spiritualibus auctoritate ordinaria
tenore presentium confirmamus et nos etiam te omni iure
et forma quibus melius possimus, eadem auctoritate instituimus
perpetuum vicarium plebis in Lok superius nominate, saluis
semper et reseruatis dicto plebano iuribus consuetis, ita tamen
quod te cedente uel decedente successor tuus qui fuerit ibi
positus, perpetuus propterea non existat. In quorum omnium
testimonium presentes fieri iussimus nostri sigilli appensione

munitas. Datum in castro nostro Glemone, die XVI. mensis Nouembris, anno dominice natiuitatis M. CCC. LV., indictione VIII.

<small>Kanzleibücher des Gubertinus de Novate, II. (Abthlg. 4) f. 35, Museo Civico zu Udine.</small>

716.

1356, 7. Jänner, ... *Bischof Albrecht von Freising verleiht die nach Merchlin dem Haesyb ihm freigewordenen Lehen an Friedrich von Wallsee zu Enns.*

Wir Albrecht von gots genaden byschof ze Freising vergehen vnd tůn chvnt mit disem prief allen den die in sehent, hörent oder lesent vmb die lehen so vns ledig warden sint von Merchlin den Haesyb als vns daz recht gesait hat vor vnserem herren herczog Alb. herczog ze Österreich, ze Steyer vnd ze Kernden, vnd vns auch vnser man mit frag vnd mit vrtayl gesait habent vnd ertaylt vnd die wir Fridr. selig von Waltse von Ens gelihen heten, die selben lehen haben wir verlihen Fridr. von Waltse von Ens dem jvngern im vnd allen seinen erben in allem dem rechten vnd ez der egenant Haesyb von vns gehabt hat vnd von dem ez vns mit rechtem recht ledig warden ist. Mit vrchvnd dicz briefs der geben ist anno domini M. CCC. LVI., am Phineztag nach dem Prehentag.

<small>Orig., Pgt., anhängendes stark verletztes Sigel, landsch. Archiv zu Wien.</small>

717.

1356, 16. März, Wien. *Heinrich von Rauhenstein verspricht, die Gebrüder Christian und Wernhart die Dachensteiner für ihre Schäden zu Markgrafen-Neusiedel mit Lehen genannten Betrages zu entschädigen.*

Ich Hainreich von Rauhenstain vnd mein erben vergehen offenleich an disem brief, daz wir vns des mit vnsern trewen an aides stat an alles genaer verlůbt vnd verpunden haben gegen Christan vnd gegen Wernharten den prüdern den Taehenstainern vnd gegen irn erben vmb den schaden den si von vnsern wegen enphangen habent an irm gůt ze Margrafenneusidel, also daz wir in ze einer pezzrunge fur den selben schaden leihen suln sechs phunt oder acht phunt Wienner phenninge geltes die nachsten die vns mit recht ledig werdent vnd die si an vns pringent, an alle wider rede, vnd dar über so gib ich Hainreich von Rauhenstain für mich vnd für mein erben Christan vnd Wernharten den prüdern den Tachenstainern vnd irn erben disen brief zu einem warn vrchünde diser sache versigilt mit meinem insigil vnd mit hern Wilhalms insigil von Pavmgarten vnd mit Vlreichs insigel des Sweinwarter die diser sache gezeuge sint mit irn insigiln. Diser brief ist geben ze Wienne nach Christes geburt dreutzehen hundert iar, dar nach in dem sechs vnd fümfczigisten iar, des Mittichens in der andern ganczen Vastwochen.

Orig., Pgt., von 3 angehängten Sigeln nur Nr. 1 verletzt vorhanden, landsch. Archiv zu Wien.

718.

1356, 5. April, Oberwelz. *Friedrich der Payr von Katsch überträgt wegen Bürgschaft seine Hube zu Katsch an seinen Vetter Ulrich von Schrattenberg.*

Ich Fridreich der Paür von Châcz vnd meim (!) hausfraw vnd vnser paider erben wir vergechen offenleich an disem prief vnd tuen chvnt allen den dye in sechent oder horent lesen, daz wir mit vnserem güten willen vnd mit rött (!) vnser vrevnt vnd mit gesampter hant vnserz rechten lechens ain swaig dy gelegen ist pey Châcz da der Pöpell auf gesezzen ist, vnd alben vnd allez daz dar zue gehört, wismat vnd waid, holcz vnd stain, stöchk vnd veld, in fart vnd auz fart, gesuecht vnd vngepesücht (!), pavn vnd vngepavn, mit nücz vnd mit gewer vnd mit allen den rechten alz wirz vnd vnser vodern in nücz vnd in gewer ingehabt haben, dy lechen ist von meinen lieben hern von Stubenwerg, also han ich in sew in nücz vnd in gewer auf geben vnd ingeantburt meinem lieben öchaim Vlreich dem Schretenperger, seiner havsfraw vnd allen iren erben ingeantburt (!) vmb daz gelt da er vnser geschol vnd gewer vmb gebesen ist gen Häslein dem Juden vnd gen hern Otten dem Puchser vnd Andreh seinem prüder, also mit auz genumer redt daz er vnd sein havsfraw vnd sein erben dy for genanten swaig wol verseczen oder ze verchauffen (!) mügen, da mit er von den Juden chomen mügen vmb erchen vnd vmb schaden. Auch lüb ich vorgenanter Fridreich der

Payr, mein havsfraw vnd all vnser erben Vlreichen dem
Schratenperger, seiner hausfraw vnd allen seinen erben oder
wem er dy for genanten swaig verseczt oder verchauft trew-
leichen pesermen vnd pefreyn vor aller ansprach vnd vor allem
ehrieg alz lechens recht ist in dem lant ze Steyr, tatt wir dez
nicht, swelichen schaden er oder sein havsfraw oder sein erben
dez namen, wie der schad genant waer den ir ainz pey seinen
trewn gesagen mocht an ait oder ander peberung, den schüllen
wir in trewleichen ab tuen vnd schüllen sew daz haben auf
vns vnd auf vnsern trewn vnd auf alle dew vnd wir indert
haben', vnd schol sew dez richten vnd weren wer havptman
in Steyr ist oder wen er dar zue scheft, von aller vnser hab
wo sev dar auf weisent oder zaigent mit vnserm gůtleichen
willen. Daz in daz stät vnd vnzerprochen peleib, dar über
gib (ich) in disen prief versigelt mit meinz vor genanez Frid-
reichz dez Payr aigen anhangenden insigel vnd mit meins
lieben öchaims Hainreichz dez Welczers¹ insigell der daz dar
an gehangen hat im an schaden durch meiner pett wil. Der
prief ist geben ze Ober Welz do man zalt nach Christez ge-
pürt dreuczehen hundert jar, dar nach in dem sechz vnd fün-
czigistem jar, der (!) Eritagz nach Mittervasten Letare.

<small>Orig., Pgt., 2 anhängende Sigel ziemlich schadhaft, steiermärk. Landes-
archiv zu Graz.</small>

719.

1357, 23. Februar, Schloss Gross-Enzersdorf. *Bischof Albrecht
von Freising bestätiget als Patronatsherr des Stiftes Ardacker dessen
neue Statuten.*

Nos Albertus dei gratia episcopus Frisingensis recogno-
scimus et tenore presentium confitemur, quod litteram supra-
scriptam² sigillo honorabilis in Christo Chunradi comitis de
Schaumberkh prepositi et capituli ecclesie Ardacensis Pata-
uiensis diocesis sigillatam et subscriptam ac signo debito et
consueto discreti viri Chunradi Vlrici de Lintz clerici Pata-

---

<small>1 Am Sigel „Nider Welz". 2 Bezieht auf die vorhergehenden, auf pag.
108—127 l. c. in 39 Punkten gegebenen Statuten. Da diese Urkunde aber
allein das Verhältniss des Stiftes zum Bisthume Freising berührt, wird hier-
mit der Statuten nur erwähnt.</small>

uiensis diocesis publici autoritate imperiali notarii consignatam vidimus ac de verbo ad verbum legimus et inspectione diligenti considerauimus et solerti, ita quod omnia et singula de verbo ad verbum in littera prescripta contenta cui hec littera nostra est affixa, tanquam illo ad quem ius patronatus seu ius presentandi predicte prepositure ecclesie Ardacensis dinoscitur pertinere, approbamus, confirmamus et laudamus et ratam esse volumus perpetuis temporibus atque firmam, reseruantes nihilominus nobis et ecclesie nostro Frisingensi omnia iura et consuetudines que et quas de iure et consuetudine in dictam habere dinoscimur ecclesiam Ardacensem. In cuius confirmacionis euidens testimonium presens nostra littera huic presenti littere est affixa et nostri sigilli munimine sigillata. Datum in castro nostro Enzisdorff, anno domini millesimo, trecentesimo quinquagesimo septimo, in vigilia beati Mathie apostoli.

Duellius: Miscell. I. 127.

720.

1357, 4. April, ... *Heinrich der Straiher, Bürger zu Wien, reversirt gegen Bischof Albrecht von Freising betreffs eines ihm auf sein, seiner Frau und seiner Tochter Leben gegen Burgrecht überlassenen Häuschens zu Wien.*

Ich Hainreih der Straiher burger ze Wienn vergich vnd bekenn offenlich mit disem brief, daz der erwirdig min genädiger herr byschof Albreht ze Frisingen von besundern genaden mir, frown Claren miner husfrowen vnd Agnesen vnser baider tohter reht vnd redelichen verlihen hat ze vnser dryer lip daz hüsel daz da gelegen ist an minem hus vnd daz da stozzet an die melberinn, vnd get hin hinder für daz priffet als es mit dem march auz gezaigt ist, vnd sol och ich durch die fridmaur die zwůschent gelegen ist, kain licht noch venster in daz egenant hüsel machen noch haben, vnd sol och ich die vorgenant dry lip alle die wil der ainer lebet, järlichen da von dienen drů pfunt Wienner pfenning zů drin ziten im jar, dez ersten ain pfunt an sant Michels tag, ain pfunt ze Wihennachten vnd ain pfunt an sant Georgen tag mit allem dem nutz vnd rehten als man ander purgreht in der stat ze Wyenn dient, vnd wenn der vorgenant byschof Albreht oder sin nachkomen in der stat ze Wyenn sint, so sol ich oder welher liep denn lebendig ist, och alle weg im ain pett lihen vnd wenn och daz ist, daz ich der vorgenant Hainreih Straiher, frö Clar min husfrow vnd Agnes vnser tohter alle dreu niht ensien, so ist das vorgenant hûsel mit allem buw dem vorgenanten byschof Albrehten vnd sinen nachkomen ledig vnd los worden an alle widerred vnd söln och dez dienstes fûrbas ledig sin an allen krieg. Des ze vrkûnd gib ich der vorgenant Straiher fûr mich, frö Claren min husfrowen vnd Agnesen vnser baider tohter disen brief versigelten mit minem anhangenden insigel, der geben ist an sant Ambrosii tag des hailgen lerers do man zalt von gottes gebûrt drûczehenhundert jar, dar nach in dem sůben vnd fûnfczigisten jar.

Orig., Pgt., anhängendes Sigel, k. k. geh. Haus-, Hof- und Staatsarchiv zu Wien.

721.

1357, 31. Mai, ... *Alheid von Hof genannt Cholgi tritt genannte Grundstücke zu Innichen an ihren Vetter Ulrich Chunater und dessen Schwester Bertha von Innichen für Gegengabe im Werthe von 6 Pfund Veroneser Münze ab.*

Ich Alhait von Hof gehaizzen Cholgi vergihe offenleich an disem prief vnd tůn chunt allen den di in sehent oder hoerent lesen, die iecz sint oder noch chumftechk werdent, daz ich mit gůtem willen vnd mit gesuntme leibe vnd verdachtne mûte vnbetwngenleich han geben vnd geschaffen ledechleich ain wise gelegen zu Inchhingen in dem Prûl vnd stoczet an des Porgers anger, vnd zwai flechlier (!) acchers di gelegen sint vnter dem Chranze di mein rehtez aygen gewesen sint, meime lieben vetern Ůlreich dem Chunater vnd seiner swester Perhten von Inchhingen vnd allen irn erben, sûnen vnd toehtern fûr rehtez aigen, vnd daz han ich getan daz ich in des gepunten pin durch lieb der magschaft di wir gen nander (!) haben vnd durch gůt haudlung willen di ich von in enphangen han, sunderleich han ich mit namen enphangen ain chûrsne fûr sechs phunt Perner der ich mich rûfe mit rehter zal schön gewert sein gaenzechleich, vnd han in den vorgenant wise vnd aechre geantwurt in nutz vnd in gewer fûr rehtez aigen vnd han mich fûrziht getan aller nûtz vnd gewer di ich han gehabt an den vorgenanten aechren vnd wise, vnd dar vber lob ich vorgenant Alhait für mich vnd für alle mein erben des egenant Vlreiches meins vetern vnd seiner swester Perhten vnd aller ir erben rechte gewer vnd vertreter sein vmb di uorgenant wise vnd aechre für rehtez aigen vor gaestleichem vnd vor werltleichem recht vnd an aller der stat da in des noet geschiht nach aignes vnd landes recht. Vnd daz daz also staete vnd vnzeprochen peleibe zu ainem vrchund der warhait han ich egenant Alhait gepeten den erbern man Hans von Haberberch daz er sein insigel an disen prief gehenget hat im saelben an schaden. Des sint gezeugen Fritz der Greuleich, Haintz der Schuler, Hans der Chorbli, Paul der sneider auz dem mart (!) vnd Jacob der Gadmer vnd ander erber leute genůchk. Daz ist geschehen do man zalt von Christes gepürt dreuzehen hundert iar vnd dar nach in dem süben vnd fünfczegisten iare, an sand Canden tage in dem Mayen.

Orig., Pgt., anhängendes stark verletztes Sigel, k. Reichsarchiv zu München.

722.

1357, 12. Juli, Villach. *Heinrich Schralle verkauft dem Bischofe Albrecht von Freising seine Mühle zu Lack, vor dem Burgthore au der Zeyer gelegen, um 30 Mark Aglaier.*

Ich Hainreich Schralle vnd ich Berhtolt sein sun purger ze Villach, vnd ich Cecilia dez vorgenanten Berhtoltz wirtinn veriehen für vns vnd für vnsreu kinder, für vnsreu geswistreit vnd für alle vnser erben offenlich mit disem brief allen den die in sehent oder hörent lesen, daz wir mit wolbedachtem můt veraintleich vnd willekleich verkoft vnd aufgeben haben vnserm gnâdigen herrn dem edeln pyschof Albreht von Freysingen die mül die ze Lok an der Zäur oberhalp der stainen pruggen pei dem purgtor auzzerhalb der stat gelegen ist, vnd die etewen sälig Dietreich der Prenner vnd sein erben inne hieten, mit allem dem vnd darzů gehört, besůchtz vnd besůchtz (!), mit sampt dem garten vnd den hofsteten die oberhalp der egenanten mül gelegen sint, also daz wir noh dehain vnser erb noch nieman von vnsern wegen fürbaz dehain ansprach noch reht daruf haben noch gehen süllen vnd vns des gentzlich verczihen mit disem prief, wo wir darvmbe von vnserm egenanten herren enpfangen vnd ingenomen haben dreyzig mark Aglayer pfenning der wir gentzlich von ime gewert vnd geriht sien mit voller zal. Vnd darvber ze ainer vrchund der warhayt geben wir, ich der vorgenant Perchtolt der Schralle disen offen prief versigelten mit minem anhangenden insigel vnd darzů mit dez erbergen mannes hern Ottakers dez pfarrers ze Stain in Chrain vnd Jörgleins dez Leyninger ze den zeiten richter ze Villach mit ir baider anhangenden insigeln, dar vnder ich mich egenanter Hainreich Schralle vnd ich egenante Cecilia vnd alle vnser erben, kind vnd geswistret verbunden haben vnd och verbinden mit disem brief alle die vorgenant sach stät ze haben vnd ze laisten, wo si ire insigel durch vnser bett willen an disen brief gehenkt haben, in zwain an schaden. Der brief ist geben ze Vyllach an sant Margareten tag in dem iar do man zalt von Crists gebůrt dreuczehenhundert iar, dar nach in dem süben vnd füfczigosten iar.

Orig., Pgt., 3 angehängte Sigel abgerissen, k. Reichsarchiv zu München.

723.

1357, 25. Juli, Lack. *Margarethe, Tochter des Stontz, Bürgers zu Lack, reversirt gegen Bischof Albrecht von Freising betreffs Lösung der ihr für 210 Gulden verpfändeten Mühle.*

Ich Margaret dez Stontzen tochter purgers ze Lok vnd ich Susann ir tochter verichen offenleich mit disem brief für vns vnd vnser erben vmbe die mül die vns versetzt ist von vnserm gnädigen herren pyschof Albert von Frysingen ze ainem rehten satz vmbe zwaihundert vnd zehen gulden allez gůter vnd wolgewegner gulden, als vnser hantvest sagt die wir von ime dar vmbe inne haben, wenn der egenant vnser gnadiger herr, sein nachkomen oder iro (!) gewizz gescheft vns ermanent, die selben mül wider ze lözend mit den vorgeschriben zwain hundert vnd zehen gůter wolgewegenr gulden, so süllen wir oder wer denn die selben hantvest von vnsern wegen inne hat, der widerlosung gehorsam (!) sein welhes iars daz wär, uf sant Jacobs tag der im schnit stet oder in den nähsten viertzehen tagen da vor, an allez vertziehen. Wir süllen och wenn daz ist daz man von vns lözet, die selben mül vnd waz daz zů gehört, in wider geben vnd ein antwrten mit dem ge-

schirr daz darzů gehort an genârd. Vnd dez ze vrkůnd der
warhait geben wir disen brief mit hern Ottakers kirchherrn ze
Stain vnsers lieben herren anhangenden insigel versigelten der
geben ist ze Lok an sant Jacobs tag in schnit des jars do man
zalt von Crists geburt dreutzehenhundert iar vnd darnach in
dem siben vnd fůnftzigosten iar.

   Orig., Pgt., anhängendes Sigel in Fragment, k. Reichsarchiv zu
München.

724.

1357, 28. August, ... *Ulrich von Stubenberg reversirt gegen Bischof
Albrecht von Freising betreffs der ihm übertragenen Pflege der unteren
Veste zu Lack und der Burg zu Wildenlack.*

  Ich Vlrich von Stubenberg tun kunt allen den die disen
brief ansehent oder hôrent lesen, daz der erwirdig fůrst min
gnedigen (!) herr pischof Albreht ze Frisingen mir von besun-
dern gnaden empholhen hat sinen turn der gelegen ist ob der
nidern vest ze Lok, vnd dar zů sin vest Wildenlok vnd sol er
mir von sant Johans tag ze Sunwenden der gewesen ist vor
dem tag als diser brief geben ist, alle iar dar zů ze purkhůt
geben ahtzig mark Aglaiger pfenning oder die mvnss da fůr
die in dem land ze Chrayn geng vnd geb ist, vnd sol mir die
selben purkhůt halb geben vf sant Martins tag vnd halb vf
sant Georgen tag vnd sol noch ennmag mich oder min erben
niht enthusen, er geb mir och dann vor dritthalb hundert gul-
din die ich im berait gelihen han, alle iar ze rehtem zil daz
ist vf sant Georgen tag, oder aht tag vor oder aht tag dar
nach, vnd swenn er oder sin nachkomen daz gerůnt, so sol
ich oder min erben im oder sinen nachkomen den vorgenanten
turn vnd die vest Wildenlok wider antwrten an alle widerede.
Ich sol och den vorgenanten turn vnd vest behůten vnd besor-
gen mit wahtern, mit torwarten vnd mit einem erbern mann
mit miner kost vnd zerung vnd sol dem vorgenanten pischof
Albreht oder sinen nachkomen alle zit da mit warten vnd sin
leut vnd gůt trewlich versprechen vnd schirmen an sinen scha-
den als ain getrewer purggraf vnd phleger billich tůn sol an
alle gouerd, vnd sol och ůber die vorgeschriben purkhůt hincz
sinen leuten vnd gůten dehain vordrung tůn noch vflegen.
Swenn aber daz wer daz der vorgenant pischof Albreht min

gnediger herr abgieng vnd nit enwer so sol ich oder min erben
mit dem vorgenanten turn vnd vest ainem künftigen pischof
warten in aller dez (!) wiz als dem vorgenanten pischof Albreht
ob er gelobt solt han. Dez ze vrkůnd gib ich disen brief
versigelt mit minem anhangendem insigel, der geben ist do
von Cristes gebůrt waren driuzehen hundert iar vnd dar nach
in dem sibenden vnd funfczigestem iar, an sant Augustines
tag dez hailigen lerers.

Orig., Pgt., anhängendes Sigel, k. k. geh. Haus-, Hof- u. Staatsarchiv zu Wien.

725.

1357, 30. Juli, ... *Bischof Albert von Freising verleiht Dietmarn, der Gartnerin Sohn, eine Peunt am Walde bei Rotenmann bei Oberwelz.*

Wir Albert von gotes gnaden pischof ze Frysingen be-
kennen offenlich mit disem brief, daz wir Dyctmar der Gart-
nerin sun ain peund diu gelegen ist an dem wald zdem Roten-
mann, vnd seinen erben ze rehtem lehen verlihen haben mit
allen den rehten vnd wir daran zuerlihend hetan vnd soltan (!).
Mit vrkund dicz briefs der geben ist mit vnserm anhangendem
insigel versigelt am nåhsten Sunnentag nach sant Jacobstag in
dem iar do man zalt von Crists gebůrt dreutzehenhundert iar,
siben vnd funfczig iar.

Orig., Pgt., anhängendes verletztes Sigel, k. Reichsarchiv zu München.

726.

1357, 3. September, Wien. *Herzog Albrecht von Österreich bestätiget dem Bischofe Albrecht von Freising die Urkunde König Friedrichs III. ddo. 1316, 13. April, Wien, das Jagdrecht der Bischöfe in Österreich betreffend.*

Nos Albertus dei gracia dux Austrie, Styrie et Karinthie
ad vniuersorum noticiam deducimus per presentes, quod reue-
rendus in Christo pater dominus Albertus Frisingensis ecclesie
episcopus, auunculus noster dilectus in nostri presencia consti-
tutus petiuit a nobis instanter, quatenus priuilegium quoddam
antecessori suo quondam domino Chůnrado eiusdem ecclesie
episcopo per diue recordacionis serenissimum Fridericum olim

Romanorum regem dominum et fratrem nostrum carissimum innouatum eciam in ipsius personam approbare, innouare et extendere dignaremur. Cuius quidem priuilegii tenor per omnia dinoscitur esse talis:

Folgt nun die Urkunde König Friedrichs III. ddo. 1316, 13. April, Wien (Nr. 607), enthaltend als Insert die Urkunde König Rudolfs ddo. 1281, 21. Juni, Regensburg (Nr. 371).

Nos igitur predicti domini Friderici fratris nostri vestigiis inherentes ac deuota et fidelia obsequia prefati domini Alberti episcopi nobis prestita fauorabiliter intuentes, dictum priuilegium prout superius est annotatum, et vniuersos et singulos articulos in eo contentos in sui persona(m) liberaliter innouamus, approbamus, extendimus et presentis scripti munimine roboramus. In cuius rei testimonium presentem litteram nostro sigillo duximus muniendam. Datum Wienne, III. nonas Septembris, anno domini M. CCC. L. septimo.

Orig., Pgt., anhängendes Sigel verletzt, k. Reichsarchiv zu München.

727.

1358, 30. Jänner, ... *Pfarrer Hilbrand Hak von Lack beurkundet die Bedingungen, unter welchen er dem Pfarrer Ottakar von Stein die Gründung eines Clarisserinnenklosters zu Lack zugestanden.*

Ego Hilbrandus Hak plebanus in Lok Aquilegensis diocesis notum facio presentibus inspectoribus universis, quod prehabito consilio sano et maturo ac domini Hainrici mee dicte plebis vicarii perpetuati ac omnium meorum capellanorum favore honorabili viro domino Ottakaro plebano in Stayn dicte diocesis consensum, nutum et favorem tribui, dedi et errogavi monasterium ordinis sancte Clare pro divino cultu celebrando in dicta nostra plebe in civitate Lok inferius prope castrum construendi, edificandi et fundandi singulis conditionibus et interpositionibus subscriptis ordinabiliter observandis, primo quarta pars singularum oblationum mortuorum, festivitatum et feriarum que super altare ciusdem monasterii perventa nulla inclusa lite mee ecclesie nuncioque meo aut dicti mei vicarii absente aut presente cedere debet, item nulla missa in monasterio eodem non preservata altera missa in capella sancti Jacobi in civitate Lok sine mea licentia aut vicarii debet celebrari, ita ut quando pro dicta altera missa compulsabitur, pro claustrali secundario tertio debet pulsari, etiam me meoque vicario aut capellano eandem alteram missam nolentibus celebrare, die quocumque claustralis missa poterit celebrari orto sole, item earundem monialium dominarum sive sororum capellani sive fratris ianuis seu postibus apertis cotidianis diebus predicare non debent nisi ipsis monialibus non tactis campanis, diebus vero Dominicis post nonam aperte poterunt predicare, nisi memet vellem aut vicarium meum aut cui committerem facere sermonem, similiter et in Quadragesima et aliis festivis diebus ipsis etiam rogatis per me aut vicarium in ecclesia debent predicare diebus quibuscunque in benevolentia pro posse servata, item sine licentia mea aut vicarii confessionem audire, sacramenta porrigere, sepulturas facere non debent pro parrochialibus etiam ipsis temporalibus familiaribus, nisi pro ipsarum dominabus et religiosis seu spiritualibus personis, et si aliquem apud dictum monasterium sepulturam eligere contingat, tunc funus debet fieri ad capellam sancti Jacobi et ad parrochiam ibique peragi cum missis et vigiliis et ibidem omnia iura parrochialia et remedia pro die depositionis septimo tricesimo prout alias consuetum est, expediri et persolvi, item diebus Dominicis et festivis dies simpliciter et directe debeant pronunciare ac memoriam ipsorum et monasterii benefactorum habere, item prefatus dominus Ottakarus ecclesie predicte dedit et errogavit septuaginta sex marchas usualis monete pro recompensa ad emendos redditus et annuo utendos per me, vicarium et meos successores, item agellum in plebe prope parrochialem domum, item pro libro missali decem marchas ad ecclesie usum. Predictos enim articulos seu omnes circumstancias per me et vicarium sine irritatione sub plena rectitudine promitto conservare ad mei conscientiam et fidem, si vero secus per me et vicarium in facto huiusmodi procederetur ad notitiam excessus apparentis et id non restauretur sive recognosceretur recomplanando seu recompensando infra octo dies, statim devolutus essem dare venerabilibus dominis domino patriarche Aquilegensi centum marchas et domino Frisingensi episcopo centum marchas pro quibus impeti et coartari possum ad solutionem per ipsorum officiales de omnibus meis bonis eorum ad mandatum. In evidens testimonium omnium predictorum presens tradidi scriptum mei sigilli ac venerabilis viri domini Johannis archidiaconi Carniole et Marchie plebani in Mangespurch et honorabilis viri Ortolfi de Poomok burgravii in Lok, anno domini MCCCLVIII., die penultima mensis Januarii.

<small>Aus der Bestätigung des Patriarchen Nicolaus von Aquileia ddo. 1358, 3. Febr., Udine (Nr. 730). Notizenbl. d. kais. Akad. d. Wissensch. 1858, 462.</small>

728.

1358, 3. Februar, Frisach. *Ulrich der Chnoll, Spitalsverwalter zu Oberwelz, gibt dem Bischofe Peter von Lavant einen dem Spitale vergabten Zehent zu s. Georgen um 50 Mark Silbers zu lösen.*

Ich Vlreich der Chnoll ze den zeiten verueser dez spitals ze Oberweltz vnd daz spytal daselbs wir vergehen offenbar mit disem brief allen den die in sehent oder horent lesen, daz wir den zehent gelegen datz sand Jörgen den Michel der Zehnner inne gehabt hat, dem got genad, vnd der da dient all jar vierzehen mutt chorn vnd vierzehen mütt habern vnd mit andern rechten vnd nützen die darzu gehorent, dem erwirdigen herren bischolf Petern von Lavent, seinen nachchomen vnd irem gotzhaus wider ze losen geben haben vmb fümftzig march silbers, ye für die march zwen vnd neün schilling Aglayer ze geben der wir gar vnd gantzlich gewert sein an allen vnsern schaden, vnd antwurten dem vorgenanten bischolf Petern, seinen nachchomen vnd irem gotzhaus den vorgenanten zehent mit alle. den vnd darzů gehöret wie daz genant ist vnd alz wir in im gehabt haben, auz vnser gewalt, nutz vnd gewer, in ir gewalt, nütz vnd gewer vnd behalten vns dhain recht daran, vnd schullen da mit iren frum schaffen als mit dem andern ires goczhaus gůt wie sy wellen, an all vnser irrung, vnd haben im den brief wider geantwurt den wir von seinen voruodern bischolf Hainrich vnder seinem vnd seinez cappitels insigel dar über gehabt haben. Dar über geben wir in disen brief versigelten mit Chunrad von Pederdorf ze den zeiten purchgraf ze Oberweltz vnd mit Hainrich dez Naegel ze den zeiten richter ze Oberwelcz anhangenden insigeln die ir insigel an disen brief gehangen habent durch vnser pet willen in an schaden. Pei der obgenanten richtigung seind gewesen vnd seind gezeugen her Vlreich prior datz sand Lamprecht, Chunrad von Pederdorf purchgraf ze Weltz, Herman von Meinhartzdorf, Ősel pey dem Tor purger ze Friesach vnd ander erber leŭt. Der brief ist geben ze Friesach an sand Blasii tag, da ergangen warn von Christes geburd dreuzehen hundert iar, dar nach in dem acht vnd fumfzigistem jar.

Cod. episcopi Heinrici (XIV. Jahrh.), f. 44, bischöfl. Archiv zu Marburg.

729.

1358, 26. Februar, Freising. *Bischof Albrecht und das Capitel von Freising verkaufen von ihrem Kirchengute der Hofmark Ollern einen angegebenen Theil sammt dem Berge ‚Chalhoksperch‘ dem Kloster Mauerbach um 150 Pfund Wiener Münze.*

Nos Albertus dei et apostolice sedis gracia episcopus Frysingensis tenore presencium profitemur et constare cupimus vniuersis, quod cum nemus et silua in Rentzeinspǎhel cuius confines sunt a vado wlgariter dicto Retzeinsfurt usque in Alhingsgraben et abhinc ad montem dictum Tyerberg, postea sursum iuxta montem usque ad locum qui dicitur Zwifurter, et tunc deorsum ad siluam dominarum claustralium de Tulna, donec peruenitur directe ad rivvm predictum in Retzeinsfurt sicut aqua pluuialis demonstrat, nec non nemus seu silua in Chalhoksperch circa hospitale in Maurbach attingens ab vna parte ad fossatum ryppe in Maurbach, et termini eius sunt iuxta eandem rypam in Maurbach deorsum usque in Kleppengraben et ex parte alia sursum usque in marchiam Geblitz prout etiam aque pluuiales declarant, ad ecclesiam nostram memoratam iure proprietario pertinerent, nobis quoque et successoribus nostris modicum vtilitatis et comodi de eisdem siluis et nemoribus proueniret, nos prehabita diligenti et matura deliberatione venerabilium quoque et dilectorum in Christo Johannis prepositi, Erhardi decani atque capituli eiusdem ecclesie nostre vnanime voluntate ac beneplacito accedente nemora prelybata pro centum et quinquaginta talentis denariorum Wyennensium vsualis monete quod quidem precium nos percepisse fatemur, in alios vsus seu redditus uel solutionem debitorum prefate nostre ecclesie per nos fideliter conuertendum, nostro ac ecclesie nostre loco et nomine rationabiliter tradidimus et vendidimus cum omnibus et singulis iuribus et pertinentiis eorundem honestis et spiritalibus viris priori et conuentui domus Vallis omnium sanctorum ibidem in Maurbach Carthusyensis ordinis recipientibus pro se suisque successoribus et per eos ac monasterium eorum habenda, tenenda et imperpetuum possidenda sicuti nos et nostri predecessores hactenus predicta nemora habuimus, tenuimus et possedimus pacifice et quiete, renunciantes expresse omni excepcioni non dati et non soluti precii, nec non omni iuri et accioni quod uel que nobis et nostris successoribus in eisdem nemoribus competebat uel competere poterat quouis modo, promittentes quoque bona fide eosdem fratres et monasterium eorum super hoc defendere ac eis singula dampna et expensas ac interesse litis et extra restituere sub omni nostrarum rerum tam ecclesiasticarum quam secularium ypoteca. Vt igitur contractus huiusmodi tam legitime initus a nullo vnquam hominum violari valeat vel infringi, fratribus antedictis ac eorum monasterio has patentes dedimus litteras nostri ac prefati nostri capituli sygillorum appensionibus roboratas. Nos vero Johannes prepositus, Erhardus decanus totumque capitulum Frysingensis ecclesie predicte in capitulo nostro more solito conuocati et super contractu et vendicione predictis deliberatione prehabita diligenti nostrum quoque consensum et voluntatem ad supradicta adhibuimus et adhibemus presencium per tenorem. In cuius euidentiam sygillum nostri capituli ad sygillum predicti domini nostri episcopi presentibus est appensum. Datum Frysinge anno domini millesimo trecentesimo quinquagesimo octauo, feria secunda post beati Mathie apostoli.

Orig., Perg., 2 anhängende Sigel, davon Nr. 2 nur Fragment, k. k. geh. Haus-, Hof- und Staatsarchiv zu Wien.

730.

1358, 3. März, Udine. *Patriarch Nicolaus von Aquileia vidimirt und genehmiget die Bedingungen, welche Pfarrer Hilbrand Hak von Lack für das durch Pfarrer Otakar von Stein zu Lack gegründete Clarisserinnenkloster zugestand.*

Nicolaus dei gratia sancte sedis Aquilegensis patriarcha. Dilecto in Christo filio Ottakaro plebano in Stayn nostre Aquilegensis diocesis salutem in auctore salutis. Cum a nobis petitur quod iustum est et honestum, illud nos decet admittere favorabiliter et benigne, potissime ubi ex eo cultus augmentetur diuinus et profectus sequitur animarum. Sane nobis intimare curasti, quod tu de salute propria cogitans pro tue parentumque tuorum remedio animarum unum monasterium ordinis sancte Clare in oppido Lok nostre Aquilegensis diocesis construi tuis propriis sumptibus facere decreuisti ac de bonis tui patrimonii dotare, taliter quod ex eis conventus monialium ibidem collocandus cum aliquibus capellanis seu fratribus commode poterit sustentari, propter quod nobis humiliter supplicasti ut propositum tuum huiusmodi gratis dignaremur favoribus acceptare et conventionem hoc super per te habitam cum plebano in Lok infrascripti tenoris etiam confirmare. Nos itaque tuis devotis supplicationibus inclinati dictum tuum laudabile ac salutiferum propositum in domino commendantes fundationem predicti monasterii per te ut premittitur, faciendam ac ejus dotem nec non conventionem predictam contentis in litteris infrascriptis ratas et gratas habemus ipsasque omni modo iure et forma quibus melius possumus de predicti plebani in Lok expresso consensu auctoritate ordinaria tenore presentium approbamus, ratificamus ac etiam confirmamus, hoc adiecto quod anniversarium nostrum, predecessorum ac successorum nostrorum patriarcharum Aquilegensium annis singulis tertia die post octavam festi Resurrectionis per predictum conventum solemniter cantari et celebrari facere perpetuo tenearis. Tenor autem litterarum conventionis predicte noscitur esse talis:

Folgt nun der Vergleich des Pfarrers Hilbrand Hak von Lack mit Pfarrer Otakar von Stein ddo. 1358, 30. Jänner, ... (Nr. 727).

In quorum omnium testimonium et perpetui roboris firmitatem presentes fieri iussimus nos patriarcha predictus et nostri sigilli appensione muniri. Datum Utini in nostro patriarchali palatio, die tertio mensis Februarii, anno dominice nativitatis MCCCLVIII., indictione XI.

Notizenbl. d. kais. Akad. d. Wissensch. 1858, 462.

731.

1358, 16. October, Wien. *Bischof Albrecht von Freising bestätiget die Rechte und Freiheiten der Stadt Oberwelz.*

Wir Albrecht von gocz genaden pyscholf ze Freysing veriehen vnd pechennen offenleichen mit disem prief, daz wir

vnsern getreuwen lieben purgern gemainchleich vnser stat ze
Oberwelcz die genad vnd fůdrung getan haben, also daz wir
sev pey allen iren alten rechten vnd gewonhaiten wellen lazzen
peleiben vnser lebtag, vber die alten steuwer die sie vns iaerch-
leich gebent, nicht fůrbaz noeten noch treyben schullen noch
wellen. Mit vrchund diez priefs versigelt mit vnserm aigen
anhangendem insigel, der geben ist ze Wienn nach Christs
purd dreuzehen hundert jar, dar nach in dem acht vnd fumf-
czbisten (!) iar, an sand Gallen tag.

Orig., Pgt., anhängendes Insigel, Gemeindearchiv zu Oberwelz.

732.

1358, 8. November, Laibach. *Schwester Gisela, Äbtissin des Cla-
risserinnenklosters zu Lack, verkauft 2 Huben zu Igg an das Karthäuser-
kloster zu Freudenthal um 28 Mark Aglaier Pfennige.*

Ich swester Geysel ze den zeiten aptessin in dem vrowen
chlôster sand Claren ordens ze Lôk, weylent Niclaws wirtin
von Laybach, Leon vnd Ostermans pruder den got allen genad,
vnd mein tochter swester Elzpet dez egenanten chlosters verie-
hen offenleich an disem prief allen di in sehen, hôrnt oder
lesent, daz wir mit woluerdachtem mŭt vnd mit aller vnser
erben gŭnst vnd mit ir hant recht vnd redleich vnd vnuer-
sprôchleich (!) hin geben vnd verchawft haben fůr vnserz
rechtes vnd aygens gŭt, sam vnser prief sagen di wir dar
vber haben, tzwo hŭben gelegen datz Ig in dem dôrf da Ma-
thia der Chŭmer vnd Haitman (!?) ze den zeiten auf gesessen
sint, vnd ayn mŭl da selbez an der Eysch da zŭ den zeiten
Pernhart auf gesessen ist, mit lewt, mit gŭt, mit stok, mit
stain, mit akcher, mit wismat, mit der gemain, mit inuart vnd
mit auzuart, gesŭcht vnd vngesŭcht, gepawen vnd vngepawen
vnd mit alle dew vnd dar zŭ gehôrt oder gehôrn sol wie daz
genant sey, den erbern gaystleichen lewten prvder Niclawen
zv den zeiten prior da ze Vrewnicz Chartŭser ordens vnd dem
couent (!) da selbez vnd allen irn nachchomenden ewichleich
vnd haben sew gerŭbleich dar auf gesaczt in nŭcz vnd in ge-
wer mit aller stat. Dar vmb haben si vns geben acht vnd
zwaincz marckch Agleyer phening der wir zehant mit voller
zal von in gewert seyn, da von schŭllen siz haben vnd nŭczen

vnd da mit t⁊n waz in lieb ist, alsz mit irem aygem g⁊t, wau
wir sch⁊llen inz scherem, vertretten vnd verantwrten vor
manichleich vor aller sprach nach landez recht. Wrden sew
auuer mit pezzerem rechten da von getriben, dan wir in dar
auf geben haben, welhen schaden sew dez nemen wi der ge-
nant sey, den ir ainer pey seinen trewen sagt, den sch⁊llen
wir in genczichleich vnd gar gelten mit sampt dem erchen au
all wider red, daz sch⁊llen sew haben auf vns vnd auf vnsern
erben vnuerschidenleich vnd auf alle dev vnd wir haben oder
noch gewinnen, vnd wolten wir sew nicht weren erchens vnd
dez schaden, so sol sew der lanczherr oder sein howbtman
weren von aller vnser hab mit vnserm g⁊tem willen. Mit
vrch⁊nd dicz prifez mit vnserz vorgenantes chloster ze Lok
vnd mit herrn Othacherz pharrer ze Stain meinz prvder vnd
mit Nicolai schreiber ze Lok anhangenden insigeln versigelt
di sew d⁊rch vnser pet willen dar auf gehengt haben in an
schaden. Geben ze Laybach nach Christez gep⁊rd drew-
tzehenh⁊ndert jar, dar nach in dem acht vnd fünfczigistem
iar, dez nasten Phincztag von sand Merten tag.

Orig., Pgt., 3 anhängende verletzte Sigel, k. k. geh. Haus-, Hof- und Staatsarchiv zu Wien.

733.

1358, 27. November, ... *Konrad der Payer reversirt gegen Bischof Albrecht von Freising wegen der Lehenschaft von acht Huben zu Weinberg bei Klingenfels in Krain.*

Ich Chûnrat der Payer minez gnedigen herren hern
Fridrichs von Walse von Walse (!) ze den zeiten diener, tůn
kunt vnd vergich offenlich mit disem brief vmb die lehenschaft
der acht hůben, die vf dem Weinperg bi Clingenuels vf der
Windischen March gelegen sint die Niggel der Gåul ieczunt
innehat, die mir der ewidigen (!) fůrst min gnedigen (!) herr
pischof Albreht ze Frisingen von sinen gnaden getan hat, daz
ich die selben lehenschaft der der (!) vorgenant aht hůben mit
dem rehten vzztragen sol minem vorgenant herren pischof
Albreht, sinem gozhaus vnd allen sinen lůten vnd gůten an
allen iren schaden vnd dez selben han ich im min triuwe
geben an aidez stat stet ze halten vnd ze laisten dez ich min
triuwe geben han. Dez ze vrkůnd gib ich disen brief versigelt

mit minem aigenn anhangendem insigel vnd mit dez erbern
mans Wilhalms von Sperrenberg anhangendem insigel daz er
durch miner bett im selb an schaden, wan nvr zů ainer ziug-
nůzz der vorgeschriben sache an disen brief gehenkt hat. Do
daz geschach do zalt man von Christes gebůrt driutzehenhun-
dert iar, dar nach in dem ahten vnd fůnfczigestem jar, an dem
nehsten Eritag nach sant Katharinen tag.

Orig., Pgt., 2 anhängende Sigel, k. k. geh. Haus-, Hof- und Staats-
archiv zu Wien.

734.

1359, 10. Jänner, Wien. *Herzog Rudolf von Österreich erhebt das
Dorf Holenburg an der Donau zu einem Markte und verleiht ihm ent-
sprechende Rechte.*

Wir Rûdolf von gocz gnaden hertzog ze Österreich, ze
Steyr vnd ze Kernden, herre ze Chrayn, auf der Windischen
March vnd ze Portnaw, graf ze Habspurg, ze Phyrt vnd ze
Kyburg, lantgraf in Elsazz vnd marchgraf ze Burgaw allen
Christinen menschen, gegenwirtigen vnd chunftigen die disen
prief sehent, lesent oder hôrrent lesen nu vnd hie nach ewech-
leich vnsern grůzz mit erchantnuzze diser nach geschribener
dinge. Es zimpt wol der gůtlichen miltikeit furstliches gewal-
tes vf zebringende, ze schirmende vnd ze merende gunsteklich
die wirde, gemach vnd ere aller gotzhuser, doch sunderlich der
gotzhuser der lute vnd gůter in iren fůrstentůmen gelegen vnd
dienstleich mit in herchomen sint vnd der furweser sich von
alten zeiten mit getruwer freuntschafft vnd willigem dienste zů
denselben fursten begirlichen genaiget hant. Dar vmb so wizzen
alle leute vnd sunderlich die den es ze wizzenn durft geschicht,
daz wir mit den ougen billicher betrachtigung haben angesehen
gnedekleich die besunder, truwe vnd namhafte nutzliche dienste
die vnsern vordern vnd vns manigualteklich beschehen sint
vnd noch furbazzer beschehen sullen vnd mugen von dem er-
wirdigen gotzhuse ze Freysingen vnd sunderleich von ietzunt
dem hochwirdigen vnserm lieben ôheim graf Albrechten von
Hohemberg pyschof daselbs vnd haben von sundern gnaden
mit furstleicher mechte volchomenhait als ein gelide dez key-
serlichen hauptes von dem alle weltliche recht, freyhait, gnad
vnd gůte gewonhait fliezzent, mit freyem willen, lauterleich

durch got in ere der hailigen gottes můter vnd magt der
kuniginn Marien, der hailigen herren sant Corbinians vnd sant
Sygmunts vnd aller gottes hailigen gemainlich nach gůter vor-
betrachtuug, mit wizzen vnd rate vnserr lantherren vnd mit
aller der ordnung, beschaidenhait vnd kraft, worten vnd ge-
berden die guistlichen vnd weltlichen rechten, freyhaiten vnd
gewonhaiten, geschribenen vnd vngeschribenen dhains wegs
darzů gehôrent, gegeben, recht vnd redleich vnd geben mit
disem priefe wizzentlich fur vns vnd die hochgepornen fursten
vnser lieben průder Friderich, Albrecht vnd Leupolt vnd
herren der vorgenanten lande der aller wir als der eltist vnder
in vollen vnd gantzen gewalt haben, dem egenanten gotzhaus
von Freysingen in das dorf ze Holenburg das desselben gotz-
hauses aigen ist, ain rechten, redleichen, freyen vnd offenen
wůchenmarcht alle wochen auf den Phintztag. Als ouch die
wonung der leute ze Holenburg vntz her gehaizzen hat ein
dorf, das haizzen wir nu ein marcht vnd geben den leuten vnd
dem marcht hinnenthin ewekleich burgerleiche recht, also daz
si haben sullen alle die vreyhait, gnade, recht vnd gewonhait
die ander purger habent in andern vnbeschlozzen merchten
auf dem lande ze Österreich. Wir chůnden ouch allen vnsern
lantherren, rittern vnd knechten, hauptleuten, purchgrafen,
phlegern vnd amptleuten, richtern, purgermeistern, reten vnd
purgern vnd sunderlich allen chaufleuten vnd dar nach gemain-
lich allen andern leuten, edeln vnd vnedeln, phaffen vnd layen
in vnsern lande ze Osterreich disen vorgeschribenen wůchen-
marcht vnd gepieten in ernstlich pey vnsern hulden vnd wellen
ouch daz si alle gemainlich vnd ir ieglicher sunderlich nach
gelegenhait seines lauffes denselben wůchenmarcht alle wůchen
auf den Phintztag mit chauffen, mit verchauffen alle grozze
vnd chlaine ding in aller chaufmanschaft vnd mit aller wande-
lung wizzen, halten vnd sůchen als ander mercht in vnserm
lande ze Österreich, mit solicher beschaidenhait daz doch
chain niderleggung weder mit traigd noch mit wein noch mit
saltze noch mit dhainen andern sachen datz Holenburg, weder
dishalb Tůnaw noch enhalb Tůnaw icht sey oder iemer werden
sulle, wan dieselb vnd andre niderlegung sein vnd beleiben
sol ewekleich bei vnsern steten, merchten vnd mautstetten ze
Österreich als es von alter herchomen ist, an alles geuer.
Niemane da von vnder allen leuten si erlaubet vnd werde ouch

nieman als geturstig, daz er daz vorgeschriben marchtrecht,
die vreyhait vnd die gnad die wir in dem namen als da vor
dem egenanten gotzhuse von Freysingen da hin gegeben haben,
iemer vberuar, gebreche oder in dhainen weg verierre, wer
aber da wider tete vnd es mit freueler geturstikait vberfûre,
der wizze dar vmb ertzurnen swerleich vnser furstleichen wir-
dichait vnd in vnser vngnade also vallen, daz wir in nach sein
schulden dar vmb straffen hertekleich an leib vnd an gûte,
vnd emphelhen ouch das den egenanten vnsern prûdern vnd
allen vnsern nachkomen vnd erben ze haltende nach vnsern
zeiten also ernstlich vnd furderleich, als si dar vmb lon vnd
gnade von dem almechtigen gotte vnd von allen seinen haili-
gen vnd lob von der welt verdienen wellen. Vnd dar vber ze
ainem waren, vesten vnd ewigen vrchunde geben wir in dem
namen als da vor dem vorgenanten gotzhaus von Freysingen
disen prief versigelt mit vnserm insigel. Hie bey waren die
diser dinge sint getzuge, der hochgeporn furst vnser lieber
ôhaim hertzog Wentzlaw von Sachsen, dar nach die erwirdigen
vnser lieben freunde herr Gôtfrid pyschof ze Pazzaw, her Peter
pyschof ze Chur vnd abt Eberhart des gotzhauses in der
Reichenaw, dar nach die edeln vnser liebe getrewn Johann
vnd Gôtfrid geprûder grafen von Habspurg, Purchart vnd
Perchtold geprûder grafen von Maidburcht, graf Friderich von
Cyli vnd graf Herman sein sun, graf Heinrich von Werden-
berg, graf Rûdolf von Neydaw, graf Gunther von Swartzen-
burg, graf Johann von Pernstain, graf Georg von Toggenburg,
graf Wolfhart von Nellenburg, Stephan von Meissaw obrister
marschalk in Österreich vnd Wernhart von Meissaw sein prû-
der, Haidenreich von Meissaw obrister schenk in Österreich,
Albrecht von Pûchhaim vnser obrister druksetz daselbs, Poter
von Eberstorf vnser obrister kamermaister, Friderich der
Chreuspekch vnser obrister jêgermaister, Herman von Landen-
berg vnser lantmarschalk in Österreich, Eberhart von Walsse
von Gretz, Hainrich von Walsse von Drosendorf, Friderich
von Walsse vnser kamermaister, Hainrich von Haggemberg
vnser hofmarschalk, Eberhart von Capell, Johann der Tûrs
von Asparn, Albrecht der Schenk von Riet vnser hofmaister
vnd ander erber herren, ritter vnd knechte vil. Dis geschach
vnd war diser prief geben ze Wienn, an dem Phincztag nach
dem Prehentag, nach Christi gepurt tausent dreuhundert feunf-

tzig (!) jaren, dar nach in dem neunden iare, vnserer gepurtleichen
zeit in dem zwaintzigisten iare.

<small>Orig., Pgt., anhängendes kleines Sigel, k. Reichsarchiv zu München;
Meichelbeck II./2, 174, Nr. 271.</small>

735.

1359, 22. Februar, Wien. *Bischof Albrecht von Freising gestattet,
dass Peter von Ebersdorf seine freising. Lehen zu Deindorf an seine
Vettern Ulrich und Rüger, Söhne Konrads von Ebersdorf, verleihe, und
setzt zugleich die Weise deren Vererbung fest.*

Wir Albrecht von gotes gnaden byschof ze Vreysingen
tûn chunt offenleich an disem brief, daz wir hern Petrein von
Eberstorff die genad getan haben vnd tûn auch mit disem
brief, daz wir vnsern willen vnd vnser gunst dar zû gegeben
haben, daz er mit vnser hant gemacht vnd gegeben hat seinen
vettern Vlreichen vnd Rûgern, hern Chûnrats sûn von Eber-
storff saelig vnd irn erben seines rechten lehens daz er von
vns ze lehen hat, alle die gûter die er hat ze Teymendorff,
manschaft, verlehentew gûter in vrbar, ze holcz, ze velde vnd
ze dorf, ez sey gestift oder vngestift, versuecht oder vnuer-
suecht, wie so daz genant ist, in der weys als hernach an
disem brief geschriben stet, also mit ausgenomener rede,
waer daz her Peter von Eberstorf abgieng vnd an leib erben
verfûr daz sûn waern, daz denne die lehen erben vnd gevallen
suln auf die egenanten sein zwen vetern vnd auf ir erben die
denne nach seinem tode die selben gûter von vns vnd von
vnserm pystume ze Vreysingen ze rechtem lehen haben suln
nach dez landes recht ze Österreich. Vnd dez ze einem vr-
chûnde vnd ze einem warn gezewg so geben wir in disen brief
versigilten mit vnserm anhangundem insigil der geben ist ze
Wienne nach Christes gebûrde dreŵczehen hundert iar, dar
nach in dem newn vnd fûmfczgisten iar, dez naechsten Vrey-
tags vor sant Mathias tage.

<small>Orig., Pgt., mit anhängendem, sehr wohlerhaltenem Secretsigel des
Bischofs, landsch. Archiv zu Wien.</small>

736.

c. 1360, 1. September, Oberwelz. *Pfarrer Hartnid von Oberwelz ersucht den Erzbischof Ortolf von Salzburg, eine gewisse Messstiftung Bischof Pauls von Freising, für die Spitalskapelle zu Oberwelz gethan, zu bestätigen.*

Reuerendissimo in Christo patri et domino, domino Ortolfo sancte Saltzburgensis ecclesie archiepiscopo apostolice sedis legato, domino suo generoso Hartnidus plebanus ecclesie sancti Martini in Oberwelcz obedienciam promptam cum oracionibus in Christo deuotis. Quia reuerendus in Christo pater, dominus meus generosus dominus Paulus episcopus Frisingensis ob diuini cultus augmentum michi ac ecclesie mee prefate de bonis sibi a deo collatis necnon de bonis incolarum opidi prefati in Welcz ac per societates seu fraternitates eiusdem opidi in Welcz sponte, gratuite ac liberaliter oblatis ob suam, predecessorum ac successorum suorum salutem necnon dictorum incolarum et transeuncium per opidum ipsum comoditatem certos redditus atque bona que ad duodecim libras vsualis monete annuorum reddituum se extendunt, obtulit, tradidit et donauit, sponte ac ex certa sciencia pro me et successoribus meis recipienti perpetuo possidenda cum onere infrascripto, vt ego ac inantea rector parrochialis dicte ecclesie in Welcz de eisdem redditibus et bonis vltra conswetum numerum presbiterorum qui hactenus teneri consweuerunt in illa, vnum perpetuo teneamus sacerdotem, et vltra conswetta missarum et aliorum officiorum obsequia que absque diminucione seruari debent et adimpleri sicut prius, singulis diebus circa ortum solis in capella hospitali dicti opidi in Welcz annexa pulsata campana prima cantando vel legendo celebremus seu celebrari faciamus vnam missam, hiis diebus dumtaxat exceptis quibus huiusmodi missas priuatas non est solitum celebrari, et si ipsum locum vel ecclesiam supponi contigerit ecclesiastico interdicto, eandem missam ianuis clausis, exclusis quoque excommunicatis et interdictis, obmisso eciam campane sonitu legendo celebrabimus aut celebrari faciemus sicut fieri potest et debet tempore interdicti. Quociens vero ego vel successor meus qui pro tempore fuerit, aut vicarius me vel successore meo absente circa hoc negligentes fuerimus seu remissi et ad trinam requisicionem consiliariorum iuratorum opidi predicti aut quorundam ex eis missam ipsam in capella prefata non resumpserimus et neglectas missas infra vnius mensis spacium non suppleuerimus seu suppleri faciemus, pro qualibet missa neglecta lapso dicto mense magistro hospitalis prefati sexaginta denarios vsualis monete in vsus pauperum ibidem degencium conuertendos infra octo dies dictum mensem immediate sequentes integre exsoluemus, alioquin suspensionis ab ingressu ecclesie sentenciam per reuerendam paternitatem vestram in confirmacione huius obligacionis nostre ferendam cui me, successores et vicarios meos ac successorum meorum sponto submisi, incurremus ipso facto. Reuerendissimam itaque paternitatem vestram deuotus exoro, quatenus ob diuini cultus augmentum prefata omnia et singula auctoritate ordinaria approbare, ratificare, roborare et confirmare ac predictam suspensionis sentenciam statuendo ferri dignemini generose vt exinde vestrorum au(gea)tur cumulus meritorum. Datum in Oberwelcz, die prima mensis Septembris.

<small>Orig., Pgt. an einigen Stellen verletzt, doch allenthalben lesbar, anhängendes Sigel, steiermärk. Landesarchiv zu Graz.</small>

737.

1360, 24. September, s. Peter a/Kammersberge. *Bürger Konrad der Pershaimer von Oberwelz verkauft der Kirche zu s. Peter a/Kammersberge einen Acker oberhalb Winklern um 10 Goldgulden.*

Ich Chŭnrat der Pershaimer purger ze Weltz, mein hausuraw vnd alle vnser erben wir verichen offenloich mit dem prif vnd tŭn chunt allen den di in sehent oder hŏrent lesen, daz wir mit wol verdachtem mut do wir ez wol getŭn mochten, dem erbirdigem gotshaus zu sand Peter pey Welcz vnd seinn zechmeister verchaufft vnd aufgeben haben vnd ingeantbŭrt meins rechten aygen- ainn acher gelegen ob Winchlérn ze Edlingérn den emal der Rosner gehabt hat von der (!) Fritzen von Winchlern, also haben wir inn gentzleich verchauft vmb zehen guldein phenning der wir gar vnd gentzleich von im gewert sein. Wir luben auch dem vorgenantem gotshaus vnd dem zěmaister den egenanten acher vrein vnd scherm nach ayens recht vnd nach des landes recht da der acher inn gelegen ist, vor aller ansprach, tŭnn wir des nicht, swelhen schaden

des daz vorgenante gotshaus oder sein zechmaister neem wie
der schad genant oder gehaizzen wer, den schulln wir in gantz
vnd gar ab tûn an chlag vnd an taiding vnd schullen sew daz
haben auf vns vnd auf vnsern trewen vnd auf all dem vnd
wir haben mit vnserm gûtleichem willen. Daz daz also staet
vnd vnczebrochen peleib, dar vber geben wir inn den offen
prif zu aeinn trehund der warhait vnd versigelten mit des
erbern mannes Chûnrats von Pederdorf zu den zeiten purgraf
zu Weltz aygem anhangundem insigel der daz durch pot willen
an den prif gehangen hat, im vnd seinn erben an schaden,
wand wir aygen insigel nicht haben. Der prif ist geben zu
sand Peter nach Christes gepurt dreutzehen hundert iar vnd
dar nach in dem sechtzegistem iar, an sand Ruprechts tag in
dem herbest.

Orig., Pgt., angehängtes Sigel abgerissen, Pfarrarchiv zu s. Peter
a/Kammersberge.

738.

1361, 7. April, Nürnberg. *Kaiser Karl IV. bestätiget und inserirt
die Urkunden König Rudolfs und Kaiser Friedrichs I. betreffs Markt-
rechtes, Landgerichtes u. s. w. zu Enzersdorf, Ollern, Holenburg u. s. w.*

In nomine sancte et indiuidue trinitatis feliciter amen.
Karolus quartus diuina fauente clementia Romanorum imperator
semper augustus et Boemie rex. Ad perpetuam rei memoriam.
Notum facimus tenore presencium vniuersis imperatorie maje-
statis generosa sublimitas tanto amplioribus laudibus decoratur
quanto graciosius benignitatis sue donaria in subiectos et licet
innata nostro virtutis clemencia generaliter erga quosque bene-
meritos quos imperii sacri latitudo complectitur, liberalis exi-
stat, ad illos tamen munificencie dextram liberalius dignatur
extendere quos pro eiusdem imperii honoribus, comodis et pro-
fectibus procurandis operum testatur effectus feruencioribus
studiis insudasse. Sane pro parte venerabilis Pauli Frisingensis
episcopi principis et deuoti nostri dilecti oblata nostro culmini
peticio continebat, quatenus quoddam priuilegium quod celebris
memorie diuus Rudolphus quondam Romanorum rex predecessor
noster ecclesie Frisingensi eiusque episcopis concessisse dino-
scitur, nec non omnia in eo contenta benignitate caesarea sibi
et eidem ecclesie Frisingensi approbare, ratificare, confirmare

et innouare graciosius dignaremur, cuius quidem priuilegii tenor sequitur per omnia in hec uerba:

Folgt nun die Urkunde König Rudolfs, betreffend das Marktrecht, Landgericht u. s. w. zu Enzersdorf und Ollern ddo. 1277, 21. Mai. Wien (Nr. 337), mit dem bezüglichen Inserte Kaiser Friedrichs I. ddo. 1189, 18. Mai, Wien (Nr. 122).

Nos igitur prefati principis nostri sincere puritatis ardorem et alia multiplicia probitatis et virtutum merita quibus celsitudinem nostram et sacrum Romanum imperium attenta studuit actenus diligencia specialiter venerari, nostre mentis oculis clarius intuentes, ipsius supplicacionibus ob omnipotentis dei ac gloriose et intemerate virginis Marie genitricis eiusdem laudem, gloriam et honorem, nec non illum quem ad dictam Frisingensem ecclesiam semper gessimus et habemus sincere deuocionis affectum benignius inclinati, presertim cum iuste petentibus non sit denegandus assensus, dictum priuilegium prout superius verbaliter est expressum necnon omnia et singula in eo contenta animo deliberato, non per errorem aut improuide, sed sano principum, baronum et procerum nostrorum et imperii sacri fidelium accedente consilio de certa nostra sciencia imperiali auctoritate approbamus, ratificamus, auctorisamus et prefatis episcopo et successoribus suis ac ecclesie Frisingensi per omnia de nouo concedimus, innouamus et eciam presentis scripti patrocinio graciosius confirmamus, statuentes et hoc imperiali decreto valituro perpetuo sanccientes quod priuilegii supradicti virtute dictus Paulus Frisingensis episcopus et sui in eadem ecclesia successores perpetuis temporibus vniuersis et singulis in ipso contentis vti, frui, gaudere et potiri merumque, mixtum et absolutum imperium in talibus habere possunt et ualeant cum emergentibus, dependentibus et connexis, non obstante si tam dictus Paulus Frisingensis episcopus quam sui in eadem ecclesia predecessores dicto priuilegio seu graciis et iuribus in ipso contentis in totum uel in aliqua sui parte quibuscumque causis vrgentibus actenus non sunt vsu (!) uel propter negligenciam talia in dissuetudinem abierunt que eidem episcopo et ecclesie sue Frisingensi predicte nullum volumus generare posse seu quomodolibet importari debere preiudicium uel iacturam, sed pocius quod suprascriptum priuilegium cum omnibus et singulis sentenciis, punctis et clausulis suis per nos sicut premittitur, ratificatum, approbatum, confirmatum et de nouo concessum inuiolabilis roboris perpetuam obtinere debeat firmitatem. Nulli ergo omnino hominum liceat hanc nostre ratificacionis, approbacionis, innouacionis, concessionis et confirmacionis paginam infringere uel ei quouis ausu temerario contraire sub pena centum marcharum auri purissimi quam cum qui contrafacere presumpserit, tocies quocies fuerit contrafactum, eo ipso incurrere et ab ipso irremissibiliter exigi volumus ac eiusdem pene medietatem imperiali erario siue fisco, residuam vero partem dicto episcopo Frisingensi et suis successoribus episcopis ibidem decernimus applicari. Signum se- (M.)renissimi principis et domini domini Karoli quarti Romanorum imperatoris inuictissimi et gloriosissimi Boemie regis. Testes huius rei sunt venerabiles Gerlacus Moguntinus per Germaniam, Wilhelmus Coloniensis per Italiam sacri Romani imperii archicancellarii archiepiscopi, illustres Rupertus comes palatinus Reni archidapifer Bauarie dux, Rudolfus Saxonie dux archimarescallus et Ludowicus Romanie marchio Brandemburgensis archicamerarius sacri Romani imperii principes et electores, venerabiles Arnestus Pragensis archiepiscopus, Albertus Herbipolensis, Johannes Argentinensis, Johannes Luthomuschlensis sacre imperialis aule cancellarius, Leupoldus Babembergensis, Johannes Olomucensis, Theodricus Mindensis, Gerhardus Spirensis, Bertoldus Eystetensis, Gerhardus Newemburgensis, Albertus Swerinensis, Theodricus Wormaciensis, Marquardus Augustensis, Johannes Gurczensis, Petrus Curiensis et Heinricus Lubucensis ecclesiarum episcopi, illustres Otto Brandemburgensis et Lusacie marchio, Fridericus et Wilhelmus fratres marchiones Misseuenses, Adolphus, Stephanus et Fridericus Bauarie, Barnym et Kazimirus Stetinenses, Bolko Swidnicensis, Bolko Falkembergensis, Heinricus Glogouiensis, Wenceslaus Ligniczensis, Ludowicus et Heinricus Bregenses, Nicolaus Oppauiensis, Przimislaus Teschinensis et Bolko Opuliensis duces principes, spectabiles Burghardus Magdeburgensis imperialis curie magister, Fridericus Nurembergensis burgrauii, Eberhardus et Vlricus de Wirtemberg, Johannes et Burghardus de Recz, Heinricus et Wilhelmus de Montfort, Heinricus, Guntherus, Johannes, Heinricus et Guntherus de Swarczburg, Johannes de Nassow, Wilhelmus de Kaczenelbogen, Otto de Ortemburg, Vlricus de Helfenstein et Eberhardus de Wertheim comites, Johannes et Vlricus lantgrauii de Leutemberg, nobiles

Gerlacus, Kraffto et Gotfridus de Hoenloch, Goczo de Brunecke, Fridericus de Heidecke, Thymo de Koldicz, Petrus, Vlricus et Jodocus de Rosemberg, Jesko et Benessius de Wartemberg, Hoierius et Leupoldus de Landstein, Borsso et Slabko de Risemburg, Fridricus et Theodricus de Schonnburg et quamplures alii nostri et imperii fideles presencium, sub imperialis maiestatis sigillo testimonio litterarum. Datum Nuremberg, anno domini millesimo trecentesimo sexagesimo primo, indictione terciadecima, VII. idus Aprilis, regnorum nostrorum anno sextodecimo, imperii vero septimo.

<small>2 Orig., Pgt., anhängendes verletztes Sigel, k. Reichsarchiv zu München.</small>

739.

1361, 3. Juli, ... *Johann der Judman von ‚Rorenuels' gibt dem Bürger Johann dem Schiet von München einen Schuldbrief über 40 Pfd. Münchener Pfennige, wofür er ihm seine nach Freising lehenbare Weingülte zu Gries bei Botzen verpfändet.*

Ich Johans der Judman von Rorenuels vergich vnd tůn kunt offenlichen an dem brief für mich vnd für alle mein erben, daz ich schuldig pin vnd gelten sol Johansen dem Schiet purger ze München vnd allen seinen erben viertzick pfunt pfenning alles gůter vnd gäber Müncher pfenning oder ye für aynen pfenninck zwen gůt Haller oder dew münss dafür die iren ganck vnd vollen wert hat ze yglicher zeit, die selben pfenning er mir durch trew vnd lieb berait gelihen hat, vnd für die selben pfenning alle han ich dem vorgenanten Schieten vnd allen seinen erben getrewlich vnd mit gůtem willen vnbetwungenlichen gesetzt vnd eingeantwurtt ze rechtem pfant mein weingůlt ze Gryess pei Potzen mit samt dem zolle, also daz die selb weingůlt zolfrey gen sol vnd alz ich si han von meinem herrn dem bischof vnd dem gotzhaus ze Freysing mit allen rechten, eren, wirden, diensten, nůtzen vnd (allem dem daz) darzů gehört, klain oder groz swie die genant sind, besůcht vnd vnbesůcht, also mit der beschaiden daz si mir vnd meinen erben dauon jaerlich abslahen süllen drew pfunt Müncher pfenning alz lang biz daz si der vorgenanten pfenning aller verricht vnd gewert werdent gar vnd gaentzleich, vnd ob daz waer dez got nicht geb, daz in pruh oder irrung

geschaech an irem vorgenanten pfant vnd weingûlt von der
herschaft oder von wem daz waer vnd wie vnd wenn daz ge-
schaech vnd wie vil si dannoch irer vorgenannten pfenning auz
ligent, die sullen wir in zehant widerchern vnd auzrichten dem
naehsten moneit an allen iren schaden vnd dez sûllent si also
habent vnd wartend sein auf vns vnd auf ander vnser hab
swo wir die haben vnd in swelhem gericht si die anchoment,
alz lang biz auf vollev gantzev werung. Auch habent si vns
die trew vnd lieb getan daz wir jaerlichen die vorgeschriben
weingûlt von in wider lôsen sûllen vnd mûgen an sand Jacobs
tack, vor oder nach in den nachsten vierzehen tagen vnd vmb
alz vil geltz dez si dannoch auzligent vnd sich mit rechter
raytung eruinddet, vnd sûllen auch wir mit in vor oder nach
weder rechten noch chriegen, gaistlichen noch wertlichen, noch
in kainer weiz vmb alle sache vud handelung die an dem brief
sind verschriben, vnd den wir in geben zû ainem waren vr-
kûnde besigelt mit meinem obgenant Johansen des Judmans
aygnem anhangendem insigel. Daz ist geschehen dez samtz-
tages an sand Vlreichs abent, do man zalt von Christes gepurt
drewzehen hundert vnd dar nach in dem aynem vnd sechtzi-
gistem iar.

Orig., Pgt., angehängtes Sigel abgerissen, k. Reichsarchiv zu München.

740.

1361, 15. August, Admont. *Herzog Rudolf IV. von Österreich gestattet den Bürgern von Waidhofen zur Ausbesserung ihrer Brücke die Errichtung einer Maut für Wein- und Getreidedurchfuhr.*

Wir Rudolff von gots gnadn herczog ze Osterreich etc.
etc. tun chund, daz wir vnsern getrewn den purgern gemainlich
von Waidhofen durch pezzerung willen vusrer pruhk daselbs
ze Waidhofen erlaubt habn vnd erlaubn ouch daz si vf ainen
iglichn wagen der geuast vnd geladn ist mit weyn oder mit
getrayd vnd der da durch get, gelegn mugen alz vil phenning
als das von alter herchomen ist, vnd diselbn phenning die in
dauon geuallnt, sullen sy mit ainer guten chuntschaft vnd sun-
derlich mit wizzen vnsers getrewn Jansen des Chneusar oder
swer vnser pfleger ze Waidhofen ist, ze pezzerung der ege-
nauten prukkn daselbs ze Waidhofen anlegn nach irn notdurften

vnd sulln si diselbn phenning nemen von den egenantn wegn alz lang, vntz daz wir, vnser brůder oder vnser erbn das widerruffen. Mit vrkund ditz brifs besigelten mit vnserm haimlichn zaichn. Der brif ist geben ze Admund an vnser Frawntag ze der schidung anno domini millesimo tricentesimo sexagesimo primo.

† Hoc est verum. †

Joh. Trawner.

Orig., Pgt., angehgt., Sigel abgerissen, Stadtarchiv zu Waidhofen; Chmel. Geschforscher I., 3, Nr. 2; Jahrb. f. Lkde. v. N.-Öst. I. 101, Nr. 38.

741.

1361, 6. December, . . . , . *Gerold Ratgeb, Bürger zu Oberwelz, verkauft dem Sohne Ulrichs vom Graben mehrere genannte Liegenschaften im Krumpeck, Hintereck u. s. w. um 130 Pfund Wiener Pfennige.*

Ich Gerolt Ratgeb purger zu Welcz, mein hausfraw vnd alle vnser erben wir verichen offenleich mit dem prief vnd tunn chunt allen den di den prief sehent oder horent lesen, daz wir mit rat vnd mit gunst vnser pesten vreunt vnd zu der zeit do wir es wol getůn mochten, dem erbern manne hern Vlreichs sun von dem Graben, seiner hausfrawn vnd allen Irn erben redleich vnd recht verchaufft haben ain swaig in dem Chrumpek dev da haizzet des Röten swaig vnd da zu den zeiten Perchtolt der Röt auf gesezzen ist, vnd di Cherrleins hůb da pey da zu den zeiten Perchtolt der Cherrli auf gesezzen ist Rosmans sun, vnd ain swaig zu Hinderek dev da haizzet des Schuter swaig in dem Winchel da zu den zeiten Haintzel des Greymer sun auf gesezzen ist, vnd aein swaig in dem Lǒm dev da haizzet des Průler swaig, vnd ain dritail an der hub an dem Puhel ob dem dorfleiu in der Polan vnd da zu den zeiten Peter auf gesezzen ist, vnd dev vorgenanten gůter seind alle zu lehen von dem erbirdigen gotshaus zu Freising, vnd hab wir in dev gůter verchaufft vmb hundert phunt Wienner phenning vnd vmb dreizzig phunt Wienner phenning der wir von in gantz vnd gar gericht vnd gewert sein. Wir haben in auch dev vorgenante gůter verchaufft mit allen den rechten vnd nutzen di da zů gehorent, gesůcht vnd vngesucht, gepavn vnd vngepavn, veld, holtz, wismat, stock vnd stain, stift und stǒr,

leut vnd gût, mit allen den rechten vnd nutzen als wirs vnd
vnser vadern in nutz vnd in gewer herpracht haben vnd von
alter her chomen ist, wen auzgenomenleich di zwen chnecht
Perchtolten den Rôten vnd Chunraten seinn prûder den alten
Rôten sûn, di hab wir in nicht verchaufft. Wir schullen in
auch dev vorgenante gûter frein und schermen var aller an-
sprach nach lehens recht in dem land da di vorgenanten gûter
inne gelegen sint, taet wir des nicht, welhen schaden sev des
naemen den ir aeins vnder inn pei seinn trewen mag gesagen
an aid vnd an alle ander pehaerung, den lob wir in ganez vnd
gar ab zu tûn an chlag vnd an taiding. Vergaezz wir vns
indert dar an als vor geschriben stet, so schol sev der haupt-
man in Steyer richten vnd wern an chlag vnd an taiding von
aller vnser hab swie di genannt oder gehaizzen ist, mit vnserm
gûtleichem willen an alles verezihen swan sev im den prief
zaigent. Daz in daz also stet vnd vntzebrochen peleib, dar
vber geb wir in den offen prief zu ainer vrchunt der warhait
vnd versigelten mit meinem Gerolts des Ratgeben aigem an-
hangundem insigel vnd mit des erbern mannes Chûnratz von
Pederdorf zu den zeiten purgraf zu Weltz aigem anhangendem
insigel vnd mit des erbern mannes Hainreichs des Negeleins
zu den zeiten amptman zu Weltz vnd datz sand Peter aigen
anhangundem insigel di dew durch vnser vleizzigen pet willen
an den prief gehangen habent, in vnd allem irn erben an schaden.
Dar vnder verpint ich mich vorgenannter Gerolt, mein haus-
fraw vnd alle vnser erben mit vnsern trewen allez daz stet zu
haben vnd zu volfueren daz var an dem prief geschriben stet.
Daz ist geschehen nach Christz gepurd dreutzehen hundert
iar, dar nach in dem ains vnd sechtzegistem iar, an sand
Niclas tag vor Weinachten.

*Orig., Pgt., 3 angehängte Sigel abgerissen, steiermärk. Landesarchiv
zu Graz.*

742.

1362, 29. März, ... *Pfarrer Heinrich von Oberwelz stiftet eine
Gülte von 6 Mark Aglaiern und mehrere Kirchengeräte dem Kloster
Stainz für eine tägliche Messe daselbst.*

Stiftbrief vber 6 march Aglayer pfening, ain guet messpuech
vnd ain ganez mess gewant, ain guet khölich vnd ain guet creuez

von herrn Hainreich pfarrer zu Oberwels durch gott vnd
durch sunder freundschafft vnd andacht die er zu dem herrn
Mers probst, dem capitl vnd dem gotshaus sand Katharina ze
Stenz gehabt hat, geben vnd gestifft worden sechs march Aglayer
pfening gelts die er von Gerolden dem Ratgeb purger zu Ober-
welss khaufft hat alss di brieff sagent die er dem probsten
vnd dem capitl geben hat, item ain guet messbuch vnd ain
guet messgewant, ainen gueten khölich vnd ain guet creuz
dem vorgenanten herrn probst, dem capitl vnd gotshauss sand
Catherein zu Stenz, inu solicher gestalt dass die egenante
herrn für im herrn Hainraich vnd seine vödern darumb ein
ewige mess alle tag auf sand Dorothea altar im closter zu Stenz
vnd da soll man alle wochen sprechen ain mess Vnnser frawen
vnd aine von sand Dorotheen vnd ain seelmess, die ander
vier mess von welichen heilligen man will, vnd sollen auch
ainen ewigen jartag dauon begeen vier stund im jar je zu den
quatembern mit selmesse vnd vigili. Auf diss haben die
herrn herr Mert probst vnd das capitl des gotshauss sand Ca-
therein zu Stenz dem vorgenanten herrn Hainreich solhes wie
obgeschrieben stehet, zu halten angelobt bey iren gewissen vnd
vrkhund des prieffs der versigelt ist mit sein egenanten probst
Merten vnd mit des capitl anhangunden insigeln, geben nach
Christs geburt dreuzehenhundert jar vnd darnach im zway vnd
sechzigistem jar des Erchtags nach Mitterfasten, anno 1362.

<small>Aus nicht mehr vorfindlichem Codex des Klosters Stainz in neuer Ab-
schrift im steiermärk. Landesarchive zu Graz.</small>

743.

1362, 4. April Wien. *Bischof Paul von Freising verleiht Friedrich
von Wallsee von Enns alle Lehen, welche von Ortel von Volkensdorf
frei geworden.*

Wir Paulus von gottes gnaden byschof ze Freysingen be-
kennen offenleich mit disem brief, daz wir von besundern
gnaden verlihen haben dem edeln vnserm lieben fründ herrn
Fridereich von Walse genant von Ens alle die lehen die vns
von Örtlein dem Volkenstorfer ledig worden sint, vnd verleihen
ims auch vnd seinem erben mit diesem brief mit allen den
rechten, eren vnd nützzen so wir vnd vnser gotzhaus ze Frey-

singen daran ze verleihent haben. Dez ze vrkúnd geben wir
ime disen brief mit vnserm anhangenden insigel versigelten,
der geben ist ze Wyenn am Mentag vor dem Palmentag des
jars do man zalt von Christs gepůrt dreutzehenhundert jar,
zwai vnd sehtzig jar.

<small>Orig., Pgt., anhängendes gebrochenes Sigel, k. k. geh. Haus-, Hof- und
Staatsarchiv zu Wien.</small>

744.

1363, 16. März, ... *Hans der Gschiesser bezeugt dem Grafen
Meinhart von Görz, innerhalb welcher Grenzen im Puster- und Drau-
thale er sowohl von ihm als von dem Bisthume Freising Güter und Un-
terthanen in Pflege besässe und wo die Liegenschaften jeder der beiden
Herrschaften wären.*

Ich Hanns der Gschiesser vergich mitt dem offenn brief
für mich vnd all mein erben vnd tůn mäniklich kchund wem
der brief fůerkombt, daz an mich kŏme Connrat der burgraff
von Luentz, Hainreich von Lawans vnd Hainreich von Gräuen-
dorff von meines gnadigen herrn graf Meinharts von Görczs
wegen vnd sagten, daz er in empfolhen hiet, wie der von mir
wissen wolt waz ich manschaft von im hiet, vnd rieten mir
ich solt in daz mit meinem versigelten brief zewissen tůn
vnd also lass ich in wissen, alle die manchaft vnd lehen in
Rösner gerichtt alls verre dacz gerailhet, alle stukch, tzehentten
vnd guetter sind meines herrn von Görcz vnd sind vns ankömen
von vnserem frewndt dem Flaschperger, vnd bey der Ysel auf
vnd dacz Velach der turm neben der pharr vnd waz oberhalb
dez nidern prugkhel gelegen ist vnd in der Mellicz, gar nichts
auzgenomen, vnd was ausserhalb ist zu Taisten vnd in Gschiess,
ist auch meins herrn von Görtz, aber hinaus gen Prownekgen
gelegen, ist meins herrn von Brichsen vncz gar gen Botzen
vnd gen Sterczingen, vnd waz da ist von Czell gar abher durch
daz Pustertal gar vncz inn Prags vnd dacz Niderdorff vnd dacz
Toblach vnd im Sechsten vnd zu Inchingen durch die Chlausen
ob Lienoz vncz gar gen Sachsenburg, das ist von meinem herrn
von Freysingen vnd hat nur mir daz verlihen vnd hat mein
vatter saliger nicht gehabt, aber daz ander allez hat mir mein
vatter also gesait, vnd vnder Velach nydern prucklein ist von
meinem herrn von Ortenburg. Daz alles sag ich obgenanter

Hans bey meinen trewn an aydes stat vnder meinem anhangenden insiegel, vnd der brief ist geben worden da nach Christes gebůrd ergangen waren tawsent vnd drew hundert iar vnd drew vnd sechtzikg iar, am Phintztag nach Mitteruasten.

<small>Aus Vidimus ddo. 1434, 6. December, ..., gegeben von Wolfhart Ahalm statt Martins des Abmaler Richters und des Rates von s. Veit; Pgt. k. Reichsarchiv zu München.</small>

745.

1363, 12. April, Wien. *Bischof Paul von Freising vergleicht sich in genannten Zwistigkeiten mit Herzog Rudolf von Österreich.*

Wir Paulus von gots gnaden bischof ze Freising bechennen vnd tun chund offenlich mit disem brieff allen den die in sehent, lesent oder hörent lesen, vmb den vnwillen vnd vngenad di der hohgeporn fůrst herczog Rudolf ze Osterreich, ze Steyr vnd ze Kernden, graf ze Tirol etc. vnser lieber genediger herr hincz vns etlich zeit gehebt (!) hat, wi oder von wew di geschehen sein, daz wir der aller mit verdachtem mût vnd mit gûten willen, vnbetwungenlich vnd mit guter gewizzen hinder den selben vnsern herren herczog Rudolfen genczlich gegangen sein in aller der weis als hienach geschriben stet, des ersten swas dem egenantem vnserm herren . . . den herczogen oder den seinn von vns oder von den vnsern schadens oder smachheit in dhainem weg geschehen ist wie er vnd sein rat den er darzw nimpt, daz ertindent vnd erkennetn, nach vnsern schulden ze pezzern, daz wir daz gern nach irr erkantnůzz pezzern vnd volfůren wellen an geuerde. Darnach vmb di geltschuld di wir dem pistum ze Gurk gemacht haben in der zeit vnd wir da selb bischof gewesen sein, di wir auf dem egenantem pisthum ze Gurk von vnsern vodern di vor vns bischof ze Gurk gewesen sind, nicht funden haben, dar vmb wir sein lantherren, ritter vnd knecht vnd ander di seinn hincz Christen vnd hincz Juden versaczt haben, waz vmb di selben gůlt di wir gemacht haben, vormals von den spruchleuten die genomen warden zw dem egenantem vnserm herren herczog Rudolfen als zw ainem gemainem obman, ertaelt vnd erfunden ist, daz wir daz gern stet haben wellen vnd vns des selben golts genczlich veruahen ze richten auf vnsers egenanten herren genad nach weisung der spruchbrieff die darüber geben sind.

Wir haben auch verhaizzen vnd gelobt, daz wir noch di vnsern
fürbaz wider in, sein brůder, ir erben vnd wider ir land vnd
leut mit vnsern vnd des egenanten vnsers goczhaus ze Freising
leuten, vesten, steten vnd gůtern di wir in seinen landen, fur-
stentůmen vnd herscheften haben, nimmer getůn wellen in
dhainer weis, sunder daz wir in da mit gehorsam vnd gewertig
sein vnd getreulich vnd hilflich ze dinst werden vnd komen
wider allermenlich, niemans auzgenomen an alles geuerd, wand
alain gaistlicher gehorsam di wir vnserm gaistlichem vatter
dem pabst vnd vnserm herren . . . dem erczbischof ze Salcz-
burg schuldig sein. Vnd wi der selb herczog Rudolf vnd sein
rat den er dar zu nimpt, erfindent vnd erkennent, daz er sein
brůder, ir erben vnd ir land vnd leut des gancz versichert
werden, daz sullen vnd wellen wir auch gern stet haben vnd
volfůren genczlich an alle geuerd. Vnd des ze vrchund geben
wir disen brief besigelten mit vnserm insigel der geben ist ze
Wienn nach Christes geburt drewczehen hundert iar, in dem
dritten vnd sechczigistem iar, am Mittichen vor sand Tiburcii
vnd sand Valeriani tag.

Orig. Pgt., anhängendes Sigel, k. k. geh. Haus-, Hof- und Staatsarchiv
zu Wien.

746.

1364, 4. April, Wien. *Bischof Paul von Freising gewärt Dietrich
von Losenstein die Gnade, seine Freisinger Lehen auch auf seine Töchter
und Enkelinen zu übertragen.*

Wir Paulus von gots gnaden byschof ze Freising tůn
kůnd offenlich mit disem brief allen die in sehnt, hörnt oder
lesent, daz wir dem edlen herrn Dietreichen von Losenstein
die besunder gnade getan haben, daz wir vnd vnser nach-
kömen alle die lehen die er von vns vnd vnserm gotzhaus nů
zelehen hat oder fůrbar vnder vns chauft, ob er oder sein sůn
Dietreich an sůne verschieden, irn tochtern leihen sullen. Mit
vrkund ditz brief besigelt mit vnserm insigel, geben ze Wienne
an Phintztag nach dem Suntag so man sang Quasi modo geniti,
nach Christes gepůrd dreutzehen hundert jar, dar nach in dem
vier vnd sechzigistem jare.

Orig. Pgt., anhängendes Sigel in Fragment, k. k. geh. Haus-, Hof-
und Staatsarchiv zu Wien.

747.

1364, 25. Mai, Wien. *Bischof Paul von Freising verpfändet sein Schloss zu Allersdorf bei Amstetten an Radolt von Zinsendorf um 80 Pfund Pfennige.*

Wir Paulus vón gots gnaden byschof ze Freysing bekennen mit disem offen brief, daz wir von besundern gnaden vnsers goczhauses haus ze Alstdorf das gelegen ist bey Amsteten mit sampt den gütern die darzů gechaufft sind von dem Schafferuelder, mit alle dem vnd darzů gehört, in satzes weis ingeantbürtet haben vmb achczig phunt Wienner phening Chadolten von Zintzendorf vnd Annen seiner wirtinn vnd Gilgen von Aneueld der egenanten Annen brůder in allen den rechten vnd pünden als si Gotfrid von Aneueld der obgenanten Annen vnd Gilgen vater ennenther in saczes weis innegehabt hat von vnserm voruodern seligen byschof Chůnraten von Freysingen vnd als der brief saget den der obgenant Gotfrid von dem egenanten byschof Chůnraten darumbe gehabt hat. Vnd des zu ainem offenbaren vrkund haben wir in geben disen brief versigilten mit vnserm anhangenden insigil. Geben ze Wienn an sant Vrbain tage nach Christes gepürd dreutzehenhundert iar, darnach in dem vierden vnd sechczigisten iare.

<small>Orig., Pgt., angehängtes Sigel ausgerissen, k. Reichsarchiv zu München.</small>

748.

1365, 28. October, Wien. *Herzog Albrecht III. von Österreich vergleicht sich auf den Spruch genannter Richter mit Bischof Paul von Freising betreffs dessen Rückforderung der durch Herzog Rudolf ihm entzogenen Güter in Österreich.*

Wir Albrecht von gots gnaden hertzog ze Osterreich, ze Steyr, ze Kernden vnd ze Krain, graf ze Tyrol etc. bekennen vnd tůn chund offenlich mit disem brief vmb die ansprach vnd vordrung die der erwirdig herre vnser lieber freunt her Paul byschof ze Freising von sein selbs vnd des itzgenanten seins gotzhauses wegen gehebt hat zů vns vnd vnserm lieben průder hertzog Leupolten vmb solich inuäll, schaden vnd angriffe die hie vor vnser lieber průder seliger gedechtnusse hertzog

Rudolff von Osterreich dem got genade, getan hat bey seinen
lebenden zeiten dem egenanten gotzhause vnd demselben
byschof von Freising an irn vesten, stetten, merkten, dorffern,
leuten, gütern vnd gerichten die dartzů gehorent, vnd an an-
dern sachen wie sich die vergangen haben vntz auf disen
heutigen tag, darumb sich ouch derselb vnser průder selig
hertzog Rudolf an seinen lesten zeiten ze Maylan erchant hat
vnd geschafft, daz wir denselben byschof vnd sein gotzhaws
des gnedichlich ergentzen vnd si vnchlaghafft machen sullen,
daz wir für vns, den egenanten vnsern průder hertzog Leu-
polten vnd vnser paider erben nach ainhellem rate vnsers ge-
mainen rates mit dem vorgenanten byschof Pauln an sein vnd
seins egenanten gotzhauses stat also vberain chomen sein, daz
er auz vnserm geswornem rate nemen solte sechs erber herren
welich im aller pest dartzů gevielen, für die er alle die ege-
nanten sein vnd seins gotzhauses notdürft vnd gepresten tragen
solte, vnd was si alle gemainlich oder der merer tail vnder in
nach seiner fürlegung vnd vnser widerred zwischen vns er-
chanten vnd sprächen nach dem rechten oder der minne, des
solt vns paidenthalben wol genügen vnd solten ouch das also
ietweder seit stet haben vnd volfüren gentzlich ane alles genor
als wir das einander verhaizzen haben mit vnsern trewen. Nu
hat derselb vnser lieber freunt byschof Paul in dem namen
als da vor dartzů genomen vnd genennet den edeln vnsern
lieben ôhaim graf Vlreichen von Schownberg, vnser lieben
getrewen Eberharten von Walsse von Lintz houptmann ob der
Ens, Leutolten von Stadekk lautmarschalh in Osterreich, Ru-
dolf Otten von Liechtenstain obristen chamrer in Steyr, Albern
von Půchhaim obristen drugsetzen in Osterreich vnd Frid-
reichen von Stubenberg obristen schenchen in Steyr die alle
vnsers geswornen rates sint, die habent vns paidenthalb wiz-
zentlich vnd chuntlich verhört vnd habent nach vnser paider
fürlegung vnd widerrede vnd nach gelegenhait der sache mit
gůter vorbetrachtung vnd zeitigem rate zwischen vns in dem
namen als da vor, erchant vnd gesprochen des ouch vns pai-
denthalb wol genüget in aller der mazze als hienach geschri-
ben stet, des ersten daz wir vnd der vorgenant vnser průder
hertzog Leupolt dem egenanten byschof Pauln vnd seinem
gotzhause ze Freising lôsen, widerantwürten vnd in ir gewalt
lediklich bringen sullen vnuertzogenlich ir purg vnd stat Waid-

hofen, ir vest Raudekk vnd ir vest vnd markt ze Vdmarueld
mit leuten, gerichten, gůtern, allen nützen, freyhaiten vnd
rechten, wirden vnd eren, die von alter dartzů gehorent vmb
als uil geltes als der vorgenant vnser průder selig hertzog
Rudolf die hie vor versetzet hat Otten von Zelking, Jansen
dem Knevsser vnd Kristan dem Czintzendorffer nach sag der
satzbriefe die si daruber von demselben vnserm průder seligen
habent ane alles geuer. Swas ouch silbergeschirres vnd haus-
rates, gewandes vnd ander dinge funden wart auf der vest ze
Chůnraczhaim das der erber ritter Hanik des vorgenanten
byschof Pauls vetter mit ainer gewissen geantwůrt hat dem
egenanten Knevsser, das sol derselb Jans der Knevsser dem
vorgenanten byschof Pauln vnd seinem gotzhause alles gentz-
lich widercheren an alles geuer. Si habent ouch gesprochen
vmb alle die hantuesten vnd briefe, register, vrbarpuch vnd
rodalpuch der heiligen schrift vnd ander chunste in Latein oder
in Teutsch geschriben, si sein geistlich oder weltlich die in
den vorgenanten vesten funden würden vnd in des obgenanten
vnsers průders seligen oder dhainer der seinen gewalt chomen
sint, die den egenanten byschof oder sein gotzhaus angehorent,
daz man im die alle wider geantwůrten sol wa vnd in wes
gewalt man die vinden vnd anchomen mag an alles geuer,
weren aber derselben hantuesten vnd briefe dhaine in des ege-
nanten vnsers průders seligen oder der seinen gewalt zer-
schnitten oder in ander weis vertan oder verlorn, die sullen
wir im vnd seinem gotzhause ernewn vnuertzogenlich in aller
der mazze als er vns mit erbern leuten oder mit seins gotz-
hauses alten registern geweisen mag, daz dieselben verlornen
briefe die von vnsern vordern dar chomen sint gestanden sein,
vnd daruber sullen wir im vnd seinem gotzhause ainen gemai-
nen bestetbrief geben da mit wir in gunstichlich bestetten alle
ir herscheffte vnd vesten, leut, gericht vnd gůter, freyhait,
recht vnd alte gůte gewonhait mit allen irn wirden vnd eren
die si von alter in allnn vnsern landen gehebt habent, ane
alle geuer. Swas ouch der vorgenant vnser pruder selig
herczog Rudolf den vorgenanten byschof Pauln vnd sein gotz-
haus verrer denn beschaidenlich vnd gewonlich sei, hinder vns
getzogen vnd verpunden hat, derselben půntůnzze sullen wir
in vnd sein gotzhaus ledig lazzen gentzlich vnd sullen im ouch
widergeben swas wir solcher vngewonlicher puntbriefe von im

haben vnd wurden darnach derselben briefe dhaine mer hinder
vns funden, die sullen alle tod sein vnd furbazzer chain chraft
mer haben, also daz ouch er fur sich vnd sein nachkomen sich
verpinde mit irn herscheften, vesten vnd stetten die si in
vnsern landen habent ze beleiben hilflich vnd getrewlich bey
vns vnd vnsern landen ze schirm vnd dienste in ainer solchen
puntnûzze weise die nach alten gewonhaiten beschaiden vnd
erber sei, ane alles geuer. Vnd swas lehen sich der vorgenant
vnser prûder selig hertzog Rudolf vnderwunden vnd yemanne
gelihen hat die das gotzhaus ze Freising angehorent, die sullen
alle gar vnd gentzlich hinwider chomen an denselben byschof
vnd das gotzhaus ze Freising als das pilleich vnd recht ist,
ane alles geuer. Darnach vmb die geltschulde die auf den
vorgenanten vnsern lieben freunt byschof Pauln von Freising
von des gotzhaus wegen ze Gûrk geuallen ist hintz den Juden
nach sag des spruchbriefes den der vorgenant vnser prûder
selig hertzog Rudolf mit seinem vnd des legaten insigel versi-
gelt nû ze lest daruber gegeben hat, da die sûm dem egenan-
ten von Freising ze gelten pringet zwelef tausent vierhundert
vnd ain vnd fûmftzig guldein rechtes erchens vnd houptgûtes,
habent die vorgenanten spruchleute ainhelichlich erchant vnd
gesprochen, daz der egenant byschof Paul desselben gûtes
selber abrichten vnd gelten sol Chatschim dem Juden von Cili
drew tausent fumf hundert guldein rechtes erchens vnd houpt-
gûtes vnd was auf dieselben vierdhalb tausent guldein von
angenge herdan vntz auf disen heutigen tag schadens vnd
gesûches gegangen ist, das haben wir hintz demselben Juden
vber vns genomen vnd den egenanten byschof vnd sein gotz-
hause dauon geledigt gar vnd geutzlich. Swas aber der vbri-
gen gult ist gegen Muschen dem Juden weilnt Isserleins enin-
chel von Marichpurch mit allem erchen vnd houptgûte vnd
allem dem gesuch vnd schaden so zû demselben Juden vntz
auf disen heutigen tag dhaius wegs darauf gelauffen ist, da
von sullen wir vnd der vorgenant vnser lieber pruder hertzog
Leupolt den obgenanten byschof Pauln vnd sein gotzhaus ze
Freising gar vnd gentzlich nemen ane allen irn schaden vnge-
uerlich. Was ouch daruber derselb byschof Paul fûrbazzer
gelten sol Afrechen dem Juden von Friesach, darumb wellen
wir im denselben Juden helfen pitten vleizzichlich vnd ernst-
lich, daz er im vmb das erchen vnd houptgût beschaiden tag

geb vnd es zu etlichen jarziln von im nem vnd daz er im
ouch an dem gesůch vnd schaden so dar auf gelouffen ist,
beschaidenlich mit var vnd gůtlich tů durch vnsern willen.
Dagegen vnd ouch gegen allen disen vorgeschriben stukchen
die fur denselben byschof Pauln ze losen vnd ze gelten auf
vns geuallen sint, hat er fur sich vnd sein nachkomen an
seiner vnd des egenanten sein gotzhaus stat vns, den vorge-
nanten vnserm průder hertzog Leupolten vnd vnser erben ledig
vnd los gesprochen vnd gelazzen gar vnd gentzlich aller der
nůtze der er von des vorgenanten vnsers pruders seligen hertzog
Rudolf wegen auf den vorgenanten vnd andern seinen gůtern
in vnsern landen entwert vnd auzgelegen ist, vnd alles des
schaden so er in dhainem weg da von enphangen hat vntz
auf den heutigen tag, ane allez geuer, wan in fur sich vnd sein
nachkomen des egenanten spruches wol genůget vnd ouch be-
chennet, daz wir in vnd sein gotzhaus damitte gnedichlich er-
getzen vnd in gůtlich daran geschehe. Daruber sullen ouch
der obgenant byschof Paul oder sein nachkomen selber ane
vnsern schaden lösen wenn si wellent ir vesten vnd herschafft
ze Lok von vnsern getrewn graf Vlreichen von Cili vnd graf
Hermann seinem průder oder irn erben vmb sechs tausent
guldein darumb in der egenant vnser průder selig hertzog Ru-
dolf dieselben herschafften vnd vesten vormals versaczt hat.
Wenn ouch der vorgenant byschof Paul oder dhainer sein
nachkomen byschof ze Freising das půrgstal ze Chunratzhaim
wider pawen wellent, des sullen wir der egenant vnser průder
oder vnser erben in wol gunnen vnd sullen nicht gestatten
daz si der vnsern ieman daran irre ane alles geuer. Vnd wan
diser vorgeschribner spruch mit vnserm wizzen vnd gůtlichem
willen also geschehen ist, darumb haben wir für vns den ege-
nanten vnsern průder hertzog Leupolten vnd für vnser baider
erben verhaizzen wizzentlich mit vnsern trewn vnd verhaizzen
ouch mit disem brief stet ze haben vnd ze volfüren gar vnd
gentzlich alles das vorgeschriben stet, ane alles geuer vnd dar-
uber ze vrchund geben wir disen brief versigelten mit vnserm
anhangundem insigel. Geben ze Wienn an sand Symons vnd
sand Judas tag der heiligen zwelfpoten, nach Christes gepurd

drewzehen hundert jar, darnach in dem fumf vnd sechtzigistem jar [1].

Orig., Pgt., anhängendes verletztes Sigel, k. Reichsarchiv zu München; Meichelbeck II./1, 58.

749.
(Nachtrag.)
96 a.

c. 1120, ..., ... *Bischof Heinrich von Freising widmet dem Kloster Garsten einen Hof in der Wachau mit zwei Hörigen.*

Nouerint uniuersi fideles unico precio redempti qualiter dominus Heinricus Frisingensis episcopus curtale unum ad Wahovve tradidit cum duobus mancipiis per manum legatoris ad altare sancte Marie hereditario iure sibi traditum. Huius traditionis testes idonei extant presenti annotatione descripti Dietmar, Eberhardus, Hetil, Richer, Erchinger, Eggiharth, Marquart.

Aus dem Cod. tradit. des Klosters Garsten im Urkundenb. des Landes o./d. Enns I. 160, Nr. 117.

[1] Der Gegenbrief vom gleichen Tage, durch Bischof Paul ausgestellt und mutatis mutandis, resp. die umgekehrte Stellung der Persönlichkeiten ganz desselben Wortlautes befindet sich im Orig. im k. k. geh. Haus-, Hof- und Staatsarchiv zu Wien.

ERRATA.

Band I.

S. 49 u. 50 sind die Urkunden 47—49 auf c. 990 anzusetzen.
„ 11 Z. 3 der Note lies: Frisingensis.
„ 18 „ 1 oben lies: uenerabilem.
„ 28 „ 2 unten „ Quitilingi —
„ 31 lies: Nr. 32 statt 31.
„ 34 Z. 1 des Regestes lies: Otto II.
„ 36 „ 5 oben lies: roboravimus.
„ 36 „ 1 des Regestes lies: Otto II.
„ 44 „ 16 unten lies: iubemus.
„ 49 „ 1 des Regestes von Nr. 47 lies: tauscht.
„ 57 „ 21 oben lies: indictione.
„ 66 „ 15 „ „ Peraman.
„ 75 „ 12 „ „ hobas.
„ 82 „ 5 „ „ Frisingensis.
„ 95 ist Urkunde des Nachtrages als Nr. 96 ͣ einzusetzen.
„ 96 Z. 7 oben lies: Burchstal.
„ 101 „ 3 „ „ abbatissam.
„ 106 „ 15 unten „ Frisingensis.
„ 114 „ 13 oben „ Milleiurcinrando.
„ 126 „ 19 „ „ sancte.
„ 127 „ 6 „ „ Marquart.
„ 131 „ 1 „ „ cimiterium.
„ 141 „ 22 „ „ acta.
„ 154 „ 3 des Regestes lies: Ulrich.
„ 159 „ 1 „ 2. Regestes lies: 13. Juli.
„ 168 „ 2 oben lies: episcopo.
„ 183 „ 10 „ „ inducils.
„ 185 „ 6 „ „ de Grischenstein.
„ 188 „ 15 „ „ sacerdoti.
„ 205 „ 1 „ „ Heinricus Vertingus.

S. 218 Z. 13 unten lies: Hertuici.
„ 221 „ 6 „ „ Moraule.
„ 255 „ 13 oben „ Wilhelme.
„ 275 Nummer 255 gehört unmittelbar nach 239.
„ 283 Z. 3 oben lies: dominam.
„ 286 „ 10 unten „ Frisingensem.
„ 298 „ 7 oben „ Morhardus statt Heinricus.
„ 313 „ 7 „ „ Zinzendorf.
„ 320 Nummer 397 statt 397.
„ 322 Jahr 1273 statt 1263.
„ 325 Z. 12 unten lies: geleben.
„ 335 „ 10 „ „ Mevrperge.
„ 335 „ 7 „ „ villicaleo.
„ 340 „ 19 oben „ Sibotone.
„ 343 „ 12 unten „ librarum.
„ 348 „ 16 oben „ Enser.
„ 350 „ 11 „ „ dote.
„ 363 „ 2 von Nr. 343 lies: presonciam.
„ 372 „ 6 oben lies: procuratoribus.
„ 374 „ 2 des Regestes ist Niederösterreich OWW. zu verstehen.
„ 381 „ 1 unten lies: duodecim.
„ 397 „ 11 oben „ graciam.
„ 400 „ 8 unten „ maister.
„ 404 „ 10 „ „ episcopo.
„ 434 „ 16 „ „ dictus.
„ 439 „ 16 oben „ Chrainer.
„ 445 „ 3 „ „ svn.
„ 447 „ 16 „ „ verslozzen.
„ 450 „ 5 unten „ Gerhartes.
„ 455 „ 4 oben „ comitis.

Band II.

S. 9 Z. 26 oben lies: zweinel.
„ 47 „ 26 „ „ Raedonstein.
„ 61 „ 2 „ „ ze.
„ 104 „ 11 unten „ svn.
„ 127 „ 8 oben „ Rudolfus.
„ 182 „ 1 Nr. 596 „ Hainrich.

S. 249 Z. 4 unten lies: die vleischpench.
„ 252 „ 2 Regest Nr. 665 lies: Miesberg.
„ 278 Urkunde Nr. 685 ist unmittelbar nach Nr. 683 zu rangiren.
„ 319 Urkunde Nr. 730 hat unmittelbar nach Nr. 727 zu folgen.

I.

Verzeichniss der Personen und Orte.*

A.

Abetzdorf, N.-Oest., Pfarre Aschbach (Abolstorf), 1332, 612, 197.
  Bewoner: der Hungerperger, 1332, 612, 197.
Apfalterbach, Bach, Tirol, Pusterthal (Affoltrupach, Apholter-), 973, 36, 35; 1285, 392, 428; c. 1316, 520, 94.
„Apholterpach", s. Apfalterbach.
„Ablin mons", Tirol, XI., 91, 91.
„Abolstorf", s. Abetzdorf.
Acham, O.-Oest., welches? (Aheim), Rüdegerus de — canon. Patavien., c. 1212, 125, 124.
Achdorf, Baiern. Landger. Landshut (Ahdorf), Hainr. de —, 1182, 119, 118; Engelmanus do —, c. 1230, 130, 130; c. 1232, 133, 132; 1246, 148, 144; 1248, 153, 149.
„Attingen", Südtirol? Eghino de —, 1166, 113, 111.
Admont, O.-Strmk., Ensthal, Kloster (Agmund, -mǔnd, Admont, -mund, -mǔnd, -mundia), 1267, 265, 285; 1277, 346, 366; 1298, 423, 463; 1361, 740, 336.

Admonter Hof zu Waidhofen a. d. Ibs, s. Waidhofen.
Aebte: Rŏdolfus, 1181, 117, 116; 118, 117; Al., 1273, 295, 319; Hainricus, 1285, 390 n. 391, 426; 391, 427; 1296, 416, 456; erw. 1298, 424, 463; Vlr. et Henricus fratres, filii sororis eius, 1285, 390, 426; 391, 427; Engelbertus, 1298, 423, 462; 424, 463; c. 1300, 430, 6; N. 1324, 557, 138.
Kanzlei der Aebte: mag. Rudgerus notarius, 1285, 391, 427.
Prioren: Chvnradus, 1277, 346, 365; 347, 366; N. 1284, 384, 411; Heinricus, 1298, 423, 462.
„Admund",
„Admǔnd",   } s. Admont.
„Admundia",
„Adril mons", Tirol, XI., 91, 91.
Avignon, Südfrankreich (Auinionae), 1324, 556, 138; 557, 140; 558, 143; 1335, 645, 232; 1352, 705, 298.
„Auinionae", s. Avignon.
„Affolterbach",   } s. Apfalterbach.
„Affoltrupach",
„Ageley", s. Aquileja.

---

* Dies Verzeichniss ist nach dem Schema angelegt, wie ich es in der Broschüre „Ueber die Ordnung der Urkunden am Archive des st. l. Joanneums in Graz", Graz, 1867, niedergelegt habe. Betreffs der Signaturen bemerke ich, dass die 1. Zahl das Jahr, resp. Jahrhundert, die 2. die Nummern und die 3., 4., 5. u. s. w. die Seite anzeigt. In Band II. sind zu suchen alle Nummern von 429 an.

„Aglayaech nachen bey dem Friesenberg in Pyberpekher pharr", N.-Oesterr., bei Seitenstetten, 1340, 684, 276, 277; vgl. auch Aglayer.

„Aglaier, -ayer, -eiger, Chvnr. der —", Krain, 1291, 402, 439; Chunr. der iunger, Chunrats des —s sun, 1293, 403, 440, 442; Chvnr. der ivnge —, burcgraf von Gortzach, s. vater Chvnr., 1295, 409, 449; Chvnr., Chvnrats des —s svn, 1315, 503, 79.

„Aglayer, Hainr. —", N.-Oest., bei Seitenstetten, 1340, 684, 276, 277; vgl. auch Aglayaech.

„Agleiger", s. Aglaier.

„Agmund", s. Admont.

„Abdorf", s. Achdorf.

„Abeim", s. Acham.

Aibling, O.-Baiern, bei Rosenheim (Eipilinga), 855, 14, 16.

Aich, N.-Oest., b. s. Peter i. d. Au, Aicharius, Nycolaus —, 1283, 378, 404.

Aich, O.-Krnt., welches? (Eichi), c. 1030, 72, 73.

Aicha, N.-Oest., bei Steinakirchen (Aychach), 1332, 609, 194.

„Aychach, Nider-, Ober-", Huben zu Parbian, Eisackthal, Tirol, 1334, 642, 228.

„Aychach", s. Aicha.

„Aicharius", s. Aich.

„Aichperg", s. Eichberg.

„Aigelsperch, der —", b. Klosterneuburg, N.-Oest., 1337, 670, 258.

Aigen, N.-Oest., b. Amstetten, welches? (Aigen), 1313, 493, 69.

Genannte: Wlfingus de —, 1265, 240, 255.

„Aigen in der Zauche", N.-Oest., b. Waidhofen a. d. I., 1325, 562, 147.

„Aeiglarn, Albrecht von —", N.-Oest., OWW., 1289, 399, 436.

„Ainsidl", s. Einsidel.

„Aisnogel, der —," Bew. v. Waidhofen a. d. I., 1333, 621, 206.

„Alanilicne (?), Nicolaus —", 1324, 558, 111.

„Alarn, Alarum", s. Ollern.

Albeins, Tirol, bei Brixen (Albium), c. 1000, 52, 53; c. 1020, 59. 60.

Alpen, s. Berge.

„Alphiltöwe", s. Eipeldau.

„Albium", s. Albeins.

„Altach, die — in der Wachowe", N.-Oest., oberhalb Krems, 1297, 420, 460; 421, 461.

„Altdorf", s. Altendorf.

„Altenburch", s. Altenburg.

Altenburg, U.-Krain, Bez. Neustadtl (Altenburch), 1251, 157, 155; 1286, 396, 432.

Genannte: Albertus de —, c. 1230, 130, 130.

Altendorf, U.-Krain, Bez. Neustadtl (Altdorf in der March bey Preysekk), 1301, 446, 15, 16.

Altenhaus, Krnt., b. Silberberg (Altenhaus), Oertelein von dem —, Wülfing s. sun, 1301, 446, 16.

Altenhausen, O.-Baiern, Landger. Freising Altenhusen ?, Odalscalch de —, c. 1115, 94, 94.

„Altenlok", s. Lack, Alt-.

Aldersbach, N.-Baiern, bei Vilshofen (Alderspach).

Aebte: Dietricus, 1247, 149, 145.

Althofen, Krnt., b. Frisach (Altenhofen), 1344, 692, 284.

„Altrichter, Otto der —, burger ze Waidhoven", 1308, 474, 49.

„Altsteti", s. Allstädt.

„Altum Chellari", s. Hohenkeller.

„Aluala alpis", Tirol, Pusterthal, 788, 5, 6; 965, 34, 33.

„Alfen", Tirol, Pusterthal, 1314, 498, 75.

„Alstdorf", } s. Allersdorf.
„Alstorf", }

Allersdorf, N.-Oest., b. Amstetten (Alstdorf, Alstorf), Schloss (hovs): 1326, 565, 151; 1364, 747, 342.

Genannte: Ott von —, s. bruder Rüdger, 1285, 289, 425; Otto v. —, 1289, 399, 436.

„Alhartsperge", s. Alletzberg.

Alletzberg, N.-Oest., b. s. Peter i. d.
Au (Alhartsperge), 1298, 424, 464.
Pfarre (parrochia, pfarr): 1310,
483, 59; 1312, 490, 66; 1340,
685, 278.
Pfarrer: Alexander, 1312, 490, 66.
„Alhingsgraben", N.-Oest., Wienerwald, b. Mauerbach, 1358, 729, 320.
Allstädt, Dtschld., Sachsen-Weimar
(Altsteti), 973, 36, 36.
„Alzay, -a", s. Alzei.
Alzei, Baiern, Rheinpfalz (Alzaya,
-eie, -ay, -oy, -eya, -iā), Emcho
de -canon. Fris. (rector eccl. s. Petri
prope Welz), 1306, 458, 28; 459,
29, 30; 1307, 464, 36, 38; 1308,
471, 44; probst ze Wertse, 1308,
473, 49; 1313, 497, 74; 1319, 533,
113; 534, 115; plebanus in Lok,
1320, 538, 120; pfleger des gotsh.
ze Frisingen, 1323, 547, 128; 548,
129; 549, 130; 550 u. 551, 131; 1324,
552 u. 553, 133; 555, 135; 1325,
560, 146; 1327, 575, 166; 1329,
592, 175; 1333, 612, 198; 617, 202;
1334, 640, 226; 1335, 644, 229,
230; 653, 239; 654, 240; 654, 241;
1336, 660, 247; 1344, 691, 283.
„Alczey, -a", } s. Alzei.
„Altziā"
„Amb....." ? Archidiakon: Bartholomeus archid. —, domini papo
capellan. et contradictar. auditor,
1264, 235, 249.
„Amcinesbach", s. Anzenbach.
Amras, Tirol, b. Innsbruck (Omaras,
Omoras), c. 950, 32, 31.
Freisinger Hof das. (curia): 1281,
369, 393.
Verwalter (scruus qui dispensationi preest): c. 950, 32, 31.
Amstetten, N.-Oest., OWW. (Amsteten
uilla, marcht), 1267, 266, 287, 288;
1277, 325, 347; 1298, 424, 464;
1330, 594, 179; 1334, 635, 221;
1335, 644, 230; 651, 237; 1339,
678, 270.

Pfarre (parrochia): 1310, 483. 59;
1312, 490, 66.
Pfarrkirche (eccl. parrochial.) : 1267,
265, 285, 286.
Mule (mūl), 1339, 678, 269.
Richter: Alram geswei Hainr. des
Hūglinger auz der Wachowe,
1297, 420, 461; 1323, 547, 128;
548, 129; Alram v. Reykerstorf,
1324, 554, 134; 1325, 562, 147;
1326, 568, 154; 1327, 573, 158;
s. auch Genannte; Pernhard der
Gesentser (Jesentzer, Ye—, Gesniczer), Chvnr. s. brūder, 1330,
594, 177; Haug s. brūder, 1330,
594, 179; Chunr., Haug, Heinr.
und Hārtel s. brūder, 1333, 616,
200, 201; Chūnr. s. br., 1333,
620, 205, 206; 625, 211.
Bürger: Chūnr. der Taentter, 1324,
554, 135; s. auch Genannte.
Genannte: Alram v. —, 1326, 567,
153; Chūnr. der Swab v. —,
1335, 644, 229, 230; Chūnr. Tānter
v. —, 1339, 678, 269.
„Anauanto alpis", Tir., Pusterthal, 965,
34, 33; 973, 36, 35.
Anagni, Ital., Kirchenstaat (Anagnia),
1299, 427 u. 428, 468.
„Anagnia", s. Anagni.
„Anarasi, riuolus montis —", s. Anrasbach.
„Anasus", s. Ens, Oesterreicho. d. Ens.
Andechs, O.-Baiern (Andehs, Andesse)
Grafen: Poppo et Berhtold, 1147,
103, 101.
Markgrafen: Heinricus erw. 1251,
157, 155; N. 1266, 257, 277.
Ministerialen der Grafen: Lazarius
de Wolfranthusen, Gotfrit de
Vnigen, Chuno de Schaeslich,
Otto de Pergen, Pernhart de
Kirchaim, Arnolt de Gollenhouen
1182, 119, 118, 119.
s. auch Croatien, Herzoge,
Dalmatien, dto.
Istrien, Markgrafen.

„Andeka" \
„Andesae" } s. Andechs.

s. Audrä i. Lvtthl., Krnt. (s. Andreas), 1306, 460, 32; 1307, 464, 39. Stift, s. Lavant, Bischöfe.

s. Andrä in Freising, Stift, s. Freising.

„s. Andreas", s. S. Andrä.

„Anevelt, -neld, Anvelt, -neld, -feld, Götfrid der — chamerer des Bisch. von Frisingen", 1306, 457, 27; N. — bisch. Emchen marschalch, 1308, 477, 54; Götfrid — 1312, 487, 63; N. — des bisch. Chûnr. marschalch, 1319, 534, 115; Götfrid — burgraf ze Vdmaruelt, 1323, 547, 128; 548, 129; 1325, 559, 145; genatter bisch. Chunr. v. Freis., s. wirtinne Alheit, 1326, 565, 151; 1334, 226; 1338, 263; s. tocht. Ann Chadolta, wirtin v. Zintzendorf, Gilg, s. sun, 1364, 747, 342.

„Anveld, Anfelt", s. Anevelt.

Aurasbach, Tir., Bzk. Lienz (rinolus montis Anarasi), 770, 2, 3.

Anzenbach, N.-Öst., OWW., welches? (Amcinesbach), 1189, 122, 121.

„Aqua", N.-Öst., OWW., Hartwicus dictus de — 1261, 209, 217.

„Aquensis prepos.", s. Aqni.

Aqui, Ital., Piemont (Aqui), Pröpste: Heinricus, 1238, 138, 134, 135.

„Aquilegia", s. Aquileja.

Aquileja, Görz (Aquilegia, Ageley), 1074, 89, 90.

Patriarchen: Johannes, 891, 25, 23; Sigehardus, 1074, 89, 89; Berhtoldus, 1229, 129, 129; 1232, 132, 131; et neptis sua domina Carniole, ducissa Austrie, 1248, 153, 149; Gregorius 1252, 160, 157; 1257, 188, 194; 1261, 206, 211; Ottobonus, 1311, 484, 60; 1313, 494, 70; N. 1320, 538, 120; Paganus, 1332, 607, 192; Nicolaus, 1355, 714, 306; 715, 307; 1358, 727, 318; 730, 321.

Gubernatoren des Patriarchates (consernatores et gubernatores): Petrus de Galliata legum doctor sacrista ecclesie de Burlacio Castren. dioc. apostol. sed. nuncius et Guillelmus decan. Aquilegen. decretor. doctor, 1332, 607, 191.

Archidiakone: Johannes, 1261, 206, 211.

Dekane: Guillelmus decretor doctor conserv. et gubern. eccl. Aquilegen., 1332, 607, 191

Vögte: Marchwardus 1074, 89, 89; Meinhardus com. Goricie, 1252, 161, 158; 1266, 253, 270; 254, 274; 257, 377; Albertus com. Gor., 1273, 296, 319; 1275, 307, 330; 1283, 374, 397; Meinhart, 1283, 375, 398 ; 376, 399; Albertus, 1285, 392, 427; 393, 429; 1286, 396, 432; 1293, 405, 444; Heinrich, c. 1360, 520, 94.

Vicedome: Albertus de Collice Ceneten. electus 1261 206, 211.

Ministerialen (milites): Ratpot, Marchuart, Johannes, Gozpreht, Heinrih, Altman, Durinch, Adelper, 1074, 89, 90.

s. auch Aglaier.

Araberg, N.-Öst., b. Hainfeld (Arberk), Albero de — 1262, 214, 223.

„Arberk", s. Araberg.

Arch, U.-Krn., Bzk. Gurkfeld (Arch), c. 1215, 127, 126.

Archidiakone, s. Erzpriester u. Erzdiakone.

„Ardachari" \
„Ardacher" } s. Ardacker.

Ardacker, N.-Öst., b. Amstetten (Ardacher, Ardachari, Ardakker), 1049, 76, 78; c. 1120, 96, 95; 1158, 105, 103; 1277, 347, 367; 1296, 414, 455.

Stift (clerici seculares regulari prebenda in honor. s. Margarete Ar-

deacen eccl.): 1049, 76, 78; 1357, 719, 310.
Capitel (capit. Ardacense): 1224, 128, 127.
Statuten des Stiftes: 1357, 719, 319.
Wal des Propstes: 1224, 128, 127.
Pröpste: V̊dalricus, 1158, 106, 104; Vlricus, c. 1212, 125, 124; N. 1224, 128; Levpoldus, 1256, 183, 184; -- canon.Patavien., 1256,184, 188; Fridericus de Montealbano, 1259, 199, 204; 200, 205; mag. Hermannus, 1280, 367, 392; 1281, 369, 394, 370, 395; 1283, 273, 396; — chorherr ze tume ze Frising, 1283, 376, 400; 1284, 385, 421; 1296, 414, 455; Hugo rector eccl. s. Petri prope Welez, 1300, 432, 3; Graf Levtolt von Schovnberch, 1325, 560, 146; Chunradus com. de Schaumberkh, 1357, 719, 310.
Dekane: N. 1224, 128, 127, 128; 1362, 213, 221; 1324, 558, 143.
Schatzmeister (thesaurarius): N. 1324, 558, 143.
Chorherren: mag. Heinricus, 1256, 183, 184; 184, 185; 186, 187; 185, 189; 1267, 265, 285.
Genannte: Albertus de — 1244, 143, 439; Albertus dictus -er domicellus curie Frising., 1283, 373, 397.
„Ardakerer", s. Ardacker, Genannte.
„Ardeacen prepos.", s. Ardacker.
„Aerding", s. Erding.
„Argentinen. eps.", s. Strassburg,
Ärzte: Hainr. phisicus, s. Prostdorf, Pfarrer, maister Albreht der arzet chorh. ze s. Andre dacz Freising, 1306, 457, 27; maister Heinr. der artzt von der Newenstat n. s. hsfrow. Alheit, 1312, 488, 64.
Aspach, O.-Bai., Landg. Dachan (Aspach), Aribo de —, c. 1115, 94, 94.
„Aspac, —ch", s. Aschbach.

„Aspausbach", N.-Öst., OWW., Leupoldus de —, 1263, 229, 243.
Asparn, N.-Öst., b. Tulln (Asparn), V̊dalricus de —, 1158, 105, 103.
Asparn, N.-Öst., Marchfeld (Asparn), Hexsche von — 1325, 561, 147.
„Asburgum", s. Habsburg.
„Ascha", s. Aschach.
Aschach, O.-Oest., a. d. Donau (Ascha), Wernherus de —, c. 1202, 124, 123.
Aschbach, N.-Oest., b. Seitenstetten (Aspach forum, Haspechenses, Astpach), 1236, 135 u. 136, 133; 137, 134; 1266, 263, 284; 1267, 266, 287; 1277, 335, 356; 336, 357; 312, 362, 363; 350, 369, 370; 351, 370; 1298, 424, 463, 464, 465; 1316, 508, 83; 517, 91; 1330, 595, 181; 1333, 623, 209.
Pfarre (parrochia ecclesia): 1158, 106, 104; 1258, 191, 196; 192, 197; 1262, 213, 220; 1263, 227, 240; 1265, 237, 251; 241, 255; 242, 257; 1266, 259, 279; 1267, 270, 273; 1312, 490, 66.
Rechte des Marktes: 1277, 326, 348.
Herzogl. Kasten (chasten): 1298 424, 464.
Pfarrer: Fridericus, 1312, 490, 66.
Richter: Hank der Gesitzer, 1332, 612, 197.
Bürger: Wisent, 1332, 612, 197.
„Astpach", s. Aschbach.
„Ascherichesbrugge", s. Bruck a. d. Leitha.
Assenhausen, Baiern, Landgericht Dachau (Asinhusa), c. 1020, 58, 59.
„Asinhusa", s. Assenhausen.
Assisi, Ital., Kirchenst. (Asisium), 1254, 173, 175.
„Asisium", s. Assisi.
Aubing, Bai., Landg. München (Vbingen), Heinr. de —, c. 1180, 116, 114.
Auersberg, U.-Krn. (Vrsperg), Engelbertus de —, c. 1215, 127, 127.

Aufkirchen, Tir., Pusterth., bei Niderndorf (Aufkirchen), 1266, 254, 274.
Aufkirchen, Baiern, Landger. Starenberg (Vfkiricha, Vfchi—, Ufkirchin in comitatu Friderici), c. 1000, 52, 53; 1055, 77, 79.
Auffenstein, Krnt., (Owenstayn), Heynrich von — 1283, 376, 400.
Augsburg, Baiern (Augusta), 1040, 75, 77.
  Bischöfe: Marquardns, 1361, 738, 333.
  Domscholastiker: N., 1262, 213, 220; mag. Marquardus, 1265, 241, 256, 1266, 259, 297.
  Stift, s. Moriz: Chorherren: mag. Arnoldus, 1306, 459, 29; 30, 31; 464, 35, 38; 1308, 471, 44.
„Augusta", s. Augsburg.
„Aunario", Gegd. b. Treviso, 972, 35, 34; 992, 44, 45.
Aurach, Baiern? welches? (Avrach, Aw—), Chvnrat von —, lautrichter, (ze Waidhouen), 1351, 701, 294; 702, 295.
„Aurillia", b. Treviso, 972, 35, 34; 992, 44, 45.
Aurolfing, N.-Baiern, welches? (Aurolfingen), Friedrich der Helle von —, 1293, 403, 442.
„Aurolfingen", s. Aurolfing.
„Anstria", s. Oesterreich u. d. Enns.
„Aw, Leupolt von, —" zu Klosterneuburg, 1338, 670, 259; 671, 261.
„Awrach", s. Aurach.
Atzelsdorf, N.-Oest., b. Amstetten, (Atzlinstorf, Aetzlein —), Chunr. de —, 1276, 314, 338.
  Bewoner: der smid ze —, 1337, 667, 255.
„Atzleinstorf" } s. Atzelsdorf.
„Atzlinstorf" }

B. P.

„Babenberc, Babben—", s. Bamberg.
„Papia", s. Pavia.
„Pabinberg", s. Bamberg.

Päpste, s. Kirchenstaat.
Bach, N.-Oe., b. Seitenstetten (Pach in parochia Piherpach), 1335, 653, 238, 654, 241, 242.
Bach, Baiern, Landger. Freising, welches? (Pachen), Engildio de —, c. 1115, 95, 94.
„Pahhara", s. Bachera.
Bäche, s. Flüsse u. Bäche.
„Pachen", s. Bach.
Bachern, O.-Baiern, welches? (Pahhara), 763, 1, 2.
„Pahsberch", s. Parsberg.
„Patavia", s. Passau.
Patriarchen, s. Aquileja.
Padua, Ital., (Padua), 1238, 138, 135; 1272, 294, 318.
  Universität (doctores Paduani): 1302, 448, 18.
  Bürger: Tyso de Campo sancti Petri, 1261, 206, 211.
  Dienstmannen (milites): Leonardus de Semicis, 1261, 206, 213.
„Bauarus", O.-Oest., Ericus —, c. 1245, 146, 142; s auch Payer.
Pavia, Lombardei (Papia), 972, 35, 35.
„Paganus, Heinr. —, canon. Ratisponen.", 1284, 384, 408, 418.
„Paitenstain", s. Peitenstein.
„Payer, Chunr. der —", U.-Krn., 1358, 733, 324; s. auch „Bauarus, Paur.
Baierbrunn, Baiern, b. München, (Baierbrunnen), Chunr. de —, c. 123, 122.
„Baierbrunnen", s. Baierbrunn.
„Payerdorf", s. Paiersdorf.
Baierdorf, Strmk., b. Neumarkt (Paierdorf), Poringerus de —, 1181, 117, 116; 118, 117.
Baiern (Baiouuaria, ·rica prouincia, Baiuuariorum —), 779, 6, 8; 861, 19, 19; 875, 22, 21; 23, 22; 973, 37, 36.
  Bair. Heer (Baiowariorum, acies): 855, 14, 16.
  Herzoge: Tassilo II., 763, 1, 1, 2; 770, 2, 3; 776, 4, 5; 788, 5, 6; erw. 802, 7, 8; 8, 10; Perah-

toldus et frat. eins Arnolfus, 932, 30, 29; Judita, 965; 33, 32; Heinricus, 973, 36, 35; 37, 36; 38, 38; 989, 43, 43; 995, 46, 48; 996, 50, 50; 1025, 62, 63; Welph, 1074, 90, 90; Heinricus et fil. eius Hein., c. 1180, 116, 113; 1274, 306, 330; Ludwicus com. palat. Rheni, 1277, 327, 349; Hanricus com. pal. Rheni, 1277, 328, 350; 329, 351; 331, 352; 333, 355; 335, 356; 336, 358; Ludwicus com. pal. Rheni, 1277, 345, 364; 350, 370; 351, 371; Rupertus com. pal. Rheni, archidapif. imperii elector, 1361, 738, 333; Adolphus, Stephanus, Fridericus, 1361, 738, 333.

Pfalzgrafen: Hartwich pal. comes, 1025, 62, 64; advoc. imperii, 1055, 77, 79; Otto, c. 1115, 93, 93; Otto u. fil. eius Otto, 1147, 103, 101.

Herzogl. Räte (consiliarii ducis): Sifridus de Sigenhouen, Greymoldus de Preysingen, Wimarus Vrumesel — Heinrici, 1274, 306, 330.

Herzogl. Ministerialen: Heinr. de Pöchlon, Ulr. de Phetene, Geruugs de Perge, Heinr. de Vbiugen, Conr. Milleinreiurando, Jordanus, c. 1180, 116, 114.

„Paiersdorf ambo, Pei —, Bayerdorf, Payrischdorf", U.-Krain, 1251, 157, 155; 1267, 272, 296; 1313, 494, 70, -Ober —, 1306, 457, 26.

„Paingen", s. Pang.
„Baiouuaria", s. Baiern.
„Payrischdorf", s. Paiersdorf.

Bamberg, Baiern (Babenberc, Babenberg, Pabin—), 1007, 54, 56; 55, 57.

Bischöfe: Eberhardus, Enerandus(!) 1147, 103, 101; 1159, 108, 106; 109, 107; Otto, 1189, 122, 121; Berhtoldus 1270, 284, 310; 285; 311; 1276, 318, 341, Note; 1277, 320, 315; 327 349; 328, 350; 329, 351; 332, 353; 333, 355; 335, 356; 336, 358; 337, 359; 350, 370; 351, 371; 1278, 357, 577; 358, 378; 359, 381, 382; 360, 383; Leupoldus, 1361, 738, 333.

Bischöfl. Capläne: Chunr. et Wernhardus, cap. et notarii, 1278, 358, 380, Note; 359, 382.

Bischöfl. Kanzlei: Chunr. et Wernhardus, capellani et not., 1278, 358, 380, Note; 359, 382.

Dompröpste: Heinricus, 1189, 122, 121.

Chorherren: Johannes de Muchel, Arnoldus (de Weizeneck) 1278, 358, 380, Note; 359, 382.

Stift S. Stephan, Dechant: Chunradus, 1278, 358, 380, Note; 359, 382.

Pang, O.-Bai., Landg. Rosenheim (Paingen), Geroldus de —, c. 1115, 94, 93; 95, 94; c. 1130, 97, 96; c. 1130, 98, 96; 99, 97.

„Paenz, Panz", N.-Oest., OWW., Ott der —, 1339, 681, 272; Jans der —, sein vater, 1339, 681, 273.

Paradies? Krn.°. b. Laibach (Paris), Wolrich de —, c. 1215, 127, 127.

Paradeis, Krnt., b. Rossegg (Paradisus), Ill de —o, 1278, 357, 377.

Paradeis, Kloster, s. Judenburg.
„Paradisus", s. Paradeis.

„Parrauo", Grafen: Egeno, com., 1238, 138, 135.

Parbasdorf, O.-Oest., Marchfeld (Perwolfdorf, Perwolfs —, Perbolcz —), 1307, 461, 32; 462, 33; 463, 31; 1311, 485, 61.

Parbiau, Tirol, b. Botzen, Berg (mons Perbyan): 1307, 469, 43.

Ort (Parpian, Perbian): c. 1000, 52, 53; c. 1020, 59, 60; 1334, 642, 227; 1352, 706, 299.

Pardell, Tirol, b. Villanders (Pardell), Nykel von Villanders von —, 1352, 706, 299.

„Parthenopolitanus archieps.", s. Magdeburg.

„s. Bartholomei eccl.", s. Frisach.

„Paris", s. Paradeis, Krn.

Parma, Ital. (Parma), Richter: Gilo Milledusii iudex, 1261, 206, 211.

„Parowe, -ōwe", s. Porrau.

Parsberg, O.-Bai., Landger. Miesbach (Pahsberch, Pastperc, — ch), Waldmannus de —, 1158, 105, 103; Waltman et filii eius, Waltman et Fridericus, c. 1180, 116, 114, Waltmannus, 1181, 117, 116; 118, 117; 1184, 120, 119; 1187, 121, 120; Fridericus de — 1189, 122, 122; c. 1190, 123, 122.

Parschenbrunn, N.-Oest., welches? (Porsenbrunne), Fridericus de —, magister coquine ducis, 1262, 221, 230.

Parz, O.-Oest., welches? (Portz), Burggraf: Vlreich der Ryedmarcher, purgraf, 1325, 561, 147.

„Parowe" } s. Porrau.
„Barowe"

Bassano, Ital., Venetien (Bassanum), Egelinus de —, 1159, 108, 106; Ezelinus de —, Johannes fil. et Ezelio, patronus eius, 1160, 110, 108, Ezelinus, 1256, 180, 178.

„Basanum", s. Bassano.

Passau, Baiern (Pattauia, Pazzaw), 1247, 149, 146; 156, 153; 1228, 384, 411; 1296, 418, 458.

Domcapitel (chorus): c. 1202, 124, 123.

Domchor (chorus maioris ecclesie): 1224, 128, 128.

Bischöfe: Ovdalricus, c. 1120, 96, 65; Reimbertus, 1140, 100, 98; 1147, 103, 101; Chuonradus et fr. eius, Henr. dux Austr., 1158, 105, 103; Chunr., 1158, 106, 104; Theobaldus, 1189, 122, 121; erw., c. 1202, 125, 124; Wolfkerus, c. 1202, 124, 123; Manegoldus, c. 1212, 115, 123; Gebehardus, 1224, 128, 127, 128; Rudigerus, 1238, 138, 134; u. 135; 1242, 141, 137; 1237, 149 145; Berhtoldus erw. 1256, 184, 189; 1258, 192, 197; N. 1255, 176, 175; 1256, 181, 179; 1258, 193; 194, 198; 195, 199, 200; 196, 201; 1259, 202, 207, 208; Otto, 1264, 233, 247; 234, 248; N. 1265, 237, 251; 238, 252; 1266, 255, 275; Petrus, 1267, 265, 284, 286; 268, 291; 270, 293; 282, 307; 1270, 284, 310; 255, 311; 292, 316; 1277, 320, 345; 327, 349; 328, 350; 329, 351; 331, 352; 332, 353; 333, 355; 335, 356; 336, 358; 337, 359; 350, 370; 351, 371; N. 1293, 407, 447; 408, 418; Wernhardus, 1296, 418, 458; 1298, 425, 466; 1307, 461, 32; 462, 33; 1311, 485, 61; N. 1324, 556, 137; 557, 139; 558, 140; Albrecht 1333, 624, 210; 1334, 635, 221; 1335, 645, 231; Gotfrit, 1359, 734, 327.

Bischöfl. Kanzlei: Vlricus scriba, c. 1202, 124, 133; Albertus, 1270, 292, 316.

Dompröpste: Chadelhohus, 1158, 106, 104; Ortolfus, c. 1202, 124, 123; Heinricus tumprepos. qui fuit postea predicator, antea pleb. de Probstorf, c. 1217, erw., 1256, 184, 186; 187, 188; Otto 1224, 128, 128; Heinricus, 1229, 129, 129; Meingotus, 1267, 268, 291.

Archidiakone: Ortolfus prepos. et archid., c. 1202, 124, 123; Gerhohus, archid. et canon., Vlricus de Maruunge (?) archid. et can., 1247, 149, 145.

Domdechante: Tagino, c. 1212, 125, 124; Chunradus, 1224, 128, 128; mag. Wernhardus, 1267

268, 291; 270, 293; postea Secovien. episcopus, 1270, 292, 316.

Dompfarrer: Meginhalmus pleban. et canon., 1212, 125, 124; Chunradus maior pleban., 1224, 128, 128; Dietmarus, plebau., 1247, 149, 146.

Domscholastiker: Richerus scholast. et canon., c. 1212, 125, 124.

Domcustosen: Albertus custos senior, 1224, 128, 128; Cunr. custos iunior, 1224, 128, 128.

Domcantor: Wilhelmus, 1224, 128, 128.

Chorherren: Burchardus de Kambe, Ruodegerus de Aheim, Chunr. de Sirnich, Chunr. de Burchusen, c. 1212, 125, 124; Kalohus, mag. Heinr. Zobello, Eberhardus de Johanstorf, Heinr. de Mistelbach, Siboto, mag. Albertus de Possenmünster, mag. Einwicus, 1224, 128, 128; Eberhardus, pleb. in Probstdorf et Janstorf, postea occisus, erw., 1256, 184, 186, 188; Vlricus de Memminge, mag. Vlric. de Chirichperch, 1242, 141, 137; Levpoldus prepos. Ardacensis, 1256, 184, 188; mag. G., 1263, 227, 240; mag. Gerardus, 1265, 241, 256; 242, 257; 1266, 259, 279; mag. Vlricus de Nertingen, 1266, 259, 279; — prothonotar. regis Bohemie presentatus ad eccl. in Herrantstain, 1267, 265, 285; 286, 287; 1270, 292, 316; Heinr. pharrer ze Wienne, chorh. ze Freising, 1333, 624, 210; Pitrolfus, eccl. Frising., vicar. generalis, 1342, 699, 281.

Vögte: Adalbertus fil. Leupoldi, marchionis, c. 1120, 96, 95; Henr. dux Austrie, 1158, 105, 103.

Bischöfl. Hofmeister (mag. curie): Ortliebus Zendl, 1334, 635, 221.

Vicedomo (vicedomini): Rudolfus, 1267, 265, 285.

Schenken (pincerne): Hartmůt,1158, 106, 105.

Kellermeister (cellerari): Arnoldus, c. 1202, 124, 123.

Nonnenkloster: Äbtissin: Adelhoidis, 1147, 103, 101.

„Pastperch", s. Parsberg.

Passdorf, N.-Oe., b. Gaunersdorf (Perstorf), 1335, 648, 233.

Pasing, Bai., b. München (Pasinga, -en), 763, 1, 1; 802, 7, 8; 8, 10. Genannte: Hartunicus et Egelolf de —, c. 1190, 123, 122.

„Pasingas, -en, -un", s. Pasing.

s. Paul, Kärnt., Lavtthl. (S. Pauls), Äbte: N., 1344, 692, 284.

Pauleiten, N.-Oest., b. Amstetten (Pauleuten), Ekkehart vou —, 1293, 406. 445.

„Pauleuten", s. Pauleiten.

Baumgarten, N.-Oest., b. Poisdorf, (Paungarten), Kadoldus de —, 1243, 142, 138.

Baumgarten, N.-Oest., b. Strengberg, (Paumgarten), Eberhardus de —, 1263, 229, 243.

Pavmgarten, N.-Oest., welches? Wilhalm von —, 1356, 717, 309.

Baumgarten, Krn., b. Egg ob Podpetsch (uilla Paumgartn), c. 1215, 126, 125.

Baumgarten, Baiern, welches? (Pômgarten), Frideric. de —, 1166, 113, 112.

Baumgartenberg, O.-Oest. (Poumgartenberge), Äbte: Pertholdus, 1247, 149, 145.

„Paungarten", s. Baumgarten.

„Pausanum", s. Botzen.

„Pauumgartn", s. Baumgarten.

„Paur, Payr, Friedr. der —, von Châcz," 1356, 718, 309, 310.

„Pauzana, P —"
„Bauzona" } s. Botzen.

„Pazzawe", s. Passau.

„Pebrarer", s. Pebring.

Pebring, N.-Oest., OMB., b. Leiben (Perhtold der Pebrarer), 1302, 449, 19.

Pechlarn, N.-Oest., a. d. Donau (Puhilarn), Dechant: Herboto, 1158, 106, 104.

"Pechona", wo? Waldinus de —, procurator episc. Fris., 1264, 235, 249.

Pettau, U.-Strmk., a. d. Drau (Petaw, -c), 1315, 500, 77.
  Genannte: Frid. de —, 1266, 258, 278; Haertneid de —, 1315, 500, 76; Herdegen de —, 1333, 612, 198; — maschalch in Steyer, 661, 250.

"Petaw, -e", s. Pettau.

Petenbach, Bai., Landg. Dachau (Pettinpach), 799, 6, 7.

s. Peter i. d. Au, N.-Oest., b. Seitenstetten (s. Petrus in Augia forum, marcht s. Peter in der Awe), 1298, 423; 424, 463; 1316, 517, 91.
  Burg (castrum, burch, veste), 1298, 423, 463; 424, 463; 464, 465, 1330, 595, 181.

s. Peter a. Kammersberg, Strmk., b. Murau (s. Petrus iuxta prouinciam Longaewe, s. Petrus prope Welcz, s. Peter), 1263, 225, 236; 1265, 243, 260; 1285, 390, 426; 1307, 464, 37; 1308, 471, 46; 1360, 737, 331.
  Pfarre (eccl. s. Petri, gotshaus s. Peter): 1257, 190, 196; 1258, 198, 204; 1261, 210, 217; 1262, 215, 224; 216, 225; 217, 226; 222, 231, 232; 223, 233; 224, 234; 235, 236; 1265, 239, 253; 246, 263, 264; 249, 267; 1299, 427, 467; 428, 468; 1300, 434, 5; 1301, 440, 10; 442, 12; 1302, 448, 17, 18; 1306, 458, 28; 459, 28, 29; 460, 31; 1307, 464, 36, 37, 38; 1308, 471, 44, 45; 1360, 737, 330.
  Kirche (ecclesia, basilica): 1276, 318, 342; 1280, 365, 390.

Marktmass (s. Petrer mazz): 1315, 502, 79.

Pfarrer: Pilgrimus plebau. de Raedentein, erw., 1262, 224, 235; Arnoldus pleb. de Maltein presentatus, erw., 1262, 224, 235; Lauentinus episcop., erw., 1257, 190, 196; 1258, 198, 204; vikarius eiusdem, 1262, 217, 226; 218, 227; 222, 230; 223, 233; 224, 234; mag. Heinr. not. episc. Fris. presentat., 1257, 190, 196; — canon. s. Andree de Frisinga, 1258, 198, 204; — prothonot. Chunradi episc., 1262, 216, 225; 1265, 239, 253, 254; 246, 263; 249, 266, 267; Hugo, 1299, 427, 467; 428, 468; — prepos. Ardacen., 1300, 432, 3; 434, 5; 1301, 438, 7, 8; 440, 10; 442, 12; 1302, 448, 17, 18; Nicolaus (vicar.), 1300, 434, 6; (pharrer), 1304, 452, 22; 1319, 536, 118; 537, 119; Emcho de Alzaya, can. Frising, 1306, 458, 28; 459, 29; 1307, 464, 36, 38; 1308, 471, 44; Otto de Safraw capell. episc. Lauentini presentat., 1306, 459, 29; 460, 31; 1307, 464, 36, 37, 38; 1308, 471, 44, 45.

Priester: Chunr. sacerd., 1300, 434, 6.

Freising. Amtsleute (officiales, ammon): Heinricus, 1245, 147, 142, 143; 1263, 225, 237, 238; 228, 242; Reycher, 1304, 452, 22; 1398, 471, 45, 46; 1315, 502, 79.

Zechmeister (zemaister): N., 1360, 737, 330, 331.

s. Peter i. Holz, Krnt., Lurnfeld (s. Petrus apud Frezna), Kirche (ecclesia): c. 1060, 79, 82.

Peterdorf, O.-Strmk., b. S. Peter a. Kammersberg (uilla Pederdorf in predio Chatzis), c. 1060, 79, 81.
  Genannte: Chunr. von —, 1331, 605, 196; Chunr. von —, burch-

grave ze Oberweltz, 1358, 728, 319; 1360, 737, 331; 1361, 741, 337.
„Petina", s. Piben.
„Pettinpach", s. Petteubach.
„s. Petre", s. san Pietro.
„Petrer purger ze dem Neveumarkt", O.-Strmk., 1335, 658, 245.
„s. Petri et s. Candidi monast.", s. Innichen.
„s. Petri et Tertulini (Tertuliani) eccl.", s. Scharnitz, Schlchdorf.
Petronell, N.-Oest., b. Haimburg (s. Petronella), Pfarrer: mag. Heinricus, 1256, 183, 181; 183, 184.
„Petronella", s. Petronell.
„s. Petrus in Augia", s. s. Peter in der An.
„s. Petrus apud Frezna", s. s. Peter i. Holz.
„s. Petrus apud Longaewe", s. s. Peter am Kammersberg.
Peitenstain, N.-Oest., b. Amstetten (Peytenstain, Pai-, Pow-).
  Burg (veste, purg): 1330, 594, 177, 178, 179; 1333, 616, 201; 620, 205; 625, 211.
  Maierhof (pawhof): 1330, 594, 178, 179; 1333, 616, 201.
„Peydigretz", KrnL.? U.-Strmk.? 1344, 692, 284.
„Peiersdorf", s. Paiersdorf.
„Peilstain", s. Peilstein.
Peilstein, N.-Oest., OWW. (Peilstain), Grafschaft (comicia): 1265, 240, 255.
  Landgericht (iudicium): 1277, 352, 353.
  Grafen: Fridericus, frater episc. Frising. Henrici, c. 1130, 97, 95; Chuuradus, c. 1130, 97, 96; c. 1170, 115, 113; 1189, 122, 121; — et eius filius Fridericus cuius frat. N. et nepos N., c. 1215, 126, 124.
„Pein", N.-Oest., OWW., Otto de —, 1270, 287, 213.

„Belkowe", Böhm.? Zmilo de —, 1265, 240, 255.
„Pels, -e", s. Pöls.
Belluno, Ital., Venetien (Bellunum), Äbte: Wecelo, 1261, 206, 206.
„Perbelstal, daz—", N.-Oest., b. Maria-Enzersdorf, 1332, 611, 196.
Perhersdorf, N.-Oest., b. Amstetten (Perwinstorf, -weinstorf, -hortstorf, -westorf), 1328, 583, 165, 166; 1329, 587, 171.
  Hof das.: hof den Chvnr. der Vaerl besaczzen hat, 1317, 521, 96.
  Genannte: Jubart de —, 1270, 287, 313; 1285, 289, 425; 1289, 396, 436.
„Perbian", s. Parbian.
„Perbolezdorf", s. Parbasdorf.
„Perhortstorf", s. Perbersdorf.
„Perchah, Perh—", s. Hohenbercha.
„Perhtoltstorf", s. Bertholdsdorf.
„Percheim" \
„Perkheim" / s. Bergheim.
„Perchoua, -ou", s. Berghofen.
Bertholdsdorf, N.-Oest., b. Wien (Perhtoltstorf, Perichterstorf), 1332, 611, 196.
  Genannte: Otto de —, 1229, 129, 129; 1247, 151, 147; — camerar. Austrie, 1262, 214, 223; 1262, 220, 228; 221, 229, 230; 1270, 284, 310; 285, 311.
Berg, N.-Oest., b. s. Pölten? (Perge), Albertus de —, 1158, 105, 103.
Perg, O.-Oest., (Perge), Grafen (?): Vlricus, c. 1202, 125, 124.
Berg (?), Tirol, Pusterthl. (Mons), Chunradus de Monte lirator, Eberhardus de —, 1261, 211, 218.
Berg, Bai., am Wirmsee? (Pergen), Otto de —, 1182, 119, 118; Vlricus do —, 1187, 121, 120.
Pergarn, s. Berging.
Bergau, N.-Oest., b. Hainfeld (Pergow, -aw), Vlrich von —, hofmaister herczog Albrechtes, 1333, 624, 210; 1349, 699, 292.
„Perge", s. Berg.

„Perge", s. Frauenberg? Glonbercha?
Berge u. Alpen, s. „Abliu".
„Adril".
„Algelsperch".
„Aluala".
„Anananto".
Anras (s. Anrasbach.)
Parbian.
„Plaucho".
„Pletces".
„Bosana".
Prax.
„Púlnberg".
„Cauat".
Kalenberg.
„Chalochsperg".
„Campeauerin".
Kartitsch.
„Cunisello".
Tauern.
Terenten.
„Tyerberg".
„Ualpericula".
„Ualdomenega" (Uvalcummunaga).
„Ualferna".
Valgratten.
„Uiscalina".
Frisenberg.
„Frontal".
Hühnersberg.
„Intercipiis".
Leithaberge.
Loibel.
„Lubnic".
„mons s. Margarethe", s. s. Margarethen.
„Maserola".
„mons Medelicensis", s. Melk.
„Monteplana".
„Nemea".
„Oçlinch".
„Riualia".
„Serla".
„Sexten".
„Sirmenit".
„Uvalcummunaga", (Ualdomenega) Weinberg.
„Pergen", s. Berg.

„Perger, Viricus dictus —" Krain, 1278, 361, 384; 362, 385.
Bergheim, Bai, welches? (Percheim, Perkheim) Ch. u. Wolrich de — c. 1215, 127, 127; Vlr., Chnnr. u. Heinr. de — 1246, 148, 145.
Berghofen, Bai., Landg. Landshut (Perchouon, — ua), 857, 16, 18; 1020, 56, 58.
Berging, N.-Oest., b. Amstetten, (Pergarn), 1327, 575, 159.
„Pergow", s. Bergau.
„Perichterstorf", s. Bertholdsdorf.
„Perman, Jans — " z. Judenburg, 1331, 605, 190.
„Permůsel, Frid. —", Baiern, 1246, 148, 145.
Bernau, N.-Oest. b. Ibs (Pernaw, Pernow), Chŵurad der —er, 1335, 644, 229, Weichart von — 1339 678, 269.
„Pernawer", s. Bernau.
Pernek, Strmk, b. Bruck a. M. (Pernekk) 1324, 552, 133.
„Pernow", s. Bernau.
„Pernstain", s. Pernstein.
Pernstein, Ung. (Pernstain), Grafen: Johann, 1359, 734, 327.
Bern, Schweiz, Propstei (Beronensis ecclia:) 1324, 556, 137; 557, 139. Chorherren: Albertus Griessenberger, rector parroch. eccl. in Waidhouen, 1324, 556, 137; 557, 139.
„Pershaimer, Chun, der — purger ze Weltz", 1360, 737, 330.
„Perstorf", s. Paasdorf.
Perugia, Ital. (Perusium), 1265, 238, 253; 239, 254; 241, 257; 242, 259; 255, 276.
„Perusium", s. Perugia.
„Perweinstorf",
„Perwestorf",   } s. Perbensdorf.
„Perwinstorf",
„Perwolf, Hans —" zu Hintereck, b. Oberwelz, Ostrm. 1317, 522, 98.
„Perwolfdorf",
„Perwolfsdorf", } s. Parbasdorf.

Petzenkirchen, N.-Oest., b. Wiesel-
burg (Petzenchirchen), 1285, 289,
424.
Pfaffenhofen, Bai., welches? (Phaf-
konen), Ch. de — canon. Ratis-
ponensis, 1284, 384, 408, 415, 418.
Pfaffendorf, O.-Strm. b. Judenburg
(Pfaffendorf, Pſz —), Herbot v —,
1309, 478, 55; 1319, 531, 110; —
u. Herman s. pruder, 1319, 536,
118.
„Pfaflein, Weinmar der —" Bai.? 1346,
693, 285.
Pfalzgrafen, s. Grafen.
Pfannberg, Strmk., b. Fronleiten
(Phannenberch, Pf—, Phannberch),
Grafen: Heinr. u. Bernhardus, 1270,
284, 310; 285, 311; Heinr., 1277,
348, 367; 349, 368, Ulrich mar-
schalch in Oesterr., 1333, 624, 210,
1334, 643, 228; 1335, 654, 102.
Pfarren, Pfarrer und Dechante:
s. Alletzberg,
Amstetten,
Aschbach,
Passau,
Pechlarn,
s. Peter a. Kammersberg,
„ im Holz,
Petronell,
Biberbach,
Pölla, (Alt — ?),
Pöls,
Propstdorf,
Pulst,
Busarnitz,
Kalenberg,
Kreuzstetten,
Toblach,
Traiskirchen,
Drauburg, Unter-,
Tricesimo,
Dürnnast,
Ens,
Enzersdorf, Gross-,
Erding,
Esslingen,?
Valgratten,

s. Veit, Krnt.
„ Krain,
Veitschberg,
Vellach,
Villanders,
Föring,
Frauenburg,
Gaming,
Gössling,
Gresten,
Grillenberg,
Hag,
Hartkirchen,
Hofkirchen,
„Jansdorf",
Ibs,
Innichen,
Irdning,
Judenburg,
Lack,
Laibach, s. Peter,
„ s. Nicolaus,
Landstrass,
„s. Laurentius", N.-Oest., OWW.,
s. Leonhard, i. Lavtthl.,
Malentein,
Mammendorf,
Mannsburg,
Marburg,
s. Martin b. Krainburg,
s. Marein b. Laibach,
„Marnigha",
Mautern,
Melk,
Neuhofen,
Niederndorf,
Opponitz,
Ottenburg,
„Otlingen",
Radentein,
Randeck,
Russbach,
Spannberg,
Sairach,
Stein, Krn.,
Selzach,
Silian,
Uebermos,

Waidhofen,
Walkershofen,
Welz, Ober-,
Wien,
Windischgraz,
Woditz,
Wolfsbach,
Zell,
Zorneding,
„Pfefferhard, mag. Johaunes — canon. Constantien. capellan. Johannis pape", 1324, 557, 138; 558, 140.
„Pföffendorf", s. Pfaffendorf.
Pfraumberg, Böhm., (Phriusperge) Wichelmus de —, 1265, 240, 255.
„Phafkouen", s. Pfaffenhofen.
„Phannberch,— enberch" s.Pfanuberg.
„Phanzelt, Fridr. der —, Jeuts. haurô," N.-Oest., OWW., 1349, 698, 289; 290.
„Phetene", Baiern, verschollen, Ulricus de — 1180, 116, 114
„Phefferstoch, Andre —", zu Innichen, 1337, 662, 250.
„Phezniza", s. Ferschniz.
„Phlusthard, Ortolfus et Wolfkerus — fratres, ciues in Waidhouen", 1283, 378, 404; s. auch Flusthart.
„Phrinsperge", s. Pfraumberg.
Piacenza, Ital. (Placentia) Richter: Ruffinus de Porta, 1261, 206, 211.
„Piparpah", s. Biberbach.
Piben (Pedena), Istrien (Petina), Bischöfe: Poppo, c. 1215, 127, 127.
Piher, Strmk., b. Voitsberg, 1252, 164, 161.
„Biber, Pibr, Arnoldus —", Bai., c. 1202,124,123; 1263,229,243; der — 1274, 303, 326; Arnolt, der — 1285, 388, 424; 1289, 399, 436.
Biberbach, N.-Oest., b. Seitenstetten (Piperpach, Pyber —), Pfarre, 1335, 653, 238; 654, 241; 1346, 684, 277; 685, 278.
Biberbach, Innthal, Tirol (Piparpah), c. 950, 32, 31.
„Pyberpckher pfarre", s. Biberbach.
„Piburch", s. Biburg.

Biburg, Bai, Landg. Abensberg (Piburch), Chunr. de —, 1147, 103, 101.
„Pihdorf" (!) s. Billichsdorf.
Bichel,? b. Amstetten, N.-Oest. (Puhel, auf dem —), 1337, 667, 255.
Pichl, Tirol, Pusterthl., welches? (Puhel), Richter: Friderich, der alt richter, 1317, 523, 99.
Bichel? U.-Krn. (villa Pvhel), 1261, 207, 214.
Pittersberg, N.-Oest., b. Amstetten (Pittrichesdorf, Putrisperg), c. 1070, 85, 87.
„Bitersperch", Görz? Ch. de —, 1252, 161, 158, Vllinus, Chonzo, Rinhardus et Maerchlinus de —, 1263, 226, 239; s. auch „Rittern —".
„Pittrichesdorf", s. Pittersberg.
Pietendorf, Bai., Landg., Mosburg (Pietendorf), Issenrich de —, c. 1115, 95, 94.
san Pietro, Istrien, welches? (s. Petre), 1067, 83, 84.
Piesenkam, Bai., b. Miesbach (Puosenchaim), Albanus de 1166, 113, 111.
„Piezka", Böhm.? 1274, 306, 330.
„Pilhdorf, s. Billichsdorf".
„Pilchgraeç,"
„Pilhgraetz," } s. Billichgraz.

Billichsdorf, N.-Oest., b. Wolkersdorf (Pilichdorf, Pilh—, Pilch—, Pih—, Pilitorf —), 1307, 461, 32; 462, 33; 463, 34; 1311, 485, 61; Genannte: Vl. de —, 1240, 139, 136; erw. et eius filii, N. N., 1253, 167, 164; Marchquardus, Vlr. u. Chunr. fratres de —, 1262, 214, 211, 222; 219, 227; fratres de —, 1262, 220, 228; Vlr. Marquardus et Chunr. fratres de —, 1262, 221, 228; Ulricus quond. de —, pater Vlr. et Chunradi, 1277, 333, 354; Chunr. de — index prouincial., 1277, 338, 360; Dietrich von — hove marschalich, 1313, 495, 72.

Billichgraz, U.-Krn., (Grätze, Pilch
graec, —gratz 1269, 575, 300; Ge-
nannte: Her. de — et fil. eius Hort., (!)
c. 1215, 127, 127; Gerlohe von —,
Rüger u. Märchlin s. brüders sun,
1291, 402, 438, 439; Gerlohe v.
—, Wers, brüders sun, 1295, 413,
454; Marquard v. — , 1301, 439, 8;
1309, 431, 58; Rüger v. —, 1318,
525, 100; 526, 101; 528, 105; 529,
108; Haertel v. Görg Legspan von
—, 1318, 525, 100; Jörg Legspan
v. —, 1318, 526, 101; 528, 105;
Ch*nrat v. —. Fridreichs aidem
des Ch*ssenpfenninch von Wippach,
1318, 527, 103, 529, 106; Marquart
v. —, 1318, 530, 109; 1323, 550,
131.
„Pilitorf", s. Billichsdorf.
„Pilozune", s. Plattensee?
„Pilstein", s. Peilstein.
„Pirbavmein", s. Birnbaum.
„Pirenbach", O.-Oest.,?Rubertus de —.
1158, 106, 105.
Birnbaum, Krn., welches? (Sirbav-
mein), Rvdlinus de —, 1251, 157,
155.
„Pisbeich, —wich", Krnt., Ott—,1301,
446, 10; Otte der iung ·, 1316,
514, 87.
„Piscatorus locus", Venet, Venet., b.
Vicenza, 972, 35, 34; 992, 44, 45.
Bischelsdorf, N.-Oest., Marchfeld
(Bischofsdorf), 1298, 424, 464.
„Bischöfe, Erzbischöfe u. Patriarchen:
und ihre Capitularen
s. Aqui,
Aquileja,
Augsburg,
Bamberg,
Passau,
Piben,
Prag,
Brixen,
Kalocsa,
Ceneda,
Cittanuova,
Chiemsee,
Köln,
Constanz,
Chur,
Trient,
Trier,
Eichstädt,
Freising,
Gurk,
Lavant,
Lebus,
Leitomischl,
Magdeburg,
Mainz,
Minden,
Naumburg,
Olmütz,
Regensburg,
Salzburg,
Speier,
Schwerin,
Strassburg,
Seckau,
Utrecht,
Wirzburg,
Worms.
Unbekannte:
Arpeo, 828, 12, 15; 13, 16.
Notingus, 855, 14, 16.
„Bischofsdorf", s. Bischelsdorf.
„Piswich", s. Pisbeich.
„Pivgen", Baiern, 1249, 155, 151.
„Biczmans huben, Nickel v. — ", Tir.,
Pusterth., 1349, 697, 289.
„Placentia", s. Piacenza.
Plattensee,? Ung. (Pilozune), 861,
18, 19.
Planken, N.-Oest., b. s. Peter i. d.
Au (Planchen), 1298, 424, 464, 465;
1316, 517, 91.
„Planchen", b. Silian, Pusterthl., 1321,
542, 124; s. auch Plancho.
Plankenstein, N.-Ost., b. Melk (Plan-
kenstain), Otto de —, 1256, 186,
191.
„Plancho alpis", Pusterthl., 788, 5, 6;
963, 34, 33; s. auch Planchen.
„Blantatensis", Graf: Gvvido, 1159,
108, 106.

„Planitz", s. Planitzen.

Planitzen, Strm., b. Murau (Jaistorf quod wlgo dicitur in der Planitzen, Planitz) 1285, 390, 426; 391, 427.

„Pletces,Plezzes alpis",Tirol,Pusterth., 965, 34, 33; 973, 36, 35.

„Plezzes", s. Pletces.

Blindenbach, U.-Krn., b. Nassenfuss (Plintenpach), Rudolfus et Fridericus fratres de —, 1247, 150, 146; Rvdegerus de —, 1261, 207, 215; Rudolfus et Frider., fratr. de —, 1267, 272, 295; Rudegerus de —, 1269, 275, 300; 279, 304; 280, 305; Frizzo de —, 1280, 367, 301; Diemůdis fil. Nycolai de Reutenberch, uxor Frizzonis de — postea uxor Dietrici de Schonnenberch, 1280, 367, 391, 392.

„Poapintal pagus", Innthal, b. Pfaffenhofen, 799, 6, 7.

„Pôbenhusen", s. Bogenhouisen.

„Bochesrukke", s. Posruk.

„Pôchlon", s. Buchloh?

„Bocsana", s. Bosauga.

Potendorf, N.-Oest., b. W.-Neustadt (Potendorf, Pott —), Rudolfus de —, 1257, 187, 193; (Euphemia) de —, 1266, 262, 283; Ofmia de —, Fridericus clericus dictus de —, 1267, 265, 285, 286, 287; Alhedis soror C. comitis de Neweuburch, mater Ofmie de —, 1267, 265, 285, 286; Offemia de —, 1267, 267, 288, 289, 290; 1270, 292, 316; Hainr., Chonrat u. Sibot prveder von —, 1307, 462, 34; 463, 35, Chonrat u. Seibot v. —, 1313, 495, 72.

„Podyeprukke, Poydiepruk", Tir., Pusterthl., 1285, 392, 428; c. 1316, 520, 95.

„Podinauuiz", Krnt.? 993, 45, 47.

„Poemanii", s. Böhmen.

Bogen, Bai., b. Straubing (Pogine, Pogen), Grafen: Harwicus, 1147, 103, 101; Albertus, 1189, 122, 121.

„Pogine", s. Bogen.

Pogeltschitsch, Krn., Bez. Radmannsdorf (Poglasicze, Bogleschicz), 1286, 395, 431; 1293, 403, 442.

Bogenhausen, Bai., b. München (Bubenhusen, — san, Pů —, Pô —), Rôtlant de —, c. 1115, 94, 94, — et fil. eius Rûdolf, Chûnr. de —, c. 1115, 95, 94; Rûdolf u. Rûtlant fratr. de —, 1147, 103, 102; Rôdolfus u. frat. eius Gerwicus, c. 1180, 116, 114; Gerwicus de —, 1189, 122, 122.

„Poglasicze", }
„Pogleschicz", } s. Pogeltschitsch.

„Poydigpruk", s. Podyeprukke.

Pölla, (Alt-?), N.-Oest., b. Göpfritz (Polan), Pfarrer: Dietricus, 1284, 384, 416.

„Polan", s. Pölla, Pöllau.

Pölland, U.-Krn., Gross- (Polanum maius), 1251, 157, 154; Klein- (Polanum minus), 1251, 157, 155.

„Polanum", s. Pölland, Pöllau.

„Polasinga", s. Polsing.

Pöllau, O.-Strm., b. Oberwelz (in der Polan, Polanum, daz dorflein in der —), 1285, 390, 426; 391, 427; 1361, 741, 336.

Hube, das, (hub an dem Puhel): 1361, 741, 336.

s. Pölten, N.-Oest. (s. Ypolitus, s. J. —), 1256, 186, 192; 1258, 194, 198, Stadtbefestigung (municio): 1247, 149, 145.

Pröpste: N., 1284, 379, 404; 384, 411, 414.

Polling, Tirol, Innthl. (Pollinga), 763, 1, 1; 802, 7, 8; 8, 10.

„Pollinga, —un", s. Polling.

Bologna, Ital. (Bononia), Universität (doctores Bononien), 1302, 448, 18. Podestà: Guido de Canerosa, 1159, 108, 106.

Pöls, O.-Strm., b. Zeiring (Pels), Pfarrer: Hertnidus pleb. archidiac. Karinthie, 1277, 346, 365.

Polsing, O.-Oest., b. Eferding (Polasinga), 776, 4, 5.

Böhmen, die — (Poemanii), 855, 14, 16.
Kriegszug wider dieselben: 855, 14, 16.
Könige: Otakarus, 1277, 323, 346; 336, 357; erw. 349, 368; früher s. Oesterreich, Herzoge; s. auch Kärnten, Hzge.
Kgl. Kanzlei, unter Otakar II., s. Oesterreich, hzgl. Kanzlei.
Marschälle: Henko, 1265, 240, 255; Purchardus (de Chlingenberch), 1270, 284, 310; 285, 311; 1274, 306, 330.
Kämmerer: Andreas, 1274, 306, 330.
Personen des Hofstaates: Gerus, Wolko, Benesius, 1260, 205, 210; Gerizla, Jerus, 1262, 214, 223.
„Ponhalm, Haeinr. —", OWW., 1274, 303, 326.
„Bononia", s. Bologna.
„Ponzo, Otto sacerdos dictus —", N.-Oest., 1276, 314, 338.
„Poomok, Ortolfus de — burggranius de Lok", 1358, 727, 319.
Porrau, N.-Oest., b. Ober-Hollabrunn Parowe, Ba —), Wolfgerus de —, 1142, 141, 137; 1243, 142, 138; — pincerna de —, 1246, 148, 144; 1253, 167, 165.
„Porta", Ital., Ruffinus de — iudex Placentinus, 1261, 206, 211.
„Porger, Otto de —", Tirol, Pusterth., 1261, 211, 218; Heinr. dictus — canon. Inticensis, 1307, 468, 42; Berchtolt der — chörherre ze Iniching, 1339, 679, 271.
„Porsenprunne", s. Porschenbrunn.
„Porz", s. Parz.
„Bosana", s. Bosanga.
„Bosanga, —sana, Boc — alpis", Krn., b. Lack, 973, 37, 36; 38, 38, 39; 989, 43, 43, 44.
„Bosaurixa", s. Busarnitz.
„Posch, die —in", OWW., 1337, 667, 255.
„Posch, Vlr. der —", Pusterthl., 1339, 679, 271..

Poschenik, Krn., b. Krainburg (Bosenik, Posenike), 1248, 152, 148; 153, 149.
Genannte: Otacher de —, c. 1160, 112, 109.
„Poschin", s. Posch.
„Posenik", s. Poschenik.
„Possenmunster", s. Münster.
„Bosisen", Krn., b. Lack, Burg (castrum): 973, 38, 38.
Posruck, N.-Oest., b. Gresten (Pochesrukke, Gerolt et Eberhart de —, c. 1130, 98, 96.
„Poum, Hartwicus—", N.-Oest., 1158, 106, 105.
„Povman, Gebhardus dictus —" Krn. 1286, 395, 431.
„Povmgarten", s. Baumgarten.
„Boumgartenberge", s. Baumgartenberg.
„Povmhês", Vlr. —, Tirol, 1269, 281, 307.
„Pozana, B —, Bozanum", s. Botzen.
Botzen, Tirol (Bauzonum, —zona, —zana, Po—, Pozanum, Pausanum, Botzen), 770, 2, 3; 827, 11, 13; 855, 14, 16; c. 1000, 52, 53, c. 1020, 58, 59; c. 1030, 65, 66; c. 1070, 87, 88; c. 1100, 92, 92; 1166, 113, 112; 1363, 744, 339.
Deutschordenshaus (hospitale): 1307, 469, 43.
Weinmass (mensura, mazz.): 1238, 138, 135; 1266, 257, 277; 1352, 706, 299.
Deutschordenscomthur: N. commendator, 1307, 469, 43.
Genannte: Vlr. de —, 1238, 138 135.
„Pradaci villa", s. Predazzo.
„Prater, Prat —", s. Protarius.
Prag, Böhmen (Braiga (!), Pra —), Bischöfe: Daniel, 1159, 108, 106; N., 1258, 197, 202; 1259, 202, 207; Arnestus, 1361, 738, 361.
Genannte: Johannes sacerdos de — pleb. de Probstorf, 1277, 346, 365; 347, 366, 367.

„Pragas", } s. Prex.
„Prags",
„Braytennpach", s. Breitenpach.
„Braiga", (!) s. Prag.
Brand,? N.-Oest., b. Persenbeug (Prant), Dietr. de —, 1270, 287, 313.
„Praentel, Engelschalch —", c. 1215, 127, 127.
„Brandemburg" s. Brandenburg.
Brandenburg, (Brandemburg), Markgrafen: Ludowicus archicamerarius elector imp., 1361, 738, 333; Otto (et Lusatie march.), 1361, 738, 333.
Brandstetten, N.-Oest., b. Amstetten, welches? (Prantstcten), 1320, 540, 122.
„Prannstorf, Pilgrimus de — officialis curie Patauien. infra Anasum", 1334, 635, 221.
„Praun, Chun., —" N.-Oest., 1302, 449, 19.
Brauneck, Wirtembg. (Brunecke), Goczo nobil de —, 1361, 738, 334.
Braunsberg, N.-Oest., OWW., b. Hag (Prŷnsperch), Vlricus de —, 1261, 209, 217.
„Praunsdorf, Prunsdorf", U.-Krn., Burg (castrum): 1247, 150, 146; 1267, 272, 295, 296.
Prax, Tir., Pusterthl. (Pragas, Prags), Alpen: 965, 34, 33; 973, 36, 35: Ort: 1363, 744, 339.
„Prechube", s. Lack.
Predazzo, Südtirol, b. Cavalese (Pradaci uilla), 1166, 113, 110, 111.
„Preve, Paul der —", Pusterthl., 1334, 628, 215.
Breg, U.-Krn., welches? (Nabrego), Ueberfur (nanigium): 1251, 157, 155.
„Breg", s. Brieg.
„Pregler, Nyclaw der — bürger ze Läncz", 1308, 476, 51, 52.
„Pregnariorum natio", Tirol, am Brenner 827, 11, 13.

Breitenau, U.-Krn. (Preutenowe, Preitenawe), genus illorum de —, 1254, 171, 170; 172, 171; Arnoldus de —1280, 367, 392.
„Preitenawe", s. Breitenau.
Breitenbach, Tirol, b. Kufstein (Braytenpach), Pfarre (ecclesia): 1266, 256, 276.
Preinspach, N.-Oest., b. Amstetten (Prunspach), Sifridus de —, 1277, 343, 363.
„Preis", s. Pris.
Preiseck, U.-Krn. (Preiseck, Prysekk, -e, Preiseke), 1313, 494, 71.
Burg (veste): 1327, 576, 160.
Burggrafenamt: 1301, 443, 12.
Kastenmass (chasten mazz): 1301, 443, 13.
Genanute: Vlr., Gotfr., Marquardus et Wulfingus de —, 1254, 171, 170; 172, 171; Ortolfus de —, 1265, 248, 265; 1270, 290, 315.
„Preisekke", s. Preiseck.
Preising, Langen-, Baiern, Landger. Erding, (Preisingen), Greymoldus de —, consiliar. ducis Heinr. Bawarie, 1274, 306, 330.
„Preisingen", s. Preising.
Brenta, Fluss, Ital., b. Padua (Brenta), 972, 35, 34; 992, 44, 45.
„Prenten, Chŷnr. et Heinr. filii Chŷnradi dicti — de Hof", Pusterth., 1251, 158, 156.
„Prenner, Dietreich der — amman des vrborn" (zu Lack), 1293, 403, 443; 1308, 456, 26; 1357, 722, 313.
„Presinger", s. Pröschin.
Pressbach, N.-Oest., b. Wieselburg (Prespach), Hauch von —, 1285, 288, 424.
„Pressena", s. Brixen.
„Preutenowe", s. Breitenau.
„Prevhafen,Privhaven,Preu-",N.-Oest. Marquardus dict. —, 1270, 287, 313; 1274, 303, 326; 1277, 326,

348, erw. 341, 362; 1338, 675, 267; Marchart der —, Margret s. hsfr., 1339, 682, 274, 275.

„Prevzlo", s. Prvzzel.

„Prituclin, Arnoldus —", 1166, 113, 111.

Brieg, Schlesien (Breg); Herzoge: Ludowicus et Heinr., 1361, 738, 333.

„Prieglach", U.-Krn., 1306, 456, 25.

„Brihsen", s. Brixen.

Priel, N.-Oest., b. Melk (in dem Prul vnder Celking), 1335, 657, 244.

Priel, Baiern, Landg. Mosburg (Pruli, Prule), Aribo de —, c. 1115, 95, 94; c. 1130, 98, 96; 99, 97.

„Prilep", s. Veitschberg.

„Primet territorium", Krn., b. Lack, 973, 38, 38; 989, 43, 44.

„ss. Primi et Feliciani eccl.", s. Wörthsee.

„Pris, Preis, Hainr. ivnior —", c. 1160, 111, 109; nobilis vir dictus —, 1254, 171, 169; 170, 172, 171.

„Prissnger, Heinr. dictus —", Krn., 1286, 395, 431.

„Prisckke", s. Preiseck.

„Privhaven, -fen", s, Prevhafen.

Brixen, Tirol (Pressena, Brixina, Brixia), 1828, 13, 15; 1238, 138, 135; 1328, 580, 163; 581, 164; 587, 171.

Bisthum (altare s. Cassiani et Ingennini, episcopat. Brixinen.): 1070, 84, 85; 1182, 119, 118.

Domkirche (eccl. maior): 1254, 175, 175.

Bischöfe: Alim, 770, 2, 4; Albuuinus, c. 995, 47, 49; 48, 49; 49, 50; Altwinus, 1070, 84, 85, 86; Hugo, c. 1115, 93, 92, 93; Bruno, 1254, 175, 174; 1267, 268, 290, 291; Albertus, 1327? 577, 161; 1328, 580, 163; 585, 168; 587, 170; N. 1363, 744, 339.

Dompröpste: N. 1238, 138, 135; Chunr., 1254, 175, 174; Hartmannus, 1267, 268, 291.

Archidiakone: N. prepositus Nouecelle, 1267, 268, 291; Ber. 1286, 395, 432; mag. Berhtoldus, 1286, 396, 433.

Domdekane: N. 1238, 138, 135; Hainr., 1254, 175, 174; Chunr. 1267, 268, 291.

Vicedekan: Fridericus vices gerens decani, 1328, 587, 171.

Chorherren: Albertus, 1254, 175, 174.

Vögte: Rodanus, c. 995, 47, 48, 49; 49, 50; Gvndachar, 1070, 84, 85, 86; Arnoldus, c. 1115, 93, 93; Meinhardus com. Gor. et Tir., 1266, 253, 270; 254, 274; 257, 277; Albertus com. Gor. et Tir., 1273, 296, 319; 1275, 307, 330; 1283, 374, 397; Meinhart grave, 1283, 375, 398; 376, 399; Albertus com., 1285, 392, 427; 393, 429; 1286, 396, 432; 1293, 405, 444; grave Heinr., c. 1316, 520, 94.

Richter: Haunardus, 1238, 138, 135.

„Brixina", s. Brixen.

Propstdorf, N.-Oest., Marchfeld (Propstorf, Brostorf, Probsdorf, Propstdorf), 1256, 184, 188; 1267, 266, 288; 1277, 336, 357; 350, 369, 370; 351, 371; 1281, 370, 394; 1284, 384, 410; 1316, 517, 91; 1330, 595, 181.

Landgericht (iudic. prouinciale): 1281, 370, 395.

Pfarre (ecclesia, plebs): 1247, 149, 145; 1255, 176, 175; 177, 176; 178, 179, 177; 181, 179; 1256, 183, 181, 182, 184, 185; 184, 185, 186, 187, 188, 189; 185, 191; 1258, 194, 198; 195, 199; 196, 201; 197, 202, 203; 1259, 202, 207, 208; 203, 209; 1277, 346, 365; 347, 366, 367; 1283, 377, 401; 1284, 379, 404; 380, 405; 384, 408, 409, 410, 411, 414, 415, 416, 418, 419.

Kirche (eccl. s. Stephani prothomart.): 1270, 282, 307.
Nicolauscapelle (capella s. Nicolai): 1259, 203, 209.
Pfarrer: Heinr. tvmprepos. Pataaieu. qui fuit postea predicator, c. 1215; Vlr. quond. pleban. in Draeschirchen, c. 1217; Eberhardus canon. Patauien., postea occisus, c. 1225; Hainr. phisicus postea pleb. in Ruspach, c. 1230; mag. Leupoldus quond. pleb. Wienne, c. 1235; Albertus com. de Eberstein, c. 1240; sämmtl. erw., c. 1256, 184, 186; Eberhardus (der 3. der Reihe), erw., 1259, 202, 208; Eberhardus preposit. de Wertse, c. 1246, erw., 1256, 184,186; Reinherus, c. 1250, erw., 1256, 184, 185, 189; Wisinto decanus de Wienna, 1255, 176, 175; 177, 176; 178, 176; 179, 177; 1258, 196, 201; Johannes sacerd. de Praga, 1277, 346, 365; 347, 366, 367; mag. Heinr. prep. Werdensis, 1277, 347, 367; 1283, 377, 401; Hartmannus de Wlpeinsperch capellan. ducis, 1284, 379, 404; 380, 405; 384, 409; mag. Heinr. de Lok canon. Frising., 1284, 384, 409, 415.
„Prostorf", s. Propstdorf.
Brod, Böhm.? Mähr.? (Broda), 1280, 368, 393.
„Broda", s. Brod.
„Protaer", s. Protarius.
„Protarius, Proter, -aer, -erins, Prater, Pratter", N.-Oest., OWW. Albertus (Albero), 1283, 378, 402, 404; 1284, 385, 421; 385, 424; 386, 423; 1285, 388, 424; 389, 425; 391, 427; 392, 429; 1286, 432, — magist. curie Frisingen., 1286, 396, 433; 397, 434; 1289, 399, 436; 1293, 404, 443, 444; 1295, 411, 452; Chunrat der —, 1308, 473, 49; 1323, 549, 130; 1325, 559, 145;

1326, 567, 153; — von Rayhistorf, 1327, 573, 158; 1328, 583, 166; 584, 167; 1329, 588, 171, 172; 589, 173; 590, 174; 591, 175; 1330, 593, 177; 1332, 608, 193; 1334, 637, 223; 1337, 668, 256; 669, 257, 258; 1339, 678, 269; Albrecht und Michahel die —, 1351, 701, 294; Albrecht —, 1351, 702, 295.
„Proter, -ius", s. Protarius.
Professoren: Dietricus de Wolfsa✠ prepos. Gurnocen. vtriusque iuris professor, 1306, 459, 29; 464, 35.
Pröschin, U.-Strm., b. Cilli (Presing), Gebhart der -er, 1306, 456, 25.
„Brostorf", s. Propstdorf.
„Prownekgen", s. Brunecken.
Bruck a. d. Leitha, N.-Oest. (Ascherichesbrvgge), 1074, 90, 90.
Bruck a. d. Mur, Strmk. (Prukka), 1319, 535, 117.
Bruck, Fürstenfeld-, Bai., b. Augsburg (Prukko), Heinr. und Wernherus fratres de —, 1187, 121, 120.
„Prukka, -e", s. Bruck.
Bruckbach, N.-Oest., b. Waidhofen, Vlr. der Prukpekch richter ze Waidhouen, 1332, 608, 193; 612, 197; -burger zu Waidhouen, 1333, 618, 204; -chastner ze Vtmaruelt, 1333, 625, 211, 212; 1335, 651, 237; 1337, 669, 257, 258; -phleger des spitals ze Vdmaruelt, 1338, 674, 264.
„Prukpech, -kch", s. Bruckbach.
Bruchsal, Grosshzgth. Baden (Bruchselle), 996, 50, 51.
„Bruchselle", s. Bruchsal.
„Pruederl, Pruderlein, Artolf der — purger ze Blednich, s. hafrow. Christein", 1319, 536, 117, 118; 537, 118, 119; 1326, 563, 148; 564, 150.
„Pruderlein", s. Pruederl.
„Prul, in dem —, zu Inuichen", Pusterthal, 1357, 721, 312.
„Prül, -e, -i", s. Priel.

„Prüler, der —", b. Oberwelz, 1361, 741, 336.

„Brumawe", s. Brumow.

Brumow, Mähren (Brumawe, -owe, Prv-), Zmielo (Cmilo) de —, 1265, 240, 255; 1270, 284, 310; 285, 311.

„Prumow", s. Brumow.

Brunn, N.-Oest., b. Wien (Prunne), Heinr. de —, 1240, 139, 136; 1256, 184, 187, 188.

Brunn, N.-Oest., b. Holenburg a. Donau (Prunne niderhalb Holenburch), 1301, 437, 7.

Brunn, N.-Oest., b. Gföll a. Kamp (Prunne), Fridericus de —, 1276, 313, 336; 314, 337; Ch. Prunnarius, 1276, 314, 337.

Brünn, Mähren (Brünna, Prv-), 1258, 196, 202; 197, 203; 1270, 288, 289, 314; 1274, 302, 324; 1276, 310, 334; 311, 334, 335.

„Prunna, -e", s. Brunn, Brünn.

Bruneck, Tirol, Pusterthal (Brünnek, Prownekgen), 1363, 744, 339.
Genannte: Geroldus de —, canon. Inticen., 1307, 468, 42.

„Brunecke", s. Brauneck.

„Prunspach", s. Preinsbach.

„Prêusperch", s. Braunsberg.

„Prunsdorf", s. Braunsdorf.

„Pruzelinus, Pruzzel, Prevzlo", N.-Oest. 1243, 142, 138; Wernhardus dictus, 1262, 214, 233; 221, 230.

„Pubenhusan, -sen", s. Bogenhausen.

Bucha, N.-Oest., b. Amstetten (Puchau, Puch, -ow, -auw); Vlricus Pucharius, 1283, 278, 404; Chunr. v. —, 1329, 588, 171, 172; 589, 173; 1330, 593, 177; 1332, 612, 197; -purgraf ze Chunratzhain (?), 1333, 620, 206; 1337, 669, 257, 258; 1338, 672, 262; 675, 267; 1339, 678, 269; 682, 275.

„Pucharius", s. Bucha.

„Puchaw, -auw, aw", s. Bucha.

„Puchef...., Werinheri —", c. 1115, 94, 94.

„Puchelberch, Tiemo de —", c. 1202, 124, 123,

Puchheim, O.-Oest. (Puchhaim), Albr. v. —, obrister druksetz in osterr., 1359, 734, 327; 1365, 748, 343.

Buchlob? N.-Bai., b. Vilsbiburg, (Pöchlon), Heinr. de —, c. 1180, 116, 114.

„Puchse",
„Puchser", } s. Pux.

„Pütelpach, Pvt-", Baiern, Ludwicus de —, 1245, 145, 141; Hainr. de — canon. Frising., 1261, 207, 215; 208, 216; L. de —, 1281, 369, 394; Chunr. de — domicell. curie Frising., 1283, 373, 397; 1284, 386, 423; 1286, 395, 432; — hofmaister bisch. Emches v. Frising, 1300, 433, 4.

„Pvtelpech, -e", s. Pütelpach.

Pütten, N.-Oest., b. W.-Neustadt (Putine, -tene), Grafen: Ekkeperht, c. 1130, 97, 96.
Genannte: Rapoto de —, c. 1158, 107, 106.

„Putene", s. Pütten.

„Pudigin, Pudio", Fluss, Tirol, Pusterthal, 816, 9, 11; 973, 36, 35.

„Putine", s. Pütten.

„Pudio", s. Pudigin.

„Putrisperg", s. Pittersberg.

„Puer, Albertus —", c. 1202, 124, 123.

„Pubel, Dyetlein auf dem — purger ze Vdmaruelt," 1335, 651, 236.

„Puhel ob Polan", s. Pöllau.

„Pubel", s. Bichel.

„Puhilarn", s. Pechlarn.

„Buirra", s. Burg.

Pulling, Bai., Landger. Freising (Pullinga), c. 1030, 68, 69.

„Pullinga", s. Pulling.

„Pulnberg, der —", N.-Oest., OWW., 1326, 568, 154.

Pulst, Kärnt. (Pulst), Pfarrer: Ortolfus capellan. ducis Karinthie, 1266, 258, 278.

„Pvntschuch, Chvnr. dictus — de
Gvtenwerde," 1285, 387, 423.
„Puosenchaim," s. Piesenkam.
„Pᵥ̃rarius," 1248, 153, 150; s. auch
Buira = Burg.
„Purchstal," O.-Strm., b. Judenburg,
1181, 117, 115; 118, 117.
„Purchstal, s. Burgstall."
„Purchusen," s. Burghausen.
Bürg, Bai., Landger. Mosburg (Buirra),
Kirche das. (eccl. decimata): c. 1030,
68, 69.
Genannte: Pᵥ̃carius (?), 1248, 153,
150.
„Pürgel, Hainr. der —," s. Kloster-
Neuburg, 1338, 670, 258; Chŭnr.
der —, burger ze Newenburch,
Wendel s. hsfr. 1338, 671, 260,
261.
Burgen, Schlösser und Burggrafen, s.
Allersdorf,
Aschbach,
s. Peter i. d. Au,
Peitenstein,
„Bonisen,"
„Braunsdorf,"
Preiseck,
Katsch,
Klingenfels,
Konradsheim,
Theben?
Tirol,
Duino?
Eyrsburg,
Enzersdorf, Gross-,
Frauenburg,
Freienstein,
Freising,
Godego,
Greifenfels,
Greifenstein,
Gutenwörth,
Haberberg,
Hardeck,
Heunfels,
Hirtenberg,
„Hohenawe,"
Hörnstein,

Innichen, s. Haberberg,
Lack,
„ Wilden-,
Liechtenstein,
Lienz,
Maichau,
„Malsperch,"
Maunitz,
Neuburg,
Neudeck,
„Orishek,"
Randeck,
Reinsberg,
Rotenfels,
„Ruxing,"
Saldenhofen,
Schalaburg,
Schönberg,
Sterzing,
Teiseneck,
Ulmerfeld,
Waidhofen a. d. Ibs,
Wartenburg,
Wels,
Welsberg,
Welz, Ober-, s. Rotenfels,
Wien,
Wieselburg.
Burghausen, Baiern, a. Inn (Burch-
husen) Grafen: Heinr. et Gebehart
c. 1130, 97, 96.
Genannte: Chunr. de — canon.
Patauien., c. 1212, 125, 124.
Burgrein, Bai., Landg. Hag (Purg-
reina), 1025, 62, 64.
„Purgreina," s. Burgrein.
Burgstall, N.-Oest., b. Blindenmarkt
(Purchstal), 1261, 209, 217.
Amtmann (villicus): Ludwicus, 1261,
209, 217.
Genannte: Otto de —, c. 1130,
97, 96.
Burgstall, Krn., b. Lack (Purchstal),
Marchlinus de —, 1286, 395, 431,
Winther et Chŭnr. brŭder v. —,
1295, 410, 450; Winther v. —
s. hsfr. Gevt, Vlr. des Chropf
tochter, 1297, 422, 462.

Burgund, Herzoge: Cônradus, 1140, 100, 98.

„Burlacium," Unt.-Ital., Sacrista: Petrus de Galliata legum doctor — Castren. diocesis, apost. sedis nuntius, conseruator et gubernator eccl. Aquilegem, 1332, 607, 191.

„Puron in monte Ritano," auf dem Ritten b. Botzen, 875, 22, 21.

Busarnitz, Krnt., b. Milstatt (Bosauriza), Kirche das. (eccl. s. Michaelis): c. 1060, 79, 82.

Pusterthal, Tirol (Pustrussa, Pustris, Pustertal), 1160, 110, 108; 1363, 744, 339.

Grafschaft (comitatus), 973, 36, 35.

„Pustria,"
„Pustrussa," } s. Pusterthal.

Pux, O.-Strm., b. Murau (Puchse), Ditricus de —, 1181, 117, 116; 118, 117; Ott der -r, andre s. prûder, 1356, 718, 309.

„Bůtzenrût, Ott in —," N.-Oest., b. Amstetten, 1334, 630, 217.

C. Ch. K.

Kappel, O.-Krnt. (Capella), c. 1070, 88, 88.

„Capell,"
„Capella," } s. Kappel, Kapellen.
„Capelle,"

Kapellen, O.-Oest. (Capella, -e, Capell), Vlr. de —, 1296, 416, 457; Johans v. —, 1325, 562, 148; 1335, 654, 242; Eberhart v. —, 1359, 734, 327.

Kapfenberg, O.-Strmk., b. Bruck a. M. (Kaphenberch), Vvlfingus de —, 1181, 117, 116; 118, 117.

„Kaphenberch," s. Kapfenberg.

Kapfing, Tir.? Bai.? s. Cheffingerius.

Capodistria, Istrien (Justinopolis), 1310, 482, 58.

„Caprulae," Istr., 1310, 482, 59.

„s. Katharina, Chunr. de — sacerdos," Wien? 1256, 183, 184.

Kataule, Kru., b. Lack, Fluss (Cotabla riuulus), Ch—, 973, 38, 38, 39; 989, 43, 43, 44.

„Caterasum," Ital., F. et Rogerius de —, 1159, 108 116.

Kadober, Ggd., Friaul (Catubria, -tuuria, -tubrium), 1266, 253, 273.

Grafschaft (comitatus), 973, 36, 35; 1140, 100, 98; 1159, 109, 107.

„Chaths, -a,"
„Chaetsch, Kå-," } s. Katsch.

Katsch, O.-Strm., b. Murau (Chatzis, Chatsa, -e, Chaths, Chez, Chetse, Chácz, Chaetç), 1007, 55, 56; c. 1060, 79, 81; c. 1215, 126, 126; c. 1245, 147, 143; 1319, 531, 109; 1356, 718, 309.

Bach (die Chetse): 1309, 478, 54.

Burg (castrum, burch, vest): 1263, 225, 236; 1319, 532, 110; 1352, 704, 296.

Vogtei das. (adnocatia): c. 1160, 111, 109.

Genannte: Swichardus de ⊥, 1263, 228, 242; Fridr. der Pañr (Payr) von —, 1356, 718, 309.

„Chatse, -sis," s. Katsch.

„Catrubria, -um, -tuuria," s. Kadober.

„Cauat, mons —," Tirol, XI., 91, 91.

„Chagrana," s. Wagram.

Kaja, N.-Oest., bei Retz (Kyaune), Wlving von —, 1284, 385, 421.

Kaiser und Könige, s. Könige.

„Chayser, der —" zu Feistritz, O.-Strm., 1335, 650, 235; s. auch Keyser.

„Kaizstechen," s. Gaisstechen.

Kalber, Tir., Pusterthl. (Chalwe), Albero de —, 1259, 201, 207.

„Caellen," s. Zell.

Kalenberg, b. Wien (Challuperig, Chalnperg), Caplan das.: Anthoni, 1338, 670, 259; 671, 261.

Genannte: Dietricus de —, 1262, 221, 230.

„Chalhochsperg, Chalochs-, Chalhohs-", N.-Oest., b. Mauerbach, 1354, 709, 301; 710, 302; 1358, 729, 320.

„Chalnperg, Challuperig", s. Kaleuberg.

Kalocsa, Ung. (Colocen. eccl.), Chorhr von: Fridericus de Gloyach canon. Frisacen. pleban. de Lok, 1319, 535, 115, 116; 1320, 535, 120.

„Chalochsperg", s. Chalhochsperg.

„Chalwe", s. Kalber.

Kamb, Bai., Oberpfalz (Kambe), Burchardus de — canon. Patauien., c. 1212, 125, 124.

„Campcauerin, alpis", Tir., Pusterthl., 788, 5, 6; 965, 34, 33.

„Chambe", s. Kamb.

„Campelunch", s. Campolongo.

Kampill, Tirol, b. Botzen (Campilli), c. 1020, 58, 59.

„Campilli", s. Kampill.

„Campogelau", s. Innichen.

Campolongo, Tirol (Campelunch), Werlaut de —, 1261, 211, 218.

Campo san Piero, b. Treviso (Campus s. Petri), Tyso de — ciuis Paduanus, 1261, 206, 211, 212, 213, 214; Cuniça relicta Tysonis de — et Tyso nouellus, 1272, 294, 318.

„Campus s. Petri", s. Campo s. Piero.

„Campus Liliorum", s. Lilienfeld.

Kammerhof, der —, N.-Oest., b. Waidhofen a. d. Ibs (Chamerhof), 1333, 623, 208.

„Kamerstein, Ludw. von —, elett ze Frisingen", c. 1340, 687, 280.

„Cammindorf", c. 980, 42, 43; vgl. Zamdorf.

Camino, Venct. (Caminum), Guuczolus de —, 1159, 109, 107; Rieghardus de —, Brekwinus de —, 1266, 253, 273.

„Caminum", s. Camino.

„Chamrer, Ott und Niclaus die — ", N.-Oest., 1324, 553, 134.

„Caupriat", Tirol, Vlr. — et filii eius Ch., F. et Vlr., 1269, 281, 307.

„Canceai, -cenai", Südtirol, 1166, 113, 110, 111.

„Caucenai", s. Canceai.

„Cancer, Rudolfus —", Bai., c. 1190, 123, 122.

„s. Candidi monast.", s. Innicheu.

Canerosa, Ital., Guuido de —, Bononie potestas, 1159, 108, 106.

s. Cantian, U.-Krn., b. Nassenfuss (sand Choncian), Thomas et Pere vou —, 1308, 470, 43.

„Cantzler, Nicol. dictus — presb. Aquileg. dioc., vicarius in Seltzak", 1355, 714, 306.

„Karttids",
„Kartitsa",   } s. Kartitsch.

Kartitsch, Tir., Pusterthal (Kartitsa, Karttids, Kartytsch), 1321, 543, 125.

Alpen: 965, 34, 33.

Genannte: mag. Albanus de —, Pertoldus et Frid. filii eius, 1251, 158, 156; Altmannus Mesmarius de —, Pertoldus, Volker et Ch'ur. fil. eius, 1251, 158, 156.

„Carentane",
„Carintania", } s. Kärnten.
„Karinthia",

„Carinthia", s. auch Steiermark.

„Carlsperch", s. Karlsberg.

Karlsberg, Krut., b. s. Veit (Carlsperch), Ch. de —, c. 1215, 127, 127.

Kärnten (partes Carentane, Carintauia, Karinthia, Chärnden), c. 900, 26, 25; 1007, 54, 55; 55, 56; c. 1030, 66, 67; 1253, 168, 166; 1263, 226, 239.

Landrecht (terre ius et consuetudo): 1278, 360, 383.

Archidiakone salzburg. Anteils: Hartuidus pleb. de Pels, 1277, 346, 365.

Herzoge: Heinrich, 989, 43, 43; 1159, 108, 106; Vlricus, c. 1215, 126, 125; Bernhardus, c. 1215, 126, 126; 127, 126; c. 1230,

130, 130; c. 1232, 133, 131; erw.
1251, 157, 154; 1252, 165, 162;
166, 164; Vlricus, 1247, 150,
146; 1251, 157, 154; 1252, 159,
157; 165, 162; 1253, 168, 166;
169, 167; 1262, 212, 219; 1265,
244, 260; 245, 261; 247, 264;
248, 265; 1266, 258, 278; 1267,
272, 296; erw., 1270, 284, 309;
285, 310; 1274, 305, 327; Meinhardus, 1287, 398, 434; 1291,
402, 439; duces 1301, 496, 15;
Heinricus, 1327, 578, 162; 579,
162; 1331, 606, 191.
Landesverweser: Meinh. com. Tyrol,
1278, 357, 377.
Herzogl. Kanzlei: Chvnr. Dvuno
et Volkerus de Grez notarii,
1266, 258, 279.
Herzogl. Capläne: Heinr. pleb. s.
Viti, Ortolfus pleb. in Pulst,
Durenhardus pleb. in Traberch,
Lambertus pleb. in Landestrost,
1266, 258, 278.
Vicedome: Albertus propos. s. Virgilii, 1266, 258, 278.
Landschreiber: magist. Heinr. scriba, 1270, 290, 315.
Schenken: Her., c. 1215, 127, 127;
Cisilo (Cyzlo), 1270, 284, 310;
285, 311; Reynher von Osterwitz,
1318, 530, 109.
Truchsesse: Ortolfus, c. 1215, 127,
127; der von Kreikke, 1291,
402, 39.
Dekane (decani): Vuolframmus, 965,
33, 32.
Ministerialen: Gerlochus de Hertenberch, 1252, 165, 161; Nycolaus
de Revtenberch, 1266, 258, 278.
Genannte: Alpwinus de —, c. 860,
17, 18.
„Carneola," s. Krain.
Carnia, Friaul, Ggd. (Carnia), 816,
9, 11.
„Carniola," s. Krain.

Kasberg,? N.-Oest., b. Strengberg
Chersperger, Herman —, 1313,
497, 74.
„Chaste," s. Chasto.
„Castellum Foriiulii," Friaul, Artuichus
de —, 1261, 206, 211.
Kasten, N.-Oest., b. Waidhofen, a. d.
Ibs, welches?, Chastenarius, Ditricus
—, 1283, 378, 404.
„Chasten, Haiur. am —," Pfarre
Alletzberg, OWW., 1340, 685, 278.
„Chastenarius, s. Kasten."
„Chasto, — e," Baiern, Liebart u.
Eberhardus fratres —, c. 1180, 116,
114, Liebhart —, c. 1215, 127, 127.
„s. Cassiani u. Ingenuina altare," s.
Brixen.
„Chauzer," U.-Krn., genus illorum
qui dicuntur —, 1254, 171, 170;
171.
„Chacte,"
„Chaecz," } s. Katsch.
„Chazzenberch," s. Katzenberg.
Katzenberg, Krn., b. Stein (Chazzenberch), Vlr. de —, 1248, 152, 148.
Katzenellenbogen, Nassau (Chaczenelbogen), Grafen: Wilh. 1361,
738, 333.
„Kheffingerius, canon. et celorar.
Salzburgen.," 1262, 218, 227; wol
v. Kapfing, Tir.? Bai.?
„Ceyselberch," s. Zeiselberg.
„Cheines," s. Kiens.
„Keyser, Rûlo des — aydem," Pusterthl., 1349, 697, 289; s. auch Kayser.
„Cella," s. Zell.
„Chellari," s. Hohenkeller.
„Celkingen," s. Zelking.
„Cheldorf," O.-Oest.? Otto de —,
c. 1245, 146, 142.
„Celtwich," s. Zeltweg.
„Celle," s. Sela, Zell.
„Cheler," s. Hohenkeller.
„Chelhaim," s. Kelheim.
Kelheim, Baiern (Chelhaim), Vlr. sacerdos dictus de —, 1284, 384,
415, 416.

„Chelner, Chůnr. der — ze Vgenperg, Kathrey, s. hsfr.," N.-Oest., 1338, 674, 264.

„Celsah," s. Selzach.

Ceneda, Venet. (Ceneta), Bischöfe: Albertus de Collice electus, vicedom. patriarche, 1261, 206, 211.

„Cheraha," O.-Oest.? Alramus de —, 1158, 106, 105.

Kehrbach, N.-Oest., welches,? Cherbekch, Alber der —, 1337, 666, 254.

„Cherrli, Perchtolt der —" b. Oberwalz, 1361, 741, 336.

„Chersperger," s. Kasberg.

„Chez, Chetze," s. Katsch.

„Kyauue," s. Kaja.

Cittanuova, Istrien (Niwenburg), Bischöfe: Eppo, 1067, 83, 84.

„Citerritter Leo dictus — ciuis Frisacensis," c. 1300, 435, 436.

Cividale, Friaul (Ciuitas), 1257, 188, 194.

„Ciuitas," s. Cividale.

Kilb, N.-Oest., b. Wilhelmsbrg. (Chuleub, Chvlib, Kůlw, Chůlb), Rapoto de —, c. 1130, 97, 96; Haertueid der -er, 1323, 548, 129; 1325, 562, 148; —, s. tochter Osanna Chůnr. Svnthaims hsfr, s. tochter Helen Hainreichs des Schiken hsfr., s. svn Ott der — er von Saecksen vnd s. svn Hertlein, 1338, 675, 265, 266.

Cilli, U.-Strm. (Cili, Cy —), Grafen: Friderich, Herman s. sun, 1359, 734, 327; Vlr. u. Herman průder, 1365, 748, 346.

Juden: Chatschim, 1365, 748, 345.

„Chiemberch," s. Kinnberg.

„Ciuiterium (Wien), Baltramus de —" o, 1262, 221, 230.

Chiemsee, Bai. (Chirnen., Chyenen., (!) Chymen. episc.), Bischöfe: Johannes, 1277, 320, 343; 327, 349; 328, 350; 329, 351; 331, 352; 332, 353; 333, 355; 335, 356; 336, 358; 337, 359; 350, 370; 351, 371; Ch., 1284, 382, 406; 384, 411, 415.

„Kiena," s. Kiens.

„Chienberch," s. Kienberg.

Kienberg, O.-Bai., welches? (Chienberch, Chin —, Chiem —), Lambertus de —, 1184, 120, 119; Sighart de —, c. 1215, 127, 127; 1229, 129, 129.

„Chinprenning, Leupoldus de —," N.-Oest., 1263, 229, 243.

„Cinceudorf," s. Zinsendorf.

„Chyenen. episc." s. Chiemsee.

Kiens, Tirol, b. Meran (Cheines, Kiena), 931, 29, 28; c. 1020, 57 58; 1157, 104, 102.

„Cinzendorf," s. Zinsendorf.

„Kirchaim," s. Kirchheim.

Kirchbach, N.-Oest., b. s. Andrä vorm. Hagenthale (Chirchpach), herzogl. Wald (nemus): 1316, 509, 84.

Kirchberg, N.-Oest., welches? Chirchperch), mag. Vlr. de — canon. Patauien., 1242, 141, 137.

„Chirchen, Herman pei der —, purger, ze Waidhouen," 1336, 659, 246.

Kirchenstaat, Päpste, Zacharias, 891, 25, 23; Innocentius II, 1141, 101, 99; erw., 1262, 222, 233; 1284, 384, 410; Innocentius IV., 1245, 144, 139; 1252, 159, 157; 1254, 170, 168; 173, 172; erw., 1262, 221, 231; Alexander IV., 1255, 176, 175; 1256, 180, 178; 1258, 191, 196; 192, 197; Urbanus IV., 1262, 213, 220; 1263, 227, 239; 1264, 233, 246; 234, 248; erw., 1265, 241, 256; 242, 258; 255, 275; 1266, 259, 279; 1261, 210, 217; Clemens IV., 1265, 238, 252; 239, 253; 241, 255; 242, 257; 255, 275; 1266, 259, 279; Martinus IV., 1283, 377, 401; 1284, 379, 404; Bonifacius VIII., 1299, 427, 467; 428, 468; Johannes XXII., 1324, 556, 136; 557, 138; 558, 140; Benedictus XII., 1335, 645, 231; Clemens V., 1352, 705, 297.

Päpstl. Kanzlei: Baro capell. et scriptor, 1141, 101, 100. Petrus Fabii notar., 1319, 535, 116; E. de Valle, A. Reynaldi, 1324, 556, 138; 557, 140; Jacobus de Menuania, 1264, 233, 247.

Capläne: Baro scriptor, 1141, 101, 100; mag. Gerhardus pleb. Wiennen, 1256, 183, 183; Bartholomeus Amb. . . archidiac. contradictar. auditor, 1264, 235, 249; mag. Johannes Pfefferhardi canon. Constantien. 1324, 557, 138, 558, 140.

Penitentiarien: fr. Velascus de ordine Minorum legatus 1254, 173, 173.

Auditoren: Bartholom. Amb. . . . archidiac. pape capell. contradictarum auditor, 1264, 235, 249.

Cardinalpriester: Gwido tituli s. Laurencii apost. sedis legatus, 1267, 268, 291; P. de Columpna 1311, 484, 60.

Cardinaldiakone: Arnoldus s. Eustachii 1324, 556, 136; 557, 138.

Legaten: Adelbero Treviren. archiep., 1140, 100, 98; fr. Velascus de ordine Minorum pape penitentiarius, 1254, 173, 173; Gwido tit. s. Laurencii presb. cardinal. 1267, 268, 291;

Nuntien: Petrus de Galliata legum doctor, sacrista eccl. de Burlacio Castren. dioc., gubernator et conscruat. eccl. Aquileg. 1332, 607, 191.

Kirchheim, Krnt., Gross —? (Chirheim), 1232, 132, 131.

Kirchheim, Bai., Landg., München Kirchaim), Pernhart de —, 1182, 119, 118.

„Chirchlingen," s. Kierling

„Chirchweg," hueb N.-Oest. b. Amstetten, 1330, 594, 179; 1333, 616, 202.

„Chirichperch," s. Kirchberg,

„Cyreoln," s. Zirl.

Kierling, N.-Oest., b. Klosterneuburg Chirchlingen), Vlr. de —, 1242, 141, 137.

„Kisingas," s. Schöngeising.

Kissingen, Baiern (Chissingen), maister Herman von — bisch. Emchen schriber, 1284, 385, 420.

Klafterbrunn, N.-Oest., b. Wilhelmsburg (Klaffeubrunne), Heinr. de —, 1246, 148, 144.

„Klaffenbrunnen," s. Klafterbrunn.

„Klagenfort," s. Klagenfurt.

Klagenfurt, Krnt. (Klagenfort), 1252, 166, 164.

Klausen, O.-Oest., b. Steier (Clusa), c. 1245, 146, 141; s. auch s. Georgen i. d. Klausen.

Klausen, b. Lienz, Tirol, (Chlausen ob Liencz), 1363, 744, 339.

Klausen, b. Säben, Tirol (clusa Sabyone), 1288, 138, 134.

Klaushof, der —, N.-Oest., b. Waidhofen a. d. Ibs (der hof an der Chlaus), 1333, 623, 208; s. auch s. Georgen i. d. Klausen.

„Chlebdorf, s. Chlebidorf."

„Chlebidorf," Chlebdorf, N.-Oest., b. Mautern, c. 1230, 131, 130; 1277, 324, 347.

„Kleppengraben," N.-Oest., b. Maeruhach, 1358, 729, 320.

„Chleiber, Hein. — et Marquardus, Fr. eius," 1269, 281, 307.

„Chleinwerde, insula iuxta Mvlleuten," N.-Oest., Marchfeld, 1265, 251, 268.

„Clenonich," s. Klingenfels?

„Clenzez?" s. Gleiss?

„Clennine,"
„Cluniacum," } s. Kleink.

„Chlingberch,"
„Chlingenberch," } s. Klingenberg.

„Klingenberg, Böhmen (Chlingenberch), Burchardus de —" marschalcus Bohemie, 1270, 284, 311.

Klingenberg, Baiern, Unterfranken (Chlingenberch, -werch, Chlingberch), Chunr. von — bischof ze Frisingen 1325, 560, 145; 562, 147;

erw., 1344, 691, 283; Albrecht von
—, 1325, 560, 145, Johannes von
—, 1342, 689, 281; Jans v. — u.
Hainr. s. svn, 1344, 692, 285.
Klingenfels, U.-Krn., b. Nassenfluss
(Clenonich, Clingenuels vf der Windischen
march, Ch —, Chlingenwelds,)
1251, 157, 155; 1313, 494,
70; 1358, 733, 324.
Burggrafenamt: 1301, 443, 12.
Freising. Amtleute (officiales):
Leonhardus, 1267, 1272, 296.
Genannte: Lienhardus de —, 1269,
279, 304; 280, 305.
„Chlingenwelds," s. Klingenfels.
„Chlingenwerch," s. Klingenberg.
Klosterneuburg, s. Neuburg, Kloster-,
Klöster u. Stifte u. ihre Mitglieder:
  s. Admont,
  Aldersbach,
  s. Andrä, s. Lavant. Bisth.,
    „ s. Freising,
  Ardacker,
  Augsburg: s. Moriz,
  Bamberg: s. Stephan,
  Paradeis, s. Judenburg,
  Passau, Nonnen,
  s. Paul,
  Baumgartenberg,
  Belluno,
  Bern,
  s. Pölten,
  Klosterneuburg, s. Neuburg.
  Kremsmünster,
  Tegernsee,
  Thierhaupten,
  Trient: s. Lorenzo,
  Tulln,
  Erlakloster,
  s. Veit, s. Freising,
  Viktring,
  s. Florian,
  Völkermarkt,
  Freising: s. Andrä,
    „ s. Veit,
    „ s. Johann a. Domberg,
    „ Neustift,
  Freudenthal,
  Frisach: s. Bartholomä,
    „ Dominikaner,
    „ s. Virgil,
  Garsten,
  s. Georgen-Herzogenburg,
  Gleink,
  Götweih,
  Gurnitz,
  Heiligenkreuz,
  Herzogenburg,
  Indersdorf,
  Innichen,
  s. Johann, s. Freising,
  Isen,
  Judenburg: Paradeis,
  Lack: Clarisserinen,
  s. Lambrecht,
  Lilienfeld,
  s. Lorenzo, s. Trient,
  s. Magnus, s. Regensburg,
  Matsee,
  Mauerbach,
  Melk,
  Michelstetten,
  Mosburg,
  Neuburg, Kloster-,
  Neustift b. Brixen,
    „ s. Freising,
  Oberndorf,
  Obrowitz,
  Quedlinburg,
  Randeck,
  Regensburg: Dominikaner,
    „ s. Magnus,
  Reichenau,
  Reun,
  Rot a. Inn,
  Ror,
  Scharnitz,
  Scheftlarn,
  Schlehdorf,
  Schliersee,
  Stainz,
  s. Stephan, s. Bamberg,
  Seckau,
  „Segoniensis eccl.,"
  Seitenstetten,
  Weihenstephan,

Welehrad,
Wilhering,
Wien: Dominikaner,
„ Minoriten,
„ Schotten,
Wörthsee,
s. Zeno b. Reichenhall.
„Clunikcha," s. Gleink.
„Clusa," s. Klausen, s. Georgen i. d. Klausen.
„Kneusch, Perchtolt des — ayden," Pusterthal, 1337, 662, 250.
„Chneusser, Jans der — pfleger ze Waidhowen," 1361, 740, 335; 1365, 748, 344.
„Chnoflauh, Johanns Jacobs svn des — in der Goltsmidstrazz u. s. hsfr. Liebe," Wien, c. 1312, 492, 67.
„Chnolle, Vlr. der —," O.-Strm., 1319, 536, 118; 537, 119; — burger ze Welz, Kathrine s. hsfr., Kathrine u. Chŭnigunt s. tohter, Vlr. s. svn, 1333, 617, 202, 203; — verweser des spitals ze Oberwelz, 1358, 728, 319; s. auch Silberchnolle.
„Cocus, Mahtuni —," c. 1115, 94, 94.
„Chotabla," s. Kataule.
Kogel, N.-Oest., b. Ried (Chogel), Wolfkerus de —, 1262, 221, 230.
„Chogelloch," b. Waidhofen, a. Ibs, N.-Oest., 1339, 681, 272.
Bewoner: Dietmar, Adelhait Dietreichs witib, 1339, 681, 273; s. auch Chugellumpf?
„Chöl, Ditmar u. Heinr. —," U.-Oest. OWW., 1300, 431, 3, Heinr. — burger ze Waidhouen, 1308, 474, 49; Gundaker der — purger ze Waidhouen, Fridr. s. vetter, 1333, 618, 303, 304; Fridr. der K — purger ze Waidhouen, 1335, 656, 244.
„Cholb, -e," O.-Strm., Örtel der —, 1309, 478, 55; — Margret s. hsfr., 1319, 531, 109; Jans u. Orttl des — en svn v. Judenburch, 1334, 641, 226.
„Cholbe," s. Cholb.

„Cholbech, — beck, — bechk, — wegge, — weck," Tir., Pusterthal, Perchtoldus —, 1307, 468, 42; — pfleger ze Iuchingen, 1314, 498, 75; — burggrave ze Haberborch, s. sweher Col von Flahsperch; 1326, 566, 151, 152, Johans Berchtolden des — sun, s. ohaim Andre Heinrichen svn v. Haberberch, 1334, 628, 214, 215; Berchtolt —, 1339, 279, 271; 1346, 693, 285.
„Cholbechk," s. Cholbeck.
„Koldicz," s. Kolez?
Kolez? Böhmen (Koldicz), Thymo de — nobilis, 1361, 738, 334.
„Cholgi, Alhait von Hof gehaizzen —, ir vetter Vlr. der Chunater u. s. swester Perht v. Juchhingen," 1357, 721, 312.
„Collico, Albertus de —, Cenetensis electus, vicedom. patr. Aquilegen.," 1261, 206, 206.
Köln, Deutschld. (Colonia), Erzbischöfe: Wilhelmus archiep., archicancell. per Italiam, 1361, 738, 333.
„Colocen. canon.," s. Kalocsa.
Colonna, Ital. (Columpna), P. de — cardinal., 1311, 484, 60.
„Columpna," s. Colonna.
„Cholwek, -wegge," s. Cholbeck.
„s. Choncian," s. s. Cantian.
Könige u. Kaiser:
s. Böhmen,
Deutschland,
Franken,
Lombardei,
Ungarn.
Königsberg, U.-Str., a. d. Sotla (Chŭngsperch), F. v. —, 1309, 480, 57.
Königsbrunn, N.-Oest., b. Kirchberg, a. Wagram (Kunigesbrunne), Engelschalchus de —, Frider. fil. eins, 1249, 156, 153.
Königsdorf? Bai., Landg., Wolfertshausen (Chŭnstorf), Wernhardus de —, c. 1215), 127, 127.

Königswiesen, Bai., Landg. Starenberg (Chůnigswisen), Hainr. von
— pfleger ze Freising, 1347, 694,
286; 1348, 696, 287; 1349, 698,
289; 700, 292.
Konradsheim, N.-Oest., b. Waidhofen,
a. d. Ibs (Chvnratsheim, — haim,
— hain), 1284, 386, 422; 1333,
623, 208, 209; 1334, 643, 228.
  Burg (castrum, vest, půrgstal): c.
  1215, 126, 124, 125; 1342, 689,
  281, 282; 1365, 748, 344, 346.
  Archiv (priuilegia deposita): 1342,
  689, 282.
  Burggrafen: Götfried, 1312, 487,
  63; 1319, 534, 115; Walther,
  1329, 588, 172; 589, 173; Chůnr.
  von Půchaw, 1333, 620, 206;
  1339, 682, 275.
  Landrichter (landrichter, richter):
  Gůtfrid, 1313, 497, 74; 1323, 547,
  128; 1324, 554, 135; 555, 136;
  1325, 559, 145.
  Genannte: Götfried von —, 1327,
  573, 158; Fridr. Götfridez saligen sun v. —, 1333, 623, 208,
  Peter der Ebrassinger s. sweher,
  Chůnrat der Zauchinger s. swestermann, 1333, 623, 209, 210;
  — s. swager Chůnr. der Zauchinger 1335, 651, 236.
Constanz, Baden (Constantia), Bischöfe: Nycolaus, 1335, 654, 242.
Chorherren: mag. Johannes Pfefferhardi capell. Johannis pape, 1324,
557, 138; 558, 140.
Burger: Vlr. der Schriber, 1334,
640, 226.
„Chorbli, Hans der —," Pusterthl. 1357,
721, 313.
„Chorces," s. Kortsch.
Kortsch, Tirol, b. Meran (Chorces),
931, 29, 28; 932, 30, 29.
Kornberg, N.-Oest. b. Amstetten
(Chornspach), Otto de —, 1270,
287, 313; 1339, 678, 269.
„Chornspach," s. Kornberg.
„Costech," s. Gostetsch.

Couvedo, Istrien, b. Pirano (Cubida),
1067, 83, 84.
„Chrachenuels, der — diener bisch.
Emches v. Freising," 1306, 457, 27.
„Chraechsner, Vlr. der — ze Ober
Aychach," Parbian, b. Botzen, 1334,
642, 228.
Krain (comitat. Popponis comitis quod
Carniola uocatur uulgo Creina
marcha, Chreine) Carniola, Crheina (!), Chrain) 973, 37, 36; 38, 38;
989, 43, 43; 1002, 53, 54; c. 1030,
67, 69 u. 70; 1074, 89, 89; 1253,
168, 166; 1263, 226, 239; 1277,
323, 346; 329, 351.
  Unter- (Marchia, auf der March,
  Windische —): c. 1215, 126, 126;
  1229, 129, 129; c. 1232, 133, 131;
  1236, 135, 133; 1251, 157, 154;
  1252, 162, 159; 163, 160; 1257,
  188, 104; 1259, 199, 204; 1263,
  226, 239; 1265, 244, 260; 245,
  262; 247, 264; 1266, 253, 273;
  1269, 279, 304; 1284, 385, 420;
  1301, 443, 13; 1309, 479, 55;
  1311, 486, 61; 1313, 494, 70;
  496, 73.
  Landrecht, v. U.-Krain (consuetudo Marchie, de landsreht):
  1252, 162, 159; 163, 160; 1259,
  199, 204; 1306, 456, 26.
  Archidiakone: N., 1261, 210, 217;
  Ludwicus pleb. Laybacen. 1262;
  215, 224; 217, 226; 218, 226;
  222, 230, 232; 223, 233; 224,
  234; 1265, 239, 253; 246, 263;
  249, 266; Peregrinus 1286, 395,
  432; Johannes pleban. in Mangenspurch, 1358, 727, 319.
  Landesfürsten: (Agnes) ducissa
  Austrie neptis R. patr. Aquilegen.,
  1248, 153, 149; s. weiter Kärnten.
  Vicedomo: Wergandus, 1248, 153,
  148, 149; Vlšing, 1291, 402, 439;
  1295, 413, 454.
  Landshauptleute: Vlr. de Habapach, 1273, 297, 320; 1274,

305, 328; 306, 330; 1275, 308,
331, 332.
Landschreiber, s. Kärnten.
Landrichter, Krain, Unter-: iudex
prouincial., 1265, 444, 460, 491.
Herzogl. Richter (iudices): 1274,
305, 328.
Hzgl. Amtleute (officiales): 1274,
305, 328.
Hzgl. Mautner (theolenarii): 1274,
305, 328.
Genannte: Herwicus de —, c. 1160,
112, 110; Gerboldus de —, 1184,
120, 119; Nychlaw der —er,
brűder Wernhers von Lok, 1291,
402, 439; 1293, 403, 442, —
prűder Chůnrats des richters
v. Lock, 1306, 457, 26.
„Chrainburch, s. Krainburg."
Krainburg, Krn., b. Laibach (Chrain-
burch), 1253, 168, 167; 1266, 258,
279.
Genannte: Jacob der Zäppel v. —,
1306, 455, 24; 456, 26.
„Chrainer," s. Krain.
„Chrael, Chreli, Reicher — burger ze
Welcz," 1325, 560, 146; 1331, 605,
190.
„Chranze, vnter dem —, Ggd. zu In-
nichen, Pusterthl., 1357, 721, 312,
313.
„Chrazta" . . ., s. Krestenitz?
„Kraetzel, Vlr. —," 1246, 148, 145;
s. auch Oretzel.
„Chraeçniç," s. Krestenitz.
„Chrech,"
„Chreich,"   } s. Kreig.
„Kreikke,"
Kreig, Krnt., b. s. Veit (Chreich,
Chrech, Kreikke), Wilhelmus de
—, 1266, 258, 278; 1270, 284, 310;
285, 311; der Truhsnezze von —,
1291, 402, 439.
„Chreinariorum uia," Strasse von Lai-
bach nach Tarvis? 973, 38, 38;
989, 43, 44.
„Chreine," s. Krain.
„Chreli," s. Chrael.

„Chremensis urbs,"
„Chromes, K—,"   } s. Krems.
„Cremisa,"
„Cremismunster," s. Kremsmünster.
Krems, N.-Oest., a. d. Donau (urbs
Cremisa, — Chremensis, Chremes,
Kremsa), 995, 46, 48; 1255, 179,
177; 1276, 314, 338; 316, 340.
Stadtkämmerer: Herbrandus, 1276,
316, 340.
Bürger u. Bewoner: Gozzo, 1274,
320, 324; 1276, 312, 335; 313,
336; 317, 337, 338; 1277, 343,
363; 344, 364; 349, 368; 352,
372; 353, 373; Irnfridus fil. Goz-
zonis, 1276, 312, 335; 313, 336;
315, 339; 316, 340; 317, 337,
338; 1277, 343, 363; 349, 368;
352, 372; 353, 373; Siboto frater
Gozzonis, 1276, 316, 340; 317,
338; 1277, 343, 363; 349, 368;
Leupoldus (de Mevrperge) alius
frater Gozzonis, 1276, 317, 338;
1277, 343, 363; 349, 368; Greyfo
(Griffo), gener Goczonis, 1277,
352, 373; 353, 374; Walchunus
in Foro nepos Wurchonis, 1276,
314, 338; 1277, 343, 363; 349,
368; Rudlinus de Meurperge, 1276,
315, 339; 316, 340; 317, 337,
338; Pilgrimus, 1276, 317, 338.
Schreiber des Bürgers Gozzo: Rud-
linus notar., 1276, 314, 338;
Meinhardus u. Rudlinus not.,
1276, 316, 340.
Krems, Strmk., b. Voitsberg (Kremes),
Ch—, Otto de —, 1181, 117, 116;
118, 117.
„Chremsemunster," s. Kremsmünster.
Kremsmünster, O. Oest. (Chrems-
munster, Cremis-, Chremes-),
Aebte: Manegoldus abb., c. 1202,
124, 123, N., 1258, 191, 196;
1264, 233, 246; 234, 248; B.
1264, 236, 250.
Krenstetten, N.-Oest., b. Aschbach,
(Chrensteten), 1298, 424, 463.

Krestenitz? U.-Krn. (Chrazta ...,
Chraeçniç uersus Pilchgraeç), 1251,
157, 155; 1269, 275, 300.
„Chreuspekch" s. Kroisbach.
Kreuz, Krn., welches? (Chreuz) Rudlibus de —, 1280, 367, 392.
„Chreuztal," Pusterthl., b. Innichen
1049, 697, 288.
Kreuzenstein, N.-Oest., b. Korneuburg
(Gretschinstain, Grizan—, Grischenstein, Gritsin—, Greiçin—, Greizen—), Heinr. de —·, 1243, 142,
138; dapifer de —, 1247, 151, 147;
1256, 183, 185; Heinr. dapifer
de —, 1262, 214, 223; 221, 230;
1265, 240, 255.
Kreuzstetten, N.-Oest., UMB. wlchs?
(Greyzenstetten), Pfarrer: magist.
Heinr. canon. Frisacen., 1335, 653,
239, 654, 240; 1336, 660, 247.
„Crheine," s. Krain.
„Crinina," s. Griffen.
„Chringlarius,"N.-Oest.,1277,343,363.
„Crispiniani villa," s. Crispion.
Crispion, Südtirol (Crispiniani villa),
1166, 113, 110, 111.
„Krivcher, Chvnr. —, cinis de Waeidhonen," 1273, 295, 318.
Croatien (Cromacia), Herzoge: Bertoldus marchio Istrie, 1182, 119,
118.
„Chropf, Vlr. der —, Gevte s. tochter,
Winthers hsfrow v. Purckstal, Vlr.
der — burgraf ze Fleduich, Vlr.
s. svn," 1297, 422, 462, Vlr. der
—, Vlr. s. svn, 1300, 433, 5.
Kroisbach, N.-Oest., welches? Chrenspekch, Fridr. der — obrister jegermaister in Oesterreich, 1359, 734,
327.
„Cromacia," s. Croatien.
„Croudi, pagus —," Krnt.? 993. 45, 47.
Krumpeck, O.-Strmk, b. Oberwelz,
(Chrumpech pei Welcz, -k ob
Oberwelcz, -kk), 1319, 536, 117,
537, 118; 1326, 563, 149; 564, 150;
1331, 605, 190; 1334, 631, 218;
632, 218; 1361, 741, 336.
Schwaigen das.: des Röten swaig,
di Cherrleins hůb, 1361, 741, 336.
„s. Crux," s. Heiligenkreuz.
„Chůpharn," s. Küffern.
„Cubida," s. Couvedo.
„Cubidunes," s. Gufidaun.
Cucagna, Friaul (Cucania), Johannes
de —, 1261, 206, 211.
„Cucania," s. Cucagna.
„Chvchcmaister, Chvnrat des —s, sun
burger ze Waidhouen," 1308, 474,
49.
„Chuchenmeister, Peter der —," Pusterthal, 1317, 523, 99.
„Cucrelle, an der —," bei Weltz, Ob.-Strm., 1309, 478, 54.
„Cuvedun" s. Gufidaun.
Küffern, N.-Oest., b. Herzogenburg
(Chůpharn), Hadmarus de —, 1158,
105, 103.
„Chůgellumpf," N.-Oest., b. Amstetten?
1334, 639, 225; s. auch Chogelloch,
„Chůlber,"
„Chuleub," } s. Kilb.
„Chůliber,"
„Chvlm, Marchwardus de —," Krn.?
1252, 165, 162.
„Kulwer," s. Kilb.
Cumanen, in Ungarn. (Cumani),
1270, 282, 308.
„Chůmer, Herman der —," Krn., 1349,
700, 292, Mathia der —, zu Igg.,
1358, 732, 323.
„Chůnstorf," s. Königsdorf?
„Chunater, Vlr. der —, s. swester
Perht von Inchlingen, s. můme,
Alhait von Hof gehaizzen Cholgi,
Pusterthal, 1357, 721, 312, 313.
„Cunasella," s. Cunisello.
Cuneo, Ital., b. Treviso (locus Chunio situs prope litus Brente), 972,
35, 34; 992, 44, 45.
„Chůngsperch," s. Königsberg.
„Kunigesprunne," s. Königsbrunn.
„Chůnigswisen," s. Königswiesen.

„Chvnigesbrunnen" ‚N.-Oest., b. Bruck a. d. Leitha, 1074, 90, 90.

„Chunio," s. Cuneo.

„Cunisello, Cunasella alpis," Tirol, Pusterthl., 965, 34, 33; 973, 36, 35.

„Chvurathshaim, -heim," ⎫ s. Kon-
„Chunratshain (!)" ⎭ radsheim.

Kunring, N.-Oest., h. Eggenburg (Chuuringen, Chvnring), Albero de —, 1158, 105, 103; c. 1170, 115, 113; Hatmarus de —, 1189, 122, 122; Albero de —, 1243, 142, 138; Hadmarus de —, marschalc. Austrie, 1249, 156, 152; 1257, 187, 194; 1267, 266, 288; Leutoldus de —, pincerna Austrie, 1277, 324, 346; 1297, 420, 460; 421, 461; 1298, 424, 465; Hanns von —, 1333, 624, 210; Haus u. Leutold von — (phleger ze Entzesdorf), 1334, 627, 213; 629, 215; Johannes de —, 1334, 635, 221; Jans u. Lentolt, brûder von —, obrist schenchen, in Österreich, 1339, 677, 268; Chunradus de — (gemein), 1249, 156, 153.

„Churinge, -u," s. Kunring.

Chur, Schweiz (Curia), Bisthum (episcopatus), 1182, 119, 118.

Bischöfe: Peter, 1359, 734, 327; 1361, 738, 333.

Chorherren: Graf Rudolf von Montfort, 1301, 444, 14.

„Curtana villa," O.-Bai., bei Tölz (iuxta flumen Fruen in pago Rotahgaunne), 763, 1, 1.

„Curia," s. Chur.

„Chustelwanch," O.-Strmk. (?) Ulricus de —, frat. Ottonis de Teuphapach, 1181, 117, 116; 118, 117.

„Chvssenpfenninch, Fridr., — von Wippach, Chûnrat v. Pilchgraetz, s. aydem," 1318, 527, 103.

D. T.

Dachau, Bai., b. München (Dachovve, Dahêva), Grafen: Chunr. et fil. eius Chunr., c. 1130, 98, 96; Chunrat c. 1130, 99, 97.

Genannte: Chônr. de —, Marholt u. Werenheri de —, c. 1185, 94, 94.

„Tachenstaeiner," s. Dachenstein.

Dachenstein, N.-Oest., b. W.-Neustadt, Tachenstaeiner, Christan u. Wernhart die — prûder, 1356, 717, 308, 309.

„Dahôa, Dachovve," s. Dachau.

„Tachsenpech, balistarius de Enzerstorf," U.-Oest., 1265, 251, 269.

„Tater, der —, hof ze Niederndorf," Pusterthl., 1334, 628. 214.

„Taveler, Chunr. —, canon. Inticen.," 1268, 274, 299.

Taglfing, Bai., b. Föring (Tagolvinge, -n), Ebrardus de —, 1166, 110, 112, Eberhart et iunior Eberhart de —, 1182, 119, 118; 1184, 120, 119.

„Tagoluinge, -n," s. Taglfing.

„Tayst, -en," s. Taisten.

Taisten, Bach, Tirol, Pusterthl. (riuus Tesido, -to, Thesitin, Tayst, Taisten), 770, 2, 3; 861, 19, 19; 980, 41, 42.

„Ort:" 1363, 744, 339.

Genannte: Hiltgrimus, Wilh. et Heinr. fratr. de —, 1269, 281, 307.

Thal, N.-Oest., OWW., welches? (Tale), c. 1130, 97, 95; 99, 77.

Thal, N.-Oest., b. Amstetten, welches? (Tal), 1324, 558, 144; 1327, 573, 157.

Hof daselbst: hof Fridrichs, 1316, 513, 86.

Genannte u. Bewoner: Fridrich in dem —, 1316, 513, 86; 1325, 559, 144; 1327, 573, 157; Ott in —, 1334, 630, 217; Rûdeger vs dem —, 1334, 630, 216.

Thal, N.-Oest., welches? Taler, Jans der —, herczog Otten hofmarschalich, 1337, 666, 254.

Thal, U.-Krn. (Tal), 1306, 456, 25.

„Tale, -r," s. Thal.

Thaling, N.-Oest., b. Blindenmarkt?
Talinger, Georig —, Liebgart s.
hafrow, 1332, 608, 192, 193.
„Talinger," s. Thaling.
Dalmatien (Dalmacia), Herzoge: Bertoltus marchio Istrie, 1182, 119, 118; 1189, 122, 121.
Damberg, N.-Oest., b. Amstetton? (Tannperch), Ott von —, 1285, 389, 425.
„Tanpech, Tann—, Fridr.—, swirtinne Agnes," N.-Oest., OWW., 1328, 583, 165; 1329, 588, 171, 172; Vlrich der —, 1329, 588, 172.
„Tannberg," s. Damberg.
„Taentter, Tânter, Chunr. der —, purger ze Amstetten, 1324, 554, 135; 1339, 678, 269.
„Tanner, die —," O.-Strm., b. Schader, 1343, 690, 282.
Tanirz, Tirol, Pf. Klausen (Tanurcis), c. 1020, 59, 60.
„Danubius," s. Donau.
„Tanurcis," s. Tanirz.
„Tanzer, Chvnr. der —," z. Oberweltz, 1326, 563, 149.
„Tarant, Engelmarus —," 1238, 138, 135.
„Taruisium," s. Treviso.
„Taessenberch, Taessor —," s. Tessenberg.
„Dassnitz," Krn., b. Selzach, 1348, 695, 287.
Tauern, Gebirge (mons Turo), c. 1060, 79, 82.
„Tâufel, der —," N.-Oest., z. Maria Enzersdorf, 1332, 611, 196.
Taufers, Tirol, b. Brunecken (Tavuers, Touuers), Vlr. de —, 1277, 327, 349; 349, 369; 350, 370; 351, 371.
„Tavuers," s. Taufers.
Taur, Tirol, b. Innsbruck (Toura locus, Touro), c. 950, 31, 30.
„Tauranc," Tirol, 827, 11, 13.
„Taurer, Gerl, der —, des abbts v. Seitensteten hold," 1338, 672, 261.
„Tauru," Krnt.? c. 860, 17, 18.

Tazen, Krn., b. Laibach (Taezzen an der Sawe) 1283, 376, 400.
„Taczzen," s. Tazen.
Teschen, Schlesien (Teschinum), Herzoge: Przemislaus, 1361, 738, 333.
„Teschinen" dux., s. Teschen.
Theben? Ungarn (Tewingen), Burggraf: purkrauius, 1262, 214, 223; ob nicht identisch mit Duino?
Dechante, s. Pfarren, Pfarrer u. s. w.
Decanien, Kärnten, Dekano: Vuolframus, 965, 33, 32.
„Tegarinuuac,„ s. Grüntegernbach.
Degenberg, N.-Bai.? (Degenperge), 1249, 155, 151.
„Degenperge," s. Degenberg.
Tegernbach, s. Grün—.
Tegernsee, O.-Bai. (Tegernse), Äbte: ? Deotrih, c. 870, 21, 20; Ch. 1238, 138, 135; Marquart, 1293, 406, 445.
„Tegiranpah," } s. Grün-
„Tegrenwach, Tegrin—," } tegernbach.
Teimendorf, s. Deindorf.
Deindorf, N.-Oest., Marchfeld, als Dorf verschwunden (Teimendorf bei Enczesdorf), 1298, 424, 464; 1321, 545, 126; 1325, 561, 146; 1359, 735, 328; s. auch Zuntinesprukka.
„Teines," Tirol, b. Sterzing, 827, 11, 13.
Teiss, N.-Oest., unterhalb Krems (Teizza, Teiçça, Teiç), 1277, 349, 368.
 Besitzungen des Bürgers Gozzo v Krems das.: due curie villicales, xiii aree, duo beneficia, duo pomoria, lacus seu piscina, passagium, v insule, 1276, 312, 335; 313, 336; 314, 337; 315, 339; 316, 340; 1277, 352, 372; 353, 373.
 Amtmann (villicus, officialis): Rudgerus, 1276, 314, 338; Rudlinus, 1276, 316, 340.
 Überfürer (nauta): Chunr., 1276, 314, 338.
„Teizza, Tey—," } s. Teiss.
„Teiç, -ça" }

Dellach?, welches,? D♮lacher, -ius et Bertoldus eius fil. z. Lack, 1363, 232, 245; Berchtolt —, s. wtwe Linkart swester Vlr. Velachers v. Waldenberch, 1295, 412, 453.

„Teltsacum," s. Teltsche.

Teltsche, U.-Krn. (Teltsacum, Telscacum in Marchia, 1252, 163, 160; 1259, 200, 205.

Telfes, Tirol, b. Storzing (Telues), 827, 11, 13.

„Telscacum," s. Teltsche.

Templer-Orden (milicia Templi, Orden von .dem Tempel), Grossmeister: Fridericus magister, 1285, 392, 429; brűder Friderich weilent maister, 1295, 413, 454; Fridericus quondam mag., frater Emchonis episc. Frisingen, 1296, 416, 457.

„s. Tertuliani ⎫ ecclesia" ⎰ s. Scharnitz.
„s. Tertulini ⎭   ⎱ Schesdorf.

„Ternberch," s. Ternberg.

Ternberg, N.-Oest., b. Neunkirchen, (Ternberch), Gundakerus de —, 1277, 343, 363.

Terenten, Tirol, b. Vintl, Berg (Torentum mons), c. 1000, 52, 53.

Terbia, Krn., Bez. Lack (Triwai), Mars an der —, 1315, 503, 79.

„Tessenberc, -ch," s. Tessenberg.

Tessenberg, Pusterthal (Tessenberc, -ch, Tae—), Amtmann (officialis): Herbrandus, Geroldus fil. u. G. frater eius, 1251, 158, 156.

    Genannte: Frider. fil. Friderici de —, 1307, 466, 40; Vlr. ab dem Taesser—, chorh. ze Innichen, 1337, 662, 250; 1339, 679, 274.

„Thesitin, -do, -to," s. Taisten.

Deutschland, kgl. Pfalzen (curtes — regie): Liburna, 891, 25, 23; Matahhoue, 891, 25, 25.

    Könige u. Kaiser: Karolus, 799, 6, 8; 802, 7, 9; Ludouicus, 816, 9, 11; Ludowicus, 855, 14, 16; 15, 17; 857, 16, 18; 875, 22, 21; Arnolfus, 891, 25, 23; Heinricus, 931, 29, 28; Otto I., 965, 33, 31; 84, 82, 33; — et uxor eius Adelheidis, 972, 35, 31; erw. 992, 41, 45; Adelheidis imperatrix erw., 992, 44, 45; 993, 45, 46; 1140, 100, 98; Otto II. et mater eius Adalheidis et nepos dux. Heinr., 973, 36, 35; — et mat. eius Adelh., 973, 37, 36; et ux. eius Theophanu et nepos eius Heinr. dux., 973, 38, 38; erw., 1140, 100, 98; Otto III. et mat. eius Theophanu et nepos eius Heinr. dux, 973, 38, 38; erw. 1140, 100, 98; Otto III. et mat. eius Theophanu et nepos Heinr. dux, 989, 43, 43; 992, 44, 45; — et amita eius Mathhild abbat., 993, 45, 46; 995, 46, 47; — et nepos eius dux Heinr. 996, 50, 50; Heinricus II. et ux. Chunigunda, 1002, 53, 54; 1007, 54, 55; 55, 56; 1021, 61, 62; erw., 1025, 62, 63, 64; c. 1030, 67, 69; 68, 69; Conradus II. u. ux. Gisila et fil. Heinr., 1033, 73, 73; 1034, 74, 75; 1040, 75, 76; Heinricus III., 1033, 73, 73, 74; 1034, 74, 75; 1040, 75, 76; — et uxor Agnes, 1049; 76, 78; — — et fil. Heinr., 1055, 77, 59; Heinricus IV. et uxor Bertha, 1067, 83, 84; 1074, 90, 90; erw., c. 1215, 126, 127; Conradus III. et ux. Gertrudis et frat. Otto episc. Frising., 1140, 190, 98; 1147, 103, 101; Fridericus I. et frat. Couradus, com. palat. de Rheno, 1159, 108, 106; 1189, 122, 121; erw. 1277, 333, 359; 338, 360; Fridericus II., erw., 1236, 137, 134; 138, 134; 1256, 184, 188; Rudolfus 1276, 319, 342; 1277, 323, 346; 327, 349; 328, 349; 329, 351; 330, 351; 331, 352; 332, 353; 333, 354; 334, 355; 335, 356; 336, 357; 337, 359; 338, 360; 340, 361;

343, 363; 344, 363; 348, 367; 368; 349, 368; 350, 369; 351, 370; 352, 372; 353, 373, 374; 354, 374; 1278, 357, 377; 358, 378, 380; 359, 381; 360, 382; 1280, 366, 391; 368, 393; 1281, 370, 394; 371, 395; erw. 1284, 384, 410; 1289, 400, 437; 1305, 454, 23; 1316, 507, 82; 508, 83; 517, 91; 1333, 626, 212; 1361, 738, 331; — Rudolfi filii Albertus, Hartmannus et Rudolfus, 1277, 327, 349; 333, 354; 338, 356; 336, 358; 350, 369, 370; 351, 371; 1284, 384, 410; — Albertus, 1303, 451, 20; 1305, 453, 22; 454, 23; erw., 1316, 517, 91; 1351, 703, 295; Fridericus III., 1316, 505, 80; 506, 81; 507, 82; 508, 83; 517, 90; erw., 1330, 595, 180; 1357, 726, 316; Ludwig IV., 330, 595, 181; c. 1340, 687, 280; Karolus IV., 1361, 738, 331.

Kurfürsten, s. Brandenburg,
  Köln,
  Mainz,
  Rhein,
  Sachsen.

Kgl. u. kais. Kanzlei: Erzkanzler: Rudebertus, 973, 36, 36; 37, 37; 38, 39; Willigisus archiepisc., 989, 43, 44; 992, 44, 46; 993, 45, 47; 995, 46, 48; 996, 50, 51; 1002, 53, 54; 1007, 54, 56; 55, 57; Liupoldus, 1055, 77, 80; Anno, 1067, 83, 85; Sigefridus, 1074, 90, 91; Adelbertus archiepisc., 1140, 100, 98; Chunradus archiep., 1189, 122, 122; für Deutschland: Gerlacus archiep. Mogunt., 1361, 738, 333; — für Italien: Wilhelmus archiep. Colonien., 1361, 738, 333; — Kanzler: Poppo, 931, 29, 28; Hartrudus, 965, 34, 33; Liutolfus, 972, 35, 34; Willigisus, 973, 36, 36; 37, 37; 38, 39; Hiltibaldus, 989, 43, 44; 992, 44, 46; 993, 45, 47; 995, 46, 48; 996, 50, 51; Engilbertus, 1002, 53, 55; Eberharhardus, 1007, 54, 55, 56; 55, 57; Guntherius, 1021, 61, 62; Burchardus, 1033, 73, 74; 1034, 74, 76; Theodericus, 1040, 75, 77; Winitherius, 1055, 77, 79; Gregorius, 1067, 83, 85; Adalbero, 1074, 90, 91; Arnoldus, 1140, 100, 98; Johannes, 1189, 122, 122; Johannes episc. Luthomuschlen, 1361, 708, 333; — Notare: Egilbero, 891, 25, 24; Liutulfus, 965, 33, 32; — Erzkapläne: Theotmarus, 891, 25, 25; Hiltibertus, 931, 29, 28; Bruno, 965, 33, 32; 34, 33; Hotto, 972, 35, 34; Aribo, 1021, 61, 62; Bardo, 1033, 73, 74; 1034, 74, 76; 1040, 75, 77; — Capläne: Waningus, 891, 25, 23; mag. Heinr. Werden. prepos., 1278, 357, 377; 360, 383; Henricus prepos. Frisingen. 1280, 368, 392.

Sendboten (missi regii): Arno archiep. (Salzburg.) et Adaluuinus, (episc. Ratispon.), 802, 7, 8; 8, 9.

Erzmarschälle: Rudolfus dux Saxonie, 1361, 738, 333.

Erzkämmerer: Ludowicus marchio Brandenburg. 1361, 738, 333.

Erztruchsesse: Rupertus com. pal. Rheni dux Baw., 1361, 738, 333.

Hofrichter (iudex sacri palacii): Berzo, 1159, 108, 106, 107; 109, 107.

Hofmeister (imper. aule magister): Burkhardus burgrav. Magdeburgen., 1361, 738, 333.

Deutschorden, s. Botzen, Lengmos, Sedlnitz, Wien.

„Teuphnbach," s. Teufenbach.

„Tevfel, Tewuel, Ott der — von Trautmausperg, Halbeit a. hsfr.,"

1329, 591, 174, 175; 593, 176, 177;
s. auch Tufel.

Teufenbach, O.-Strmk., b. Mnrau,
(Teuphnpach, Tenfen-), Offo de
— et frat. eius Ulr. de Chustel-
wach, 1181, 117, 116; 118, 117;
Fritz von —, 1319, 536, 118; 537,
118; — ōhaim Sifrids, Offen sun
von Welcz, 1330, 602, 187; 1331,
605, 190.

„Teusenperger, Ortlieb der —", N.-
Oest., 1330, 597, 183.

„Tewuel", s. Tevfel.

„Dewin", s. Dulno.

„Tewingen", s. Theben? Duino?

„Dietershaim", s. Dietersheim.

Dietersheim, Bai., Landg. Freising
(Dietershaim), 1187, 121, 120.

„Tiburnien, eccl.", Krnt., am Lurn-
feld, 816, 9, 11; Note 10.

Tiefenbach, N.-Oest., b. Amstetten,
(Tieufenbach), 1049, 76, 79.

„Tieufenbach", s. Tiefenbach.

„Tigrich", s. Tigring.

Tigring, Krnt., b. Klagenfurt (Ti-
grich), 1279, 364, 388.

Dieming, N.-Oest., b. Seitenstetten
(Tyming), Pilgrain v. —, 1340, 684,
277.

„Tyming", s. Dieming.

„Timinge", s. Dimling?

Dimling? O.-Oest., b. Melk (Timinge),
Dietricus de —, 1255, 179, 178.

„Dinger, Heinr. dictus — notar." (in
Gutenwörth?, Krn.), 1285, 387,
423.

„Tyerberg mons", N.-Oest., b. Mauer-
bach, 1358, 729, 320.

„Tyerenstein", s. Dürnstein.

„Tieres", s. Tiers.

Thierhaupten, O.-Bai., Landg. Rain
(Tirhoupt, -hupt), Äbte: N., 1262,
213, 220, 221; 1263, 227, 240;
1265, 241, 255; 242, 258; 1266,
259, 279, 280.

„Tirhoupt, -hupt", s. Thierhaupten.

„Dirnstain, Tirnstein", s. Dürnstein.

Fontes. Abthlg. II. Bd. XXXV.

Tirol (Tirolia), Landrecht (consueto
do terre): 1285, 392, 426.

Schloss: 1266, 253, 273; 254, 275.

Grafen: Bertolfus, 1166, 113, 111;
Albertus, 1238, 138, 134, 135;
N. 1245, 144, 140; 1254, 170,
168; Albrechtus, 1259, 201, 206;
Meinhardus et fr. eius Alber-
tus, 1266, 253, 270, 271; Mein-
hardus, 1266, 254, 274; 257,
277; — et Albertus, 1270, 284,
310; 285, 310; Albertus 1273,
296, 319; 1275, 307, 330; Mein-
hardus, 1277, 323, 346; 1278,
357, 377; 1280, 366, 391; Al-
brecht, 1283, 374, 397; Mein-
hart s. brud. 1285, 374, 398;
375, 398; 376, 399; 400; Alber-
tus, 1285, 392, 427; 393, 429;
1286, 396, 432; 1293, 405, 444;
herre von —, 1334, 642, 227.

Gräfl. Kanzlei: Wilhalm der schrei-
her, 1283, 376, 400.

Hofmeister (mag. curie): Otto, 1286,
396, 433.

Ministerialen: Arnold von Sualz,
1283, 375, 398; Heynr. v. Owen-
stayn, 1283, 376, 400.

Tiers, Tirol, b. Botzen (Tieres), c.
1000, 52, 53; c. 1020, 59, 60.

„Diso flumen", Venetien, 972, 35,
34; 992, 44, 45.

„Tiwingen", s. Tübingen.

Doppel, N.Oest., welches? (Toppel),
Weichart von —, Vlr. der Topplär,
s. brūd., 1333, 623, 209, 210; Wei-
chart v. —, hofrichter ze Oster-
reich, 1335, 657, 244.

Toberstetten, N.-Oest., b. Amstetten
(Toberstetten), 1313, 493, 69; 1325
562, 147.

Besitzungen das.: Staincheller,
Vreithof, 1313, 493, 69; 1325,
562, 147.

„Töbersnich, auf der —" s. Waidhofen
a. d. Ybbs.

25

Doblach, Tirol, Pusterthl. (uicus Duplago, Toblach, — cum), 827, 11, 14; 1318, 524, 99; 1363, 744, 339.
Pfarre: 1327?, 577, 161; 1328, 580, 163; 581, 164; 585, 168; 587, 170.
Pfarrer: Heinr. iunior Lucerna, amite eius Alheidis et Hedwigis, cum filia eius Gerbirgis, 1307, 468, 42.
Bewoner: Peul der zymmerman, 1349, 697, 288.
Genannte: Heinr. de —, 1261, 211, 208.

„Toblacum", s. Toblach.
„Topplär", s. Doppel.
Dobra, N.-Oest., OMB. (Tobra), Dietricus de —, 1242, 141, 137; -pincerna Austr., 1243, 142, 138.
Döbriach?, O.-Krnt., b. Redentein (Tobrochotasfeld, Dobrozfelt), c. 1030, 71, 72; 72, 72.
„Tobringen, Ekhardus de —," N.-Oest.? 1277, 349, 369.
„Tobrochotasfeld",
„Dobrozfelt", } s. Dobriach?
Doctoren: Arnoldus doctor decretor. canon. s. Mauricii Auguste, 1307, 464, 35; 1308, 471, 44; Dietricus prepos. Gurnoczen. doctor utriusque iuris, 1307, 464, 38; mag. Cunr. doctor decret. canon. Mosburgen., 1310, 483, 59; 1311, 484, 60; Petrus de Galliata, legum doctor, s. Galliata; Guillelmus decan. eccl. Aquilegen. decretor. doctor, 1333, 607, 191.
Toggenburg, Schweiz (Toggenburg), Grafen: Georg, 1359, 734, 327.
„Tholbach", Tirol, 1157, 104, 102.
„Tolnz, -o", s. Tölz.
Tölz, O.-Bai. (Tolnz, -e), Gebhardus de —, 1240, 139, 136; 1242, 141, 137; 142, 138; 1244, 143, 139; c. 1245, 147, 142; 1249, 155, 152.
Dombach, N.-Bai., Landg. Vilsbiburg (Domibach), Adilboldus de —, 1187, 121, 120.

„Domibach", s. Dombach.
Donau, Fluss (Danubius, Tvnaw), 1021, 61, 61; c. 1030, 68, 70; 1330, 603, 188.
„Donplachi", Krnt.? 993, 45, 47.
„Töre, Johans bei dem —, weilent burger von Lfincz", 1308, 476, 51; Ösel pey dem —, purger ze Friesach, 1358, 728, 320.
„Torrentes", s. Trens.
„Dorfa", s. Dorfen.
Dorfen, Bai., Landg. Ebersberg? (Dorfa), 1025, 62, 64.
Dürnbach, Bai., Landg. Freising (Dornipach), Adeloldus de —, c. 1180, 116, 114.
„Dornberc", s. Thurnsberg?
„Dornipach", s. Dürnbach.
Dornburg, Sachsen-Weimar (Dornburg) 992, 44, 46.
Dosso, Südtirol, welches? (Dossum), Conr. de —, 1166, 113, 111.
„Dossum", s. Dosso.
„Touuers", s. Taufers.
„Toura, -o", s. Taur.
„Tra", s. Drau.
„Traberch", s. Drauburg.
„Drag", s. Traga.
Draga, U.-Krn., welches? (Drag) 1251, 157, 155; 1252, 165, 162.
„Traha, Trahauus flum.", s. Drau.
„Trahoven", s. Drauhofen.
„Traiecten. epis.", s. Utrecht.
Traiskirchen, N.-Oest., b. Baden (Draeschirchen), Pfarrer: Ulricus, postea pleb. in Probstorf, c. 1204 —16; erw. 1256, 184, 186, 188.
„Traisen", s. Traisenmüllen?
Traisenmüllen? N.-Oest., b. Traismauer (Traisen), Otte von —, 1284, 386, 422.
Traismauer, N.-Oest., ober Tulln (Trasemur), 1353, 708, 300.
Draschitz, U.-Kra., b. Mötling (Trasich, Trashis, Trasichs), 1257, 189, 195; 1263, 226, 239; 1274, 306, 329.

Genannte: Engelschalch de — et
fil. eius Her., c. 1215, 127, 127.
„Draeschirchen", s. Traiskirchen.
„Trasenmur", s. Traismauer.
„Trashis",
„Trasich, -s", } s. Draschitz.
Drau, Fluss (Trahani flum., Tra, Traha), 891, 25, 24; c. 1030, 66, 67; 72, 72; c. 1060, 79, 82.
Drauburg, Unter-, Krnt. (Traberch), Pfarrer: Durenhardus cap. ducis Karinthie, 1266, 258, 278.
Trautmannsberg, N.-Oest., b. Amstetten (Trautmansperg, Trawt-), 1329, 591, 174; 593, 176, 177.
Genannte: Ott der Tevfel von —, Halhait s. hsfr., 1329, 591, 174.
„Trautsvn, Petrus —, uxor eius Agnes filia Chunr. de Haldenberch", 1287, 398, 434.
Drauhofen, O.-Krnt. (Trahoven), 1244, 134, 139; 1308, 476, 51; 1317, 523, 98.
Traun, N.-Oest., b. Seitenstetten, Travner, Ott der —, 1333, 615, 200; Ott sälig der —, sein töhteran (!) Elsbet Wlfinges hsfr. des Häuslers et Christin die Trönlerin, 1333, 621, 206.
„Travner", s. Traun.
„Trawtmansperg", s. Trautmannsberg.
„Trawner, Joh. —," in der herzogl. österr. Kanzlei, 1361, 740, 336.
Trebur, Hessen (Dribura), 973, 37, 37.
„Treuen", s. Treffen.
Treffen, Krnt. (Treuen), illi de —, 1278, 357, 377.
„Treuinize", N.-Oest., OMB., c. 1115, 95, 94.
Treviso, Ital. (Taruisium), Grafschaft (comitatus): 972, 36, 35; 992, 44, 45, Bezirk (districtus): 1261, 206, 211.
Grafen: comites, 1160, 110, 108.
Trens, Tirol, bei Sterzing (Torrentes), 827, 11, 13.
Trennstein, Strm., bei Weiz (Trewensteyne), dominus de —, 1285, 390, 426.

„Trewensteyne", s. Trennstein.
Triebsdorf, U.-Krn. (Trichstorf), 1286, 396, 432.
„Dribura", s. Trebur.
Tricesimo, Friaul (Tricesimeun).
Pfarrer: Mag. Nycolaus de Lupico 1261, 206, 211.
„Tridentum", s. Trient.
Trient, Südtirol (Tridentum, Trienta, Trientarum locus), Bisthum (episcopatus); 1182, 119, 118.
Stadt: 855, 14, 16; 15, 17.
Zusammenkunft der Könige von Deutschland u. Ital.: 855, 15, 17.
Bischöfe: Ŏdalschalk, 855, 14, 16; 15, 17; Ŏdalrich, c. 1020, 60, 60, 61; Altmannus, 1147, 103, 101; Albertus, 1166, 113, 111; c. 1170, 114, 112; N. 1255, 180, 178; E. 1266, 264, 284.
Chorherren: Conradus, Bertholdus et mag. Romanus, 1166, 113, 111; Bonicontrus pleb. in Cheler, 1266, 264, 284.
Vögte: Jacobus, 855, 14, 16; Ŏdalscalus, c. 1020, 60, 61; Meinhardus com. Gvr. et Tir., 1266, 253, 270; 254, 274; 257, 277; Albertus com. Gvr. etc., 1273, 296, 319; 1275, 307, 330; 1283, 374, 397; Meinhart, 1283, 375, 398; 376, 399; Albertus, 1285, 392, 427; 393, 429; 1286, 396, 432; 1293, 405, 444; Heinrich, c. 1316, 520, 94.
s. Lorenzo Kloster (s. Laurentii in Tridento): Aebte: N. 1307, 469, 43.
„Trienta, -rum locus," s. Trient.
Trier, Rheinpreussen (Treveris), Erzbischöfe: Adelbero apost. sed. legat., 1140, 100, 98.
Triesenegg, N.-Oest., b. Amstetten (Triesnicha), c. 1070, 85, 87.
„Trisnicha", s. Triesenegg.
„Triwai", s. Trebia.
Trixen, Krnt., b. Völkermarkt? (Truhsna), 822, 10, 12.

Troppau, Schlesien (Oppauia), Herzoge: Nicolaus, 1361, 738, 333.
„Trögeren", s. Trögern.
Trögern, U.-Krn. (Trögeren), 1286, 396, 432.
„Trönlerin, Christin die —, ir swester Elsbet Wlfings hsfr. des Häusler, töhteran (!) Otten sälig des Travner," N.-Oest., 1333, 621, 206, 207.
Drosendorf, N.-Oest., a. d. Thaja (Drozendorf, Drosendorf), Hauptleute: Eberhart et Heinr. von Walsse, 1344, 692, 284; Haeinr. v. Walsse, 1359, 734, 327.
„Drozendorf", s. Drosendorf.
„Truhsaz, Druchsäcz, -secz, Wernhart der — von Vzesdorf (Vczeu-)," 1313, 497, 74; 1316, 518, 93; Leb et Chunter di —, 1330, 597, 183; Ruger der — richter ze Holnburch 1331, 604, 189.
„Truhsna", s. Trixen.
„Truller, Jans der —", z. Judenburg, 1331, 605, 190.
Trusche, Istrien, b. Pirano (Trvscvlo), 1067, 83, 84.
Tschefas, Tirol, b. Botzen (Tseuis), c. 1000, 52, 53; c. 1020, 59, 60.
„Tseuis", s. Tschefas.
Tschernemi, U.-Krn. (Schernömel), 1286, 396, 433.
Tschötsch? Tirol, b. Brixen (Tsusis) c. 1000, 52, 53; c. 1020, 59, 60.
Tschöfs? Tir., b. Sterzing (Zedes), 827, 11, 13.
„Tsusis", s. Tschötsch.
Tübingen, Wirtemberg (Tiwingen), Pfalzgrafen, N. c. 1180, 116, 114.
„Duplago", s. Doblach.
„Duchumuzlidorf," Krnt.? 993, 45, 47.
„Tufel, Chvnr. der alt — purger ze Waidhouen", 1336, 659, 246.
Duino? b. Triest (Tewingen? Dewin), Burggraf: N. 1262, 214, 223.
Genannte: Vscalcus de —, 1238, 138, 135.
„Tumbe, Wlrich —", c. 1215, 127, 127.

„Dłlacher, -ius" s. Dellach?
„Tuluares", s. Tulfer.
Tulfer, Tir., b. Sterzing (Tuluares), 827, 11, 13.
Tulln, N.-Oest. (Tulna), Nonnenkloster (domine claustrales): 1358, 729, 320.
„Tulna", s. Tulln.
„Tvnaw", s. Donau.
„Tunelindorf," U.-Krn., c. 1215, 127, 126.
„Dvnno, Chvnr. — notar. ducis Karinthie", 1266, 258, 279.
„Durre, Chunigunt dez Häsibs tochter Hainreichs bsfr. dez -n", 1337, 668, 256.
„Turen, ab dem —", s. Lack, Genannte.
„Turrenholz", Böhm.? Vlric. de —, 1270, 285, 311.
Thuru, N.-Oest., welches? (Turn) H. de — et fil. eius et fil. fratris sui, 1277, 343, 363.
Thuru, O.-Strm.? Krnt.? Turri, Albertus de —, 1181, 117, 116; 118, 117.
Dürrnast, Bai., Landger. Freising (Osti), Kirche das. (eccl. decimata): c. 1030, 68, 69.
Thurnsberg? Bai., Landger. Freising (Dornberg), Chonr. de —, 1180, 116, 114.
Dürrnstein, N.-Oest., b. Krems (Tirnstein), 1334, 629, 216; — Genannte: O. de —, 1277, 824, 347.
Dürrnstein, O.-Strm., b. Frisach (Dirnstein), Lantfridus de —, Arbo et Walchunus de —, 1181, 117, 116; 118, 117.
„Turo", s. Tauern.
„Türs, Joh. der —", N.-Oest., 1359, 734, 327.

E.

Eppan, Tirol, b. Botzen (Eppanuni), N. de — et fr. eius Toringus, 1166, 113, 111.

„Eppanum", s. Eppan.
„Ebaraneshusa", }
„Ebarhvsen",   } s. Ebershausen.
„Eberesperg", s. Ebersberg.
„Eberesdorf", s. Ebersdorf.
Ebergassing, N.-Oest., b. Schwechat (Ebergorin (!), Ebrazsing, Ebrass-), Heinr. de canon. Neumburgen., 1259, 202, 208; Peter der -er, swåher Fridreichs Götfridez salingen svn v. Chūnratzhaim, 1333, 623, 209, 210.
„Ebergorin", s. Ebergassing.
Ebersberg, Bai., östl. v. München (Eberesperg), 1049, 76, 79.
Eberstein, Baden (Eberstein), Grafen: Albertus pleb. in Probstorf, c. 1240, erw. 1256, 184, 186, 189; Otto sacri imperii per Austr. et Stir. capitaneus et procurator, 1247, 151, 147.
Ebersdorf, N.-Oest., b. Wien (Ebersdorf, ·torf), 1325, 561, 147.
Genannte: Kalochus et Reimbertus fratr. de —, erw. 1284, 384, 416; Chalhoh von — chamrer in Osterr., 1298, 424, 466; — Margret s. hsfr., Rudolf et Reinprecht sine svne, 1303, 450, 20, — vnd s. svn Rudolf, 1307, 461, 32, 33; 462, 33, 34; 463, 34, 35; — 1308, 475, 50, 51; Rudolf v. —, s. hsvrowe Margret, s. vater Chalhoh, 1311, 485, 61; Reinprecht v. —, burchgr. et phleger ze Enczestorf, 1312, 489. 65, — s. hsvr. Kathrey, s. prveder Ruedolf chamerer in Osterr., 1313, 495, 72; 1321, 545, 126, 127; Racinpr. v. —, 1323, 552, 133; — obrist. chamrer in Osterr., Kathrey s. hsfr., 1325, 561, 146; Pilgreim Reymprechtes svn ouf dem Gang datz —, purkgraue datz Entzestorf, 1325, 561, 147; Reinpr. v. —, 1327, 571, 156; 1333, 614, 199; 626, 212; 1334. 627, 213; — s. veteren Marichart et Erchenprecht von Mistelbach, 1335, 648, 233; Chvnr. v. —, Peters s. hsvroŵ, s. vater Peter von —, s. hsvr. Reichgart, 1349, 699, 290, 291; Peter v. —, obrist. Kamermeister in Österr., 1359, 734, 327; — s. vetern Ulr. et Rūger Chūnrats sūn v. —, 1359, 735, 328.
Ebersdorf, N.-Oest., b. Weiten (Eberesdorf), c. 1115, 94, 93; c. 1130, 98, 96; c. 1158, 107, 105; 1189, 122, 121.
Ebershausen, Bai., Landger. Wolfertshausen (Ebaraneshusa, Ebarhvsen), in comitata Burchardi), c. 1000, 52, 53; c. 1055, 77, 79.
„Ebrassinger, -szinger", s. Ebergassing.
Eck, N.-Oest., b. Waidhofen? (Ek), Weichart auf dem —, 1338, 672, 261.
„Ekkehartesdorf", s. Eckersdorf.
Eckersdorf, Bai., welches? (Ekkehartesdorf), Libardus de —, c. 1180, 116, 114.
Eching, Bai., Landg. Landshut (Ehinga), 857, 16, 18.
„Ehinga", s. Eching.
„Edlingern", O.-Strm., b. Welz, 1360, 737, 330.
„Egendorf", s. Eggendorf.
Eggendorf, N.-Oest., b. Atzenbruck (Egendorf), Ditreich von —, 1330, 597, 183.
„Egeler, Einwicus—",Pusterthl., 1261, 211, 218.
Eipeldau, N.-Oest., Marchfeld (Alphiltöwe), Otto de —, 1246, 148, 145.
„Eiper", s. Ipern.
„Eipilingn", s. Aibling.
Eichberg, Strm., welches? (Aichperch), Chunrad. de —, 1263, 225, 228.
„Eichi", s. Aich.
Eichstädt, Baiern (Eistet, Ey-): Bischöfe: Gebehardus, 1147, 103,

101; Conradus, 1159, 108, 106; Bertoldus, 1361, 738, 333.

Schatzmeister (thesaurarius): N. 1263, 213, 220; 227, 239; 1265, 242, 258, 259.

Einsidel, N.-Oest., b. Randeck (Ainsidl), 1249, 363, 386.

„Eyratsevelt", s. Euratsfeld.

Eisack, Tirol, b. Botzen (Eysakh), Paula von —, 1352, 706, 299.

„Eysakh", s. Eisack.

„Eysch", Fluss, Krn., b. Igg, 1358, 732, 323.

„Eisteten. episc." s. Eichstädt.

„Eisenpeutel, Wigandus dictus —", N.-Oest., 1256, 186, 192; Sifridus —, 1261, 209, 217.

„Eysenhouen, Herman —", N.-Oest., OWW., 1339, 680, 272; 681, 273.

Eisnern, Krn., b. Lack (die eysner in dem thale zu Selzach), 1348, 695, 286; 1354, 711, 303.

Schmieden das.: schmid, 1348, 695, 287; fünf schmidten, 1354, 711, 303.

Säge: des Zschasen sag, 1348, 695, 287.

Eyersburg, Tirol, b. Schlanders (Eyrs in Vinschev), Burg (burch), 1283, 376, 399, 400.

„Ellabah", s. Ellbach.

Ellbach, Bai., b. Tölz (Ellabah, Ellp-, Ellenpach), c. 1030, 68, 69.

Genannte: Albanus de —, 1289, 122, 122; c. 1190, 123, 122; Fridericus dictus Ellenpech, notar. Emchonis, episc. Frising. et can. s. Andree Frising., 1308, 471, 45, 46, 47.

„Ellpach",
„Ellenpech", } s. Ellbach.

„Elspach", s. Elzbach.

Elzbach, N.-Oest., b. Amstetten (Elspach), Hof das.: hof Völchels von Hag, 1316, 519, 94.

Empfenbach, Bai., Landg. Abensberg (Enpfenbach), Heinr. de —, c. 115, 94, 94.

„Enna", s. Enneberg.

„Enceinstorf"
„Encestorf", } s. Enzersdorf, Gross-

„Ende", s. Enneberg.

Enneberg, Tirol (Enna, Enna (!), Crina?), Albertus de — canon. Frising., 1272, 294, 318; herr von — tümprobst ze Freysing et chirchherre ze Waydhouen, 1319, 534, 115; Albertus de —, rector eccl. in Waydhofen, postea Frising. electus, 1324, 556, 136; 557, 138.

„Engeldorf", s. Engelsdorf.

Engelhaming, O.-Oest., welches? (Engelhäming), Rätlieb v. —, 1327, 573, 160.

„Engelschalch, Hainr. —", z. Waldhofen, 1300, 431, 3.

„Engelschalchstorf"‘ s. Enzersdorf b. Wien.

„Engelschalchsvelde", s. Enzersfeld.

„Engelsdorf", N.-Oest., OWW.? Herbordus de —, 1277, 343, 363.

Ens, Fluss (Ensa, Anasus), 1049, 76, 78; 1247, 151, 147; 1277, 356, 376.

Ens, O.-Oest. (Laureacnm, Lauri-, Ense), 1158, 106, 104; Stadtrecht (Enser reht): 1277, 326, 347.

Dechante: Chalcelinus, 1158, 106, 104; Otto, 1264, 233, 247; 234, 248; 1265, 238, 252, 253; 1265, 250, 267; 1266, 252, 269; 255, 275; N. 1310, 483, 59, Albertus, 1312, 490, 66; 491, 67.

Genannte: Liukarda de — et soror eius Methildis, 1147, 103, 101; Reinprecht vnd Fridr brueder v. Walsse v. —, 1344, 692, 285; Fridr. v. Walse v. —, 1353, 708, 300; 1355, 713, 305; — selig, Fridr. v. Walse v. — der ivnger v. —, 1356, 716, 308; 1362, 743, 338.

Diener d. Herren v. Walse zu Ens: Weygel von Newenburch den Neydekker der herren v. Walsse ze — diener, 1337, 664, 252; s. auch Ensinburc.

„Ens", s. Oesterreich o. d. Ens.

„Ensa", s. Ensfluss.

Ensbach, N.-Oest., b. Ibs (Entzspach), 1338, 676, 267.

„Ense, s. Ens, Stadt".

„Ensinburc, Aribo de — " (Ens, Stadt), 1084, 74, 75.

„Enzeinstorf, Enzen- ", s. Enzersdorf, Gross-.

Enzersdorf, Gross-, N.-Oest., Marchfeld (Enzinesdorf, Enzinst-, Enzen-, Enzein-, Enç-, Enzist-, Ence-, Enczzesd-, Enzind-, Enceinst-), c. 1158, 107, 105; 1189, 122, 121; 1240, 139, 136; 1242, 140, 137; 141, 137; 1243, 142, 138; 1262, 214, 221, 222, 223; 219, 227; 220, 228; 221, 228, 229; 1277, 333, 354; 1298, 424, 463, 464; 1312, 489, 65; 1320, 539, 122; 1333, 614, 199, 1334, 643, 228; 1335, 648, 233; 1339, 677, 268.

Landgericht (ind. provinciale): 1189, 122, 121; 1277, 338, 360.

Kirche (capella): c. 1202, 124, 123; c. 1212, 125, 124.

Burg (veste, castrum), 1327, 571, 156; 1333, 615, 199; 1334, 627, 213; 1357, 719, 311.

Kasten (chasten): 1334, 627, 213.

Pfarrer: Leopoldus, 1256, 183, 184; 184, 186, 187; 185, 191; 1265, 251, 269; 1277, 347, 366; 355, 376; 1281, 370, 395; Heinrich, 1308, 473, 49; N. 1332, 611, 196.

Hilfspriester: Ditmarus, 1256, 183, 184; 184, 186, 188; Heinr. subdiacon. (scolaris), 1256, 184, 187.

Pfleger: Reinprecht v. Eberstorf, 1312, 489, 65; 1333, 614, 199; Hans vnd Levtold von Chünringen, 1334, 627, 213.

Burggrafen: Reinpr. v. Eberstorf, c. 1312, 489, 65; Pilgreym Reymprechtes svn ouf dem Gange datz Eberstorf, 1325, 561, 147; Jans et Levtolt brûd. v. Chüun-

ring obrist schenchen in Österr. 1389, 677, 268.

Kastner (chastner granatores): Chvnr. granator, 1265, 251, 269; 1277, 355, 376; Sifridus. 1319, 533, 112; N. 1320, 539, 122; fridr. Guotschint, Hainr. et Wisent s. bruoder, 1330, 600, 185, — s. hs. frow. Alheit, 1332, 611, 196.

Amtleute (officiales): N. 1320, 539, 122.

Geschützmeister (balistarii): Pachsenpech, 1265, 251, 269.

Richter: Wisent, 1246, 149, 145; Rudbertus, 1265, 251, 269; Ch. 1277, 355, 376.

Altrichter: Chvnr., 1265, 251, 269.

Bürger und Bewoner: Frid. Mulhover, 1265, 251, 269; Wisento 1277, 355, 376.

Genannte: Heinr. de —, 1277, 352, 373; 353, 374; 355, 376; 1281, 370, 395; Georius de —, 1284, 384, 415, 417; Heinr. de —, 1284, 386, 423.

Enzersdorf, N.-Oest., b. Wien (Maria-), (Engelschalchstorf), 1332, 611, 196.

Enzersfeld, N.-Oest., b. Pottenstein (Engelschachsvelde), Perhtoldus de —, 1262, 214, 223.

„Enczzesdorf, Enzest-", s. Enzersdorf.

„Enzinesdorf",
„Enzinsdorf",   } s. Enzersdorf.
„Encinstorf",
„Enzisdorf",

„Entzspach", s. Ensbach.

Erasprunne, s. Ernstbrunn.

Erding, Bai. (Aerdingen, Er-), 1249, 156, 154. Pfarre (plebs donata capitulo capelle s. Johann. Fris.), 1316, 533, 112.

„Erdingen", s. Erding.

Ergoltsbach, Bai., Landg. Rotenburg (Hergoltspach), Hainr. de —, 1182, 119, 118.

Ering, Bai., b. Regensbg. (Ering), Pabo de —, 1180, 116, 114.

Erla, N.-Oest., OWW., welches? (Erlach), 1325, 562, 147. Genannte: Otte v. —, 1298, 424, 463; s. auch Oedla?

Erla, Kloster, N.-Oest., b. Ens (Erlach), Aebtissin: N. 1298, 424, 464.

„Erlach", s. Erla, Oedla?

Erlbach, Bai., Landg. Erding (Erlipah), c. 1030, 67, 68.

„Erlipah", s. Erlbach.

Ernstbrunn, N.-Oest., Bzk. Korneuburg (Erasprunne), Eberanus de —, 1253, 167, 165.

Erzbischöfe, s. Bischöfe u. s. w.

Erzpriester und Erzdiakone,
s. „Amb . . . . ",
Aquileja,
Passau,
Brixen,
Kärnten,
Krain,
Freising,
Gurk,
Oesterreich,
Regensburg,
Santhal. —
Unbekannte: Pertholdus archidiac. 1266, 252, 269.

„Espaner, Alb. der —", Tirol, 1321, 543, 125.

„Essigen (!)", s. Esslingen.

Esslingen, Wirtemberg (Essigen (!), Pfarrer: Conr. rector eccl. s. Johannis in —, August. dioc., 1324, 558, 144.

„Enna (?)", s. Enneberg?

Euratsfeld, N.-Oest., b. Amstetten (Eyratsnelt, Yroltzneld an d. Erla), 1334, 639, 225; 1335, 657, 244

„Evra", s. Eyrsburg.

Etzersdorf, N.-Oest., b. Perschling (Vzesdorf, Vczen-, Vczestorf), Wernhart der Truhsazo v. —, 1313, 497, 74; 1316, 518, 93; Leb et Chvnter (!) di Druchsaeczen v. —, 1330, 597, 183.

„Ezinsperch, II. de — et fratres eius", N.-Oest., 1277, 343, 363.

F. V.

„Fabri, Petrus, —", notar. pape, 1319, 535, 116.

Vagen, Bai., Landg. Miesbach (Vagn, -gen, W-), Heinr. de —, c. 1230, 130, 130; c. 1232, 133, 132; 1242, 141, 137; Wagnarius, 1244, 143, 139; — dapifer Frisingensis, 1245, 145, 141; c. 1245, 147, 142; 1246, 148, 144; 153, 149; 1251, 157, 155; 1252, 162, 159; 163, 160; 165, 162, 163; 1256, 184, 187.

„Wagenarius", s. Vagen.

„Vagn", s. Vagen.

„Uallatus flum.", b. Treviso, Ital., 972, 35, 34; 992, 44, 45.

„Ualpericula alpis", Tirol, Pusterthl., 965, 34, 33.

„Falkemberg", s. Falkenberg.

„Valchenberch", s. Falkenberg.

Falkenberg, Schlesien (Falkemberg). Herzoge: Bolko, 1361, 738, 333.

Falkenberg, N.-Oest.? (Valchenberch), Rapoto de —, 1253, 167, 165; 1262, 214, 223; 1263, 230, 243; 1270, 248, 310; 285, 311.

Falkenberg, Krnt., Bzk. Klagenfurt (Valchenburch), Marquart de —, et fr. cius Frider., c. 1215, 127, 127; F. de —, c. 1230, 130, 130; Frider. de —, c. 1232, 133, 132.

„Valchenburch", s. Falkenberg.

Falkenstein, N.-Oest., b. Poisdorf (Valchenstein), Pfarrer: Otto, 1256, 183, 181.

„Valchunschirichen", s. Walterskirchen.

„Valtar, Hertli Wolfleins sun pei dem — ", z. Krumpeck b. Oberwelz, 1326, 563, 149; 564, 150.

„Ualdomenega, Uvalcummunaga alpis", Tir., Pusterthal, 965, 34, 33; 973, 36, 35.

„Valle, E. de —", papstl. Registrator, 1324, 556, 138; 557, 140.
„Uallenensium pagus", s. Innthal.
Uallesella alpis, Tirol, Pusterthl., 788, 5, 6; 965, 34, 33.
„Ualferna alpis", Tirol, Pusterthal, 788, 5, 6; 965, 34, 33.
„Ualgrat, -ta", s. Valgratten.
Valgratten, Tir., Pusterthl. (Valgratta, alpis, -o, Vagrat, Volgraten), 788, 5, 6; 965, 34, 33.
Ort: 1321, 543, 125.
Kirche (capella): 1267, 268, 291.
Capläne: N. de sancto Michahele cleric., 1267, 268, 291.
„Valbans, Mert in des — hus, purger ze Waidhouen", 1336, 659, 246.
„Vallis omnium sanctorum", s. Mauerbach.
„Ualones", Tirol, 827, 11, 13.
„Vanicha", s. Faning.
Faning, Krnt., b. s. Veit (Vaniccha, Venich), c. 1070, 88, 88; 1277, 322, 345.
„Vanstorf", s. Fonsdorf.
„Vaerel, Vaerlinus, Verl, -inus, Vaerl, Leopoldus dictus —", N.-Oest., OWW., 1270, 287, 313; 1277, 349, 369; 352, 373; 353, 374; 355, 376; 1283, 378, 404; 1295, 411, 452; Chvnrat der — ze Perweinstorf, 1317, 521, 96.
„Vaerl, -inus", s. Vaerel.
Varmo, Friaul (Varmum), Asquinus de —, 1261, 206, 211.
„Vaschang, Otte der —, purger ze Vdmaruelt", 1335, 651, 237.
Fasching, Tirol, Pusterthl. (Vessingen), Heinr. de —, 1259, 201, 207.
„Faevchsner, Albr. der —, steffater Georgs et Erharts Volchmars sael. svn von Hag, Wulfing s. pruder", 1334, 637, 223.
„Vetowe", s. Vöttau.
s. Veit, Krnt. (s. Vitus), 1252, 166, 164; 1253, 169, 167; 1272, 293, 317. Pfarrer: Heinr. capell. ducis Karinthie, 1266, 258, 278.

s. Veit, Krn., b. Laibach (s. Vitus). Pfarrer: Heinricus, 1262, 222, 233.
s. Veit, Stift, s. Freising.
Veitschberg, O.-Strm., b. Leoben (Prilep), Pfarrer: Yringus, 1296, 416, 457.
Feistenberg,? U.-Krn. (Veizt), Vlricus de —, 1262, 212, 220.
Feistritz, O.-Strm., b. Seckau (Unstraze), nobilis de — c. 1130, 98, 96.
Feistirtz. O.-Strm., b. s. Peter a Kammersbg. (Veustritz, — bi der Chetze, Fenchstirch oberhalwe Chetze, Fevstriz), 1285, 390, 426; 391, 427; 1309, 478, 54; 1319, 531, 109, 110; 1334, 634, 220; 641, 227; 1335, 650, 235; 1343, 690, 282.
„Veizt", s. Feistenberg?
Vellach, O.-Krnt. (Velaha, Velah, Velach), Kirche (ecclesia decimata, eccl. s. Martini): c. 975, 39, 40; c. 1060, 79, 82.
Thurm das. (turm neben der pharr): 1363, 744, 339.
Vellach, Krn.? welches? Velacher, Vlr. — v. Waldenberg, s. swester Liukart Berchtoldes witwe des Dflachers, 1295, 412, 452.
„Velaha, Velacher", s. Vellach.
Feldkirchen, O.-Oest., b. Matighofen (Veltchiricha), 1025, 62, 63.
„Veltchiricha", s. Feldkirchen.
„Veldinger, Frider. der —", N.-Oest., 1284, 386, 421.
„Velturnes", s. Velturns
Velturns, Tirol (Volturnes), c. 995, 49, 50; Genannte: Hyglinus de —, 1269, 281, 307.
„Veleburch", Grafen: Otto, 1189, 122, 121.
„Vellenberh" Baiern, Vl. de —, et Al. frat. eius, 1281, 369, 394.
„Felix puer, Hainr. —", 1187, 121, 120, Chunr. —, canon. Frising 1189, 122, 121; Heinr. —, 1189, 122, 122; s. auch „Saligehchint".

Feldmoching, Bai., b. München (Mohingen, Moching, -en, Velt—), Marachuvart de —, c. 1115, 94, 94; — et Fr. eins Otachar, c. 1130; 99, 97; Alber de —, Eberhardus et Helenwic fratres de —, c. 1180, 116, 114.
„Veltmochingen", s. Feldmoching.
Feldsberg, N.-Oest. (Velsperch), N. dapifer de —, 1263, 225, 238.
„Velsperch", s. Feldsberg.
„Velze", s. Welz, Ober-.
Venedig, Doge: N., 1310, 482, 59.
„Venich", s. Fening.
„Venusta", s. Vintschgau.
„Uertinch, Virtingus, Ver—, Vlricus —", 1187, 121, 120; 1189, 122, 122; 1259, 199, 205; 200, 205; 1261, 206, 206; 207, 215; 208, 216; 1262, 221, 230; 1263, 225, 238; 226, 239; 228, 242; 229, 243; 231, 245; 232, 246; L. et H. —, 1281, 369, 394.
„Vertowe", s. Neusiedlersee.
„Vergin", (!) s. Föring.
„Feriani uilla", Südtirol, 1166, 113, 110, 111.
„Verien", (!) s. Föring.
„Verl, -inus", s. „Vaerel".
Verona, Ital. (Verona), Markgrafen: Hermannus, 1159, 108, 106; 109, 107.
Ferschnitz Bach, N.-Oest., b. Amstetten (Phezniza), 1034, 74, 76.
„Vessingen", s. Fasching.
„Feuchstrich", (!) s. Feistritz, b. s. Peter a. Kammersberg.
„Venstritz", s. Feistritz.
„Veznitz", s. Wessnitz.
„Uia Chreinariorum", s. Chreinariorum uia.
Fiecht, Bai., Landger. Mosburg (Fieota, Fiohta), c. 1020, 56, 58; Kirche das. (eccl. decimata): c. 1030, 87, 68.
„Uictoria", s. Viktring.

Viktring, Krnt., b. Klagenfurt (Uictoria), Aebte: Johannes 1340, 686, 279 Note.
Viehdorf, N.-Oest., b. Amstetten (Vibdorf, Vich-, Vi-), Otto de —, Ekk. de —, 1270, 287, 313; Ekkehardus de —, 1276, 314, 338; Otto de —, 1277, 349, 369; Albertus de —, 1281, 370, 395; Ekhardus de —, 1283, 378, 402, 404; Otto et Albertus fratres de —, 1283, 378, 404; Ekhart v. —, 1284, 385, 421; Otto et Albrecht v. —, 1285, 388, 424; Ekhart v. —, 1285, 389, 425; 391, 427; 1289, 399, 436; Otto vnd Albr. v. —, Vlr. v. —, 1289, 399, 436; Pernger der -er, 1332, 612, 197; 1334, 640, 226; 1335, 646, 232.
„Vincentinus comit.", s. Vicenza.
Vicenza, Ital. (Uicentia), Grafschaft: 972, 35, 34; 992, 44, 45.
„Fieota", s. Fiecht.
„s. Vitus", s. s. Veit.
„Viterbium", s. Viterbo.
Viterbo, Ital. (Viterbium), 1268, 191, 196; 192, 197; 1261, 210, 217; 1266, 259, 281.
„Vibdorfer", s. Viehdorf.
„s. Vigilii eccl.", s. Trient, Bisthum.
Villach, Krnt. (Villacum, Vyllach), 1357, 722, 314.
Viendom: Waltherus, 1277, 322, 345.
Richter: Jörgel der Leyninger, 1357, 722, 314.
Bürger: Hainr. Schralle, Berchtold s. sun, Cecilia Berhtolts wirtin, 1357, 722, 313,
„Villacum", s. Villach.
„Vilalt", s. Villalta.
Villalta, Friaul, b. Udino (Vilalt), Heinr. de —, 1229, 120, 129.
Villanders, Virol, b. Klausen (Vilanders, Vill—), Pfarre (plebs): 1307, 469, 43. Genannte: Geor, v. —, richter ze Gufdavn, 1334, 642, 227; Chünr. v. —, purchgraf u. phlege; auf Haberberch, 1349, 697, 288,

Nykel v. — von Pardell, 1352, 706, 299.

„Vinchenstainerius", s. Finkenstein.

Finkenstein, Krnt., Bezk. Villach (Vinchenstein), Otto de —, 1278, 357, 377; 358, 378, 379, 380; 359, 381; 360, 383.

Vintl, Tir., b. Bruneck (Uintnlla), Thal (uallis): c. 1000, 52, 53.

„Vintulla", s. Vintl.

Vintschgau, Tirol (pagus venusta, Vinachev), 931, 29, 28; 1283, 376, 399.

„Vinschev", s. Vintschgau.

„Fiohta", s. Fiecht.

„Vyertaler, Vlr. der —", Pusterthl., 1349, 607, 289.

„Virtingus", s. Vertinch.

„Virg, -a", s. Virgen.

Virgen, Tirol, b. W.-Matrei (Virg, -a), Priester: Heinr. scolaris, 1268, 274, 299.

Genannte: Heinr. de — can. Inticen. 1307, 468, 42.

„s. Virgilius", s. Friesach.

Firmian, Südtirol, (Formianum, Vir—), Hainricus de —, 1166, 113, 111; —, canon. Ratisponen., 1284, 384, 418.

„Virmianum", s. Firmian.

„Viroge, Otto —", Krnt., c. 1215, 127, 127.

„Virsach", s. Vierschach.

Vierschach, Tir., Pusterthl. (Virsach), 1273, 298, 231.

Mille das., 1273, 298, 322.

Genannte: Azili de — et fil. eius Azolinus, c. 1030, 63, 65.

„Uiscalina, F—, alpis" Tir., Pusterthl., 965, 34, 33; 973, 36, 35.

„Visacher, Wernhart der — purger ze Waidhouen", 1308, 474, 49.

„Flnhsperch", s. Flaschberg.

Flaschberg, Krnt., b. Ob.-Drauburg (Flahsperch, Flasch—), Col von —, sweher Perhtolts des Colweggen, 1326, 566, 152; der —-er, 1363, 744, 339.

„Flaschperger", s. Flaschberg.

Flaurling, Tirol, Innthl. (Fluringa) 763, 1, 1; 802, 7, 8; 8, 10.

„Vledenik, Vletnich", s. Flödnig.

Fleischessen, N.-Oest., b. Wank, Fleischezzer, Fridr. —, 1339, 678, 269.

„Fleischezzer", s. Fleischessen.

Flödnig, Krn. (Vlednich, Vlet—, Vledenik), 1297, 422, 462.

Burggrafen: Vlr. der Chroph, Vlr. s. svn, 1297, 422, 462.

Genannte: Rapoto de —, c. 1215, 127, 127; Heinzo de —, 1286, 395, 431.

Flinsbach, N.-Oest., b. s. Pölten. (Flinspach), Bewoner: Vlr. der mayer, 1338. 675, 266.

„Vlisaer, Hein. —", O.-Oest., c. 1202, 124, 123.

„Fliczinger, Herm. der —", N.-Oest., OWW., 1334, 639, 225.

s. Florian, O.-Oest., Kloster (s. Floriauns), 1264, 226, 250.

Pröbste: Dietmarus, 1158, 106, 105; N., 1258, 191, 196; 1264, 233, 246; Arnoldus 1264, 236, 250; N., 1265, 255, 276; 1266, 259, 279.

„Fluringa", s. Flauerling.

„Fluschart", s. Flusthart.

„Flusthart, Fluschart, Perht u. Sweimüt Ortollus töster des —", z. Waidhofen, 1300, 431, 2; Wolfher der —, Gotfrit s. svn, 1300, 431, 3; Gotfrid —, Chvur. s. aidem burger ze Waidhofen, 1308, 474, 49; Ott —, 1339, 680, 272; s. auch Phlusthard.

Flüsse u. Bäche, s. Apfalterbach, „Altach in der Wachowe", Aurasbach, Brenta, „Pudigin", Kataule, Katschbach, Taisten, „Diso",

Donau,
Drau,
„Eysch",
„Uallatus",
Ferschniz,
„Fruen",
Gostetsch,
Gurk, Krn.,
Ibs,
Ingering,
Isar,
Isel,
Leitha,
Leuzmannsbach,
Libniza,
Lieser,
Mauerbach,
Möll,
Musone,
Reidling,
Rienz,
Save,
Safuitz,
Salzach,
Schliffach,
Stiefern,
Sile,
Url,
Zauch,
Zeier, grosse u. kleine.

Vohburg, Bai., O.-Pfalz (Voheburch), Markgrafen: Dietpaldus, 1147; 103, 101.

„Voheburch", s. Vohburg.
„Vochenmach", s. Volkermarkt.

Vockenberg, O.-Strm., b. Neumarkt (Vvokenberge, Woklnperg), Poppo de —, 1181, 117, 116; 118, 117.

„Vokkenberg", Salzbg.? Theodericus de —, c. 1245, 140, 142.

„Vochenpergarius", Vokchenperge, wo? Pertholdus — (de —), miles curie Babbenbergen., 1278, 358, 380; Note 359, 382.

Vsttau, Mähr., b., Znaim (Vetowe), Burggraf: Zmylo, 1274, 306, 330.

„Vol, Chvnr. der — ze Schintau, Chevnegevnt, s. hnfr.", N.-Oest 1317, 521, 96.

„Folkemart",
„Volkenmarcte," } s. Völkermarkt.

Völkermarkt, Krnt. (Volkenmarcte, Folkemart, Vochenmach) 1252, 166, 164.
 Pröpste: N., 1254, 170, 168
 Genannte: Otto de —, 1270, 284, 310; 285, 311.

Volkensdorf, O.-Oest., b. s. Florian, heute Tillysburg (Volkenstorf), Otte. von —, 1274, 303, 326; Chvnr. v. —, 1298, 426, 466; Örtlein, der —er, 1362, 743, 338.

„Volkonstorffer", s. Volkensdorf.
„Volgraten", s. Valgraten.

Fontana, Südtirol, welches? (Fontana), Chvnr. de —, Nycol. et Engelmanus eius fratres, 1307, 469, 43.

Fonsdorf, O.-Strm., b. Jndenburg (Vansdorf, Vanst—), Chvnzo, Offo et eor. fratres Sifridi filii de —, 1263, 225, 237; 228, 241; 1283, 373, 397; Chúnrat v. —, 1285, 388, 424; 389, 425; 392, 429; 1289, 399, 436.

Forach? Bai., Landg. Erding (Forhah), Chunr. de —, 1246, 148, 145.

„Forhah", s. Forach?

Föring, Bai., b. München, (Vergin, (!) Verien (!)) Pfarrer: Arnoldus capell. Emchonis episc. Frising., 1283, 378, 404.
 Genannte: Hainr. v. —, 1293, 403, 443.

„Formianum", s. Firmian.

„Forum", Wien, Otto de —o, Chuno magist. monete frat, eins ciues Wiennen., 1262, 221, 230.

„Forum", Krems, Walchunus in — nepos Wurchonis, 1276, 314, 338; 1277, 343, 363; 349, 368.

„Fractae", s. Fratta.

Fratta, Unt.-Ital. (Fractae), Petrus Nicolai de —, Gaietan. dioc. clericus, notar. publicus 1324, 558, 144.

Frainingau, N.-Oest., b. Melk (Fränigew, Frängew), 1338, 675, 265, 266. Bewoner: Ludweich u. Nicla, Adelheit Ortleins witib, Lenpolt, Vlr. an dem Orte, 1348, 675, 265.

Franken, Könige, Pippinus erw., 802, 8, 10; 891, 25, 24.

„Franchenenord", s. Frankfurt.

Frankfurt a. Main (Franconofurt, Francheneuord), 989, 43, 45; 1140, 100 78.

„Franconofurt", s. Frankfurt.

„Frankht, Lienhart, —en. svn, Heinr. der Leimtasch s. sweher", Krn., 1308, 477, 52, 53.

„Frängew, —igew;" s. Frainingau.

Frauenberg,? (Glonbercha?), Bai. (Perge), Geruugns de —, c. 1180, 116, 114.

Frauenburg, O.-Strm., b. Unzmarkt (Frawenburch), 1316, 510, 84; 514, 88; 515, 89.

Pfarrer: H., schaffer u. pfleger Rudolfs v. Liehtenstein, 1316, 510, 84; 514, 87; 515, 89.

Frauenhofen, N.-Oest., b. Horn (Vronhoven), Cholo de —, 1243, 142, 138.

Frauenstein, Krnt., b. s. Veit (Vrowenstein), Swickerus de —, c. 1230, 130, 130.

Frauwies-Lehen, N.-Oest., Waidhofen a. Ibs (Vronwizlehen), 1333, 623, 208.

„Frawenburch", s. Frauenburg.

„Vreyshav", s. Freihau.

Freideck, N.-Oest., b. Blindenmarkt (Frevdekk), 1332, 609, 194.

„Freythof, Vreit—", s. Toberstetten, Freihof.

Freienstein, N.-Oest., b. Ibs (Vreinstein), Burg (burch): 1298, 424, 464.

Freihau, U.-Krn. (Vreychav), 1286, 396, 432.

Freihof, N.-Oest., b. Amstetten (Vreithof), 1313, 493, 69.

Freinsbach, N.-Oest., Landg. Mosburg (Frimuntespach), Wernher de —, 1184, 120, 110.

„Vreinstein", s. Freienstein.

Freistadt, O.-Oest. (Friestat), 1266, 260, 282.

Freising, Bai., b. München (Frisinga, -s, Frisinga, Freysing), 763, 1, 2; 802, 7, 8, 9, 10; 855, 15, 17; 857, 16, 18; 861, 18, 19; c. 870, 21, 20; 875, 22, 21; 23, 22; 932, 30, 29; c. 950, 31, 30; c. 1020, 57, 58; c. 1100, 92, 92; 1157, 104, 102; c. 1180, 116, 114; 1266, 256, 277; 257, 278; 1281, 369, 394; 1306, 458, 28; 464, 38; 1320, 538, 121; 539, 122; c. 1320, 541, 123; 1322; 546, 128; 548, 129; 1351, 703, 296; 1358, 729, 321.

Dom (Unser vrawen hintz Freising), 1344, 691, 283.

—, Chor das. (chorus maior): 1319, 533, 112.

—, bischöfl. Capelle (capella episcopal.): 1319, 538, 112.

—, s. Leonhardsaltar (altare s. Leonh.): c. 1115, 94, 93; 95, 94; c. 1130, 98, 96; 99, 97.

—, Marienaltar (altare public. b. Virginis eccl. maioris): 1319, 533, 112.

—, Kelch d. Marienaltars (calix de auro): 1319, 533, 112.

Bischöfl. Archiv (sacrarium): 1269, 278, 302.

Domschatz: chreutz (v. Fridr. Kraicher ze Wienne), 1344, 691, 283.

Johannescapelle am Dom (capella s. Joh. bapt. erecta per episcop. Chuur. III.): 1319, 533, 112.

Grabstätte Bisch. Konrads IV. das.: 1319, 533, 112.

Glasfenster das. (fenestra vitrea): 1319, 533, 122.

Bischöfl. Schloss (castrum episcopate): 1320, 538, 119, 120.

Zimmer d. Bischofs (camera episcopi): 1254, 174, 174.

Kloster s. Andrä (eccl. s. Andree, s. Andres): 1157, 104, 102; 1266, 256, 276; 1327, 579, 163.

Kloster Neustift (Nouacella): c. 1158, 107, 105.

Mülen: c. 1030, 67, 68.

Jahrmarkt (annale forum): 1140, 100, 98.

Bischöfe: Corbinianus erw., 931, 29, 28; 932, 30, 29; Joseph, 763, 1, 1, 2, 3; erw. c. 772, 3, 4; 802, 7, 8; Arbeo, c. 772, 3, 4; Atto, 799, 6, 7; 802, 7, 8; 8, 10; erw. 816, 9, 11; Hitto 816, 9, 11; 822, 10, 12, 13; 827, 11, 14; 828, 12, 15; Anno 855, 14, 16; 857, 16, 18; 861, 19, 19; c. 870, 21, 20; 875, 22, 21 — et nepos eius Anno 875, 23, 22; Arnoldus, c. 880, 24, 22; Waldo, 891, 25, 23; c. 900, 27, 26; Wolfram, c. 930, 28, 27; 931, 29, 28; 932, 30, 29; Lantbertus, c. 950, 31, 30; 32, 31; Abraham 965, 33, 32; 972, 35, 34; 36, 35; 973, 37, 37; 38, 38; c. 975, 39, 39; 40, 41; c. 980, 40, 42; 42, 42; 989, 43, 43, 44; 992, 44, 45, 46; c. 995, 47, 49; 48, 49; 49, 50; erw. 1007, 55, 56; 1140, 100, 98; Gotschalcus, 995, 46, 48; 996, 50, 51; c. 1000, 51, 52; 52, 53; 1002, 53, 54; erw. 1007, 55, 56; Egilbertus, 1007, 54, 55; 55, 56, 57; c. 1020, 56, 57; 58, 59; 59, 60, 60; 60, 60, 61; 1021, 61, 62; 1025, 62, 63, 64, 65; c. 1030, 63, 65; 64, 66; 65, 66; 66, 67; 67, 68, 69; 68, 69, 70; 69, 70; 70, 71; 71, 71, 72; 72, 72, 1033, 73, 73; 1034, 74, 75; Nitkerus, 1040, 75, 76, 77; 1049, 76, 78; Ellenhardus, 1060, 78, 80; c. 1060, 79, 81, 82; 1065, 80, 83; 1067, 83, 84; 1070, 84, 85, 86; c. 1070, 85, 87; 86, 87; 87, 87; 88, 88; 1074, 89, 89; 90, 90, 91; erw. 1157, 104, 102; Heinricus I., c. 115, 93, 92, 93; 94, 93; 95, 94; c. 1120, 96, 95; 749, 96ª, 347, — et fr. eius Frid. com. de Peilenstein, c. 1130, 97, 95; 98, 96; 99, 97; Otto I., 1140, 100, 98; 1141, 101, 99; c. 1141, 102, 100; 1147, 103, 101; 1157, 104, 102; 1158, 105, 103; 106, 104; Albertus I., c. 1158, 107, 105; 1159, 108, 106; 109, 107; 1160, 110, 108; c. 1160, 111, 109; 112, 109; 1166, 113, 111; c. 1170, 114, 112; 115, 113; c. 1180, 116, 113, 114; 1181, 117, 115; 118, 116, 117; 1182, 119, 118; 1184, 120, 119; Otto II., 1187, 121, 120; 1189, 122, 121; c. 1190, 123, 122; c. 1202, 124, 123; c. 1212, 125, 124; c. 1215, 126, 124, 125, 126, (nepos eius marchio Istrie Heinr. c. 1215, 126, 126;) 127, 126, 127; erw. 1256, 184, 187, 188; 1262, 224, 235; Geroldus 1224, 128, 128; 1229, 129, 128; erw. 1256, 184, 187; Chunradus I., c. 1230, 130, 129, 129, 130; c. 1232, 133, 131; 1236, 135, 133; 136, 133; 137, 134; 1238, 138; 134; 1240, 139, 136; 1242, 140, 137; 141, 141; 1243, 142, 138; 1244, 143, 139; 1245, 144, 140; c. 1245, 146, 141, 142, 143; 1246, 148, 144; 1247, 150, 146; 151, 147; 1248, 153, 148, 149; — et nepos eius Eberhardus de Wilheim prepos. Moseburgen., perpetuus prouisor eccl. in Weltz, 1248, 154, 150; 1249, 155, 151; 156, 152; 1251, 157, 155; 158, 156; 1252, 159, 157; 160, 157; 161, 158; 162, 159; 163, 160; 165, 161; 166, 163; 1253, 167, 164; 168, 166; 1254, 170, 168; 171, 169; 172, 171, 172; 173,

172; 174, 173; 175, 174; 1255,
176, 175; 177, 176; 178, 176;
179, 177; 1256, 180, 178; 181,
179; 182, 180; 183, 181, 182,
183, 184; 185, 190; 186, 191;
1257, 187, 193; 188, 194; 189,
195; 190, 195; 191, 196; 1258,
193, 198; erw. 1258, 198, 203;
1262, 214, 222, 223; 216, 225;
224, 235; 1267, 266, 287, 288;
267, 289; 269, 292; 1270, 290,
315; 1277, 335, 356; Chuuradus
II., 1259, 199, 104; 200, 205;
202, 208; 1260, 204, 209, 210;
205, 210; 1261, 206, 211, 214;
207, 214; 208, 216; 1262, 212,
219; 213, 220; 214, 221, 222,
223; 216, 225; 217, 225; 219,
227; 220, 228; 221, 228, 229,
230; 222, 231; 225, 236, 237;
1263, 226, 238; 227, 240; 228,
241; 229, 242; 230, 243; 231,
244; 232, 245; 235, 249; 237,
251; 1255, 239, 253; 240, 254;
241, 255; 242, 257; 243, 260;
244, 260, 261; 245, 261; 246,
263; 247, 264; 248, 265; 251,
268; 253, 270, 271, 272; 1266,
253, 273; 254, 274; 256, 276;
257, 277; 259, 279; 260, 281;
264, 284; 1267, 265, 285, 286;
287; 267, 288, 289, 290; 268,
290, 291; 270, 293; 271, 294,
295; 272, 295; 1268, 273, 297;
1269, 299; 276, 301; 279, 303;
280, 304; 281, 306; 1270, 283,
308; 284, 309; 285, 310; 286,
311; 287, 312; 288, 313, 289,
314; 291, 315; 292, 316; 1272,
293, 317; 294, 317; 1273, 295,
318; 296, 319; 298, 321; 299,
322; 300, 323; 1274, 302, 324;
303, 325; 304, 327; 305, 327;
306, 329; 1275, 307, 330; 308,
331; 309, 332; 310, 333; 311,
334; 312, 335; 313, 336; 314,
337, 338; 315, 339; 316, 340;
318, 341; 319, 342; 1277, 320,

343, 344; 321, 345; 322, 345;
324, 347; 325, 347; 327, 347;
328, 350; 330, 351; 331, 352;
332, 353; 333, 354; 334, 355;
335, 356; 336, 357; 337, 359;
338, 360; 339, 360; 340, 361;
341, 362; 342, 362; 343, 363;
344, 364; 345, 364; 347, 366;
348, 367; 349, 369, 350, 369;
351, 370; 352, 372; 353, 373,
374; 354, 374; 355, 375; 356,
376; 1279, 363, 385; 364, 388;
erw. 1280, 366, 391; 1285, 392,
428; 1289, 399, 435; (com. sil-
uester), 1296, 414, 455; Fride-
ricus, 1280; 366, 391; 367, 391;
1281, 369, 393; 370, 394; 371,
395; erw. 1283, 378, 403; Emcho
1283, 373, 397; 374, 397, 398;
375, 398, 399; 376, 399; 376,
400; — et frat. eius Hugo canon.
Moguntin., 1283, 378, 401, 404;
384, 409; — n. s. brueder grave
Gerbart (probst v. s. Audre, 1284,
384, 420, 421; 386, 422, 423;
388, 424; 389, 425; 1285, 390,
426; 391, 427; 392, 428; 393,
429; 394, 430; 1286, 395, 431,
432; 396, 432; 397, 433, 434;
1287, 398, 434; 1289, 399, 436;
400, 437; 1231, 1293, 403, 440,
441; wildgraue 443; 404, 443;
405, 444, 406, 445; 407, 446,
447; 408, 447; 1295, 409, 449;
410, 450; 411, 451, 452; 412,
453; 413, 454; 1296, 415, 456;
416, 456; — et fratres eius Frid.
quond. magist. milicie Templi
et Hugo prepos. Iunensis, 457;
417, 457; — et frater eius Got-
fridus com. siluester dictus Raup
(Raubo), 1297, 419, 459; 420,
460; 421, 461; 422, 462; 1298,
423, 463; 424, 463, 464, 465;
426, 467; 1300, 433, 4; c. 1300,
435, 6; 436, 6; 1301, 437, 7;
439, 8; 443, 12; 444, 14; 445,
15; 446, 15, 16; — u. s. mûme

Heinrichs tochter v. Schowenberch, 1301, 447, 16; 1302, 448, 17, 18; 449, 19; 1303, 451, 20; 1304, 452, 21; 1305, 453, 22; 454, 23; 1306, 455, 24; 456, 25; 457, 26, 27; 459, 28, 29, 30; 1307, 464. 36, 37, 38; 465, 39; 466, 40; 467, 40, 41; 468, 42; 469, 42; 1308, 470, 43; 471, 44, 45, 46, 47; 472, 47; 473, 48; 474, 49, 50; 476, 51; 477, 52, 53; 1309, 479, 55; 480, 56, 57; 481, 59; 1310. 482, 59; 483, 60; 1311, 484, 60; erw. 486, 61; 1312, 490, 66; 1313, 494, 70; 496, 73; c. 1316, 520, 94; 1319, 534, 114; 1327, 579, 163; 1330, 595, 180; Gotfridus 1311, 486, 61; 1312, 487, 63; 1312, 488, 64; 489, 65; 491, 67; c. 1312, 492, 67; 1313, 493, 68, 69; 494 69, 70; 496, 73; 497, 74; 1314, 498, 74; 499, 75; Chunradus III, 1312; 487, 62, 63; 1315, 500, 76, 77; 501, 78; 502, 78; 503, 79; 504, 80; 1316, 505, 81; 506; 81, 82; 507, 82; 508, 83; 511, 85; 512, 85; 513, 86; 514, 87, 88; 515, 89; 516, 90; 517, 91; 518, 92; 519, 94; c. 1316, 520, 95, 96; 1317, 521, 96, 97; 522, 97, 98; 523, 98; 1318, 524, 99; 525, 100; 526, 101; 527, 103, 528, 105; 529, 106; 530, 108 109; 1319, 532, 110; 533, 111, — et mater eius Diemůdis et matertera Heilwigis, 1319, 533, 113; 534, 114, 115; 535, 115; 1320, 538, 120, 121; 539, 122; 540, 122; c. 1320, 541, 123; 1521, 542, 124; 543, 125; 544, 125; 545, 126; erw. 1323, 547, 128; 548, 129; 550, 131; 552, 133; 553, 134; 1325, 559, 144; 1326, 564, 150; 565, 151; 1357, 726, 316; Albertus de Enna antea rector eccl. in Waidhouen electus, 1324, 556, 136; Chunradus (de Chlingenberch) IV. 1325, 560, 145; 562, 147; 1326, 563, 149; 564, 150; 565, 150; 566, 151, 152; 569. 154; 570. 155; 1327, 571, 156; 572, 156, 157; 573, 158; 574, 158; 575, 159; 576, 160; 577, 161; 1328, 580, 163; 581, 164; 583, 165; 584, 167; 585, 167; 586, 169; 1329, 588, 171; 589, 172; 590, 173; 591, 174; 592, 175; 593, 176; 1330, 594, 177, 178, 179; 595, 180; 576, 182; 598, 183, 599, 184; 600, 185; 601, 186; 602, 187; 603, 188; 1331, 604, 189; 1332, 608, 192, 193; 609, 194; 610, 195; 611, 196; 612, 197; 1333, 613, 198; 614, 199, 615, 200; 616, 201, 202; 617, 202; 618, 203, 204; 619, 204; 620, 205, 206; 621, 206; 622, 207; 623, 208; 1334, 627, 213; 629, 215, 216; 630, 216, 217; 631, 218; 632, 218, 219; 634, 220; 635, 221; 636, 222; 637, 223; 638, 224; 639, 225; 640, 226; 641, 227; 642, 228; 643, 229; 1335, 644, 229; 645, 231; 646, 232; 647, 233; 649, 234; 650, 235; 651, 236; 652, 237; 653, 238; 654, 240, 241, 242; 655, 243; 656, 244; 657, 244; 1336, 658, 245; 659, 246; 660, 247; 1337, 661, 248, 249, 250; 662, 250; 663, 251; 664, 252; 665, 252; 666, 253; 667, 255; 668, 256; 669, 257, 258; 1338, 670, 258, 259; 671, 260; 672, 261, 262; 673, 263; 674, 264; 675, 265; 676, 267; 1339, 678, 269, 270; 680, 271; 681, 273; 682, 274, 275; 1340, 683, 276; 684, 277; erw. 686, 279; 1342, 688, 281; 689, 281; 1344, 691, 283; 1364; 747, 342; Ludwig v. Kamerstein elett, c. 1340, 687, 280; Johannes erw. 1352, 705, 297; Albertus 1348, 659, 286;

1351, 701, 294; 702, 294; 1352, 704, 296; 705, 297; 707, 299; u. s. brud. graf Hug, 1353, 708, 300; 1354, 709, 301; 710, 302; 711, 303; 1355, 712, 304; 713, 305; 714, 306; 715, 307; 1356, 716, 308; 1357, 719, 310; 720, 311; 722, 313; 723, 314; 724, 315, 316; 725, 316; 726, 316; 1358, 727, 318; 729, 326; 731, 322; 733, 334; (graf v. Hohemberg), 1359, 734, 325; 735, 328; Paulus, c. 1360, 736, 329; 1361, 738, 332; 1362, 743, 338; 1363, 744, 339; 745, 340; 1364, 746, 341; 747, 342, 1365, 748, 342, 343, 344, 345; s. veter Hanik 344.

Bischöfl. Kanzlei: Aribo archipresb. 763, 1, 3; Anno 770, 2, 4; Uuatto, presb., 776, 4, 5; Meriolfus presb., 799, 6, 8; Horskeo presb. 802, 8, 10; Pirthilo subdiac., 822, 10, 13; Undeo diac., 827, 11, 14; 828, 12, 15; Chuuradus notar., 1245, 145, 141; — et capellan., 1246, 148, 144; — et canon. s. Viti, 1248, 153, 149; 155, 152; Ch. et H., not., 1254, 174, 173; mag. Heinr. not. present. ad eccles. s. Petri prope Welez, 1257, 190, 186; Rudolf Heinr., Hermannus canon. s. Andrae, Otto canon. s. Viti tunc capell. et not., 1261, 207, 215; 208, 216; mag. Heinr. uot., 1262, 212, 219; — canon s. Andr. prothouot., 1262, 216, 225; 217, 226; mag. H. de Lok not., 1262, 221, 230; mag. Heinr. can. s. Andr. prothonot., 1262, 222, 232; mag. H. de Lok, Otto not., 1263, 225, 238; Rudolf., mag. Heinr. mag. Chunr., Otto not. et cap., 1263, 228, 242; Rudolf., magr. Heinr. et Otto not. et cap., 1263, 229, 243; mag. Heinr., Rud., mag. Ch. et Otto not., 1263, 231,

245; 232, 246; mag. Heinr. not., 1263, 232, 245; — can. s. Andr. not., 1265, 246, 263; Vlr., Chvnr. et Chvnr. not. et cap., 1265, 251, 269; Chvnr. not., 1267, 272, 297; mag. Heinr. not., 1269, 275, 300; erw. 278, 302; mag. Hermann. canon. s. Andree, Wilhelmus cleric. not., 1269, 279, 304; 280, 305; mag. Herm., mag. Vlr. not., 1273, 299, 323; mag. Vlrich schreiber, 1274, 303, 326; Hiltprandus not. canon. Mosburgen., 1276, 314, 338; mag. Hermann. et Chvnr., not., 1276, 316, 340; mag. Herm. can. prothonot., 1277, 355, 376; Gotfridus not., 1283, 378, 404; maist. Herman v. Chissingen schreiber, 1284, 385, 420; Heinr. Lavanus not., 1286, 395, 432; Heinr. schreiber, chorherr v. Sliers, 1293, 403, 443; Heinr. der hofschreiber, 1300, 433, 5; Frider. dictus Ellenpech not. et canon. s. Audree Frising., 1308, 471, 45, 46. 47; Johans u. Fridr. (schreiber), hofschreiber u. chorh. dacz s. Andre ze Frising, 1308, 476, 52; 477, 53; 1309, 479, 55; maister Chûnrat obrister schreiber, 1313, 494, 69; 1314, 498, 75; Jacob, Heinr., Eberl u. Heinr. schreiber, 1314, 498, 75; Rûdgerus probendar. Inticen., Nycolaus Naegellinus, not., c. 1320, 541, 123.

Bischöfl. Caplänc: Heinr. et Gotfridus, 1182, 119, 118; Heinr. 1184, 120, 119; Gotfridus, 1187, 121, 120; Wernhardus, C., Heinr., 1244, 143, 139; Chunr., Wernh., Chŭnradus notarius, 1246, 148, 144; Wernhard., Chûnr. et mag. Heinr. canonici s. Andr. Frising. et Chŷnr. notar canon. s. Viti, 1248, 153, 149; Rvdolf., Heinr., Herm. canonici s. Andree, Otto, can. s. Viti notarii, 1261, 207, 215; 208, 216; mag. Chunr. canon. s. Viti, 1262, 217, 226; Rudolf., mgr. Heinr., mag. Chunr. et Otto notarii, 1263, 228, 242; Rud., mag. Heinr. et Otto notarii, 1263, 229, 243; Rudolf., mag. Ch. et Otto notarii, 1263, 231, 245; 232, 246; Vlr., Chvnr. et Chvnr. notarii, 1265, 251, 269; Vlricus, 1267, 272, 297; 1269, 275, 300; 279, 304; 280, 305; Sifridus, 1276, 314, 338; Chunr., 1277, 352, 373; Sifridus canon. s. Viti, 1277, 355, 376; Arnoldus pleb. de Vergin, 1283, 378, 404; Chunrat, 1293, 403, 443; Hainr., 1295, 411, 452; Otte, 1301, 444, 14; Berchtolt u. Berchtolt, 1307, 465, 39; mag. Chunr. decret. doctor, canon. Mosburg., 1311, 484, 60; Perchtolt, 1312, 487, 63; Vlr., 1314, 498, 75; Dietrich, 1319, 534, 115; Hainreich, 1338, 673, 263.

Bischöfl. Sachwalter (procuratores): mag. Vlr. canon. s. Andree Frising., 1256, 181, 179; 183, 181, 182, 183, 184, 185; 185, 190; Waldinus de Bechoua, 1264, 235, 249; mag. Chunr. canon. s. Andree, 1267, 265, 285; mag. Hermannus, 1267, 271, 294.

Bischöfl. Diener (?), (diener): Chrachenuels, 1306, 457, 27; Peter Swab u. Chüntzel von Inchingen, 1308, 476, 52.

Generalvicare in temporalibus (pfleger, vicar. general.): Emch v. Alczey, chorh. ze Freising, 1323, 547, 128; 548, 129; 549, 130; 550, 131; 551, 131; 1324, 552, 133; 553, 133; Pitrolfus canon. Patauien., 1342, 689, 281; 1343, 690, 282; erw., 1349, 700, 292; Hainr. von Chünigswisen, 1347, 694, 286; 1348, 696, 287; 1349, 698, 289; 700, 292.

Domcapitel: 1280, 368, 392; 1289, 400, 437; 1319, 533, 111; 1320, 539, 122; 1328, 582, 164; 1331, 606, 191; 1335, 653, 240; 1344, 691, 283; 1346, 693, 285; 1351, 703, 295; 1352, 706, 298.

Dompröpste: Werinharius, c. 1030, 67, 68, 69; Woluoldus, c. 1100, 92, 92; Vto, c. 1230, 130, 130; c. 1232, 133, 132; N., 1254, 174, 173; V., 1258, 198, 203; Fridericus, 1266, 253, 270, 273; 1267, 270, 293; 1268, 273, 297, 298; 1269, 275, 300; 278, 302; 281, 306, 307; Heinr. capell. regis Rudolfi, 1280, 368, 392; 1281, 370, 395; der wildgraue Gerhart, 1293, 403, 442; 1295, 409, 449; (Eberhart!) 410, 450; 413, 454; 1297, 419, 459; 1301, 447, 17; 1307, 464, 38; 465, 39; 469, 43; 1308, 473, 49; 474, 49; 476, 52; 477, 53; 1309, 479, 55; herr von Ende, chirchherre ze Waydhouen, 1319, 534, 115; dictus de Seueld, pleban. in Lok, 1319, 535, 116; Johannes, 1358, 729, 320, 321.

Erzpriester u. Erzdiakone: Arbeo, 763, 1, 2; 1, 3; Ellanod, 802, 7, 9; 8, 10; Berbtolt von Hausen chorherre, 1293, 403, 442; mag. Gotfridus canon., 1302, 448, 17.

Dekane: Felicius, 828, 13, 15; Eberhardus, 1229, 129, 129; c. 1230; 130, 130; c. 1232, 133, 132; 1238, 138, 135; 1245, 145, 141; 1248, 153, 149; 1249, 155, 151, 152; N. 1254, 174, 173; H. 1258, 198, 203; Otto, 1269, 278, 302; Fridericus, 1285, 392, 429; Gotfridus, 1306, 458, 28; 1307, 464, 38; 469, 43; Otto, 1319, 533, 113; 1322, 546, 127; 1323, 551, 131; 1324, 552, 133; 553, 133; 1328, 585, 169; Erhardus, 1328, 729; 320, 321.

Chorherren: Rahwinus et Volmarus, 1158, 105, 103; Hartmôt, Rawi-

nus, Wirinto, 1166, 113, 111;
Gebhardus, 1187, 121, 120;
Chunr. Felixpuer, 1189, 122, 121;
Fridericus vicedominus, 1245,
145, 141; Eberhardus Werdensis,
Berenhardus Moscburgen. prepos., 1252, 162, 159; 163, 160;
Heinr. de Putelpach, 1261, 207,
215; 208, 216; Morhardus pleb.
de s. Maria, 1262, 222, 223;
1265, 239, 253; — prepos. Werdens., 249, 266; mag. Heinr. (de
Lok) pleb. de Waidhouen, 1267,
270, 294; 272, 297; 1268, 273,
298; 1269, 275, 300; 279, 304;
280, 305; 1270, 283, 308; 1283,
376, 400; 1284, 384, 408; —
rector eccl. de Probstorf, 1284,
384, 415; Heinr. (de) Hvnswegen, 1269, 275, 300; 279, 304,
280, 305; 281, 307; Albertus de
Euna, 1272, 294, 318; mag. Hermanus, 1276, 314, 338; 1277,
349, 369; 352, 373; 353, 374;
— prothonotarius, 1277, 355,
376; — probst von Ardacher,
1283, 376, 400; C. et M., 1281,
369, 364; Bertholdus de Housen, 1284, 384, 418; grav Houg
chorh. ze Meintzo, 1293, 403, 492;
Bertholdus de Geboltspach, 1302,
448, 17; — probst ze Inichingen, 1305, 456, 26; 457, 27;
Wolfhart von Röhling, 1305, 456,
26; 1307, 465, 39; 1308, 472, 48;
477, 53; Emcho de Alzaya, rector, s. Petri prope Welcz, 1305,
458, 28; 459, 29, 30; 1307, 464,
36; 1308, 471, 44; 1319, 533,
113; 534, 115; phleger des gotsh.
(ze Frisingen), 1323, 547, 128; 548,
129; 549, 130; 550, 131; 551,
131; 1324, 552, 133; — brobst ze
Werdse, 1333, 613, 198; 617,
202; 1334, 640, 226; 1335, 644,
229, 230; 1344, 691, 283; Deinhart v. Senelt, 1313, 494, 70,
71; Heinr. magist. camere, 1319,

533, 113; mag. Fridericus prepos. Sliersen, 1322, 546, 127;
Heinr. pharrer ze Wienne, chorherre ze Pazzow, 1333, 624, 210;
Jacob der Nacnhofer, probst ze
Sliers, weinprobst des capit.
v. Frising in dem Gepirge, 1352.
706, 298.

Priester: Albinus Hato, Riholf,
793, 1, 2; Einhart, Uuatto, 776,
4, 5; Horskeo, Adalperht, 802,
8, 10; Adallioz magist., Kerhant,
Lintbert, Fritilo, c. 950, 31, 30,
Johannes, c. 1160, 112, 109.
Diakone: Kermunt, Lautpold, 763,
1, 2; Benedictus, 776, 4, 5; Rubo,
Zotto, 799, 6, 8; Undeo, 827,
11, 14; 828, 12, 15; Adalperht,
828, 13, 16.
Subdiakone: Pirthilo, 822, 10, 13.
Johannescapelle a. Dom, Capitel:
1319, 533, 112, 113.
—, Pröpste: N., 1319, 533, 112.
—, Decane: N., 1319, 533, 112.
s. Audrä, Capitel: 1319, 533, 112.
—, Pröpste: Otto, 1160, 110, 108;
Chunradus, 1182, 119, 118; 1184,
120, 119; Fridericus, 1245, 145,
141; 1249, 155, 151, 152; 1266,
256, 276, 277; der (Wild-) graf
Gerhart des wishofs, pruder v.
Vrising, 1284, 386, 423; 1285,
388, 424; 389, 425; 391, 427;
392, 429; 393, 430; 1286, 395,
432; 396, 433; 397, 434; 1289,
399, 436.
— Dekane: Heinricus, 1259, 199,
204, 200, 206; N. 1269, 278, 302.
—, Chorherren: Wernhardus,
Chunr., capellani episc., 1248,
153, 149; Wornhardus, Albero,
Chunr., 1249, 155, 151, 152;
mag. Vlr. procurat. episc., 1256,
183, 181, 182, 183, 184, 185;
— prothonotar. regis Boemie,
1258, 193, 197; 194, 198; 195,
199; 196, 201; 197, 202, 203;
1259, 202, 207, 208; mag. Heinr.

capell. episc., 1284, 153, 149; 1249, 155, 151, 152; 1258, 198, 203; 1259, 199, 204; 200, 206; 1261, 206, 211; 207, 215; 208, 216; 210, 217; 1262, 215, 224;
— prothonotar. episc. rector eccl. s. Petri prope Welcz, 1262, 216, 225; 217, 226; 222, 231, 232; 223, 233, 234; 1265, 246, 263; 249, 266, 267; Rudolfus capell. et not. episc., 1261, 206, 211; 207, 215; 208, 216; Hermannus, cap. et not. episc., 1261, 206, 211; 207, 215; 208, 216; mag. — pleb. de Holnstein, 1267, 270, 294; 272, 206; 1269, 279, 304; 280, 305; 281, 307; 1274, 306, 330; 1275, 308, 332; mag. Chunradus, 1267, 265, 285, 286; 270, 293; Wernhardus vicedominus, 1269, 279, 304; 280, 305; 281, 307; mag. Rudgerus, 1284, 384, 418; 1285, 388, 424; 389, 425; 1286, 395, 432; 396, 433; 1289, 399, 436; Herwort, 1285, 388, 424; Chunrat, 1293, 403, 443; Alhardus, 1300, 434, 5; 1301, 442, 12; 1302, 448, 17, 18; maister Albrecht der arzet, 1306, 457, 27; Fridcr. dictus Ellenpech notar. episc., 1308, 471, 45, 46, 47; Johans u. Fridr. hofschreiber, 1308, 476, 52; 477, 53; 1309, 479, 55.

s. Veit, Capitel: 1319, 533, 112.

—, Pröpste: Chunradus, 1182, 119, 118; 1187, 121, 120; magist., Petrus, 1245, 145, 141; 1249, 155, 151, 152; 1254, 174, 173; E., 1281, 369, 394.

—, Dekane: N., 1269, 278, 302.

— Scholastiker: mag. Leonhardus, 1284, 384, 408, 409, 411, 418, 419.

—, Chorherren: mag. Chfnr. notar. et capell. episc., 1248, 153, 149; 1249, 155, 152; 1262, 217, 226; 222, 231, 232; 223, 234; 224, 234, 235; Otto capell. episc., et not., 1261, 207, 215; 208, 216; Ludwicus Judeus, 1276, 314, 338; Sifridus capell. episc., 1277, 355, 376; Heinr. de Lock, 1284, 384, 418; maister Lienhart, 1293, 403, 443; Berchtolt v. Vndingen, 1306, 457, 27.

Neustift (eccl. s. Petri Nouecelle), Pröpste: Engelscalcus, 1182, 119, 118; 1184, 120, 119; N., 1269, 278, 302, Heinricus, 1320, 538, 119.

Bisthum, Vögte: Lantfrid, 802, 7, 8; 8, 9; 8, 10; Kaganhart, 802, 8, 9; 8, 10; Ellanperht, 828, 12, 15, Engilhart, c. 900, 27, 26; Ratolt, c. 930, 28, 27; c. 950, 31, 30; 32, 31; Ödalschalc, c. 975, 39, 40; c. 980, 41, 42; 42, 43; Ruotpertus, c. 980, 42, 42; Dietricus, c. 995, 47, 49; 48, 49; 49, 50; Pezilinus, c. 1000, 51, 52; Helmpertus, c. 1000, 51, 52; Albricus, c. 1020, 56, 58; Helmpertus, c. 1020, 59, 59; Odescaelchus, c. 1020, 60, 61; 1025, 62, 63, 64; c. 1030, 64, 60; — comes, c. 1030, 66, 67; 67, 68, 69, 70; 69, 71; 70, 71; 71, 72; 72, 72; Perahtoldus, c. 1030, 63, 65; Otto, 1060, 78, 80, 81; c. 1060, 79, 81; — comes, 1070, 84, 85, 86; 85, 87; c. 1070, 86, 88; Adalrammus, 1070, 84, 85, 86; Ekkehardus, 1074, 89, 89; Arnoldus, c. 1115, 93, 93; Otachar marchio, c. 1120, 96, 95; 1158, 105, 103.

Domcapitel, Vögte: Altmannus com., c. 1030, 67, 68; Geroldus, 1055, 77, 79.

Vicedome: Altmannus, c. 1030, 70, 71; Fridericus canon., 1245, 145, 141; Wernhardus canon., s. Andree, 1269, 279, 304; 280, 305.

Marschälle: Vlricus, 1246, 148, 145; — de Otenburc, 1248, 153,

150; Gvntherus, 1267, 272, 297,
— de Otenburch, 1277, 352,
373; 353, 374; 355, 376; 1278,
361, 384; 362, 385; 1280, 367,
392; Fridr. der Sandawer, 1293,
413, 443; Arnolt v. Maessenhausen, 1306, 457, 27; Anvelt,
1308, 477, 54; 1319, 534, 115.

Hofmeister: Alb. Pröter, 1286, 396,
433; 397, 434; Albrecht, 1293,
406, 445; Chûnr. v. Pötelpach,
1300, 433, 4.

Kammermeister: Herprandus, 1277,
355, 376; Hainricus canon., 1319,
533, 113.

Kämmerer: Isenrich, c. 1115, 94,
94; — et fil. eius Heinrich,
c. 1115, 95, 94; c. 1130, 99, 97;
1147, 103, 102; 1166, 113, 112;
Heinricus, c. 1180, 116, 114; Altmannus, 1182, 119, 118; H., c.
1215, 127, 127; Isenricus, 1229,
129, 129; c. 1232, 133, 132;
Göttfrid der Anevelt, 1306,
457, 27.

Truchsesse: Albertus, 1166, 113,
112; Albericus, c. 1180, 116, 115;
Sighardus, c. 1230, 130, 130;
c. 1232, 133, 132; Hainr. de
Wagen, 1245, 145, 141; Chunr.,
1246, 148, 145; Frideric. de
Friuntsperch, 1281, 369, 393.

Schenken: Gotefrit, 1147, 103, 102;
Albertus, 1158, 105, 103; Gotefredus, 1166, 113, 112; Alban,
c. 1180, 116, 115; H., c. 1215,
127, 127; Chûnradus, c. 1232,
133, 132; — de Humel, 1245,
145, 141; 1249, 155, 152; Chunr.
v. Winterstetten, 1293, 404, 443.

Domcapitel, Weinpröpste (prepositi
vini, weinpröbst in dem Gepirg):
Frideric. prepos. Sliersensis canon. Frising. 1322, 546, 127;
Jacob der Nacnhofer probst ze
Slyers, chorh. ze Freising, 1352,
706, 298.

Verwalter (dispensatores, schaffer):
Wolfherus, 1184, 120, 119; Chvnr.
v. Grüninge, 1332, 608, 192;
1338, 673, 263.

Domicellaren (domicelli curie): Gerlochus de Herttenberch, Heinr.
Wato de Gekenpennt, Albertus
Judmanus, Frid. Hello, Ulr.
Smajo, Chunr. de Pûtelpach,
Albertus Ardakerer, Ulr. Schönprunnarius, 1283, 373, 397.

Hörige (serui, -proprii): Lintprelit,
c. 980, 42, 42; Liutfrit, c. 1020,
56, 57; Dienarus, c. 1030, 68,
70; Uvintherus, 1060, 78, 80;
Albericus, c. 1070, 85, 87.

Vasallen und Ministerialen: Jagob
nobilis uir, Aribo, Wolftregil,
Erambertus, c. 950, 31, 50; Negomir, 765, 33, 32; Wignant
Erchluprelit, Reginmar, Heimo,
1074, 89, 90; Rûdolfus, c. 1170,
114, 112; Eberhard de Werde,
Einwich, Albrih, Albreht, Friderich, Rolant, Heinrich, Arnolt,
Gebebart, Gerolt, c. 1170, 115,
113; Waltman de Pastperc,
c. 1180, 116, 114; 1181, 117,
116; 118, 117; 1187, 121, 120;
Rûdolfus de Waldecce, c. 1180,
116, 114; 1187, 121, 120; Hartwicus de Richolfesdorf, c. 1180,
116, 114; 1187, 121, 120; Rûdolfus de Pöhenhusen, c. 1180,
116, 114; Adeloldus de Dornipach, c. 1180, 116, 114; 1187,
121, 120; Ainwicus de Hittenfurt, c. 1180, 116, 114; Eberhardus Chaste, c. 1180, 116, 114;
Fritilo de Isemaningen, c. 1180,
116, 114; Eberhardus de Voltmochingen, c. 1180, 116, 115;
Chunr. de Hittenfurte, 1187, 121,
120; Hainr. Felix puer, 1187,
121, 120; 1189, 122, 122; Eberhardus de Werde, 1187, 121,
120; Meginhardus de Hage,
1187, 121, 120; Gerolt de Is-

manningen, 1187, 121, 120; Bertoldus de Rubelingen, 1187, 121, 120; Vlr. Uertinch, 1187, 121, 120; 1189, 122, 122; Vlr. de Pergen, 1187, 121, 120; Gerwicus de Pubenhusen, Otto de Waldekke, Albanns de Elbpach, 1189, 122, 122; Cunço de Loch, 1232, 132, 131; Heinr. de Niwertingen, 1245, 145, 141; Wulfingus de Loka dictus Raebel, 1253, 169, 167; Alkerus de Rentenberch, Vlr., Gottfr., Marquard. et Wulfingns de Preisekke, Rudolfus de Nazenvel, Heinr. de Werde, Gebhardus index de Gvtenwerde, gens Chauzer, gens de Proutenowe, 1254, 171, 170; 172, 171; Heinr. Vertingus, 1262, 221, 230; Vlr. de Lusnich, 1262, 221, 230; Chunr. de Lok, 1263, 225, 238; 1286, 395, 432; Eberhardus, 1263, 226, 239; Leupoldus de Sachsengange, 1265, 251, 268; Wernhardus de Waldeke, 1265, 251, 269; Heinr. de Enzeinstorf, 1277, 355, 376; 1281, 395; 1284, 386, 423; Chvnr. Sappo, 1277, 355, 376; Frider. Hello, 1277, 355, 376; 1283, 378, 404; — von Aurolfingen, 1293, 403, 442; Ridarius, 1277, 355, 376; Jevbardus de Vdmarnelt, 1277, 348, 367; 355, 376; 1283, 378, 404; Levpoldus Verl., 1277, 355, 376; 1283, 378, 404; Otto Hesip, 1277, 355, 376; Frider. de Friuntsperch, 1281, 369, 393; L. de Pütelpach, 1281, 369, 394; L. Vertingus, 1281, 369, 394; H. —, 1281, 369, 394; Otto de Waldekke, Dietm. dictus Litenner, 1281, 370, 395; Heinr. de Woluolstorf, 1283, 373, 396; 376, 400; Bertholdus de Gebolspach, 1283, 373, 396; Rvtholt (!) — 1283, 376, 400; Vlr. Smazo, Nycol. de Lok, Otto et Alb. fratr. de Viehdorf, Frid. Schafferveldarius, Nycolaus Eycharius, Vlr. Pñcharius, Dietr. Chastenarius, Weichardus Haesip, 1283, 378, 404; Diethalm de Wlpesperch, Albrecht der Protaer, 1284, 386, 423; Chvnr. der Pvtelpech, 1284, 386, 423; 1286, 395, 432.

Stadt (?), Richter (iudices, sculdhaizi): Orendilo, 802, 7, 8, 9; 8, 10; Erchanfrid, 875, 22, 21. Genannte: Gotefridus de —, c. 1160, 112, 110; Haertwicus de —, 1182, 119, 118; Peter der -er perchmaistor ze Nevnburch chlosterhalben, 1338, 670, 259; 671, 260, 261.

„Vreisinger", s. Freising, Genannte.
„Froŝdekk", s. Freideck.
Frendenberg, U.-Krn. (Frevdenberger), Ber der —, 1309, 480, 57.
„Frevdenberger", s. Freudenberg.
Freudenthal, Krn. (Vrewnicz), Prior: pruder Niclaw, 1358, 732, 323.
„Freundeshausen", s. Freundsbausen.
Freundsberg, Tirol, b. Schwaz (Friuntsperch), Frider. de — dapifer Frisingen., 1281, 369, 393.
Freundsbausen, N.-Oest., b. Amstetten (Friuntshusen, Freundesbausen), 1302, 449, 19; Genannte: Herbordus de —, Leo de —, 1277, 343, 363.
„Vrewnitz", s. Freudenthal.
„Vreznich", s. Wretzen?
Friberstetten, N.-Oest., b. Amstetten (Fribresteten, Frä-, Fribrech-, Fribreich-, Fribe-, Fridbre-), 1279, 363, 386; 1324, 554, 135.
Genannte: Götfrid v. —, 1295, 411, 452; Wolfhart v. —, 1308, 473, 49; — vnd Albrecht brüder v. —, 1316, 511, 84; Fridr. -er, 1320, 540, 122; Alheit Fridreichs des -er tochter, ir mueter Gerdraut, 1324,

554, 134, 135; Wolfhart v. —,
1325, 559, 145; Albr. v. —, 1329,
590, 173.

„Fribesteter",
„Fribrechtsteten", } s. Friber-
„Fribrechsteten", } stetten.
„Fribreichsteten",

Frickendorf, Bai., Landg. Pfaffen-
hofen (Frichendorf?), Werinheri
de —, c. 1115, 94, 94.

„Fridbresteten", s. Frieberstetten.

„Friding, Vlr. v. —", N.Oest., UWW.,
1333, 622, 207; 1338, 675, 267.

„Frimuntespach", s. Freinspach.

Frisach, Krnt. (Frisacum, Friesach),
1181, 117, 115, 116; 118, 116, 117;
1248, 154, 150; 1300, 430, 2; 1301,
446, 16; 1306, 459, 29, 31; 1358,
728, 320.
s. Bartholomä-Stift (eccl. s. Bar-
tholomei, monast. Frisacense):
1265, 249, 266.
s. Bartholomä: Pröpste: N. 1245,
143, 139; Jacobus, 1306, 459,
29, 30, 31; 1307, 464, 35, 38;
1308, 471, 44.
— Dekane: mag. Chunr., 1265,
249, 266.
— Chorherren: Waldmannus, 1205,
249, 266; Fridericus de Gloyach
Colocen. canon. pleb. de Lok,
1319, 535, 115; 1320, 538, 120;
Levpoldus de Gloyach, 1319,
535, 116; magist. Heinr. pleb.
in Greytzensteten, 1335, 653,
239; 654, 240.
s. Virgil: Pröpste: N., 1245, 144,
139; Albertus vicedominus, 1266,
258, 278; N. 1299, 427, 467;
428, 468; Helwicus, 1300, 430,
2; 432, 3; 434, 5; 1301, 438, 8;
440, 10; 441, 11; 442, 12.
Dominicaner: Subprior: Walchu-
nus, c. 1300, 435, 6.
Richter: Rŭzo, 1181, 117, 116;
118, 117; Engelbertus, c. 1300,
435, 6.

Mautner (theloncarius): Wasgrinus
1181, 117, 116; 118, 117.
Bürger: Hermannus dictus Ignis,
Leo dictus Citerritter, c. 1300,
435, 6; Ösel pey dem Tör, 1358,
728, 320,
Judon: Afrech, 1365, 748, 345.

„Friestat", s. Freistadt.

Friesenberg, N.-Oest., b. Seitenstetten
(Frysnperg in Pyherpecher pfarr),
1340, 684, 277; 685, 278.

„Friuntsperg", s. Freundsberg.

„Friuntshusen", s. Freundshausen.

„Frontal alpis", Tirol, Pusterthl.,
788, 5, 6; 965, 34, 33.

„Vronhofen", s. Frauenhofen.

Fronholz, Tirol, b. Silien (Fronholcz),
1321, 542, 124.

„Fronwiz", s. Frauwics.

„Vröwein, Karlo — burger ze Waid-
houen", 1308, 474, 49.

„Vrowenstein", s. Frauenstein.

„Frübresteten", s. Frieberstetten.

„Vrumesel, Wimarus dictus — con-
tiliar. ducis Heinr. Bawarie", 1274,
306, 330.

„Fruen, flum — in pago Rotahgauue",
O.-Bai., b. Tölz, 763, 1, 1.

„Fuhta, nilla —", wol Feicht? O.-
Krnt., c. 1060, 79, 82.

„Fuhs, Fusil, Megengart —, c. 1115,
94, 94; Meginhart, c. 1130, 97, 96.

„Fulein, Otte der —", Pusterthl., 1334,
628, 215.

„Fulziech, Weigant der —", O.-Strm.,
1331, 605, 190.

„Uustriz", s. Feistriz.

„Fusil", s. Fuhs.

G.

„Gaebelicz", s. Gablitz.

Gablitz, N.-Oest., b. Wien (Gaebe-
licz, Ge-, Gaeblicz), 1337, 666,
253, 254; 1354, 709, 301; 1358,
729, 320.
Garten (pavmgarten): 1337, 666, 254.
Weier (weyer): 1337, 666, 254.

„Gadmer, Jacob der —", Pusterthl., 1357, 721, 313.
„Gailspach", s. Gallsbach.
Gais, Tir., Pusterthl. (Geizes), c. 995, 47, 49.
Gaisstechen, N.-Oest., b. Amstetten (Kaizstechen, Gaiz-), c. 1070, 85, 87; 1329, 589, 172, 173.
 Genannte: Salmon v. —, 1329, 589, 172.
„Gaizstechen", s. Gaisstechen.
„Galle", s. Gallo.
„Gallenberch", s. Gallenberg.
Gallenberg, Krn. (Gallenberch), 1248, 152, 148.
„Galliata, Petrus de —, legum doctor, sacrista eccl. de Burlacio apost. sedis nuntius, gubernator et conseruator eccl. Aquilegen.", 1332, 607, 191.
„Gallo", Krn., Chunr. —, fil. eius Wilbirgis uxor Wersonis, 1248, 152, 148; 153, 149; Chvnr. —, 1251, 157, 155; 1270, 284, 310; 1273, 297, 320; 1283, 373, 397.
Gallsbach, O.-Oest., welches? (Gailspach), Duringus et Chuun. fratres de —, c. 1245, 146, 142.
Gaming, N.-Oest., OWW. (Gemnik), Pfarrer: Heinrich, 1274, 303, 326.
„Gaug", b. Schwechat, N.-Oest., Pilgreym Reymprechtes svn ouf dem — dacz Eberstorf, purkgraue datz Entzestorf, 1325, 561, 147.
„Gartuerin, Dyetmar der — sun", b. Oberwelz, 1357, 725, 316.
Garsten, O.-Oest., b. Steier (Garsten, Ger.), Kloster: c. 1120, 749; 96 a, 347.
 Aebte: Vlricus, 1263, 227, 240; erw. 1265, 242, 257; Fridericus, 1267, 265, 284, 286; 270, 293; erw. 1270, 292, 316.
 Kanzlei der Aebte: Chunradus notar., 1267, 265, 285.
Gauc (Pagi), Poapiutal, 799, 6, 7.
Croudi, 993, 45, 47.
Uallencnsium, 763, 1, 1.

Uenusta, 931, 29, 28.
Istria, 1067, 83, 84.
Luugaew, s. Lungau.
Rotahgaunue, 763, 1, 1.
Uualhogoi, 763, 1, 1.
„Gâul, Niggel der —", U.-Krn., 1358, 733, 324.
„Gavri", U.-Krn., 1251, 157, 155.
„Gazzen", Ott in der —, purger ze Waidhouen, 1336, 659, 246.
„Gazzen an der —", O.-Strm., b. Oberwelz, 1285, 390, 426.
„Gebelicz", s. Gablitz.
„Gebelspech", s. Göbelsbach.
„Gebliz", s. Gablitz.
„Gebolvespach, Gebols-", s. Göbelsbach.
„Gekenpount, Heinr. dictus Wato de —, domicellus curie Frising.", 1283, 373, 397.
„Gevelle", s. Gföll.
„Geyger, Merchel der — an dem Perge ze Inuichen", 1337, 662, 251.
„Goisewelt", Bai.? Chunr. de —, 1267, 272, 296.
„Geiselmannsdorf", Krn., b. Laibach, 1283, 374, 398.
„Geizes", s. Gais.
„Gelttingaer, Vlr. —", Bai.? 1246, 148, 145.
Gemeinlebern, N.-Oest., b. Traismauer (Lebaren), Marquardus de —, H. ibidem, 1277, 343, 363.
„Gemlich, Rûdel — purger ze Waidhouen", 1336, 659, 246.
„Gemnik", s. Gaming.
Gemona, Friaul (Glemona), 1355, 714, 307; 715, 308.
„Gomênd", s. Gmünd.
s. Georgen b. Traismauer, N.-Oest. uilla s. Georgii Kloster (ecclesia), c. 1120, 96, 95.
s. Georgen i. d. Klausen, N.-Oest., b. Seitenstetten (Clusa), 1158, 106, 104; s. auch Klausen b. Steier, Klaushof.
s. Georgen a. Murau, O.-Strm. (s. Jörgen), 1358, 728, 319.

s. Georgen b. Bruneeken? Tirol, Pusterthl. (eccl. s. Georgii), 861, 19, 20.

„Gereverius, Hermannus —", N.-Oest., 1312, 490, 66.

„Geriblarius, Ch.", Krn., 1286, 395, 431.

Gerlachstein, Krn. (Gerlochstayn), Nyclaw v. —, Nikel der Reutenberger s. svn, 1349, 700, 292, 293; s. auch Reitenburg.

„Gerlochstayn", s. Gerlachstein.

„Gerlindamos", O.-Krnt., c. 1060, 79, 82.

„Geroltespach, Geroltis-", s. Gerolsbach.

Gerolsbach, Bai., Landger. Schrobenhausen (Geroltespach, Geroltis-), c. 1000, 52, 53.

„Gestinich",
„Gestnich", } s. Gösting, Gössling.

„Gesentzer", s. Jessenitz.

„Gesiez, -syez", s. Gaiess.

„Gesitzer",
„Gesnitzer", } s. Jessenitz.

„Geud, Voydel der —", zu Innichen, 1339, 679, 271.

„Gewolspach", s. Göbelsbach.

„Gezendorf", s. Götzendorf.

Getzersdorf, N.-Oest., b. Herzogenburg (Gotzesdorf), Chvnr. v. —, 1284, 386, 422.

Gföll, N.-Oest., b. Krems (Gevelle), herzogl. Förster (forestarius): Ditmarus, 1276, 314, 338; 1277, 343, 363.

„Giktzer, Berhtolt der —", Krn., 1318, 527, 103.

„Gilanheim", s. Göllheim.

s. Giorgio, Tirol, b. Trient (s. Georgius), 1166, 113, 110, 111.

„Giesenich", s. Jessenitz.

Giesing? Bai., b. München (Gisinga, c. 980, 41, 42.

„Gisinga", s. Giesing, Schöngeising.

„Gleinacher, Perchtolde der —", Krn., 1300, 433, 5.

Gleink, O.-Oest. (Clunikcha, Glenniacum, Cleuninc, Glevnich, -ic).
Aebte: Odalricus, 1158, 106, 104; Fridericus, 1264, 233, 247; 234, 248; 1265, 238, 252, 253; 250, 267; 255, 275.

Gleuss, N.-Oest., b. Ulmerfeld (Gluzze, Cleuzez? Gliuss, -e, Gleuzzo), Marchwardus de — et frat. eius Dietericus, 1158, 106, 105; Rudolfus de —, 1277, 321, 345; Ch. (von) —, 1277, 326, 348; Ditricus de —, 1312, 490, 66.

„Glemona", s. Gemona.

„Gleuniacum",
„Gleunic, -ch", } s. Gleink.

„Gleuzzo",
„Gliuss, -e", } s. Gleiss.

Glogau, Schlesien (Glogouia), Herzoge: Heinricus, 1361, 738, 333.

„Glogouia", s. Glogau.

Glojach, Strm., b. Kirchbach (Gloyach), Frideric. de —, Colocen. et Frisacen. canon. pleb. in Lok, 1319, 535, 115, 116; 1320, 538, 120; Levpoldus de — can. Frisacen., 1319, 535, 116.

„Glunic", s. Gleink.

„Gluzze", s. Gleiss.

Gmünd, O.-Krnt. (Gemünd), Jacob v. — schreiber des graf. Albr. v. Görez, 1317, 523, 98.

Göbelsbach, Bai., Landg. Pfaffenhofen (Geboltspach, Gebolves-, Gebols-, Gebels-, Gewols-), Pertoldus de —, c. 1230, 130, 130; 1242, 141, 137; 1259, 199, 205; 200, 205; 1261, 206, 211; 207, 215; 208, 216; 1283, 373, 396; Rvtholt (!) der Gobelspech, 1283, 376, 400; Bertholdus de — canon. Frising, 1302, 448, 17; — probst zo Inichingen, 1306, 456, 26; 457, 27; 1307, 465, 39; 466, 46.

„Goker, Reimbertus de —", U.-Krn., 1267, 272, 296.

Godego, Ital., b. Treviso (Gudagn, -gum, -go, -dicum, Godigi), 972, 35, 34; 992, 44, 45, 46; c. 1020, 60, 61; 1159, 108, 106; 1272, 294, 318. Burg (castrum), 1159, 110, 108; 1261, 206, 211, 212.

Göttlesbrunn? N.-Oest., b. Bruck a. d. Leitha, s. "Chuningesbrunnen".

Gottsdorf, N.-Bai., Landg. Wegschaidt (Gotestorf, Göts-, Got-), Otto de —, 1249, 155, 152; mag. Vlr. de — canon. Ratispon., 1284, 384, 408; 415, 418.

"Godigi", s. Godego.

"Gottinsvelden, Heinr. de —", N.-Oest., 1262, 221, 230.

"Götstorf", s. Gottsdorf.

Götweih, N.-Oest. (Gotwicum), Aebte: Helwicus, 1276, 315, 369.

"Gotwicum", s. Götweih.

"Gollenhouen", s. Gollkofen.

Gollkofen, Bai., Landg. Wolfertshausen (Gollenhouen), Arnolt et Albreht de —, 1182, 119, 118, 119.

Goldeck, Salzbrg. (Goldek), Wlfing v. —, 1319, 532, 110.

"Goldruns", N.-Oest., (Marchfeld, b. Mülleiten, 1265, 251, 268.

Göllheim, Bai., Rheinpfalz (Gilanheim), 965, 33, 32.

Görtschach, Ober-, Krn., b. Krainburg (Gortzach), Burggrafen: Chvnrat der ivnge Aglaier, Chvnr. s. vater, 1295, 409, 449.

Göriach, O.-Krnt. (Goriah), c. 1030, 66, 67.

"Goriah", s. Göriach.

"Goricia, -zia", s. Görz.

Görz (Goricia, -zia, Guricia, Gortz), 1252, 161, 158.

Grafen: Meinhardus, 1238, 138, 134, 135; 1252, 161, 158; comitissa N. 1254, 170, 168; Meinhardus, 1266, 253, 270, 271; 254, 274; 257, 277; 1270, 284, 310; 285, 311; 1283, 374, 398; 375, 398; 376, 399, 400; Albertus,
1266, 253, 270, 271; 1270, 284, 310; 385, 311; 1273, 296, 319; 1275, 307, 330; 1283, 374, 397; 1285, 392, 427; 393, 429; 1286, 396, 432; 1293, 405, 444; c. 1316, 520, 95; 1317, 98, 99; erw. 1327, 578, 162; 579, 162; Heinricus, 1311, 486, 61; 1313, 494, 70; 496, 73; c. 1316, 520, 94; 1321, 542, 124; c. 1340, 687, 280; Albrecht vnd s. bsfr. Ofmey, 1321, 542, 124; 843, 125; c. 1340, 687, 280; Meinhart, c. 1340, 687, 280; 1363, 744, 339.

Gräfl. Kanzlei: Jacob v. Gemēnd schreiber, 1317, 523, 98.

Hofmeister (mag. curio): Otto 1286, 396, 433.

Ministerialen: Ch. de Bitersperch, 1252, 161, 158; s. auch Tirol.

"Gortzach", s. Görtschach.

Gostetsch, Krn., b. Lack (Goztshe, Costech), Bach (riuulus): 989, 43, 43. Ort (uilla): c. 1215, 126, 125.

Gössing, Strmk., b. Graz (Gestinich, Gestnich), Swikerus de —, 1181, 117, 115; 118, 117.

Gössling, N.-Oest., b. Waidhofen a. d. Ibs (Gestnich), Pfarre (parrochia, ecclesia): 1310, 483, 59; 1335, 653, 238; 1335, 654, 241; 1336, 660, 247; 1340, 685, 278.

Pfarrer: N. 1311, 483, 59; Otto, 1312, 490, 66; N. 1335, 654, 241; 1336, 659, 246.

"Goztohe", s. Gostetsch.

Götzendorf, O.-Strmk., b. Judenburg (Gezendorf), 1181, 117, 115; 118, 117.

"Gotzesdorf", s. Getzersdorf.

Götzing, Bai., welches? (Gozingen), Aribo de —, c. 1115, 94, 94.

"Gozoltsdorf", Bai., c. 1030, 70, 71.

"Graben, Vlr. von dem —, purgraf ze Weltz", 1343, 690, 282; Vlreichs svn von dem —, 1361, 741, 336.

„Grabner, Vlr. der —, purger ze Waidhouen", 1336, 659, 246.
„Grabnerius, Chvnr. —", Strn., 1285, 391, 427.
Gradeneck, Krnt.? (Graednik), Bertoldus de —, uxor sua soror Wersonis, 1248, 153, 149.
„Graednik", s. Gradeneck.
„Grats", s. Gratsch.
Gratsch, Tirol, Pusterthl. (Grats), Mülen: (molendina), 1273, 298, 322.
„Graf, Ortel der — purger ze Waidhouen", 1336, 659, 246.
Gräfelfing, Bai., b München (Grefoluinga), 763, 1, 1; 802, 7, 8; 8, 10.
Grafen: 1) Pfalzgrafen,
 s. Baiern,
  Tübingen,
  „Gunsbach",
  Wittelsbach.
 Unbekannt: Heinricus, 1140, 100, 98.
2) Mark- und Landgrafen:
 s. Brandenburg,
  Verona,
  Vohburg,
  Istrien,
  Lausitz,
  Leuchtenberg,
  Malaspina,
  Meissen,
  Monteferrato,
  Oesterreich,
  Steiermark.
3) Grafen und Burggrafen:
 s. Andechs,
  „Parrano",
  Peilstein,
  Perg,
  Pernstein,
  Pfannberg,
  „Blantatensis",
  Bozen,
  Pütten,
  Burghausen,
  Katzenellenbogen,
  Cilli,
  Dachau,
  Tirol,
  Toggenburg,
  Treviso,
  Eberstein,
  „Veleburch",
  Görz,
  Gutenberg, Krnt. (!),
  Habsburg,
  Hardeck,
  Helfenstein.
  Hounburg,
  Hirschberg,
  Hohenberg,
  Hohenlohe,
  Hohenstein,
  Hörnstein,
  „Jagberg",
  Lenzburg,
  Liebenau,
  Magdeburg,
  Maidenburg,
  Montfort,
  „Morn",
  Mosburg,
  Nassau,
  „Neydaw",
  Nellenburg,
  Neuburg,
  Nürnberg,
  Ortenburg, Krnt.,
   „ Baiern,
  Orlamünde,
  Regensburg,
  „Recz",
  „Rotenek",
  „Ruxingen",
  Schala,
  Schaumberg,
  Schaumburg,
  Schwarzburg,
  Staufen,
  „Steincznach",
  Sternberg,
  Sulzbach,
  Ungarn,
  Wartenberg,
  „Wartstein",
  Wasserburg,

Weixelberg,
Werdenberg,
Wertheim,
Wildgrafen.
Ungenannte: Adelbero, 1007, 54, 55; 1025, 62, 64, 65; Albertus, 1159, 109, 107; Alprat, 857, 16, 18; Altman, c. 1020, 57, 58; 1025, 62, 64, 65; c. 1030, 63, 65; 65, 67; 66, 68; 67, 68, 69; 68, 70; 69, 70; 72, 73; Arnolt, 1025, 62, 64, 65; Perhtoldus, 1060, 78, 80; Pernhardus, 855, 14, 16; Pilgrim, 1025, 62, 64, 65; Poppo, 973, 37, 36; 1025, 62, 64, 65; Keparoh, 763, 1, 2; Chezul (de Sclauis), 861, 18, 19; Tiemo, 1025, 62, 64, 65; Eberhart, 1025, 62, 65; Emch (probst ze Innichen), 1301, 444, 14; — (probst ze Werdse), 1300, 433, 4; 1301, 444, 14; 1306, 456, 26; Ernst, 855, 14, 16; 14, 17; 1070, 84, 86; Friderich, 1025, 62, 64, 65; Ger, -o, 1070, 84, 86; c. 1115, 93, 93; Gerhart (tümbrost ze Freising), c 1307, 465, 39; 1308, 473, 49; 474, 49; 476, 52; 477, 53; 1309, 479, 55; Gerolt, 1025, 62, 64, 65; Gumpolt, 1025, 62, 64, 65; Heinrich, c. 1115, 93, 93; Megenhart, 1070, 84, 86; Ödalschalch, c. 1020, 59, 60; c. 1030, 66, 67; 72, 73; Otto, c. 1000, 52, 52, 53; c. 1020, 59, 60; c. 1070, 84, 85, 86; Reginhart, 799, 6, 8; 802, 7, 8; 7, 9; 8, 10; Sarhilo, 1025, 62, 64, 65; Uualdpercht, 875, 22, 21; Wernhardus, 989, 43, 43; Uuillihelm, 857, 16, 18.

„Grafenberd", s. Grafenwörth.

Grafendorf, Tirol, b. Lienz (Grâuendorff), Hainr. v. —, 1363, 744, 339.

Grafenwörth, N.-Oest., b. Krems (Grafenberd), Otto von —, 1313, 497, 74.

Grafschaften: a) s.
Peilstein,
Pusterthal,
Kadober,
Krain,
Tirol,
Treviso,
Vicenza,
Hörnstein,
Lurnfeld.
b) Adalberti, s. Oesterreich, Nieder-.
Adelberonis, 1007, 54, 55.
Berhtoldi, 931, 29, 28.
Popponis, s. Krain.
„   s. Tirol.
Burchardi, 1055, 77, 79.
Engelberti, 1070, 84, 85.
Friderici, 1055, 77, 79.
Henrici, s. Oesterreich, Nieder-.
Hartuuigi, 965, 33, 32.
Otgeri, 993, 45, 47.
Waltilonis, s. Krain.

„Granso, mag. Wernhardus —", 1284, 384, 408, 418.

Grasberg, O.-Oest., welches? (Grazberge), Gerhart de —, 1158, 106, 105.

„Grashay, Hainr. —", N.-Oest., 1334, 630, 217.

Graswinkel, N.-Oest., b. Waidhofen a. d. Ibs, Grzwinchler, Hainr. der —, 1337, 665, 252.

Graz, Strmk. (Grcz, -e, Graez), 1260, 205, 210; 1265, 243, 260; 1266, 263, 284; 1274, 305, 328; 1327, 571, 156; 576, 160.
Pfarrhof (domus plebani): 1263, 225, 238.
Stadtschreiber (schreyber der burger): Chůnrat, 1304, 452, 22.
Genannte: Eberhart von Walsse v. —, 1359, 734, 327.

„Grazberge", s. Grasberg.
„Grâtze", s. Billichgraz, Graz.
„Grazmansek", N.-Oest., b. Waidhofen, 1333, 623, 209.
„Grazwinchler", s. Graswinkel.
„Gredine", s. Gröden.

„Gretschinstain", s. Kreuzenstein.
„Grefoluinga", s. Gräfelfing.
„Greyffe, Jans der — pey Vnser vrowen auf der Steten ze Wienne, s. vater Greyffe, s. havrowe Anna" 1337, 666, 253, 254.
Greifenfels, Krnt., b. Klagenfurt, (Greiffenvels, Grifenuels), Burg (castrum): 1272, 293, 317.
  Genannte: Ditmarus de —, 1275, 309, 332.
Greifenstein, N.-Oest., b. Wien (Greifenstein), Wiedererbauung d. Burg (reedificatio castri): 1247, 149, 145.
  Genannte: Ortolfus de — canon. Neumburgen., 1259, 202, 208.
Greim, Berg, O.-Strm., b. Oberwelz, Greymer, Haintzel der —, 1361, 741, 336.
„Greymer", s. Greim.
„Greyzensteten", s. Kreuzstetten.
„Greizenstein, Greicin-", s. Kreuzenstein.
„Grenach", Krnt.? b. U.-Drauburg, 1344, 692, 284.
„Greunlinus", N.-Oest., 1277, 343, 363.
Gresten, N.-Oest., OWW. (Grösten), Pfarre: 1339, 682, 274.
  Bewoner: maister Hainr. der Widersatz zimmerman, 1335, 649, 234.
Grestenberg, N.-Oest., OWW., Grezzenberger, ewen-, 1274, 303, 326.
„Greuleich, Fritz der —, Pustertht., 1357, 721, 313.
„Grez, -e", s. Graz.
„Gretzel, Vlr. —", Bai., 1245, 145, 141.
„Grezzenberger, s. Grestenberg.
„Gretzensteten", s. Kreuzstetten.
„Gric" (!), s. Grie.
„Gritsinstein", s. Kreuzenstein.
„Grie, Gric (?)", N.-Oest., OMB., c. 1115, 94, 93; c. 1120, 96, 95; s. auch „Griestig".
Griffen, Krnt. (Crinina), 822, 10, 12.
„Greifenuels", s. Greifenfels.

Grillenberg, N.-Oest., welches? (Grillenperg), Pfarrer: Chuuradus, 1270, 292, 316.
„Grillenperge", O.-Strm., b. Murau, 1285, 390, 426; 391, 427.
Grinzing, N.-Oest., b. Wien (Grincing), Weingarten, 1330, 600, 185.
Gries, Hof, N.-Oest., b. Waidhofen (am Griesse), 1333, 623, 208.
Gries, Tirol, b. Botzen (Gryess pey Potzen), 1361, 739, 361.
Griesbach, Bai., b. Aichach, b. Freising (Griezpach), Waltchun de —, 1147, 103, 101.
„Grischenstein", s. Kreuzenstein.
„Griestig", N.-Oest., OMB., c. 1115, 95, 94; s. auch „Grie".
„Griess", s. Gries.
„Griessemperger, Albertus — rector parroch. eccl. in Waidhouen", 1324, 556, 136; 557, 138, 139; 558, 140.
„Grizanstein", s. Kreuzenstein.
„Griezpach", s. Griesbach.
Gröden, Tirol (Gredine), c. 1000, 52, 53; c. 1020, 59, 60.
Grosshofen, s. Hofen, 'Gross-.
„Grosten, Grösten", s. Gresten.
Grub, N.-Oest., b. Amstetten (in der Grüb), 1337, 667, 255.
Grub, N.-Oest., b. Waidhofen a. d. Ibs? (Grüb), Chunr. auf der —, 1338, 672, 262.
„Grubarius de Wachow", N.-Oest., 1276, 316, 340.
„Grüber, Vlr. — burger von Judenburg", 1325, 560, 145.
„Gruk" (!), s. Gurk.
„Grünburch", s. Grünburg.
Grünburg, O.-Oest., welches? (Grünburch), Vlr. von —, 1338, 675, 267.
Grüntegernbach, Bai., Landg. Erding (Tegarinuac, Tegrinwach, Tegiraupah, Tegrenvuach), c. 870, 21, 20; 875, 22, 21; 1025, 62, 64; c. 1030, 69, 70.

Genannte: Chôuo de —, c. 1115, 94, 94.

Grüning (Krinning), O.-Bai., welches? (Grüninge), Chvnr. v. — bisch. Chvnrats shaffer v. Freysing, 1332, 608, 192.

„Gschiesser", s. Gsiess.

Gstadt, N.-Oest., b. s. Peter i. d. Au (Stad, -o), 1324, 553, 133, 134; 1334, 630, 216.

Gstetten, N.-Oest., b. Hainfeld (Stetten), 1342, 688, 280.

Gsiess, Tirol, Pnsterthal, (Gesyez, Gschicss), 1269, 281, 306; 1363, 744, 339.

Genannte: Otto de —, 1285, 392, 429; 393, 430; Hans der —, 1363, 744, 339.

„Gukenplat", Krnt., 1269, 275, 300.

„Gudaga, -o, -um", s. Godego.

„Gnotchint, Fridr. —, chastner ze Enczestorf," 1330, 600, 185; s. hovrow alhait, 1332, 611, 196; s. bruoder Hainr. vnd Wisent, 1330, 600, 185; s. auch „Felixpuer", „Saligehchint".

„Gvttenawe, -owe", Krn., Gebhardus de —, 1253, 168, 167; 1262, 212, 220; 1267, 272, 297.

„Gûtenberch", s. Gutenberg.

Gutenberg, Krn. (Gûtenberch), Grafen(!): grafe Görg von —, 1307, 465, 39.

Genannte: Jacobus de —, 1251, 157, 155; 1253, 168, 167; 1262, 212, 220; 1265, 248, 265; 1266, 258, 278; Raiubertus et Leonhardus fratres de —, 1266, 258, 278; Wernherus et Jacobus fratres de —, 1269, 279, 304; 280, 305; Lienhart et Georius, 1270, 290, 315; Lienhardus de —, 1273, 297, 320; 1280, 367, 392; — et Jacobus fratres de —, 1283, 373, 397.

„Gûtenturn", N.-Oest.? Heinr. de —, 1246, 148, 144; — et Eberhardus fratres de —, 1263, 230, 243; Heinr. de —, 1267, 265, 285, 286.

Gutenfurt, N.-Oest., b. Waidhofen a. d. Ibs (Gütenfurt), Hainr. von —, 1338, 672, 261.

„Gûtenowe", s. Gvtenawe.

„Gutenwerde", s. Gutenwörth.

Gutenwörth, U.-Krn. (Gvtenwerde forum), 1251, 157, 154, 155; 1252, 162, 159; 163, 160; 1261, 207, 215; 1265, 244, 260, 261; 1284, 385, 420; 1285, 387, 423; 1306, 455, 24; 1306, 456, 26; 1315, 500, 77.

Landgericht (iudic. prouinciale): 1257, 188, 194.

Burggrafenamt: 1301, 443, 12.

Mauten (dev maevtte): 1301, 443, 13.

Burggrafen (castellani): Albertus, 1261, 207, 215.

Notar: Heinr. dictus Dinger, 1285, 387, 423.

Amtleute (officialis, amptman): N. 1265, 244, 261; Lienhart, 1284, 385, 421.

Richter: Gebhardus, 1254, 171, 170; 172, 171; Vzoldus, 1267, 272, 296; N. 1284, 385, 421.

Genannte: Albertus quondam Gebhardi de — fil., 1261, 207, 214; 215; Uyaldus, Artusius et Rudolfus de —, 1261, 207, 215; Vgoldus (!) de —, 1265, 248, 265; Vzolt von —, 1284, 385, 421; Vzoldus et Chvnr. dictus Pvntschuch, Gozzlinus et Schiltus de —, 1285, 387, 423.

„Gudicum, -gi", s. Godego.

„Gûtman, Chûnr. —, richter ze Holenburch", 1324, 555, 135; weilen richter, 1331, 604, 189.

Gutrat, Salzburg (Gûtrat), Chûne von —, 1284, 385, 421.

„Gufdavn", s. Gufidaun.

Gufidaun, Tirol (Cubidunes, Gufdavn, Cuvedvn), c. 1150, 31, 30.

Gerichtssprengel: 1334, 642, 227.

Richter: Mertlinus, 1261, 211, 218; Geori von Vilanders, 1334, 642, 227.

Gugging, N.-Oest., b. Amstetten (N. der —), Gugginger, 1274, 303, 326.

„Gugginger", s. Gugging.
„Gumulachi", Krnt.,? 993, 45, 47.
„Gunspach",? Pfalzgrafen: F., 1159, 109, 107.
Gurk, Krnt. (Gurca, Gruk, (!) Gurtze), Bisthum, 1368, 745, 340; 1365, 748, 345.
  Bischöfe: Ditricus, 1181, 117, 115; 118, 117; Ditricus, 1270, 284, 310; 285, 311; 1276, 318, 341; Note, 1277, 328, 350; 329, 351; 331, 352; 332, 353; 333, 354; 335, 356; 336, 358; 337, 359; Hartnit, 1284, 386, 422; Hainrich, 1315, 500, 76, 77; Laurentius, 1335, 658, 239; 654, 240; 1336, 660, 247; Johannes, 1361, 738, 833; vgl. auch Freising: Bischof Paul.
  Pröbste: Hertnidus, 1301, 438, 8; 440, 9; 442, 12.
  Archidiakone: N., 1299, 427, 467; 428, 468.
Gurk, Fl., U.-Krn. (aqua Gurk), c. 1215, 126, 126.
„Gurkevelde, Gurken-", s. Gurkfeld.
Gurkfeld, U.-Krn. (Gurkevelde, Gurken-, Gurchuelde), Berhtoldus de —, 1252, 162, 159; 163, 160; Ortolfus de —, 1265, 248, 265; 1270; 284, 310.
„Guricia", s. Görz.
Gurnitz, Krnt., b. Klagenfurt (Gurnocz, Gurcz), (!) Pröpste: Dietricus de Wolfsaw, utriusque iuris professor, 1306, 459, 29, 30, 31; 1307, 464, 35, 38; 1308, 471, 44; 1315, 500, 76.
„Gurnocen. propositus", s. Gurnitz.
„Gurtz", (!) s. Gurk, Gurnitz.

H.

„Habechspach", s. Hasbach.
„Haberberch", s. Haberberg.
Haberberg, Gegd. (verschollenes Schloss), Tirol, b. Innichen, 1346, 693, 285.

Burg (burch): 1266, 253, 270, 271; 1326, 566, 152.
Kasten (chasten): 1337, 662, 250; 1339, 679, 270.
Burggrafen: N., 1266, 254, 274; 1285, 392, 428, 429; c. 1316, 520, 95, 96; Perchtolt der Colwegge, 1326, 566, 151; Hainr. der Pötel amptman u. pfleger, ze Inichingen, 1337, 662, 250; Chunr. von Vilanders pfleger, 1349, 697, 288.
Amtleute: N., 1308, 476, 51; Hainr. der Rötel, 1339, 679, 250.
Genannte: Andre Hainreichen svn v. — oheim Johans Berchtolden sun des Cholwoken, 1334, 628, 214; Dyetr. der -ger, chôrherre ze Innichingen, 1337, 662, 250; Hans von —, 1357, 721, 313; vgl. auch Innichen.
Haberfeld, N.-Oest., b. Amstetten (Habcrueld, -uelde), 1283, 378, 402, 403.
Hube das.: die hûbe diu da haizet au dem Hirn, 1285, 388, 424.
„Haberuelde", s. Haberfeld.
„Habespach",
„Habspach", } s. Hasbach.
Habsburg, Schweiz, Argau (Asburgum, Habspurg), Burcardus do —, 1159, 109, 107.
  Grafen: Johann u. Götfrid gebrûder, 1359, 734, 327.
„Haebsib", s. Haesib.
„Hak, Hilprandus — pleb. in Lok", 1355, 714, 306; 1358, 757, 317.
„Hakelshusen", s. Hakertshausen.
„Hakenberch", s. Hagenberg.
Hackertshausen, Bai., Landg. Pfaffenhofen (Hakelshusen), Ch. de — c. 1215, 127, 127.
„Havener, Hafner, Ott. der —", OWW. 1274; 303, 326; 1326, 567, 152; s. auch Lutifigulus.
Hag, N.-Oest., OWW. (Hag), Pfarrer: Johannes, 1312, 490, 66.

Hag, N.-Oest., OWW., welches? (Hag), Phil. der -aer, 1285, 289, 425; Chûnrat der —, 1295, 412, 452; Völchel von —, Marquart v. Lâhsnek s. vetter 1316, 519, 94; Volchmar von —, 1320, 540, 123; Rûmhart n. Chûn. brûder die -er, 1329, 588, 171; —, — n. Laurentz die —, 1329, 591, 174; Georg n. Erhart prueder Volchmars sun von —, Albr. der Faevchsuer ir steffater, Rŷmhart der er, 1334, 637, 223; Ruemhart u. Chunr. brûder di -er, 1337, 669, 257, 258; Chunr. der -er, 1338, 674, 264; Larentz der -er, 1349, 698, 290.

Hag, Bai., Landg. Mosburg (Haga. —e), Friderich de —, 1147, 103, 102; Megenhart de —, 1182, 119, 118; 1187, 121, 120; Fridr. der -aer, 1346, 693, 285.

„Haga, Hagaer", s. Hag.

„Hagaŵ", N.-Oest., OWW., 1332, 609, 194.

„Hage", N.-Oest., Marchfeld, b. Mülleiten, 1265, 251, 208.

„Hage", s. Hag.

„Haggemberg", s. Hagenberg.

Hagenau, Bai., Landg. Freising (Hagenowe), Liutolt de —, c. 1180, 116, 114.

Hagenberg, N.-Oest., b. Laa (Hakenberch, Halkim-, Haggemberg), Hein. de —, 1240, 139, 136; 1243, 142, 138; — hofmarschalk herczog Rudolfs, 1359, 734, 327.

„Haegenlein, Jacob —, richter ze Silian", 1317, 523, 99.

„Hagenowe", s. Hagenau.

„Haidolfingen", s. Haindlfing.

Haimburg, N.-Oest., a. d. Donau (Heimburch, Horn-), 1243, 142, 138.

Genannte: Hainr. v. —, 1333, 622, 207.

Haindlfing, Bai., wlchs? (Heidolningen, Haidolf-), 1187, 121, 120; Genannte: Chunr. v. —, c. 1130, 99, 97; 1147, 103, 102.

Hainfold, N.-Oest., b. Wilhelmsburg, (Havuuolde, Hawenvelt), Heinr. de —, 1270, 284, 310; 285, 311; N. de —, 1277, 349, 369.

„Hacisib", s. Hacsib.

„Hal", s. Hall, Reichenhall.

Hall, Tirol? (Hal), 875, 23, 22.

Halbenrein, Strmk., b. Radkersburg (Haldenrein), Rudgerus de —, 1263, 225, 238.

„Halbestat, Albrecht der richter von —", 1306, 455, 24.

„Halkimberch", s. Hagenberg.

„Haldemberch", Tirol,? Chunr. de —, 1285, 392, 429; —, filia eius Agnes uxor Petri dicti Trautsvn, 1287, 398, 434.

„Haldenrein", s. Halbenrein.

„Hallo", s. Reichenhall?

„Hallo", s. Hello.

Hanau, Strmk., i. d. Wind-Bücheln (Hanawe), Wluingus de —, 1285, 391, 427.

„Hanawe", s. Hanau.

Hanbach, Bai., Landg. Amberg (Hauenpach), Erchenpercht de —, 1147, 103, 102.

Handelsberg, N.-Oest., b. Amstetten (Hendleinsperg, Henleins-), 1337, 669, 256. Genannte: Gedraut Otten seligen hsvrow v. —, 1337, 669, 256.

„Hauenpach", s. Hanbach.

Harrau, N.-Oest., b. Seitenstetten (Harawe), Heinr. de —, 1312, 490, 60.

„Harawe", s. Harau.

„Hart silun", N.-Oest., Marchfeld, b. Wagram 1021, 61, 62; c. 1030, 68, 70.

Hartkirchen, O.-Oest. (Hartchirchen, Hartk-), Pfarrer: mag. Ulricus, 1258, 194, 198; 195, 199, 200: 196, 201; 197, 202.

„Harde iuxta Treuinize", N.-Oest., OMB., c. 1115, 95, 94.

„Hardo", U.-Krn., 1252, 165, 162.
Hardeck, Krnt., b. s. Veit (Hardekke), Burg (castrum): 1277, 322, 345. Grafen: Chunradus, 1243, 142, 138; Otto erw., 1265, 240, 255; 1277, 332, 353; (Heinricus) index provinc. Austrie 1266, 262, 282; 263, 283; 1267, 266, 287; 267, 288; 1269, 276, 301; 1270, 284, 310; 285, 311.
„Hardokke", s. Hardeck.
Harthausen, Bai., Landg. Ebersberg (Harthusen); Odalrich de —, c. 1115, 94, 94; c. 1130, 99, 97.
„Harthusen", s. Harthausen.
Hasbach, N.-Oest., b. Glocknitz (Hauspach, Haugs-, Habechs-, Habos-, Habs-), Heinr. pincerna de —, 1240, 139, 136; 1243, 142, 138; 1253, 167, 165; — — iudex provinc. Austrie 1256, 186, 191, 192; — capitan. Carniole et Marchie 1273, 297, 320; 1274, 306, 330; 1275, 308, 331, 332.
„Haspan, an dem —", N.-Oest., b. Bertholdsdorf, 1332, 611, 196.
„Haspechenses", s. Aschbach.
„Haselawe, -owe, Hasil-", s. Haslau.
„Haesib, Hesip, -h, Haeisib, Haebsig, Hensib, Haen-, Håw-, Håev-, Hew-", N.-Oest., OWW. Otto dictus —, 1270, 287, 313; Jubardus dictus —, 1277, 349, 369; Otto —, 1277, 353, 374; 355, 376; Woichardus —, 1283, 378, 404; Ott der —, 1295, 411, 452; Sifridus —, 1312, 490, 66; Herman der —, 1316, 511, 85; 513, 86; 1320, 540, 123; 1323, 549, 130; 1324, 553, 134; 554, 135; Marquart der —, 1325, 559, 145; Herman — von Vdmaruelt, 1326, 568, 154; — amman ze Vdmaruelt, 1327, 573, 158; 1328, 583, 166; 584, 167; 1329, 588, 171, 172; 589, 173; 590, 174; 591, 175; 1330, 593, 177; 594, 179; 1332, 608, 193; 612, 197; 1333, 620, 206; 1334, 637, 223; 1335, 651, 237;

Chunigunt s. tochter, Hainr. dez Durren hsfrwe, 1337, 668, 256; Herman — lantrichter (ze Vdmaruelt), 1337, 668, 256; 669, 257, 258; 1338, 674, 264; 1339, 678, 269; Merchlin der —, 1356, 716, 308.
„Haslar, -n", O.-Strm., Ggd. b. Neumarkt, Ditmarus de —, 1181, 117, 116; 118, 117.
Haslan, N.-Oest., b. Bruck a. d. Leitha (Hasilowe, Haselowe, -awe, Hazlaw, Haslav), 1074, 90, 90.
Genannte: Otto de —, 1240, 139, 136; 1247, 151, 147; 1253, 167, 165; 1260, 205, 210; 1262, 214, 222, 223; Wlfingus et Otto fratres de —, 1262, 214, 223; Otto de —, 1262, 221, 229; — index provinc. Austrie, 221, 230; Wluingus de —, 1262, 221, 230; Otto de —, 1270, 284, 310; 285, 311; 1277, 343, 363; 352, 373; 353, 374; 1284, 385, 421.
„Haslawe", s. Haslau.
„Haugsbach", s. Hasbach.
„Haulach", U.-Krn., c. 1215, 127, 126.
„Haevnburch, -euburch", s. Heunburg.
„Havnuelde", s. Hainfeld.
Haus, N.-Oest., wlchs? (Huse), Frideric. fil. Walchuni de —, 1277, 343, 363.
„Hauspach", s. Hasbach.
Hauseck, N.-Oest., b. Kirchberg a. d. Bielach (Husecke, Hausek, -ke), 1267, 269, 292.
Genannte: Heinr. de —, 1256, 186, 192; Frider. dictus de —, 1267, 269, 292; 1277, 320, 343; 1283, 378, 402, 403.
Hausen, Bai., Landg. Weilheim (Housen), Bertholdus de — can. Frising., 1284, 384, 418; — u. erzpriester, 1293, 403, 442.
„Hacusib, Håev-", s. „Haesib".
„Häusler, Wulfing der —, Elsbet s. hsfr., ir swester Cristin die Trön-

lerin Otten sälgen des Tranner töhteran", (!) 1333, 621, 206, 207.
„Haevarer, der — dacz Celle", Tirol, Pusterthl., 1318, 524, 99.
„Hawenvolt", s. Hainfeld.
„Häwaib", s. Haesib.
„Hazlaw", s. Haslau.
Hegelhausen, Bai., Landg. Freising (Hegilinhusen), c. 1030, 68, 69.
„Hegilinhusen", s. Hegelhausen.
„Heybs, Heubs", Gegend b. Ulmerfeld, N.-Oest., 1265, 240, 254; 1277, 332, 353; 340, 361; 1316, 506, 81. Landrichter: Otto comes de Hardeke, erw. 1265, 240, 255.
„Heidecke, Frid. nobilis de —", 1361. 738, 334.
Heidenreichstein, N.-Oest., OMB. (Heidenrichestein), 1249, 155, 151.
„Heidenrichestein", s. Heidenreichstein.
„Heidoluingen", s. Haindlfing.
Heiligenkrenz, N.-Oest. (s. Crux), Aebte: Pilgrinus, 1247, 149, 145.
Heiligenstadt, Preuss.-Sachsen (Heiligenstat), 973, 38, 39.
„Heinburch", s. Haimburg.
„Helke, Heidenricus de — quondam official. de Lok", Krn., 1253, 168, 166.
„Hell, -e, -r", s. Hello."
Helfenstein, Wirtemberg (Helfenstein), Grafen: Ulricus, 1361, 738, 333.
„Hello, Helle, Hallo, Hell, -er, Frider. dictus —", N.-Oest., 1277, 352, 373; 353, 374; 355, 376; 1278, 361, 384; 362, 385; — domicellus cur. Frisingen., 1283, 373, 397; 378, 404; — von Anrolfingen, 1293, 403, 442; 1301, 444, 14; 446, 16; — burgrave ze Oberwelcz, 1304, 452, 22; Peter 'der —, 1319, 536, 118, — burger ze Welcz, 1325, 560, 146.
„Hendleinsperg", s. Handelsberg.
„Herrantstein",
„Herranstein", } s. Hörnstein.
„Herbipolis", s. Wirzburg.

„Herbotendorf, Herborten-, Hermannus de —", OWW., 1270, 287. 313.
„Herbortendorf", s. Herbotendorf.
„Hertemberch, Herten-", s. Hirtenberg.
„Hertstetten", s. Hirnchstetten.
„Hergoltspach", s. Ergoltsbach.
„Heriwartesdorf", s. Hörbersdorf.
Hermannsdorf,? N.-Oest., b. Blindenmarkt (Hermansdorf), Jacob v. —, 1284, 385, 421.
Herschenhofen, Bai., Landg. Freising (Horsenhouen), Gerwicus de —, c. 1160, 112, 110.
„Herwerger", s. Hörberg.
Herzoge, s. Baiern.
  Brieg,
  Burgund,
  Kärnten,
  Croatien,
  Dalmatien,
  Teschen,
  Troppau,
  Falkenberg,
  Glogau,
  Liegnitz,
  Oppeln,
  Oesterreich,
  Rotenburg,
  Sachsen,
  Schweidnitz,
  Stettin,
  Steiermark.
Herzogenberg, der —, b. Berchtoldsdorf, b. Wien (Herczogenperig), 1332, 611, 196.
„Herczogenperig", s. Herzogenberg.
Herzogenburg, N.-Oest., b. s. Pölten, Kloster (fratres s. Georgii), 1158, 105, 104.
  Pröpste: N., c. 1230, 130, 130.
„Heslang", Bai., C. de —, 1281, 369, 394.
Henberg, N.-Oest., b. Scheibs (Huperge, Heu-), Ditricus de — et Pilgrinus frater eius, Fridericus de —, 1261, 209, 217.

„Heubs", s „Heybs".
Hennburg, Krnt. (Hunenburch, Hewnen-, Hevn-, Haevnen-, Haevn-), Grafen: Willelmus de —, 1243, 142, 138; Vlricus, 1266, 258, 278; Fridericus, 1270, 284, 310; Vlricus, 1277, 349, 369; 1296, 415, 456; —, filia eius sponsa comitis Chvnradi de Ruxingen, 1297, 419, 459; —, s. tochter Elspet hsfraw grave Heinrichs v. Hohenloch, 1304, 452, 21.

Hounfels, Tirol, Pusterthal (Hivnuels, Hovnen-), Burg (castrum): 1285, 393, 430.
Genannte: Jordanus de —, 1251, 158, 156.

„Heusib, Hew-", s. „Haesic".
„Hewnenburch", s. Heunburg.
„Hüttenfurt, -e", s. Hüttenfurt.
„Himperch", s. Himberg.
Himberg, N.-Oest., b. Wien (Hintperc, -perch, Him-), Vlr. de —, c. 1158, 107, 106; Irenfridus de —, 1229, 129, 129; Vlr. de —, 1243, 142, 138; Chúnr. de —, 1246, 148, 144; 1253, 167, 165; Irnfridus de — erw., 1256, 184, 187, 188; frator s. Chunr., 188.

„Hintperc, -ch", s. Himberg.
Hinterberg, N.-Oest., b. Amstetten (Hinterperch), Hertreich v. —, 1316, 516, 90.
Hintereck, O.-Strm., b. Oberwelz (Hinterekke, -ekk, -ek, Hinder-), 1285, 390, 426; 391, 427; 1316, 514, 87; 515, 89; 1317, 522, 98; 1325, 560, 145; 1361, 741, 336.
Schwaigen das.: des Schuster swnig in dem Winchel, 1361, 741, 336.
„Hinterekke", s. Hintereck.
Hirtenberg,? Krn., b. Laibach (Hertenberch, Hertem-), Burg (castrum): 1252, 165, 162.
Genannte: Gerloch de —, c. 1215, 127, 127; 1252, 165, 161, 162, 163; 1253, 166, 166, — u. Frider. fratres de —, 1270, 290, 314;

pater eorum G. erw. 315; Gerlochus de —, 1278, 361, 84; — domicell. curie Frising., 1283, 373, 397; 1285, 392, 429; 393, 430; 1291, 402, 439; Ott von —, 1318, 526, 101; 528, 105.

„Hirn, die hûbe diu da haizet an dem — ze Haberuelde", 1285, 388, 424.

Hirschberg, Bai., Mittelfranken (Hirzperch), Grafen: comitissa, 1254, 170, 168.

Hirschstetten, N.-Oest., Marchfeld (Hertstoten), Weichart, Heinr. u. Götfrid di prûder v. —, 1325, 561, 146.

„Hirzperch", s. Hirschberg.
„Hivnuels", s. Heunfels.
Hopfenbach, U.-Krn. (Hopfenbach, Hoph-), Mainez v. —, 1309, 480, 456; fraw Sophei Albrechtes v. — hsvrawe, vrawo Christein, vrawe Isalde u. vrawe Elspot die vrawen von —, 1313, 496, 73.

„Hohperchah", s. Hohenbercha.
„Hohemberg", s. Hohenberg.
„Hohenaw, owe", U.-Krn., 1306, 455, 24; 1307, 465, 39; Burgstall das. (burchstal), 1306, 455, 24.
Genannte: Meuhardus de —, 1270, 290, 315; Teyn Perengeres swester von —, 1306, 455, 24; Vlr. Meinhartes svn v. —, Perenger weilent v. —, fraw Teyn s. tochter, 1307, 465, 39.

Hohenbercha, Bai., Landg. Freising (Hohperchah, Perhah, Perch-), 1025, 62, 63; c. 1030, 68, 69. Genannte: Heinr. de —, c. 1160, 112, 110.

Hohenberg, Wirtembg. (Hohemberg). Grafen: Albrecht pyscholf ze Frising, 1359, 734, 325.

„Hohenburch", s. Hohenburg.
Hohenburg, Bai., Landg. Wasserburg (Hohenburch, -k), Heinr. de —, 1244, 143, 139; 1245, 145, 141; — et Gebhardus de —, 1246, 148, 145; Heinr. de —, 1248, 153, 149.

27*

Hohenkeller, Tirol, b. Botzen (Altum Chellari, Chelor), c. 1070, 87, 88; Pfarre (ecclesia): 1266, 264, 284; Pfarrer: Bonicontrus canon. Trident., 1266, 264, 284.

„Hohenloch", s. Hohenlohe.

Hohenlohe, Wirtembg. (Hohenloch, Hoen-), Grafen: Heinreich, Elspet s. hsfr. grave Vlriches tochter v. Haevnburch, 1304, 452, 421; Gerlacus, Kraffto et Gotfridus, 1361, 738, 334.

Caplan d. Grafen: Heinreych, 1304, 452, 22; s. auch Braunecken.

„Hobeñowe", s. „Hohenaw."

Hohenstein, Dtschld., wo? (Hohenstein), Grafen: N., 1270, 284, 310.

Hochstetten, Bai., wlches? (Hohstetten), c. 975, 40, 41.

„Hoenloch", s. Hohenlohe.

„Hof, lehen an dem —", N.-Oest., b. Randek, 1330, 598, 183.

„Hof, Wolfger an dem —", N.-Oest., b. Seitenstetten, 1340, 685, 278.

Hof, Tirol, Pusterthl. (Hof), 1273, 298, 322; Genannte: Chvnr. u. Heinr. filii Chvnradi dicti Prenten de —, 1251, 158, 156; Alhait v. — gehaizen Cholgi, ir veter Vlr. der Chunater, ir swester Perht v. Iuchbingen, 1357, 721, 312, 313.

„Hofahaim, Houaheim", s. Hofham.

Hofkirchen, Bai., Landg. Erding (Houechirichen), Capelle das. (capella): 1147, 103, 101.

„Houechirichen", s. Hofkirchen.

Hofen, Gross-, N.-Oest., Marchfeld (Houen.), 1298, 424, 464.

„Houen", Bai., Chunr. de —, c. 1190, 123, 122.

Hofham, Bai., Landg. Weilheim (Hofahaim, Houaheim), 763, 1, 1; 802, 7, 8.

Hollabrunn, N.-Oest., OMB. (Holaerbrünne), Pfarrer: Gotschalcus, 1242, 141, 137.

„Holaerbrünne", s. Hollabrunn.

„Holenburch", s. Holenburg.

Holenburg, N.-Oest., b. Krems (Holenburch, Holn-), 1158, 105, 103; 1189, 122, 121; c. 1230, 131, 130; 1277, 324, 347; 2316, 518, 93; 1336, 596, 182; 597, 183; 601, 186; 1359, 734, 326.

Pfarre (pfarre): 1316, 518, 92, 93.

Marktrecht (marcht u. burgerleiche recht): 1359, 734, 326.

Wochenmarkt (wöchenmarkt): 1359, 734, 326.

Haus das.: haus der stiefchind Alrechts des Sam, 1330, 601, 186.

Ueberfur (passagium): 1274, 302, 325; 1276, 312, 335; 314, 337; 1277, 352, 372; 353, 373.

Wein: 1355, 713, 305.

Pfarrer: Heinricus, 1276, 314, 338; 316, 340.

Richter: Ortolf amman, 1284, 386, 422; Chünr. Gûtman, 1324, 555, 135; — weilen, 1331, 604, 189; Ruger der Druchsecz, 1331, 604, 189.

Amtleute: Ortolf richtaer, 1284, 386, 422.

Holenstein; N.-Oest., b. Waidhofen a. d. Iba (Holnstain, Holln-, Holle-, Holnsten), 1276, 310, 333; 1277, 340, 361.

Pfarre (ecclesia): 1258, 191, 196; 192, 197; 1262, 213, 220; 1263, 227, 240; 1264, 233, 247; 234, 278; 236, 250; 1265, 237, 251; 238, 252; 241, 255; 242, 257; 255, 275; 1266, 252, 269; 259, 279; 1267, 270, 293, 294; 271, 295; 1335, 653, 238; 654, 241; 242; 1340, 685, 278.

Pfarrer: Heinricus, 1264, 233, 247; 234, 248; 236, 250; 1265, 238, 252; 249, 267; 252, 269; 255, 275; mag. Hermannus can. s. Andree Frising'., 1267, 270, 294; 271, 294, 295.

„Holesceit", N.-Oest., b. Ardacker, 1049, 76, 79.

„Hollingen", s. Holzolling? Olling?

„Holnstein", s. Holenstein.
„Holtze", O.-Strm., Otto de —, 1285, 390, 426.
„Holze", s. Holzmann.
Holzhausen, O.-Bai., wlches? (Holzhus, -en), Gholfcrus (!) de —, 1166, 113, 112; Wolfer de —, 1182, 119, 118.
„Holzhus, -en", s. Holzhausen.
Holzmann,? — michel? —, mül,? Bai., b. Gruntegerubach (Holze), 875, 22, 21.
Holzolling,? Bai., Landg. Miesbach (Ollingen), Heinr. de —, 1246, 148, 145.
„Honburch", O.-Oest.? Hainr. v. —, 1338, 675, 267.
„Hönkler, Wornhart der — des abbts von Scytasteten hold, 1338, 672, 261.
Hörberg, U.-Strm., b. Wisell, Herwerger, Seyfrid der —, 1309, 480, 57.
Hörbersdorf, Bai., Landg. Mosburg, (Herivuartesdorf), c. 1000, 51, 52.
„Hornler, Welfel der — burger ze Waidhouen", 1336, 659, 246.
Hörnstein, N.-Oest., b. W.-Neustadt (Herrautstein, Herranstain), 1267, 267, 288.
   Grafschaft (comicia): 1267, 267, 289.
   Pfarre (ecclesia): 1267, 265, 285, 286; 1270, 292, 316; 1277, 345, 364.
   Burg (castrum): 1266, 262, 283; 1267, 267, 289, 290; 1277, 345, 364, 365.
   Pfarrer: mag. Vlricus canon. Patavien., prothonot. regis Bohemie, 1267, 265, 287; 1270, 292, 316; Perhtoldus vicar., Wolfkerus frat. eius, 1267, 265, 285, 286.
   Grafen: Chunr. (com. de Niwenburch sive de —), 1254, 174, 173; 1267, 267, 289.
   Amtmann: Wolfkerus, 1263, 230, 243.

Genannte: Eticho de —, 1246, 148, 144; Pernhardus de —, 2263, 230, 243.
„Horsenhouen", s. Herschenhofen.
„Horssindorf", N.-Oest., Wlvingus de —, 1262, 221, 230.
„Hovnburch", s. Haimburg.
„Hovnenvels", s. Heunfels.
„Houhen", s. Hausen.
Hub, N.-Oest., b. Amstetten, wlchs? (Hůb, -o), 1313; 493, 69; 1325, 562, 147; 1328, 584, 167.
   Genannte: Heinr. der -aer, 1285, 389, 425; Fridr. der -er, Ludweich s. brůder, 1328, 584, 167; Chůnr- der —, Brid s. hafraw, 1329, 590, 173, 174.
„Hubaer", \
„Hůbe",   } s. Hub.
„Huber", /
Hubeck, N.-Oest., b. Waidhofen a. d. Ibs, Hubekker, Wornhart der — richter ze Waidhouen, 1336, 660, 247; 1338, 672, 262.
„Hubekker", s. Hubeck.
„Huperge", s. Heuberg.
Hüttendorf, N.-Oest., Umb. (Hutendorf), Vlr. de —, 1243, 142, 138.
„Hutendorf", s. Hüttendorf.
Hüttenfurt, Bai., Landg. Landshut (Hittenfurt, -o), Ainwicus et fil. eius Rödolf de —, c. 1180, 116, 114; Chůnr. de —, 1187, 121, 120.
„Hutichar", Bai., b. Freising c. 1030, 68, 69.
„Hůtreitter, Niclas der —, Katrey s. hsfr.", Klost.-Neuburg? 1338, 670, 258, 259.
„Hůglinger, Hainr. der — auz der Wachaw", N.-Oest., 1297, 420, 460; 421, 461; s. geswei Alram richter ze Amsteten 461.
„Humbel, -n", s. Hummel.
Hummel, Bai., Landg. Freising (Humbel, -n), C. de —, c. 1230, 130, 130; Chunr. de —, 1242, 141, 137; — pincerna Frisingen, 1245, 145, 141;

1249, 155, 152; erw., 1256, 184, 187.
„Humiste", s. Imst.
„Hunenburch", s. Heunburg.
„Hungerperger", s. Hvngerperig.
„Hungerperig, Hungersberg, Hungerperg," N.-Oest., b. Amstetten, 1313, 493, 69; 1325, 562, 147; der -er, ze Abetzdorf, 1332, 612, 197.
„Hungersberg", s. Hungerperig.
Hühnersberg, der —, Krnt. (mons Huonaresperch), c. 1060, 79, 82.
„Hvnswegen, -wich", Bai., Heinr. de —, canon. Frisingen, 1269, 275, 300; 279, 304; 280, 305.
„Hvnswich", s. Hvnswegen.
„Hüntstorf", s. Unzdorf.
„Huonaresperg", s. Hühnersberg.
„Hûrnein", s. Hurnin.
„Hurnin, Hŷrnein", N.-Oest., Otto dictus —, 1261, 209, 217; Seifrid —, 1323, 547, 128; 1337, 667, 255.
„Hvse", s. Haus.
„Hûse", s. Oberhaus?
„Husek, -ke, s. Hauseck.
„Hŷseler, Fridr. der —", N.-Oest., OWW., 1335, 644,'299, 230.

I. J.

„Jagberch", Grafen: Haug, 1301, 444, 14.
„Jaistorf, quod wlgo dicitur in der Planitzen", b. Murau, 1285, 390, 426; 391, 427.
„Ibach", Krnt.,? Haertwich de —, c. 1215, 127, 127.
Ipern, Belgien (Eipen), Tuchfabrication (tuech): 1319, 536, 117; 537, 118.
„Ibisa", s. Ibs.
„s. Ypolitus, I.-", s. s. Pölten.
Ibs, N.-Oest. (Ibisa, Y-, Ybsa, Ybs), Fluss, 1034, 74, 75; 1293, 406, 445; 1298, 424, 464; 1332, 610, 195.
Stadt: 1256, 186, 191, 192; 1330, 603, 188, 189.

Pfarrkirche: 1270, 287, 313.
Haus das.: haus Ruprechts des Smerbauch in der obern stat an der Tvnaw, 1330, 603, 188.
Fridhof (cimiterium): 1256, 186, 193.
Pfarrer: N., 1330, 603, 188.
Richter: Symon der alde richter, 603, 188.
Bewoner: Ruprecht der Smerbauch, Matze s. hsfr., 1330, 603, 188; Rapot der Rôsman, Albait s. hsfr., 1338, 673, 263.
Juden: Schevbl, 1338, 673, 263.
„Ybsa", s. Ibs.
Ibsfeld, das —, N.-Oest., b. Blindenmarkt (campus Ibsvelde), 1277, 325, 347.
Italien, s. Lombardei.
„Iticensis chorus", } s. Innichen.
„Iticina",
„Yduich", s. Irdning.
„Yeheniz", (!) s. Jessenitz.
Jessenitz, N.-Oest., b. Scheibs (Yehenicz, Giesenich, Gesentz, Gesitz, Yeseutz, Gesnitz, Jesnitz), Otto de —, 1270, 287, 313; Pernhart der -er, richter ze Amstetten, Chûnrat s. brûd., 1330, 594, 177, 179; Haug s. brûd., 179; 1332, 612, 197; Chûnrat der -er, Pernhart richter ze Amsteten, Heinr., Haug u. Härtel gebrûder, 1333, 616, 205; Chûnr. der — Pernhart s. prûder richter ze Amstetten, 1333, 620, 205; 625, 211; Haug der —, 1333, 621, 206; Bernhardus de —, 1334, 635, 221; Haug der —, 1335, 647, 233; Pernhart der — ritter, Haug s. brûder, 1339, 680, 272.
„Jesnitz", s. Jessenitz.
„Ig", s. Igg.
Igg, Krn., b. Laibach (Ig, -e) Müle (mûlo an der Eysch): 1358, 732, 323.
— Bewoner: Mathia der Chŷmer, Haytman, Pernhart, 1358, 732, 323.

Genannte: Merchlein, Chfinrat, Fridereich u. Hainr. brůder v. — 1313, 496, 73.

„Igo", s. Igg.

Iglau, Mähren (Iglauia), 1262, 214, 223.

„Iglauia", s. Iglau.

„Ignis, Hermannus dictus — ciuis Frisacen.", c. 1300, 435, 6.

„Imileb", s. Memloben.

Inst, Tirol, Innthl. (opidum Humiste), 763, 1, 1.

„Inching",
„Inchhingen", } s. Innichen.

Innthal, Tirol, Gau (pagus Wallensium, 763, 1, 1.

„Intercipiis mons", Tirol XI. 91, 91.

Indersdorf, Bai., Landg. Dachau (Vndestorf), Pröpste: Chůnradus, 1320, 538, 119, 120.

„India",
„Iutica, -cha, -hha",
„Inticenum, -ina", } s. Innichen.
„Iutichinga, -en",

Ingeringbach, Strmk., b. Knittelfld. (Vudrim), 1181, 117, 115; 118, 116.

Innichen, Tirol, Pusterthl. (campus gelau quod dicitur India, Intichinga, Iuticha, -hha, -chingen, -tica in Pustris, -ticenum, -cina, Itycina, Inchingen, Inchh-, Inich-, Herrschaft (houmarchia, hofmarch): 1285, 382, 428; c. 1316, 520, 94; 1349, 697, 288.

Ort: 770, 2, 3; 788, 5, 6; 827, 11, 14; 1070, 84, 86; 1160, 110, 108; 1266, 253, 270, 271; 254, 274; 1269, 281, 306, 307; 1273, 296, 320; 298, 321, 322; 1285, 392, 429; 393, 430; 394, 430; 1301, 445, 15; 1307, 468, 42; 1308, 476, 53; 1334, 628, 214; 1339, 679, 270; 1351, 721, 312; 1363, 744, 339.

Kirchenbezirk: 1254, 175, 174; 1267, 268, 289.

Pfarre: 1267, 268, 291; 1327, 577, 161; 1328, 580, 163; 581, 164; 585, 168; 587, 170; Capelle: 1327, 577, 161.

Burg Haberberg (castrum Haberberch in Intica): 1266, 254, 274; s. auch Haberberg.

Bisch. Haus das. (domus episcopal. prope monast. s. Candidi): 1327, 577, 161; 1328, 585, 168.

Kloster (cellula s. Petri et s. Candidi, monaster. s. Candidi): 770, 1, 3; 816, 9, 11; 822, 10, 12; 827, 11, 13; 828, 12, 15; 13, 15; 861, 19, 19; 972, 35, 34; 992, 44, 45, 46; c. 995, 48, 49; c. 1030, 63, 65; 1065, 80, 83; c. 1065, 82, 84; 1070, 84, 86; 1251, 158, 156; 1259, 201, 206; 1266, 253, 272, 273; 1268, 274, 299; 1285, 394, 430; 1307, 466, 40; 1327, 579, 163; 1328, 581, 164; 585, 168; 586, 169; 587, 170.

Haus: Pertleyns des sneyder, 1337 662, 251.

Riedou: in dem Prûl vnder dem Chrantze, 1357, 721, 312.

Schergenamt (schergen ambt): 1349, 697, 288.

Wochenmarkt (forum septimanale): 1303, 451, 21.

Vogtei: c. 1180, 116, 113.

Capitel: 1327, 577, 161; 1328, 580, 163; 581, 164; 585, 168.

Aebte (nach 1140 Pröpste): Hitto, 827, 11, 14; s. dann überhaupt Freising. Bischöfe: Richerus, 1166, 113, 111; Ortolfus, 1189, 122, 121; O. de Schounck, 1280, 367; 392; Chunradus, 1281, 369, 394; 370, 395; 1285, 392, 429; graf Emch, 1301, 444, 14; Berchtolt v. Gebolspach chorh. ze Freising, 1306, 456, 26; 457, 27; 1307, 465, 39; 466, 40; Wolfhart v. Röhlingen, 1313, 493, 69; 494, 70, 71; N., c. 1320, 541, 123.

Dechante: Altmannus, 1251, 158, 156; 1261, 211, 208; Chvnradus, 1269, 281, 307; G., 1301, 445,

15; Geroldus, 1307, 468, 42; Heinricus, c. 1320, 541, 123; Marqnardus, 1327, 577, 161; 1328, 586, 169.
Pfarrer: Marquardus 1267, 268, 291.
Scholastiker: Gotschalcus, 1261; 211, 218; 1268, 274, 299.
Chorherren: Ditricus, Vlricus, Albwinus, 1251, 158, 156; Chunradus, 1259, 201, 206; Marqnardus, 1259, 201, 207; Rvdgerus, 1261, 211, 218; Marquardus pleban., Wilhelmus pleb. in Sylian, 1267, 268, 291; Chuur. Taveler, Marquardus fil. quondam Heidenrici militis, Altmannus fil. quond. Heinrici militis, 1268, 274, 299; Heinr. dictus Lucerna, Geroldus de Brûnnck, Heinr. de Virg, Rudgerus, Heinr. dictus Porger, Marquardus, 1307, 468, 42; Dyetr. der Haberberger, Vlr. ab dem Tnessenberch, 1337, 662, 250; Berchtold der Porger, Vlr. ab Taessenperch, 1339, 679, 271.
Nonnencaplan: Vlr. capellanus sororum, 1259, 201, 207.
Präbendare: Rûdgerus et Nycol. Naegellinus notarii episc. Chunradi Frising., c. 1320, 541, 123.
Klosterschreiber (tabellarii, scribe canonicor.): Chûnradus, 1251, 158, 156; Richprandus, 1259, 201, 207.
Vögte: Adalramus, 1065, 80, 83; c. 1065, 81, 83; 82, 84.
Stiftskämmerer (weltl.): Gebhart, 1339, 679, 271.
Freis. Pfleger: Berchtold der Cholbech, 1314, 498, 75; Hainr. der Rötel amptm. ze Haberberch, 1339, 679, 270.
Freis. Amtmann: Rudgerus miles, 1273, 298, 321, 322; N., 1285, 392, 428, 429; 1317, 523, 99; Hainr. der Rötel, 1337, 662, 250; s. auch Haberberg.

Freis. Schreiber: Pertol, 1337, 662, 251; 1339, 679, 271.
Mautner: Nykla der zolner, 1339, 679, 271.
Freis. Richter: Mertlinus de Cuvedvn, 1261, 211, 218; c. 1316, 520, 95.
Görzischer Richter: N., 1285, 392, 428, 429; c. 1316, 520, 95.
Ministerialen des Stiftes: (?) Geroldus, Marquardus, Eckardus, Heidenricus, 1251, 158, 156.
Bewoner: Albertus filius quond. Heydenrici militis, Fridor. fil. quond. Rûdgeri militis, Rûpertus, Perchtoldus Cholbechk, 1307, 468, 42; Perchtold des Knouschen aydem, Dyemût Nyclas hsvrow, 1337, 662, 250; Andre Pfcfferstoch, Pertel der sneyder, Merchel der Geyger an dem Perge, 1337, 662, 251; Chûntz Weygleyns svn, Gattrey s. hsfr., 1339, 679, 270; Paul der sneider aus dem mart, 1357, 721, 313.
Genannte: Diemodis de —, et frat. eius Hertnicus, 1261, 211, 218; Marquardus et Heinr. fratres filii quond. Rudgeri militis de —, 1268, 274, 299; Perchtoldus de —, 1269, 281, 307; Chûnzel v. —, dienr bisch. Emches, 1308, 476, 52; Perht v. —, ir brûder Vlr. der Chunater, s. mûme Alhait v. Hof gehaizzen Cholgi, 1357, 721, 312, 313.
„Iniehing, -en", s. Innichen.
Inning, Bai., Landg. Starenberg (Vuigen, Undingen), Gotfridus de —, 1182, 119, 118; Berchtolt v. —, chorb. ze s. Veyt ze Freising, 1306, 457, 27.
Innsbruck, Tirol (Insprug, -a, -g), 1327, 578, 162; 579, 163; 1331, 606, 191.
s. Johann, Stift, s. Freising.
„Johanstorf", Bai., Pfarrer: Eberhardus canon. Patanien., 1224, 128,

128; postea pleb. in Probstorf, c.
1225, erw., 1256, 184, 188.
„saud Jörgen", s. s. Georgen.
Irdning, O.-Strm., Enstbl. (Ydnich):
Pfarrer: mag. Gerhardus, 1296,
416, 457.
„Yrolczueld", s. Euratsfeld.
Isar, Fluss, Bai. (Isura), 763, 1, 1.
Istrien, 1067, 83, 84; 13:0, 482, 58.
Markgrafen: Bertoltus, 1182, 119,
118; Heinricus nepos Ottonis
episc. Frising., c. 1215, 126, 126;
erw., 1229, 129, 129; 1236, 135,
133; 1277, 336, 357.
Isen, Bai., östl. v. München (Isona,
-ina, Isu), 1025, 62, 64.
Pröpste: Heinricus, 1273, 299, 323;
1274, 303, 326; 1281, 369, 394;
Hugo com. Siluester frat. Em-
chonis episcopi et Friderici
quond. magistri milicie Templi,
1296, 416, 457; 417, 457; 1297,
419, 460.
Isel, Bach, Tirol, b. Lienz (Ysel),
1363, 744, 339.
„Isemanningen", s. Ismaning.
„Isina", s. Isen.
Ismaning, Bai., Landg. München (Ise-
manniugen, Ism-), Fritilo de —, c.
1160, 112, 110; —, Conradus et
Sigihardus fratres eius, c. 1180,
116, 114; Gerolt de —, 1187, 121,
120.
„Ismunningen", s. Ismaning.
„Isoua", s. Isen.
„Isura", s. Isar.
Juden: Ysaac (Venetien), 972, 35, 34;
992, 44, 45.
Lvblinus (Lev-) et Nekelo fratres
comites camere ducis Austrie,
1257, 187, 193; 1267, 266, 288.
Lebman von Wiennen, 1303, 450,
20; 1307, 461, 32; 462, 33; 463,
34; 1308, 475, 50; 51; 1311,
485, 61.
Schevbl ye Ybs, 1338, 673, 263.
Häsl, 1356, 718, 309.

Chatschim von Cilli, Musch weil.
Isserleins sun von Marichpurch,
Alfrech von Frisach, 1365, 748,
346.
„Judenburch", s. Judenburg.
Judenburg, O.-Strm. (Judenburch,
—burga), c. 1245, 147, 143; 1252,
164, 160; 166, 163, 164; 1299,
427, 468; 428, 468; 1300, 429, 1;
430, 2; 432, 3; 1301, 438, 8; 440,
11; 441, 11; 442, 12; 1309; 478,
55; 486, 62; 1331, 603, 190; 1335,
650, 235.
Kloster Paradeis (samenunge s.
Claren orden, closter — bei
Judenburch gelegen an der Mür):
1319, 531, 109.
Pfarrer: N., 1299, 427, 467; 428,
68; Hainricus, 1300, 429, 1; 432,
3; 434, 5; 1301, 438, 7; 440, 9;
441, 11; 442, 11.
Aebtissinnen: sw. Diemůt, 1309,
478, 54; Margret, 1335, 650, 235.
Nonnen: Levkart swester Fritzes
u. Vlreichs von Savrowe, 1309,
478, 54; 1335, 650, 235.
Richter: Liebhardus, Jacobus nepos
eius, 1300, 434, 6; Jacob, 1309,
478, 55; Herman, 1319, 531,
110.
Schulmeister: magist. Hertricus,
1300, 434, 6.
Bürger: Halnr. der chramer, Mer-
chel der chrame, Nycla der
chuersner, 1319, 531, 110; Vlr.
Grůber, 1325, 560, 145; Jans der
Truller, Jacob der sneyder, Jans
der Perman, 1331, 603, 190;
Nykla der Weniger, Kathrey s.
hsfrow, 1331, 605, 189; 1334,
632, 218.
Genannte: Erchengerus de —, Ch.
de —, 1285, 390, 426; Jans u.
Ottl des Cholben sun von —,
1334, 641, 226.
„Judevs, Ortolfus — miles" 1248, 153,
149; Ludwicus — canon. s. Viti,
1276, 314, 338.

„Judman, Albertus — domicell. curie Frisiug.", 1283, 373, 307, Johans der — von Rorenuels, 1361, 739, 334.

„Justiugo", s. Justingen.

Justingen, Wirtemberg (Justinge, -u), Anshelmus do —, 1242, 141, 137; 1243, 142, 138.

„Justiuopolis", s. Capodistria.

L.

Laab, N.-Oest., b. Wien (Lovp, -pe), 1242, 140, 137; 141, 137.

Lappach, Bai., Landg. Bruck (Loupach), 1060, 78, 80.

„Labella", Südtirol, Richter: Heinricus, 1166, 113, 111.

Laber, Bai., Landg. Rotenburg (Labir), Wernherus de —, 1243, 142, 138.

„Labir", s. Laber.

„Lapide, de-", s. Stein.

Lach, N.-Oest., bei Ibs (Lohe) Rugerus do —, 1270, 287, 313.

Lack, U.-Krn. (uilla Lonca citra aquam Gurk sub castro Orishek), c. 1215, 126, 126.

Lack, Krn., b. Laibach (Lonca, -ka, Loka, Lok, Lonk, -e), 973, 37, 37; 1074, 89, 87; 1160, 110, 108; c. 1215, 126, 126; 127, 126; 1248, 153, 149; 1251, 157, 155; 1252, 165, 163; 1257, 189, 195; 190, 196; 1259, 199, 205; 200, 206; 1261, 208, 216; 1262, 212, 220; 1263, 226, 238, 239; 231, 244; 232, 245; 1265, 247, 264; 1269, 275, 299; 288, 305; 1270, 290, 315; 1272, 293, 317; 1273, 298, 322; 299, 323; 300, 323; 1274, 306, 329; 1275, 309, 333; 1277, 324, 346; 1278, 361, 384; 362, 385; 1280, 367, 392; 1283, 374, 397; 1286, 397, 433; 1291, 402, 439; 403, 440; 1295, 409, 450; 410, 450; 412, 453; 413, 454; 1297, 419, 460; 1300, 433, 5; 1301, 439, 9; 443, 13; 444, 14; 445, 15; 447, 17; 1306, 456, 25; 457, 29; 1307, 465, 39; 466, 40; 467, 41; 469, 43; 1308, 472, 48; 476, 52; 477, 53, 54; 1309, 479, 55; 480, 57; 481, 59; 1313, 494, 69, 70; 496, 74; 1314, 498, 75; 1315, 503, 79; 1318, 524, 100; 525, 100, 101; 526, 102, 103; 527, 104; 528, 106; 529, 107, 108; 530, 109; 1319, 533, 119; 1321, 542, 124; 543, 125; 544, 126; 1323, 550, 131; 1326, 566, 152; 1332, 607, 192; 1340, 686, 279; 1347, 694, 286; 1349, 700, 293; 1352, 707, 299; 1357, 723, 315; 1365, 748, 346.

Pfarre (eccl. parrochialis): 1319, 535, 116; 1320, 538, 120; 1352, 705, 297.

Kirche: 1248, 153, 150.

s. Jacobscapelle: 1293, 403, 443; 1358, 727, 317.

Clarissorinen-Kloster (monast. ord. s. Clare, vrowen chloster s. Claren ordens): 1358, 727, 317; 730, 322, 732, 321.

Landgericht (iudic. prouinciale): 1257, 188, 194; 1274, 306, 329; 1280, 366, 391.

Amt (officium): 1268, 273, 298; 1259, 275, 300.

Jagd- u. Forstrecht (ius foreste et venationis): 1268, 273, 298; 1269, 279, 303.

Ringmauer (rinchmaur): 1314, 499, 75; 1352, 707, 299.

Thurm der Stadtmauer (gemaweter turn an der rinchmaur): 1352, 707, 299.

Bisch. Kasten (chasten): 1293, 403, 441.

Hofstätten das.: hofstat ze nachst bei der burg iunerhalb der rinchmavr da dez Volchen havs avf gestanden ist, 1314, 499, 75; hofstetten oberhalp der mül au der Zäür pei dem purgtor, 1357, 722, 313.

Müle: 1357, 723, 314.
Steinbrücke (stainen prugg pei dem purgtor): 1357, 723, 313.
Gärten (pavmgaerten u. gaerten): 1314, 499, 75.
Burgthor (purgtor): 1357, 722, 313.
Thurm der Burg (tvren): 1308, 472, 47.
Untere Veste (die nider vest, die nieder burgk): 1352, 707, 300, 1354, 711, 303; 1357, 724, 315.
Thurm ob derselben (turm gelegen ob der nidern vest): 1357, 724, 315.
Burg (castrum, pûrg, vest): c. 1215, 126, 125; 1262, 212, 219; 1268; 273, 298; 1275, 308, 331; 1283, 373, 397; 1286, 395, 432; 1307, 467, 40; 1314, 499, 75; 1318, 525, 100; 526, 102; 527, 103; 1365, 748, 346.
Liegenschaften bei —: Sluczelhub, 1263, 231, 244; Prechube et Racblini huba, 1263, 232, 245.
Pfarrer: N. prepos. Frising. dictus de Scuolt, † 1319, 535, 116; Fridoricus de Gloynch, Colocen. et Frisacen. canon., 1319, 535, 116; 1320, 538, 120; Emcho de Altzeya, 1320, 538, 120; Hilprandus Hak, 1355, 714, 306; 715, 307; 1358, 727, 317; 730, 322.
Vicare: Gotfridus, 1262, 222, 233; — filie cius Margareta et Katherina et mat. car. Golderinus, 1273, 300, 323; Henr. de Mülhusen, 1355, 715, 307; 1358, 727, 317.
Capläne: Stephanus, 1248, 152, 148.
Aebtissinen d. Clarenklosters: swest. Geysel, weilent Niclaws wirtin v. Laybach, Leon u. Osterman ir pruder, swest. Elzpet ir tochter, Otacher pharrer ze Stain ir prûder, 1358, 732, 323.

Nonnen: swest. Elzpet, tochter swester Geysels der aptessin u. Niclaus weil. v. Laybach, 1358, 732, 323.
Vögte: Herwicus, c. 1160, 112, 109.
Hauptleute (capitanei): N., 1332, 607, 192.
Pfleger: N., 1306, 456, 25; 1318, 528, 105; 529, 107.
Burggrafen (castellani, burcgraven): Wernherus, Conradus et Jacobus, 1262, 212, 219; Chvnrat, 1295, 409, 449, 410, 450; 413, 454; 1297, 419, 460; 1300, 433, 4; 1308, 477, 53, 54; 1309, 479, 55; 481, 58; N., 1318, 528, 105; 529, 107; Ortolfus de Poomok, 1358, 727, 119; s. auch die milites u. Ritter bei den „Genannten".
Burggraf d. Thurms ob der niedorn Veste: Vlrich von Stubenberg, u. burchgr. der vest ze Wildenlok, 1357, 724, 315.
Risch, Schreiber (notarii, schreiber): Wilhelmus, 1248, 152, 148; 1273, 299, 323; 300, 323; Johan, 1297, 422, 462; 1300, 433, 5; 1306, 456, 25; 1307, 457, 27; 1308, 477, 53; 1321, 544, 125; Niclaw, u. amman, 1349, 700, 292; — (schreiber auf der nidern burgkh), 1354, 711, 303; 1358, 732, 324.
Amtleute (officiales, amtman): Wernherus et Pertoldus erw, 1248, 153, 150; Heidenricus de Helke erw., 1263, 168, 166; Wernherus, 1153, 168, 156; 1261; 208, 216; 1262, 212, 209, 210; 1263, 231, 244; 232, 246; 1267, 272, 296; 1268, 273, 297, 298; erw., 1269, 275, 299; 279, 303; 1270, 283, 308; eius vidua Alhedis, 1269, 280, 304; eius frater Chuuradus, 1267, 272, 296; Martinus, 1273, 300, 323; Dietreich der Prenner, 1293, 403,

443; 1295, 409, 450; 413, 454;
Nyclaw schreiber, 1349, 700,
292; — phleger, s. hsfr. Margret,
1352, 707, 299.

Kämmerer: Wernherus, 1262, 212, 220.

Kellerer (cellerarius, chelner): Nycolaus, 1269, 280, 305; Albrcht Osrek, 1300, 433, 5; -weilent, 1314, 489, 74; 499, 76.

Mautner (tbelonearii): Reinhardus, 1261, 208, 216; Leonhardus, 1262, 212, 220; 1263, 231, 244; 232, 246.

„Sententiator": Rablinus, 1262, 212, 220.

„Nuncius", Paumannus, 1262, 212, 220; Hermannus, 1273, 300, 323.

„Preco": Wolfoldus, 1273, 300, 323.

„Walputo": Wulfingus, 1262, 212, 220.

Bogner (Sagittarii): Raebelinus et Pernhardns, 1248, 153, 150; Wernherus, 1269, 279, 304; 280, 305.

Richter: Albrecht, 1295, 409, 450; 413, 454.

Schöffen (sculteti): 1269, 279, 304.

Bürger und Bewoner: DVlacherius et fil. eius Bertoldus, Vlricus carnifex, Bernhardus faber, Gvtfridus carnifex, Çubellinus pelliparius, Richerus, Osridich, Wlfingus faber, Wuizo, Levtoldus, 1263, 232, 245; Gerbot et Hanne, 1293, 403, 443; Reimbrecht, 1295, 409, 449; Dominik der Rainisch, 1301, 439, 8; Lflll, 1318, 528, 105; 529, 107; 530, 108; Jacobus dictus Speyser, 1340, 686, 279; Dietr. der Prenner, 1357, 722, 313; Margret des Stuntzen tochter, ir tochter Susann, 1357, 723, 314.

Genannte: Pernhardus de —, 1184, 120, 119; Gerwicus de —, c. 1215, 127, 127; Leonhardus de — et filii eius Wernherus, Ja(cobus), Jevta, Richza, Morhardus, Agnes, Dimuda, c. 1230, 130, 129; Leonhardus de —, Gerlohus de —, c. 1230, 130, 130; Cunço de —, Engilradis de Rattenstein eius coniux, 1232, 132, 131; Gerlohus de —, 1248, 153, 150; Wernherus et Wilhelmus de —, 1251, 157, 155; Wülfingus de — dictus Raebel, Rihkarda de Minkendorf uxor eius, 1253, 169, 167; Wernherus Chunr., Wilhelmus de —, 1259, 199, 205; —, —, —; Jacobus, Reblinus de —, 1259, 200, 206; Wernerius et Conradus fratres de —, 1261, 206, 211; —, — et Jacobus fratres de —, 1262, 212, 219; mag. H. de — Frising. curie notar., 1262, 221, 230; 1263, 225, 238; Chunr. de —, 1263, 225, 238; Wernherus, Chunr. et Jacobus fratr. de —, 1263, 225, 239; 231, 245; 232, 246; Wernherus et Chunr. fratr. de —, 1265, 248, 265; Chvnr. de —, 1266, 258, 279; — miles de —, Wernherus officialis frat. eius 1267, 272, 296; Wlfingus et Reblinus de —, 1267, 272, 297; Chunr. de —, 1268, 273, 297, 298; — et Wilhelmus de —, 1269, 275, 300; Wernherus, Chunr. et Jacobus fratr. dicti de —, erw. 1269, 278, 302; Chunr. miles de —, 1269, 279, 303, 304; 280, 305; 1270, 283, 308, 309; 284, 310; 1273, 297, 320; Wernherus fil. quond. Wernheri de —, 1275, 308, 331; mag. Heinr. de — prepos. Werdensis, capellan. regis Otakari, 1276, 311, 334; Wernherus de —, 1276, 314, 338; Chunr. fil. quond. Wernheri (de —), 1278, 361, 384; 362, 385; 1280, 367, 392; 1283, 373, 396; Wernherus, Chunr. et Nicolaus fratr. filii quond.

Wernheri de —, 1283, 373, 397;
Nycolaus do —, 1283, 378, 404;
Heinr. de — clericus (= mag.
Heinr. prepos. Werden. et canon.
Frising.), 1284, 379, 404; 384,
408, 410, 411, 412, 413, 415; —
rector eccl. de Probstorf, 415,
416, 417, 418, 419; Heinr.
de — canon. s. Viti Frising., 1284,
384, 418; Wernherus dictus de
—, Wintherus de —, 1286, 395,
431; Wilhelmus de — pleban. s.
Martini et nepos eius Wilh.
1286, 395, 431, 432; Ch. dictus
de —, 1286, 395, 432; Wilhelmus fil. Chuneczlini de —, Wilhelmus de — pleban. s. Martini, 1286, 397, 434; Wernher
v. —, Nychlaw der Chrainer
s. brůder, 1291, 402, 429; Werenher et Chunr. ritter, Nychlawe
ir brueder, 1293, 403, 440;
Wilhelm v. — pharrer von s.
Martin, Wilhalm v. — weilent
Rebeleins sun, 1293, 403, 443;
Wernherus de —, uxor eius
Agneta filia Waltheri de Stayn,
1293, 405, 444; Chunrat v. —,
1297, 422, 462; 1301, 444, 14;
Wernher von —, 1301, 444, 14;
Chunrat von — ritter, 1301,
447, 17; 1306, 455, 24; 456, 26;
Dyetrich der Prenner von —,
1306, 456, 26; Chůnr. der ritter
von —, Nycla der Chrainer s.
průder, 1306, 456, 26; ir průder Wernher 27; Chůnrat von —
ab dem Turen, 1307, 465, 39; —
Nyclawe v. Stain s. swager,
1308, 472, 47, 48; C. v. ritter,
1308, 476, 52; 1313, 494, 69,
70; Wernher s. brůder, 70, 71;
Chvnrat von —, 1314, 499, 76;
— vnd Wernher pruedor v. —, Jeklein ir pruoder sun, Jacob ir
veter, 1315, 503, 79; Chůnr.
Schilher vnd Lienhart s. brueder
v. —, 1321, 544, 125.

Lack, Alten-, Krn., b. Lack (Altenlok), Wilhelmus de —, 1286, 395,
431.
Lack, Wilden-, Krn., b. Lack (Wildenlok, V-), Veste (vest): 1357,
724, 315.
Burggraf: Vlr. v. Stubenberg, phleger des turns ob der nidern vest
ze Lok, 1357, 724, 315.
Genannte: Vlr. de —, quondam
pleban. eccl. s. Martini prope
Chrainburch, 1311, 484, 60.
Lavant, Tir., b. Lienz, Lavanns,
Heinr. — notar. curie Frising., 1286,
395, 432; Lawans, Hainr. von —
1363, 744, 339.
Lavant, Krnt. (s. Andrā i. Lvtthlo.,
Lauent), Bischöfe: (Ulricus), erw.
1257, 190, 196; 1258, 198, 204;
1262, 224, 235; 1265, 239, 253;
246, 263; N. 1261, 210, 217; 1262,
215, 224; 217, 226; 218, 227; 222,
231, 232; 223, 233; 224, 234, 236;
1265, 246, 263, 264; 249, 266;
1299, 427, 467; 428, 468; 1300,
429, 1; 430, 2; 432, 3; 434, 5;
438, 7; 440, 10; 442, 12; Wluingus,
1302, 448, 17, 18; Wernherus,
1306, 458, 28; 459, 30; 460, 31;
1307, 464, 36, 37, 38; 1308, 471,
44, 45; Heinricus, 1333, 624, 210;
erw., 1357, 728, 319; Peter, 1358,
728, 319.
Bischöfl. Caplāne: Otto de Saͮraͮ
presentat. ad eccl. s. Petri prope
Welcz, 1306, 459, 29, 30; 460,
31; 1307, 464, 36, 37, 38; 1308,
471, 44, 45.
Bischöfl. Kanzlei: Nycolaus canon.
eccl. in Staevntz, 1308, 471, 45,
46, 47.
Bischöfl. Sachwalter: Kheffingerius
canon. et cellerar. Salzburgen.,
1262, 218, 227; Eberhardus,
1265, 249, 266.
Dompröpste: Vlr. archidyacon.,
1306, 460, 31; 1307, 464, 38;
1308, 471, 44.

Dekane: H. 1306, 460, 31.
"Lananus", s. Lavant b. Lienz.
"Lauentinus episc.", s. Lavant, Krnt.
"Laghugnano", Südtirol, Prantöh de
—, 1166, 113, 111.
"Layan", s. Laien.
Laibach, Krn. (Laibacum, -ch), 1247, 150, 148; 1262, 215, 224; 1265, 245, 262; 1273, 297, 320; 1283, 374, 398; 1318, 525, 100; 526, 102; 527, 104; 1347, 694, 286; 1358, 732, 324.
   Pfarrkirche s. Peter (plebs s. Petri): 1262, 222, 231; 224, 234.
   Niklaskirche (eccl. s. Nicolai): 1262, 222, 231.
   Pfarrer: Ludwicus archidiacon. Carn. et Marchie, 1262, 215, 224.
   Genannte: Reinwicus de —, c. 1230, 130, 130; Rudelinus de —, 1265, 248, 265; Niclaus v. —, Leo vnd Ostermann s. prüder, sein hsfrow swest. Geysel aptessin s. Chlaren chlosters ze Lök, sein tochter swest. Elzpet, sein swager Otacher pharrer ze Stayn, 1358, 732, 323.
Laibach, Ober-, Krn. (Oberlaybach), Geyselpreht v. —, 1308, 477, 53.
"Laybacum", s. Laibach.
"Laiter, der — im Chrumpek" b. Oberwelz, 1334, 632, 218.
Laien, Tirol, b. Bozen (Legian, Leian, Leuan (?), Leigianum, Layan), c. 1000, 52, 53; c. 1020, 59, 60; 1055, 77, 79; XI., 91, 91; c. 1100, 92, 92; 1266, 257, 277; 1328, 582, 155; 1334, 642, 227.
   Maier das.: Nyckel, 1334, 642, 227, 228.
"s. Lamberti monast.", s. s. Lambrecht.
s. Lambrecht, Kloster, O.-Strmk. (eccl. s. Lamberti), 1181, 117, 115; 118, 117.
   Aebte: Peringerus, 1181, 117, 115; 118, 116; N. 1262, 215, 224;

Otto, 1319, 535, 115; 1320, 538, 120, 121.
   Prior: Vlreich, 1358, 728, 319.
"sand Lamprechtzperg", Tirol, Pusterthal, Albrecht v. —, 1334, 628, 215.
Landenberg, Schweiz (Landenberg), Herman v. — marschalk in Osterroich, 1359, 734, 327.
"Landestrost", s. Landstrass.
Landstein, Böhmen, b. Tabor (Landstein), Hoierius et Leupoldus de —, 1361, 738, 334.
Landstrass, U.-Krn. (Landestrost, Lands-), 1252, 166, 164.
   Pfarrer: Lambertus capell. ducis Karinthie, 1266, 258, 278.
   Genannte: Ortolfus de —, 1261, 207, 215; Offe von —, 1306, 456, 24; 1309, 480, 56.
"Landstrost", s. Landstrass.
Langenpreising, s. Preising.
"Lantzawe", s. Lanzowo.
Lanzowo, U.-Krn. (Lantzawe), Fritze et Levtolde v. —, 1301, 439, 8.
"Lasach", N.-Oest.? Liutolt de —, c. 1130, 98, 96.
Lassing, N.-Oest., b. Holenstein (Laeznich), Porchtolt auf der —, 1338, 672, 262.
Lasnitz, O.-Strm., b. Murau (Lazinich), 1181, 117, 115; 118, 117.
Launsdorf? Krnt. (Lonesdorf, Lochnes-), c. 1020, 56, 57; c. 1030, 70, 71.
"s. Laurentii eccl.", s. s. Lorenzen.
Lausitz, Markgrafen, s. Brandenburg.
"Laureacum", s. Ens.
"Lawans", s. Lavant, Tirol.
"Lazinich", s. Lasnitz.
"Laeznich", s. Lassing.
"Lebaron",
Lobern, } s. Gemeinlebern.
Lebus, Preussen (Lubuc), Bischöfe: Heinricus, 1361, 738, 333.
Lottenwag, N.-Oest., b. Holenstein, Letenwager, Ott der —, 1338, 672, 261.

„Letenwager", s. Lettenwag.
„Lenan", } s. Laien.
„Legian", }
„Legspan, Haertel u. Görg die — von Pilhgraetz", U.-Krn., 1318, 525, 100; Jörg — v. Pilhgraetz, 1318, 526, 101; 1318, 530, 109.
„Leian", s. Laien.
„Leybacum", s. Laibach.
„Leybentz", s. Leibnitz.
Leibnitz, U.-Strm. (Leybents), Fridr. v. —, 1315, 500, 76.
Leipzig, Sachsen (Lipzich), 1262, 219, 227.
„Leihtenstain", (!) s. Liechtenstein.
Leitha, Fluss, N.-Oest. (Litaha), 1074, 90, 90.
Leithagebirge, das —, N.-Oest. (Litahaberge), 1074, 90, 90.
„Leiten", wo? Dietmarus de —, 1280, 367, 392.
Leiten a. d. Lies (Schönleiten), N.-Oest., b. Randegg (Schonenliten, Schonleiten), H. de —, 1270, 287, 313; N. -er, 1277, 320, 343.
Leitomischl, Böhmen (Luthomuschl), Bischöfe: Johannes imper. aule cancellar., 1361, 738, 338.
„Leigianum", s. Laien.
„Leimtasch, Heinr. der —, sweher Lienharts Frankvten svn"; Krn., 1308, 477, 53.
Leynoin, Niclos der —, burger datz Znoim, Chlar s. havrow, Herman s. brueder, Elsbeth s. havr.", 1338, 670, 258, 259.
„Leyninger, Jörgel der — richter ze Vyllach", 1357, 722, 314.
Leis, N.-Oest., welches? (Loiz), Alberno de —, 1261, 209, 216.
„Leiz", s. Leis.
Lengbach, Alten-, N.-Oest., b. Tulln (Lengebach, Longon-), Otto senex de —, 1158, 105, 103; Frider. de — 1270, 284, 311; — dapifer de 1270, 289, 314.
Lengdorf, Krnt., b. Spital (Lengindorf), c. 1060, 79, 82.

„Lengebach, Lengenp-", s. Lengbach.
Lengenfeld, Krn., b. Krainburg (Lengenfeld, -nelt), 1274, 306, 329; 1286, 395, 431.
„Lengenmos", s. Lengmos.
Lengmos, Tirol, b. Botzen (Lengenmos), Deutschordenscomthur (commendator): 1307, 469, 43.
„Lengindorf", s. Lengdorf.
Lenzburg, Schweiz (Lenzeburch), Grafen: Ōthelricus, 1140, 100, 98.
„Lenzeburch", s. Lenzburg.
„Leo, Heinr. —, camerar. (Inticen.?)", 1268, 274, 209.
s. Leonhard i. Lvttbl, Krnt. (s. Leonhardus), Pfarrhof (domus parrochialis): 1278, 358, 380; 359, 382.
„Lercher, Fritz der —", O.-Strm., 1319, 536, 118; 537, 119.
Lesach, O.-Krnt. (Lescah), c. 1030, 66, 67.
„Lescah", s. Lesach.
„Lovbel", s. Loibel.
„Leubmanstorf", s. Loipersdorf.
Leuchtenberg, Bai , O.-Pfalz (Loutemberg), Landgrafen: Johannes et Vlricus, 1361, 738, 333.
„Leutemberg", s. Leuchtenberg.
Leuzmannsbach, der —, N.-Oest., b. Amstetten (Lindzimannespah), 1034, 74, 76.
„Leuczmannus, Leutoldus et Katherina pueri -i, 1286, 397, 434.
„Lewen, Alb. in der —", Tirol, 1321, 543, 125.
„Loizniza, Lezniza", O.-Krnt., c. 1030, 71, 72.
„Lezniza", s. „Leizniza".
Liebenau, Bai. (Livbenowe), Grafen: Sifridus, c. 1180, 116, 114; N. hrw., c. 1232, 133, 131.
Liebenfels, Deutschland? (Lÿbenucls), Herman v. —, 1325, 560, 146.
„Libniza flumen", Krn., 1002, 53, 54.
„Liburna, Lurna": Krnt., kgl. Pfalz (curtis regalis), 891, 25, 23.
„Lipzich", s. Leipzig.

Liechtenstein, N.-Oest. (Lichtenstein), Heinr. de —, 1240, 139, 136; 1253, 167, 165; 1262, 214, 223; 221, 229, 230.

Liechtenstein, O.-Strm., b. Judenburg (Lichtstein, Liethn-, Lihten-, Leihten-, Liechten-), Burg (castrum): 1181, 118, 117.
  Genannte: Dietimarus de —, 1191, 117, 115; 118, 116, 117; Wlricus de —, 1263, 225, 238; — et Otto fil. eius, 1270, 284, 310; 285, 311; Otto von —, 1284, 385, 421; Ott der iung von —, 1301, 446, 15; 1302, 449, 19; 1309, 479, 55; — chamrer in Steyer, 1315, 500, 76; 502, 78; 1317, 522, 98; 1323, 551, 131; 552, 133; 1333, 613, 198; 1337, 661, 250; Rudolf von — (s. prueder), 1316, 510, 84; 514, 87; 515, 89; 1217, 522, 97; 1319, 531, 110; — chamrer in Steyer swager Vlreichs v. Walsee hauptm. in Steyer, 1337, 661, 248, 249, 250; Rudolf Ott v. — obrister chamrer in Steyer, 1365, 748, 343.

„Liechtschirben", Heinr. —", Tirol, 1269, 281, 307.

„Lichtstein", s. Liechtenstein.

„Litapah", Bai., c. 1030, 71, 72.

„Litaha", s. Leitha.

„Litahaberge", s. Leithagebirge.

„Litenner, Dietmarus dictus —", N.-Oest., 1281, 370, 395.

„Liethnstein", s. Liechtenstein.

„Litranum", Venetien, 972, 35, 34; 992, 44, 45.

Llenz, Tirol (Lůnz, Leunz, Lůntze, Luenz), 1275, 307, 331.
  Burggrafen: Heinricus, 1238, 138, 135; Chuuradus, 1251, 157, 155; 1262, 212, 220; erw. 1269, 278, 302; Courat, 1363, 744, 339.
  Bürger: Johans v. — (auch Joh. bei dem Törc), Heinr. s. svn Nyclaw der Pregler, 1308, 476, 51, 52.

  Genannte: Ernestus de —, 1285, 393, 430.

Liegnitz, Schlesien (Lignicz), Herzoge: Wenceslaus, 1361, 738, 333.

„Ligŏdo", Tirol, Pusterthl,? Altmannus de —, 1259, 201, 206.

„Lilienberch, Lilin-", Krn., Gebhardus de —, 1266, 258, 279; 1270, 284, 310.

Lilienfeld, N.-Oest., b. s. Pölten (Campusliliorum), Liligenueld, Lilin-, Lilienuelde), Kloster, 1247, 149, 145; 1281, 370, 394.
  Begräbnissplatz B. Konrads IV. v. Freising: 1342, 688, 280.
  Aebte: N. 1335, 645, 231; Leupoldus, 1342, 688, 280.
  Prioren: Ludwicus, 1281, 370, 395.
  Senior: Herwicus, 1281, 370, 395.
  Sacristan: Fridericus, 1281, 370, 395.
  Kämmerer: Gundoldus, 1281, 370, 395.
  Kellerer: Stephanus, 1281, 370, 395.

„Liligenueld, -e", s. Lilienfeld.

„Lilinberch", s. „Lilienberch",

„Lilinuelde", s. Lilienfeld.

Lind, O.-Strm., b. Unzmarkt (Linta, -o, -e), 1007, 54, 55; c. 1030, 64, 66; 1309, 478, 54.

„Linta", s. Lind.

„Lintach", s. Linden.

„Linte", s. Lind.

Linden, N.-Oest.,b. Amstetten,welches? (Lintach), Frider. v. —, 1324, 553, 133.

„Lindestein", N.-Oest., GMB.? 1249, 155, 151.

„Linto", s. Lind.

„Lino, Albert de — et fil. eius Rvdegerus", Südtirol, 1166, 113, 111.

Linz, Ob.-Oest. (Lintza, Lintz), 1266, 261, 282; 262, 283; 1296, 417, 457.
  Genannte: Chunr. Vlrici de — clericus imp. auct. not., 1357, 719, 310; Eberhart v. Walse von — hauptman ob d. Ens, 1364, 748, 343.

„Lintza", s. Linz.
Lyon, Frkrch. (Lugdunum), 1245, 144, 140; 1252, 159, 157.
„Lisara", s. Lieser, Lieseregg.
Lieser, Fluss, Krnt. (Lisara), c. 1060, 79, 82.
Lieseregg, Krnt., b. Spital (locus Lisara), c. 975, 39, 40.
„Livbenowe", s Liebenau.
„Linzimannespah", s. Leuzmannsbach.
Liexing, N.-Oest., b. Amstetten (Lusnich, -e, Lühseneke, -ich, Luhsnich, -k, Luezenek, Lůsnek, -ich, Lůhstenek, Lushennich, Luchsen-, Lůhsnek), Otto et Reimboto fratres de —, 1256, 183, 184; Acinwicus de — erw. 1256, 184, 187; Haidenricus de —, 1261, 209, 217; Vlricus de —, Reimboto frater eius, 1262, 221, 230; Vlricus de —, 1263, 229, 243; 230, 244; 1264, 234, 248; 1265, 238, 252; 240, 255; 1266, 252, 269; 1270, 287, 313; 1274, 303, 326; Otto de —, 1263, 229, 243; 1267, 265, 285, 286; Fridericus de —, 1263, 229, 243; 230, 244; 1265, 240, 255; 1274, 303, 326; Reimboto de —, 1263, 230, 244; Heinric. de —, 1270, 287, 313; 1274, 303, 326; Marquardus de —, 1274, 303, 326; 1276, 314, 338; — von Schonpähel, 1308, 473, 49; 1312, 487, 63; 490, 66; 1316, 513, 86; — s. vetter Völchel von Hag, 1316, 519, 94; 1323, 547, 128; 548, 129; 549, 130; 1324, 553, 134; 554, 135; 1325, 559, 145; 1327, 573, 158; 575, 160; 1329, 590, 173, 174; 591, 175; 1330, 594, 179; 1333, 620, 206; 1337, 669, 257, 258; 1338, 674, 264; 1339, 678, 269; Perchtold von —, 1293, 406, 445; Otte vnd Friderich brůder v. —, 1327, 575, 159.
Lobming, Gross-, O.-Strm., b. Judenburg (Lobnich), Herbot et Fritze brůder v. —, 1309, 478, 55.

„Lobmich", s. Lobming.
„Lok, -a", s. Lack, Bischof-.
„Lochnesdorf", s. Launsdorf?
„Lokuitz", s. Lokwitz?
Lokwitz, U.-Krn., welches? (Lokuiz(?), -wiz, Loggewitz), 1251, 157, 155. Genannte: Perchtoldus de —, 1259, 199, 204; 1273, 299, 322.
Log, U.-Krn., welches? (Logou), 1285, 387, 423.
„Logatsch", s. Loitsch.
„Loggewiz", s. Lokwiz.
„Logou", s. Log.
„Lohe", s. Lach.
Loibel, Berg, Krn. (mons Levbel), 1267, 273, 297.
Loipersdorf, N.-Oest., b. Mank (Leubmanstorf), 1267, 269, 292.
Loitsch, Krn. (Logatsch), Meinhart vnd Gosdissa Dobroschen sŭn v. —, 1307, 467, 40, 41; Sifrit, Moltz, Debrost, der alt vnd der iung, Arnolt, Curman, Thomas, Juri, Mamola, Janes, Juri, Hertwich, Juri, Pegrina, Adam, Martin, Weltschegoy v. Mauntz die ·er, 1307, 467, 41.
„Lŏm", O.-Strm., b. O.-Welz, 1361, 741, 336.
    Schwaige das.: des Prŭler swaig, 1361, 741, 336.
Lombardei, Ital., Könige: Ludwicus, 855, 14, 16; 15, 17.
    Kgl. Gesandte an Ludwig d. Dtsch.: Notingus episc., Pernhardus com., 855, 14, 16.
„Lonk", O.-Strm., b. Judenburg, 1181, 117, 115; 118, 117.
„Lonk, -ca, -ka, -e", s. Lack, Bischof.
Loncho, Istrien (Lovnca), 1067, 83, 84.
„Longus, Engilscalcus —", 1181, 117, 116; 118, 117.
„Lonesdorf", s. Launsdorf?
s. Lorenzen, Kirche, wo? N.-Oest., OWW. (s. Laurentzen), Pfarrer (chirchherre): Heinr. brůder Lůd-

weichs von Zeiging Lůdweichs svn, 1333, 619, 204, 205.
s. Lorenzo, Stift, s. Trient.
Losenstein, O.-Oest., b. Weyer (Losenstein), Berchtold v. —, 1329, 592, 175; 1369, 746, 341.
„Lovb", s. Laab.
„Loupach", s. Lappach.
„Lovppe", s. Laab.
„Loutesdorf", wo? Friderich de —, et filii eius Berhtolt et Otto, c. 1130, 97, 96.
„Lovnca", s. Lonche.
„Lvbgast", O.-Strm., b. Scheufling, 1309, 478, 54.
Lupico, Friaul (Lupicum), mag. Nycolaus de — pleb. de Tricesimo, 1261, 206, 211; Johannes de — notar. publ., 1261, 206, 214.
„Lubnic mons", Krn., b. Lack, 973, 37, 57.
„Lubucen. episc.", s. Lebus.
„Lupus, Waltchun —", c. 1170, 115, 113.
„Lvhtenbvrk", Böhm., Zmielo de —, 1262, 214, 223.
„Lucerna, Heinr. dictus — canon Inticen., Heinr. iunior — pleban. in Toblach et eius amite Alheidis. et Hedwigis cum filia Gobirgis", 1307, 468, 42.
„Luhstenegger",
„Luchsenekke, -eg, -ich", } s.
„Luchsnek, -ik, Luhsnek", } Liexing.
„Lutifigulus", N.-Oest., OWW. Otto, Ditricus, Hermannus -i, 1261, 209, 217; s. auch Havener.
„Luthomuschlen. episc." s. Leitomischl.
„Lutsche", U.-Krn., 1295, 413, 454.
„Ludweigs'de, Ludwiges-", N.-Oest., OWW., 1313, 493, 69; 1325, 562, 147.
„Luft, in der —, auf dem —", N.-Oest., b. Amstetten, 1333, 623, 209.
„Luftenberch", s. Luftenberg.
Luftenberg, N.-Oest., b. Krems (Luftenberch), 1301, 437, 7.

Genannte: Rech von —, 1301, 437, 7; Carl der Rech v. —, Cristein s. † wirtin, ir erster wirt Hårtweich der Wasner, 1325, 562, 147.
Lueg, U.-Krn. (Lůg), 1300, 433, 4.
Genannte: Vlr. dictus de —, et frat. eius Marquardus, 1286, 397, 434; Nicolaus der Retz von dem -e, 1300, 433, 4; Thomas -er, 1318, 527, 103; 529, 106; die -er, 1318, 528, 105; 529, 107; 530, 108.
„Lugdunum", s. Lyon.
„Lůger", s. Lueg.
„Lůll, burger ze Lok", 1318, 528, 105; 529, 107; 530, 108.
Lungau, steir. Anteil (von Predlitz bis Katsch), (Longaewe, -aŵ, Lungaw), 1262, 216, 225; 217, 226; 222, 232; 1265, 246, 263.
Genannte: Vlr. dictus -er, 1277, 352, 373; 353, 374.
„Lůnz", s. Lienz.
„Luohel, Otto —", 1166, 113, 111.
„Lurna, -o", s. Lurnfeld.
Lurnfeld, das —, Krnt., b. Spital (Lurno, -a, Liburnia), c. 975, 39, 40; c. 1030, 66, 67; c. 1060, 79, 82.
Grafschaft (comitatus): 973, 36, 35.
„Lusnek, -ik, -c, -ch", } s. Liexing.
„Luezenek", }

M.

Machland, O.-Oest. (Machlande), Waltichůn de —, 1147, 103, 101.
„Matahhoue", s. Matighofen.
Matighofen, O.-Oest. (Matahhoue), kgliche Pfalz (curtis regia): 891, 25, 25.
Matsee, O.-Oest. (Matse), Pröpste: Meingotus, c. 1202, 124, 123.
Genannte: Marquardus de —, c. 1202, 124, 123.
„Magadaburg", s. Magdeburg.

Magdeburg, Preussen (Magadaburg, Parthenopolis), 993, 45, 47; 995, 46, 48.
Erzbischöfe: Tagininus, 1007, 55, 56.
Burggrafen: Burghardus imp. aule magister, 1361, 738, 333.
Magister: Engelbertus, 1160, 110, 109.
Romanus canon. s. Vigilii, 1166, 113, 111.
Albero, c. 1202, 124, 123.
Heinr. Zobello, Albertus de Possenmunster, Einwicus canonici Pataniensos, 1224, 128, 128.
Vlr. de Chirchperch canon. Patav., 1242, 141, 137.
Albanus de Karttids, 1251, 158, 156.
Heinr. pleb. de s. Petronella, 1256, 183, 181, 183, 184.
Gerhardus pleb. Wiennen., 1256, 183, 183.
Leupoldus pleb. in Probstorf, postea Wienne, 1256, 184, 186.
Heinr. prothonot. episcopi Frising. canon. s. Andree Frising., 1257, 190, 196; 1258, 198, 204; 1262, 216, 225; 1265, 246, 263; 249, 266, 267.
Vlr. pleb. de Hartchirchen, 1258, 194, 198; 195, 199, 200; 196, 201; 197, 202.
Nycolaus de Lupico pleb. de Tricesimo, 1261, 206, 211.
Gerardus, 1263, 227, 240; 1265, 241, 256; 242, 257; 1266, 259, 279; mag. Riccardus procurat. abbat. de Sitanstetcn, 1264, 235, 249; Vlr. de Nertingen prothonot. regis Bohemie, 1266, 259, 279; 1267, 265, 285, 286, 287; 1270, 292, 316.
Hermannus canon. s. Andree, 1267, 270, 294; 271, 294, 295.
Heinr. scriba Karinthie, Carniole et Marchie, 1270, 290, 315.

Heinr. (de Lok), canon. Frising., prepos. Werden., pleb. in Probstorf, 1277, 347, 367; 1278, 357, 377; 360, 383; 1283, 377, 407; 1284, 384, 409, 415.
Wernhardus Granso, 1284, 384, 408, 418.
Vlr. de Gotstorf canon. Ratisponen., 1284, 384, 408; 415, 318.
Herman von Chissingen bisch. Emches schreiber, 1284, 385, 420.
Heinr. von Merin, 1284, 386, 422.
Berhtoldus archidinc. Brixinen., 1286, 396, 433.
Gerhardus pleb. de Yduich, 1296, 416, 457.
Arnoldus canon. s. Mauricii Auguste decretor. doctor, 1306, 459, 29; 1307, 464, 38; 1308, 471, 44.
Chvnr. chorherr ze Mospurch, 1308, 477, 53; 1309, 479, 55; 1310, 483, 59; — capell. episc. Emchonis pleban. s. Martini prope Chrainburch, 1311, 484, 60.
Heinr. der artzt von der Newenstat, 1312, 488, 64.
Chunrat obrister schreiber bisch. Götfrids, 1311, 484, 60; 1313, 494, 69; 70, 71.
Dietrich v. Wolfsawe probst ze Gurcz, 1315, 500, 76.
Fridericus prepos. Sliersensis canon. Frising., preposit. vini in Montanis capituli Frisingen., 1322, 546, 127.
Joh. Pfefferhardi canon. Constant. capell. Johannis pape, 1324, 557, 138; 538, 140.
Heinr. canon. Frisac. pleb. in Greytzenstetcn, 1335, 653, 239; 1336, 660, 247.
s. Magnus, s. Regensburg.
„Magoncia", s. Mainz.
Maichau, U.-Krn. (Michowe, Mey-), 1293, 405, 444.
Burg (castrum): c. 1215, 126, 126.
„Maidburcht", s. Maidenburg.

Maidenburg, Mähren (Maidburcht), Grafen: Purchart u. Perchtolt gepr., 1359, 734, 327.
Mailberg, N.-Oest., b. Horn (Meurperge, -perch), Rudelinus de —, ciuis in Chremsa, 1276, 311, 335; 314, 337, 338; 315, 339; 316, 340; 1277, 349, 368; 352, 372; 353, 373; Liupoldus de —, frater Gozzonis de Chremsa, 1277, 343, 363.
„Maienberch, Mein-", N.-Oest., Otto de —, 1256, 186, 192; N. de —, 1277, 320, 343.
Mainhartsdorf, O.-Strm., b. O.-Welz (Mainhartsdorf), Herman von —, 1358, 728, 319.
Mainz, Dtschld. (Magoncia, Meintze), 965, 34, 33.
  Erzbischöfe: Willigisus, 989, 43, 44; 992, 44, 46; 993, 45, 47; 995, 46, 48; 50, 51; 1002, 53, 55; 1007, 54, 56; 55, 57; Adelbertus, 1140, 100, 98; Chunradus, 1189, 122, 122; Gerlacus, 1361, 738, 333.
  Domherren: com. Hvgo frater episc. Frising. Emchonis, 1283, 378, 404; 1286, 397, 434; (chorh. v. Frisingen), 1293, 403, 442; 1297, 419, 459.
Mais, Tirol, b. Meran (Meies, Megies), 931, 29, 28; 932, 30, 29.
„Maisa", s. Maisach.
Maisach, Bai., (Maisa), Eberhardus de —, c. 1180, 116, 114.
Malaspina, Ital., Markgrafen: Opizo, 1159, 108, 106.
„Maltein", s. Malentein.
Maleutein, O.-Krnt. (Malontina, Malentin, Maltein), c. 975, 40, 41.
  Kirche (eccl. decimata): c. 1030, 72, 73.
  Pfarrer: Arnoldus presentatus ad eccl. s. Petri prope Welez, erw., 1262, 224, 235.
  Genannte: Pilgreim de —, c. 1215, 127, 127.
„Malentin", s. Malentein.

Malgraien, Tirol, b. Botzen (Mulgreye), 1352, 706, 299.
Malniz, O.-Krnt. die (Mellicz), 1363, 744, 330.
„Maloutina", s. Malentein.
„Malsperch", Bai.?, Burg (castrum): 1297, 419, 459, 460.
Malstatt, Tirol, Pusterthl. (Meilstat), 1273, 298, 321.
Mampasberg, N.-Oest., OMB., b. Pachlarn (Meginboldisperch, -tesperge), c. 1115, 95, 94; c. 1130, 98, 96.
„Mamandorf", s. Mammendorf.
Mammendorf, Bai., Landg. Bruck (Mamindorf, -andorf), c. 1030, 66, 67.
  Kirche (basilica, eccl. decimata): c. 1030, 66, 67; 68, 69.
„Mamindorf", s. Mammendorf.
Mamling?, O.-Oest. (Memninge), Vlr. de —, can. Patav., 1242, 141, 137.
„Mangespurch", s. Mannsburg.
Mannsburg, Krn. (Mengospurch, Meingoç-, Manges-), Pfarrer: Johannes archidiac. Carn. et Marchie, 1358, 727, 319.
  Genannte: Magens de —, c. 1215, 127, 127; Ortolfus de —, 1275, 308, 332.
„Maentzingen", s. Menzing.
Marbach, Tirol, Pusterthl. (Marpach), 1269, 281, 306.
Marburg, U.-Strm. (Marchpurch, -purga, Marichpurch), Pfarrer: Nycolaus, 1335, 654, 242.
  Genannte: Gotfridus de —, 1263, 225, 238.
  Juden: Musch weilent Isserleins sun, 1365, 748, 345.
„March (!Marcht), Jensel an dem —" z. Ob.-Welz, 1319, 537, 119; s. auch „Marcht".
„Marchartsvruar, insula —", N.-Oest., b. Holenburg a. d. Donau, 1276, 313, 336; 314, 337.
„Marchpurch, -ga", s. Marburg.
„Marcht, Eberli an dem —", z. Ob.-Welz, 1326, 563, 149.

Marchock, N.-Oest., a. d. March (Marchek), 1298, 424, 464.

„Marceliugin", s. Marzling.

Markgrafen, s. Brandenburg,
Verona,
Vohburg,
Istrien,
Lausitz,
Malaspina,
Meissen,
Monteferrato,
Oesterreich,
Steiermark.
Ungenannte. Ekkibertus, 1067, 83, 84; Engelbertus, 1140, 100, 98; Odalricus, 1067, 83, 84; Otto, 1055, 77, 79.

Markgrafen-Neusidel, s. Neusidel.

Markgrafschaften (marchie): s. Treviso, Istrien.

„Marchia", s. Krain, Unter-.

„s. Marteiu", s. s. Martin.

s. Martin, Krn., b. Krainburg (s. Martinus prope Chrainburch, s. Martein bei —), Pfarre (ecclesia): 1311, 484, 60; 1313, 494, 70.

Pfarrer: Wilhalmus de Lok, 1280, 367, 302; 1286, 395, 431, 432; 397, 434; 1293, 403, 443; Vlricus de Vildenlok †, mag. Chvnr. decret dator canon. Mosburg. capellan. Einchonis opisc., 1311, 484, 60; 1313, 494, 70.

s. Marein, Krn., b. Laibach (ad s. Mariam), Pfarrer: Morhardus canon. Frising, 1262, 222, 233.

Mähren, Hofstnat, Kämmerer: Hartliebus, 1265, 240, 255; 1270, 284, 310; 285, 311.

Truchsesse: Diunta, (!) 1265, 240, 255; Bznata, 1270, 285, 311.

Marenberg, U.-Str., b. U.-Drauburg (Merinberch, Meren-), Sivridus de —, 1253, 168, 166; 1277, 322, 345.

„Mareucum", s. Marengo.

Marengo, Lombardei (Marencum in territorio Terdonensi), 1159, 108, 106.

s. Margarethen, Krn., b. Krainburg (mons s. Margarethe), 1274, 306, 329.

„s. Maria", s. Marein.

Maria-Wörth, s. Wörthsee.

„Marichpurch", s. Marburg.

„Marnigha", Südtirol, Pfarrer: Tyapoldus, 1166, 113, 111.

Marzling, Bai., Landg. Freising (Marcelingin), Machtuni et Sigiboto de —, c. 1115, 95, 94.

„Macssenberch", s. Massenberg.

Massenberg, O.-Strm., b. Leoben (Maessenberch), Wigandus de —, 1263, 225, 238; Hainr. et Weigant brüder v. —, 1309, 479, 55.

Mässenhausen, Bai., Landg. Freising (Massinhusen, Maessenhausen), Engelmarus de —, 1187, 121, 120; Arnolt v. —, hofmarschalich v. Freising, 1306, 457, 27.

„Maessenso", s. Messonsee.

„Maserola alpis", Tirol, Pusterthl., 788, 5, 5; 965, 34, 33.

„Massinhusen", s. Mässenhausen.

Mautern, N.-Oest., b. Krems (Mutarn, Mau-), Pfarre (parrochia), c. 1230, 131, 130; Landtag (placitum generale): 1267, 267, 289.

Mauer, N.-Oest., b. Amstetten (Mura), c. 980, 42, 42; 1034, 74, 75.

Mauer, N.-Oest., b. Kemmelbach (Mauren), 1338, 676, 267.

Mauerbach, der —, N.-Oest., b. Wien (Maurbach), 1354, 709, 301; 1358, 729, 320.

Mauerbach, Kloster, ebend. (monast. Vallis omnium sanctorum in Maurbach), 1354, 751, 301; 710, 302; 1358, 729, 321.

Spital das.: 1354, 709, 301; 1358, 729, 320.

Prioren: br. Johans, 1354, 709, 301; 710, 302.

Genannte: Fridericus de —, 1270, 289, 314.

Mauern, Tirol, Pusterthl. (Mauren). Chunrad Nykeleius svn v. —, 1334, 628, 215.

„Maurbach", s. Mauerbach.

„Maevrporge", s. Mailberg.

Maunitz, Krn. (Mouncz, Mav-), Burggrafen: Rentsch, 1307, 467, 40. Genannte: Wetschegoy v. —, 1307, 467, 41.

„Mavutz", s. Maunitz.

„Maurek, mons-", N.-Oest., b. Mauerbach, 1316, 509, 83.

„Mauren", s. Mauer.

„Maevsel, Thomas —", 1286, 395, 431.

„Maevacurevter, Heinr. der —, Niclaus brůder v. Welfsperch," Tirol, 1318, 524, 99.

Mazleinsdorf, N.-Oest., b. Melk (Mecilinisdorf, Mezeleins-, Mezlinstorf), c. 1120, 96, 95; Otto de — et fil. eius Otto de Sumereke, 1283, 378, 404; Otto v. —, 1289, 399, 436

„Mecilinisdorf", s. Mazleinsdorf.

„Medelicen. mons", } s. Melk.
„Medlich", }

„Medwetstorf", O.-Strm., b. Judenburg, Mülle das.: 1181, 117, 115; 118, 117.

„Meuania, Jacob, de —" (päpstl. Kanzlei), 1264, 233, 247.

„Megies", s. Mais.

„Meginboltesperge, -disperch", s. Mampasberg.

„Meychowe", s. Maichau.

„Meichsau", s. Meissau.

„Meies", s. Mais.

„Meilstatt", s. Malstatt.

„Meinberch", s. „Maionberch".

„Meiugoçburch", s. Maunsburg.

„Meintze", s. Mainz.

Meissau, N.-Oest., OMB. (Missowe, -awo, Meissawe, Miha-, Meichsau, Missaw), Otto de —, 1240, 139, 136; 1243, 142, 138; 1247, 151, 147; — iudex provinc. Austr., 1256, 186, 191; 1257, 187, 193, 194; 1260, 205, 210; 1262, 214, 222, 223; 221, 229, 230; erw., 1267, 266, 288; Stephanus de —, 1277, 352, 373; 353, 374; — marschalch, 1298, 424, 465; 1307, 462, 34; 463,35; öbrister marsch. in Oesterr., Wernhart s. průder, Haidenreich v. — obrist. schenk in Oesterr., 1359, 734, 327.

Meissen, Sachsen (Missen), Markgrafen: Frideric. et Wilhelmus fratres, 1361, 738, 333.

„Meissawe, -owo", s. Meissau.

Melk, N.-Oest., a. d. Donau (mons Medelicensis, Medlich), Kloster: c. 1139, 97, 96; 1298, 424, 464.

Korumass (Melker mazz): 1338, 675, 265.

Aebte: Ortolfus, 1255, 176, 175; 177, 176; 178, 177; 179, 177; 1256, 181, 179; 183, 181, 182, 183; 185, 190; 1262, 221, 230; 1270, 287, 312; 288, 313; 291, 315; erw., 1284, 384, 410.

Capläne d. Aebte: Albertus, 1255, 179, 177; 1256, 183, 184; 185, 191.

Kanzlei der Aebte: Wernhardus notar., 1255, 179, 177; 1256, 183, 181; 185, 191.

Prioren: M., 1255, 178, 176; 179, 177; 1256, 181, 179; 183, 181, 182, 183; 185, 190; erw., 1284, 384, 410.

Dechant: Ditricus decan., 1270, 292, 316.

Genannte: Frideric. de — purchgraniun in Schala, 1282, 372, 396.

„Melliez", s. Maluitz.

„Memminchouen", s. Mangkofen.

Memleben, Dtschld. (Imileb), 1033, 73, 74.

„Menninge", s. Mamling.

Mangkofen, U.-Bai., Landg. Mallersdorf (Memminchouen), Weruher de —, 1147, 103, 101.

„Mengospurch", s. Maunsburg.

Menzing, Bai., Landg. München
(Maentzingen), Gebhart de —, c.
1215, 127, 127.

„s. Mertein", s. s. Martino.

„Merenberch, Merin-", s. Marenberg.

„Merin, meister Heinr. von —", Strm.
1284, 386, 422.

Mehringen, Dtschld. (Moringa), 1021,
61, 63.

„Mesmarius, Altmannus — de Karttids, Pertoldus, Volker et Chůnr.
eius filii", 1251, 158, 156.

Messensee, Tirol, Pusterthl. (Macssense), Alheidis de —, frater eius
Geroldus et filii ipsius Al., Chvnr.,
Agneta et Elisabeth, 1251, 158,
156.

„Mevrperch, -ge", s. Mailberg.

„Mezeleinsdorf", s. Matzleinsdorf.

„Mezites", Tirol, 857, 16, 18.

„Mezlinstorf", s. Mazleinsdorf.

s. Michael, Tirol? (s. Michahel), N.
de —, clericus capellan. in Valgrat, 1267, 268, 291.

Michelstetten, Krn. (Michelsteten),
Priorin: Agnes, 1340, 686, 278.

„Michowe", Maichau.

„Mihsawe", s. Meissau.

Mitterbach, N.-Oest., b. Amstetten
(Mitterbach), c. 1070, 85, 87.

Mitterkirchen, O.-Oest. (Mitterchirchen), Ott von —, 1274, 303, 326.

Mitterdorf, N.-Oest., UWW., b. Wimpassing (Mitterdorf), Rudgerns de
—, 1263, 230, 243.

Mitterdorf, O.-Strm., b. Judenburg
(Mitterdorf), 1181, 117, 115; 118,
117.

Mitterdorf, O.-Strm., b. s. Peter n.
Kammersberge (Mitrndorf apud
Chaths, Mitterndorf) c. 1215, 126,
126.

Genannte: Wlfing v. —, Chůnr.
s. průder, Chůratz sälgen sun
v. Winklern, 1334, 631, 218; 633,
219, 220.

„Mittelhus", Schweiz? Werhnerus (!)
de — cleric. Basil. dioc., 1324,
558, 144.

„Mittrndorf", s. Mitterdorf.

„Milledusii, Gilo-, iudex Parmen.",
1261, 206, 211.

„Milleiureiurando, Conr. —", c. 1180,
116, 114.

Minkendorf, Krn. (Minchendorf), Wilhelmus de —, 1253, 168, 167; —,
filia eius Rihkarda uxor Wůlfingi
de Loka dicti Racbel, 1253, 169,
167; 1266, 258, 279.

Minoriten-Orden: frater Velascus penitentiar, Innocentii pape IV., legatus, 1254, 173, 173.

Minden, Westphalen (Minden), Bischöfe: Theodricus, 1361, 738, 333.

„Missawe, -owe", s. Maissau.

Miesberg, N.-Oest., b. Amstetten
(Micsporg), 1337, 665, 252. — Bewoner: Chunrad in —, 1334, 630,
217; Chůndl Otachers tahter, 1337,
665, 252.

Mistelbach, N.-Oest., Marchfeld (Mistelbach), Heinr. de — canon. Patav., 1224, 128, 128; Marchart v.
—, 1307, 462, 34; 463, 35; 1313,
495, 72; —, Erchenpreht s. brůder,
Reinprecht v. Eberstorf ir veter,
1335, 648, 233.

„Miesenburc", s. Wieselburg.

„Missen", s. Meissen.

„Moching, -hingen", s. Feldmoching.

Modena, Ital., (Mutina), kais. Burg
(palatium), 1159, 109, 107.

„Motevnich", U.-Krn., 1252, 162, 159.

Möll, Krnt., Fluss (Molna), c. 1060,
79, 82.

„Molna", s. Möll.

„Monacum", s. München.

Montalbau, wo? (Montelbanum, Mons
Albanus, Muntalbau, Mont-), Fridericus de —, 1254, 174, 173, —
Ardaceus. prepos., 1259, 199, 204;
200, 205; Swikerus de —, 1269,
275, 300 Hugo de —, 1280, 367,

392; Arnolt v. —, 1283, 374, 397, 398.
„Montpareys, -ris", s. Montpreis.
Montpreis, U.-Strm. (Montparis, -pareys), Otte von —, 1297, 422, 462: 1300, 433, 4; 1309, 480, 56.
   Diener d. Familie: Erchinger, 1297, 422, 462; Nicol. der Rebtz von dem Ldge, 1300, 433, 4; Perchtolde der Gleinacher, 1300, 433, 5.
„Monte, de —", s. Berg.
„Monte Albano, de — ", s. Montalban.
„Monteplana, alpis — ", Tirol, Pusterthl., 788, 5, 6; 965, 34, 33.
Monteferrato, Ital. (Mons ferratus), Markgrafen: Guilielmus, 1159, 108, 106.
„Montefortum", s. Montfort.
„Montelbanum", s. Montalban.
Montfort (Montefortum), Grafen: Houg, des graven Hougen sun, 1293, 403, 443; 1295, 409, 450; 413, 454; 1297, 419, 460; Rudolf chorherre v. Chure, 1301, 444, 14; Hang, 1302, 449, 19; Heinr. et Wilhelm. 1361, 738, 333.
„Morave", s. Murau.
„Moringa", s. Mehringen.
s. Moriz, Stift, s. Augsburg.
„Morn", N.-Oest., Grafen: Fridericus c. 1215, 126, 125.
Mosbach, Bai., Landg. Mosburg (Mosepach), Erchenbertus de —, c. 1180, 116, 114.
Mosburg, Bai., b. Freising (Moseburg, -ch), Capitel: 1319, 533, 112.
   Pröbste: Vdalricus, 1158, 105, 103; Eberhardus de Wilheim, nepos Chuuradi episc. Frising. perpetuus promisor eccl. de Welz, 1248, 154, 150; Berenhardus canon. Frisiug., 1252, 162, 159; 163, 160; H., 1281, 369, 394; Fridericus de Stoufenburch, 1284, 385, 421; 1285, 388, 424; 389, 425; 391, 427; 392, 429; 1286, 395, 432; 396, 433; 1289, 399, 436.
   Chorherren: Hiltprandus notar. Chunradi episc. Frising., 1276, 314, 338; maister Chunrat, 1308, 477, 53; 1309, 479, 55; — doctor decretor., 1310, 483, 59; — capell. Emchonis episc. Frisingen. pleb. ecclesie s. Martini prope Chrainburch, 1311, 484, 60.
   Vögte: Conradus, c. 1180, 116, 114.
   Grafen: die graven, erw., 1283, 876, 400.
   Genannte: Purchardus de —, c. 1120, 96, 95; Albertus de — et frater eius Burchart, 1147, 103, 102.
„Mosepach", s. Mosbach.
„Moseburch, -g", s. Mosburg.
„Mosen, Bai., Landg. Erding (Mosen), Dietrich de —, c. 1180, 116, 114; 1187, 121, 120.
„Movntal", wo? c. 1020, 56, 58.
„Mouncz", s. Maunitz.
„Maez, Motzo, Rudlinus — ciuis de Waidhouen, 1276, 317, 341; 1283, 378, 484; Ruedolf der —, Gedrant s. hsfr., Nycla der Stiller s. aydem, 1332, 610, 195.
„Muchel", Bal.?, Johannes de —, canon. Babenberg., 1278, 358, 380; Note, 359, 382.
„Mutarn", s. Mautern.
„Mutina", s. Modena.
„Mulberch, Johans von —, purkraf ze Vdmarvelt", 1332, 608, 193.
„Müldorf, Bai., b. Otting (Mßldorf), 1302, 448, 18.
„Mulgreye", s. Malgraien.
Mühlhausen, Dtschld. (Mülhusen), Heur. de — vicar. in Lok, 1355, 715, 307.
„Mulhovarius", s. „Mulhover".
„Mulhover, -arius, Frider. —", 1265, 251, 269; 1267, 272, 297.
„Mülhusen", s. Mülhausen.
Mülleiten, N.-Oest., Marchfeld (Mvleuten), 1265, 251, 268.

Insel das.: Chleinwerde, 1265, 251, 268.
„Mvlevten", s. Mulleiten.
Mflucken, Bai. (Monacum, Mḟuchen), 1315, 504, 80; c. 1340, 687, 280. Freising. Zoll: 1281, 369, 393.
Bürger: Johans der Schiet, 1361, 739, 334.
„Muntalban", s. Montalban.
Münster, Bai., b. Schärding (Possenmunster, Possemunster), mag. Albertus de — canon. Patavien., 1224, 128, 128; Otto de —, 1247, 149, 146.
Mur, Fluss, Strm. (Mêra), 1181, 117, 115; 118, 117.
„Mura", s. Mauer, Mur.
Murau, O.-Strmk. (Muraw, Morav), Bürger: Seydel, 1336, 658, 245.
Genannte: Fridr. v. —, 1309, 479, 55; Meinhart v. —, 1316, 515, 89.
„Muraw", s. Murau.
Mureck, U.-Strm. (Mûrekke), Reimbertus de —, 1229, 129, 129.
„Mûrekke", s. Mureck.
„Muschelridaer, Haug der —", Bai.? 1346, 693, 285.
Musone, b. Padua, Fluss (Muso), 972, 35, 34; 992, 44, 45.

N.

„Nabrego", s. Breg?
„Nakel", s. Naklas?
Naklas, Krn., b. Krainburg (Nakel), H. de —, c. 1215, 127, 127.
„Nachrihter, Herbort — burger ze Weidhouen", 1308, 474, 49.
„Naegel, Naegellinus, Nycol. — notar. episc. Chunradi Frising., c. 1320, 541, 123; Heinr. der — richter (amptman), ze Oberweltz, 1358, 728, 319; 1361, 741, 337.
„Naegellinus", s. „Naegel".
„Naenhouen, -fer", s. Neuhofen.
Nassau, Dtschld. (Nassow), Grafen: Johannes, 1361, 738, 333.

Nassenfeld, U.-Krn. (Nazenvelt), Rudolfus de —, 1254, 171, 170; 172, 171.
Nassenfuss, U.-Krn. (Nazzenvvz, — füze), c. 1215, 126, 126.
Genannte: Otto de —, c. 1215, 126, 125; Hainr. v. —, 1284, 385, 421.
Naumburg, Dtschld. (Newenburg), Bischöfe: Gerhardus, 1361, 738, 333.
„Naeunhouen", s. Neuhofen.
„Nawsedlitz", s. Sedlnitz?
„Nazenvelt", s. Nassenfeld.
„Nazzenvvz, -füze", s. Nassenfuss.
Neapel, Ital. (Neapolis), 1255, 176, 176.
„Neydaw", wo? Grafen: Rûdolf, 1359, 734, 327.
„Noidekke, Ney—r", s. Neudeck.
„Neynuenhoven", Krn., b. Stein, Hilprandus de —, 1248, 152, 148.
Nellenburg, Baden (Nellenburg), Grafen: Wolfhart, 1359, 734, 327.
„Neues alpis", Tirol, Pusterthl, 965, 34, 33; 973, 36, 35.
„Nortingen", Bai.?, mag. Vlr. de — canon. Patav., 1266, 259, 279.
Neuburg, Kloster-, N.-Oest., b. Wien (Nevnburch, Neum-, Niwen- chlosterhalb), 1255, 178, 177; 1259, 202, 208; 1338, 670, 258; 671, 260.
Kloster: 1338, 671, 261.
Gassen: Wienergazzen, 1338, 671, 260.
Häuser: Chûnrats dez Pfirgel in der Wiener gazzen, Levpolts dez Schôuherr, 1338, 671, 260.
Weingarten: an dem Aigelsperch, 1338, 670, 258.
Pröpste: Chunradus, 1255, 176, 175; 177, 176; 178, 176; 179, 177; 1266, 181, 179; 183, 181, 182, 183; 185, 190; N., 1283, 377, 401; 1284, 384, 409; 416, 417, 418.

Dekane: N. 1255, 179, 178; Otto 1256, 183, 182, 184; Vlricus, 1259, 202, 208;
Chorherren: Heinrich de Ebergorin, Ortolfus de Greyfenstein, Pawo, Chunradus, 1259, 202, 208.
Hofmeister, weltl. —: Ortolf, 1338, 670, 259; 671, 261; Peter der Freisinger perchmeister, 1338, 671, 260.
Bergmeister: Peter der Vreisinger, 1338, 670, 259; — vnd hofmaister, 1338, 671, 260.
Richter: Symon, 1337, 666, 254; 1338, 670, 259; 671, 261.
Kämmerer (sluzzeler): Christan, 1337, 666, 254; 1338, 670, 259; 671, 261.
Bürger: Chŭnr. der Pfărgel, Wendel s. hsfrow, 1338, 671, 260; Wernhart vnder den Lavben, Chŭnr. der Schifer, Leupolt v. Aŵ, 1338, 670, 259; 671, 261; Levpolt der Schönherr, 1338, 671, 260.

Neuburg, Krn., b. Stein (Newenburch, Neun-), Burg (castrum): 1272, 293, 317.
Genannte: Perhtoldus de —, 1253, 168, 167; Weygel v. —, der Neydekker, 1337, 664, 252; 1348, 696, 287.

Neuburg a. d. Donau, Bai. (Ninenburc), 1055, 77, 79.

Neuburg a. Inn, Bai. (Niwenburch, Newenburch, Ni-), Grafen: Chunradus, 1245, 145, 140; 1246, 148, 143; —, Alhedis soror eius mater domine Ofmie de Potendorf, 1267, 265, 285, 286, 287; Chunr. (sine de Herrantstein), 1267, 267, 289; s. auch Hörnstein.
Genannte: Fridericus de —, 1246, 148, 145.

Neudeck, N.-Oest., b. Kirchberg a. Wagram (Neideke), Ottacher de -, 1256, 186, 192.

Neudeck, Krn. (Nidekk, Neydekk) Burg (castrum): 1265, 244, 261. Johanneskapelle das. (eccl. s. Johannis): 1265, 244, 261.
Genannte: Weygel von Newenburch der -er, 1337, 664, 252.

Neudorf, N.-Oest., b. Bruck a. d. Leitha (Nowendorf), 1074, 90, 90.

Neudorf, O.-Oest.?, b. Weyer (Neundorf), Heur. de —, c. 1245, 146, 141.

„Neuenmarkt", s. Neumarkt.

Neuharting?, Bai., Landg. Erding (Niuberting, Niwertingen, Newertinge), Eberhardus de —, c. 1215, 127, 127; Hainric. de —, c. 1230, 130, 130; Eberhardus de —, 1242, 141, 137; H. de —, 1244, 143, 139; 1245, 145, 141.

Neuhaus, Böhm. (Noua domus), Vlr. de —, 1270, 285, 311.

Neuhofen, N.-Oest., b. Ulmerfeld (Nevnhoven, Niveu-, Naeun-), Pfarre: 1310, 483, 59; 1312, 490, 66.
Pfarrer: Otto, 1283, 378, 404; 1285, 388, 424; 389, 425; Hertwicus vicar., 1312, 490, 66.
Genannte: Perhtolt v. —, 1323, 547, 128; 548, 129.

Neuhofen, O.-Bai., „Naenhofer, Jacob der —, chorh. ze Freysing, probst zo Slyers, weinprobst in dem Gepirge", 1352, 706, 298.

Neumarkt, O.-Strm. (Neuumarcht, Nevenmarkt), c. 1320, 541, 123
Bürger: Petrer, 1335, 658, 245.

„Neumburg", s. Neuburg.
„Nevnberger", N.-Oest., OWW., Herman der —, 1300, 431, 3.
„Neundorf", s. Neudorf.
„Neunhoven", s. Neuhofen.
„Neunmarcht", s. Neumarkt.
„Nevssezz, -e, Niunsnezze, Ninsazinha", Krn., b. Lack, c. 1030, 69, 30; 1321, 544, 125, 126.
Genannte: H. de —, c. 1215, 127, 127.

Neustift, Tirol, b. Brixen (Nouacella),
Pröpste: N. archidiac., 1267, 268,
291.
Neustift in Freising, s. Freising.
Neusidel, Markgrafen —, N.-Oest.,
Marchfeld (Nevsidel, Margrafen-
neu-), 1335, 648, 233; 1356, 717,
308.
Neusidler-Seo (-Ebene?), (Vertowe),
1074, 90, 90.
„Newenburch, —g", s. Naumburg,
Neuburg.
„Newertinge", s. Neuharting.
„Nidaranpahha", Bai., Kirche das.:
c. 1030, 67, 68.
„Nidekk", s. Neudeck.
„Niderdorf", s. Niederudorf.
Niederndorf, Tirol, Pusterthl. (Nidrin-
dorf, Nidrudorf, Nider-, Nidern-),
c. 1000, 51, 52; 1273, 293, 321;
1363, 744, 339.
Pfarre: 1327?, 577, 161; 1328, 580,
163; 581, 164; 585, 168; 587,
170.
Hof das.: Tater vnd Vnderstainer
hof, 1334, 628, 214.
Genannte: Rodegerus de —, 1166,
113, 111; 1259, 201, 207; 1269,
281, 307.
„Niderweltz", s. Welz, Nieder-.
„Nidrdorf, Nidrin-", s. Niederndorf.
„Niuberting", s. Neuharting.
„Nivenhoven", s. Neuhofen.
„Niunsaezze, Niusazinha", s. „Nev-
saezz".
„Niwenberch", s. Neuburg a. Inn.
„Niwenburch, -g", s. Cittannowa,
Neuburg.
„Niwertingen", s. Neuharting.
Notare, öffentliche: Malwarnitns, 1166,
113, 112; Gotfridus, 1259, 202,
209; Johannes de Lupico, 1261,
206, 214; Wernhardus, 1270, 292,
316; Heinr. dictus Dinger, 1285,
387, 423; Petrus Nicolai de Fractis
clericus Gaietan. dioc., 1324, 558,
144; Chunr. Vlrici de Liutz cler.
Patauien. dioc., 1357, 719, 310.

„Noua cella", s. Neustift.
„Noua ciuitas", s. Wiener-Neustadt.
„Noua domus", s. Neuhaus.
„Nonpach", Bai.?, Chvnr. de —, 1267,
272, 297.
„Nordernpach", Bai.?, Engelbertus
de —, c. 1202, 124, 123.
„Norici", Tirol, 827, 11, 13.
„Nuwendorf", s. Neudorf.
„Notziuhusen", Bai., Chunrat de —,
c. 1115, 95, 94.
„Nuvental", N.-Oest., b. Amstetten,
1302, 449, 19.
„Nuremberg, Nörenberch", s. Nürn-
berg.
Nürnberg, Bai. (Nůrenberch, Nurem-
berg), 1303, 451, 21; 1361, 738,
334.
Burggrafen: Chunradus, 1189, 122,
121; Fridericus, 1277, 325, 347;
327, 349; 328, 350; 329, 351;
331, 353; 333, 355; 335, 356;
336, 358; 341, 362; 342, 362;
350, 370; 351, 371; 1361, 738,
333.
Nussberg, N.-Oest., b. Amstetten
(Nuzperch), Walther de —, c. 1215,
127, 127.
Nussdorf, N.-Oest., b. Holenburg
(Nuzdorf), 1158, 105, 103.
Genannte: Wernhart von —, 1316,
518, 93.
„Nuzperch", s. Nussberg.
„Nvzperger", U.-Krn., Volker —,
1301, 439, 8.
„Nuzdorf", s. Nussdorf.

O.

„Oppauia", s. Troppau.
„Oparaupahha", Bai., Kirche das.:
c. 1030, 67, 68.
„Oparaudorf", s. Oberndorf.
„Oparinhofe", s. Oberhofen.
Oppeln, Schlesien (Opulia), Herzoge:
Bolko, 1361, 738, 333.
Oberhans?, Tirol, Pusterthl. (Hüse),
Vlr. de —, 1269, 281, 307.

Oberhofen, Tirol, Innthal (Oparinhofe), 799, 6, 7.
„Oberlaybach", s. Laibach, Ober-.
Oberleiten, N.-Oest., b. Amstetten (Obernleiten), Peter in —, 1334, 630, 214.
Oeberndorf, Krnt. (Oberndorf) Pröpste: N. 1252, 166, 163.
Oberndorf, Bai., Landg. Ebersberg (Oparandorf), Kirche das.: c. 1030, 67, 68.
„Obernholtz in Chūnratshaimer gerieht", N.-Oest., bei Waidhofen a. Ibs, 1349, 698, 289.
„Obernleiten", s. Oberleiten.
„Obernweltz",
„Oberwels, -tz",
} s. Welz, Ober-.
„Oppocniç, -potnitz", s. Opponitz.
Opponitz, N.-Oest., b. Waidhofen a. Ibs (Opocniç, -potnitz), Pfarre: 1267, 270, 273.

Pfarrer: Stephan, 1336, 660, 247.
Obrowitz, Mähren (Zabrawiz), Prior: N. official. Vlmocen. episc., 1258, 197, 202.
„Opulia", s. Oppeln.
„Ochölach",
„Ocroglach",
} s. Okroglo.
Okroglo, Krn. (Ochölach, Ocroglach), 1263, 226, 239; 1274, 306, 329.
Ochsenbach, N.-Oest., OWW., wlchs.? (Ohsenpach), Dimudis Perhta et Mehthildis de —, Otto de —, 1261, 209, 216; Fridreiches chint v. —, ir müter ein Witzlispergerinne, 1308, 473, 48.
Ochswiese, Tirol, Pusterthl., b. Silian (Ohswisen), Frider. de —, 1269, 281, 307.
Oed, N.-Oest., b. Amstetten, wlchs.? (Öd), 1334, 637, 223.
Genannte: Gundacher v. —, 1277, 326, 347.
Oed, O.-Oest.?, b. Steier, welches? (Oede), c. 1245, 146, 141.
Oedla?, N.-Oest., b. Amstetten (Erlach), 1313, 493, 69.

Ottenburg, Bai., Landg. Freising (Ottenburch, Otenburc), Pfarrer: Gernuicus, 1187, 121, 120.
Genannte: Vlr. marsalcus (Frisingen,) de —, 1248, 153, 150; Guntherus marsch. de —, 1277, 352, 373; 353, 374; 1280, 367, 392.
„Otlingen", Bai., Pfarrer: Wolfgaugus, 1258, 194, 198; 195, 199, 200; 196, 201.
„Ofen, Petzman an dem —" z. Hintereck b. Oberwelz, 1317, 522, 98.
„Offenhals, Hainr. —", N.-Oest., OWW., 1334, 630, 217.
Ollern, N.-Oest., b. Tulln (Alarun, Alarn), 1033, 73, 74; 1040, 75, 77; c. 1060, 78, 81; c. 1158, 107, 105; 1189, 122, 121; 1270, 289, 314.
Ollersdorf, N.-Oest., b. Gaunersdorf (Vrleugsdorf, -gestorf), 1249, 156, 153, 154; 1257, 187, 193; 1267, 266, 288.
Olling?, O.-Oest. (Hollingen), Pabo de —, 1158, 106, 105.
„Ollingen", s. Holzolling.
„Olmocen., -muncen. episc.", s. Olmütz.
Olmütz, Mähren (Ohnoc, Olomuc, Olmunc, Olo-), Bischöfe: Bruno, 1258, 196, 201; 197, 202; 1259, 202, 207; 1260, 205, 210; 1263, 225, 236; 1270, 284, 310; 285, 311; Johannes, 738, 333.
Bischöfl. Officiale: Gotfridus sacerdos hospit. s. Marie Jerusalem, 1258, 196, 201; 197, 202; N. prior de Zabrawiz, 1258, 197, 202.
Dechant: N. 1259, 202, 207.
„Olomucen., -muncen. episc.", s. Olmütz.
„Omaras, -cras", s. Amras.
Ort, N.-Oest., b. Waidhofen a. Ibs? (Ort), Chūnrad auf dem —, 1338, 672, 261.
„Ort, an dem —", s. Frainingau.
Ort, N.-Oest., Marchfeld (Orta), 1021, 61, 62; c. 1030, 68, 70.

„Orta", s. Ort.
„Ortemburg", s. Ortenburg.
Orden, weltl. —, s. Templer-, Deutschorden.
„Ortenberch, -burch", s. Ortenburg.
Ortenburg, Krnt. (Ortenberch,-burch), Grafen: Otto, frater eius Heinr. et sui filii, c. 1215, 126, 125; Hermannus, c. 1230, 130, 130; c. 1232, 133, 132; — et Otto, 1240, 139, 136; — Hermannus, 1243, 142, 138; — patruus eius Heinr. com. de Wartenberch, 1244, 143, 139; c. 1245, 147, 142, Hainr. et Fridericus, 1257, 189, 195; Fridericus, 1263, 226, 238; Henricus frat. eius, 1263, 226, 239; Fridericus, 1265, 248, 265; 1270, 284, 310; 285, 311; 1277, 323, 346; 1285, 392, 429; 393, 430; 1286, 397, 433, 434; Mainhart s. svn, 1291, 402, 439; 1301, 434, 13, 14; Herman, s. husfr. Agnes Hainriches tochter v. Schowenberch, mēine bisch. Emches v. Frising, s. sweher Frider. v. Stubenberch, 1301, 447, 16; Hermannus, 1335, 654, 242; N. 1363, 744, 339.
    Gräfl. Ministerialen: Levtoldus et uxor eius Chvnegundis, 1257, 189, 195; Heinr. et Fridericus de Waldenberch, 1263, 226, 238, 239; Leutzmannus miles de Ortenburch, 1263, 226, 239.

Ortenburg, N.-Bai. (Ortemburg), Grafen: Otto, 1361, 738, 333.
Orvieto, Kirchenstaat (Urbs uetus), 1262, 213, 221; 1263, 227, 241; 1264, 233, 247; 234, 248; 235, 250; 1283, 377, 401; 1284, 379, 405.
„Orientalis marcha, — prouintia", s. Oesterreich, Nieder-.
„Orishek", U.-Krn., Burg (castrum): c. 1215, 126, 126.
Orlamünde, Dtschld. (Orlemunde), Grafen: Otto, 1270, 284, 310; 285, 311.
„Orlemunde", s. Orlamünde.

Ospo, Istrien (Ozpe), 1067, 83, 84.
„Ostarrichi", s. Oesterreich, Nieder-.
Ostermieting, Bai. (Ostermuntinga), 1025, 62, 63.
„Ostermuntinga", s. Ostermieting.
Oesterreich, Nieder- (Orientalis marcha, Ostarrichi, Orientalis prouintia, Austria, — inferior, — superior V. OWW., infra Anasum), 995, 46, 48; 996, 50, 51; 1021, 61, 62; c. 1030, 68, 71; 1033, 73, 74; 1034, 74, 75; 1040, 75, 77; c. 1158, 107, 105; 1276, 310, 333; 1277, 329, 351; 344, 364; 354, 375.
Landrecht (commune ius): 1267, 267, 289.
Passauischer Official: Pilgrimus de Prannstorf, 1334, 635, 221.
Archidiakone: Wernherus pleb. Wiennen., 1284, 380, 405.
Landesfürsten: Heinricus, 995, 46, 48; 996, 50, 51; Adalbertus, 1021, 61, 62; 1030, 68, 70; 1034, 74, 75; 1040, 75, 77; 1049, 76, 78; Leupoldus, Adalbertus eius filius, c. 1120, 96, 95; c. 1130, 97, 96; Henricus, frat. eius Chuonr. Patav. episc., 1158, 106, 103; c. 1158, 107, 105; c. 1170, 115, 113; — patruus imperatoris erw. 1256, 184, 187; Leupoldus et fil. eius Fridericus, 1189, 122, 121; Levpoldus, c. 1215, 126, 125; 1229, 129, 128, 129; erw. 1251, 157, 155; 1256, 183, 184; 184, 185, 186, 187, 188, 189; Fridericus, 1233, 134, 132; 1236, 135, 132; 137, 133; 138, 134; 1240, 139, 136; 1242, 140, 136; 141, 137; 1243, 142, 138; erw. 1247, 149, 145; 1251, 157, 155; 1252, 159, 157; 1253, 167, 165; 1256, 183, 184; 1184, 185, 186, 187, 188, 189; 1262, 214, 221, 222; 1267, 266, 287; 1269, 277, 302; 1273, 301, 324; 1277, 329, 351; 333, 354; 335, 356; 336, 357; 350, 369;

351, 370; 1280, 368, 393; (Agnes) domina Carniole, neptis patriarche B. Aquilegen., 1248, 153, 149; Otacharus, 1253, 167, 164; — et Margareta uxor, 1254, 171, 168; 172, 170; 1254, 173, 172; 1256, 182, 180; 1260, 204, 209; 205, 210; 1262, 214, 221; 219, 227; 221, 229; 1265, 240, 254; 243, 259; 1266, 260, 281; 261, 282; 262, 282; 263, 283; 1269, 276, 301; 277, 301; 1270, 284, 309; 285, 310; 286, 311; 288, 313; 289, 314; 291, 315; 1273, 301, 324; 1274, 305, 327; 306, 328; 1276, 310, 333; 311, 334; 313, 336; Albertus, 1284, 384, 410; 385, 420; 1289, 400, 436; 1296, 417, 457; 1298, 423, 463; 424, 463; Rudolfus, 1303, 450, 17; 1305, 474, 23; Friderich, 1307, 461, 32; 462, 33; 463, 34; 1308, 475, 50; 1311, 485, 61; 1312, 489, 65; duces, 1315, 504, 80; Otte, 1327, 574, 158; Albr. vnd Ott, 1330, 595, 180, 181; 1333, 624, 210; 626, 212; 1334, 643, 228; 1335, 654, 242; 1337, 663, 251; Otte, 1337, 666, 254; Albrecht, 1349, 699, 291; 1351, 703, 295; 1354, 710, 303; 1356, 716, 308; 1357, 726, 316; Rúdolf, 1359, 734, 325; Fridr., Albr. vnd Leupolt s. průder, 1359, 734, 325; Rudolf, 1361, 740, 335; 1363, 745, 340; erw. 1365, 748, 343, 344, 345; Albrecht, 1365, 748, 342; —, s. prued. Leupolt, 1365, 748, 342, 343, 345, 346.

Reichsverweser: Otto comes de Ebstein (!), 1247, 151, 147.

Herzogl. Kanzlei: Vlricus prothonotar., canonic. s. Andree Frisiuge, 1258, 193, 197; 1259, 203, 209; Arnoldus prothonot., 1262, 214, 223; mag. Vlr. et mag. Petrus prothonot., 1265, 240, 255; mag. Vlr. Patauien. canon. prothonot., 1267, 265, 285; 1270, 292, 316; — pleban. Wiennen., 1274, 306, 330; mag. Arnoldus et mag. Vlr. notarii, 1260, 205, 210; — Joh. Trawner, 1361, 740, 336.

Herzogl. Capläne: mag. Heinr. de Lok preposit. Werden., 1276, 311, 334; Hartmannus de Wlpeinsperch, 1284, 384, 408.

Landeshauptleute: capitanei, 1266, 260, 281; 1277, 334, 355.

Oberstmarschälle: Stephan v. Meissaw, 1359, 734, 327.

Landmarschälle: Hadmarus de Chvnring, 1249, 156, 152; Stephanus de Missaw, 1298, 424, 465; grave Vlr. v. Phannberch, 1333, 624, 210; 1334, 643, 228; Herman v. Landenberg, 1359, 734, 327; Leutolt v. Stadekk, 1365, 748, 343.

Hofmarschälle: Dietr. v. Pilichdorf, 1313, 495, 72; Hainr. v. Haggemberg, 1359, 734, 327.

do. Herzog Ottos: Jans der Taler, 1337, 666, 254.

Hofrichter: Weichart v. Toppel, 1335, 657, 244.

Hofmeister: Herzog Albrechts Vlr. v. Pergaw, 1333, 624, 210.

do. Herz. Ottos Gemalin: Hagen von Spilberch, 1337, 666, 254.

do. Herz. Rudolfs: Albr. der Schenk von Riet, 1359, 734, 327.

Landrichter: 1266, 260, 281; 1277, 330, 351; 332, 353; Heinr. pincerna de Habespach, 1256, 186, 191; Otto de Meissawe, 1256, 186, 191; 1262, 221, 230; Otto de Haslawe, 1262, 221, 230; 1277, 343, 363; Heinr. com. de Hardeke, 1266, 262, 282; 1267, 266, 287; 1277, 330, 351; Chunr. de Pihdorf, 1277, 338, 360; 344, 364.

Landschreiber: Witigo, 1247, 151, 147; Sidelinus, 1270, 287, 312; 288, 313; 289, 314; 291, 315.

Obristkämmerer: Reympr. v. Eberstorf, 1325, 561, 146; 1335, 648, 233.
Oberster Kammermeister: Peter v. Eberstorf, 1359, 734, 327.
Kämmerer: Otto de Walchunschirichen, 1243, 142, 138; 1262, 221, 230; Otto de Perhtoltstorf, 1262, 214, 223; 220, 228; 221, 229, 230; 1270, 284, 310; 285, 311; Chalhoh v. Eberstorf, 1298, 424, 466; 1308, 474, 450; Ruedolf v. Eberstorf, 1308, 474, 450; 1321, 545, 127; Reinprecht v. Eberstorf, 1333, 626, 212.
Kammermeister Herzog Rudolfs: Fridr. v. Walsse, 1359, 734, 327.
Obriste Schenken: Jans vnd Leutolt brüder v. Chünnring, 1339, 677, 268; Haidenreich v. Maissaw, 1359, 734, 327.
Schenken: Heinr. de Hauspach, 1240, 139, 136; 1253, 167, 165; 1256, 186, 191, 192; 1274, 306, 330; 1275, 308, 331, 332; Dietricus de Dobra, 1243, 142, 138; Wolfger de Barôwo, 1246, 148, 144; Albertus de Celkingen, 1262, 214, 223; 221, 230; Leutoldus de Chunriugen, 1277, 324, 346; 1297, 421, 461; 1298, 424, 465; Jans von Ried (?), 1313, 497, 74.
Obriste Truchsessen: Albr. von Púchhaim, 1359, 734, 327; 1365, 748, 343.
Truchsesse: Heinr. de Haugsbach, 1243, 142, 138; Zlawat (?), 1243, 142, 138; N. de Griznastein, 1247, 151, 147; 1256, 183, 185; Heinr. —, 1262, 214, 223; 221, 230; 1265, 240, 255; N. de Velsperch, 1263, 225, 238; Frider. de Lengenbach, 1270, 289, 314.
Obristjägermeister: Frider. der Chreuspekch, 1359, 734, 327.
Herzogl. Verwalter (procurator) (in superiori Austria): Chunr. de Summerawe, 1277, 354, 374, 375; s. auch Oesterr., Ober-, Landeshauptleute.
Küchenmeister: Fridoricus de Porsenprunne, 1262, 221, 230.
Kellermeister: Marquardus, 1265, 240, 255.
Hofküchenschreiber: Chvnradus, 1262, 221, 230.
Herzogl. Richter: 1276, 310, 333; 1277, 334, 355.
Herzogl. Amtleute: 1266, 260, 281; 1276, 310, 333; 1277, 330, 351; 334, 355; 1280, 368, 393.
Herzogl. Mautner: 1276, 319, 342; 1280, 368, 393.
Herzogl. Jäger: 1266, 260, 281; 1277, 334, 355.
Herzogl. Förster, s. Gfüll.
Kammerjuden (comites camere): Levblinus et Nekelo fratres, 1257, 197, 193.
Herzogl. Amtsboten (decretarii): Ratso, Hadericus, Willchalmus, 1158, 106, 104.
Ministerialen: Albero de Chunringen, c. 1170, 115, 113; Wichardus de Seuelde, Hatmarus de Chunringen, Liutwinus de Sunnenberch, Rudolfus Stubich, 1189, 122, 122; Vlr. de Pilhdorf, 1240, 139, 136; Irmfridus de Hintperch, Heinr. de Prunn, erw. 1256, 184, 188; Marquardus, Vlr. et Chvnr. de Pilhdorf, 1262, 214, 221; Heinr. de Sevelde, Otto de Missow, Otto de Haslow, Heinr. de Liechtenstein, Otto de Berhtoltstorf, Wlvingus de Horssendorf, Albero de Celking, Ludwicus de Celking, Horm. de Wolfkerstorf, Heinr. de Greiçinstein, Wernhardus Prevzlo, Albero de Schevrbach, Heinr. de Gottinsvelden, Otto de Walchvnschirchen, Perhtoldus Speismaister, Wernherus, Wolfkerus de Chogel, Frider. de

Porsenprunne, Wluingus de Haslowe, Dietr. de Chalnperg, 1262, 221, 230; Kalochus et Reimbertus fratres de Ebersdorf, 1284, 384, 416; Otte von Haslawe, Otte v. Lichtenstain, Wlving v. Kyaune, Chûne v. Gûtrat, Jacob v. Hermansdorf, Ekbard v. Vihdorf, Albr. der Proter, 1284, 385, 421.

Oesterreich, Ober- (Anasus, obe der Ens), Landeshauptleute: Samerawarins capitan., 1277, 342, 362; Eberhart v. Walse, 1344, 692, 285; 1365, 748, 343.
    Landschreiber: Chvnradus, 1267, 266, 288.

Osterwitz, Krnt. (Osterwitz), Reynher der schenk v. —, 1318, 530, 109.

„Ŏsti", s. Dürrnast.

„Osrek, Albrecht — chelner ze Lok", 1300, 433, 5.

„Owenstayn", s. Auffenstein.

„Ozpe", s. Ospo.

„Oçlinch, mons —", Krn., 1269, 275, 300.

Q.

Quedlinburg, Dtschld. (Quitilingiburc), 931, 29, 28.
    Achtissin: Mathildis amita Ottonis imperator., 993, 45, 47.

„Quitilingiburc", s. Quedlinburg.

R.

„Rachel, Wûlfingus de Loka dictus —, uxor eius Rihkarda de Minkendorf", 1253, 169, 167.

Rabeneck, Bai., welches? (Rabenek), Siboto de —, 1267, 272, 297.

Rabs, N.-Oest., OMB. (Ragz), 1249, 155, 151.

„Raebtz", s. Rebtz.

„Racheleinstorf",
„Raechlestorf", } s. Rasdorf.

„Râklinslehen", N.-Oest., OWW., 1329, 590, 173.

„Raechwein, Fridl. der —, purger ze Vdmarvelt", 1335, 651, 236.

„Radaspona", s. Regensburg.

„Ratenperch", s. Rattenberg.

Rattenberg, O.-Stmk., b. Judenburg (Ratenperch),1181,117,115;118,117.

„Ratenburc", s. Rotenburg.

Radentein, O.-Krnt. (Raedentein, Re-), 1308, 471, 46, 47.
    Pfarre: 1307, 464, 37; 1308, 471, 45, 46.
    Pfarrer: Pilgrinus plcb. eccl. s. Petri prope Welz, erw. 1262, 224, 235.

„Rattenstein", s. Rotenstain.

„Ratesperch", s. Radsberg.

„Ratgeb, Gerolt der —, purger ze Welcz", 1361, 741, 336, 337; 1362, 742, 338.

„Raedil, Heinr. dictus —", N.-Oest., UWW., 1263, 220, 243.

„Ratispona", s. Regensburg.

Radsberg, Tirol, Pusterthl. (Ratesperch), 1273, 298, 321.

Ravelsbach? N.-Oest., UMB. (Ramsholtzpach), Levpoldus de —, 1255, 179, 178.

„Ragz", s. Rabs.

„Rayhistorf", s. Reichersdorf.

„Raytkerstorf", s. do.

„Raynaldi, A. —", päpstl. Registrator, 1324, 556, 138; 557, 140.

„Rainisch, Dominik der — burger von Lok", 1301, 439, 8.

„Rainsperch", s. Reinsberg.

Ramelüd, N.-Oest., b. Randek (Ramel Sd), 1349, 698, 289.

„Ramsholtzpach", s. Ravelsbach?

Randeck, N.-Oest.. OWW. (Randekke, -ekk, -ek, -e, -egg), 1293, 407, 446; 408, 448; 1334, 635, 221; 643, 228.
    Pfarrkirche: 1296, 418, 458.
    Kloster das. (eccl. s. Marie prope — nominis Vallis beate Virginis wlgo Vnser frovn tal): 1293, 407, 446; 408, 448, 449;1316, 512, 85.

Burg (castrum, haus, pūrg, vest):
1263, 229, 242; 1269, 276, 301;
1270, 287, 312; 288, 313; 291,
315; 1274, 303, 325, 326; 1289,
399, 435, 436; 1293, 407, 446;
1295, 411, 451, 452; 1312, 487,
62, 63; 1319, 534, 114, 115;
1327, 572, 156, 157; 1333, 615,
200; 1335, 644, 229; 1366, 748,
334.
Hof bei der Burg (hof ze nachist
vor der purch): 1330, 599, 184;
1333, 615, 200; 621, 206; 1335,
644, 229, 230.
Müle: 1293, 407, 446; 408, 448.
Genannte: Wlvink von —, 1274,
303, 326; 1285, 388, 424; 1289,
399, 436; 1295, 411, 451; — u.
s. svn Herwart, 1295, 411, 452;
Albrehtus de —, 1277, 321, 345;
Dietel von —, 1312, 487, 63;
—, Wūlūngs sāligen sun, 1319,
534, 114; s. prūder Wülfing, 115.
Ott der -er, 1326, 567, 153; Wl-
finch von —, 1326, 567, 152,
153; — s. brūder Dietrich u. s.
witwe, 1327, 572, 156, 157;
1333, 615, 200; 621, 206; Dietr.
v. —, s. sune Otto; Vlin, Lūt-
win, Michel u. Nicla, 1335, 644,
229.
Unterthanen der Burg (die man-
schaft): 1312, 487, 63.
„Randekke, -egg, -e", s. Randeck.
„Rantesdorf",
sive } s. Ranshofen.
„Ranteshoua",
Ranshofen, O.-Oest. (Rantesdorf sive
houa), 1025, 62, 63.
„Rancz, Herman —", 1353, 708, 300.
„Rasa", s. Rosogg.
Rasdorf, N.-Oest., Marchfeld (Reuch-
linstorf, Rehleins —, Raechsleins
—, Rehlois —, Raechles —), 1265,
251, 268; 1298, 424, 464; 1307,
461, 32; 462, 33; 463, 34; 1308,
475, 50, 51; 1311, 485, 61; 1349,
699, 291.

Rasen, Tirol, Pusterthl (Rasinen, Re-
sen, Rösen), Gerichtsbezirk: 1363,
744, 339.
s. Johannscapelle (cap. s. Johan-
nis): 1070, 84, 86.
Genannte: Rūdolfus quondam de
—, Petrissa eius vidua, Ortolfus
et Isenricus eius filii, 1268, 274,
299.
„Rasinen", s. Rasen.
Rassing, N.-Oest., b. Perschling,
Raczzingaer, Chvnr. der —, 1284,
386, 422.
„Rasman", s. „Razman".
„Raup", s. Wildgrafen.
Raubling, Bai., Landg. Rosenheim
(Rubilingen), Bertoldus de —, 1187,
121, 120.
„Rauchenstain, -e", s. Rauhenstein.
Rauhenstein, N.-Oest., b. Baden (Rau-
chenstain, -e), Alber v. —, 1349,
699, 297; Hainr. v. —, 1356, 717,
308, 309,
„Raūt", s. Reit.
„Rautenberch",
„Raevttenberch", } s. Reitenburg.
„Ravtenberger",
„Razari", s. Rosariol.
„Raczzingaer", s. Rassing.
„Razman, Ras-, silna —", O.-Strm.,
b. Lasnitz, b. s. Lambrecht, 1181,
117, 115; 118, 117.
„Rebtz, Rae-, Nicol. der — von dem
Lūge", U.-Krn., 1300, 433, 4.
„Rech, Carl der — von Luftenberch,
Cristein s. wiertin, ir erster wirt
Hārtweig der Wasner, N.-Oest., b.
Krems, 1325, 562, 147.
„Rechperc, -ch", s. Rechberg.
Rechberg, N.-Oest., b. Krems (Rech-
perc, -ch), Otto de —, c. 1170,
115, 113.
Rechberg,? Krnt. (Rechperch), Wūl-
finch der —, 1315, 501, 78.
„Rechleinstorf, Reh-",
„Rehleistorf", } s. Rasdorf.
Rettenbach, Bai., Landg. Erding (Ro-
tinpah), c. 975, 40, 41.

„Redenteyn", s. Radentein.
„Regenspurch", s. Regensburg.
Regensburg, Bai. (Ratispona, Radas-, Regenspurch), 861, 18, 19; 1034, 74, 76; 1067, 83, 85; 1074, 90, 91; 1281, 371, 396; 1284, 383, 408; 384, 409; Dom (maior eccl.): 1265, 250, 268; 1266, 252, 270. Hofstätte das. (territorium): c. 1030, 68, 69.
Hoftag das. (curia): 1147, 103, 102.
Bischöfe: Adalwin, 802, 7, 8; 8, 9; Gebchardus, c. 1020, 59, 59, 60; Otto 1074, 90, 70; Heinricus, 1147, 103, 101; Leo, 1276, 318, 341; 1277, 320, 343, 343; 328, 350; 329, 351; 351, 352; 332, 353; 333, 355; 335, 356; 336, 358; 337, 359.
Dompröpste: Heinricus, 1265, 238, 252; 241, 255; 242, 257; 250, 267; 255, 275; 1266, 252, 269; 269, 280; Vlricus, 1283, 377, 401; 1284, 379, 404; 380, 405; 381, 406; 384, 408, 418.
Archidiakone: Ebbo, 1266, 252, 269; Bartholomeus, 1266, 259, 280; Ortliebus de Seirchiugen, 1284, 384, 408, 418.
Domlehrer (doctor puerorum ecclesie): mag. Rudgerus, 1284, 384, 418.
Chorvicar: Albertus tabellio, 1284, 384, 409.
Chorherren: Altmannus de Potenecke, 1262, 213, 220; 1263, 227, 240; erw., 1265, 242, 258, 259; Erbo, 1265, 238, 252; 241, 255; 242, 257; 255, 275; 1266, 259, 280; Kalohus, 1265, 238, 252; 241, 255; 242, 257; 250, 267; 255, 275; 1266, 252, 269; 259, 280; Heinr. Paganus, 1284, 384, 408, 418; mag. Vlr. de Gotstorf, 1284, 384, 408, 415, 418; Ch. de Phafkouen, 1284, 384, 408, 415, 418; Heinr. de Virmiano, Rulandus, 1284, 384, 418.

Capitelskanzlei: Albertus tabellio et vicar. chori, 1284, 383, 407; 384, 409, 418, 420.
s. Magnus, Pröpste: N., 1262, 213, 220; 1263, 227, 239; 1265, 241, 258; ad preposituram de Rore translatus, 259.
Dominicauer: Lector: frat. Albertus, 1284, 384, 418.
Vögte: Willipoto, c. 1020, 59, 59; Fridericus, 1147, 103, 101.
Burggrafen (vrbis prefecti, burgrauil): Heinr., 1147, 103, 101; c. 1170, 115, 113; Otto, 1189, 122, 121.
Notare: mag. Albertus (vicarius chori), tabellio publicus, 1284, 384, 415.
Genannte: Otto (de) —, c. 1215, 127, 127.
Reichenau, a. Bodensee (Reichenaw), Aebte: Eberhart, 1359, 734, 327.
Reichenkirchen, Bai., Landg. Erding (Rihhinchirichlm), c. 975, 40, 41.
Reichenhall,? Bai. (Hal, -le), 1025, 62, 64. Genannte: Isengrimus de —, c. 1115, 94, 94.
„Reichenstorf", s. Reichersdorf.
Reichersberg, N.-Oest., b. Perschling, Reicherspergaer, Chvnr. der —, 1284, 386, 422.
„Reicherspergaer", s. Reichersberg.
Reichersdorf, N.-Oest., b. Amstetten (Rinchinstorf, Reichens-, Richendorf, Richers-, Reykers-, Reyggeris-, Raytkers-, Rayhis-, Reichers-, Rikes-, Raychors-), Ditricus de —, 1263, 229, 243; 230, 244; 1265, 240, 255; 1267, 265, 285; Alram v. -richter zo Amsteten, 1324, 554, 134; 1326, 568, 154; 1327, 573, 158; 575, 160; 1328, 583, 166; 1329, 588, 171; 591, 175; 1330, 593, 177; 1333, 620, 206; 1334, 635, 221; 1339, 678, 269; Chunrat Brater v. — 1327, 573, 158; s. auch Amstetten: Genannte.

Reichersdorf, Bai., Landg. Miesbach (Richolfesdorf), Hartwicus de —, c. 1180, 116, 114; — et fil. eius Otto, 1187, 121, 120; c. 1190, 123, 122.

Reit, N.-Oest., b. Randeck (Raßt), 1349, 698, 289.

Reitenburg, Krn. (Reutenberch, Rinten-, Rauten-, Raevtten-), Alkerus de —, 1254, 171, 170; 172, 171; Nicolaus de —, 1259, 200, 205; — et Grifo de —, 1261, 207, 215; Nicol. de —, 1265, 248, 265; — — et fil. eins Dymodis et Chunr. 1266, 258, 278; Grifo de —, 1266, 258, 279; — et Nycol. de —, 1267, 272, 296; Nycol. de —, 1268, 273, 297, 298; 1269, 275, 300; — et Grifo, 1270, 283, 308, 309; Grifo de —, 1270, 290, 315; 1275, 308, 332; Nycol. de —, fil. eius Diemüdis primo uxor Frizzonis de Plintenpach, secundo Dietrici de Schonnenberch, 1280, 367, 392; Berchtolt v. —, 1306, 456, 25, 26; Ortolf, Greif, Fricz u. Herman v. —, 1309, 480, 56, 57; 481, 59; di -aer, 1311, 486, 61; Greif u. Ortolf v. 1313, 496, 73; Herman v., 1347, 694, 286; Nikel der -er, s. vater Nyclaw v. Gerlochstayn, 1349, 700, 292, 293.

„Reitersperch", Bai.? Chvnr. de —, 1259, 200, 205.

Reidling, Bach, N.-Oest., b. Kemmelbach (Rudnicha), 1034, 74, 76.

Reifenberg,? Görz (Risenberch, Rifen-, Reifen-), Vlr. de —, 1238 138, 135; Volkerus de —, 1278, 362, 385.

Reifenstein, O.-Strm., b. Judenburg (Reiffonstein), Ortolf, Dietmar u. Otte v. —, 1319, 531, 110.

„Reifnich", s. Reifnig.

„Reivnich, Rininich", O.-Strm., b. Ob.-Welz, 1285, 390, 426; 391, 427.

Reifnig, U.-Strm., b. Marenberg (Reifnich), 1344, 692, 284.

„Reyggersdorf", s. Reichersdorf.

Rhein, Pfalzgrafen bei —: Conradus frat. imperat. Friderici; 1159, 108, 106; Ludhicus dux Bawar., 1277, 327, 349; Heinricus, 1277, 328, 350; 329, 351; 331, 352; 333, 355; 335, 356; 336, 358; 345, 364; 350, 370; 351, 371; Rudolfus archidapifer, 1361, 738, 333.

„Reinsperch", s. Reinsberg.

Reinsberg, N.-Oest., b. Randeck (Reinsperch, Rinsberch), Engelschalcus de —, 1256, 186, 192; 1263, 229, 242; — arii vidua, 1269, 276, 301; Alhait vidua quond. Eng. de —; 1270, 287, 312; 1274, 303, 325, 1283, 378, 402, 403; 1285, 388, 424; 1289, 399, 435, 436; 1293, 407, 446, 408, 448, 449; 1295, 411, 452; 1312, 487, 62.

Reisach, Tirol, Pusterthal (Risach), 1070, 84, 85.

Reisen, Bai., Landg. Erding (Risen), Chvnr. de —, 1187, 121, 120.

Rempsnig, Berg, U.-Strm., b. Marenberg (Remsnich), 1344, 692, 284.

„Remsnich", s. Remschnig.

„Reunner, Dietreich der —", Krn., 1314, 499, 476.

Rentzciuspuhel", N.-Oest., b. Mauerbach, 1358, 729, 320; s. auch „Retz-".

„Roscium", Venet., 972, 35, 34; 992, 44, 45.

„Resen", s. Rasen.

„Reuchlinstorf", s. Raudorf.

„Reutenberch", s. Reitenburg.

Reutlingen,? Wirtemberg (Rütlingen), 1353, 708, 301.

Reun, Strm., b. Graz (Ruun), Aebte: N., 1281, 370, 395.

„Reurippe", Bai., Frider. de —, 1245, 145, 141.

„Recz", wo? Grafen: Johannes u. Burghardus, 1361, 738, 320.

„Retzeinsfurt", N.-Oest., b. Mauerbach, 1358, 729, 320; s. auch „Rentz-".

„Rihter, Mainli der —", Waidhofen
a. d. Ibs, 1333, 621, 206.
„Richenberch", Bai.? Tirol? Swikerus de —, 1269, 281, 307.
„Richendorf",
„Rikestorf, Riker-", } s. Reichersdorf.
„Rihhinchiricha", s. Reichenkirchen.
„Richinstorf", s. Reichersdorf.
„Richolfetdorf", s. Reichersdorf, Bai.
„Richolsteten", Bai.,? Wernherus de
—, 1248, 153, 150.
Ried, N.-Oest., a. d. Traisen (Riede),
1334, 636, 222; 1335, 655, 243.
Ried, N.-Oest., b. Tulln (Ried), Jans
der schench v. —, 1313, 497, 74;
Albrecht der schench v. — hofmaist. herzog Rudolfs, 1359, 734,
327.
Ried, N.-Oest., welches? Rider, Ridarius, Vlr. dictus —, 1277, 352,
373; 353, 374; 355, 376.
Ried, Tir., Pusterthl. (Riode in confinio loci Thesitiu), c. 980, 41, 42.
Ried, Bai., b. Mosburg! (Riede), Pilgrim de —, 1166, 113, 112; Rudolf de —, 1184, 120, 119; c.
1190, 123, 122.
„Ritanum", s. Ritten.
„Ridarius",
„Riede", } s. Ried.
Ritten, Berg, Tirol, b. Botzen (Ritanum), c. 870, 21, 20; 875, 22, 21.
„Rider", s. Ried.
„Rittersperch", Vörz,? Ernestus de
—, 1286, 397, 434; vgl. auch „Bittersperch".
Riedmark, O.-Oest., Ryedmarcher,
Rietmocher, Vlr. der — purgraf ze
Portz, 1325, 561, 147; Wolfhart
der —, 1333, 619, 204; 1334, 630,
217.
„Rietmarcher, -mocher", s. Riedmark.
Rienz, Fluss, Tirol, Pusterthl. (Riouzus), 973, 36, 35.
„Rinalua alpis", Tirol, Pusterthl.,
788, 5, 6; 965, 34, 33.
„Rifenberch", s. Reifenberg?
„Rivinich", s. „Rivnich".

„Rinding", s. Rinning?
Rinning, Bai., Landg. Ebersberg (Riuding), Heinr. u. Sighardus fratr.
de —, 1267, 272, 297.
„Rinsberch", s. Reinsberg.
„Riode", s. Ried, Tirol.
„Rionzus", s. Rienz.
„Risach", s. Reisach.
„Risen", s. Reisen.
„Risenberch", s. Reifenberg?
„Riesemburg", s. Riesenburg.
Riesenburg, Böhm., b. Nachod (Riesemburg), Borsso et Slabko nobiles de —, 1361, 738, 334.
„Riutenberch", s. Reitenburg.
„Röhling, -e, -en", Bai., Wolfhart v.
— chorb. ze Freising, 1306, 456,
26; 1307, 465, 39; 1308, 472, 48;
477, 53; Berchtolt v. —, 1307,
465, 39.
„Röchlinge, -n", s. „Röhling."
Rot, a. Inn. (Rot), Aebte: Lotharius,
1160, 110, 108; 1166, 113, 111.
„Röt, der —", im Crumpeck b. Welz,
1361, 741, 336; Perchtold der —,
Chunr. s. prüder, 1361, 741, 337.
Roth, Nieder-, Bai., Landg. Dachau
(Rota), Gotefrid de —, c. 1120,
96, 95.
„Rota", s. Roth.
Rotachgau, der —, Bai., b. Tölz
(Rotahgaunne), 763, 1, 1.
„Rötel, Heinr. der —, purkgraf ze
Haberberch u. amptman ze Inichingen, 1337, 662, 250; 1339, 679,
270.
Rotenberg, N.-Oest., OWW., welches?
(Rötenberg, -eh), Hainr. v. —,
1325, 562, 147; 1326, 566, 152;
— pfleger u. verbeser ze Vdmarnelt, 1326, 567, 153.
Rotenburg, Bai. (Ratenburc), Herzoge: 1159, 108, 106.
„Rodench", s. Rodeneck.
„Rotenek", wo? Grafen: Meinhardus,
1244, 143, 139.

Rodeneck, Tirol, b. Brixen (Rodnich, Rodench), Arnoldus senior de 1238, 138, 135; 1254, 175, 174.

Roteneck, Bai. (Roteneke), Altmannus de — canon. Ratisp., 1262, 213, 220; 1263, 227, 240.

Rotenfels, O.-Strm., b. O.-Welz (Rotenuels), 1319, 532, 111. Burggrafen: Frider. de Sandawe, 1308, 471, 45, 46; Frider. v. Welcz, s. hsfr. Jevte, 1323, 551, 132; siehe auch Welz: Burggrafen.

Rotenmann, O.-Strm., b. O.-Welz (Rotenmanne), 1285, 390, 426; 391, 427; 1357, 725, 315.

„Rötenstain, Rot-", N.-Oe., OWW., Ludwoich v. — ritter, 1338, 673, 263; 1339, 680, 272.

Rotenstein, U.-Krn. (Rattenstein), Engilradus de —, uxor Cunçonis de Loch, 1232, 132, 141.

„Rotinpah", s. Rettenbach.

„Roduich", s. Rodeneck.

Roggendorf, N.-Oest., OMB., welches (Rukhendorf, Ruch-, Rukk-), Vlr. de —, 1276, 314, 338; 1277, 342, 263; 349, 368; 352, 373; 353, 384.

Romano, Jeçeunus de — erw., 1261, 206, 211, 212.

Romdorf, Bai., Landg. Mosburg (Rubindorf, Ruben-, Geruuich de —, c. 1115, 95, 94; Willibolt de —, et fil. eius Gerwich, c. 1130, 99, 97; Gervvich de —, 1147, 103, 102.

„Romer, Ditr. —", N.-Oest., OWW., 1312, 490, 66.

Ror, Bai. (Rore), Pröpste: N. prepos. s. Magni Ratisponen. ad preposituram de — translatus, 1265, 242, 259.

„Rorenuels", Bai., Johans der Judman von —, 1361, 739, 334.

„Rossanum", Südtirol, 1166, 113, 111.

Rosariol, Istrien (Razari), 1067, 83, 84.

Rosegg, Krnt., b. Villach (Rasa), c. 880, 24, 23.

„Rosemberg", s. Rosenberg.

Rosenberg, Böhm. (Rosemberg), Petrus, Vlr. u. Iodocus nobiles de —, 1361, 738, 334.

„Rösmau, Rapot der —", purger ze Ybs, alhait s. hsfrowe, 1338, 673, 263.

„Rosner, der —", O.-Strm., 1360, 737, 300.

„Rösner gericht", s. Rasen.

„Routkernsdorf", s. Rudersdorf.

„Rovsch, Ditr. de —", Krn., 1248, 152, 148.

„Rubendorf", s. Romdorf.

„Rubilingen", s. Raubling.

„Ruchendorf, Rukh-, Rukk-", s. Roggendorf.

„Rutenus, Heinr. —, sacerd.", 1256, 183, 184.

Rudersdorf, O.-Krnt. (Routkerasdorf), c. 1030, 72, 72.

„Rudinich", Bai.? Hertwicus de —, c. 1120, 96, 95.

„Rvedliebessiez, Rüdliebessieze", U.-Krn., 1259, 199, 204; 1273, 299, 322.

„Rütlingen", s. Reutlingen.

„Rudnicha", s. Reidling.

Rudolfswörth? s. Werth.

„Rufus, Peretholdus —", 1065, 80, 83.

„Runa", s. Reun.

„Rurose, utrumque —", N.-Oest., OWW.? c. 1130, 97, 95.

„Russan", Pusterthl.? c. 1180, 116, 114.

Russbach, Gross-, N.-Oest., Marchfeld (Ruspach), Pfarrer: Heinr. phisicus, antea pleb. in Probstorf, c. 1230, erw., 1256, 184, 186, 188, 189; Wachsmüdus, 1284, 384, 416.

„Ruxing, -en", wo"? Burg (castrum): 1297, 419, 459, 460.

Grafen: Chvnrat, s. prüder Emch probst v. Werdese, 1296, 415, 456; Emcho prep. in Wertse, frat. eius Chvnr., sponsa eius filia comitis Vlr. de Hevnenburch,

1297, 419, 459; Emch brobst v. Wertse, 1297, 422, 462.

„Rutzsperg, der — der alt amman von Vdmarnelt", erw., 1330, 623, 209.

Rutzendorf, N.-Oest., Marchfeld(Rvetzendorf), 1313, 495, 72.

S.

„Sappo, C. —", Bai., c. 1230, 130, 130; Otto —, 1245, 145, 141; Chuur. — Krn.? N.-Oest.? 1267, 272, 297; 1277, 352, 373; 353, 374; 355, 376.

„Sahs, Sags, Heinr. der — O.-Oest., 1313, 497, 74; — richter ze Waidhouen, 1333, 618, 204; — purger ze —, 1338, 673, 263; s. aydem Ottl, 1336, 659, 246.

Sachsen, O.-Oest., a. d. Donau (Sacchsen), Ott der Chälbor v. —, Hertlein s. sÛn, Hertneid der Chälber s. vater, s. swestern Osanna Chûnrats Synthaim, u. Hainr. des Schiken hsfr., 1338, 675, 265, 266.

Sachsen, Herzoge: Adelbertus, 1140, 100, 98; Heinr. et fil. eius H., c. 1180, 116, 113; Albertus, 1277, 327, 349; 350, 370; 351, 371; Wentzlaw, 1359, 734, 327; Rudolfus archimarescalcus 1361, 738, 333.

Sachsenburg, O.-Krnt. (Sachsenburg), 1363, 744, 339.

Sachsendorf, N.-Oest., b. Kirchberg, a. Wagram (Sahsendorf), Vlr. de — 1249, 156, 153.

„Sachsengan", s. Sachsengang.

Sachsengang, N.-Oest., Marchfeld (Sahsonogane, Sahsengane, -ge, Sachsengan.), Insel (ehemalige Donau —), 1021, 61, 62; c. 1030, 68, 70. Genannte: Geroldus u. Hartnidus de —, c. 1158, 107, 106; Ortwinus de —, 1256, 184, 189; Leupoldus de —, 1256, 184, 189; 1265, 251, 268, 269; Hecho et Ortwinus de —, 1265, 251, 269; Leupoldus de, 1284, 384, 416; — s. hsfr. Chvnigunt, 1321, 545, 126; s. veter Hertneid 127; Leupolt v. —, 1333, 626, 212.

„Sachsengauge", } s. Sachsengaug. „Sahsonagane",

„Sahniza", s. Safnitz.

„Sabum", s. Save.

Save, Fl., Krn. (Zaua, Sabum, Sawa), 989, 43, 43; 1002, 53, 54; 1248, 153, 149.

Safnitz, Krn., B. Lack (Sabniza), Fluss, 973, 37, 36; 38, 38, 39; 989, 43, 43, 44.

Ort: 973, 37, 37.

„Sags, Ott dez -en aydem purger ze Waidhouen", 1336, 659, 246.

Sagrad, U.-Krn., welches? (Zagrat), 1251, 157, 155.

Sairach, Krn. (Seyroch), 1307, 467, 41.

„Sala", s. Salzach.

Saldenhofen, U.-Strm., b. Marenberg. (Saldenhofen), Burg (haus), 1344, 692, 284.

Genannte: Chol. v. —, 1344, 692, 284.

„Salle, Hainr. v. —, woyleut richter ze Waidhouen", 1351, 701, 294; 702, 294; s. auch „Sneider".

„Sallendorfaer" Bai.? Fridr. der —, 1346, 693, 285.

„Saligchchiut, Hartwicus —", 1158, 105, 103; s. auch „Felixpuer".

Salurn, Südtirol (Salurnum), Robertus de —, 1166, 113, 111.

„Salurnum", s. Salurn.

Salzach, Fl., Salzbg. (Sala), 1025, 62, 64.

Salzburg, Diöcese, c. 1060, 79, 81.

Stadt: 1267, 270, 293; 1280, 365, 390.

Erzbischöfe: Uirgilius, 776, 4, 5; Arno, 802, 7, 8, 9; 8, 9; 816, 9, 11; Gebehardus, c. 1060, 79, 81, 82; 1074, 90, 90; Chunradus I., 1140, 101, 99; c. 1140, 102,

100; Eberhardus II., 1236, 135, 133; 136, 133; 137, 134; 1238, 138, 134; 138, 135; erw., 1262, 224, 235; 1267, 266, 287; Philippus, 1248, 154, 150; Vlricus, 1257, 190, 195; 1258, 196, 201; 197, 202; 198, 203; 1259, 202, 207; 1261, 210, 217; 1262, 222, 232; 1265, 239, 253; 246, 263; Fridericus, 1277, 328, 350; 329, 351; 331, 352; 332, 353; 333, 355; 335, 356; 336, 358; 337, 359; 344, 363; 346, 365; 347, 366; 1280, 365, 390, erw., 1284, 384, 411; Chunradus IV., 1296, 417, 457; 1298, 424, 463; 427, 467; 428, 468; 1301, 438, 8; 1302, 448, 17; 1306, 459, 29; Wichart, 1315, 500, 76, 77; N., 1327, 574, 159; 1330, 595, 181; 1335, 645, 231; Fridericus, 1335, 653, 240; Ortolfus, c. 1360, 736, 329.

Erzbisch. Kanzlei: Gerlacus prothonotar., 1302, 448, 17; Bertharius notar., 802, 7, 9.

Domdechante: N. 1335, 645, 231.

Novizenmeister (?) (magist. discipline): Helmwicus canon., 1302, 448, 17.

Kellermeister: Kheffangerius canon. 1262, 218, 227.

Chorherren: s. obige Zwei.

Vögte: Engilbertus, c. 1060, 79, 81, 82.

„Sam, Albr. der —", 1330, 601, 185; 1331, 604, 189.

„Sambach", N.-Oest., b. Ardacker, 1049, 76, 79.

„Samerawarius", s. Sommerau.

Santhal, U.-Strm., (Seynia, Saevntal), Archidiakone (etzian): (!) Witig, 1301, 444, 14.

Genannte: Marchwardus de —, 1248, 152, 148.

„Sandawe", Bai.? Fridr. der -r, hofmarschalch v. Freising, 1293, 403, 443; 1301, 446, 16; 1304, 452, 22;

Frid. de — burchgraßus in Rotenvels, 1308, 471, 45, 46; 1311, 486, 61, 62.

„Snerfenberch", s. Schärfenberg.

„Saevntal", s. Santhal.

„Sauersteten", Bai.,? Oest.? Liutoldus de —, c. 1212, 125, 124.

„Saum, Insel b. Holenburg, N.-Oest. (insula Savm), 1276, 313, 336; 314, 337.

Saurau, O.-Strm., b. Murau (Sovraw, Savrawe, -owe), Chunr. de —, 1263, 225, 236, 237; — et Otto fratres de —, 1263, 228, 242; Liebhart u. Ackerlin v. —, 1291, 401, 437; Otto de —, capellan. Wernheri episc. Lauent., present. ad eccl. s. Petri prope Welez, 1306, 459, 29, 30; 460, 31; 1307, 464, 36, 37, 38; 1308, 471, 44, 45; Fritze u. Vlreich brüder v. —, ir swester Levkart im chloster ze Judenburch, 1309, 478, 54; 1335, 650, 235.

„Savraw", s. Saurau.

Sauraz,? Berg, Krn., b. Lack (mons Zoura, -e), 973, 38, 38; 989, 43, 43.

„Savrowe", s. Saurau.

Sawa, Krn., b. Laibach (Sawa), Vlr. de —, 1248, 152, 148.

„Sawa", s. Save.

„Saxum", s. Stein.

Spannberg, N.-Oest., UMB. (Spangberch), Dechant: Rudlibus, 1270, 292, 316.

„Spangberch", s. Spannberg.

Speier, Rheinpfalz (Spira), Bischöfe: Siboto, 1040, 75, 76; Sifridus, 1140, 100, 98; Gerhardus, 1361, 738, 333.

„Speyser, Jacob der —", N.-Oest., 1319, 534, 115; — von Waidhouen, 1327, 575, 160; Jacobus dictus — cinis in Lok, 1340, 686, 279.

Speismeister, Berhtoldus —, Wernherus frat. eius, 1262, 221, 230.

„Sperchsteten", N.-Oest., OWW., 1340, 683, 276.

„Sperrenberg", Krn., Wilhalm v. —, 1358, 733, 325.

„Speczingerin, Chvur. der — svn", Pusterthal, 1339, 679, 271.

„Spielberch", s. Spielberg.

Spielberg, N.-Oest., welches? (Spilberch), Otto miles de —, 1256, 184, 187; Fr. eins Rinboto, 188; Hagen von — der herczoginne hofmaister, 1337, 666, 254.

„Spira", s. Speier.

Spitz, N.-Oest., oborh. Krems (Spicz), 1338, 673, 263.

Sprinzenbach, N.-Oest., b. Steinakirchen, Sprinczenpech, Wolfhart der —, 1326, 567, 152.

„Sprinczenpech", s. Sprinzenbach.

„Sprinzenperch", Hainr. —", N.-Oest., OWW., 1289, 399, 436.

Schachen, N.-Oest., b. Waidhofen a. Ibs (Schachen), 1339, 680, 271.
Genannte: Marquart von dem —, 1335, 656, 243, 244.

„Schaeslich", Bai., Chuno de —, 1182, 119, 118.

„Schaffenvelt",
„Schaffervel", } s. Schafferfeld.
„Schauorueld",

Schafferfeld, N.-Oest., b. Amstetten (Schaffervel, Schafernelt, Scharffervelt, Schaffen-, Scharffen-, Schauer-), Ul. u. Friderich gepruder v. —, 1274, 303, 326; Frider. de —, 1276, 314, 338; Vl., Frid. et Hainr. fratres de —, 1277, 320, 343, 344; Vlr. de —, 1277, 321, 345; Frider. de —, 1283, 378, 404; 1289, 399, 436; 1293, 404, 443, 444; Ulrich von —, 1293, 406, 445; N. v. — burchgraf ze Vdmarvelt, 1317, 521, 97; Wernhart v. —, 1324, 554, 135; N. der -er, 1326, 565, 151; Wernhard v. —, 1326, 567, 153; 1329, 590, 173, 174; 591, 175; 1330, 593, 177; 1333, 623, 209, 210; 1334, 630, 217; 1335, 646, 232; 651, 237; 1339, 678, 269; —

s. swager Chůnr. der Zovhinger, 1339, 680, 272; N. der -er, 1364, 747, 342.

„Schaffervoldarius, -uelder", s. Schafferfeld.

Schal, Tirol, b. Botzen (Scala), c. 1070, 87, 88.

„Scala", s. Schal.

Schala, N.-Oest., OWW. (Scalah, Schalach), Grafen: H. c. 1170, 115, 113. Burggrafen: Frider. de Medlico, 1282, 372, 396.
Genannte: Otto Celkingarius de —, 1296, 416, 457.

„Scalah, Schalach", s. Schala.

„Schalch, Otto dictus —", Tirol, 1285, 392, 429; 393, 430.

Schalun, O.-Strm., b. Murau (Schalvn), Marchuvvardus de —, 1181, 117, 116; 118, 117.

„Scamner", Bai., Berhtolt de —, 1147, 103, 102.

„Scarancia", -zia",
„Scaraza, -zin, -s", } s. Scharnitz.

„Scharpfenberch, Scharph-", s. Schärfenberg.

„Schartner, Chvur. der — purger ze Waidhouen", 1336, 659, 246.

„Schaerfenberch", s. Schärfenberg.

Schärfenberg, Krn., b. Gurkfeld (Scharphenberch, Scharffeu-, Scher-, Snerfen-, Schar-, Schaer-, Scharpf-), Liupoldus de —, 1252, 162, 159; Heinr., Wilhelmus et Vlricus fratres de —, 1252, 163, 159, 160; Heinr. de —, 1252, 165, 162, 163; 1253, 168, 166; 1259, 199, 204; Wilhelmus de — 205; Livpoldus de —, 1265, 248, 265; Heinr. de 1273, 299, 322; Wilhalm de —, 1284, 385, 420, 421; 1285, 387, 423; Růdolf v. —, 1301, 443, 12; 1306, 455, 24; Heugel u. Albr. brůder v. —, ir voter Vlrich, 1308, 470, 43; Wilhalm u. Haevgel v. —, Růdolf v. —, 1309, 480, 56; Wilhalm v. —, 1309, 480, 57; 481, 59; Rud. v. —, 1315, 500,

76, 77; Wilhalm v. —, 1318, 530, 109; Haug u. Rudolf v. —, 1326, 569, 154; 570, 155; Rudolf v. —, 1327, 576, 160.

„Scharffenneld",
„Scarfferneld, Schar—e, } s. Schafferfeld.

„Scaritia", s. Scharnitz.

Scharnaberg, N.-Oest., b. Mank (Schorvnberch, Schorn-), Al. de —, 1270, 287, 313.

Scharnitz, Tirol, Grenze v. Baiern (Scaranzia, solitudo Scarantiensis, — Scnratie, — Scaritie, Scarenza, Scarazias, Scaraza), 763, 1, 1, 2; c. 772, 3, 4; 802, 8, 10.
 Kloster das. (eccl. s. Petri) altare s. Petri sanctique Tertulini): 763, 1, 1, 2; 770, 2. 3; c. 772, 3, 4; 788, 5, 6; 802, 7, 8, 9.
 Aebte: Otto, 763, 1, 2; 770, 2, 3; c. 772, 3, 4.
 Mönche: Reginpertus et frater cius, c. 772, 3, 4.

Schaumberg, O.-Oest., b. Eferding (Schawenburch, Schowenberch, Schavn-, Schaumberkh, Schovnberch, Schownberg), Wernhardus de —, 1240, 139, 136; Agnes Hainrichs tochter v. —, hsfr. grave Hermans v. Ortenburch, m°me bisch. Emches v. Frising, 1301, 447, 6.
 Grafen: Levtolt probst ze Ardacher, 1325, 560, 146; Chunr. prepos. Ardacen., 1357, 719, 310; Vlrich, 1365, 748, 343.

„Schavnberch",
„Schawenberch, -burch", } s. Schaumberg.

„Schawrberch", s. Schoberberg.

„Schebelach", U.-Krn., 1252, 165, 162.

„Schependorf", s. Schöpfendorf.

„Schek, Ot. der —", 1338, 675, 267.

Scheckenhofen, Bai., Landg. Mosburg, welches? (Schekkenhouen), Friderich v. —, 1293, 403, 443.

„Scheder", s. Schöder.

„Scheftelarn", s. Scheftlarn.

Scheftlarn, Bai. (Scheftelarn, Scheftl-), Pröpste: Heinr., 1182, 119, 118; 1187, 121, 120; c. 1190, 123, 122.

„Schefelt, -olt", N.-Oest., OWW., Berchtolt, 1339, 678, 269; 1340, 683, 276.

Scheibenberg?, N.-Oest., OWW., welches? (Scheverbach, Scheur-, Schewer-), Albero de —, 1262, 221, 230; 1277, 349, 369; Chunr. der — pech., 1337, 669, 257.

„Schels, Hainr. der — purger ze Vdmaruelt", 1335, 651. 237.

„Schenk", s. Ried.

„Scherkhof", s. Schörghof.

„Scherffenberch", s. Schärfenberg.

„Schernömel", s. Tscherneml.

„Scheverbach, Scheur-",
„Schewerbech", } s. Scheibenberg.

Scheufling, O.-Strm., b. Unzmarkt (Suvelich), c. 1030, 64, 66.

„Schik, -kch, Vlr. der —", N.-Oest., OWW., 1323, 548, 129; Hainr. der —, s. hsfrow Holen Hertneids des Chälber tochter, ir swester Osanna Chünrats Svnthaim hsfr., ir brüder Ott der Chälber von Snechsen, sein svn Hertlein, 1338, 675, 265; 266, 267.

„Schiet, Johanns der — purger ze München", 1361, 739, 334.

„Schifer, —v—, Chünr. der —", z. Kloster-Neuburg, 1338, 670, 259; 671, 261.

„Schilhaer, Ch°nrat der —, Lienhart s. br°der", Krn., 1314, 499, 75, 76; 1321, 544, 125.

Schindau, N.-Oest., b. Amstetten (Schintau), Cheungeovnt da. ze —, Chünrates des Volen hsfrowe, 1317, 521, 96, 97.

„Schirenchingen". s. „Seirchingen".

„Schirmer, Chunr. dictus —", N.-Oest., OWW., 1263, 229, 243.

„Schlater, der —", N.-Oest., OWW., 1326, 568, 154.

Schladming, O.-Strm., Ensthal (Slednich, Sledmig), Bürger: Artolf der

Pruderlein, s. hsfr. Christein, 1319, 536, 117, 118; Chuenr. der alt Sturer, 1319, 536, 118; 537, 119; Artolf der Pruederl, 1326, 563, 148; 564, 150.
Schlehdorf, O.-Bai. (Slehdorf, Slech-), 763, 1, 1; 802, 7, 8.
Kloster (monr. s. Tertulini, eccl. s. Petri): c. 772, 3, 4; 799, 6, 7; 802, 8, 10.
Aebte: Atto, 799, 6, 7.
Schleinz, N.-Oest , b. Meissau (Zloenz), Otto de —, 1243, 142, 138.
Schliffach, die —, Fluss, N.-Oest., b. Randeck (Sliffach), 1274, 303, 325, 326; 1289, 399, 435; 1312, 487, 62; 1330, 598, 183.
Schliersee, O.-Bai. (Slierse, Slier-, Slyers), Kloster (eccl. s. Sixti).
Pröpste: Ortwinus, 1182, 119, 118; 1187, 121, 120; O. 1281, 369, 394; mag. Frider. canon. Frisingen., prepositus vini in Montanis capituli Vrising., 1322, 546, 127; Jacob der Naenhofer chorh. ze Freysingen, weinprobst des capit. v. Freising. in dem Gepirge, 1352, 706, 298.
Chorherrn: Heinreich schreiber (des bischofs ze Freising.), 1293, 403, 443.
Schnals, Tirol, b. Schlanders (Snalz), Arnolt v. —, 1283, 375, 398, 399.
Schnotzendorf, N.-Oest., b. Amstetten (Snoczendorf), 1323, 549, 130.
Schoberberg?, N.-Oest., b. Amstetten (Schawrberch, Schowerperg), 1332, 608, 192, 193; 1333, 618, 203, 204.
Schöpfendorf, U.-Krn. (Schependorf), 1286, 396, 432.
Schöder, O.-Strm., b. Murau (Seder, Scho-), Richerus et frater eius Leopardus de —, 1181, 118, 117; Reycher v. —, 1319, 536, 118; 537, 119.
„Schonna, -he", s. Schönau.
Schönau, N.-Oest., Marchfeld (Schonahe, Schonna, Schö-), 1256, 184, 188; 1277, 336, 357; 350, 369, 370; 351, 371; 1281, 370, 394, 395; 1284, 384, 410; 1316, 517, 91; 1330, 595, 181.
„Schönberch", s. Schönberg, Krn.
Schönberg, O.-Strm., b. O.-Welz (Schönperge), Duringes chinde von dem —, Düring der älter v. d. —, 1291, 401, 437; Paeblin der iunger —, 438; Pabel ab dem —, 1301, 446, 16.
Schönberg, U.-Krn. (Schonenberch, Schonnen-, Schönberch), 1286, 396, 432.
Burg (castrum): 1266, 253, 273.
Genannte Dietricus de —, uxor eius Diemüdis filia Nicolai de Reutenberch, antea uxor Frizzonis de Plintenpach, 1280, 367, 392; Ditr. de —, 1286, 396, 433.
„Schönperge", s. Schönberg.
Schönbichl, N.-Oest., b. Waidhofen a. Ibs? bei Amstetten? (Schonpühel, Schön-, Schönen-), 1313, 493, 69; 1325, 562, 147.
Genannte: Marquard der Lühsnekker v. —, 1308, 473, 49.
„Schonpuhel", s. Schönbichl.
Schönburg, Böhm.? (Schoneburg), Theodricus de —, 1361, 738, 334.
„Schönprunuarius, Ulr. dictus —, domicell. curie Frising.", 1283, 373, 397.
Schöneck, N.-Oest., b. s. Peter i. d. Au (Schönekk), Hainr. der Zelkkinger v. —, purgraf ze Vlmaruelde, 1349, 698, 290.
Schöneck, Tirol, b. Brunecken (Schonneck), O. de —, prepos. Inticensis, Arnoldus de —, 1280, 367, 392.
„Schonenberch, Schonnen-", s. Schönberg.
Schönenpühel", s. Schönbichl.
„Schonenliten", s. Leiten a. d. Lies.
Schöngeising, Bai., Landger. Sternberg (Kisingas), 763, 1, 1; 802, 7, 8.

Schönhals, Heinr. — burger ze Waidhouen", 1308, 474, 49.
"Schonleiter", s. Leiten a. d. Lies.
Schörghof, N.-Oest., b. Waidhofen a. Ibs (Scherkhof), 1339, 680, 271.
"Schora, Ötlin —", N.-Ost., OWW., 1351, 701, 294.
"Schornberch, Schorvnberch", s. Scharnaberg.
"Schovuberch", s. Schaumberg.
"Schowerberch", s. Schoberberg?
"Schownberg", s. Schaumberg.
"Schrabaz, Vlr. dictus —", Krn., 1270, 290, 314.
Schrattenberg, O.-Strm., b. Unzmarkt (Schretenperger, Schra-), Vlr. der —, 1356, 718, 309, 310.
"Schratenperger", s. Schrattenberg.
"Schralle, Hainr. —, Berhtolt s. svn, purger ze Villach, Cecilia Berhtoltz wirtin", 1357, 722, 313, 314.
"Schranchpfm, Chfnr. de —", Krnt., 1272, 293, 317.
"Schretenperger", s. Schrattenberg.
"Schreiber, Chfnr. der —, purger ze Wazzerburch, Dymflt s. hsfr., Elsbeth et Chdurat s. chindo, 1328, 582, 164, 165; Vlr. der — purger ze Chostentz, 1334, 640, 226.
Schrick, N.-Oest., b. Gannersdorf (Schrikche), 1335, 648, 233.
"Schrickche", s. Schrick.
"Schüchpronue, Albertus —", O.-Strm.", 1181, 117, 116; 118, 117.
"Schuter, der —", im Hintereck b. O.-Welz, 1361, 741, 336.
"Schütwürfel, N.-Oest., b. Mauerbach, 1354, 709, 301.
"Schueler, Portholt der —", O.-Strm., 1319, 537, 119; 1326, 563, 149; Haintz der —, Pusterthl., 1357, 721, 313.
"Schürtzer, der —", U.-Krn., 1306, 457, 27.
Schwabing, Bai., b. München (Swaebingen) Eberhardus de —, 1229, 129, 129.

Schwangau, O.-Bai. (Swaugev), Herman v. —, 1326, 566, 151.
Schwarza, N.-Oest., OWW,? (Suarzhaha, utrumque Suarzahe, Sunarzhah), c. 1115, 95, 94; c. 1130, 97, 96; 99, 97.
Schwartzburg, Dtschld. (Swarcenburch, Swarz-, Swarzburg), Grafen: Gvntherus, 1270, 284, 310; 285, 311; Gunther, 1359, 734, 327; Guntherus, Johannes, Heinr. et Guntherus, 1361, 738, 333.
Schwarzenau, N.-Oest. (Swarzenawe), Albero de —, 1243, 142, 138.
Schweidnitz, Schlesien (Swidnitz), Herzoge: Bolko, 1361, 738, 333.
Schweinbart, N.-Oest., Marchfeld, Sweinwarter, Vlr. der —, 1356, 717, 309.
Schwerin, Meklenbg. (Sweriuum), Bischöfe: Albertus, 1361, 738, 333.
"Stad, -e", s. Gstadt, Stadel.
Stadek, Strm., b. Graz (Stadcke, -ekk), Livtoldus de —, 1263, 225, 238; Levtolt v. — landmarschalch in Osterreich, 1365, 748, 343.
"Stadeke", s. Stadeck.
Stadel, N.-Oest., b. Waidhofen a. Ibs, welches? (Stadl), 1313, 497, 74.
Stadlau, N.-Oest., b. Wien (Stadlaw), Dietreich v. —, 1325, 561, 147.
"Stadlaw", s. Stadlau.
"Stanaues", Tirol, 827, 11, 13.
"Stain", s. Stein.
"Stainchellor", s. Toberstetten.
"Stainchirchen", s. Steinakirchen.
"Stainhart", s. Steinhart.
"Stainhauser, Berthold der —", O.-Strm., 1319, 536, 118.
"Stainipach", Bai., Waltchön de —, c. 1180, 116, 114.
"Stainwant, -wenter", s. Steinwand.
Stainz, Strmk. (Staevntz, Stencz), Kloster (s. Katharina): 1362, 742, 338.
Altar das.: s. Dorothea, 1362, 742, 338.

Pröpste: Mert, 1362, 742, 338.
Chorherren: Nycolaus notar. episcopi Laurentini Wernheri, 1308, 471, 45, 46, 47.
Stall, O.-Krnt. (Stalla), c. 1030, 66, 67; 72, 72.
Kirche das.: c. 975, 39, 49.
„Stalla", s. Stall.
Stallbaum, O.-Strm., b. Murau (Stalbavm), 1285, 390, 426; 391, 427.
„Stalluu", ad-", s. Stall.
Stanglau, N.-Oest., b. Waidhofen a. Ibs, Stengelawer, Ott der —, 1338, 672, 261, 262.
„Stango, Ditr. —", Krn., 1267, 272, 297.
„Staro, Sigifrit —", c. 1115, 94, 94.
Staufen (Stöphe), Grafen: Heinricus, c. 1180, 116, 114.
Staufen, Bai., welches? Stoufenburch), Frider. de — prepos. Mosburgen. 1286, 396, 433.
„Staevntz", s. Stainz.
s. Stephan, Kloster, s. Bamberg.
„s. Stephani altare, — mons", s. Weihenstephan.
„Stetten", s. Ostetten.
Stettin, Pommern (Stetin), Herzoge: Barnym et Kazimirus, 1361, 738, 333.
„Stetwalt, der —" (Mannseigenname), 1284, 385, 420.
„Stegraifsbach", N.-Oest., OWW., 1327, 568, 154.
Steier, O.-Oesterr. (Styr, Stire, Steyr), 1327, 574, 159; 1338, 675, 267.
Burggraf u. Pfleger: bisch. Chunr. v. Freysing, 1340, 684, 277.
Genannte: Otto miles de —, c. 1245, 146, 141.
Steiermark (Carinthia, Stiria, Steier), 1034, 74, 75; 1277, 329, 351.
Landesfürsten: Otachar IV., c. 1120, 96, 95; — V., c. 1130, 97, 96; 1158, 105, 103; — VI., 1181, 117, 115; 118, 116.

Landeshauptleute: Bruno episcopus Olmuncen., 1263, 225, 238; N., 1265, 243, 259; Vlr. v. Walsse, 1337, 661, 248.
Marschälle: Herdegen v. Pettaw, 1336, 661, 250.
Landrichter: N. 1270, 286, 311.
Landschreiber: Witigo, 1247, 151, 147.
Obristkämmerer: Rudolf Ott v. Liechtenstain, 1365, 748, 343.
Kämmerer: O. v. Liehtenstain, 1315, 500, 76; 500, 78; 1323, 551, 131; 552, 133; 1333, 612, 198; 1337, 661, 250; Rvdolf v. Lyechtenstain, 1337, 661, 248, 249, 250.
Obriste Schenken: Fridr. v. Stubenberg, 1365, 748, 343.
Herzogl. Amtleute: Officiales, 1270, 286, 311.
Stein, N.-Oest., b. Kirchberg a. d. Pielach, wlchs.? (Lapis), Hainr. de —, 1277, 320, 343.
Stein, N.-Oest., b. Krems (Steine), c. 1120, 96, 95.
Bürger: Haidenricus, 1276, 314, 338; 1277, 343, 363; 349, 368.
Stein, O.-Strm., b. Murau (Stain Saxum), Otto de —, 1181, 117, 116; 118, 117; Chvnrad von dem —, 1301, 446, 16; — u. Ott von dem —, 1316, 514, 87.
Stein, Krn. (Stain, Steine, Stayn), Pfarrer: Ottaker, 1357, 722, 314; 723, 315; 1358, 727, 317, 318; 730, 321 — s. swester Geysel wirtin Niclaws v. Laybach, aptessin vrowen chlosters s. Chlaren ordens ze Lok, 1358, 732, 324.
Genannte: Gerloch de —, c. 1215, 127, 127; 1248, 153, 148, 149, 1252, 165, 162, 163; 1275, 308, 332; 1286, 397, 434; Waltherus de — filia cius Agneta uxor Wernheri de Lok, 1293, 405, 444; Nyclawe v. —, Chunr. v.

Lok s. swager, 1308, 472, 47; Nyclav v. —, 1308, 477, 54.
„Steina" (Sterna?), Istrien, 1067, 83, 84.
Steinakirchen, N.-Oest., OWW. (Stainchirchen), Sifridus de —, 1261, 209, 217.
„Steine", s. Stein.
Stainhart, Bai., Landg. Wasserburg (Stainbart), Hartman de —, c. 1115, 94, 94.
Steinwand, N.-Oest., b. Pechlarn (Stainwant, -wenter, der — zu Waidhofen), 1333, 621, 206. Müle das.: 1335, 657, 245.
„Steincznah", Croat.?, Grafen: Stephan, 1309, 480, 457.
„Steyr", s. Steier, Steiermark.
„Stelz", U.-Krn., 1286, 396, 433.
„Stengelawer", s. Stanglau.
„Stencz", s. Stainz.
„Sterenberch", s. Sternberg.
Stermetz, O.-Krn., welches? (Zternitz), 1293, 403, 442.
„Sterna"?, s. „Steina".
„Sternberch", s. Sternberg.
Sternberg, Mähren (Sternberch), Stizlo de —, 1260, 205, 210.
Sternberg, Krnt. (Sterenberch, Stern-), Grafen: Vlricus, 1266, 258, 278; 1270, 284, 310; 285, 311.
Sterzing, Tirol (vicus ad Unipitina, Sterczingen), 827, 11, 13; 828, 12, 15; 1363, 744, 339.
Burg (castellum ad Unipitina): 827, 11, 13.
„Sterczingen", s. Sterzing.
Stiefern, N.-Oest., b. Krems (Stininna), Fluss, c. 900, 27, 26; — Ort: c. 900, 27, 26.
„Stiuinna", s. Stiefern.
„Stieg, Hainr. an der —, purger ze Waidhouen". 1336, 659, 246.
Stigl?, N.-Oest., b. s. Peter i. d. Au, Stiller, Alram der —, 1300, 431, 3; Nykla der —, aydem Ruedolfs des Motz (v. Waidhofen), 1332, 610, 195, 196.

„Stiller, Sty-", s. Stigl?
„Stiluen", s. Stilfs.
Stilfs, Tirol (Stilnes in ualle Vnipitina), 827, 11, 13; c. 950, 31, 30.
„Styr, Stire, Stirhae, Stiria", s. Steiermark.
„Stiersdorf", N.-Oest., b. Traismauer, 1158, 105, 103.
Stocka, N.-Oest., b. Hainfeld (Stocheich iuxta Hainueld), 1342, 688, 280.
„Stocheich", s. Stocka.
„Stontz, Margret des -en tochter purgers ze Lok, Susann ir tochter", 1357, 723, 314.
„Störenwirt, German der —, Krn., 1323, 550, 131.
„Stöphe", s. Staufen.
„Stoufenburch", s. Staufen.
Strakoniz, Böhm. (Straconiz), Babarus de —, 1270, 285, 311.
„Straycher, Straiher, Fridr. der —, goltsmit ze Wienne, Margret s. hsfwe., 1334, 638, 224; 1344, 691, 283; Hainr. der —, burger ze Wienn, Clar. s. hsfr., Agnes s tohter, 1357, 720, 311, 312.
Strassburg, Elsass (Argentina), Bischöfe: Johannes, 1361, 738, 333.
Straschische, Krn., b. Krainburg (Strasista), 1002, 53, 54.
„Strasista", s. Straschische.
„Stretewich", s. Stretweg.
Stretweg, O.-Strm., b. Judenburg (Stretwich, Strete-), Eberolfus et Otto de —, 1181, 117, 116; 118, 117; Ortolfus de —, 1263, 225, 237; Hainr. v. —, 1309, 478, 55.
„Stretwich", s. Stretweg.
„Stresoubrod, nadum —", Krn., b. Lack, 973, 38, 38; 989, 43, 44.
„Stroga", s. Strogn.
Strogn, Bai., Landger. Erding (Stroga), c. 1030, 68, 69.
„Stromaier, Heinr. et Eberh. fratres dicti —", N.-Oest., 1276, 314, 338.
Strug, U.-Krn., b. Neustadtl (Ztrug), 1251, 157, 155.

Stuberi, Tirol, b. Innsbruck (Stupein), c. 1000, 52, 53.

„Stupcia", s. Stubai.

„Stubemberg,"   \
„Stubenberch, Stupenp-", / s. Stubenberg.

Stubenberg, Strm., b. Weitz (Stupenperch, Stubenb-, Stubemberg, Stubenw-), Otto de —, 1181, 117, 116; 118, 117; Wlfingus de —, c. 1245, 147, 142, 143; 1263, 225, 236; 237, 238; 1270, 284, 310; Friderich u. Heinr. gebr. v. —, 1291, 401, 437; Friderich v. —, sweher graf Hormans von Ortenburch, 1301, 447, 16; erw. 1319, 532, 110; Vlr. v. —, 1352, 704, 296; N. v. —, 1356, 718, 309; Vlr. von — phleger des turns ob der nidern vest ze Lok vnd der vest ze Wildonlok, 1357, 724, 315; Fridr. v. —, obrist. schench in Steyr, 1365, 748, 343.

„Stubenwerg", s. Stubenberg.

„Stubich, Rudolfus —", N. Oest., 1189, 122, 122.

„Stnrer, Chuenr. der alt — purger ze Slednich", 1319, 536, 118; 537, 119; Ottel der — zu Ob.-Welz, 1326, 563, 149.

Sebern, N. Oest., b. Traismauer (Sewarin, -warn), c. 1120, 96, 95; 1158, 105, 103.

Seckau, O.-Strm. (Seccawe, Seccouia, Seccowe), Bischöfe: N. 1245, 144, 139; 1252, 159, 157; Vlricus, 1252, 164, 160; 166, 163, 164; 1254, 170, 168; Wernhardus (antea decanus Patauien.), 1270, 292, 316; 1277, 327, 349; 328, 350; 329, 351; 331, 352; 332, 353; 333, 355; 335, 356; 336, 358; 337, 359; 350, 370; 351, 371; Leupoldus, 1284, 379, 404; 381, 405; 384, 410, 411, 414; Fridericus, 1315, 500, 76, 77.

Pröpste: Werinhorus, 1181, 117, 116; 118, 117; R. (quond. prepos). 1252, 166, 163; N. 1300, 434, 5.

Dekane: P. 1252, 164, 160; 166, 163.

Chorherren: R. 1252, 164, 160.

„Seccawe",   \
„Seccouia, -we" / s. Seckau.

„Sechsten", s. Sexten.

„Seder", s. Schöder.

Sedlnitz?, Mähren (Nawsedlitz), Deutschordenspriester: Frater Gotfridus sacerdos, 1258, 195, 199, 200; 197, 202, 203; 1259, 202, 207; 203, 209.

Seofeld, N.-Oest., UMB. (Seuolde), Wichardus de —, 1189, 122, 122; Heinr. de —, 1262, 221, 230; 1277, 325, 347.

Seefeld, O.-Bai., (Seuelt -d), Deinhart v. — chorherre ze Frising, 1313, 494, 70, 71; N. dictus de —, preposit. Frisingen., pleb. in Lok, 1319, 535, 116.

„Seuelde", s. Seefeld.

„Sefers, Sefrs", Tirol, 1166, 113, 111; 1187, 121, 120.

„Sefrs", s. „Seners".

„Seges, Segies", Tirol, c. 1000, 52, 53; c. 1020, 59, 60.

„Segies", s. „Seges".

„Segonicn. ecclesia" (Constant. dioc.), Schweiz? Aebtissinnen: N. 1324, 556, 137; 557, 138.

„Segor", O.-Strm., b. Judenburg, 1181, 117, 115; 118, 116.

Seytasteten,   \
„Seideinsteten", / s. Seitenstetten.

„Seydel purger ze Murnů", 1335, 658, 245.

Seitenstetten, N.-Oest. OWW. (Sitansteton, Sy-, Sican- (!), -stanten, Sitesteten, Seiden-, Seyte-, Seyta- (!), 1339, 682, 275.

Kloster: 1158, 106, 104; 1258, 191, 196; 192, 197; 1262, 213, 220; 1263, 227, 240; 1264, 233, 247; 234, 248; 235, 249; 236, 250; 1265, 238, 252; 241, 256; 242, 257; 250, 267; 255, 275; 1266, 252, 269; 259, 279; 1267, 270,

293; 1300, 432, 4; 1301, 438, 8; 1312, 490, 66; 1329, 592, 176; 1335, 645, 231; 653, 238; 654, 240, 241, 242; 1336, 660, 247; 1339, 682, 274, 275.

Aebte: Fridericus, 1158, 106, 104; N. 1258, 191, 196; 192, 197; 1262, 213, 220; 1263, 227, 240; 1264, 233, 247; 234, 248; 235, 249; 236, 250; 1265, 238, 252; Rudolfus, 241, 256; 242, 257, 258; 255, 275; 1266, 259, 279, 280; 1267, 270, 273; 271, 294; 1274, 303, 326; 1276, 317, 341; 1277, 339, 360; 356, 376; Chunrat, 1299, 427, 467; 428, 468; 1300, 431, 2; 432, 3; 434, 5; 1301, 438, 7; 440, 10, 11; 441, 11; 442, 12; Otto, 1310, 483, 59; 1312, 490, 66; N. 1324, 556, 138; Dietricus, 1335, 645, 231; 653, 238; 654, 240; 1336, 660, 247; N. 1338, 672, 261; Ditmar, 1339, 682, 274, 275; N. 1340, 685, 278; 1342, 689, 281, 282.

Prioren: Engelschalch, 1300, 431, 3.

Custoden: Purkart, 1274, 303, 326; Otte, 1300, 431, 3.

Sachwalter d. Abtes: magist. Riccardus, 1264, 235, 249.

„Seinchnecht, Chvnrat der — burger ze Waidhouen", 1308, 474, 49.

„Seynia", s. Santhal.

„Seirchingen, Schirenching", Bai., Ortlibus de — archidiac. Ratisponen., 1284, 384, 408, 418.

„Seyroch", s. Sairach.

Seiseneck, N.-Oest., b. Ibs (Sevseneck, Sewsenekke, Safsenek, Sfsenecke), Burggrafen: Chûnrat, 1323, 547, 128; 548, 129; 1329, 592, 175; 1330, 594, 178; 1332, 609, 194; 1333, 616, 201; 1335, 644, 229, 230; Walther, 1339, 678, 269.

„Seldenhofen", s. Saldenhofen.

„Selich", s. Sölk.

„Selig, Vlr. der — purger ze Waidhouen", 1336, 659, 246.

Solo, U.-Krn., welches? (Colle), 1265, 248, 265.

Selzach, Krn., b. Lack (Zelsach, C-, Selzach, -ck), 973, 37, 36, 37; 1348, 695, 286; 1354, 711, 303.
Vicar: Nicol. Cautzler, 1355, 714, 306.

„Semicis, Leonardus de — miles Paduanus", 1261, 206, 213.

„Serla, Serula alpis", Tirol, Pusterthal, 965, 34, 33; 973, 36, 35.

„Serula", s. „Serla".

„Seunz", Dtschld.?, frat. Otto de — commendator ord. Theutunicor. de Wienna, 1262, 220, 228.

„Sevsenek", s. Seiseneck.

„Sewarin, -warn", s Seborn.

„Sewsenekke", s. Seiseneck.

Sexten, Tirol, Pusterthl. (Sexta, in der Sexten, in dem Sechsten), 1321, 542, 124; 1334, 628, 214; 1363, 744, 339.

Alpe: 965, 34, 33; 973, 36, 35.

Sibenach, Bai., Landg. Schrobenhausen (Sibenaich), Hartmannus de —, c. 1180, 116, 114.

„Sibenaich", s. Sibenach.

„Sibenphunter, Hainr. der —, purger ze Waidhouen, Dietrich s. aydem, 1335, 659, 246.

„Sicanstanten (!), -steten (!), s. Seitenstetten.

„Sicherstayn", U.-Krn., Ott von —, 1306, 456, 25, 26; 1309, 480, 56.

„Sitansteten, Sy-, Sitt-",
„Sytensteten",   } s. Seitenstetten.
„Sitesteten",

„Sidlinus aurifex", Wien, 1282, 372, 396.

„Sigendorf", U.-Krn., 1259, 199, 204; 1273, 290, 322.

„Sigenhouen", Bai., Sifridus de — consiliarius ducis Heinr. Bawarie, 1274, 306, 330.

„Silberberch", s. Silberberg.

Silberberg, Krnt., b. Neumarkt (Silherberch), Heinr. v. —, 1301, 446, 15.

„Silberchnoll, Vlr. — purger ze Welcz", 1326, 560, 146; 1326, 563, 149; 1331, 605, 190.

Sile, Vonet., Fluss (Silus), 972, 35, 34; 992, 44, 45.

„Siliacnm", s. Silian.

Silian, Tirol, Pusterthl. (Silian, Sy-, Siliacum), 1317, 523, 99; 1321, 542, 124; 543, 125.
Pfarre: 1267, 268, 291; 1327?, 577, 161; 1328, 580, 163; 581, 164; 585, 168; 587, 170.
Pfarrer: Wilhelmus canon. Inticinen., 1267, 268, 291.
Richter: Jacob Haegenlein, 1317, 523, 99.

„Silus", s. Sile.

Sindelsdorf, Bai., Landg. Weilheim (Sindoluesdorf, Sindels-), 763, 1, 1; 802, 7, 8.
Genannte: Heinr. de —, c. 1190, 123, 122.

„Sindolucsdorf", s. Sindelsdorf.

„Sindes, Sins", Tirol?, Bai?, Odelricus de —, 1166, 113, 111, 112.

„Sins", s. „Sindes".

„Sirmenit, Sirmi- alpis", Tir., Pusterthal, 788, 5, 6; 965, 34, 33.

„Sirminit", s. „Sirmenit".

„Sirnich", s. Sierniug.

Sierning, O.-Oest. (Sirnich), Chdnr. de — canon. Patav., c. 1212, 125, 124.

Sirniz, O.-Krnt. (Sirvniza), c. 995, 47, 49.

„Sirvniza", s. Sirniz.

„s. Sixtus", s. Schliersee.

Slapp, U.-Krn. (Zlab, -p), c. 1215, 126, 126; 1265, 245, 262.

Slaven, im Pustorthl. (termini Sclauorum, generatio Sclauanorum), 770, 2, 3.
Graf: Chezul com. de Sclauis, 861, 18, 19.

Einzelnamen: Bratreza, Brazuta, c. 1030, 64, 66; Pretimir, c. 900, 27, 27; Pribizlaus, 989, 43, 43; Prozila, -o, c. 900, 27, 27; Kazuc, Keza (?), Krazza, Tihca, Tihmar, Ticho, drah, c. 975, 39, 40; Dobriza, Dobroziza, Trebeiza, c. 1030, 64, 66; Trebemer, c. 1160, 110, 109; Tribagos, c. 900, 27, 27; Dridodrago, Dridogo, c. 1030, 64, 66; Tupa, Eccha, c. 975, 39, 40; Ecegoi, c. 1030, 64, 66; Eccho, c. 1030, 70, 71; Ederam. c. 1060, 78, 81; Egizi, c. 1030, 64, 66; Engiza, -o, c. 975, 39, 40; Uraniza, Gelen, Gohza, c. 1030, 64, 66; Gotauuar, Godemir, c. 975, 39, 40; Goman, Gomman, C—, c. 975, 39, 40; c. 1030, 63, 65; Goztibil, Goztizai, c. 975, 39, 40; Imala, Imiza, c. 1030, 64, 66; Imizi, Lazdimir, Liupa, Liutza, Lunota, c. 975, 39. 40; Mirlaz, c. 1030, 64, 66; Moyza, c. 995, 48, 49; Negomir, 965, 33, 32; Radagozt, c. 975, 39, 40; Ratigo, Radonga, Raduz, c. 1030, 64, 66; Raza, c. 975, 39, 40; c. 1025, 62, 64; Razo, Ratso, c. 1030, 67, 69; 1158, 106, 104; Scisniz, Steizemo, Sicca, c. 1030, 64, 66; Sicco (?), 1065, 80, 83; Sitilaz, Sitiuuit, c. 1030, 64, 66; Sinina, Sigila, c. 975, 39, 40; Uuitagowo, 827, 11, 14; c. 900, 26, 25; c. 975, 39, 40; Vitina, 975, 39, 40; Witobrater, Wola, c. 1030, 64, 66; Uulconga, Zacco, c. 975, 39, 40; Zebego, 993, 45, 46; Zelabo, c. 939, 28, 27; Zidebit, c. 975, 39, 40.

Slepschek, U.-Krn., s. Blindenbach.

„Slehdorf, Slech-", s. Schledorf.

„Sledmig, -nich", s. Schladming.

„Sleglo", Mannseigennamo, Krn., 1286, 395, 431.

„Sliffach", s. Schliffach.

„Slyers, Slirse", s. Schliersee.
„Sluderpacher, Hainr. der —", Pusterthl., 1349, 697, 289.
„Sluczelhub", s. Lack.
Smazo, Vlr. — domicell. curie Frising.", 1283, 373, 397; 378, 404.
„Smerbauch, Ruprecht der — ze Ybs, Matze s. hsfrow.", 1330, 603, 188.
„Snabel, Vlreich — burger ze Waidhouen", 1308, 474, 49.
„Snayntz, auf dem —", N.-Oest., b. Amstetten, 1337, 667, 255.
„Snalz", s. Schnals.
„Snätzlein, Herman der — purgermaister ze Wienne", 1334, 638, 225.
„Sneider, Fridr. —", OWW., 1337, 669, 257; Hainr. — richter ze Waidhouen, 1340, 685, 278; s. auch „Salle".
„Snoima", s. Znaim.
„Snoczendorf", s. Schnotzendorf.
Sölk, O.-Strm., b. Schöder (Selich), 1331, 605, 190.
Sommerau, N.-Oest., OWW., welches? (Svmberowe, Sumerawe), Heinr. de —, 1270, 287, 313; N. -arius, 1277, 342, 362; Chunr. de —, 1277, 354, 374; 1284, 386, 422.
Sommereck, N.-Oest., b. Amstetten (Sumereke), Otto de — filius Ottonis de Mezcleinesdorf, 1283, 378, 404.
Sonnberg, N.-Oest., OMB. (Sunnenberch), Liutwinus de —, 1189, 122, 122.
Sonnleiten, N.-Oest., b. Randeck (Sunnleyten), 1349, 698, 289.
„Soura", s. Zeier, grosse —.
„Sovraw, -e", s. Sanran.
„Szovrska Dubravua, Z- Dobranua, silunla", Krn., b. Lack, 973, 38, 38; 989, 43, 44.
„Suano, Swan, Johannes —", Krn., 1273, 299, 323; Jakobus filius —, 1286, 395, 431; 1314, 499, 76.
„Suarzah",
„Suarzhah, -a", } s. Schwarza.
„Suarzdorf", Krnt.?, 993, 45, 47.

Fontes. Abthlg. II. Bd. XXXV.

„Sutsis", Tirol, c. 1000, 52, 53; c. 1020, 59, 60.
„Suenus, Swe-, Chvnrat —", c. 1160, 111, 109; Heinricus dictus —, 1269, 281, 307.
„Suvelich", s. Scheufling.
„Sulzbach", Bai. (Sulzpach), Grafen: Gebehardns, 1147, 103, 101.
Vasallen ders. (milites): 1147, 103, 101, 102.
„Svmberowe",
„Svmerawarius", } s. Sommerau.
„Sumereke", s. Sommereck.
„Sunntal, Tirol, Pusterthl., b. Silian, 1321, 542, 124.
„Svnthaim, Chvnr. —", N.-Oest., OWW., 1335, 651, 237; 1337, 669, 257, 258; — Osanna s. hsfr. Hertneids des Chälber tochter, ir swester Helen Hainr. dez Schiken hsfr., ir brüder Ott der Chälber von Sacchsen, sein svn Hertlein, 1338, 675, 265, 266, 267; 1339, 682, 274.
„Sunnenberch", s. Sonnberg.
„Sunnleyten", s. Sonnleiten.
„Susane", Krn., b. Lack, 973, 37, 37.
„Sŭsenecke", s. Seiseneck.
„Suczauum, nicus-", Tirol, b. Botzen, 827, 11, 13.
„Swab, Peter der — diener bisch. Emchen von Frisingen", 1308, 476, 52; Chůnr. der — z. Amstetten, 1335, 644, 229, 230.
„Swaebingen", s. Schwabing.
„Swaeling, -e", Bai., Eberhardus, Fridericus de —, 1256, 184, 187.
„Swan", s. „Suano".
„Swanger", s. Schwangau.
„Swarcenburch, Swarz-", s. Schwarzburg.
„Swarense", N.-Oest., OWW.?, Menhardus de —, 1265, 240, 255.
„Swartsburg", s. Schwarzburg.
„Swarzenawe", s. Schwarzenau.
„Swenus", s. „Suenus".
„Sweinwarter", s. Schweinbart.

30

„Swerin", s. Schwerin.

„Swertzel, Ottel der —", s. Ob.-Welz, 1326, 563, 149.

„Swidnitz", s. Schweidnitz.

„Szourska Dubravua", s. „Sour-".

U.

„Ubarmussi", s. Uebermos.

„V̇benpach, der —", N.-Oest., b. Waidhofen a. Ibs, 1332, 610, 195; Obern-, 1333, 623, 209.

Uebermos, Bai., Landg. Wasserburg (Ubarmussi), Kirche das. (eccl. decimata): c. 1030, 68, 69.

„V̇bingen", s. Aubing.

„V̇demarnelt",
„Udimaresphelt", } s. Ulmerfeld.

Udine, Friaul (Utinum), 1311, 484, 60; 1332, 607, 192.
Patriarchenpalast: 1358, 730, 322.
Zimmer das. (camera patriarchalis): 1261, 206, 211.

„Utinum", s. Udine.

„V̇dmarnelt",
„Udmernelt", } s. Ulmerfeld.

Utrecht, Holland (Traiectnm), Bischöfe: Uvillehelmus, 1074, 90, 90.

„V̇fkhiricha", Ufchi-", s. Aufkirchen.

„Vgenperg", s. Umberg.

Ulmerfeld, N.-Oest., b. Amstetten (Zadamaresfelt, Udimaresphelt, Vdmarnelt, Umar-, Vrmar-, Vtmar-, Vdemar-, Vdmner-, Vdmer-), 995, 46, 48; c. 1060, 78, 81; 1263, 229, 243; 1274, 303, 325, 326; 1276, 310, 333; 1289, 399, 435; 1293, 404, 443, 444; 1295, 411, 452; 1297, 420, 461; 1312, 487, 62; 1313, 493, 69; 1316, 511, 84, 85; 513, 86; 516, 90; 1320, 540, 123; 1323, 547, 128; 549, 130; 1324, 553, 134; 1325, 559, 145; 1327, 573, 158; 1330, 593, 177; 1332, 608, 193; 1333, 623, 209; 1334, 637, 224; 1335, 651, 236; 1337, 665, 253; 668, 256; 669, 258; 1338, 674, 264; 1339, 677, 268; 1365, 748, 345.

Amtsbezirk (ampt): 1332, 608, 193.

Burg (vesti): 1355, 713, 305; 1365, 748, 344.

Bisch. Kasten: 1316, 512, 85; 1317, 521, 97; 1324, 553, 133, 134; 1328, 583, 165; 1329, 588, 172; 591, 175; 593, 177; 1337, 669, 257.

Spital (das new spital): 1338, 674, 264; 675, 265, 266; 1340, 684, 277.

Bisch. Maierhof (Mayrhof): 1355, 713, 305.

Wochenmarkt (ein marcht alle wochen an dem Vreytag): 1337, 663, 251.

Kastenmass (chastenmazz): 1338, 674, 264.

Landrichter: Hermann Häsib, 1337, 668, 256; Fridr. v. Walse von Ens, 1355, 713, 305.

Pfleger: Hainr. v. Rötenberch, 1326, 567, 153.

Burggrafen: der von Schafferveld, 1317, 521, 97; Götfrid Auuelt, 1323, 547, 128; 1325, 559, 145; Johans v. Mulberch, 1332, 608, 193; Jans et Leutolt brůder v. Chěnnringen, 1339, 677, 268; Hainr. der Zelkkinger v. Schönekk. 1349, 698, 290; Fridr. v. Walse von Ens, 1355, 713, 305.

Schaffner (shaffer): Chěnr. v. Grěninge, 1332, 608, 192.

Kastner: Chůnrat, 1317, 521, 97; Pernhart, 1324, 553, 133; 554, 135; 1327, 575, 160; 1328, 584, 167; Vlr. der Prukkpech, 1333, 625, 211, 212; 1337, 669, 257, 258.

Amtlente: 1317, 521, 96, 97; N. 1324, 559, 144; Herman Hacbsig, 1327, 573, 158; der Rutzsperg, 1333, 623, 209.

Spitalmeister: Vlr. der Prukpech, 1338, 674, 264; N. 1338, 675, 266.

Bürger: Otto Heintzleins aydem
der vlaeschacher, Dyetlein auf
dem Puhel, Fridlein der Raech-
wein, Otto der Vaschang, Hainr.
der Schels, 1335, 651, 236.
Genannte: Jubart v. —, 1274,
303, 326; 1277, 348, 367; 352,
373; 353, 374; 355, 376; 1283,
378, 404; Herman Häsip von —,
1326, 568, 154; 1333, 620, 206.

Umberg, N.-Oest., b. Amstetten
(V̇geuperg, Wenigen-), 1338, 674,
264.
Bewoner: Chûnr. der Chelner ze
—, Kathrey s. hsfr., 1338, 674,
264.

„Vmdingen", s. Inning.

Unterholz, N.-Oest., b. Aschbach
(Vndermholcz), 1333, 623, 208,
209.

„Vudermholcz", s. Unterholz.

„Vnderstainer, der — hof ze Nidern-
dorf", Pusterthl., 1334, 628, 214.

„Vndestorf", s. Indersdorf.

„Vudrim", s. Ingering.

Ungarn, Könige: Salamon, 1074, 90,
90; N. 1254, 171, 170; 172, 171;
173, 172.
Grafen: Franko nuntius regis,
1259, 200, 205.
Gesandte: Franco comes, 1259,
200, 205.

„Ungarus, Gerlohus —", Krn., 1252,
165, 162; Waltherus —, 1266, 258,
279; 1275, 308, 332.

„Vnigen", s. Inning.

Unzdorf, O.-Strm., b. Knittelfeld
(Hûutstorf prope Vudrim), 1181,
117, 115; 118, 117.

„s. Urbani altare", Tirol, b. Botzen,
c. 1020, 57, 58.

„Urbs vetus", s. Orvieto.

Urfar, N.-Oest., Marchfeld (Vrvar),
1256, 184, 188; 1277, 336, 357;
350, 360, 370; 351, 371; 1281, 370,
394; 1284, 384, 410; 1316, 517,
91; 1330, 595, 181.

„Vruarwerd iusula", N.-Oest., b.
Holenburg, 1276, 314, 337.

Url, Fluss, N.-Oest., b. Amstetten
(Urula, Urla), 1034, 74, 75.
Genannte: Egeno et frat. eius
Alramus de —, 1158, 106, 105.

„Urla", s. Url.

„Vrmarnelt", s. Ulmerfeld.

„Vrlengesdorf, -gadorf", s. Ollersdorf.

„Umarnelt", s. Ulmerfeld.

„Vrsperg", s. Auersberg.

„Urula", s. Url.

„Vczendorf",
„Vzesdorf, -torf", } s. Etzersdorf.

W.

Wachau, N.-Oest., Ggd. oberhalb
Krems (Vuachorea?, Wahovve,
-chow, -awe), c. 1070, 86, 87; c.
1120, 749, 92 a, 347; 1297, 420,
460; 421, 461; 1316, 518, 93; 1334,
629, 215, 216.
Weinbau das.: 1355, 713, 305.
Freising. Amtmann: N. 1334, 629,
216.
Genannte: Grubarius de —, 1276,
316, 340; Hainr. Höglinger auz
der —, 1297, 420, 460, — u.
s. geswei Alram richter ze Am-
stetten, 1297, 421, 461.

„Wachaw, -e", s. Wachau.

Wackeran?, Tirol, b. Botzen (Vuacho-
rea), c. 1070, 86, 87.

„Waehinge, Wechingen, Kadoldus de
—, 1270, 284, 310; 285, 311.

„Vuachorea", s. Wachau?, Wackeran?

„Wachow, -e", s. Wachau.

„Waedlingen", s. Wölbling.

„Wato, Heinr. dictus — de Geken-
peunt, domicell. curie Frising.,
1283, 373, 397.

„Wagen",
„Wagnarius, } s. Vagen.

„Wagrain", s. Wagram.

Wagram, N.-Oest., b. Holenburg
(Chagrana, Wagrain, Wagram,
Wo-, Wograin), 1158, 105, 103;

1277, 324, 347; 1279, 363, 387; 1330, 596, 182; 1334, 636, 222; 1335, 655, 243.

Hof das.: Wolfkers hof, 1316, 518, 92, 93.

Bewoner: Wolfger der wirt, Wolfger u. Hainr. s. svn, 1330, 596, 182; 597, 182.

Genannte: Wolfker von —, Elspet s. hsfraw, 1316, 518, 92, 93; Hainr. u. Hârtweich Mânhartz saligen svn v. —; 1334, 636, 222; 1335, 655, 243.

„Waihdowen", (!),
„Waidchouen",   } s. Waidhofen.

Waidhofen, N.-Oest., a. d. Ibs (Waidhoun, -hoven, Weid-, Waide-, Waihdowen (!), Waeidhouen), c. 1215, 126, 124; 1266, 263, 283; 1267, 271, 295; 1274, 304, 327; 1276, 317, 341; 1277, 340, 361; 341, 362; 356, 376; 1279, 363, 387; 364, 390; 1283, 378, 402, 403; 1284, 386, 422; 1285, 388, 424; 389, 425; 1289, 399, 436; 1293, 406, 445; 1296, 416, 457; 1302, 449, 19; 1308, 473, 48; 1310, 483, 60; 1312, 487, 63; 491, 67; 497, 74; 1316, 519, 94; 1319, 533, 111, 113; 534, 115; 1323, 548, 129; 1324, 555, 136; 1325, 562, 148; 1326, 565, 151; 568, 154; 569, 155; 570, 155; 1327, 572, 157; 575, 160; 1327?, 577, 161; 1328, 583, 166; 1329, 589, 173; 590, 174; 1330, 594, 179; 599, 184; 1332, 608, 193; 612, 197; 1333, 613, 199; 615, 200; 616, 202; 618, 204; 619, 205; 620, 208; 621, 206; 623, 208, 209; 625, 212; 1334, 630, 217; 639, 225; 1335, 645, 232; 640, 232; 647, 233; 656, 244; 1336, 659, 247; 660, 247; 1337, 664, 252; 667, 255; 1338, 672, 262; 676, 268; 677, 269; 1339, 680, 272; 681, 273; 1340, 683, 276; 685, 278; 1342, 689, 282; 1354, 711, 304; 1355, 712, 304; 1361, 740, 335; 1365, 748, 343.

Herrschaft (dominium): 1342, 689, 281.

Gerichtsbezirk: 1351, 701, 294.

Pfarre: 1258, 191, 196; 192, 197; 1262, 213, 220; 1263, 227, 240; 1264, 233, 247; 234, 248; 236, 250; 1265, 237, 251; 238, 252; 241, 255; 242, 257; 255, 275; 1266, 252, 269; 259, 279; 1267, 270, 293, 294; 271, 295; 1276, 310, 333; 317, 341; 1277, 339, 360; 1335, 656, 244.

Eisenhandelsgesetze (consuetudo circa ferrum emendum et vendendum): 1266, 263, 283.

Brücke: 1361, 740, 335.

Stadtmauer (statmaur): 1293, 406, 415.

Amstettner Thor (porta versus Amsteten in ciuitate noua fori Waeidhouen): 1273, 295, 318; 1296, 416, 456.

Burg (purg): 1365, 748, 343.

Bischöfl. Hof (aula episcopi): 1283, 378, 403, 404.

Pfarrkirche (basilica, eccl. parochial.): 1279, 363, 383; 1324, 556, 136; 557, 138, 139; 558, 141, 143.

Kaufhaus (kaufhaus): 1355, 712, 304.

Seitenstettner Hof (area domus monast. Sitanst.): 1277, 356, 376; 1335, 653, 238; 654, 241, 242.

Häuser: domus conradi notarii, 1279, 363, 386; das hus Bertholts v. Luchsnek zwischen der statmaur u. der Ibs, 1293, 406, 445; haus Ruedolfs des motz, 1332, 610, 195; dez Zäschär hofstat, 1335, 656, 244.

Neustadt (locus qui dicitur Ciuitas noua, die newstat): 1273, 295, 318; 1336, 659, 246.

Admonter Hof das. (domus iuxta portam que ducit ad Amsteten): 1296, 416, 456; c. 1300, 436, 6.

Häuser das.: domus Chvuradi dicti Krivcher, 1273, 295, 318.

Stadttheil: auf der Töbersnich, 1332, 610, 195.

Rieden: daz Purchveld, 1300, 431, 2.

Mülen: mul Ruedolfs des Motz ob der stat auf der Töbersnich, Präutleins mûl, 1332, 610, 195.

Pfarrer: Eberhardus, 1264, 233, 247; 234, 248; 236, 250; 1265, 238, 252; 250, 267; 255, 275; 1266, 252, 269; mag. Heinricus canon. Frisingen., 1267, 270, 294; 271, 295; — prepos. Werdeusis, 1276, 317, 340; 1277, 339, 360; 1279, 363, 387; Hertwich (verweser), 1308, 473, 49; 474, 50; herr von Ende tûmprobst ze Freysing, 1319, 534, 115; Albertus de Euua postea Frisingen. electus erw., 1324, 556, 136; Albertus Griessemberger, 1324, 556, 136; 557, 138; 558, 140, 141, 142, 143.

Landrichter: Chûnr. von Awrach, 1351, 701, 294; 702, 295; s. auch Konradsheim.

Herzogl. Pfleger: Jans der Chneusser, 1361, 740, 335.

Kastner (granator): Johannes, 1319, 533, 111, 114; N. 1333, 623, 209; 1339, 681, 273.

Amtleute: Ott, 1327, 575, 160.

Geschützmeister (balistarius): N. 1265, 251, 269.

Richter: Wielandus, 1283, 378, 404; Imbrinch, 1308, 474, 49; Hainrih, 1313, 497, 74; Chunradus, 1319, 533, 111, 114; 1323, 548, 129; Vlr. Prukpokch, 1332, 608, 193; 612, 197; Hainr. der Sahs, 1333, 618, 204; Wernhart der Hubekaer, 1335, 656, 244; 1336, 659, 246, 247; 660, 247; 1338, 672, 262; Hainreich Sneider, 1340, 685, 278; Hainr. der Salls (weylent richter), 1351, 701, 294; 702, 294; N. 1355, 712, 304.

Alt- und Nachrichter (Richtersstellvertretor): Otto der altrichter, Herbort der nachrichter, 1308, 474, 49.

Geschworne (geschworn): 1355, 712, 304.

Stadtschreiber: Chvnrat der scriber, 1274, 303, 326, (notarius), 1276, 314, 338; 1277, 349, 369; 352, 373; 353, 374; 355, 376; 1279, 363, 386, 387, 388; — et uxor eius Chunegundis, 1279, 363, 388; 1283, 378, 404; c. 1300, 435, 6.

Zechmeister (zechmaister, magister zeche): Dietrich, 1308, 474, 49; 1312, 490, 66; erw., 1336, 660, 247.

Schulmeister (schulmaister): Fridrich purger, 1336, 659, 246.

Bürger und Bewoner: Chunradus dictus Krivcher, 1273, 295, 318; Rudlinus Motzo, 1276, 317, 341; — et frater eius Albero, 1283, 378, 404; Ortolfus et Wolferus Phlusthardi fratres, 1283, 378, 404; Gotfrid Fluschart, Chunrat s. aydem, Heinr. Chöl, Witig, Pitrolf der Wienner, Vlreich Snabel, Chvnr. des Chvchenmaister sûn, Vröwein Charle, Heinrich Schönhals, Dietreich der zechmaister, Hagen in dem winchel, Wernhart der visscher, Herbort nachrihter, Otto der altrihter, Chvnrat der Seinchneht, 1308, 474, 49; Ruedolf der Motz, Gedraut s. hsfrow, Präntl der mulner, 1332, 610, 195; Gundacher der Chöl, 1333, 618, 203; Vlreich der Prukpechh, Fridreich der Chöl, 1333, 618, 204; der Aysnogel, Mainli der Richter, der Stainwenter, 1333, 621, 206; der Zäschär, die Witiging, Fridr. der Köl, 1335, 656.

244; Ott in der Gazzen, Hainr. der Sibenphunter, Dietr. s. aydem, Vlreich der Grabner, Hainreich an der Stieg, Ortel der Graf, Welfel der Hornler, Chvnrat dez sporer aydem vor dem tor, Chvnrat der Schartner, Hagen in dem Winchel, Chvnrat der alt Tufel, Mert in dez Valhaus huz, Herman pei der chirchen, Rüdel Gemlich, der Selig Vlrich, Fridreich der schulmeister, Fridr. der ledrer an dem Griezz, Ortel dez Sagsen eydem, 1336, 659, 246; Hainr. der Sachs, 1338, 673, 263.

Genannte: Jacob der Speiser von —, 1327, 575, 160.
„Waidhoun, -bovn", s. Waidhofen.
„Wayse, Philippe der —", O.-Strm., 1309, 478, 55.
„Waissendorf", s. Wazendorf?
„Waiçenstain", s. Weissenstein.
„Wal, -n", Tirol, Pusterthl., 1259, 201, 206; 1266, 254, 274.
„Vualaha", O.-Krnt., c. 975, 39, 40.
Walkershofen, Bai., Landg. (Waltkereshoua, Walheshouan), c. 950, 32, 31.
 Kirche das.: c. 950, 32, 31.
 Genannte: Ódalscalh de —, c. 1115, 94, 94.
„Walheshouan", s. Walkershofen.
„Walhogoi", s. Wallersee, Walgau.
„Walckunskirichen", s. Walterskirchen.
„Waltkereshoua", s. Walkershofen.
„Unalcummunaga", s. „Ualdomenega".
Wald, Krn., b. Krainburg (Walde), Engelochus de —, 1273, 297, 320.
„Walde", s. Wald.
Waldeck, Bai., b. Schliersee (Waldecce, -ek, -ke), Rŏdulfus de —, c. 1180, 116, 114; 1187, 121, 120; 1190, 123, 122; Otto de —, 1182, 119, 118; 1189, 122, 122; Isenricus de —, c. 1230, 130, 130; Wernhardus do —, 1265, 248, 265; 251, 269; Otto de —, 1280, 367, 392; 1281, 370, 395; quondam nobiles de —, 1285, 392, 429.
„Waldecce, -ekke", s. Waldeck.
„Waldenberch, -burch", s. Wallenburg.
Walterskirchen, N.-Oest., b. Poisdorf (Valchůnschirichen, Walchunsk-, Warchunschirichen (!), Otto de —, 1242, 141, 137; (camerarius), 1243, 142, 138; 1253, 167, 165; 1262, 221, 230.
„Waldmanstorf", s. Wollmersdorf.
„Waltse", s. Wallsee.
Wallenburg, Krn. (Waldenberch, -burch), Fridericus de —, c. 1232, 133, 132; — et Heinr. de —, 1263, 236, 238, 239; Leutoldus de —, 1263, 236, 239; Vlr. et Chvnradus de —, 1270, 290, 315; Ber. de —, 1286, 395, 431; Chunigundis et Diemudis filie Haintzonis de —, Vlr. de —, Germannus de —, 1286, 397, 434; Vlreich v. —, 1291, 402, 438; Vlr. Velacher von —, s. swester Livkart, Berchtolts des D⊽lachers witwe, German v. —, 1295, 412, 453.
Wallersee, der —, O.-Bai. (lacus in pago Uualhogoi), 763, 1, 1.
„Waelfsperch", s. Welsberg.
Walgau, der —, O.-Bai., b. Mittenwald (pagus desertus Uualhogoi), 763, 1, 1.
„Walmanstorf", s. Wollmersdorf.
„Waln", s. „Wal".
„Walse, -sse", s. Wallsee.
Wallsee, N.-Oest., b. Ardacker (Waltse, Walse, Waltsse, Walsse), Eberhard vud Hainr. v. —, 1298, 424, 466; Hainr. v. —, Vlr. der iunge von —, 1326, 566, 152; Fridr. vnd Reinprecht v. —, 1327, 571, 156; Vlreich v. —, 1327, 576, 160; Heinr., Fridr. von —, 1329, 592, 175; Vlr., Eberhardus et Fridricus de —, 1335, 654, 242; Vlr. v. —

hauptman in Steyer, s. swager
Růdolf v. Liechtenstain, 1337, 661,
248, 250; Raimprecht v. —, 1338,
676, 267; 1339, 678, 269; — vnd
Fridrich v. —, 1340, 683, 276;
Eberhart vnd Hainr. brueder v.
—, hauptleut ze Drozendorf, 1334,
692, 284, 285; Reinprecht vnd
Fridr. bruder v. — von Ens,
Eberhart v. — hauptman obe der
Ens, 1344, 692, 285; Wlreih v.
—, 1349, 700, 292; Fridr. v. —
von Ens, 1353, 708, 300; 1355,
713, 304; — selig, Fridr. v. —
von Ens der jůnger, 1356, 716,
308; Fridr. von —, 1358, 733, 324;
Eberhart v. — von Ornetz, Hainr.
v. — von Drosendorf, Fridr. v. —
Kamermaister herzog Růdolfs,
1359, 734, 327; Fridr. v. — von
Ens, 1362, 743, 338; Eberhart v.
— von Lintz houptman obe der
Ens, 1365, 748, 343.
Diener (?) d. Familie: Weygel
v. Newenburch der Neydekker,
1337, 664, 252.
„Warchvnschirichen" (!), s. Walters-
kirchen.
„Wartemberg", s. Wartenburg.
„Wartenberch", s. Wartenberg, War-
tenburg.
Wartenberg, Krn. (Wartenberch),
1263, 226, 239.
Burg (castrum): c. 1215, 126, 125.
? Grafen: Heinricus patruus Her-
manni comitis de Ortenburch,
1274, 143, 138.
Wartenburg, Böhm. (Wartemberg),
Jesko et Benessius nobil. de —,
1361, 738, 834.
„Wartstain", wo?, Grafen: Herman-
nus, c. 1190, 123, 122.
„Uusmpaldi uilla — prope Gilozuue",
Ungarn? 861, 18, 19.
Wasen, N.-Oest., OWW., welches?
(Wasen), Purchardus de —, 1270,
287, 313; —, Hainr. fil. eius, 1283,
378, 404; Hainr. von dem —,
1293, 406, 445; Hårtweig vnd Ott
von dem —, 1295, 411, 452; Otto
de —, Wolfkerus de —, 1312,
490, 66; Haertweich v. dem —,
Christein s. hsfr., Ott s. brůder,
1313, 493, 68; Otte von dem —,
1316, 511, 85; 513, 86; 519, 94;
Hårtweig sålig der —, vorder
wirt Christeius Carls wirtin des
Koch vou Luftenberch, 1325, 562,
147.
Wasserburg, O.-Bai. (Wazzerburch,
-c), 1328, 582, 165.
Grafen: Chvnegundis, maritus eius
Chvnradus, frater suus Gebhar-
dus, 1249, 155, 151.
Bürger: Chdnr. der Schreiber,
Dymůt s. hsfraw, Elsbeth u.
Chunrat s. chinde, 1328, 581, 164.
„Wasner", s. Wasen.
Wazendorf?, O.-Strmk., b. Neumarkt
(Waissendorf), Geruugus de —,
1181, 117, 116; 118, 117.
„Wazzer", Tirol, Pusterthal, in d.
Sexten, 1321, 542, 124.
„Wazzerburch", s. Wasserburg.
„Wechlngen", s. „Waehinge".
„Weggschic (!), Conradus —, Con-
stautien. dioc.", 1324, 558, 144.
Weikartschlag, N.-Oest., OMB. (Wi-
kartslage), 1249, 155, 151.
Weihenstephan, Bai., b. Freising
(mons s. Stephani, altare —, Wi-
henstouen, Weihen-), 1021, 61, 62;
c. 1030, 65, 66; c. 1070, 86, 87;
87, 88.
Altar (?): s. Dionysii, c. 1070,
87, 88.
Aebte: Arnoldus, c. 1030, 68, 69, 70;
Herricus, c. 1070, 87, 88; Chuu-
radus, 1269, 278, 302, 303; 1285,
392, 429; 393, 430; 1309, 479,
55; Symon, 1320, 538, 119, 120.
„Weihenstouen", s. Weihenstophan.
Weikertshofen, Bai., Landg. Dachau
(Wikkershouen, Wikerhouen), Uol-
marus de —, 1182, 119, 118; Vlr.
de —, 1242, 141, 137.

Weichs, Bai., Landg. Dachau (Wihsa), c. 1030, 68, 69.

„Weihselberch", s. Weixelberg.

Weiten, N.-Oest., OMB. (Witen), Otto de —, 1158, 106, 105.

„Woidhoven", s. Waidhofen.

„Weidland", s. Freising, Mülen.

Weilhart, O.-Oest., am Inn, Forst (Vvillihart), 1025, 62, 63.

„Weilhaim", s. Weilheim.

Weilheim, Bai., b. Freising (Wilhain, Weil-), H. de —, c. 1230, 130, 130; Wernhardus de —, Heinr. de —, 1245, 145, 141; Eberhardus de —, nepos Chunradi episc. Frising., prepositus Moseburg., perpetuus provisor eccl. in Weltz, 1248, 154, 150.

„Weinperch", s. Weinberg.

Weinberg, U.-Krn. (Uuinperch, Wein-, -perge, -perig bi Clingenuels vf der Windischen march), Berg: 1251, 157, 154, 155.
 Ort: 1074, 89, 89; 1306, 457, 26; 1309, 479, 55; 1313, 494, 70; 1358, 733, 324.
 Bewoner: Nikel der Gäul, 1358, 733, 324.

„Weynperge, -perig", s. Weinberg.

„Weingi", Bai., c. 1030, 67, 68.

Weinzierl, N.-Oest., OWW., welches? (Weinzhrl), 1332, 609, 194.

„Weis, der —" zu Atzelsdorf b. Amstotten, 1337, 667, 255.

„Weiselberch", s. Weixelberg.

Weissenkirchen in d. Wachau, N.-Oest., a. d. Donau (Weizzenchirchen), Häuser: büser Hainreichs des Wintter u. Vlr. des chramer, 1334, 629, 215, 216.

Woisseneck, Krnt., Lavtthl. (Weizenek), Arnoldus canon. Babbenberg. et eius fratres Frideric., Otto, Chunr. et Ortlinus de —, 1278, 358, 380 Note; 359, 382.

Weissenlehen das —, N.-Oest., b. Waidhofen (Weizzenlehen), 1333, 623, 208.

Weissenstein, Krn., b. Weixelberg (Waiçenstain), 1269, 275, 300.

Weixelberg, Krn. (Weixelberch, Weihsel-), Grafen: Albrehtus, 1254, 171, 169, 170; 172, 171.

„Weiz, Dietrich der — des abbts von Scytasteten hold", 1338, 672, 261.

„Weizzenchirchen", s. Weissenkirchen.

„Weizenek"; s. Weisseneck.

„Welherat", s. Welchrad.

Wolehrad, Mähren (Welherat), Aebte: N. 1281, 370, 395.

„Uucles", s. Wels.

„Welfsperch", s. Welsberg.

„Uueliza", s. Welz, Ober-.

Wels, O.-Oest. (Uueles, Welsn, -e), 1258, 193, 198; 1298, 424, 466. Burg (castrum): 776, 4, 5.

„Welsa", s. Wels.

Welsberg, Tirol, Pusterthl. (Welfsperch, Waelfs-, Wels-).
 Burg (castrum): 1259, 201, 206; 1285, 393, 430.
 Genannte: Hainr. et Otto fratres de —, 1245, 144, 140; Hainr. de —, 1259, 201, 206; 1269, 281, 306, 307; erw. 1285, 392, 428; c. 1316, 520, 95.
 Schlossschreiber (?): Richprandus scriba, 1259, 201, 207.
 Ministerialen: Hiltegrimus, Jordanus de Hovnenvels, 1251, 158, 156.
 Richter: Vlrich, 1327, 579, 162.
 Genannte: Niclaus von —, Heinr. Maevsenrevter s. bruoder, 1318, 524, 99; Nykol. v. —, 1327, 579, 162.

„Welse", s. Wels.

Welz, Nieder-, O.-Strm., b. Scheufling (Niderweltz, Welcs), Fridr. v. — (auch v. Teufenpach), 1319, 537, 119; Hainr. der -er, 1356, 718, 310.

Welz, Ober-, O.-Strm. (Uuelisa, Wolze, Velze, superior Welz, Weltz, Obernwelz, Oberwolz), 1007, 50, 55; 1184, 120, 119; 1262, 223, 234; 1263, 225, 236, 237; 228, 242; 1265, 243, 260; 1285, 390, 426; 391, 427; 1291, 401, 438; 1296, 415, 456; 1298, 424, 463; 1302, 448, 19; 1304, 452, 22; 1309, 478, 54; 1316, 514, 88; 1319, 533, 113; 537, 119; 1323, 551, 132; 1325, 560, 146; 1326, 563, 149; 1330, 620, 188; 1333, 617, 203; 1334, 631, 218; 632, 219; 633, 220; 634, 220; 640, 226; 641, 227; 1335, 652, 237, 238; 1336, 658, 245; 1337, 661, 249, 250; 1343, 690, 282; 1352, 704, 296; 1356, 718, 310; 1358, 731, 323; c. 1360, 736, 329, 330.

Landgericht: 1337, 661, 248 uff.

Stadtgericht: 1337, 661, 248 uff.

Markstein d. Pfarrgüter (lapis qui dotem plebis tangit): 1263, 228, 241.

Spitalcapelle: c. 1360, 736, 329.

Brücke (pruk da di vleischpench ligeut): 1337, 661, 249.

Stadtmauer (rinchmaur): 1337, 661, 249.

Fleischbänke (vleischpench): 1337, 661, 249.

Kirche (basilica, ecclesia, — s. Martini): 1276, 318, 342; 1280, 365, 390.

Patronatsrecht: 1248, 154, 150.

Ewiges Liecht (ewiges licht): 1323, 551, 132.

Bruderschaften (societates seu fraternitates): c. 1360, 736, 329.

Bischöfl. Hof: 1335, 652, 237.

„ Sägemüle (sage): 1335, 649, 234.

Haus das.: haus Vlrichs des Chuolle, 1333, 617, 202.

Pfarrer: Eberhardus de Uilheim preposit. Moseburgen., nepos Chuuradi episc. Frising. (perpetuus prouisor), 1248, 154, 150; Wernherus (viceplehan.), 1262, 218, 226; 223, 233; 1265, 237, 251; 241, 256; Chunradus (vicar.), 1300, 429, 1; 430, 2; 432, 3; 1304, 452, 22; N. 1323, 551, 132; Hartnidus, c. 1360, 736, 329; 1362, 742, 338.

Pfleger: N. 1316, 514, 87; Nycla v. Weltz, 1326, 562, 148; 563, 148, 149; 564, 150.

Schaffner (schaffer): Nyclaus priester, 1325, 560, 146.

Burggrafen: Fridreych der Helle, 1304, 452, 22; Fridr. v. Welz, s. hsfraw Jeute, 1323, 551, 132; 1326, 563, 149; Vlr. von dem Graben, 1343, 690, 282; Chunrad v. Pederdorf, 1358, 728, 319; 1360, 737, 331; 1361, 741, 337.

Liechtensteinischer Landrichter: Fritz, 1331, 605, 190; N. 1337, 661, 248, 249, 250.

Freising: Stadtrichter s. weiter unten.

Kastner: Otte, 1304, 452, 22.

Amtleute (officiales, amptleut): Chuur. de Velze, 1181, 117, 116; 118, 117; Liebardus, 1263, 225, 238; 228, 243; Hermannus, 1300, 434, 6; N. 1311, 486, 62; Nycla v. Welez, 1326, 562, 148; 563, 148, 149; 564, 150; Dietrich, 1331, 605, 190; N. 1337, 661, 248, 249; Heinr. der Negelein, 1361, 741, 337.

Spitalverwalter: Vlr. der chnoll, 1358, 728, 319; N., c. 1360, 736, 330.

Stadtrichter: Berchtolt, 1333, 617, 203; 1335, 649, 235; 652, 238, 239; N. 1337, 661, 248, 249; Hainr. der Naegel, 1358, 728, 319.

Bürger u. Bewoner: Berhtolt, Vllein, Ernst, 1323, 551, 132; Vlr. Silberchnoll, Peter Heller,

Reicher Chrnel, 1325, 560, 146;
Velreich der Silberschnoll, Eberli
am marcht, Perchtolt der Schue‑
ler, Ruepli der sneider, Ottel
der Sturer, Chunr. der Tanzer,
Ottel der Swertzel, 1326, 563,
149; Vlr. der Chnolle, Kathrine
s. hsfr., Kathrine u. Chünigunt
s. töhter, Vlreich s. sun, 1333,
616, 202; N. der schüchster,
1335, 652, 238; maister Seyfrid
der mavrer, 1335, 652, 237;
Chünr. der Pershaimer, 1360,
737, 330; Gerolt der Ratgeb,
1361, 741, 336; 1362, 742, 338.
Genannte: Chunzo miles de —
Liebhardus iuuenis de —, c. 1300,
435, 6; maister Albreht v. —,
1316, 515, 89; Seifrid v. —
Offen sun v. Winchern, s. hsfr.
Elspet, 1319, 536, 117; 537,
118; Friderich v. — ritter, 1325,
560, 146; Chünrat der ‑er,
s. prüder Wulfing v. Mitterdorf,
s. vater Chünr. v. Winchlern,
1334, 633, 219; Sifrid Offen sä‑
ligen sun v. —, s. Öhaim Fritz
von Teuffenpach, 1330, 602, 187;
1331, 605, 189, 190; Wulfinch
der ‑er, 1331, 605, 190; 1343,
690, 282.
„Wentlingen", s. Wendlingerhof.
Wendlingerhof, N.-Oest., b. Wolkers‑
dorf (Wentlingen), 1307, 461, 32;
462, 32; 463, 34; 1311, 485, 61.
„Weniger, Nykla der —, purger ze
Judenburch, Kathrei s. hsfr.",
1331, 605, 189; 1334, 632, 218.
„Werd, Strm.?, Hadmarus de —,
1263, 225, 238.
Werth, U.-Krn. (Rudolfswörth?)
(Werth, Werd, ‑e), Heinricus de
— et frater eius, 1254, 171, 170;
172, 171; Vlr. et Wintherus de —,
1267, 272, 296; Heinr. u. Ott
brueder die ‑er, 1293, 403, 443.
„Werdern", N.-Oest.?, Dietericus de —,
1158, 106, 105.

„Werde", s. Werth, Wörth, Wörthsee.
Werdenberg (Werdenwerch, Wer‑
denberg), Grafen: Rvdolf, 1284,
386, 423; Heinrich, 1359, 734, 327.
„Werdenburch", s. Weruberg.
„Werdenwerch", s. Werdenberg.
Wertheim, Bai., b. Würzburg (Wert‑
heim), Grafen: Eberhardus, 1361,
738, 333.
„Uueride", s. Wörthsee.
„Wertse", s. Wörthsee.
Wernberg, Krnt., b. Villach (Werden‑
burch), Alhertus de —, 1262, 212,
220.
Wesen, O.-Oest. (Wesen, ‑in), Mane‑
goltus de —, 1158, 106, 105;
Richerus de —, c. 1202, 124, 123;
c. 1212, 125, 124; Hadmarus de
—, 1247, 149, 146.
„Wesin", s. Wesen.
Wessnitz, Krn. (Voznitz), Michels
dreysune von —, 1315, 503, 79.
„Wetzenrab, Wetzrab, der —", N.-
Oest., OWW., 1333, 623, 209;
Fridr. der —, 1334, 630, 217.
Wippach, Krn. (Wipacum, Wipach,
‑pach), Rachwinus de —, 1275,
309, 332; Amelricus de —, 1278,
361, 384; 362, 385; Jäklein v. —,
1318, 525, 100, 101; 526, 102;
527, 103; 528, 105, 106; 529, 106,
107, 108; 530, 108; Fridr. Chüssen‑
pfenninch v. —, Rüger v. Pill‑
graetz s. aydem, 1318, 527, 103;
529, 106; Rüger v. —, 1318, 527,
103; 529, 108; Völker v. —, 1318,
527, 103, 104; 529, 106, 108.
„Wipacum", s. Wippach.
„Uuippanhusa", s. Wippenhausen.
Wippthal, das —, Tirol (vallis Vui‑
bitina), c. 950, 31, 30.
Wippenhausen, Bai., Landg. Freising
(Uuippanhusa, Wippinhusan, Wip‑
penhusen), c. 1030, 68, 69.
Genannte: Dietholt de —, c. 1115,
95, 94; Fridericus de —, 1182, 119,
118; Diepoldus de —, 1187, 121,
120; Chünr. de —, 1246, 148, 145.

„Wippenhusen", s. Wippenhausen.
„Unipisena", s. Sterzing, Wippthal.
„Wippinhusau", s. Wippenhausen.
„Wikartalago", s. Weikartschlag.
„Wihenstenen", s. Weihenstephan.
„Wikkerhouen, -shonen", s. Weikertshofen.
„Wihas, s. Weichs.
Wittau, N.-Oest., Marchfeld (Witow, -aw), 1333, 626, 212; 1335, 648, 233.
„Witaw", s. Wittau.
Wittelsbach, Bai. (Witilenesbach), Pfalzgrafen: Otto et frater eius Otto, 1159, 108, 106; Otto maior, c. 1180, 116, 114; s. auch Baiern.
„Witen", s. Weiten.
„Widersacz, maister Hainr. der — zimerman v. Grosten, 1335, 649, 234; 652, 237, 238.
„Widerspere", Bai.?, Hainricus de —, 1184, 120, 119.
„Witig, burger ze Waidhouen", 1308, 474, 49; die -ing (zu Waidhofen), 1335, 656, 214.
„Witilenesbach", s. Wittelsbach.
„Witow", s. Wittau.
„Witlrau", Hube zu Parbian, Tirol, 1334, 642, 228.
Wilhering, O.-Oest., ober Linz (Wilheringe).
Achte: Ernestus, 1247, 149, 145.
Wilten, Tirol, b. Innsbruck (Uniltina), c. 870, 20, 20.
„Wildental", N.-Oest., OWW., 1337, 668, 256.
Wildenlack, s. Lack, Wilden-.
Wildgrafen (comites silvestres, wildgrafen): Gotfridus, 1263, 225, 238; Emcho (episc. Frisingen.), 1293, 403, 443; Gerhart tuemprobest von Frisingen., 1293, 403, 442; Hug, 1293, 406, 445; Chvnr. episc. Frisingen., 1296, 414, 455; Hugo prepositus Isnensis, 1296, 417, 457; Gotfridus dictus Raup frater episcopi Emch. Frising., 1297, 419, 459; frater Fridericus magister

milicie templi, 1297, 419, 460; s. auch Grafen: Gerhart, Mainz.
„Uniltina", s. Wilten.
Wilden, Strm., b. Graz (Vvildonia), Herrandus de —, 1181, 117, 116; 118, 117.
„Vvildonia", s. Wilden.
„Wilhaun", s. Weilheim.
„Vvillihart", s. Weilhart.
Wien (Wienna, Winna, Wienne), 1189, 122, 122; 1229, 129, 129; 1233, 134, 132; 1240, 139, 136; 1244, 143, 139; 1246, 148, 144; 1247, 151, 147; 1254, 172, 172; 1255, 179, 177; 1256, 181, 179; 182, 180; 184, 186, 188; 186, 192; 1257, 187, 194; 1259, 203, 209; 1260, 204, 210; 1262, 216, 225; 217, 226; 1265, 240, 255; 1267, 268, 292; 1270, 282, 308; 283, 309; 284, 310; 285, 311; 286, 312; 292, 317; 1274, 302, 325; 1276, 318, 242; 319, 242; 1277, 320, 345; 322, 346; 323, 346; 324, 347; 325, 347; 327, 349; 328, 350; 329, 351; 330, 352; 331, 353; 332, 353; 333, 355; 334, 356; 335, 356; 336, 358; 337, 359; 338, 360; 339, 361; 340, 361; 342, 363; 343, 363; 344, 364; 345, 365; 348, 368; 349, 369; 350, 370; 351, 371; 352, 373; 353, 374; 354, 375; 355, 376; 1278, 357, 377; 360, 384; 1280, 366; 391; 1281, 370, 395; 1282, 372, 396; 1284, 380, 405; 381, 406; 382, 407; 385, 421; 1289, 400, 437; 401, 438; 1298, 425, 466; 1303, 450, 20; 1305, 453, 22; 454, 23; 1307, 461, 33; 462, 83, 34; 463, 35; 1308, 475, 51; 1312, 488, 64; 1313, 495, 72; 1316, 505, 81; 506, 82; 507, 83; 508, 83; 509, 84; 512, 86; 517, 92; 1321, 545, 127; 1323, 552, 133; 1330, 595, 182; 1332, 610, 196; 611, 196; 1333, 614, 199; 622, 207; 623, 210; 624, 210; 626, 212; 1334, 627, 213; 1384, 635, 222; 638, 225;

1335, 653, 240; 657, 245; 1336,
663, 251; 666, 255; 1338, 673,
263; 1344, 692, 285; 1349, 699,
292; 1352, 707, 300; 1354, 709,
301; 710, 303; 1356, 717, 309;
1357, 726, 317; 1358, 731, 323;
1359, 734, 327; 735, 328; 1362,
743, 339; 1363, 745, 341; 1364,
746, 341; 747, 342; 1365, 748,
346.
s. Peterskirche (eccl. s. Petri):
1256, 183, 181, 182, 184; 185, 191.
Schottenkloster (monast. Scotorum):
1284, 384, 415.
Schottenkirche: 1284, 384, 416.
s. Stephanskirche: Chor (chorus
s. Stephani in ecclesia Wiennensi): 1256, 183, 183.
Stiegenkirche (Vnser vrowen auf
der Steten): 1337, 666, 253.
Herzogl. Burg (domus [ducis], —
regis Otachari, castrum): 1253,
167, 165; 1262, 221, 230; 1335,
654, 242.
Freisingerhof (domus opiscopi Frisingen., curia): 1256, 182, 180;
1273, 301, 324; 1274, 304, 327,
1277, 328, 350; 355, 375; 1305,
453, 22; 454, 23; c. 1312, 492,
67, 68; 1316, 505, 80.
Capelle des Hofes (capella domus,
— curie, — s. Georii): 1256,
182, 180; 1273, 301, 324; 1274,
304, 327; 1277, 328, 350; 355,
375; 1298, 425, 466.
Häuser inner dem Freis. Hofe:
domus lapidea igne diruta in
ambitu curie, 1277, 355, 375;
haus in dem innern ort des
hous ze Wienne daz triffet gegen dem graben, 1312, 488, 64.
Höfe des Freis. Hofes: der hinder
hof, 1312, 488, 64.
Keller das.: der alte choller, 1312,
488, 64.
Thurm das. in der Stadtmauer
(turris antiqua in extremitate
muri): 1277, 355, 375.

Freis. Haus in der Goldschmidgasse (haus vnder den Goltsmiden daz triffet an vnsern hof
daselben): c. 1312, 492, 67.
Verbindungsthüre das. (tür di auz
demselben haus in vnsern hof
gat): c. 1312, 492, 68.
Hofstätten ausserhalb d. Freis.
Hofe (aree extrinsece iuxta murum domus): 1274, 304, 327.
Gerichtsbarkeit d. Freis. Hofes:
1277, 328, 350.
Stadtgraben (jetzt der „Graben")
(graben): 1312, 488, 64.
Gassen: vnder den Goltsmiden,
Goltsmid strazz, c. 1312, 492, 67;
1334, 638, 224.
Deutschordenshaus (domus connentus Teutunicor.): 1262, 220,
228.
Häuser: domus camerarii, 1256,
184, 187; meister Michels haus,
1312, 488, 64; haus Fridreichs
des Straycher goltsmids vnder
den Goltsmitten, 1334, 638, 224;
der tvmprobsthof, 1334, 638, 224;
hüsel Hainr. des Strailhers burger,
1357, 720, 311.
Concil: 1267, 268, 291.
Hoftag (placitum generale): 1277,
348, 367.
Hofgericht (hoftaiding): 1338, 676,
267, 268.
Dechante: Wisinto pleb. in Probstorf, 1255, 176, 175; 177, 176;
178, 176; 179, 177; 1256, 181,
179; 183, 181, 182, 183, 184;
185; 185, 191; 1258, 193, 198;
196, 201; 197, 202, 203; 1259,
202, 207, 208; 203, 209.
Pfarrer: mag. Leupoldus, antea
pleb. in Probstorf, c. 1240; erw.
1256, 184, 186, 189; mag. Gerhardus domini pape capellan.,
1256, 183, 181, 182, 184; N.
1262, 213, 220; mag. Vlr. prothonotar. Otakari regis, 1274,
306, 330; Wernherus archidiac.

Austrie, 1284, 380, 405; N. 1324, 558, 143; Hainreich chorherre ze Freysing u. se Passow, 1333, 624, 210; 1335, 654, 242.

Schotten: Aebte: Philippus, 1255, 176, 175; 177, 176; 178, 177; 1256, 183, 181, 184; 185, 190, 191; N. 1283, 377, 401; 1284, 384, 409, 416, 417, 418.

Capläne d. Aebte: Thomas et Matheus, 1256, 185, 191.

Dominikaner: Mönche: Fr. Hainricus, fr. Nicolaus, 1259, 202, 208.

Minoriten: Mönche: Fr. Hainricus, fr. Rvdigerus, 1256, 185, 191.

Deutschorden: Comthur: Fr. Otto de Seunz, 1262, 220, 228.

do. Bruder: Fr. Hirzo, 1262, 220, 228.

Caplan des Freising. Hofes: Hainricus notarius, 1274, 304, 327.

Bürgermeister: Herman der Snätzlein, 1334, 638, 225.

Stadtrichter: N. 1256, 182, 180; Rudgerus, 1262, 221, 230.

Judenrichter: Reynhart der Zavurvder, 1337, 666, 254.

Münzmeister: Chuno magister monete frater Ottonis de Foro, 1262, 219, 227; 221, 230.

Notare: mag. Heinricus: 1256, 185, 191; 1258, 193, 197; 195, 199, 200; 1259, 202, 209; (scriba), 1270, 292, 316; (rector capelle domus Frisingen.), 1274, 304, 327; (scriptor), 1284, 384, 415, 416.

Freisinger Hof, Bewoner: Albertus, 1282, 372, 396; maister Hainr. der arzt von der Newenstat, Alheit s. hafraw, 1312, 488, 64.

Bürger u. Bewoner: Dietricus de Timinge (?), Ewerhardus, Wolflinus incisor, Levpoldus de Ramsholtzpach, 1255, 179, 178; Otto de Foro, Chunradus magister monete frater eius, Otto filius Haimonis, Baltramus de Cimitorio, 1262, 221, 230; Sidlinus aurifex, 1282, 372, 396; Johans Jacohs svn des Chnoflauh in der Goltsmidstrazz, s. hafr. Liebe, c. 1312, 492, 67; Chůnrat der wiltwercher, 1333, 622, 207; 1334, '638, 225; Fridreich der Straycher goltsmid, 1334, 638, 224; 1344, 691, 283; Jans der Greyffe pey Vuservrowen auf der Steten, Anna s. havrowe, 1337, 666, 253; Hainr. der Straiher, Clar. s. hafr., Agnes ir baider tohter, 1357, 720, 311; die melberin, 1357, 720, 311.

Juden: Lebman, 1303, 450, 20; 1307, 461, 32; 462, 33; 463, 34; 1311, 485, 61.

„Wienner, Pitrolf der — burger ze Waidhouen", 1308, 474, 49; 1313, 497, 74.

Winnbach, Tirol, Silian (Winpach), 1321, 542, 124.

„Uninperch", s. Weinberg.

Winkel, N.-Oest., OWW., welchen? (Winchel), Havg von —, 1284, 386, 422.

„Winchel, Hagen in dem — burger ze Waidhouen", 1308, 474, 49; 1336, 659, 245.

„Winchel, O.-Strm., b. Welz, „des Schuters swaig in dem —", 1361, 741, 336.

„Winchel, Niclaus in dem — dacz Toblach", Pusterthl., 1318, 524, 99.

„Wincheleru", s. Winklern.

„Winchlaren, -larn", } s. Winklern.
„Wiuchleren", }

Winklern, N.-Oest. (Winchlaren bei der Ybs oberhalb Amstetten), 1298, 424, 464.

Winklern, O.-Strm., b. O.-Welz (Wiucheleru, -lern, -leren, -larn), 1330, 602, 187; 1360, 737, 330.

Genannte: Offo von —, Seifrids sun v. Welez, Seifr. s. hafr.

Elspet, 1319, 536, 117; 537, 118; Chúntzel v. —, 1319, 536, 118; 537, 119; Seifrid Offen sun von —, 1326, 563, 148; 564, 150; 1334, 632, 218; Chúnrad sälig von —, Wlfing von Mitterdorf u. Chúnrat (der Welczer) prüder sein sun, 1334, 631, 218; 633, 219; Fritz von —, 1360, 737, 330.

Windberg, N.-Oest., b. s. Peter i. d. Au (Wintsperch), Eberlo de —, 1270, 287, 313.

Winden, N.-Oest., OWW., welches? (Winden), Heinr. von den —, 1300, 431, 3; — miles de —, 1310, 483, 59; Eklinus de —, 1312, 490, 66.

„Wintter, Hainr. der — ze Weizzenchirchen", N.-Oest., 1334, 629, 215, 216.

Winterstetten, N.-Bai., Landg. Vilsbiburg (Wintersteten), Chunrat der schench v. —, 1293, 404, 443.

„Wintholz", N.-Oest., OWW., Hainr. v. —, s. hsfr. Adelhait (!), 1326, 568, 153.

„Windishdorf", s. Windischendorf.

Windischendorf, N.-Oest., b. Blindenmarkt (Windishdorf, -dischendorf), Al. von —, 1274, 303, 326; Ott, -er, s. goswiströde Volchmar, Weymar, Johans, Margret, Liebgart vnd Katherein, 1323, 549, 130.

Windischgraz, U.-Strm. (Greze), Pfarrer: Heinricus vicedominus, 1229, 129, 129.

Vicedom: Heinr. pleban., 1229, 129, 129.

Genannte: Volkerus de — notarius ducis Karinth., 1266, 258, 279.

„Wintsperch", s. Windberg.

„Winecum", Tirol, Heinr. de —, Bertoldus et Artvicus fratres eius, 1106, 113, 111.

Wiener-Neustadt, N.-Oest. (noua ciuitas), 1256, 184, 188; 1263, 230, 243.

„Wiertel", s. „Wiertli".

Wirtemberg (Wirtemberg), Grafen: Eberhardus et Vlricus, 1361, 738, 333.

„Wiertli, Wiertel", O.-Strm., zu Krunzeck, b. O.-Welz, 1319, 536, 117; 537, 118.

Wiertschach, Krnt., b. Klagenfurt (Vuirzso, -sah), 965, 33, 32.

Wirzburg, Bai. (Wirceburg, Herbipolis), 1287, 398, 434.

Bischöfe: Embricho, 1140, 100, 98; Albertus, 1361, 738, 333.

„Vuirzsosah", s. Wiertschach.

„Wispůch, nemus —", N.-Oest., b. Mauerbach, 1316, 509, 83.

Wiselburg, Ungarn (Misenburc), Burg (castellum): 1074, 90, 91.

„Wizelinesperch", s. Witzelsberg.

Witzelsbach, N.-Oest., b. Randeck (Witzleinspach), 1330, 598, 183.

Witzelsberg, N.-Oest., b. Amstetten (Wizelinesperch, Witzlisperg, -linsperge), Reimarus de —, 1277, 321, 345; ein —erinne můter Fridreichs chinde v. Ochsenpach, 1308, 473, 48; Otte von —, 1308, 473, 49.

„Vuizilinesteti", Krn., b. Lack, 973, 38, 38; 989, 43, 44.

„Witzleinspach", s. Witzelsbach.

„Witzlinsperge, -rinne", } s. Witzels-
„Witzlisperg", } berg.

„Wlpeinsperch", -pesperch", s. Wolfsberg?

„Woph", zu Stocka b. Hainfeld, N.-Oest., 1342, 688, 280.

„Wokhnperg, -e", s. Vockenberg.

Woditz, Krn. (Woditz), Pfarrer: Hermannus, 1262, 222, 233.

„Wograin, -rain", s. Wagram.

Wölbling, N.-Oest., b. Gütweih (Wodlingen, Waed-), 1276, 315, 339; 316, 340.

Götweih: Amtmann (?), Eberhardus sacerd. procurator, 1276, 314, 338.

„Wolhofstorf", (!) s. Wolkersdorf.

Wolkersdorf, N.-Oest., Marchfeld
(Wolhefstorf, Wolfker-), Wernhar-
dus et Hermannus de —, 1262,
214, 223; Hermannus de —, 221, 30.

„Wolfpaizzing", s. Wolfpassing.

Wolfpassing, N.-Oest., Marchfeld
(Wolfpaizzing), 1313, 495, 72.

„Wolfkerstorf", s. Wolkersdorf.

Wolfertshausen, O.-Bai., b. München
(Wolfrautshusen), Lazarius de —,
Vdalricus fil. eius, 1182, 119, 118.

Wolfersdorf, Bai., welches? (Wol-
uoltstorf), Heinr. de —, 1283, 373,
396; 376, 400.

„Wolvesbach", s. Wolfsbach.

„Woluoltsdorf", s. Wolfersdorf.

„Wolfrantshousen", s. Wolfertshausen.

„Wolfraw, -e", wo? Dietricus de —
prepositus Gurnocen., vtriusque
iuris professor, 1306, 459, 29, 30,
31; 1307, 464, 35, 38; 1308, 471,
44; 1315, 500, 76.

Wolfsbach, N.-Oest., b. Strengbach
(Wolfesbach), Pfarrer: Gerhardus,
1158, 106, 104.

Wolfsberg?, O.-Oest. (Wlpeinsperch,
-peaperch), Priester: Hartmannus
clericus, 1283, 377, 401; — rector
eccl. de Probstorf, 1284, 379, 404;
382, 406; — ducis Austr. capellan.,
1284, 384, 408, 414, 418, 419, 423.

„Wolfstain, -stern, Reicher-, N.-Oest.,
OWW., 1274, 303, 326; 1285, 388,
424; 1289, 394, 436.

„Wolfstern", s. „Wolfstain".

Wolmersdorf, N.-Oest., b. Amstetten
(Waldmanstorf, Waldemansdorf,
Walman-). 1298, 426, 466; 1313,
493, 69; 1325, 562, 147; 1349,
698, 289.
 Genannte: Chünrat v. —, 1334,
 630, 217.

Wörth, N.-Oest., b. Gaming? (Werde),
Heinricus et Wernhardus de —,
1261, 209, 217; Wernhart -r, 1274,
303, 326.

Wörth, Bai., Landg. Erding? (Werde),
Eberhart de —, 1147, 103, 102;
— et Piligrim de —, 1166, 113,
112; c. 1170, 115, 113; 1187, 121,
120.

Wörthsee, Krnt. (Uneride, Wertse,
Werde), See (lacus ad —): 900,
26, 25.

Ort (locus): c. 880, 24, 23; c. 1060,
79, 81.

Kloster u. Kirche (eccl. sanctorum
Primi et Feliciani, eccl. Werden.):
891, 25, 24; c. 900, 26, 25;
1278, 357, 377; 358, 378, 379;
359, 381, 382; 360, 382; 1279,
364, 388, 389.

Capelle (capella sanctarum Kathe-
rine et Barbare et beatarum
Marie Magdalene per magist.
Henricum prepositum ex nouo
constructa): 1279, 364, 388, 389.

Errichtung des Decanates (insti-
tutio sacerdotis pro decano):
1279, 364, 388, 389.

Pröpste: Fridericus, 1187, 121, 120;
Eberhardus, 1245, 145, 141;
1251, 157, 155; — canon. Fri-
sing., 1252, 162, 159; 163, 160;
— plebau. in Probstorf erw.
1256, 184, 186, 189; Marhardus
canon. Frising., 1265, 249, 266;
1266, 259, 279; 1267, 272, 296;
1268, 273, 298; 1269, 275, 300;
279, 304; 280, 305; mag. Hein-
ricus, 1272, 293, 317; 1274, 306,
330; 1275, 308, 331; 309, 332;
— capellan. regis Otakari, 1276,
311, 334; — pleb. in Waid-
honen, 1276, 317, 340; 1277,
339, 360; 346, 365; 347, 366,
367; pleban. de Probstorf, 347,
367; 349, 369; 352, 373; 353,
374; 355, 375; — capellan. re-
gis Rudolfi, 1278, 357, 377; 358,
378; 360, 382; 1279, 363, 387;
364, 388; 1281, 369, 394; 370,
395; 1282, 372, 396; 1283, 373,
396; chorh. ze tůme ze Frei-

sing, 1283, 376, 400; 878, 404;
— de Lok, 1284, 380, 405, 408,
409; 385, 421; 386, 423; graue
Emche, 1285, 388, 424; 389,
425; 391, 427; 392, 429; 1286,
395, 432; 396, 433; 397, 434;
1289, 399, 436; 1293, 403, 442;
1295, 409, 450; 413, 454; 1296,
415, 455; s. bruder graf Chvn-
rat v. Ruxingen, 456; — von
Ruxingen, 1297, 422, 462; 1300,
433, 4; 1301, 444, 14; 1306,
456, 25; Emche von Altzeie,
1308, 473, 49; 476, 52; 1324,
555, 135; 1325, 560, 146; 1327,
575, 160; 1329, 592, 175; —
chorherr ze Frising, 1333, 613,
198; 617, 203; 1334, 640, 226;
1335, 644, 229, 230; 653, 239;
654, 240.
Diakon (?): Rudlinus, 1265, 249,
266.
Genannte: Heinricus de —, 1252,
162, 159; 163, 160.
„Wormatia", s. Worms.
Worms, Rheinpfalz (Wormatia), Bi-
schöfe: Hiltibaldus, 989, 73, 74;
992, 44, 46; 993, 45, 47; 995,
46, 48; 996, 50, 51; Bucco,
1140, 100, 98; Theodricus, 1361,
738, 333.
Wretzen?, Unter-Krn. (Vreznich,
Wre..z..), 1251, 157, 154, 155.

Z.

„Zäppel", Jacob der — von Chrayn-
burch", 1306, 455, 24; 1306, 456, 26.
„Zabrawitz", s. Obrowitz.
Zäcking, N.-Oest., b. s. Pölten (Zek-
kingen), Chunr. de —, 1253, 167,
165; 1260, 205, 210.
„Zaua", s. Sava.
„Zagelawe", s. Zaglau.
Zaglau, N.-Oest., b. s. Peter i. d. Au
(Zagelawe), Frider. v. —, 1334,
630, 216, 217.

„Zagrat", s. Sagrad.
Zaismering, Bai., Landg. Starnberg
(Zaizmanningen), Rûdbertns fil.
Rûdberti de —, c. 1190, 123, 122.
„Zaizmanningeu", s. Zaismering.
„Zaelkingen", s. Zelking.
Zamdorf, Bai., Landg. München (Za-
mindorf), c. 1030, 68, 69; vgl. auch
„Cammindorf".
„Zamindorf", s. Zamdorf.
„Zandeshub", Pusterthl., 1273, 298,
321.
„Zaner, Chûnr. der —", O.-Strm.,
1319, 537, 119.
„Zäschär, der —", z. Waidhofen",
1335, 656, 244.
Zauch, Bach, N.-Oest., b. Amstetten
(Zuchaba), 1034, 74, 76; s. auch
Zauchmüle.
Zauch, N.-Oest., OWW., welches?
(Zauche), Aigen in der —, 1325,
562, 147.
Zauch, N.-Oest., b. Waidhofen a. Ibs
(Zauch, -a, -e, Zouch, Zouh),
Chunrat ein ritter genant v. —,
Rûdiger s. svn, 1293, 406, 445;
Rugerus de —, 1312, 490, 66; 1329,
592, 175; Chûnr. sâlig der -inger,
175, 176; s. brûder Pilgrim, 176,
Chŷnrat der — swesterman Frid-
reichs Gutfridez saligen sun v.
Chŷnratshaim, 1333, 623, 209, 210;
1335, 651, 236, 237; 1337, 669,
257, 258; 1338, 673, 263; 675,
267; 1339, 678, 269, 270; — s.
hafr. Offmey, 680, 271, 272; s.
swager Wernhart der Scharffen-
uelder, 272; Chŷnr. u. Hainreich
die -inger brûder, 1339, 681, 273.
„Zaucha, -e", s. Zauch.
„Zauche", s. Zauchmüle.
„Zanchinger", s. Zauch.
Zauchmüle, N.-Oest., b. Amstetten
(Zavche), 1313, 493, 69.
„Zavuruder, Reynhart der — Juden-
richter ze Wienne", 1337, 666, 254.
„Zacur", s. Zeyor, grosse —.
„Zternitz", s. Stermetz?

„Ztrug", s. Strug.
„Zebingen", s. Zöbing.
„Zekingen, -kkingen", s. Zäcking.
„Zehnner, Michel der —", O.-Strm., 1358, 728, 319.
„Zodes", s. Tschöfs.
„Zeyer, grosse —, Fluss, Krn., b. Lack (amnis Soura, Zoura, Zåur, Zevra), 973, 37, 37; 38, 38, 39; 989, 43, 43, 44; 1002, 53, 54; 1357, 722, 313.
Pfarrer: Friderich, 1295, 413, 454. Genannte: Otto filius Meinhardi de —, 1252, 165, 161.
Zeyer, kleine —, Fluss, Krn., b. Lack (Zouriza, Zevritz), 973, 37, 36; 1286, 395, 431.
„Zeyerfeld", Krn., an der Zeyer, 1348, 695, 287.
Zeiring, O.-Strm., b. Judenburg (Zirik), 1273, 295, 319.
„Zeysel, Albertus dictus —, Heinr. dictus —", Krnt., 1266, 258, 278; s. auch „Zislo" u. Zeiselberg.
Zeiselberg, Krnt. (Ceyselberch), Albertus de —, 1272, 293, 317; s. auch „Cislo" u. „Zeysel".
Zell?, Tirol, Pusterthl., b. Vintl, (Cella, Celle, Caellen, Czell), 1318, 524, 99; 1363, 744, 339.
Genannte: Wlfingus de —, 1259, 201, 207; Hartmannus de —, 1261, 211, 218; Wlningus de —, 1269, 281, 307.
Zell, Südtirol, b. Coguola (Cella), Kirche das.: 1166, 113, 111.
Pfarrer: Ermestain, 1166, 113, 110.
Zelking, N.-Oest., b. Melk (Zelkingen, Zeelching, Celkingen, Celking, Zaelkingen, Celeing), Chunr. de —, 1243, 142, 138; Ludw. (de), 1256, 186, 192; Albertus — arius et frat. eius Lvdowicus, 1262, 214, 223; Albertus pincerna de — et Ludw. frat. eius, 1262, 221, 230; Otte v. —, 1285, 388, 424; 1293, 406, 445; Otto — arius de Scha-

lach, 1296, 416, 457; 1313, 495, 72; Lûdwig v. —, 1332, 609, 194; — Lûdweichs saligen sun, s. brûder Heinreich chirchherre ze s. Laurentzen, 1333, 619, 204; Alber von —, 1335, 657, 244, 245; Hainr. der — von Schönekk purgraf ze Vlmaruelde, 1349, 698, 290; Ott von —, 1365, 748, 344.
„Zelkingen", s. Zelking.
Zeltweg, O.-Strm., b. Judenburg (Celtvvich), 1181, 117, 115; 118, 117.
„Zelsah", s. Selzach.
„Zemast", U.-Krn., Heinr. de —, 1267, 272, 296.
„Zendel, Ortliebus —, mag. curie Patauien.", 1334, 635, 221.
s. Zeno, Klost., b. Reichenhall (s. Zeno), 1025, 62, 64.
„Zevra", s. Zeyer, grosse —.
„Zevritz", s. Zeyer, kleine —.
Zinsendorf, N.-Oest., b. Steinakirchen (Zinzindorf, -zendorf, — Cinzin-, Cincen-), Marquardus de —, 1263, 229, 243; — et Otto de —, 1270, 287, 313; Marquardus et filii sui de —, 1277, 320, 343, 344; Ott u. Heinr. brüder v. —, 1285, 424, 425; Otte von —, 1308, 473, 48; Rûdolf u. Seifrid die -er, 1330, 598, 184; —, — u. Ott die -er, 599, 184; Ott v. — u. s. vettern Sifrid u. Rûdolf, 1333, 615, 200; Rudolf von —, 621, 207; Seyfrit v. —, Rûdolf s. brûder, 1335, 644, 229, 230; Chadolt von —, Ann s. wirtin, Gotfrids v. Aneuelt tochter, Gilg ir bruder, 1364, 747, 342; Kristan der -er, 1365, 748, 344.
„Zinzendorf, -indorf", s. Zinsendorf.
„Zirknitz", Krnt., 1344, 692, 284.
„Zirike", s. Zeiring.
Zirl, Tirol, Innthal (Cyreolu), 709, 6, 7.
„Zlab", s. Slapp.
„Zloenz", s. Schleinz.

Znaim, Mähren (Znoym, Snoima), 1269, 276, 301; 1276, 313, 336.
 Bürger: Nyclos der Loynein, Chlar. s. havraw, Herman s. bruder, Elsbeth s. hsfr., 1338, 670, 258.
„Znoim -ym", s. Znaim.
„Zobello, mag. Heinr. — canon. Patauien.", 1224, 128, 128.
Zöbing, N.-Oest., b. Langenlois (Zebingen), Heinricus de —, 1158, 105, 103.
„Czokelspach", s. Zogelsbach.
„Zogelsbach, N.-Oest., b. Greston (Czokelspach in Ybsitzaer luzzen in Gröstuer pharr), 1339, 682, 274.
„Zol, Albertus —", 1166, 113, 111.
„Zolner, Albrecht der —, 1293, 403, 443.
Zorneding, Bai., Landg. Erding (Zorogeltinga), Kirche das.: c. 1030, 67, 68.
„Zorogoltinga", s. Zorneding.
„Zoubinger", s. Zauch.
„Zoura, -e", s. Sauraz?, Zeyer, grosse —".

„Zouriza", s. Zeyer, kleine —.
„Zourska Dobrauua", s. „Szourska —".
„Zregiah uilla", O.-Krnt., c. 1060, 79, 82.
„Zschab, N.-", z. Eisnorn", b. Lack, 1348, 695, 287; Barthelme —, 1354, 711, 303.
„Zschas, N. der —", s. Eisnern Krn., 1348, 695, 287.
„Zuber, Vlr. der —", Krnt., 1301, 446, 16.
„Zuchaha", s. Zauch.
„Zudamaresfelt", s. Ulmerfeld.
„Zuchlein, Pernhart — s. sun", Krnt., 1293, 403, 443.
„Çucchola", s. Zuccula.
Zuccula, Friaul (Çucchola), Bernardus de —, 1261, 206, 211.
„Züfe", Bai.?, Chvno de —, 1229, 129, 129.
„Zuutinesprucca", Marchfeld, 1021, 61, 62; c. 1030, 68, 70; s. Deindorf.
„Zwifurter, locus —", N.-Oest., b. Mauerbach, 1358, 729, 320.

II.
Sachen-Verzeichniss.

A.

Apices (Schrift), 770, 2, 3.
apostoli (päpstl. Schreiben), 1258, 197, 203.
apum pascua, s. zidaluueida.
accipitres, 1269, 279, 303.
aduocatia, c. 1160, 111, 109; c. 1180, 116, 113; c. 1215, 126, 125, 126; 127, 126; c. 1240, 139, 136; 1242, 140, 137; 141, 137; 1243, 142, 138; 1253, 167, 164, 165; 1262, 214, 221, 222, 223; 219, 227; 220, 228; 221, 228, 229; 1265, 243, 260; 1266, 257, 277; 1277, 333, 354; 1278, 357, 377; 358, 378, 379; 360, 383; 1298, 424, 463, 464; 1357, 721; 313; s. auch ius—e.
aigen chnecht, s. chnecht.
alodis, 828, 13, 15.
ancille, c. 1160, 112, 109.
angaria, 1274, 306, 320; 1285, 392, 428; s. auch perangaria.

anniversarium, 1296, 414, 455; 1319, 533, 112; 1340, 686, 279; 1358, 730, 322; s. auch jartag.
argentifodina, 1260, 205, 210; 1277, 331, 352.
armbrust, 1323, 548, 129.
armentarius, c. 1115, 95, 94.
ascripticii, 1261, 206, 212.
auctor quod dicitur gewer, 1263, 226, 239; 1269, 275, 300; 1277, 341, 362; in feodacionis dominus et — quod wlgo gwer dicitur, 1285, 390, 426.
aurifex, 1282, 372, 396.
aurifodina, 1260, 205, 210; 1277, 331, 352.
aurum obisi, 992. 44, 46.
auzzrer man, aůzzer leut, c. 1316, 520, 95; 1323, 551, 132; 1337, 661, 249.

B. P.

Pabulacio, 1285, 392, 428.
pachouen, 1333, 617, 202.
pacis violacio, 1256, 182, 180.
palatium (= kgl. Hof), 855, 14, 16.
palays (Edelstein), 1344, 691, 283.
panis dispensalis, 1070, 84, 86.
panna sericea, 1319, 533, 112.
pannum, b— imperiale, 965, 34, 33; 973, 38, 39; 989, 43, 44.
barones, 1277, 336, 358.
pascua apum, s. zidaluueida; — porcorum, 973, 37, 37.
basilica, 1279, 363, 386; 1280, 365, 390.
passagium, passaium, 1274, 302, 324; 1276, 312, 335; 313, 336; 314, 337; 315, 339; 1277, 352, 372; 353, 373.
paugarten, 1330, 602, 187.
pawhof, 1333, 616, 201.
pavmgaerton, 1314, 490, 75; 1333, 617, 202.
pecarium, poek-, argenteum deauratum, 1249, 156, 153; 1257, 187, 194.

pedules (Abgabe), 763, 1, 2.
pena dupli, 1261, 206, 213.
beneficium, 827, 11, 24; c. 870, 21, 20; 891, 25, 23; 1025, 62, 64; c. 1030, 68, 69; (Bauernlehen), 1257, 187, 193; 1276, 312, 335; 313, 336; 314, 337; 315, 339; 1277, 352, 372; 353, 373; 1279, 363, 386.
perangaria, 1274, 306, 329; 1285, 392, 428.
pernoctatio, 1265, 243, 260; 1278, 358, 380; 359, 381; 1285, 392, 428.
peund, 1357, 725, 316.
pfaerft, pfaerid (Pferd), 1318, 525, 100; 529, 107.
phisicus, 1256, 184, 185.
phruntmes, auena quod dicitur —, 1269, 279, 303.
pignoratio, 1252, 160, 158.
birretum, inuestitio per —, 1324, 558, 141.
piscatio, 763, 1, 1.
piscina, 1276, 312, 335; 313, 336 314, 337; 315, 339; 1277, 352, 372; 353, 373.
placitare, 802, 7, 9.
placitum, 802, 8, 10; — publicum, 861, 19, 20; — generale, 1267, 267, 289; 1277, 348, 367.
plantzpevnt, 1330, 603, 188.
plevat, 1337, 661, 249.
plutiger phenninch, s. uulnera.
polenta, 1070, 84, 86.
pomerium, 1276, 312, 335; 313, 336; 314, 337; 315, 339; 1277, 352, 372; 353, 373.
pondus Ratisponense, 1249, 156, 153; — Wiennense, 1257, 187, 193.
porcellus, 1070, 84, 86.
porcina victimalis, 1070, 84, 86.
porcorum pascua", s. pascua.
poweuelleich, 1293, 403, 442.
prant, c. 1316, 520, 95; s. auch incendiům.
precaria, -ium, 1025, 62, 64, 65; 1055, 77, 79; — possessio, c. 1030, 67, 68; -ius, c. 1030, 67, 68.

prchwaitz, 1325, 561, 146.
Preise: modius tritici talentum, siliginis vi solidos, ordei iii solidos, avene lx denarios, 1256, 186, 193.
priuet, priffet (Abort), 1335, 652, 238; 1357, 720, 311.
primates regis, 875, 22, 21.
proceres (Baioarice provincie), 1025, 62, 63.
pulces, 1286, 396, 433.
purchŷt, 1261, 207, 215; 1326, 566, 151; 1333, 627, 213; 1334, 643, 228, 1355, 713, 305; s. auch purgsâzz.
purchreht, 1273, 295, 319; 1276, 314, 337; 1277, 356, 376; 1281, 370, 394; 1312, 488, 64; c. 1312, 492, 68; 1335, 656, 244; 1338, 671, 260; 675, 265; 1357, 720, 311.
purgsâzz, 1355, 713, 305.
bur(c), werch, 1189, 122, 121.

C. K.

Calasne, 827, 11, 14.
calculi librorum, 1319, 533, 113.
calix de auro, 1319, 533, 112.
campestria, 770, 2, 3.
carte in partes secte, c. 1020, 60, 61; s. auch commutatio.
karrata, karrada, -dium, c. 950, 31, 30; 1070, 84, 86; 1238, 138, 135.
castellarium, 1261, 206, 212.
chastmazz, 1338, 674, 264.
castrorum fabricatio, c. 1180, 116, 113; 1182, 119, 118.
case, 763, 1, 2.
chaufmez, 1286, 396, 433.
chaufmut, 1316, 512, 85.
chaufschaze, 1277, 326, 348.
kelch, 1362, 742, 337.
chemnate, 1335, 649, 234; 652, 236.
censales, 1025, 62, 64.
censiti, 1261, 206, 212.
cera, c. 900, 27, 27.
ceruisia, 1070, 84, 86.
cynslehen, 1337, 662, 250; 1339, 679, 270.

cyrcacio, 1296, 416, 457.
chirchtag, s. festa.
cyrografum, 770, 2, 3.
clenodia, 1319, 533, 113.
chnecht, aigen —, 1308, 470, 43.
coloni, 763, 1, 2; 1263, 228, 241; 1307, 469, 43; — qui wlgariter hellen nuncupantur, 1259, 201, 206; auch destitutio, institutio.
colonia, c. 870, 21, 20; c. 950, 32, 31.
comitatus, 931, 29, 28; 965, 33, 32; 973, 38, 38.
commutatio (= littere paricle), 857, 16, 18; c. 880, 24, 23; c. 950, 32, 31; c. 980, 41, 42.
communitas (bonorum), c. 772, 3, 4.
communio (Gemeingut), 1263, 228, 242.
conpascua, c. 1030, 66, 67.
confractio domorum, 1274, 306, 329.
conpositio, 802, 7, 9; 8, 10.
conlaboratus, 827, 11, 14.
conquestus, 827, 11, 14.
consuetudo (Landrecht), 1252, 162, 159; 163, 160; 1259, 199, 204; 1276, 314, 337; 1277, 352, 372; 353, 374; 1285, 392, 428; s. auch landesreht.
corone signum, 763, 1, 2.
chrautgaerten, 1330, 603, 188.
chrevtz, gulden —, 1344, 691, 283; 1362, 742, 337.
Kriegsdienst (dienen mit harnasch), 1316, 518, 93.
chuppel, cuppell, 1362, 212, 209; 1334, 642, 228.
curtifer, -um, c. 950, 31, 30; 32, 31; c. 980, 42, 42, 43; c. 1020, 56, 58; 57, 58; c. 1030, 70, 71; c. 1070, 88, 88.
curia villicalis, 1276, 312, 335; 313, 336; 314, 337; 315, 339; 1277, 352, 372; 353, 373.

D. T.

Tabellarius, 1251, 158, 156.
taberna, 1265, 244, 261.
tabule testamentarie, 1249, 155, 151.

debitum imperiale, 802, 7, 9; — regale 802, 8, 10.
decania, 965, 33, 32.
decanus, 973, 38, 39; 989, 43, 44.
decima papalis, c. 1300, 435, 6; — minuta, 1310, 483, 59; 1312, 490, 66.
thelonearius, 1261, 208, 216; 1262, 212, 220; 1276, 319, 342.
denarii Aquilegenses, 1257, 189, 195; antiqui, 1263, 226, 239; 1301, 439, 9; 446, 16; 1306, 456, 25; 457, 27; 1307, 467, 41; 1308, 470, 43; 476, 51; 1309, 480, 57; 481, 58; 1313, 494, 70, 71; 496, 73; 1314, 499, 76; 1315, 501, 78; 1317, 523, 99; 1318, 526, 102, 527, 103; 528, 105; 529, 107; 1319, 533, 114; 1321, 544, 125, 126; 1326, 569, 155; 570, 155; 1340, 686, 279; 1347, 694, 286; 1349, 700, 292; 1354, 711, 303; 1357, 722, 314; 724, 315; 1358, 728, 319; 732, 323; 1362, 742, 337; — Patauienses, 1333, 625, 211, 212; — Pragenses (Pehaymisch pfenninch), 1334, 641, 227; — Veronenses (chleine Perner), c. 1316, 520, 95; 1328, 586, 169; 1333, 628, 214; 1334, 642, 227; 1357, 721, 312; — Frisacenses, 1323, 551, 132; — Graecenses, 1311, 486, 62; 1315, 500, 77; 1316, 515, 89; — Hallenses, 1361, 739, 334; — Laybacenses, 1261, 208, 216; — Monacenses, 1328, 582, 164; 1361, 739, 334; Ratisponenses, 1257, 187, 194; — Wiennenses, 1247, 151, 147; (noui et ueteres), 1259, 200, 205; 1301, 437, 7; 446, 16; 1302, 449, 19; 1303, 450, 20; 1307, 461, 32; 462, 33, 34; 463, 34, 35; 464, 37; 1308, 471, 47; 474, 49; 475, 50; 1311, 485, 61; 1312, 487, 63; 488, 64; c. 1312, 492, 67; 1313, 495, 72; 497, 74; 1316, 511, 85; 513, 86; 516, 90; 517, 91; 518, 93; 519, 94; 1317, 521, 96; 522, 97; 1319, 533, 111, 112; (veteres), 533, 113; 534, 115; 1320, 539, 122; 540, 123; 1321, 545, 126; 1323, 547, 128; 548, 129; 549, 130; 1324, 552, 133; 554, 135; 555, 135; 1325, 559, 144; 560, 146; 562, 148; 1326, 565, 151; 567, 153; 1327, 573, 158; 575, 159; 1328, 583, 166; 584, 167; 1329, 588, 171; 589, 172; 590, 173; 591, 174; 592, 176; 593, 177; (noui), 1328, 583, 166; (noui), 1329, 591, 174; 1330, 593, 177; 594, 178; 597, 183; 598, 183; 601, 186; 603, 188; 1331, 604, 189; 1332, 608, 192; 609, 194; 610, 195; 611, 196; 612, 197; 1333, 615, 200; 618, 203; 619, 204; 602, 205; 625, 211; 626, 212; 1334, 629, 215; 636, 222; 627, 223; 638, 224; 639, 225; 1335, 644, 230; 649, 235; 651, 236; 653, 238, 239; 654, 241, 242; 655, 243; 657, 244; 657, 244; 1336, 659, 246; 660, 247; 1337, 665, 253; 666, 254; 668, 256; 1338, 670, 259; 671, 260; 672, 261, 262; 673, 263; 674, 264; 675, 265, 266; 1339, 680, 271; 681, 273; 682, 274; 1340, 684, 277; 685, 278; 1342, 689, 289; 699, 290; 1354, 709, 301; 710, 302; 1355, 713, 305; 1356, 717, 308; 1357, 720, 311; 1358, 729, 320; 1361, 741, 336; 1364, 747, 342.
tenuta, 1261, 206, 213; 1269, 275, 300.
tercioli, 1269, 279, 303.
territorium (Grundstück), c. 870, 20, 20.
testameutarie tabule, s. tabule.
testamentum inofficiosum, 1249, 155, 151.
tostes per aures tracti, 802, 7, 9; 8, 10; 822, 10, 13; 827, 11, 14; 828, 13, 15; c. 900, 27, 27; c. 930, 28, 27; c. 950, 31, 30; c. 980, 42, 43; c. 1000, 51, 52; c. 1030, 63, 65; 68, 67; 72, 73; c. 1115, 93, 93.

destitutio colonorum, 1278, 358, 380;
359, 381, 1331, 606, 191.
dextrarius, 1261, 206, 214.
dyadem (Teil eines goldenen Kreuzes),
1344, 691, 283.
diuisio puerorum, s. matrimonia ministerialium
dingestat, 1277, 326, 248: 1337, 661,
249.
districtio (competenz), 1007, 55, 56.
tivf, c. 1316, 520, 95; s. auch furtum.
topasion, 1344, 691, 283.
totslag, c. 1316, 520, 94; s. auch homicidium mors.
donatio propter nuptias, 1249, 155,
151; 1297, 419, 459.
torwart, -waertel, 1301, 443, 13; 1357,
724, 315.
traem, 1335, 649, 234.
treuga, 1262, 212, 219, 220; 1332,
607, 192.
drister, 1334, 642, 227.
tröster (Bürge), 1326, 566, 152.
tuech von Eiper, 1319, 536, 117; 537,
118.
durchslacht, 1285, 388, 424.
durnsechte, — tichleich, 1295, 412,
453; 413, 454; 1298, 424, 465;
1313, 494, 70.
dürntz, 1335, 652, 237.

E.

Effusio sanguinis, 1274, 306, 329.
emendatio immunitatis, 802, 7, 9.
emunitas, s. immunitas
entgeltnüzze, 1301, 443, 13.
equinum territorium, c. 1030, 68, 69.
erbfreilaevt, 1315, 501, 78.
erchker 1343, 690, 282.
ercher (= houptgût), 1349, 700, 293;
1365, 748, 345; s. auch hauptgvt.
ermi (! eremi), 763, 1 2.
estreich, 1335, 652, 237.
exceptiones peremptorie et dilatorie,
1256, 183, 183.
excessus qui mortem vel pacis violacionem inducere videntur, 1256,
182, 180.

exfostucare, c. 1170, 115, 113.
ecze, 1337, 661, 249.
etzian (= archidiaconus), 1301, 444, 14.

F. V.

Fabae, 1286, 396, 433.
falcones, 1269, 279, 303.
familiares regis, 855, 15, 17.
farrago, 1070, 84, 86.
uasa calippea, 763, 1, 1; -eria, 763,
1, 2; -lignea, 763, 1, 1.
uassallus, c. 950, 31, 30; 965, 33, 32;
1261, 206, 212, 213.
uectura, 1285, 392, 428.
vederspil, 1293, 403, 440.
velczen, 1335, 649, 234.
uenatio, 770, 2, 3; 1025, 62, 64; 1266,
260, 261; 1269, 279, 303; 1277,
334, 355, s. auch volge, schefwart.
uenea, s. uinea.
fenestra vitrea, 1319, 533, 112.
venster, gehowenew —, 1335, 652,
237.
vensterliecht, 1334, 638, 224.
ferne, 973, 38, 39; 989, 43, 44.
Verjährung, 855, 14, 16.
ferri commercium, 1266, 263, 283;
1277, 326, 348.
festa dicta chirchtag, 1265, 244, 261.
feudum rectum, 1160, 110, 108.
vicedominus, c. 1030, 70, 71,
fideiussor, 822, 10, 13; 828, 13, 15.
vigiliae (Wache), 1296, 416, 456.
uindomiator 776, 4, 5.
uinea (uenea), 776, 4, 5; 827, 11, 13,
14; 855, 14, 16; 15, 17; 973, 37,
37; c. 1000, 52, 53; 1002, 53, 54;
c. 1020, 58, 59; 1025, 62, 63; c.
1070, 85, 87; c. 1070, 86, 87; 87,
88; c. 1100, 92, 92; c. 1120, 96,
95; 1158, 105, 103; c. 1190, 123,
122; 1306, 457, 26; 1316, 518, 93;
1330, 600, 185; 1332, 611, 196;
1334, 629, 215; 1338, 670, 258;
671, 260; 673, 263.
vingerl, gulden — (Ring), 1344, 691,
283.

virtail (Grundstück), 1318, 524, 99;
1337, 662, 250; 1339, 679, 270;
s. auch quartale.
vlaischfrisching, 1286, 396, 433.
flechlier (Grundstück), 1357, 721, 312.
florentiner, 1333, 625, 211.
vogtay, s. aduocatia.
vogtreht, 1316, 520, 95.
volge, venacionis promocio, quod —
dicitur, 1266, 260, 281; 1277, 334,
355.
forestarii, 1025, 62, 63.
forestum, 973, 37, 37; 38, 38; 989,
43, 44; c. 1000, 52, 53; 1002, 53,
54; c. 1020, 59, 60; 1025, 62, 63,
64; s. auch lignum.
forstreht, ius foreste.
forum (Markwacht), 1140, 100, 98;
— septimanale, 1303, 451, 21; s.
auch Wochenmarkt.
fraternitates, c. 1360, 736, 329.
francati siue manumissi, 1261, 206,
212.
vreierman 1295, 409, 449.
vreyzaygen, predia hominum libere
condicionis quod uocatur — 1267,
267, 290.
fridmaur, 1357, 720, 311.
frieschmets, 1315, 502, 79.
vrömde, 1330, 395, 180.
vrön, frön, 1335, 657, 245; 1338, 676,
267.
frutecta, 770, 2, 3.
vulnera seu effusio sanguinis quod
plutiger phenninch dicitur, 1265,
244, 261; 1274, 306, 329; — illata
ferreis armamentis, 1285, 392, 428,
s. auch wunden.
furtum, 1265, 244, 260; 1274, 306,
329; 1285, 392, 428; s. auch tivf.
fures, c. 1158, 107, 105.
furrieren, 1335, 649, 234.

G.

Gaerten, 1314, 499, 75.
gast, c. 1316, 520, 96.
gehaim, die —, 1330, 595, 180.

gehvgenvsse, 1307, 465, 39; 1313,
493, 69.
geiaitreeht, 1293, 403, 446; s. auch
ius venacionis.
geiselscheft, s. obstagium.
gemachte, 1300, 433, 4.
gerüt, mansi — appellati, 1181, 117,
115; 118, 117.
gewer, gwer, iusticia quod appella-
tur —, 1229, 129, 129;˙1257, 187,
193, an die — setzen, 1335, 657
245.
gewere vnd ovsrihter, 1298, 426, 467;
s. auch auctor.
gewonhait, 1300, 478, 54.
gipelsmawer, 1334, 638, 224.
goltsmid, 1334, 638, 223.
goczgewalt (Pest), 1349, 697, 288.
gült (reht vmb —), 1337, 661, 249.
gulden, 1357, 723, 314.
gürtel, mit dem — vmbuangen, 1337,
661, 248.
gwerra, 1278, 359, 381.

H.

Haymsteuer, 1321, 542, 124.
halt (Partikel), 1330, 595, 180.
hantwerich, 1277, 326, 348.
harnasch, 1316, 518, 93; dienen mit
—, s. 1330, 596, 182.
havptgvt, 1308, 475, 51; 1328, 582,
165; s. auch erchen.
hausrat, 1365, 748, 343.
helbling, 1338, 670, 258.
hellen, coloni qui — nuncupantur,
1259, 201, 206.
herberga, 1285, 392, 428; 1286, 396,
433.
herbergaria, 1262, 224, 235; 1265,
243, 260.
horvart, 1316, 518, 93.
hoba legalis, c. 980, 41, 42; — rega-
lis, 995, 46, 48; 996, 50, 51; 1034,
74, 75; — Sclauanisca, c. 1030, 66,
67; 72, 72; — seruilis, c. 1070,
85, 87.

hoftaeiding, 1312, 489, 65; 1335, 657, 244; 1338, 676, 267, 268.
hofmarchia, 1285, 390, 426; 392, 428; 1293, 403, 440; 1298, 424, 463; 1320, 539, 122; 1328, 585, 167; s. auch marca.
holtzwein, 1334, 629, 215.
homagium, 1263, 226, 239.
homicidium quod wlgariter totslach dicitur, 1265, 244, 260; 1274, 306, 329; 1285, 392, 428; s. auch totslach, mors.
homines qui dicuntur vrbores livte, 1268, 274, 299.
hospes, 1285, 392, 429.

I. J.

Jagwesen, 1316, 507, 82; s. auch geiaitrecht, ius venacionis.
jartag, 1362, 742, 338; s. auch anniuersarium.
ypoteca, 1277, 348, 368.
immunitas, emunitas, 802, 7, 9; 8, 10.
incendium, 1285, 392, 428; s. auch prant.
interdictum, 1252, 166, 164.
induciae deliberatoriæ, 1256, 183, 183.
inuestitio per birretum, 1324, 558, 141.
inligensraeht, s. obstagium.
institutio colonorum, 1278, 358, 380; 359, 381.
yscn, 1277, 326, 348.
iudex ordinarius sacri palacii, 1159, 108, 106, 107; 109, 107.
iudices Baiouarorum (= optimates), 770, 2, 3.
iudicium prouinciale, 1257, 188, 194; 1265, 240, 254; 1274, 306, 329; 1280, 366, 391; 1281, 370, 395; — quod uocatur lantgeriht, 1265, 244, 261; s. auch lantgeriht.
iurare sub stola, 1158, 106, 104.
ius aduocacie, 1265, 243, 260; — patronatus 1256, 181, 179; 183, 182, 185; 184, 185; 186, 187, 189; 185,

191; 1258, 185, 191; 191, 196; 198, 204; 1261, 206, 212; 1260, 213, 220; 1265, 237, 251; 241, 256, 242, 257; 1267, 265, 285, 286; 268, 290; 270, 293; 1277, 345, 364; 1284, 384, 410; 1296, 418, 458; — pretorium, 1249, 155, 151; — purchvt, 1261, 207, 215; — purchreht, 1273, 295, 319; 1276, 314, 337; 1281, 370, 394, — ciuile, 1249, 155, 151; — Christianitatis 1074, 89, 87; — commune, 1267, 267, 289; — communicandi (XI.) 91, 91; — chuppel, 1262, 212, 219; — venacionis, 1268, 273, 298; 1269, 279, 303; — forstreht, foreste, 1262, 212, 219; 1268, 273, 298; 1269, 279, 303; 1293, 403, 440; — macelli, 992, 44, 45.
iusticia quod gewer nuncupatur, 1229, 129, 129.

L.

Latten, 1335, 649, 234.
latrocinium, 1285, 392, 428.
laguncula, 1249, 156, 153.
lanttaeiding, 1312, 489, 65.
landesreht, 1307, 461, 32; 1308, 475, 51; 1315, 501, 78; 1319, 531, 109; 537, 118; 1325, 561, 146; 1326, 563, 149; 1335, 655, 243; 1337, 666, 254; 1338, 671, 261; 673, 263; 675, 266; 1339, 680, 272; 682, 275; 1349, 698, 290; 699, 291, 292; 1354, 710, 302; 1357, 721, 313; 1359, 735, 328; s. auch consuetudo, ius commune.
lantgeriht, 1189, 122, 121; s. auch iudicium.
lantmaz, 1324, 553, 134.
lantschaden, 1285, 289, 525.
laudamentum, c. 1180, 116, 114; 1256, 186, 192.
laudare, c. 1180, 116, 113.
Lehenfristerstreckung, 1315, 504, 50.
lehensrecht, 1339, 681, 273; 1349, 699, 292; 1356, 718, 310.

leipnar, 1330, 603, 188.
leipgedinge, 1306, 455, 24; 1307, 464, 36; 1312, 487, 63; 1313, 493, 89; 1317, 520, 98; 1325, 562, 147; 1357, 720, 311.
leiten (Waldgegend), 1337, 666, 253.
lex Banuariorum, 1055, 77, 79; — precaria, 1025, 62, 64.
libellus connuencionalis, 1256, 183, 183.
liberti 1261, 200, 212.
libre Venetorum paruorum, 1261, 206, 214; — Monacensium, 1249, 156, 154.
lirator, 1261, 211, 218.
litis contestatio, 1256, 183, 182, 183.
lignorum incisio, 1025, 62, 64.
lignum (= Wald), c. 1000, 51, 52.
luzze, 1274, 303, 325; 1289, 399, 435; 1312, 487, 62; 1339, 682, 274.

M.

Macellum, s. ius.
matricularius (= Bischof), 827, 11, 14.
matrimonia ministerialium, c. 1170, 114, 112; c. 1230, 130, 130; 1232, 132, 131; 1233, 134, 132; 1253, 169, 167; 1266, 261, 282; 1275, 307, 330; 1277, 329, 351; 1280, 367, 392; 1286, 397, 433; 398, 434; 1307, 466, 40; 1313, 494, 71; 1315, 503, 79.
magschaft; 1357, 721, 312.
mayden, 1334, 642, 228.
mancipia, c. 939, 28, 27; c. 975, 39, 40; c. 1030, 64, 66; 66, 67, 68; 1147, 103, 101.
manschaft, 1300, 433, 4; 1312, 487, 62; s. auch masnata.
mansus regalis, 1075, 90, 91; — Sclauonicus, c. 1060, 79, 81, 82; — seruilis, 1025, 62, 63.
manumissi seu francati, 1261, 206, 212.
manu sana, 802, 7, 9.

marca (= Hofmark), c. 900, 27, 26.
marcha (march), argenti ponderis Coloniensis, 1229, 129, 129; 1238, 138, 135; auri Wiennensis, 1319, 533, 113; — Perner geltz Meraner müntz, 1328, 582, 165; — vetus, 1259, 200, 205; — Latina argenti 1160, 110, 108; — nona, 1259, 200, 205; — schilling, 1321, 542, 124; — silbern, 1316, 514, 87; 515, 89; 1319, 536, 117; 537, 118; 1330, 602, 187; 1333, 617, 202; 1334, 632, 218; 641, 227; 1335, 650, 235; 658, 245; — — gewegeus Wienner gewihtes, 1326, 562, 148, 1331, 605, 190.
marchdienst, 1189, 122, 121.
marhreht, 1189, 122, 121; 1358, 734, 326.
marchfuter, c. 1215, 126, 125; avena quod dicitur — 1276, 310, 333; 1277, 340, 361; 1285, 388, 424; 1298, 424, 464; 1339, 680, 271.
marter (mörtel), 1335, 652, 238.
masnata, 1261, 206, 212; s. auch manschaft.
massaritia, 1074, 89, 89; — Sclauonica, 1074, 89, 89.
metreta Australis, 1340, 686, 279; s. auch ostermazz.
meliores, 1267, 267, 290.
mensura que rah nuncupatur, 1158, 105, 103; — vini de Bozano, 1266, 257, 277.
messbuech, 1362, 742, 338.
messgewant, 1362, 742, 337.
miles = nobilis vir, c. 1030, 66, 67; = reiter, 1274, 303, 326.
molendina, 763, 1, 2.
molina, c. 975, 40, 41.
moneta (münz), Aquilegensis, 1259, 200, 205; 1265, 246, 264; 1269, 275, 300; 280, 305; 1275, 309, 333; 1283, 374, 398; 1285, 387, 423; 1286, 395, 431; 396, 432; 1291, 402, 439; 1293, 403, 441; 1295, 409, 449; — Tridentina, 1266, 253, 273; — Veronensis, 1258, 138, 135;

1266, 253, 272; 254, 274; 1273, 298, 321, 322; 1278, 358, 379; 359, 381; 1285, 392, 428; — Frisacensis, c. 1245, 147, 143; 1265, 246, 264; 1278, 358, 379; 359, 381; — Laibacensis, 1248, 153, 149; 1252, 165, 161; 1263, 231, 244; 232, 246; 1273, 300, 323; 297, 320; 1274, 306, 329; — Lantatrostensis, 1252, 162, 159; 163, 160; 1259, 199, 204; 1267, 272, 296; 1273, 299, 322; — Graecensis, 1263, 225, 236, 237; — Meranensis, 1328, 582, 165; — Monacensis, 1281, 369, 393; — Ratisponensis, 1249, 155, 151; — Wiennensis, 1242, 140, 137; 141, 137; 143, 138; 1253, 167, 165; 1262, 214, 222; 219, 227; 220, 228; 1265, 240, 255; 251, 268; 1267, 270, 293, 294; 271, 295; 1276, 314, 337, 338; 315, 339; 316, 340; 317, 341; 1277, 320, 343, 344; 332, 353; 333, 354; 336, 357; 339, 361; 347, 367; 349, 368; 1279, 363, 386; 1281, 370, 394; 1284, 386, 422; 1293, 406, 445; 1293, 407, 446; 408, 448; 1295, 411, 451; 1296, 415, 456; 1297, 419, 459; 1298, 424, 464; — vsualis, c. 1360, 736, 330; 1358, 727, 318; s. auch aurum obizi, pondus, denarii, florentiner, gulden, helbling, libre, marca, solidus, wersilber.

morgengabe, 1313, 495, 72; 1321, 543, 126.
mors, 1256, 182, 180; s. auch totslach, homicidium.
mutarii, 1276, 319, 342.
müntz, s. moneta.
mushaus, 1284, 386, 423; 1335, 652, 237.

N.

Nahtschach, c. 1316, 520, 95.
nisus, 1269, 279, 302.

notnuft, —numft, 1316, 520, 95; s. auch oppressiones, raptus.
norma uite (Klosterregel), c. 772, 3, 4.
nuncius (Gerichtsbote), 1262, 212, 220.

O.

Optimates, 770, 2, 3; 1025, 62, 63.
oppressiones uirginum et mulierum, 1285, 392, 428; s. auch notnuft, raptus.
obstagium h. e. alicuius ciuitatis, uel loci introitus, inligens racht, 1238, 138, 135; c. 1245, 147, 142; 1247, 151, 147; 1248, 153, 149; 1249, 156, 153; 1256, 186, 192; 1284, 385, 421; 1301, 439, 9; 1308, 474, 50; 477, 53; 1316, 514, 88; 1318, 525, 100; 526, 102; 527, 104; 528, 106; 529, 107, 108; 1319, 537, 119; 1326, 563, 149; 1336, 659, 246.
obsequium, 1070, 84, 86.
ochsenphenning, 1286, 396, 433.
onustarii loci, 1025, 62, 64.
originarii, 1261, 206, 212.
ostermazz, 1316, 511, 85; s. auch metreta.
ouzzerleut, 1323, 551, 132; s. auch auzzerman.

Q.

Quartale, 1307, 468, 42; s. auch vyertail.

R.

Rapac, 1269, 279, 304.
raptus seu violenta corruptio virginum quod notnumft dicitur, 1265, 244, 260; 1274, 306, 329; s. auch notnuft, oppressio.
rapina, 1285, 392, 428.
rab, mensura que — nuncupatur, 1158, 105, 103.
rays, 1323, 548, 129; s. auch gwerra.

raub, c. 1316, 520, 95.
reuerse, 1319, 533, 113.
register, 1365, 748, 344.
refter (= miles), 1274, 303, 326.
riem, 1335, 649, 234.
rodalpuech, 1365, 748, 344.
roucare, 1166, 113, 111.
rovchhaus, 1335, 652, 237.
rus censuale, c. 1030, 72, 72, 73; — dotale, c. 1030, 72, 73; — fiscale, c. 1030, 72, 73.
rubin, 1344, 691, 283.

S.

Saphir, 1344, 691, 283.
sacrarium, 1269, 278, 302.
satrabes, 763, 1, 1.
sage, 1335, 649, 234.
sagittarius, 1248, 153, 150.
saginatio, 1025, 62, 64.
sagma, 1070, 84, 86.
salina, 1025, 62, 64; 1260, 205, 210; 1277, 331, 352.
sartago, 1025, 62, 64.
scapula, 1269, 279, 304.
schaden (Interesse), 1308, 475, 51; 1328, 582, 165; 1349, 700, 293.
schedleich man, 1336, 661, 248.
schefwart, venationis promocio quod dicitur, 1266, 260, 281; 1277, 334, 355.
schewr, 1330, 601, 186.
schezladen, 1335, 649, 234.
shöt, 1273, 298, 321.
scutella, 1249, 156, 153; — clemosinarum argentea, 1257, 187, 194.
scultetl, 1269, 278, 304.
sculdhaizo, 875, 22, 21.
steverchorn, 1278, 358, 381.
stenra, 1277, 356, 376; 1278, 358, 380; 359, 381; 1285, 392, 428; 1286, 396, 433; 1296, 416, 456; 1334, 642. 227.
stipulatio subnexa, 763, 1, 1.
stiege, 1335, 649, 235.
stube, 1335, 649, 234.
selbschol, 1324, 555, 136.

selgernet, 1293, 407, 446.
sententiator, 1262, 212, 220.
servus, 763, 1, 2; c. 1160, 112, 109.
siben, — über sagen schüllen, 1336, 661, 248.
silbergeschirr, 1365, 748, 344.
simila, 1070, 84, 86.
sinwel, 1335, 652, 238.
slaht, 1300, 433, 4.
solidus in argento, 799, 6, 7.
subadnocatus, c. 1160, 111, 109.
supanus, 1272, 293, 317.
suppellectile, 1249, 155, 151; 156, 154.
sub die consule, 776, 4, 5; 802, 8, 10; 822, 10, 13.
substantia, 763, 1, 2; 828, 13, 15.
süchung, 1331, 605, 190.
sün, chaft —, 1318, 525, 101; 526, 102; 527, 104; 529, 107.
swertzuchen, 1337, 661, 249.
swaiga, 1273, 298, 321; 1316, 514, 87; 515, 89; 1356, 718, 309.

U.

Übersagen, s. siben.
umecta, 770, 2, 3.
vnderteidinger, 1293, 406, 445.
vngelt (denarius pro urna uini uendita), 1265, 244, 261; 1338, 674, 264.
vrbarpuech, 1365, 748, 344.
vrbor, 1289, 399, 435; 1293, 403, 440; —es livte, s. homines.
vrvech, inimicicie non reminiscende quod — dicitur, 1252, 165, 161; 1318, 525, 101; 526, 102; 527, 104; 529, 107.
vrleug, 1311, 486, 61; 1313, 496, 73.
ürn, 1352, 706, 299.

W.

Waltpoto, 965, 33, 32; walputo, 1262, 212, 220.
weihennechtpbenning, 1334, 642, 228.
weinprobst, 1301, 443, 13.
weisnet, 1325, 561, 146.

werd, insule que — nuncupantur, 1277, 352, 372; 353, 373.
wersilber, 1301, 446, 15.
witeuende, 1025, 62, 64.
widem, 1333, 623, 208.
wiltbannus, 1074, 90, 90.
Wochenmarkt, 1359, 734, 326.
wunden die mit cysnenn waffen getan werdent, c. 1316, 520, 95; s. auch vulnera.

wñr, 1339, 678, 269.
wñrslag, 1339, 678, 269.

Z.

Zidahneida, 995, 46, 48; 996, 50, 51; 1002, 53, 54; 1007, 54, 55; 55, 57; 1021, 61, 62; 1025, 62, 64.

www.ingramcontent.com/pod-product-compliance
Lightning Source LLC
Chambersburg PA
CBHW021421300426
44114CB00010B/584